中国敦煌石窟保护研究基金会资助项目

麦积山文书总目·索引

第一卷

敦煌研究院　麦积山石窟艺术研究所　编

袁德领　顾问

李晓红　白秀玲　翟玉兰　主编

编委会

顾　　问：袁德领

主　　编：李晓红　　白秀玲　　翟玉兰

编委会：李天铭　　夏朗云　　董广强　　白秀玲

　　　　　李晓红　　袁德领　　翟玉兰　　项一锋

　　　　　漆　　荟

摄　　影：孙　苑　　孙永刚

天目和尚語録

天目中峯和尚廣録卷第八

佛祖讚

盧舍那佛讚 并序

佛身無相隨念現形佛身無為依作而

任當其念之末起作之末與所謂佛身

與盧空合有甸門止人智慧者當發大

心刺十指血染雜華藏海之文八十一

華峰突兀半天桂子堂猩睺濄萬里玻瓈

誰道匪家珍況〻法海深魚底

天目中峯和尚廣録卷第八

庚子年四月中

比丘廣博書寫

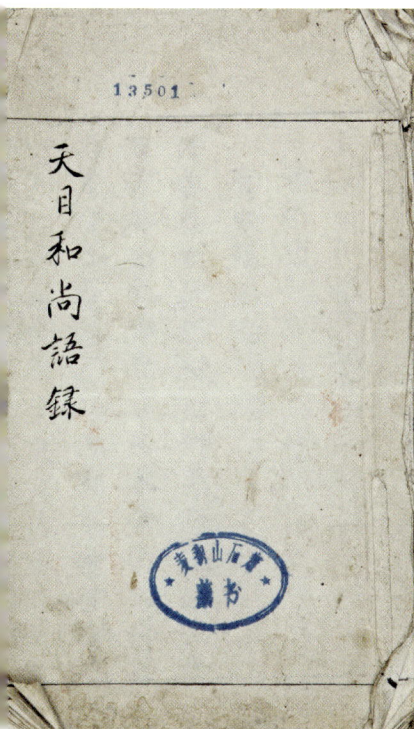

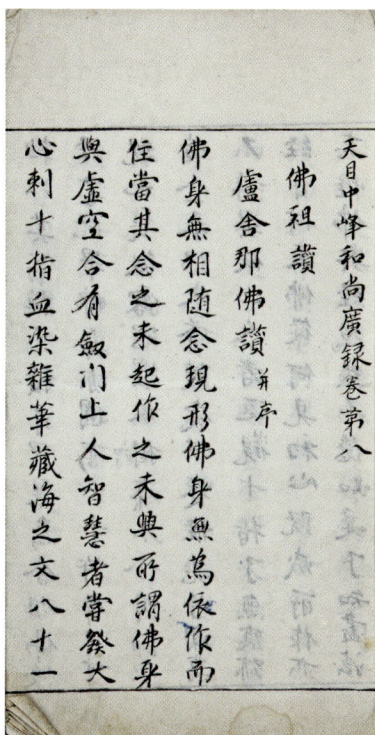

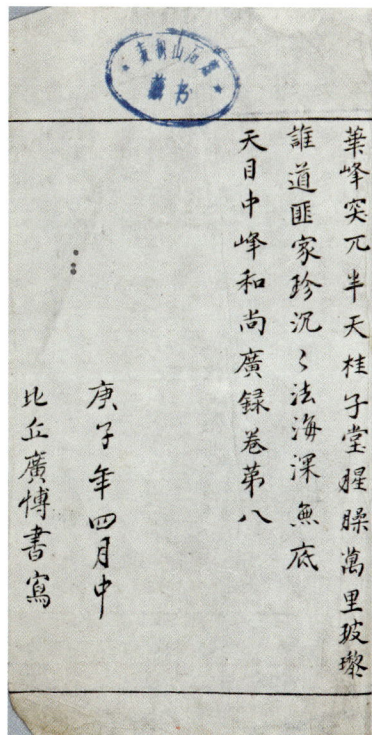

麦 0010《天目中峰和尚广录卷第八》封面、卷首、卷末

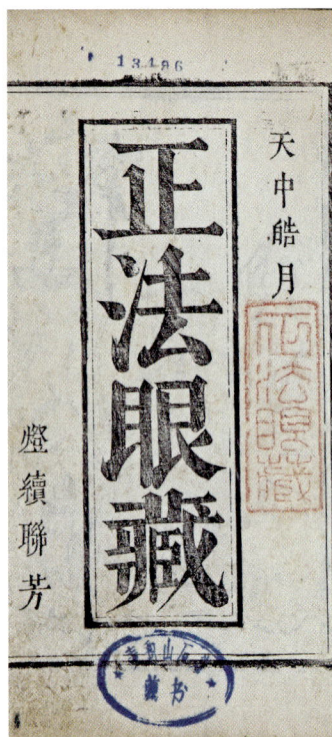

天中皓月

正法眼藏

燈續聯芳

通覽歷代宗派傳燈捷錄

盧山支那大沙門全道芟譯重條

原夫空劫以來混沌威音那畔鴻濛開闢三
極始分天地已覺乘生而稱爲聖人佛祖續
代而各立宗旨毘婆尸佛造化萬物爲初尸
棄如來莊嚴乾坤世界毘舍浮佛教人泰悟
玄機拘畱孫佛傳法授愛世代拘那含牟尼
如來付囑迦葉然燈佛紹隆祖位然
燈佛空七者國呈分一方各自再尊迦葉弗

麦 0015《历代宗派传灯捷录》牌记、版画、卷首

歷代宗派傳燈捷錄

西天盧懷尊者　　漢中修眞大師
脫凡淨懋禪師　　東林慧遠祖師
長沙雲鳳禪師　　本光性鑑禪師
自覺寂融禪師　　羅什性宗祖師
開天世一大匝　　漢陽道悟祖師
阿意洪容祖師　　天皇道悟禪師
神晏與聖大師　　承恩命詔禪師
貫照慧日禪師　　同天永康禪師

通覽刊校繕素法講尊姓

賈福

闕福成　　馬可象　　周成
亞雜埋　　王君榜　　姓空
蕭伯元　　蕭伯良　　高棋
李和芝　　李昌緒　　照清

孫振業　　楊振業　　田錦秀

海會

麦 0015《历代宗派传灯捷录》卷首、卷末

石屋珙禪師自讚像
枝上生毛面孔無肉受靈山記欠人天
福瘦稜稜却如碧海波心湯起一座玉
巖硬剌剌好似白雲堆裏突出干尋石
屋道是天湖卷主不是我同流謂是福
源住持亦非吾眷屬眼裏無筋底未免
向影子上胡猜亂猜猜皮下有血底終不

福源石屋珙禪師語錄卷之上
　　　　參學門人至柔等編
雙塔巋然　清風未已
幾三十禩
師於元統辛未四月十三日入寺楷山
門云豁開戶牖當軒者誰唱一唱
佛殿因我浮禮你自倒還自起鵜鳩樹
上啼意在麻畬

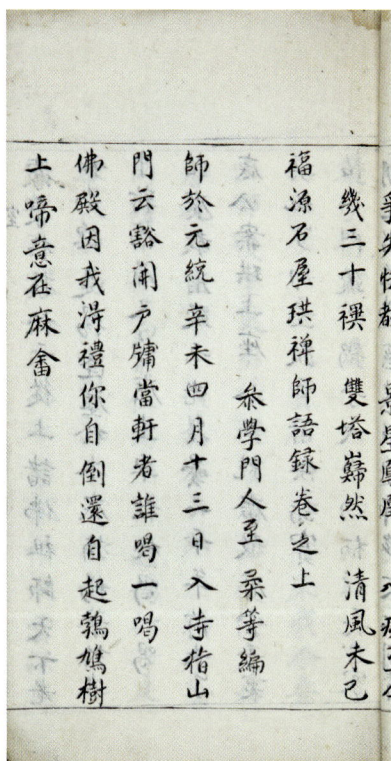

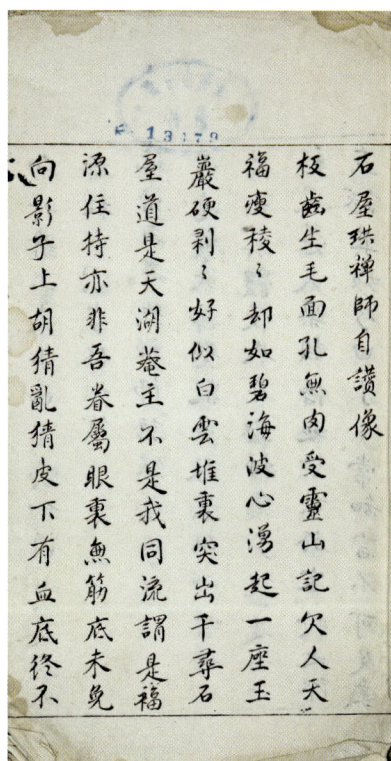

麦 0025《福源石屋珙禅师语录》卷首、卷首序

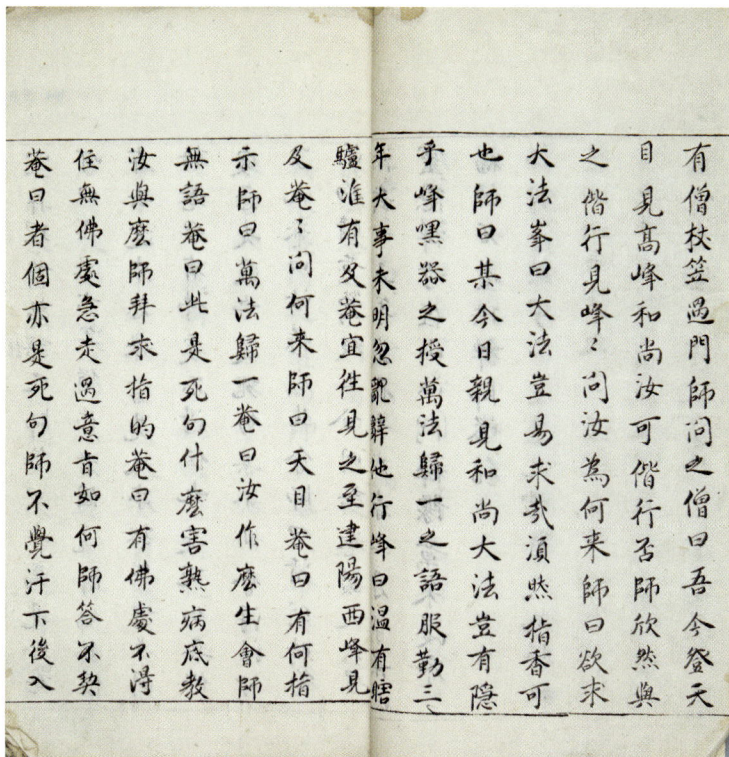

有僧挟笈過門師問之僧曰吾今登天
目見高峰和尚汝可偕行否師欣然與
之偕行見峰々問汝爲何來師曰欲求
大法峰曰大法豈易求我滇然指香可
也師曰某今日親見和尚大法豈有隱
乎峰黑然之授萬法歸一之語眼勤三
年大事未明忽覩辞他行峰曰温有悟
爐淮有爻卷宜往見之至建陽西峰見
及卷々問何來師曰天目卷曰有何指
示師曰萬法歸一卷曰汝作麼生會師
無語卷曰此是死句什麼害麼不浮
汝與麼師拜求指的卷曰有佛處不得
住無佛處急走過意旨如何師答不契
卷曰者個亦是死句師不覺汗下後入

三

麦 0025《福源石屋珙禅师语录》卷中

麦0028《光绪五年三月瑞应寺祈雨文书二件》卷首

麦0028《光绪五年三月瑞应寺祈雨文书二件》卷末

四

行者凡睡眠醒時即當黙誦云

聽眠始寤當願衆生一切智覺周顧十方

唵地利日哩莎訶　七遍

凡聞一應鐘聲或目擊手皆誦云

願此鐘聲超法界　鐵圍幽闇悉皆聞

聞塵清净證圓通　一切有情成正覺

聞鐘聲煩惱輕智慧長菩提生離地獄出火坑願成

佛度衆生　破地獄眞言　唵㘕羅帝耶莎婆

麦0037《毗尼日用全部》卷首

五

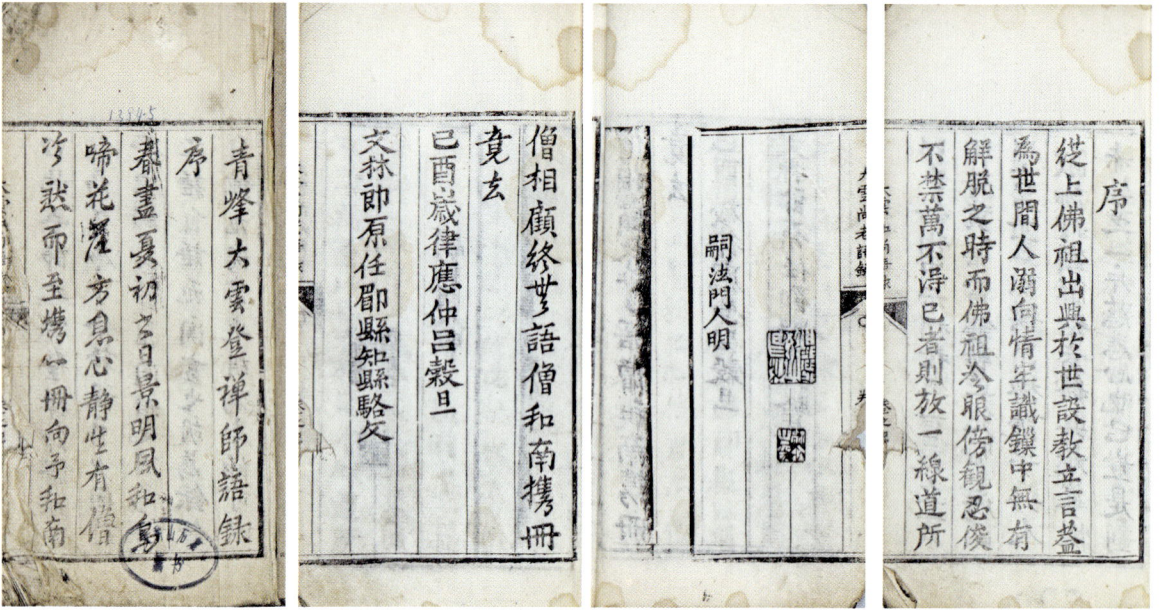

麦0049《青峰大云登禅师语录》序一、序二

青峰大雲登禪師語錄

序

羣盡夏初名曰景明風和
啼花灌芳貞心静坐有僧
冷然而至携一冊向予和南

文林即原任鄮縣知縣駱文
竟玄
巳酉歲律應仲呂榖旦
僧相顧終芟語僧和南携冊

嗣法門人明

序

從上佛祖出興於世設教立言蓋
為世間人溺向情牢識鑕中無有
解脫之時而佛祖冷眼傍觀忽後
不禁萬不得巳者則放一線道所

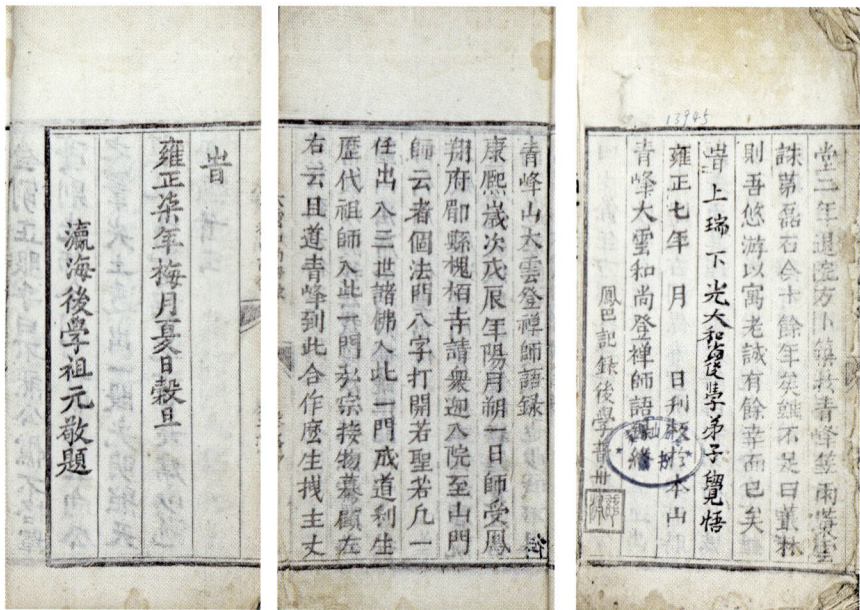

瀛海後學祖元敬題
雍正柒年梅月夏日榖旦
昔

青峰山大雲登禪師語錄
康熙歲次戊辰年陽月朔一日師受鳳
翔府鄮縣槐栢寺請衆迎入院至山門
師云者個法門八字打開若聖若凡一
任出入三世諸佛入此一門我宗接物慕顧在
歷代祖師入此一門
右云且道青峰到此合作廢生找主丈

青峰大雲和尚登禪師語錄
鳳邑記錄後學黃冊
雍正七年　月　日刊版　本山
曾上瑞下光大程僕學弟子覺悟
堂二年退遼方小鎮於青峰蕐雨蒙室
誅第磊石合十餘年癸雖不是日薰林
則吾悠游以寓老誠有餘幸而巳矣

六　　　麦0049《青峰大云登禅师语录》序二末、卷首、卷末

佛說諸品仙經

菩薩摩訶摩訶般若波羅蜜

十六會說八部真金金剛般若總包含字偈義盡如法力無邊訊

諷利人天

南無祇園會海佛菩薩三稱

願以此功德　普及與一切

我等遍眾生　皆共成佛道

雍正八年八月　吉時　抄寫弟子　性潛敬書

麦0050《佛说诸品仙经》封面、卷末

天目晦石禪師臨濟四賓主辨卷一

書記明瑛錄

白巖位中符公答祁居士賓主書載位公重茸
人天眼目後題名四賓主論見言答祁賓主之書
辨曰者即師辨
白岩訛處也也
答書云賓主原有機用功勳之別一經料簡自成
四位且無論濟洞互有之當時五宗諸祖自處與
夫垂手接人未嘗不各各其有之特臨濟所示眾
者乃機用邊攝即涉兄所謂相見賓主也洞山所
示眾者乃功勳邊攝即涉兄所謂本分賓主也二

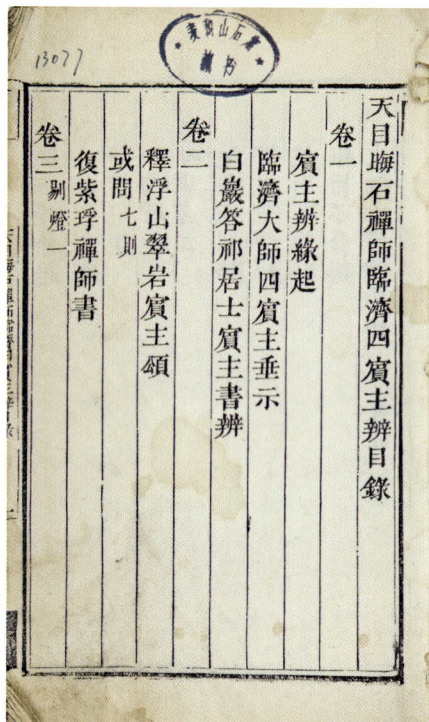

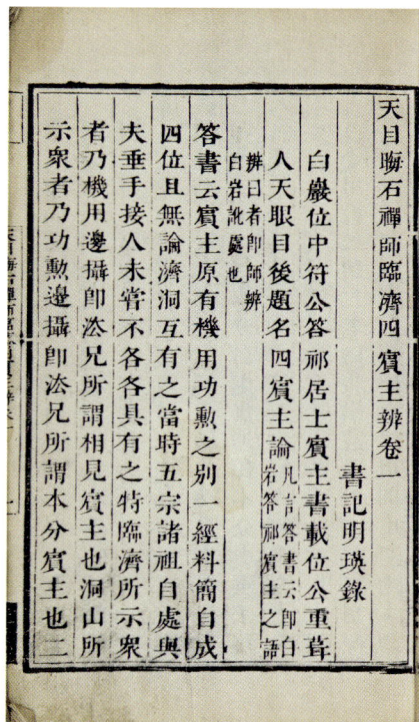

麦 0063《天目晦石禅师临济四宾主辨》目录、卷首

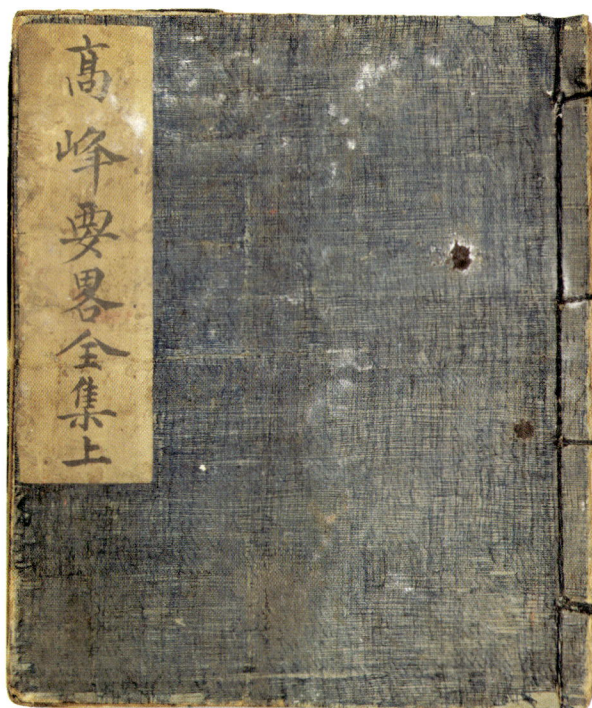

高峰要畧全集上

麦 0069《高峰要略全集》封面

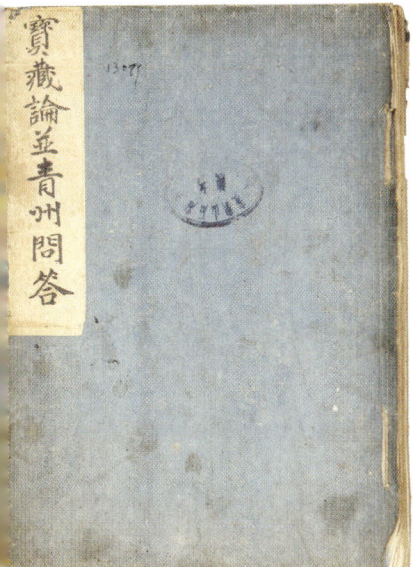

麦0085《宝藏论并青州问答》封面、序、卷首

麦0085《宝藏论并青州问答》卷中（《羯磨问难法》）

麦 0143《销释金刚科仪卷上》封面、卷首

麦 0143《销释金刚科仪卷上》卷末

徒將七寶施三十　四句親聞了上根
無量劫來諸佛祖　從茲起出涅槃門
慧燈不滅魔難入　智鏡常明憂不侵
堪嘆浮生瞌睡漢　從他萬劫炎昏沉
頭影焦然乾竹釵　兩肩搭水又搭柴
厭惡女身歸去來
一生貧賤多辛苦
五果并四向　本體元無相
四向誰先絲毫不掛萬法周圓
圓明彌滿無心照大千
一相無相本自如然不在口宣傳五果

兩目不相似　鼻孔都一樣
一相無相分第九
色聲香味觸法是名須陀洹須菩提於
意云何斯陀含能作是念我得斯陀含
果不須菩提言不也世尊何以故斯陀
含名一往來而實無往來是名斯陀含
須菩提於意云何阿那含能作是念我
得阿那含果不須菩提言不也世尊何
以故阿那含名為不來而實無不來是
故名阿那含須菩提於意云何阿羅漢
能作是念我得阿羅漢道不須菩提言
不也世尊何以故實無有法名阿羅漢
世尊若阿羅漢作是念我得阿羅漢道

麦 0142《销释金刚科仪卷下》封面、卷首

天龍八部遍流通
空生疊疊疑迷妄　大眾重重說偈言
末後了然超百億　明如杲日曜乾坤
真截根源說與君　了無枝葉波清麗
柰何諸道過西來意　猶道休將景示人
極樂家鄉甚紛紜　時禮金容歸去來
因誤果海圓音徹　無諸憂苦樂常諧
金剛般若六度根源內外最中堅三千
大千萬古流傳雙林黙語祖祖重宣
開示悟入象生大有緣
說破無生詁　決定住西方
彌陀極樂圓　常聞般若音
佛說是經已長老須菩提及諸比丘比
丘尼優婆塞優婆夷一切世間天人阿
修羅聞佛所說皆大歡喜信受奉行

上頌宗旨是不通凡聖以金剛王寶劍
萬情掃蕩無餘一任渠明來暗表四方
八面青提他去歇去一念萬年去
熟如是且道末後一句誰堪奉行吽
曲盡方便美則美了末了為論最
直得虛空念消殞

昔梁武帝請傅大士講經大士
聲便萬下座如斯洪範千古久明不昧一
弘慈當機辨首隱大士揮又講經
之菩提凡情聖解俱空生死涅槃如夢
成就空花佛事度幻化之含識證實滅

麦 0142《销释金刚科仪卷下》卷末

一一

麦 0146《妙法莲华经卷第七》封面

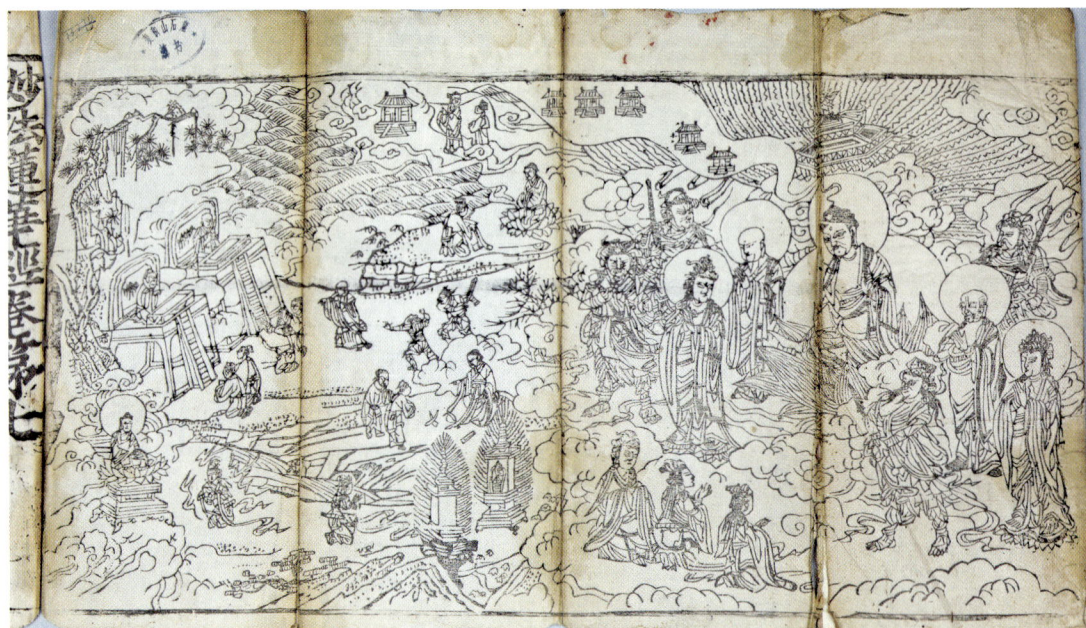

麦 0146《妙法莲华经卷第七》版画

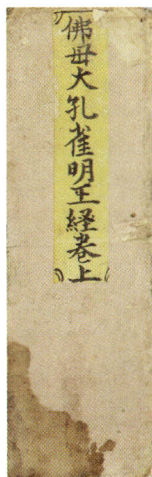

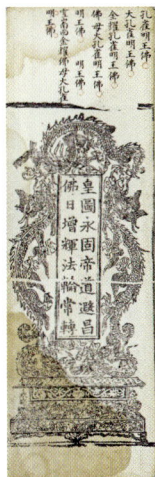

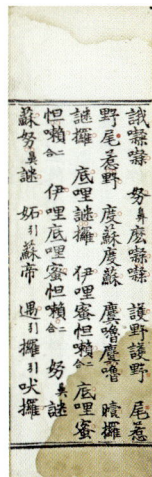

麦0150《佛母大孔雀明王经卷上》封面、牌记、卷首、卷末音乐符号

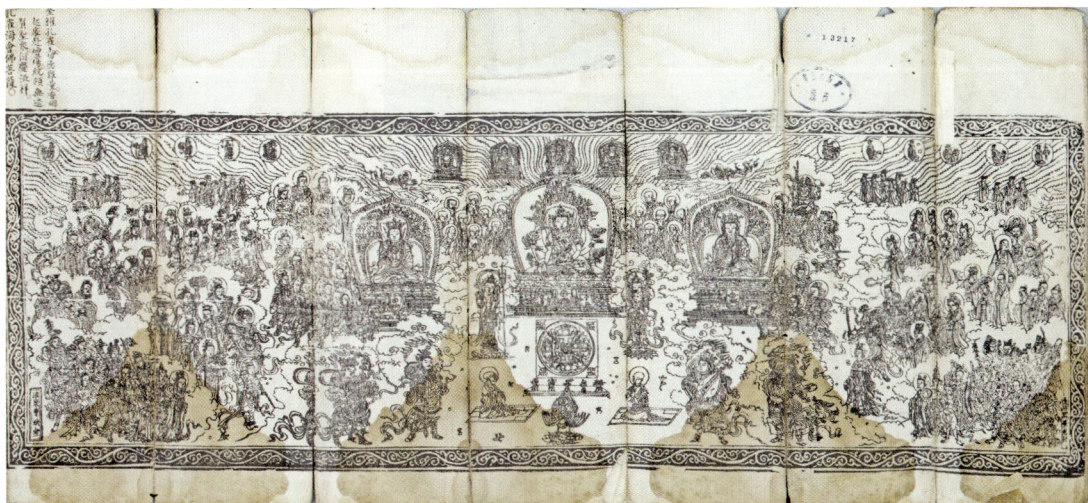

麦0150《佛母大孔雀明王经卷上》版画

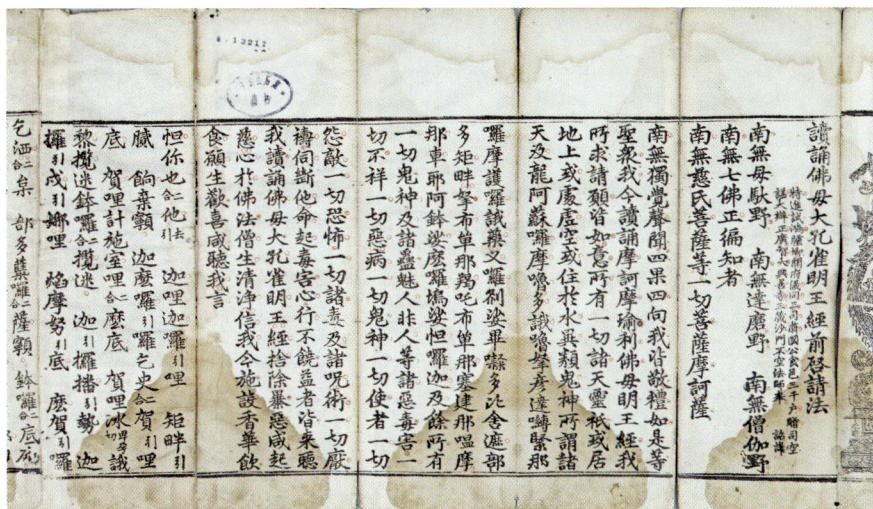

麦0150《佛母大孔雀明王经卷上》卷中音乐符号

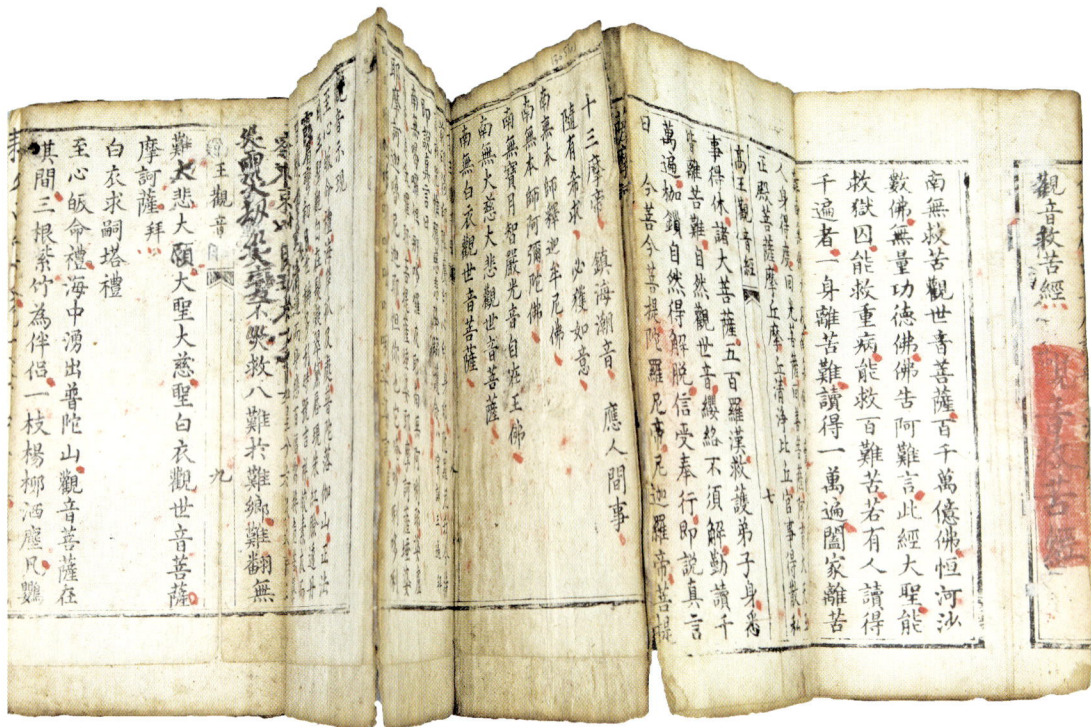

麦 0162《高王观音经》蝴蝶装卷首

麦 0205 、麦 0206《佛母大孔雀明王经》（卷上、卷中）封面

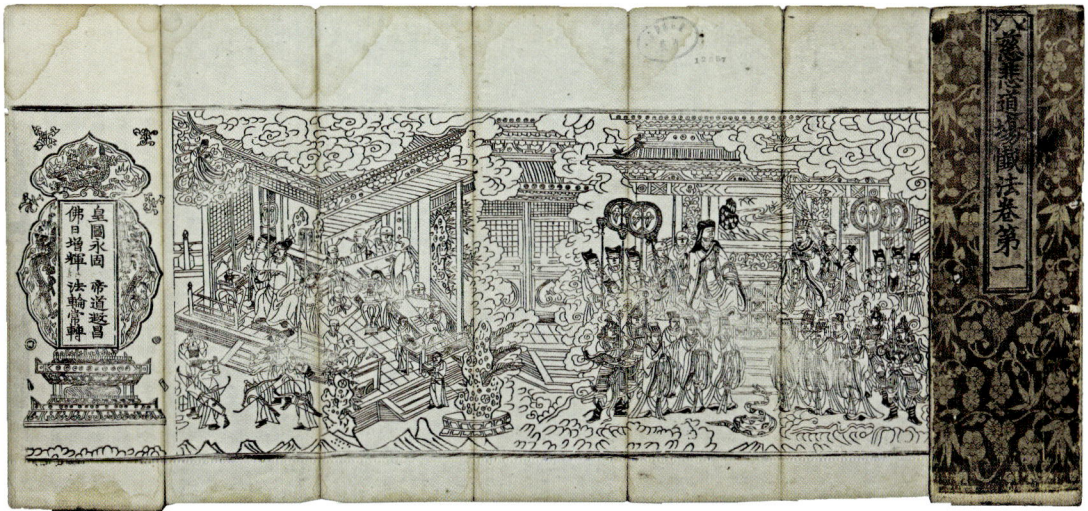

麦 0208《慈悲道场忏法卷第一》封面、版画、牌记

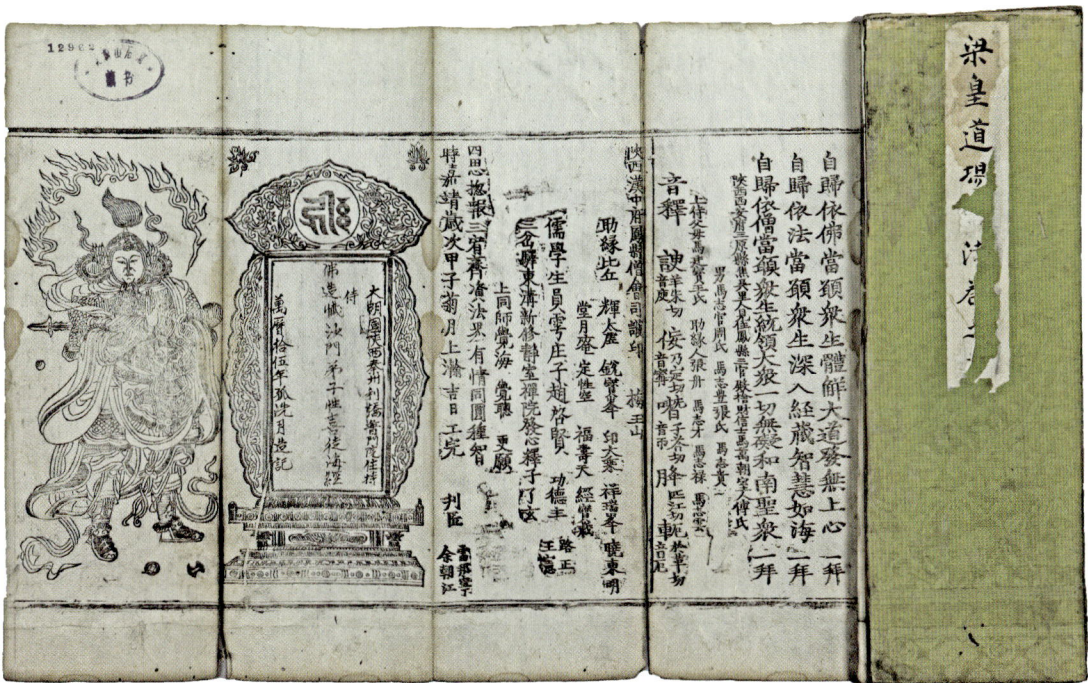

麦 0235《慈悲道场忏法卷第十》封面、卷末牌记、版画

麦 0253 《药方残片》

麦 0212 《光绪三年六月初六日朝阳社社帖》（拟）

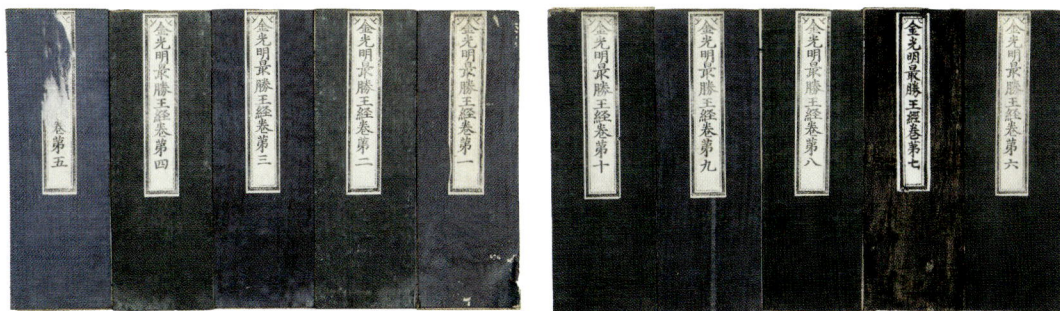

麦 0283–0292《金光明最胜王经》（卷第一至卷第十）封面

麦 0283《金光明最胜王经卷第一》版画、牌记

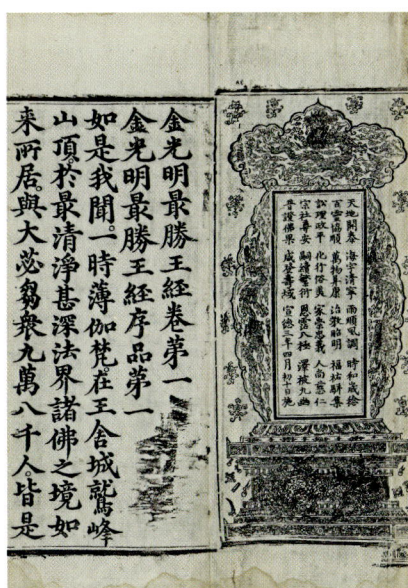

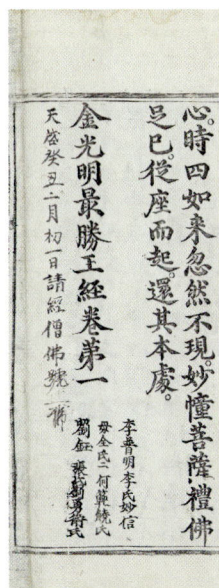

麦 0283《金光明最胜王经卷第一》封面、卷首、卷末题记

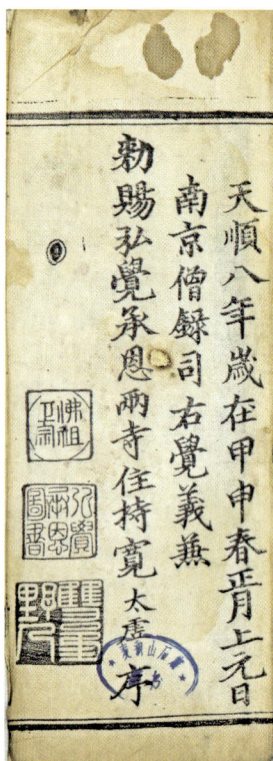

麦 0326《销释地藏科仪全部》封面、序

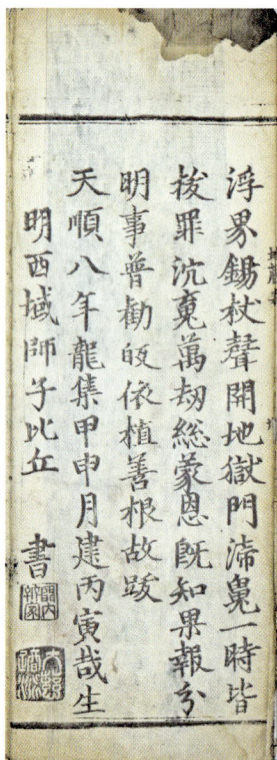

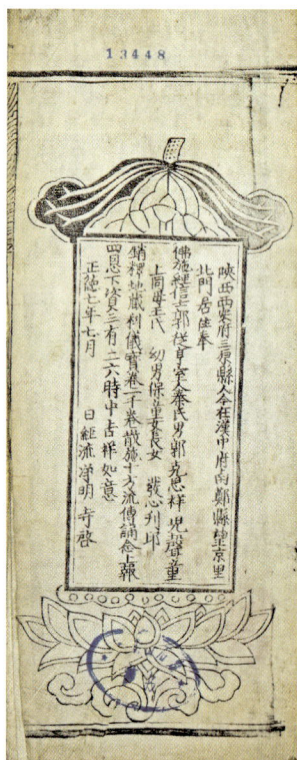

麦 0326《销释地藏科仪全部》卷末、牌记

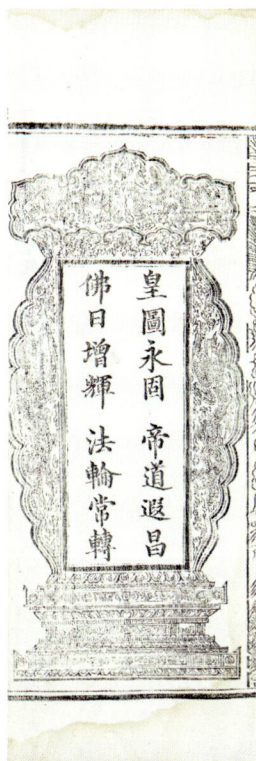

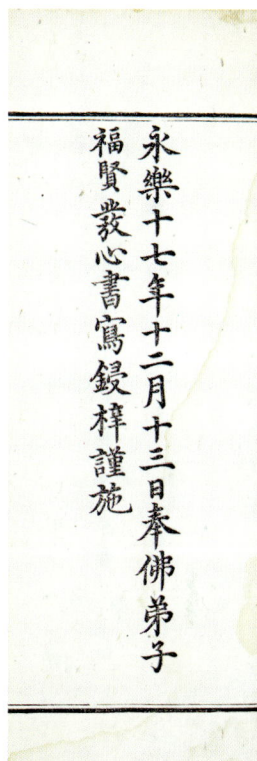

麦0371《大方广佛华严经卷第二十六》封面、牌记、卷末

麦0371《大方广佛华严经卷第二十六》卷首版画

大佛頂首楞嚴經卷第十

隆慶六年林鍾月旣生日侍
佛弟子
明悟沐手書

而莫磧老进君題㖇露利藥沤生沤滅同登覽岸者笑

寫畢楷雞渭固自糜昆所悟村明
嘗積書藏坐菩薩上人顦誦之
一五五三、一八、十七
園陽祝于閬州

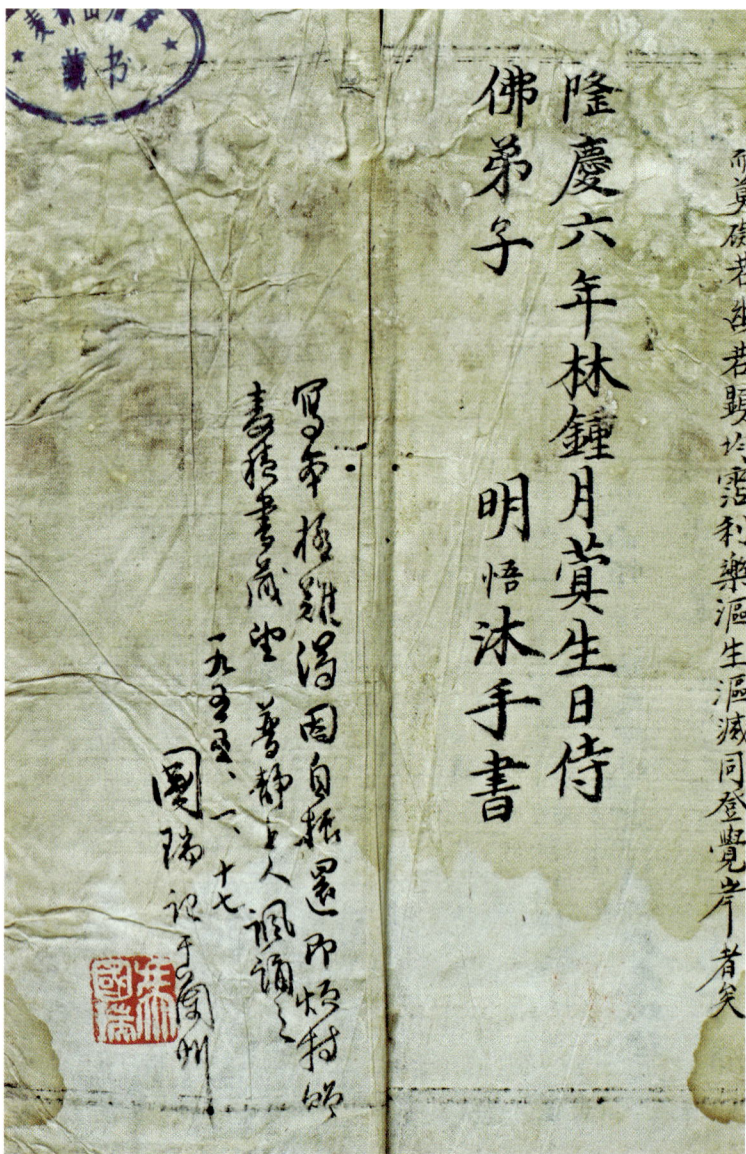

麦0421《大佛顶首楞严经卷第十》封面、卷末及跋

佛說萬佛名經卷第下　佛說萬佛名經卷第中　佛說萬佛名經卷第上　佛說萬佛名經卷第九　佛說萬佛名經卷第五　佛說萬佛名經卷第一

麦0453《佛说佛名经》函套及封面

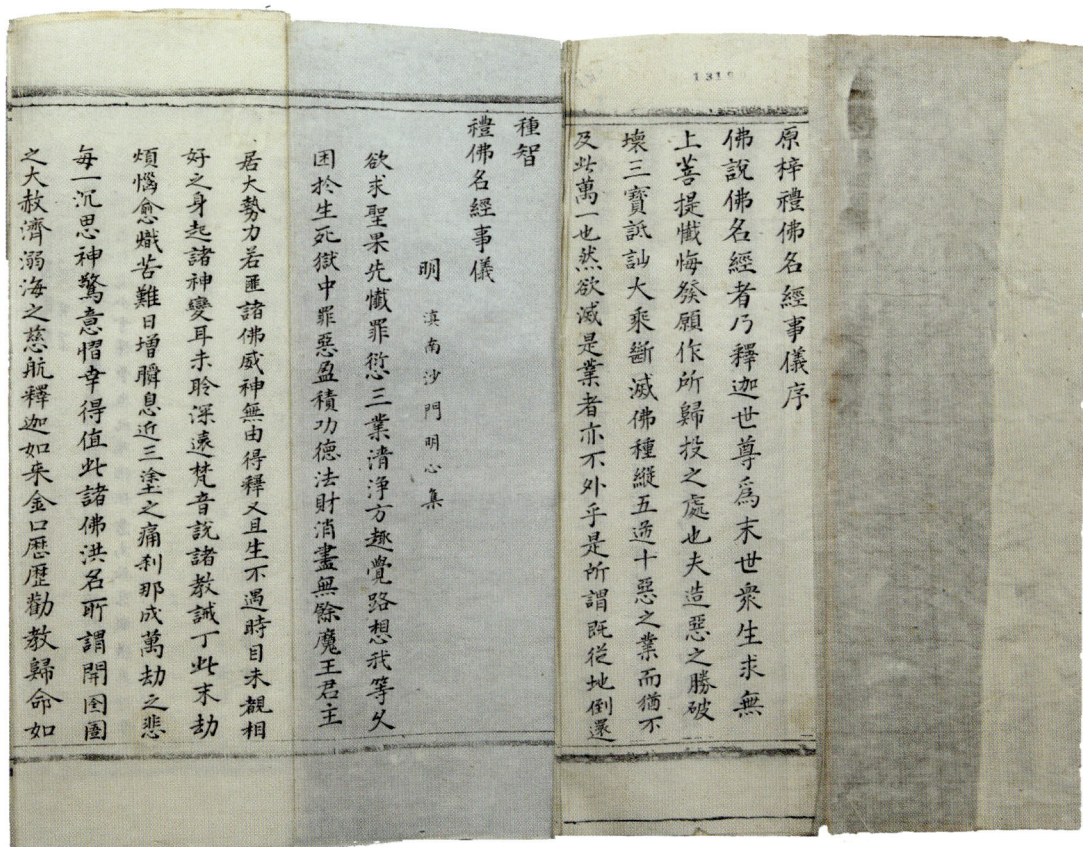

原梓禮佛名經事儀序

佛說佛名經者乃釋迦世尊爲末世眾生求無
上菩提懺悔殘願作所歸投之處也夫造惡之勝破
壞三寶訕謗大乘斷滅佛種縱五逆十惡之業而猶不
及此萬一也然欲滅是業者亦不外乎是所謂既從地倒還

種智

禮佛名經事儀

明　滇南沙門明心集

欲求聖果先懺罪愆三業清淨方趣覺路想我等父
困於生死獄中罪惡盈積功德法財消盡無餘魔王君主

居大勢力若諸佛威神無由得釋又且生不過時目末覩相
好之身起諸神變耳末聆深遠梵音說諸教誡丁此末劫
煩惱愈熾苦難日增牒息近三塗之痛刹那成萬劫之悲
每一沉思神驚意惰幸得值此諸佛洪名所謂開圖圖圖
之大赦濟溺海之慈航釋迦如朱金口歷歷勸教歸命如

二一

麦0453《佛说佛名经》卷首

惟我補陀大士。天竺威神闢方便門弁
弘誓頭種種解脱。何止八萬四千法門。
利益之多。念念即依勝奉六十二億河沙
菩薩之衆。何異呼鳴鍾在簴叩之者。

觀音道場儀文卷之中

請加持法師誦施鬼神食真言
丹結印誦施甘露呪
第三時脩道證真法師事分為十節
警策大衆　啟請上聖　啟祝真靈

麦 0458、麦 0342、麦 0354《观音道场仪文》（卷上、卷中、卷下）卷中、封面、卷中

麦0466、麦0563《大方广佛华严经》（卷第一、卷第八十一）封面

麦0466《大方广佛华严经卷第一》版画

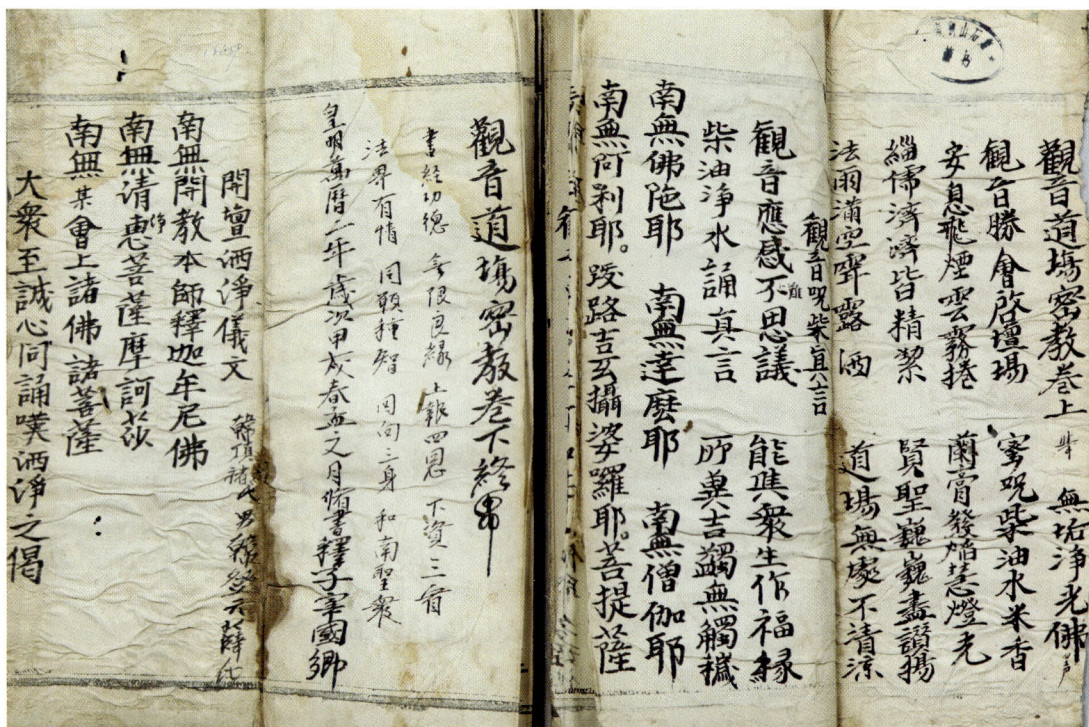

麦0155《观音道场密教卷下》卷首、卷中

觀音道場密教卷上　　無垢淨光佛

觀音勝會啟壇場　窖呪柴油水米香
安息飛煙雲霧捲　蘭膏發燄慈燈光
緇俗濟濟皆精潔　賢聖巍巍盡讚揚
法雨蒲空霏露洒　道場無壞不清涼

觀音呪柴真言
南無佛陀耶　南無達廖耶　南無僧伽耶
南無阿刹耶　跋路吉玉攝婆羅耶菩提薩

柴油淨水誦真言
觀音應感不思議　能集眾生作福祿
所奠吉蜀無觸穢

觀音道場密教卷下終
書經功德　會限良緣　上報四恩　下資三有
法界有情　同霑種智　同向三身　和南聖眾
皇明萬曆二年歲次甲戌春五之月偹書釋子寧鄉
螺頂褚氏男綬經元祐薛氏

閏壇洒淨儀文

南無某會上諸佛諸菩薩
南無清惠菩薩摩訶薩
南無閏教本師釋迦牟尼佛
大眾至誠心同誦嘆洒淨之偈

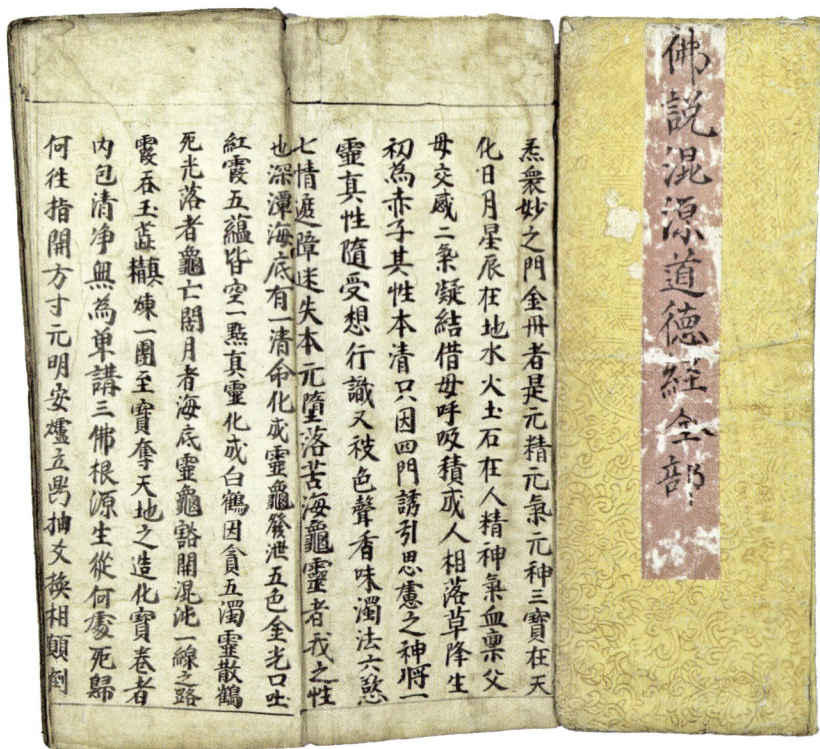

麦 0601《佛说混源道德经》卷中、封面

佛說混源道德經全部

焉眾妙之門金冊者是元精元氣元神三寶在天
化日月星辰在地水火土石在人精神氣血稟父
母交感二氣凝結借母呼吸積成人相落草草降生
初為赤子其性本清只因四門誘引思憶之神將一
靈真性隨受想行識又袂色聲香味濁法六慈
七情遮障迷失本元隨落苦海龜靈者我之性
也深潭海底有一清命化成靈龜簽泄五色金光口吐
紅霞五蘊皆空一點真靈化成白鶴因貪五濁靈散鶴
死光落者龜亡閏月者海底靈龜齧開混沌一線之路
霞吞玉蘊糢煉一團至寶奪天地之造化寶卷者
内包清净無爲單講三佛根源生從何處死歸
何往指開方寸元明安燈五愚抽文換相顛倒

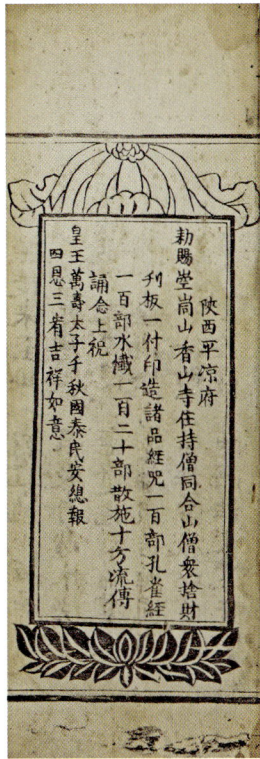

麦0608《佛母大孔雀明王经卷下》版画、封面、牌记

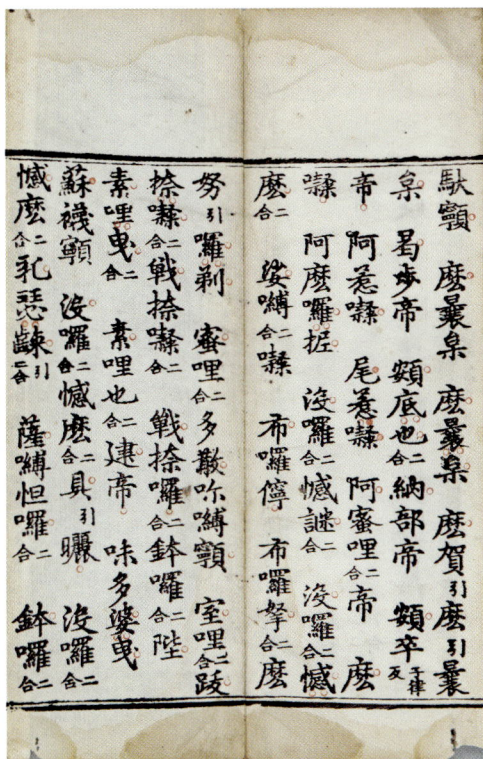

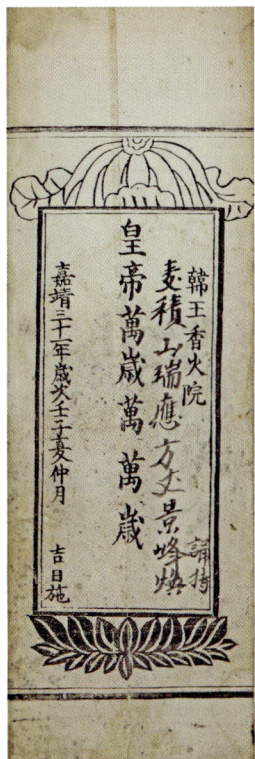

麦0608《佛母大孔雀明王经卷下》卷末、牌记

麦 0610–0622《新集竖宗立教儒释兼济真俗混融孝顺设供拔苦报恩道场教诫仪文》封面

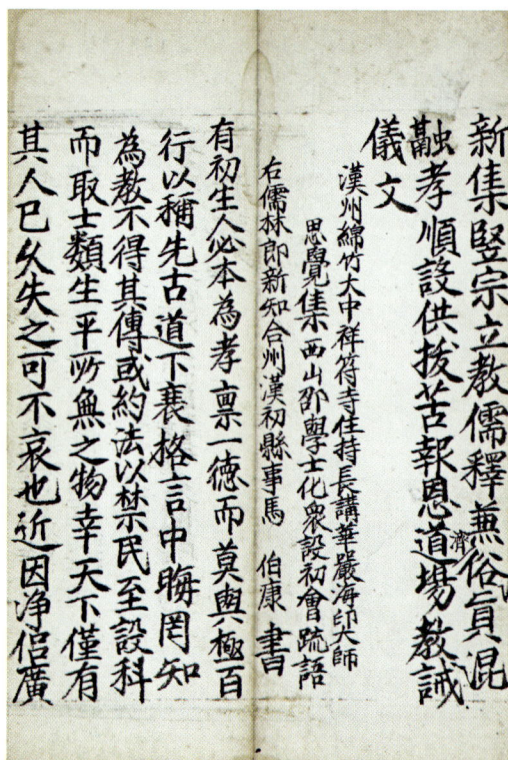

麦 0618《新集竖宗立教儒释兼济真俗混融孝顺设供拔苦报恩道场教诫仪文》卷首

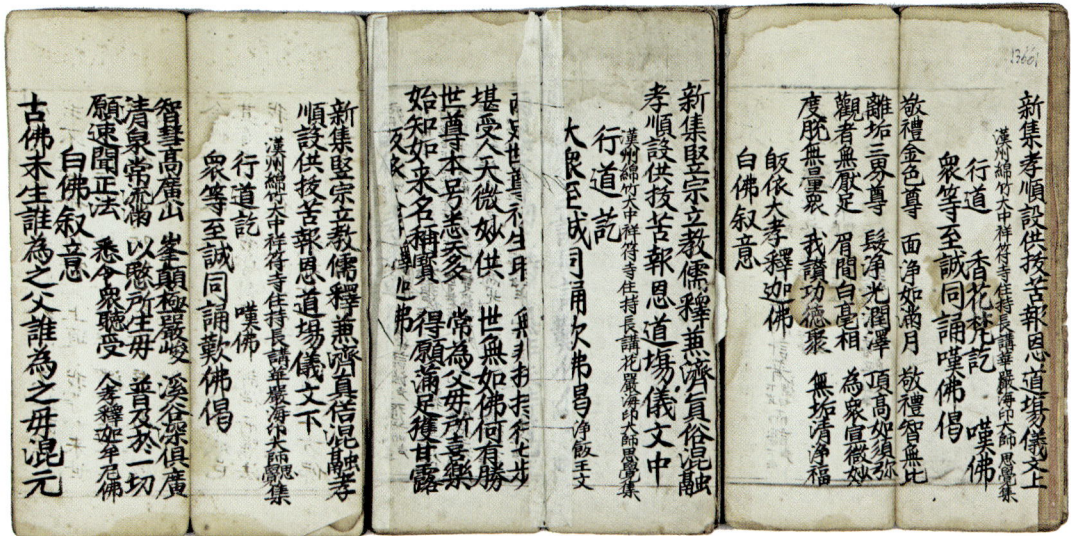

麦 0620 、麦 0612 、麦 0616《新集坚宗立教儒释兼济真俗混融孝顺设供拔苦报恩道场教诫仪文》（上、中、下）卷首

麦 0621 血书《妙法莲花经》七卷封面

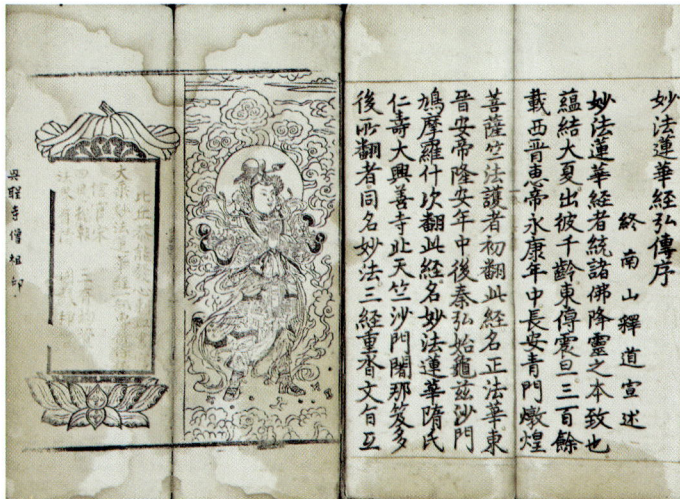

麦 0621 血书《妙法莲华经卷第七》卷末

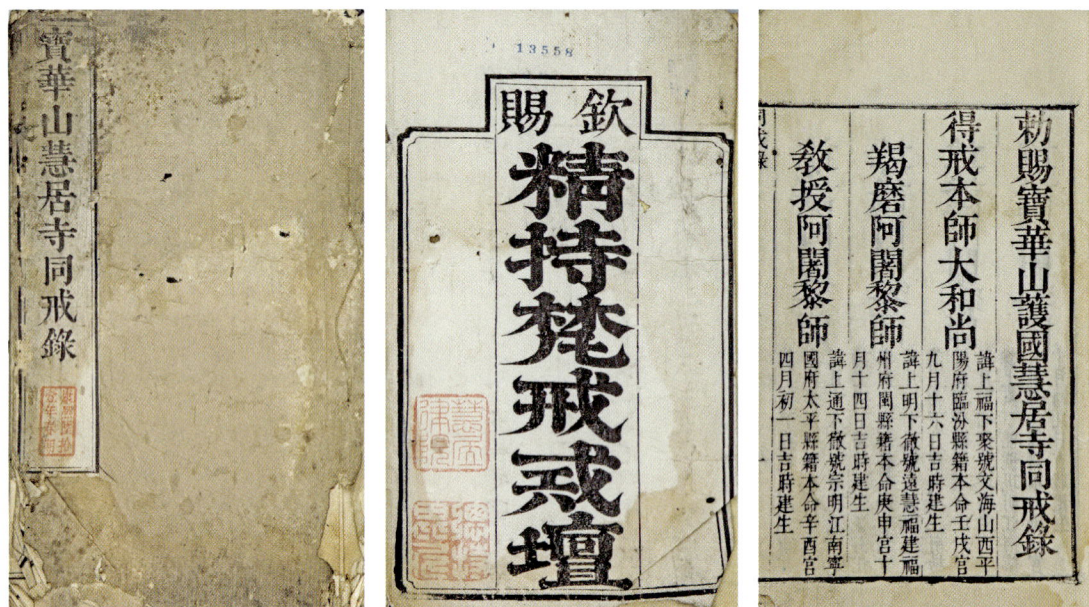

麦 0705《敕赐宝华山护国慧居寺同戒录》封面、牌记、卷首

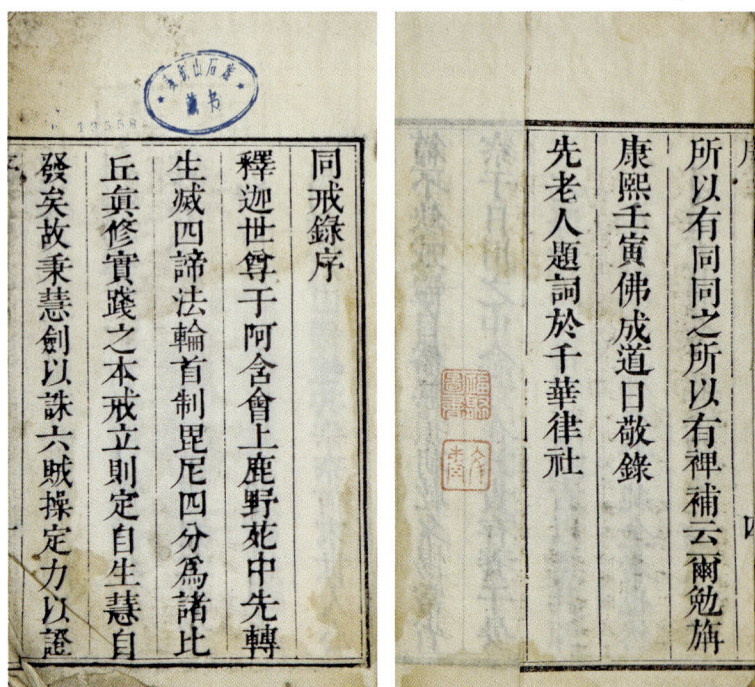

麦 0705《敕赐宝华山护国慧居寺同戒录》序

陝西鞏昌府隴西縣北關文昌宮藏板

六祖大師法寶壇經
畧序
大師名惠能父盧氏諱行瑫母李氏誕師於唐貞觀
十二年戊戌二月八日子時時毫光騰空異香滿室
黎明有二異僧造謁謂師之父曰夜來生兒專爲安
名可上惠下能也父曰何名惠能僧曰惠者以法惠
施衆生能者能作佛事言畢而出不知所之師不飲
乳遇夜神人灌以甘露既長年二十有四聞經悟道

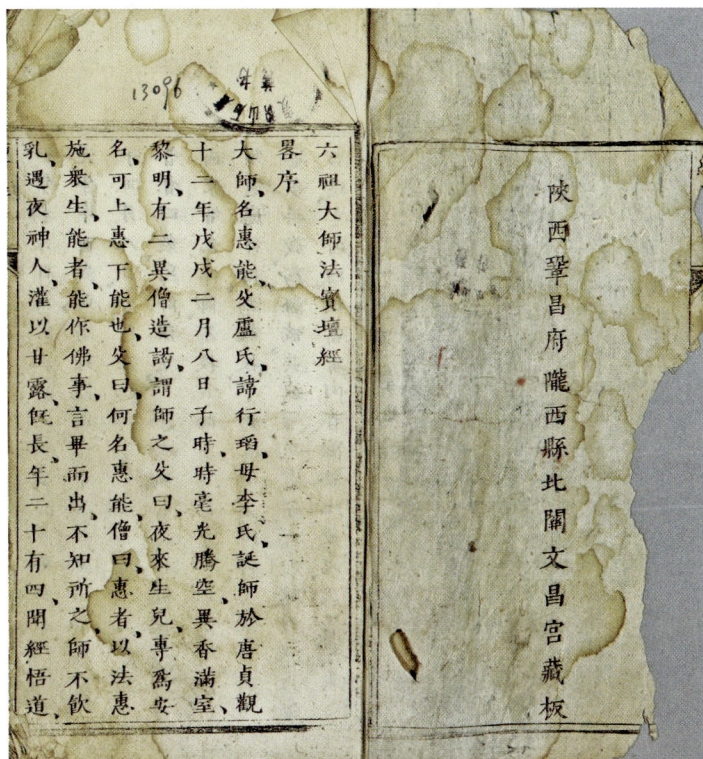

麦0706《六祖大师法宝坛经》卷首

覔斷法都來一簡空無影無形大法身不生不滅識
成真幾経刧石消磨盡寂寂神光依舊明歷盡關山
道路辛這回金榜喜題名男兒志氣誰能禦駒馬縈
歸自在行學道須憑慧力多清江毋或瀟風波融
直入丹霞外滿目戈矛奈我何

印經派布
漳縣正堂劉應瑞施銀四兩印經八十部
兩當縣正堂江中楫施銀壹兩印經二十部
續印信士
李毓芳　梁永盛　牟應福　牟應篤

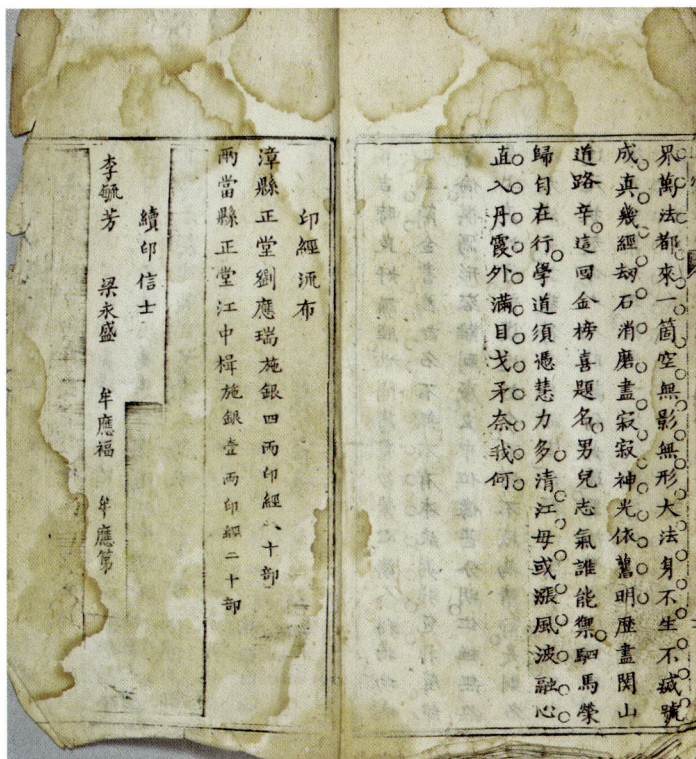

麦0706《六祖大师法宝坛经》卷末

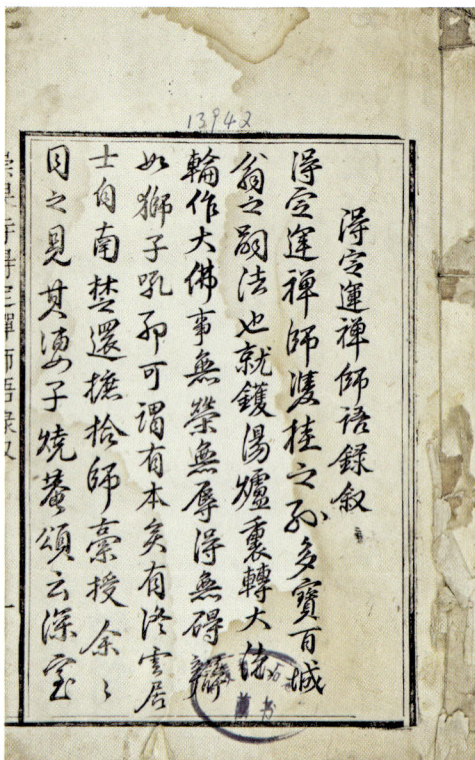

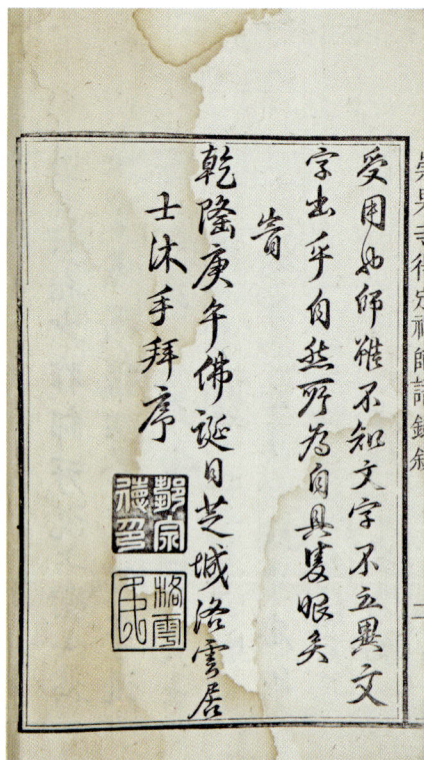

麦 0711《得定超运禅师语录》序

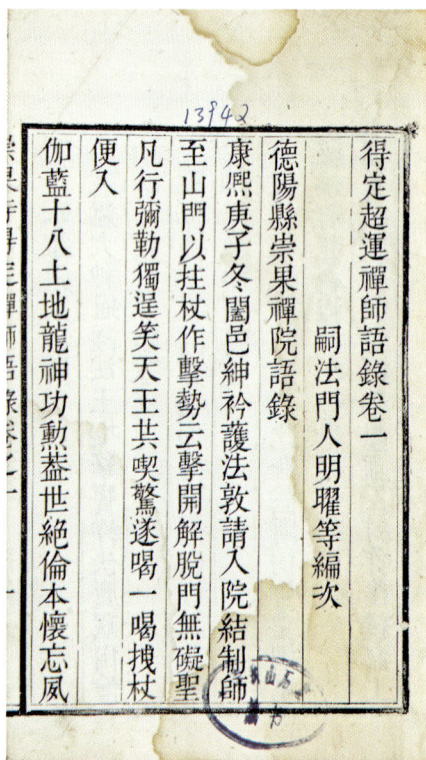

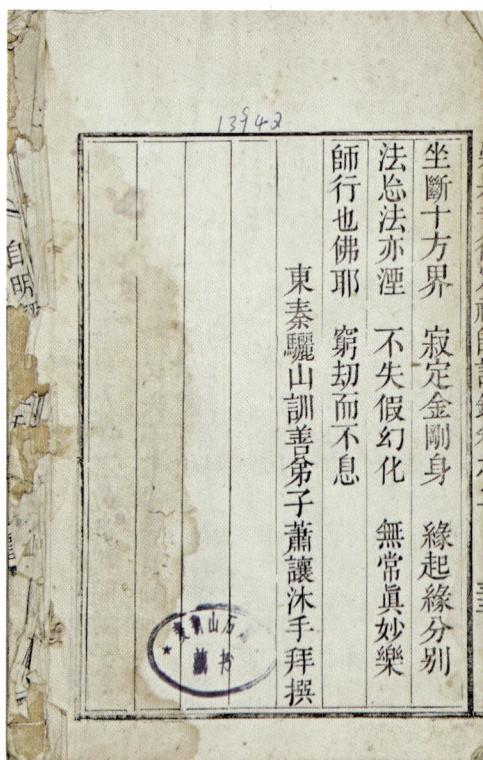

麦 0711《得定超运禅师语录》卷首、卷末

麦0878《参订四书附考备旨善本下孟卷三》卷首、卷末

麦0878《参订四书附考备旨善本下孟卷三》卷中（税票）

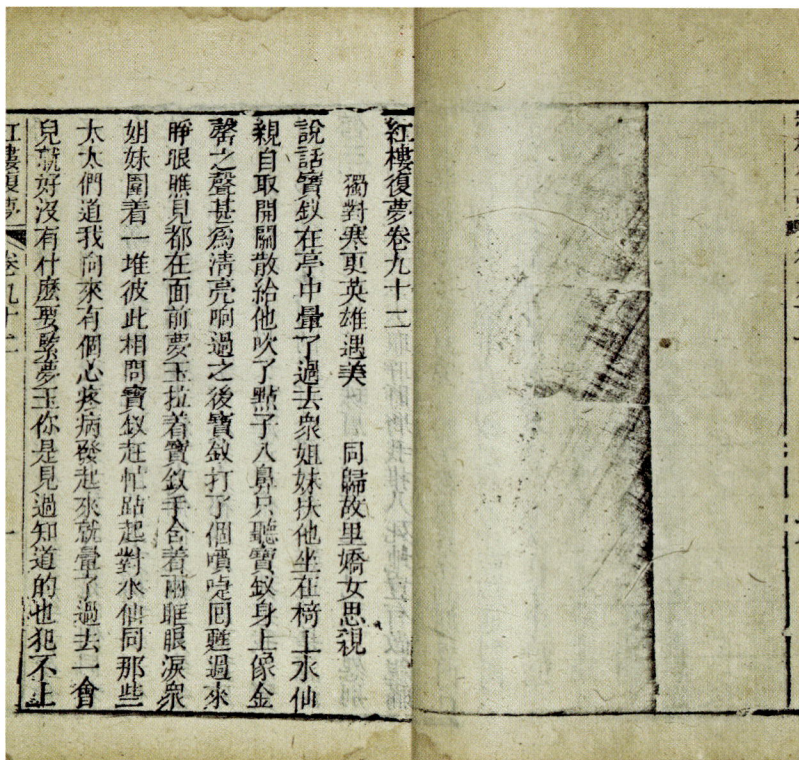

獨對寒更英雄遇美　同歸故里嬌女思視

說話寶釵在亭中量了過去衆姐妹扶他坐在椅上永仙
親自取開關散給他吹了點子入鼻只聽寶釵身上像金
聲之聲甚為清亮響過之後寶釵打了個噴嚏便甦過來
睜眼瞧見都在面前夢玉拉着寶釵手含着兩眶眼淚衆
姐妹圍着一堆此相問寶釵趕忙站對水偶同那些
大太們道我向來有個心疼病發起來就量了過去一會
見就說好沒有什麼要緊夢玉你是見過知道的也犯不止

紅樓復夢　卷九十二

三三一

麦 0924《红楼复梦卷九十一至卷九十五》卷中

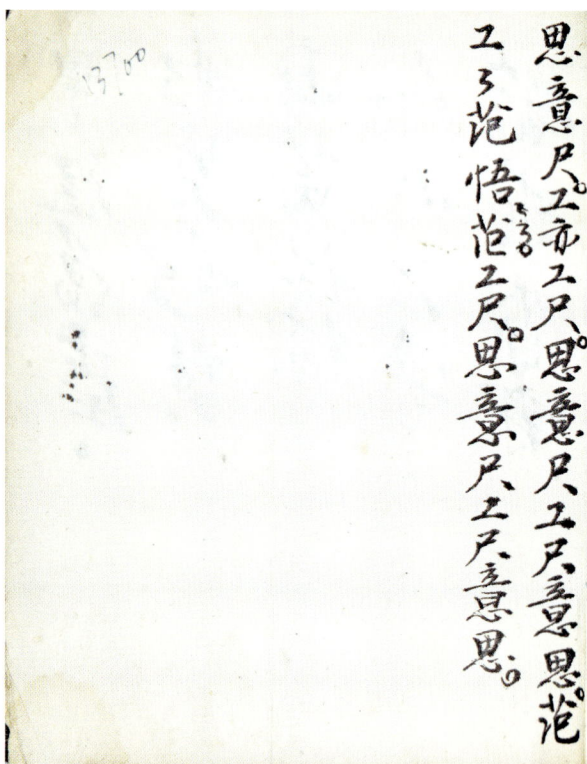

麦 0069《高峰要略全集上》卷末（工尺谱）

麦 0960《释迦牟尼佛像》正面、背面

金光明经卷第四

手摩诸大菩萨摩诃萨顶与诸天王及龙王二十八部散脂鬼神大将军等而作是言我於无量百千万亿劫修集是金光明微妙经典汝等当受持读诵广宣此法復於阎浮提内无令断绝若有善男子善女人於未来世中有受持读诵此经典者汝等诸天常当拥护当知是人於未来世值遇诸佛疾得证成阿耨多罗三藐三菩提尔时诸大菩萨及天龙王二十八部散脂大将军等於佛前五体投地俱发声言如世尊勑当奉行如是三白如世尊勑当具奉行於是散脂大将军而白佛言如世尊勑若於后末来世中有受持是经若是书写若使人书我当兴此二十八部诸鬼神等常随侍卫拥护隐敝其身是说法者皆悉消灭诸恶令得安隐颜不有虑界背六动震动是时诸佛背大欢喜嘱累是经敬赞美持法者现无量神力於是无量无边阿僧祇菩萨摩诃萨大众及信相菩萨金光金藏常悲法上等及四天大王三十千天子与道场菩提树神坚牢等及一切世间天人阿修罗等闻佛所说皆发无上菩提之道踊跃欢喜作礼而去

麦 0968《金光明经卷第四》卷末

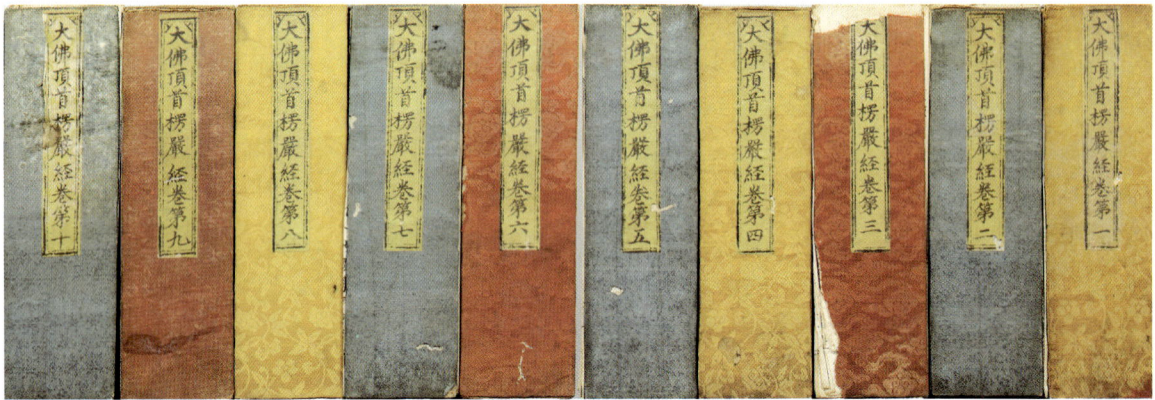

麦 0187、麦 0188、麦 0412、麦 0348、麦 0572、麦 0573、
麦 0574、麦 0423、麦 0422、麦 0421《大佛顶首楞严经》（卷第一至卷第十）封面

三四

序

侯 冲

2012年9月下旬，在麦积山石窟艺术研究所屈涛、李晓红二位老师的帮助下，我对麦积山石窟艺术研究所资料室所藏文书作过初步考察，对之有一定的了解和认识，知道这批文书有其独特价值，却由于相关介绍不多，故长期不为人知。李晓红主编的《麦积山文书总目·索引》一书将由上海古籍出版社出版，李晓红老师向我索序。今不避谫陋，将当年考察的认识作一汇报，盼能有裨于大家对这批文书的认识。

一、麦积山石窟艺术研究所资料室藏文书及相关研究

麦积山石窟艺术研究所的前身，是天水麦积山文物保管所，1953年9月1日成立，1986年6月更名为天水麦积山石窟艺术研究所。该所下设考古研究室、保护研究室、美术研究室、资料室等部门。所藏文书，就收藏在该所资料室。这些文书的入藏时间，当为该所成立的1953年前后。

这批文书的来源较为复杂。有从麦积山古刹瑞应寺寺僧手中接收而来者，有来自麦积山周围寺院如仙人岩灵应寺者，亦有20世纪50年代中期和60年代初麦积山石窟研究先驱冯国瑞先生两次捐赠者，还有麦积山石窟加固工程中从摩崖大佛胸部出土的"装脏"品，甚至还有来源不详者。目前初步编目的有1500号。年代跨度为唐代至民国时期。其中刻本居多，有700多卷册，且大部分是明刻本。抄本则不足200卷册，主要是明清至民国时期所抄。

由于大部分文书的年代都不早，所以虽然早在1987年夏天即整理编纂了目录索引，但最初人们对之并不重视，如在1998年完成、2001年定稿的《麦积山石窟志》中，仅收录了5件古文书，故它们一直不为世人所知。后来人们之所以关注并重视它们，与云南发现并公布了相关材料有关。

1998年，我在《中国有无"滇密"的探讨》一文中，对保存在云南民间的汉地佛教科仪《如来广孝十种报恩道场仪》(本名《孝顺设供拔苦报恩道场仪》，宋代四川绵竹大中祥符寺僧人思觉集)作了简要介绍。1999年，又在《宗赜〈孝行录〉及其与大足宝顶劝孝石刻的关系》一文中，利用该科仪探讨了大足宝顶劝孝石刻与宋僧宗赜《孝行录》的关系。北京大学马世长教授长期关注佛教报恩经及其图像研究，这两篇文章披揭的《报恩道场仪》，引起了

他的注意。2001年,麦积山石窟艺术研究所的屈涛先生在阅知上述文章后,随即对外宣称,该所资料室也收藏有该道场仪。得知这一消息后,马世长教授于2003年秋,专程到麦积山石窟艺术研究所,对这批资料作了首次考察。

鉴于这批资料不为学界所知,马世长教授建议先发表目录,在全部资料整理之前,择其重要者,先行公布部分照片和简要的说明与有关介绍。以此,《敦煌研究》2003年第6期发表了李晓红《麦积山文书概述及几件重要文书介绍》、翟玉兰《麦积山瑞应寺藏〈妙法莲花经〉和〈报恩仪文〉》。2004年以后,魏文斌、李晓红合作发表了《麦积山明代写本〈报恩仪文〉初步研究》《麦积山明代写本〈报恩道场仪〉及相关问题》《麦积山藏"报恩科仪"儒释孝子事迹考及相关问题》等文章。李晓红除在2008年出版的《瑞应寺遗珍》中发表《麦积山瑞应寺藏写本〈报恩道场科仪〉述论》外,还在此后出版的《麦积山石窟研究》中发表《麦积山寺院住持资料辑录》,与张延清在《敦煌研究》上发表《麦积山石窟艺术研究所藏古藏文经卷考录》等文。由于这批资料尚未全部整理,亦未全部公开,相关研究显然只能随着整理进程的推进和资料的全面公开才会越来越多。在这个意义上,《麦积山文书总目·索引》无疑具有开先的意义和价值。

二、考察情况与新认识

由于时间关系,我当年主要是对已入目文书进行了有选择性的考察。对数种未入目或定名不确的文书,则对其作了定名或拟名、确定年代等工作。

此前已经有过部分介绍的,主要考察了以下几种:

1.《新集孝顺设供拔苦报恩道场仪》

即上文翟玉兰、魏文斌、李晓红所说《报恩仪文》《报恩道场仪》《报恩科仪》《报恩道场科仪》。本名《如来孝顺设供拔苦报恩道场仪》。后被改名《如来广孝十种报恩道场仪》等。作者为"汉州大中祥符寺住持、长讲华严海印大师思觉"。有多种抄本存世。麦积山本抄写在成化十四年(1477)血书《妙法莲华经》背面,经折装,共七册。特别指出的是,在考察过程中屈涛先生注意到,此《妙法莲华经》系用无墨刷版形成凹痕,在凹痕内用血和墨描摹、填写而成的描摹填写本,并非普通的血书,故而极为珍贵。

麦积山本《报恩道场仪》卷首除题"西山邵学士化众设初会疏语"外,还有"右儒林郎新知合州汉初县事马伯康书"的题署,尾则署"弘治四年伏羌县儒学廪膳生员谢子宁述"、"琭荆峰永琭记耳"。由于至少有两种以上字迹,故书写者亦当至少有二人。南朝齐时始置汉初县,唐武德元年(618),改涪陵郡为合州,汉初县属之。元至元二十年(1283)省汉初县以前,一直因之。则所谓"右儒林郎新知合州汉初县事马伯康"为元以前人,非此明抄本的抄写者。尽管已经是明抄,在目前所见云南、甘肃等地抄本中,本抄本抄写年代仍然最早。与云南抄本不同的是,本抄本是"新集"即新编或节略的本子,而且不是法会用文本,所以抄写的内容不完整,往往有目无内容;各本间不能配合,无法用来举行实际的法会仪式;部分内容抄写粗疏,又缺少校对,所以文字完整性和准确性均不如云南抄本。前称此本"是目前国内现存最早且最完整的",最早没有错,但完整则非其实。就目前所见来看,文字仍然以云南清抄本保存得较为完整。

2.《观音道场仪》

全名《圆通三慧大斋道场仪》或《三慧圆通大斋道场仪》。略作《圆通科》《观音科》等。作者为宋代居士侯溥。在四川、云南、贵州、湖南、甘肃等地都有流传。《藏外佛教文献》第十二辑已综合三种抄本发表了整理本。麦积山石窟艺术研究所资料室收藏有该科仪的明代经折抄本两种,一种为《观音道场仪文(上、中、下)》,一种为《观音道场密教》卷上、卷中、卷下,首尾全。尾题后署"万历二年五月初旬书经释子国卿拙抄(真宰号)/颁造青峰寺施行"。由于是一函完整的道场仪,此前魏文斌、李晓红曾提及,但无法展开讨论。由于抄写时间较早,其文字可以补校整理本。

3.《佛说诸品仙经》

经折装。一册。此经封皮题签作"佛说诸品仙经",内容则是清代雍正年间抄的佛经。翟玉兰称其由四种小经组成,但只介绍了《佛说荷担报恩经》《佛说大藏正教血盆经》和《佛说金刚般若波罗密经纂》。遗漏了《华严字母》。由于卷首的《佛说荷担报恩经》抄写于"雍正十二年五月初九日",而卷末的《佛说金刚般若波罗密经纂》则抄写于"雍正八年八月吉时",现在的先后顺序与抄写顺序不符,说明抄写与装裱成册不同时。

4.《佛说混源道德经》

翟玉兰曾作介绍,称其为时代不明经折写本,尾残。言其内容包括法会缘起(拟)、养气固精分第一、发愿救苦分第二、戒律身心分第三、道本无形分第四、求师气诀分第五、按候炼丹分第六、八卦动静分第七、授持戒惠分第八、运火煅炼分第十、筑基炼己分第十一、迷失真性分第十二、五行分第十三、蓬莱渴分第十四、龙虎交感分第十五(残缺)。称"此经非佛非道,亦不见诸家佛道目录,较罕见"。

此书实为混源教宝卷。本名"佛说混源道德金丹龟灵闰月宝卷",略称"佛说混源道德金丹"、"道德宝卷"。翟玉兰所说"法会缘起(拟)",始为"无上甚深微妙法"偈,终以"画眉絮"唱曲,为宝卷宣演前仪。所存诸品名,"求师气诀分第五"实为"求师乞诀分第五","蓬莱渴分第十四"实为"蓬莱三岛分第十四",缺录"安炉立鼎分第九"。

此前未见明确介绍的主要有以下几种:

1.《销释金刚科仪》

清初抄本,经折装,二册。系将《销释金刚科仪》分为上下卷。上卷从"销释金刚科仪"至"不劳弹指证菩提",下卷从"徒将七宝施三千"至终。内容与《藏外佛教文献》第六辑所收整理本近同。但首题"销释金刚科仪"前有香文和说明仪式内容文:"今日大众同聚会,他年净土愿相逢。戒香定香解脱(云)香,(脱)〔解〕脱知见香。一炷信香,焚在炉上。香烟起处,灌满十方。诸佛菩萨,赴坛场,受供养","举十方佛","白文"。

2.《门外开方佛事》《破湖佛事》

抄本。一册。"玄"字不避讳。当为清康熙以前抄本。原拟题"道场仪文"。包括两部分内容。第一部分首题"门外开方佛事",尾题"开方佛事终"。第二部分首题"破湖佛事",无尾题,末行作"闻早修善果后忏罪业"。后有"三界焰焰(炎炎)如火聚"等杂写,并附有榜文(残)一通。

3.《法事集成》

抄本。一册。封皮署"高峰要略全集上"。首题"法事集成"。内容包括追荐门意、驱逐瘟疫门、年例和瘟意、盂兰意、和瘟兼牛王醮意、又盂兰意、年例意、祈禳意、荐亡填还意、上元意、盂兰意、荐亡意、酬愿荐亡、专荐上山道场无烛意、清醮意、禳疮灾意、又盂兰意、又意(正月用)、世尊降诞意、世尊成道意、观音降诞意、关圣帝降诞意、火神降诞意、药王降诞意、马王降诞意、子孙娘娘意、酬天谢地意、酬愿意、荐考通用、荐妣通用、荐祖父母通用、荐祖通用、荐伯叔通用、荐母姆母通用、荐岳父通用、荐岳母通用、荐兄通用、荐弟通兄、荐姐妹通用意、荐夫通用意、荐妻通用意、荐子意、荐师意、荐徒意、荐继母意、荐兄意、祝圣寿意、寿生意、开光意、脱白意、西方公据、请佛表引、敕书、赦书等。其中"酬天谢地意"用于酬天谢地法事,云南省剑川县阿吒力僧张宗义熟知此仪式,但仪文已佚失。2014年以后,我们在云南鹤庆和昆明等地搜集到用于酬天谢地的仪文,不仅补全了仪文,而且还发现其中部分内容与敦煌遗书可以互相印证。

4.《施食坛规》

抄本。线装一册。无封皮。首题"施食坛规"。以香赞开头,内有无上菩提心戒牒、上师牌座、七如来牌、三十六部牌位、孤魂牌、满圆图形等内容。尾署"大清国甘肃省直隶秦州东乡中社朝阳寺住持僧人聪印",说明为清代僧人的抄本。

5.《佛说受生经》

抄本两种。但都是与其他经文合抄在一起,一种署"佛说寿生经",内容包括经、六十甲子生人看经欠钱数目;一种署"佛说受生尊经",抄在清康熙三十二年周隆盛抄写《金刚经批注》后。内容包括序、经、疏和受生欠钱数。可作为《藏外佛教文献》第十三辑《佛说受生经》整理本的补校本。

6.《佛门杂录(拟)》

抄本。一册。首尾残。原来编目时拟名"道场仪规"。因文本组成较复杂,故拟今名。内容大致包括(《佛说无量寿经》)四十八愿(始于第十六愿)、四十八愿疏、四十八愿牌、二十四诸天牌、十王牌、十地菩萨号、梁皇忏疏、十王疏、外坛八卦符式、五供养篆字、诸用吊卦、破呈牒、风伯牒、元宵疏并门对、韦驮疏、水陆意二篇并门对、荐亡通用意、荐先王意并门对、荐先王妃意并对、荐官员意并对、荐儒流意并对、荐师祖意并对、僧荐师意并对、荐师疏、僧荐徒意、荐祖父母意并对、荐父意并对、荐母意并对、荐岳父意并对、荐岳母意并对、荐伯叔意并对、荐兄弟意并对、荐夫意并对、荐妻意并对、荐男意并对、荐女意并对、道荐师意并对、安禅解制意并对、出关解制意并对、画像开光疏并对、三官圣诞疏三道并对、修寺开光疏并对、龙华三会意并对、盂兰盆会意并对、十王圣诞疏并对、通用意、释迦圣诞疏并对、弥陀圣诞疏并对、释迦成道疏并对、地藏圣诞疏并对、玄帝圣诞疏并对、消灾表、又表、消灾南北表、官宦祈安疏并对、十二圆觉并门对、儒流酬愿疏并对、弥陀道场意并对、金碑斋七佛、无上菩提心戒牒、修设赈济无祀孤魂榜、净土诗、陕西道府州县名、诸杂对、灯河疏并对、祈嗣意、亡人戒牒等。

《梁皇忏疏》中有"奏为大明国入意至散"字样，"玄"字不避讳，结合纸质，可知其主体为明抄本。《水陆意》称水陆为"天地冥阳水陆均利道场"，表明甘肃明代流传的水陆法会，使用的水陆仪是宗赜所集《天地冥阳水陆仪》。而"荐先王意并门对、荐先王妃意并对"，则说明此杂录并非只是适用于普通百姓，对于一方王者及其家属同样适用。利用这些材料举行佛教法会仪式，并非仅仅局限于庶民。

三、小结

综合资料室所编目录和所见，可以看出麦积山石窟艺术研究所资料室所藏文书主要包括以下几方面的内容：

1. 佛教寺院日常用书。包括装脏佛经、习见佛经、寺院日常宗教生活文本如《禅林宝训》、《毗尼日用全部》、《授大比丘具足戒法》等。作为日常诵念文本或宣演仪式的指导性著作，它们是研究明清麦积山及外围寺院日常宗教实践的重要资料。

2. 佛教法会仪式文本。其中有不少材料可以与云南等地保存的材料相印证。是宋代以降汉地佛教仪式研究的重要资料。

3. 善书。清代后期善书较为盛行，全国不少寺院都有收藏。麦积山瑞应寺亦不例外。所见有《玄天上帝垂训文》、《玄天上帝金科玉律》、《修真宝筏》、《黄氏女对金刚经》等。这部分内容据说比较多，整理和认识显然都还有相当大的空间。

4. 其他。由于考察过程中一只铁柜打不开，此前已有介绍的古藏文文书及其他不知名的文书未看到，详情无法了解。

总体来看，麦积山石窟艺术研究所资料室所藏文书，与敦煌遗书、大理凤仪北汤天保存经卷一样都属于重要古代文献遗存，而且有两个共同特点：一是大都残破不全，二是内容较为复杂。但是,与敦煌遗书已经成为国际显学不同,目前对大理凤仪北汤天经卷、麦积山石窟艺术研究所资料室所藏文书的介绍、整理和研究依然较为稀少。李晓红先生等主编出版的《麦积山文书总目·索引》,虽然只是从目录学角度介绍这批文书,却是对这批文书首次全面系统的介绍,既是人们了解这批文书的基础,也是将这批资料与国内其他图书馆如云南省图书馆藏大理凤仪北汤天经卷进行比较,与敦煌遗书中相关资料进行比较研究的重要线索和依据,具有开先的意义。

　　是为序。

2020 年 10 月 10 日于敦煌金叶宾馆

目　　录

前　言

袁德领

乙丑年(1985)我到敦煌研究院遗书研究所工作,开始调查、阅读莫高窟藏经洞文献。当时的任务是将院藏英国伦敦斯坦因、法国巴黎伯希和、中国北京图书馆(今国家图书馆)部分缩微胶卷文献,用扩印的形式复印成纸本文献。学习、了解敦煌文献的途径主要是王重民编《敦煌遗书总目索引》(商务印书馆,1962年初版)和三家缩微胶卷及少量的院藏文献实物。用阅读器进行缩微胶卷的阅读,在惊异之余总觉得有不能够亲手接触的缺憾。时日既久,对于亲近古代文献实物进行面对面地阅读、研究的机会,更是梦寐以求。敦煌文献的历史跨度是从公元四至十一世纪,大约相当于内地朝代的六朝至宋代,那么,元、明、清时代的文献,特别是与石窟寺有关的文献也想有机会了解。

丁卯年(1987)夏,沿河西走廊从敦煌出发向东考察甘肃境内的石窟,在酒泉博物馆见到了几卷宝卷实物,在张掖大佛寺见到了张掖博物馆所藏的几卷明代《北藏》。《北藏》,又称《永乐北藏》,全名《大明三藏圣教北藏》,明代宫廷刻本大藏经,明永乐十九年(1421)开雕于北京,故称。正统五年(1440)完成后,英宗皇帝(1436—1449年在位)于正统十年(1445)敕赐甘州卧佛寺一部。在当时的条件下,车载马驮,跋山涉水,《北藏》经卷345种,685函,3 584卷,历时五年才由京城运至甘州卧佛寺。由于张掖博物馆是属于初建时期,其保存情况、现存具体多少资料等不得而知,再加上我当时是二十出头的年轻人,想要接触更多的实物经卷只能是个梦想而已。年轻时的缺憾与梦想将会影响一生,这是我自己也始料未及的。

当考察进行到麦积山石窟时,我意外地知道了麦积山文书,并在戊辰年(1988)夏进行了初步的调查。次年(己巳,1989)夏秋,蒋毅明先生(时任麦积山石窟艺术研究所资料室主任)主持编纂《麦积山文书目录》,完成编目(0001—1600号)、目录著录(0001—0968号)两项工作。以后的工作因故暂时停止,不想一放就是三十年。这期间,我拜访过国内如北图(今国家图书馆)、南京博物馆、上海博物馆等单位,游学于日本龙谷大学、英国国家图书馆、巴黎国家图书馆等地,只为了探求敦煌文献的真容。戊戌年(2018)春至今,麦积山的同事在原有的《麦积山文书目录》(0001—0968号)基础上,进行校对、修改、补充等工作,并编成了相关的目录索引。这部凝结了三代人心血、间隔三十多年的《麦积山文书目录索引》现已编辑成《麦积山文书总目·索引》，终于可以与广大的读者见面了。

2016年年底，麦积山石窟艺术研究所、炳灵寺文物保护研究所、北石窟寺文物保护研究所等机构划入敦煌研究院管理。从四地六座石窟(莫高窟、西千佛洞、榆林窟、麦积山、炳灵寺、北石窟寺)乃至全国范围内的通盘考察，我们对麦积山文书可以得出以下四个方面的认识：

一、麦积山文书与莫高窟藏经洞文献一样，同属于寺院文献，保留有相当数量与寺院、石窟有关的资料。已知的一千六百多号文献，大多是属于麦积山下瑞应寺所藏的文献，虽然在数量上不足藏经洞文献的三十分之一，但其独立性与完整性是藏经洞文献无法代替的。麦积山文物保管所(麦积山石窟艺术研究所前身)于1955年从瑞应寺接收后一直由其资料室保管，其间没有遭受人为的散失与损毁，基本上保留了解放前瑞应寺藏书的情况。这一点我们可以从冯国瑞先生1941年著的《麦积山石窟志·瑞应寺·藏经》条中得到证实。

二、麦积山文书在历史的延续性方面，可以弥补莫高窟藏经洞宋代以后文献缺失的不足。麦积山文书有少量的唐、元代的文献，大多是明清时期庋藏，总数在百分之九十以上，而明、清两朝所占数量的比例又相当，这就为我们丰富、扩展了研究石窟寺的内容。

三、甘肃是个文物大省，麦积山处于甘肃的最东端，莫高窟在最西端，在地域上东西呼应，时间上前后衔接，再加上河西走廊、陇上南北的石窟寺资料的补充利用，其石窟与寺院文献紧密关联性，是全国乃至在世界上都是独一无二的。我们知道，在云岗、龙门、大足等石窟单位仅存有石窟资料，而与其相关的寺院实物资料多已不存，国外情况大致亦是如此。

四、麦积山文书的地方独特性，是其他地方的资料所不能够替代的。麦积山所在的天水，是丝绸之路的重镇，东望长安，西接河西，南临巴蜀，北眺河湟。独特的地理位置与从属于寺院藏书的特性，使之具有丰富的内容。详细的内容，我们已经在《麦积山文书拾掇》一文中介绍，读者可以参读。为了让大家有一个初步的认识，我们将大致的内容和一些补充材料分述如下：

1. 关于麦积山文书的来源与组成，主要有三个方面：一者，为麦积山瑞应寺历代僧众所遗留之文书(包括冯国瑞先生捐赠瑞应寺寺僧之佛经)；二者，为麦积山周围寺院历代僧众所遗留之文书；三者，为麦积山石窟以及附近出土文书。

2. 麦积山文书中，唐代两件、元代十件没有留下确切的纪年题记，明清两代留下了初刻、初写、复刻(写)、装裱、杂写等类的纪年题记逾三百条之多。其中，出现过一次而不重复的就有一百四十五则有纪年的题记；覆刻本记录初刻于"永乐十七年(1419)十二月十三日奉佛弟子福贤发心书写锓梓谨施"的题记超过一百条。这些有纪年的题记,为我们考定、排比文献的年代提供了有力的依据,也为其他地区类似文献的定年提供了证据。其中涉及大量的人名、地名,请参照《人名索引》《地名索引》。

3. 我们将麦积山文书大致分为三部分:佛家类文书,约八十四种,680 余件(卷),其中还应该包括清代初期道场诸圣牌 34 件以及圣像之下列插的牌竿 46 件;儒家类文书,约五十七种,约 150 件(册),其中涵盖了经、史、子、集部,就用途而言以蒙学、应用类的题材为多;民间信仰类文书,约六十六种,约 97 件。

4. 在版本学方面,着重介绍了写本、刻本两类。在已经编目、整理的 0001—0968 号麦积山文书中,刻本 780 余件,写本 160 余件,纸本画 34 件。就其装帧形制即装式而言,有卷轴装、梵夹装、蝴蝶装、包背装、经折装、线装,其中以经折装、线装为大多数。

在上文中我们还介绍了覆刻本、版画、大字本、纸张等方面的内容,许多问题当时还没有充分地讨论、介绍。下面,我们想补充三个问题。

一是麦积山文书与"南北藏"、"嘉兴藏"的关系。明朝永乐年间(1403—1424)下诏南京与北京分别写录、翻刻大藏经,是为南藏、北藏。我们知道河西地区如张掖大佛寺藏有《北藏》,那么"永乐十七年(1419)十二月十三日奉佛弟子福贤发心书写锓梓谨施"等翻刻的经典是属于《南藏》,还是《北藏》? 其中的关系如何?《嘉兴藏》,明末清初刻选的私版藏经。又名《径山藏》。发起于明嘉靖末隆庆初,到万历七年基本确定。其雕刻地有山西五台山、浙江余杭县的径山,后又分散在嘉兴、吴江、金坛等地募刻,到清康熙十五年(1676)完工;由嘉兴楞严寺集中经版刷印流通。在麦积山文书中,有关"嘉兴藏"的记录有数条:《诵沙弥律仪卷第二十一》(麦 0001)中,有"匠人梓嘉兴藏板四部"。《妙法莲华经卷第三至四》(麦 0051),有牌记:"嘉兴府秀水县伏礼乡三十都列一字圩信士陈明玄"、"大清国浙江嘉兴府秀水县伏三十都列乙字圩信[士]卜梅"。《梵网经菩萨戒》(麦 0056、0735),有"重刻南京嘉兴府楞严寺大藏原板,四分戒律,/梵网经,沙弥要律,毗尼日用,附羯磨。诵戒法/仪音释四卷"。《禅林宝训合注卷三、四》(麦 0733),有"重梓行由(略),时康熙十二年(1673)孟春,寓岐山县青峰高店镇十方高院/解制后,命工锓梓金陵嘉兴府楞严寺大藏,同行/净慧居士张公合注宝训四卷全部,/西安府乾州上巨里董城寨敬刻一卷(下略)"等。另外,关于藏经目录中没有收入的古逸经也是一个重要的研究方向。据李晓红先生的研究,麦积山文书中存有一批古逸经典,可以为将来大藏经的研究补充若干的资料。

二是民间信仰类文书的资料利用,与解决明清时期三教合一的民间信仰在石窟中流行问题。我们知道麦积山石窟及附近的仙人崖石窟等,存在三教合一民间信仰题材,这些题材很难用某一种信仰来独立解释,据说麦积山的同志正在进行和完成的《陇东南地区的中小石窟寺》的调查和研究中,也遇到有类似的问题。我们期待这方面研究成果的出现与利用。

三是麦积山文书中儒家经典的存在,当与寺学有关。我们在进行这批文献的分类时颇伤脑筋。前时读黄永年《介绍一个世纪前的童蒙读物》(2020年8月3日《善本古籍》微信版)中,介绍了南京著名的李光明家刻书铺的一则广告并附照片,是有曹文埴序和光绪十七年(1891)黟县李宗重刻序的《香山诗选》(六卷两册),售书广告页上有"状元阁爵记印"六字,"状元阁爵记印"下开列了"江南聚宝门三山大街大功坊郭家巷内电线局西首秦状元巷中李光明家自梓童蒙各种读本,拣选重科纸张装订,又分铺状元境、状元境口、状元阁发售,实价列下"一段话,介绍分卖的情况。其分类为"蒙训"、"闺训"、"史籍"、"经类"、"文稿"、"诗钞"、"杂学"和"良方"八类,颇值得我们借鉴。原文为单丝栏版框分四栏竖排,今按横写,"/"为换行号,照录如下:

蒙训/状元红执笔法贰拾文/名人摹本另有价单/欧三字经陆拾文/欧百家姓贰拾陆文/欧千字文肆拾贰文/欧体格言叁拾文/圣贤孝经伍拾文/三字孝经贰拾肆文/弟子规肆拾文/古事廿四孝壹百文/昔时贤文拾柒文/阴骘文诗柒拾文/空谷传声壹百文/三字经图考陆拾文

闺训/凤鸣女儿经贰拾文/女四书壹百肆拾文/醒闺编壹百肆拾文

史籍/三才论略贰百文/龙文鞭影(墨钉)/鉴略四字书壹百文

经类/四书六经叁千柒百玖拾/四书集注伍百陆拾文/易经集注贰百贰拾文/书经集注叁百伍拾文/读经集注肆百文/春秋杜林壹千贰百文/礼记集说玖百文/孝经集说贰拾贰文/太史四书捌百文/太史易经叁百文/四书便蒙壹千文/易经旁训(墨钉)/书经旁训(墨钉)/诗经旁训贰百文/礼记音注玖百文/周礼节训壹百陆拾文/学庸示掌壹百文/二论引端叁百文/十三经集字壹百文/揭夏小正叁拾文/道德经贰百贰拾文

文稿/古文观止肆百陆拾文/初学求源柒拾文/童蒙易悟柒拾文/玉玲珑壹百肆拾文/金陵三书院课艺另有价单

诗钞/神童诗拾文/青云集壹百捌拾文/殿试摹本诗品叁拾文/唐三百首壹百贰拾文/注释千家诗壹百贰拾文/五言千家诗贰拾陆文/七言千家诗叁拾文/国朝千家诗伍拾文/律诗六钞肆拾文/唐诗合解(墨钉)/宛志伍拾文/佩文诗韵(墨钉)/诗品注释贰拾文/江南试帖柒拾文/解学士诗叁拾文/口口口口口口口(书根处照片不清楚)

杂学/幼学句解壹百捌拾文/字学举隅壹百肆拾文/百千音义肆拾肆文/相对杂字肆拾文/益幼杂字肆拾文/群珠杂字肆拾文/对类指掌肆拾文/春联分类叁拾文/武经三子肆拾文/赠玉匣记壹百陆拾文/算法指掌贰拾文/劝善老人诗叁拾文/感应篇补注

肆拾文/见心集(墨钉)/敬灶全书、各种价注原书

良方/增药性赋(墨钉)/达生编贰拾文/催生符贰拾文/验方续编壹百肆拾文

　　这种广告在李光明家刻书铺所售卖的书中不止一个版本,王海刚《清代书业广告述略》(《城市建设理论研究》电子版 2012 年 34 期)等文章也有收录,内容或多或少有出入,请有缘者自行查阅。寺学的悠久历史,从南北朝至明清不绝,我们将敦煌文献与麦积山文书进行综合、比较研究,相信会有更多的收获。

　　我有幸两次参与《麦积山文书目录索引》的编纂工作,深知其中的曲折与甘苦。当时麦积山石窟艺术研究所的所长是孙纪元先生,我与孙先生 1984 年在敦煌有过一面之缘,此次在麦积山相遇备感亲切。闲谈之中,据说他们资料室里有一些明清时期的文书,而他的夫人蒋毅明先生正是资料室的主任。石窟调查之余,我希望能有一天的时间看一看这些文书。人生的际遇,实在是非常的美妙! 我在张掖市博物馆想目睹一下《北藏》的风采,但人家要省文物局的介绍信,我也就只能是隔着玻璃一饱眼福了。宋元明清的古版本,一路寻觅只能是看一看外表而已:谁能相信一个二十多岁的小伙子能懂其中三昧? 麦积山的风景是太好了,而潮湿的气候对于保存古代图书来说,却又实在是太糟糕了。资料室在麦积山半山腰的平房里,阴暗而潮湿。当翟玉兰同志捧出一堆文书时,我惊呆了:它们没有任何保护装置。事后我们谈及此事,一是由于不知道这部分图书的确切价值而当作一般的图书保管,二是当时也没有这部分经费支出。就书商而言,宋元时代的原版本在民国时就是一叶一金了! 更何况这些文书与麦积山有着千丝万缕的联系! 我怀着激动万分的心情写下了《跋血书妙法莲花经》一文(此文已逸),并指出了所见到的几个本子的价值与独特之处。在己巳年(1989)完成《麦积山文书目录》初稿后我不得不离开麦积山时,允诺在此书未出版之前我个人不作研究发表、公布资料,这是我对蒋毅明先生的承诺。今年春天在敦煌,与孙永刚(孙纪元、蒋毅明先生的长子,麦积山职工,已退休)兄谈及这段往事时,有"俯仰流年三十年春"之感。我当时只是凭着一腔热血,而孙先生、蒋先生则要筹措资金、组织人力物力等准备进行这项工作,所遇到的困难与压力肯定不是我所能想象的,更何况将这样重要的任务交给一个毛头小子,今天想来如在梦幻之中。

　　这批文献,在己巳年编目之后,采取了相应的保护措施,如用透气的牛皮纸包装、放置除虫剂、单独上架陈列等,为以后的保存、搬迁等工作做了一些铺垫。第二次开展这项工作,感谢董广强同志的重新启动、白秀玲主任的主持以及院、所领导的支持。除原来参加的李晓红、翟玉兰两位同志外,又加入了漆荟、刘静等年轻的同事。尽管李晓红、翟玉兰两位同事已近退休,但他们老当益壮的努力和传帮带年轻人的精神,还是让我们看到了这项研究工作后继有人。

　　目前这部《麦积山文书总目·索引》,还只是阶段性成果,后继的工作还有很多。整理、编目过程中由于时间的跨度较长,我们在后来的调整与补充时,也遇到了一些困惑。新参加的年轻人是初次接触这方面的整理、研究工作,新旧人员对于《凡例》的制定、理解、执行等差异和工作周期不足等因素,工作中出现错误是难免的。恳请方家的批评指教,以助今后工作的改进与完善。

庚子年六月十六日识于莫高窟

凡　　例

一、麦积山文书目录，是有关"麦积山文书"的综合目录。

二、麦积山文书目录所收古籍，范围为民国元年以前的典籍。

三、麦积山文书原有麦积山石窟艺术研究所资料室藏书流水登记号，新编号以"麦"字打头以示区别，"麦"即指麦积山文书。后附《麦积山藏书流水号与麦积山文书编号对照表》，以方便读者查阅。

四、一件文书编一号，残片亦编一号。同一件文书，书刻不同内容者，同编一号，按不同内容加以排列，并在内容右下方加(1)(2)(3)等数字以示区别，内容重要者则另编一号。背面用 V 表示，按 V(1)、V(2)、V(3)……依次编号。

五、麦积山文书目录著录编号、定名、时代、著者、版本、现状、题记、每纸、杂项、说明等十项内容。以下依次说明：

1. 编号，即麦积山文书编号(1989 年编号)。本书所收从麦 0001—0968 号。

2. 定名，指文书的正式名称，根据《全国古籍善本书目总目著录条例》规定："书名项：包括书名、卷数、附录。"采用卷端的题名，非卷端题名者加括号说明，如(据序题，说明见第10项)。卷端题名一般为编纂者自题，而其他地方的书名往往为他人所题，如名人、书贾、刻工、抄录者、藏书家等。书名与题名不合者，在第10附录项中说明。内容残缺而无法定名者，则拟名记录。拟名者，在名称后加(拟)以示区别并在第10项中说明。原书有分卷(册)者照录，无者不录。原书有附录者照录，无者不录。

3. 著者，即作者或译者。作者亦指撰者、集者、辑录者等。有原著、后注者皆依时代先后客观收录。失考著作人名者，通称"不详"。著者名一般采用卷端的题名，非卷端题名者加括号说明，如据序题，说明见第10项。

4. 时代，是指文书的刻印、抄写的年代。不能断定时代者，以"不详"暂定，待以后考证补录。凡标"不详"者，在说明中指出上下限。如"不早于明"、"不晚于清"。凡一卷中刻有印、抄写时代不同者，分别标明。

5. 版本，即该文书的装式和类别。装式，是指文书的装帧形式，如册叶、线装、经折、卷轴等；类别，是指文书的刻印、写本类型之别。

6. 现状，是指文书的现存状况。如全、残、中残、首残尾全或者首全尾残等。

7. 题记,指题名与序跋杂记两部分。

题名,指正式书名以外的题名,包括书名、卷(品)名在书中的刻、写。书名出现的地方有封面、副页、书名页(即内封面)、目录前后、卷首、卷中、卷末、版心(书口)、书根、序、跋、牌记、书耳、栏外等处,亦作并列题名。书全者,按出现的先后位置的次序收录;残缺者,录起(首行)、止(末尾),供以后查证。

序跋杂记,序跋指原书的序跋,杂记指原书以外的题跋、刻记、题识、牌记、附录等,均按出现的先后次序收录。在刻本中,称"刻记"、"牌记"、"刻跋";手写者,一律称"题识"(刻本中手写者,亦称"题识")。同一本书,题识多者,按先后次序标注(1)(2)(3)……加以区别。

8. 版式,指以半叶为单位的版式,即半叶书、版所反映的样式。

(1) 半叶之高、宽(以卷端叶为准,单位 cm,下同)。

(2) 边栏(书页四周的边线,如有分栏,记栏数)。写本注有无丝栏(乌、朱丝栏)。

(3) 书眉之高。

(4) 地脚之高。

(5) 版面之高宽(如有分栏,记分栏高宽)。

(6) 版心之高宽,类别(白口、花口)。版心内有文字、图案者,一律称花口;无文字、图案者,一律称白口。花口则附录:(一) 黑口,(二) 象鼻,(三) 鱼尾,(四) 花口题记。书名、卷第、叶码、刻工墨钉等。

(7) 半叶多少行,每行多少字(大字若干,小字若干)。夹行注批与眉批者说明。

(8) 总叶数。

(9) 杂项,包括书耳、栏外、句读(圈点)、版画、印章、函帙、附加物品等上述难以归类叙录的项目。此类一般不常见,记录时作客观描述,按照出现的先后次序记录。印章,只录收藏印,原书序跋中的刻印不录,不能识读者不录。

(10) 附录及说明。其他需要说明的加附注说明。

六、说明:纸、墨、藏版、避讳、作伪、挖改等情况,由于目前的研究条件及水平的限制,还不能专门立项,暂缺以待贤者。

七、以上著录使用规范的简体汉字,除引用原文外,凡卷数、年代、数量、尺寸、价格等数字均用阿拉伯数字著录。原式竖排者,今改横排。录文缺字时,用"□"表示;不能确定字数时,用"……"表示。所有子目照录。除了说明性文字以外,一律不加标点符号。

总 目

一、佛 教 类 文 书

麦 0627　七佛慈悲忏法（据封题）

著者　不详

时代　清

版本　经折装　写本

现状　首全尾残。止"……众生。各各一心顶礼"。

题记　封面题签题"七佛慈悲忏法"。卷首题"十地菩萨赞"。中题"启运慈悲道场忏法/一心归命三世诸佛"及《八佛名号》（共8行）。

版式　每纸半叶 26 cm×11.2 cm；上下单栏；书眉 4.2 cm，地脚 2.0 cm，版面 19.8 cm×11.2 cm；版心白口，内题"中"；半叶 4 行，行 8 字，共 11 叶。此卷 4 个半叶为 1 纸，共 7 纸，第 1 纸（2 个半叶），卷末 1 纸（1 个半叶）。

说明　正文有句读。

麦 0959　十王像之右五王

十王之（右五王）圣牌像。贴金，清绘，裱褙多层（2 mm）。尺寸（长×高）为 266 mm×488 mm。裱褙纸最上一层为麻纸。

麦 0961　十王像之左五王

十王之（左五王）圣牌像。贴金，清绘，裱褙多层（2 mm）。尺寸（长×高）为 265 mm×487 mm。裱褙纸最上一层为麻纸。

麦 0084　三坛传戒正范卷一（见说明 1）

著者　（清）释读体撰

时代　清

版本　线装　写本

现状　首残尾全。首起"归今者但以衣钵之相而全作戒体授受"（前残存书根十数叶）。

题记　中题"□(三)坛传戒正范卷一"(仅存书根)。卷末题识"释子海元沐手书"。

版式　每纸半叶 25.1 cm×16.9 cm;四周双栏;书眉 2.7 cm,地脚 2.1 cm,版面 21.7 cm×13.6 cm,版心 21.7 cm×1.7 cm;花口,上题"请戒"、"忏悔",下题"初坛法仪"及叶数;半叶 8 行,行 16 字不等,共 44 叶。

说明　据题记中题名定名。

麦 0018　三坛传戒正范卷三

著者　(清)释读体撰

时代　清

版本　线装　写本

现状　全

题记　卷首题"传戒正范序"(存 7 行,后残)。卷端题"三坛传戒正范卷三/金陵宝华山司律沙门读体撰"。尾题"三坛传戒正范卷三终"。题识"乞士方辉熏沐敬抄",后附"护坛法自此集……此以往可也"(4 行);"射行外严作法……门弘律者肃有规绳郎禅律兼行者咸知矩"(8 行)。

版式　每纸半叶 26.5 cm×16.9 cm;四边单栏;书眉 3.3 cm,地脚 3.2 cm,版面 19.9 cm×12.6 cm,版心 19.9 cm×2.6 cm;白口(1—60 叶),花口(61—76 叶),题"请戒"、"忏悔"、"三坛法仪"及叶数等;半叶 8 行,行 17 字不等,共 76 叶。

麦 0161　三坛传戒正范第三

著者　(清)释读体撰

时代　不详

版本　线装　写本

现状　全

题记　封面题签题"三坛传戒正范第三"。卷端题"三坛传戒正范第三/金陵宝华山司律沙门读体撰"。中题"通启二师第一"、"请戒开导第二"、"审戒遮第三"、"开示苦行第四"。题识"释子海元沐手书"。

版式　每纸半叶 24.8 cm×16.8 cm;四周双栏;书眉 2.1 cm,地脚 1.5 cm,版面 21.1 cm×13.6 cm,版心 21.1 cm×2.0 cm;花口,栏内上题"请戒忏悔",栏内下题"三潭法仪";半叶 8 行,行 17 字,共 78 叶。

说明　正文有句读。

麦 0672　三坛传戒正范卷第四

著者　（清）释读体撰

时代　清

版本　线装　刻本

现状　全

题记　封面题签题"三坛传戒正范卷第四　尼"。卷端题"三坛传戒正范卷第四/金陵宝华山司律沙门读体撰"。中题"初坛傅授沙弥戒正范/初坛傅戒正范终"（共 12 叶）；"二坛传受比丘戒正范/二坛传戒正范终"（共 39 叶）；"三坛传授菩萨戒正范/三坛传戒正范终"（共 33 叶）。刻题"板藏华山律堂"。题识"沙门弟子海元沐手书"。

版式　每纸半叶 24.9 cm×16.3 cm；四周双栏；书眉 1.5 cm，地脚 2.2 cm，版面 21.2 cm×13.5 cm；版心花口，上题"初坛正范"、"二坛正范"、"三坛正范"，下题"弘演毗尼"及叶数；半叶 8 行，行 17 字，共 84 叶。

麦 0081　三千诸佛名经上中下卷

著者　（南朝宋）畺良耶舍译

时代　清

版本　线装　写本

现状　全

题记　封面题签题"三千诸佛名经（上、中、下全）"。卷端题"三劫三千佛缘起/宋畺良耶舍译"。中题"过去庄严劫千佛名经上卷一名集诸佛功德山/开元拾遗附梁录"、"现在贤劫千佛名经中卷/开元拾遗附梁录"、"未来星宿劫千佛名经下卷/开元拾遗附梁录"。题识"雍正四年（1726）七月十五日　弟子广博虔书，受持弟子广舍"。

版式　每纸半叶 22.2 cm×24.2 cm；上下单栏；书眉 2.4 cm，地脚 1.6 cm，版面 20.2 cm×24.2 cm；版心花口，题"过去千佛"、"过去上卷"、"现在中卷"、"未来下卷"及叶数；半叶 11 行，行 13 字，共 79 叶。

麦 0074　广公上人游戏三昧

著者　不详

时代　清

版本　线装　写本

现状　全（无首尾，属于杂抄类）。起"初做工夫渐见新伏缘相助可安身青山叠嶂"，止"佛光应世是贞禅日照/森罗海底莲增长如来/三摩地辉润乾坤九重天"。

题记　封题"广公上人游戏三昧"。

版式　每纸半叶 23.3 cm×18.3 cm;无栏;版心白口;半叶 7 行,行约 18 字,共 16 叶。

说明　1. 均为五言、七言韵文(诗偈),有 150 余首。

　　　2. 纸线装订。

麦 0166　广弘明集卷第一

著者　(唐)释道宣撰

时代　明

版本　经折装　刻本

现状　全(底封脱落)

题记　封面题签题"广弘明集卷□□(第一)",后有版画 2 幅(3 个半叶,见说明 1)。卷端题"广弘明集卷第一　驾五/唐麟德元年终南山释道宣撰"。品题"广弘明集序/故敢绪之云尔"、"梁弘明集归正目录"、"列御寇　一云吴太宰"、"后汉书郊祀志四出范晔《汉书》"、"宋文帝集朝宰论佛教六　出《高僧等传》"、"元魏孝明召佛道门人论前后七　出《魏书》"。尾题"广弘明集卷第一　驾五",后附"释音"(共 1 行)。

版式　每纸半叶 35.1 cm×11.3 cm;上下单栏;书眉 6.3 cm,地脚 2.8 cm,版面 26.1 cm×11.3 cm;版心白口,内刻题"驾五"及纸数;半叶 6 行,行 17 字,共 27 叶。此卷 5 个半叶为 1 纸,每纸半叶或 1 叶后标栏内刻题"驾五"及纸数;第 1 纸与第 2 纸交接重叠处有栏外刻题"驾五　一",第 2 纸与第三纸交接重叠处有栏外刻题"驾五　二"。正文 13 纸,卷末 1 纸(1 个半叶)。

说明　1. 前有版画 2 幅,第 1 幅 1 个半叶,绘释迦说法图;第 2 幅有人物吹弹乐器,有人物跪拜圣者,有人物手拿人体头颅、胳膊、腿,还有小鬼追跑等画面。

　　　2. 封面为白色绢面,题签为白色。

　　　3. 内有同样的朱文印章 10 枚,未识读。

麦 0244　广弘明集卷第二

著者　(唐)释道宣撰

时代　明

版本　经折装　刻本

现状　全

题记　封面题签题"广弘明集卷第二/唐终南山释氏道宣撰"。卷端题"广弘明集卷第二驾六"。中题"归正篇第一之二"、"魏书释老志八/齐著作魏收"、"齐书述佛志第九/隋著作王劭"。尾题"广弘明集卷第二　驾六"。

版式　每纸半叶 35.1 cm×11.3 cm；上下单栏；书眉 7.2 cm，地脚 3.7 cm，版面 24.3 cm×11.3 cm；版心白口，内刻题"驾六"及纸数；半叶 6 行，行 17 字，共 41 叶。此卷 5 个半叶为 1 纸，正文 17 纸（第 17 纸为 2 个半叶）。

说明　1. 封面为蓝色绢面、封底为白色，题签为白色。

　　　2. 栏外刻题纸数及刻板人姓名。

　　　3. 内有同样朱文印章 15 枚，未识读。

麦 0305　广弘明集卷第三

著者　（唐）释道宣撰

时代　明

版本　经折装　刻本

现状　全

题记　封面题签题"□□（广弘）明集□（卷）第三"。卷端题"广弘明集卷第三　驾七/唐终南山释氏道宣撰"。品题"归正篇第一之三"、"遂古篇第十"、"家训归心篇　北齐光禄颜之推"、"梁处士阮孝绪"、"杂文一帙十卷　声纬一帙一卷"。尾题"广弘明集卷第三　驾七"，后附"释音"（共 1 行）。

版式　每纸半叶 35.1 cm×11.5 cm；上下单栏；书眉 7.1 cm，地脚 3.8 cm，版面 24.2 cm×11.5 cm；版心白口，内刻题"驾七"；半叶 6 行，行 17 字，共 40 叶。此卷 5 个半叶为 1 纸，两纸接缝处有栏外刻题纸数及刻板人姓名，共 16 纸。

说明　1. 封面为红色绢面、封底为白色绢面，题签为白色。

　　　2. 内有相同朱文印章 16 枚，未识读。

麦 0221　广弘明集卷第四

著者　（唐）释道宣撰

时代　明

版本　经折装　刻本

现状　全

题记　封面题签题"广弘明集卷第四"。卷端题"广弘明集卷第四　驾八/唐终南山释氏道宣撰"。品题"归正篇第一之四"、"舍事李老道法诏十三/梁武帝"、"废李老道法诏十四/北齐高祖文宣皇帝"、"隋沙门释彦琮"。尾题"广弘明集卷第四　驾八"，后附

"释音"(共 1 行)。

版式　每纸半叶 35.0 cm×11.5 cm；上下单栏；书眉 7.2 cm，地脚 3.7 cm，版面 24.2 cm×
　　　11.5 cm；版心白口，栏内刻题"驾八"及纸数；半叶 6 行，行 17 字，共 43 叶。此卷 5
　　　个半叶为 1 纸，正文第 1 纸与第 2 纸的交接重叠处有栏外刻题"驾八　二"，第 2 纸
　　　与第 3 纸的交接重叠处有栏外刻题"驾八　三"，第 3 纸与第 4 纸的交接重叠处有栏
　　　外刻题"驾八　四"等。每纸半叶或 1 叶后标刻题"驾八"及各纸数。正文 17 纸，卷
　　　末 1 纸(1 个半叶)。

说明　1. 封面、封底均为蓝色绢面，题签为白色。

　　　2. 栏外刻题纸数及刻板人姓名，因与上纸重叠无法识读。

　　　3. 内有同样的朱文印章 17 枚，未识读。

麦 0558　广弘明集卷第五

著者　（唐）释道宣撰

时代　明

版本　经折装　刻本

现状　全

题记　封面题签"□□□□卷第五"。卷首题"广弘明集卷第五　驾九/唐终南山释氏道
　　　宣撰"。

版式　每纸半叶 35.1 cm×11.4 cm；上下双栏；书眉 7.2 cm，地脚 3.9 cm，版面 24.1 cm×
　　　11.4 cm；版心白口；半叶 6 行，行 17 字，共 35 叶。此卷 5 个半叶为 1 纸，共 14 纸。

说明　1. 封面、封底均为红色绢面，题签为白色。

　　　2. 栏外刻题纸数及刻板人姓名。

　　　3. 内有同样朱文印章 14 枚，未识读。

麦 0310　广弘明集卷第六

著者　（唐）释道宣撰

时代　明

版本　经折装　刻本

现状　全

题记　封面题签"广弘明集卷第六"。卷首题"广弘明集卷第六　驾十/终南山释氏道宣
　　　撰"。品题"辨惑篇第十之二"、"列代王臣滞惑解上"。尾题"广弘明集卷第六　驾
　　　十"，后附"释音"(共 2 行)。

版式　每纸半叶 35.0 cm×11.5 cm;上下单栏;书眉 7.0 cm,地脚 3.9 cm,版面 24.3 cm× 11.5 cm;版心白口,内刻题"驾十";半叶 6 行,行 17 字,共 36 叶。此卷 5 个半叶为 1 纸,两纸接缝处有栏外刻题纸数及刻板人姓名。共 16 纸,卷末 1 纸(3 个半叶)。

说明　1. 封面、封底均为蓝色绢面,题签为白色。

　　　2. 内有相同朱文印章 16 枚,未识读。

麦 0300　广弘明集卷第十一

著者　(梁)释僧祐撰

时代　不详

版本　经折装　刻本

现状　全

题记　封面题签题"广弘明集卷第十一"。卷端题"广弘明集卷第十一　此号十卷　驾一/梁释僧祐撰"。品题"何令尚之答宋文皇帝赞扬佛教事"、"高明二法师答李交州淼难佛不见形/事"、"司徒文宣王书与孔中丞稚珪释疑惑(并笺答)"、"恒标二公　答姚主劝罢道书"、"僧䂮僧迁　鸠摩答姚主奏"、"远法师答　桓玄劝罢道书"、"释僧岩答刘青州劝还俗书"。尾题"广弘明集卷第十一　驾一",后附"释音"(半叶 1 行,小字两行占一行)。

版式　每纸半叶 35.0 cm×11.3 cm;上下单栏;书眉 6.8 cm,地脚 3.6 cm,版面 4.6 cm× 11.3 cm;版心白口;半叶 6 行,行 17 字,共 51 叶。此卷 5 个半叶为 1 纸,第 1 纸始为正文。正文第 1 纸与第 2 纸的交接重叠处刻题"驾一　二",第 2 纸与第 3 纸的交接重叠处刻题"驾一　三",第 19 纸与第 20 纸的重叠处刻题"罚板"等。共有 20 纸(第 20 纸为 2 个半叶)。

说明　1. 内有相同印章 20 枚(朱底阴文),未识读。

　　　2. 封面与封底为银色绫,题签为白纸。

麦 0087　千佛寺和尚为柏林监院溥霖大师承嗣

著者　不详

时代　清

版本　线装　刻本

现状　全

题记　封题残。卷端题"千佛寺和尚为柏林监院溥霖大师承嗣"。尾题"侍者悟竹记录"。

版式　每纸半叶 27.4 cm×17.0 cm;四边双栏;书眉 6.5 cm,地脚 2.1 cm,版面 19.2 cm×

13.8 cm,版心 19.2 cm×1.4 cm;上下有象鼻,上下鱼尾。中题叶数;半叶 10 行,行 20 字,共 7 叶。

麦 0086　大慧普觉禅师语录颂古

著者　(宋)释宗杲撰

时代　清

版本　线装　写本

现状　首全尾残。止"□拟议知君乱统直饶救得眼睛当下"。

题记　封题"大慧普觉禅师颂古"。卷端题"大慧普觉禅师语录颂古"。

版式　每纸半叶 24.3 cm×14.0 cm;上下单栏;书眉 3.8 cm,地脚 1.8 cm,版面 18.2 cm× 14.0 cm;版心白口;半叶 7 行,行 15 字,共 30 叶。

麦 0035　大佛顶如来密因修证了义诸菩萨万行首楞严经卷第一至卷第二

著者　(唐)般刺密帝译

时代　明

版本　线装　刻本

现状　全

题记　封面题签题"大佛顶首楞严经卷一、二",扉页有版画《说法图》1 幅(见说明 1)。卷首题"大佛顶首楞严经序 北都沙门真鉴著"(共 6 叶半),序后题"大佛顶首楞严经序终"。卷首题"刻首楞严经序"(共 2 叶)。卷端题"大佛顶如来密因修证了义诸菩萨万行首/楞严经卷第一 唐天竺沙门般刺密帝译 乌苌国沙门弥伽释迦译语"。中题"释音"(共 5 个半叶)、"大佛顶如来密因修证了义诸菩萨万行首/楞严经卷第二 唐天竺沙门般刺密帝译"、"大佛顶如来密回修证了义诸菩萨万行首/楞严经卷第二";附"释音"(3 个半叶)。

版式　每纸半叶 24.6 cm×14.3 cm,上下双乌丝栏;书眉 3.6 cm,地脚 1.7 cm,版面 19.1 cm×12.9 cm,版心 19.1 cm×1.2 cm,花口,内题"楞严经一、二";半叶 8 行,行 17 字,共 58 叶。

说明　1. 版画 1 幅,画中有释迦牟尼佛、二弟子、二金刚和一跪拜弟子,应为释迦牟尼教化弟子图。

　　　2. 正文刻有句读。

　　　3. 此本存卷一、卷二。

麦 0034　大佛顶如来密因修证了义诸菩萨万行首楞严经卷第三至卷第四

著者　（唐）释般剌密帝译

时代　明

版本　线装　刻本

现状　全

题记　封面题签题"大佛顶首楞严经卷三、四"。卷端题"大佛顶如来密因修证了义诸菩萨万行首/楞严经卷第三　唐天竺沙门般剌密帝译"（共 27 叶）。中题"释音"（共 11 行）、"大佛顶如来密因修证了义诸菩萨万行首/楞严经卷第四　唐天竺沙门般剌密帝译"（共 26 叶半）、"大佛顶如来密因修证了义诸菩萨万行首/楞严经卷第四"。尾题"释音"（共 14 行）。

版式　每纸半叶 24.9 cm×14.6 cm；上下双乌丝栏；书眉 3.8 cm，地脚 1.1 cm；版面 19.7 cm×11.6 cm，版心 19.7 cm×1.2 cm，花口，内题"楞严经三、四"及叶数；半叶 8 行，行 17 字，共 54 叶。

说明　1. 正文刻有句读。

　　　2. 此本存卷三、卷四。

麦 0032　大佛顶如来密因修证了义诸菩萨万行首楞严经卷第五至卷第六

著者　（唐）般剌密帝译

时代　明

版本　线装　刻本

现状　全

题记　封面题签"大佛顶首楞严经卷五、六"。卷端题"大佛顶如来密因修证了义诸菩萨万行首/楞严经卷第五　唐天竺沙门般剌密帝译"（共 22 叶）。中题"释音"（共 13 行）、"大佛顶如来密因修证了义诸菩萨万行首/楞严经卷第六　唐天竺沙门般剌密帝译"（共 23 叶）、"大佛顶如来密因修证了义诸菩萨万行首楞严经卷第六"。尾题"释音"（共 7 行）。

版式　每纸半叶 24.6 cm×14.4 cm；上下双栏，乌丝栏；书眉 4.3 cm，地脚 1.9 cm，版面 18.5 cm×11.6 cm，版心 18.5 cm×1.2 cm；花口，内题"楞严经五"、"楞严经六"及叶数；半叶 8 行，行 17 字，共 45 叶。

说明　1. 正文中刻有句读。

　　　2. 此本存卷五、卷六。

麦 0002   大佛顶如来密因修证了义诸菩萨万行首楞严经卷第九至卷第十

著者   (唐) 般刺密帝译

时代   清

版本   线装   刻本

现状   全

题记   封面题签题"大佛顶如来首楞严经卷第九、十"。卷端题"大佛顶如来密因修证了义
        诸菩萨万行首楞严经卷第九/唐天竺沙门般刺密帝译"。中题"大佛顶如来密因修
        证了义诸菩萨万行首楞严经卷第九(附释音 4 行)"、"大佛顶如来密因修证了义诸
        菩萨万行首/楞严经卷第十/唐天竺沙门般刺密帝译"。尾题"大佛顶如来密因修证
        了义诸菩萨万行首/楞严经卷第十",后附释音 4 行。牌记"陇东三教洞流通/大佛
        顶首楞岩(严)经一部/顺治丁酉(1657)孟夏识/(二十一叶)"。题识"弟子杜化凤发
        心印施(二十一叶)"。刻题"静隐比丘绍隆   性鉴   正佛/汉南薛国栋/佛弟子三韩
        张光祖/六安杨良玉/张槐/募僧本慧   募士张希德/同众重刊印施"。

版式   每纸半叶 24.7 cm×14.3 cm;四边双栏,乌丝栏;书眉 3.6 cm,地脚 1.6 cm,版面
        19.4 cm×11.5 cm,版心 19.4 cm×0.7 cm,花口,上有墨色小圆圈,题"楞严经九"、
        "楞严经十";半叶 8 行,行 17 字,共 52 叶。

说明   1. 正文刻有句读。
        2. 题名依据卷端题。

麦 0726   大佛顶如来密因修证了义诸菩萨万行首楞严经卷第一至卷第五

著者   (唐) 释般刺密帝译   (唐) 释弥伽释迦译语

时代   明

版本   线装   刻本

现状   全

题记   封题"大佛顶首楞严经卷一之五"。卷首有版画 1 幅(共 2 个半叶,见说明1)。卷首
        题"刺首楞严经序"(2 叶),序后有"甲申长至后四日翰林院编修梦祯谨序"(共 2
        叶)。卷端题"大佛顶如来密因修证了义诸菩萨万行首/楞严经卷第一/唐天竺沙门
        般刺密帝译 乌苌国沙门弥伽释迦译语"(共 22 叶),后附"释音"(共 37 行)。中题
        "大佛顶如来密因修证了义诸菩萨万行首/楞严经卷第二/唐天竺沙门般刺密帝译"
        (共 25 叶),后附"释音"(共 20 行);"大佛顶如来密因修证了义诸菩萨万行首/楞严
        经卷第三/唐天竺沙门般刺密帝译"(共 27 叶),后附"释音"(共 11 行),下有印章 2

方(见说明 2);"大佛顶如来密因修证了义诸菩萨万行首/楞严经卷第四/唐天竺沙门般刺密帝译"(共 27 叶),后附"释音"(共 14 行),下有印章 1 方(见说明 3);"大佛顶如来密因修证了义诸菩萨万行首/楞严经卷第五/唐天竺沙门般刺密帝译"(共 22 叶),后附"释音"(共 13 行),下有印章 1 方(见说明 3)。底封朱色题识"南无楞严经海会佛菩萨"。

版式　每纸半叶 24.1 cm×13.3 cm,四周双栏;书眉 3.4 cm,地脚 1.2 cm,版面 19.4 cm×11.5 cm,版心 19.4 cm×0.9 cm;花口,题"楞严经×"及叶数,下有墨钉;半叶 8 行,行 17 字,共 125 叶。

说明　1. 前有版画 1 幅,内容为说法图,有一佛二弟子,天王护法两身,有一请经人跪于佛前。

　　　2. 印章 2 方,一为正方形,篆体字;一为圆形,未识读。

　　　3. 印章为圆形,与说明 2 中的圆形印章为同一方。

　　　4. 正文刻有句读。

　　　5. 竹纸,极薄脆。

麦 0068　大佛顶如来密因修证了义诸菩萨万行首楞严经卷第六至卷第十

著者　(唐) 般刺密帝译

时代　明

版本　线装　刻本

现状　稍残,卷首残存一叶,版心有"妙法莲□□(华经)",经文存 8 行(五言偈)。

题记　卷端题"大佛顶如来密因修证了义诸菩萨万行首楞严经卷第六/唐天竺沙门般刺密帝译"。中题"楞严经卷第六",后附"释音";"大佛顶如来密因修证了义诸菩萨万行首楞严经卷第七/唐天竺沙门般刺密帝译";"楞严经卷第七",后附"释音";"大佛顶如来密因修证了义诸菩萨万行首楞严经卷第八/唐天竺沙门般刺密帝译";"楞严经卷第八",后附"释音";"大佛顶如来密因修证了义诸菩萨万行首楞严经卷第九/唐天竺沙门般刺密帝译"、"楞严经卷第九",后附"释音";"大佛顶如来密因修证了义诸菩萨万行首楞严经卷第十/唐天竺沙门般刺密帝译"、"楞严经卷第十",后附"释音"(5 行)。

版式　每纸半叶 24.8 cm×14.4 cm;四周双乌丝栏;书眉 3.9 cm,地脚 2.0 cm,版面 19.1 cm×11.6 cm,版心 19.1 cm×0.9 cm;花口,题"楞严经六"、"楞严经七"、"楞严经八"、"楞严经九"、"楞严经十",花口下题有人名:荆紫峰观予师(1 叶)、观予(2—14 叶)、智焰(15—17 叶)、智枢(18 叶)、二人共(19 叶)、兴印(20 叶)、如航

(21—23 叶)、如宪(1—7 叶)、性愍(8—9 叶)、性恶(10—11 叶)、如清(12—14 叶)、明智(15—16 叶)、海会(17—20 叶)、智颛(21—25 叶)、明宥(26—28 叶)、清澄(1—3 叶)、宗通(4—5 叶)、普熏(6—7 叶)、照恩(8 叶)、旋睭(9 叶)、性怡(10—11 叶)、性微(12 叶)、庆皓(13—14 叶)、性学(15—16 叶)、性德(17 叶)、妙融(18 叶)、真明(19—20 叶)、觉圆(21 叶)、觉圆(22 叶)、性定(23—25 叶)、性圆(1 叶)、大学(2 叶)、性净(3—4 叶)、寂明(5—7 叶)、海潮(8—10 叶)、普荣(11 叶)、如胜(12—13 叶)、寂圆(14—15 叶)、慧通(16 叶)、慧莲(17—18 叶)、寂显(19—20 叶)、洪恶(21—23 叶)、如满(24—26 叶)、定帝(27—28 叶)、如光(29—30 叶)、雪山葛天大师(1 叶)、葛天(2—4 叶)、如昱(5—15 叶)、性清(16—18 叶)、性成(19—21 叶);半叶 8 行,行 17 字,共 127 叶。

说明　1. 文中刻有句读。

　　　2. 荆紫峰观予师、观予,可能是同一人。

　　　3. 版心下方有墨钉。

麦 0387　大佛顶如来密因修证了义诸菩萨万行首楞严经卷第一

著者　(唐)般刺密帝译　(唐)弥伽释迦译语　(唐)房融笔受

时代　明

版本　经折装　刻本

现状　全

题记　封面题签题"大佛顶万行首楞严经全部一"。卷首有版画 1 幅(见说明 1)。牌记 1 幅,内题"皇帝万岁万万岁"。卷首题"大佛顶如来万行首楞严经序　赵宋泉南沙门释祖派述"。卷端题"大佛顶如来密因修证了义诸菩/萨万行首楞严经卷第一/天竺沙门般刺密帝译/乌苌国沙门弥伽释迦译语/菩萨戒弟子前正议大夫同中书门下平章事房融笔"。尾题"大佛顶如来密因修证了义诸菩/萨万行首楞严经卷第一",后附"释音"(共 4 行,小字占两行)。

版式　每纸半叶 28.0 cm×9.4 cm;上下双栏;书眉 5.9 cm,地脚 3.3 cm,版面 18.8 cm×9.4 cm;版心白口;半叶 5 行,行 13 字,共 46 叶。第 1 纸版画为 6 个半叶,第 2 纸牌记为 1 个半叶,第三、四纸为序,共 10 个半叶;正文 12 纸,卷末 1 纸(5 个半叶),共 16 纸,纸与纸之间刻有"卷上"及纸数。

说明　1. 前有版画 1 幅,共 2 叶半。画面中有释迦牟尼、菩萨、弟子、金刚等,佛前有一听法者,应为释迦牟尼在兜率宫讲经说法图。

　　　2. 封面、封底均为黄色绢面,题签为白色。

3. 正文刻有句读。

麦0187　大佛顶如来密因修证了义诸菩萨万行首楞严经卷第一

著者　（唐）般剌密帝译　（唐）弥伽释迦译语　（唐）房融笔受

时代　明

版本　经折装　写本

现状　全

题记　封面题签题"大佛顶首楞严经卷第一"。卷首题"大佛顶如来万行首楞严经序 赵宋泉南沙门释祖派述"（4叶半）。扉页有朱色阳文"冯国瑞"印章一方（见说明1）。卷端题"大佛顶如来密因修证了义诸菩萨万/行首楞严经卷第一"。尾题"大佛顶如来密因修证了义诸菩萨万/行首楞严经卷第一"，后附"释音"（1个半叶）。

版式　每纸半叶31.0 cm×9.5 cm；上下双栏；书眉6.5 cm，地脚3.3 cm，版面21.1 cm×9.5 cm；版心白口；半叶5行，行15字，共40叶。此卷5个半叶为1纸，第1纸与第2纸交接重叠处有栏外刻题"一　首号"，第2纸与第3纸交接重叠处有栏外刻题"一　二号"。正文16纸。

说明　1. 扉页有冯国瑞印一方。

2. 封面为黄色绢面，封底为蓝色绢面，题签为黄色。

3. 卷末有附纸一张。

4. 正文刻有句读。

5. 麦0187、麦0188、麦0413、麦0348、麦0572、麦0573、麦0574、麦0423、麦0422、麦0421十卷为一函，为冯国瑞捐赠佛经。

麦0186　大佛顶如来密因修证了义诸菩萨万行首楞严经卷第二（见说明1）

著者　（唐）般剌密帝译

时代　明

版本　经折装　刻本

现状　残。起"器中所见方空为复定方为不定"，止"宴安百骸调适忽如忘生性无违"。

版式　每纸半叶28.2 cm×9.4 cm；上下双栏；书眉5.8 cm，地脚3.9 cm，版面18.9 cm×9.4 cm；版心白口，内刻题"上卷二"及纸数；半叶5行，行13字，共28叶。此卷6个半叶为1纸，每纸半叶或1叶后标栏内刻题"上卷二"及纸数。第1纸与第2纸交接重叠处有栏外刻题"二卷　八"，第2纸与第3纸交接重叠处有栏外刻题"二卷　九"。正文10纸，第1纸5个半叶，最后1纸（4个半叶）。

说明　1. 经查《大正藏》,内容对应"[0111c15]佛告阿难:'一切世间大小内外诸所事业各
　　　　属前尘,不应说言见有舒缩。譬如方器,中见方空,吾复问汝,此方器中所见方
　　　　空,为复定方? 为不定方? 若定方者,别安圆器空应不圆……'"条下。

　　　2. 正文刻有句读。

麦 0188　大佛顶如来密因修证了义诸菩萨万行首楞严经卷第二

著者　(唐)般剌密帝译　(唐)弥伽释迦译语　(唐)房融笔受

时代　明

版本　经折装　写本

现状　全

题记　封面题签题"大佛顶首楞严经卷第二"。卷端题"大佛顶如来密因修证了义诸菩萨
　　　万/行首楞严经卷第二"。扉页有朱色阳文"冯国瑞"印章一方(见说明1)。尾题
　　　"大佛顶如来密因修证了义诸菩萨万/行首楞严经卷第二",后附"释音"(2 个
　　　半叶)。

版式　每纸半叶 30.7 cm×9.2 cm;上下双栏;书眉 6.1 cm,地脚 3.4 cm,版面 21.1 cm×
　　　9.2 cm;版心白口;半叶 5 行,行 15 字,共 45 叶。此卷 5 个半叶为 1 纸,第 1 纸与第
　　　2 纸交接重叠处有栏外刻题"二卷　首号",第 2 纸与第 3 纸交接重叠处有栏外刻题
　　　"二卷　二"。正文 18 纸。

说明　1. 扉页有冯国瑞印一方。

　　　2. 封面、封底均为蓝色绢面,题签为黄色。

　　　3. 卷末有附纸一张。

　　　4. 正文刻有句读。

　　　5. 参见麦 0187 说明项第 5 条。

麦 0388　大佛顶如来密因修证了义诸菩萨万行首楞严经卷第二

著者　(唐)般剌密帝译　(唐)弥伽释迦译语　(唐)房融笔受

时代　明

版本　经折装　刻本

现状　首全尾残。止"瞻仰徒获此心未敢认为本元心"。

题记　封面题签题"大佛顶万行首楞严经第二"。卷端题"大佛顶如来密因修证了义诸菩/
　　　萨万行首楞严经卷第二/天竺沙门般剌密帝译/乌苌国沙门弥伽释迦译语/菩萨戒
　　　弟子前正议大夫同中书门下平章事房融笔受"。

版式　每纸半叶 28.1 cm×9.3 cm；上下双栏；书眉 6.0 cm，地脚 3.4 cm，版面 18.7 cm×9.3 cm；版心白口；半叶 5 行，行 13 字，共 10 叶。此卷 6 个半叶为 1 纸，共 4 纸。卷末 1 纸（2 个半叶），纸与纸之间刻有"卷上二"及纸数。

说明　1. 封面为黄色绢面，题签脱落，后笔书。

　　　2. 正文刻有句读。

麦 0140　大佛顶如来密因修证了义诸菩萨万行首楞严经卷第三

著者　（唐）般剌密帝译　（唐）弥伽释迦译语　（唐）房融笔受

时代　明

版本　经折装　刻本

现状　首全尾残。止"变易细相常住尔时天魔候得其"。

题记　封面题签题"大佛顶万行首楞严经三"。卷首题"大佛顶如来密因修证了义诸菩/萨万行首楞严经卷第三/天竺沙门般剌密帝译/乌苌国沙门弥伽释迦译语/菩萨戒弟子前正议大夫同中书门下平章事房融笔受"。

版式　每纸半叶 28.1 cm×9.4 cm；上下双栏；书眉 6.3 cm，地脚 3.4 cm，版面 18.4 cm×9.4 cm；版心白口，内题"卷三"、"卷七"、"卷九"及叶数；半叶 5 行，行 13 字，共 41 叶半。此卷 7 个半叶为 1 纸，每纸半叶或 1 叶后标栏内刻题"卷三"、"卷七"、"卷九"及叶数。第 2 纸与第 3 纸交接重叠处有栏外刻题"卷三　三"，第 3 纸与第 4 纸交接重叠处有栏外刻题"卷三　四"。正文 11 纸，第 6 纸为 6 个半叶，后有残叶 5 纸，其中一纸为 4 个半叶。

说明　1. 封面、封底均为黄色绢面，题签为蓝色。

　　　2. 正文刻有句读。

麦 0413　大佛顶如来密因修证了义诸菩萨万行首楞严经卷第三

著者　（唐）般剌密帝译　（唐）弥伽释迦译语　（唐）房融笔受

时代　明

版本　经折装　写本

现状　全

题记　封面题签题"大佛顶首楞严经卷第三"。卷端题"大佛顶如来密因修证了义诸菩萨万/行首楞严经卷第三/天竺沙门般剌密帝译/乌苌国沙门弥伽释迦译语/菩萨戒弟子前正议大夫同中书门下平章事房融笔受"。尾题"大佛顶如来密因修证了义诸菩萨万/行首楞严经卷第三"，后附"释音"（共 2 行）。

版式　每纸半叶 31.1 cm×9.2 cm;上下双栏;书眉 6.1 cm,地脚 3.4 cm,版面 21.3 cm×
　　　9.2 cm;版心白口;半叶 5 行,行 15 字,共 46 叶。此卷 5 个半叶为 1 纸,共 19 纸;正
　　　文第 1 纸与第 2 纸的交接重叠处有墨书题"三　二",第 2 纸与第 3 纸的交接重叠
　　　处有墨书题"三　三",第 3 纸与第 4 纸的交接重叠处有墨书题"三　四"等。

说明　1. 封面为红色绢面、封底为蓝色绢面,题签为黄色。

　　　2. 卷端有冯国瑞印一方(朱色)。

　　　3. 卷末有附纸一张,内刻题"阴入处界事理融通从真立俗不/真空七大义仪丰隆周
　　　　遍含容三谛此为中　南无佛顶首楞严王　三"。

　　　4. 正文刻有句读。

　　　5. 参见麦 0187 说明项第 5 条。

麦 0623　大佛顶如来密因修证了义诸菩萨万行首楞严经卷第三

著者　(唐)般敕密帝译　(唐)弥伽释迦译语　(唐)房融笔受

时代　明

版本　经折装　刻本

现状　首残尾全。起"间宁有方所循业发现世间无知"。

题记　尾题"大佛顶如来密因修证了义诸菩/萨万行首楞严经卷第三",后附"释音"2 行
　　　(小字占两行)。

版式　每纸半叶 28.1 cm×9.3 cm;上双栏;书眉 6.0 cm,地脚 3.5 cm,版面 18.7 cm×
　　　9.3 cm;版心白口,内题"卷三"及叶数;半叶 5 行,行 13 字,共 25 叶。此卷 7 个半
　　　叶为 1 纸,共 8 纸,正文第 1 纸 4 个半叶,卷末 1 纸 5 个半叶。

说明　1. 封底为黄色绢面。

　　　2. 正文刻有句读。

麦 0348　大佛顶如来密因修证了义诸菩萨万行首楞严经卷第四

著者　(唐)般刺密帝译　(唐)弥伽释迦译语　(唐)房融笔受

时代　明

版本　经折装　写本

现状　全

题记　封面题签题"大佛顶首楞严经卷第四"。卷端题"大佛顶如来密因修证了义诸菩萨
　　　万/行首楞严经卷第四"。尾题"大佛顶如来密因修证了义诸菩萨万/行首楞严经卷
　　　第四",后附"释音"(共 5 行,小字占两行)。

版式　每纸半叶 30.8 cm×9.2 cm;上下双栏;书眉 5.8 cm,地脚 3.3 cm,版面 21.4 cm×9.2 cm;版心白口;半叶 5 行,行 15 字,共 47 叶。此卷 5 个半叶为 1 纸,两纸重叠处墨书题卷数"四"及纸数,共 19 纸。

说明　1. 封面、封底均为黄色绢面,题签为亮黄色。

2. 扉页有冯国瑞印一方。

3. 正文刻有句读。

4. 参见麦 0187 说明项第 5 条。

麦 0424　大佛顶如来密因修证了义诸菩萨万行首楞严经卷第四

著者　（唐）般剌密帝译　（唐）弥伽释迦译语　（唐）房融笔受

时代　明

版本　经折装　刻本

现状　首残尾全。起"明自然心生生灭心灭、此亦生灭无生灭者名为自然"。

题记　尾题"大佛顶如来密因修证了义诸菩/萨万行首楞严经卷第四",后附"释音"(共 7 行)。

版式　每纸半叶 28.3 cm×9.5 cm;上下双栏;书眉 6.0 cm,地脚 3.3 cm,版面 18.8 cm×9.5 cm;版心白口,栏内刻题卷四及叶数;半叶 5 行,行 13 字,共 28 叶半。此卷 7 个半叶为 1 纸,共 8 纸,卷末 1 纸(3 个半叶)。

说明　1. 封底为黄色绢面。

2. 正文刻有句读。

麦 0576　大佛顶如来密因修证了义诸菩萨万行首楞华严经卷第四

著者　（唐）般剌密帝译　（唐）弥伽释迦译语　（唐）房融笔受

时代　明

版本　经折装　刻本

现状　首全尾残。止"俱尽无功用道若有自然如是则"。

题记　卷首题"大佛顶如来密因修证了义诸菩萨万行首楞华严经卷第四/天竺沙门般剌密帝译/乌苌国沙门弥伽释迦译语/菩萨戒弟子前正议大夫同中书门下平章事房融笔受"。

版式　每纸半叶 28.2 cm×9.4 cm;上下双栏;书眉 6.5 cm,地脚 3.3 cm,版面 18.2 cm×9.4 cm;版心白口;半叶 5 行,行 13 字,共 24 叶半。此卷 7 个半叶为 1 纸,共 7 纸。

说明　1. 封面为黄色绢面,题签脱落。

2. 正文有部分为后人粘补,材质不同。

3. 正文刻有句读。

麦 0425   大佛顶如来密因修证了义诸菩萨万行首楞严经卷第五

著者   (唐)般剌密帝谛译   (唐)弥伽释迦译语   (唐)房融笔受

时代   明

版本   经折装   刻本

现状   全

题记   封面题签题"大佛顶万行首楞严经五"。卷端题"大佛顶如来密因修证了义诸菩/萨万行首楞严经卷第五/天竺沙门般剌密帝谛译/乌苌国沙门弥伽释迦译语/菩萨戒弟子前正议大夫同中书门下平章事房融笔受"。尾题"大佛顶如来密因修证了义诸菩/萨万行首楞严经卷第五",后附"释音"4 行(小字占两行)。

版式   每纸半叶 28.1 cm×9.6 cm;上下双栏;书眉 6.7 cm,地脚 3.4 cm,版面 18.1 cm×9.6 cm;版心白口,内题"卷五"及叶数;半叶 5 行,行 13 字,共 45 叶。此卷 7 个半叶为 1 纸,共 13 纸,卷末 1 纸(6 个半叶)。

说明   1. 封面、封底均为黄色绢面,题签为蓝色。

2. 正文刻有句读。

麦 0572   大佛顶如来密因修证了义菩萨万行首楞严经卷第五

著者   (唐)般剌密帝译   (唐)弥伽释迦译语   (唐)房融笔受

时代   明

版本   经折装   写本

现状   全

题记   封面题签题"大佛顶首楞严经卷第五"。卷端题"大佛顶如来密因修证了义诸菩萨万/行首楞严经卷第五/天竺沙门般剌密帝译/乌苌国沙门弥伽释迦译语/菩萨戒弟子前正议大夫同中书门下平章事房融笔受刻"。尾题"大佛顶如来密因修证了义诸菩萨万/行首楞严经卷第五"。刻题"永乐十七年(1419)十二月十三日奉佛弟子/福贤发心书写锓梓谨施",后附"释音"(共 3 行)。

版式   每纸半叶 30.9 cm×9.3 cm;上下双栏;书眉 5.9 cm,地脚 3.4 cm,版面 21.5 cm×9.3 cm;版心白口;半叶 5 行,行 15 字,共 38 叶。此卷 5 个半叶为 1 纸,共 16 纸。

说明   1. 封面、封底均为蓝色绢面,题签为黄色。

2. 扉页有冯国瑞印一方。

3. 正文刻有句读。

4. 参见麦 0187 说明项第 5 条。

麦 0038　大佛顶如来密因修证了义诸菩萨万行首楞严经合论卷第六至七

著者　（唐）般剌密帝译

时代　明

版本　线装　刻本

现状　残。起"大佛顶如来密因修证了义诸菩萨万行首楞严经/合论卷第六"，止"室婆输蓝八十七毖栗瑟咤输蓝八十八乌陀啰蓝八十"。

题记　卷首题"大佛顶如来密因修证了义诸菩萨万行首楞严经/合论卷第六"（共 26 叶）。中题"释音"（共 3 行）、"大佛顶如来密因修证了义诸菩萨万行首楞严经/合论卷第七"（共 16 叶）。

版式　每纸半叶 26.9 cm×16.0 cm；上下单栏；书眉 3.4 cm，地脚 1.6 cm，版面 21.5 cm×13.9 cm，版心 21.5 cm×1.1 cm；花口，内题"楞严合论卷六"、"楞严合论卷七"及叶数；半叶 10 行，行 20 字，共 42 叶。

说明　1. 正文有蓝色句读。

　　　2. 部分有眉批。

麦 0386　大佛顶如来密因修证了义诸菩萨万行首楞严经卷第六

著者　（唐）般剌密帝译　（唐）弥伽释迦译语　（唐）房融笔受

时代　明

版本　经折装　刻本

现状　全

题记　封面题签题"大佛□□（顶万）行首楞严经六（拟）"。卷端题"大佛顶如来密因修证了义诸菩/萨万行首楞严经卷第六"。尾题"大佛顶如来密因修证了义诸菩/萨万行首楞严经卷第六"，后附"释音"（共 5 行，小字占两行）。

版式　每纸半叶 28.0 cm×9.3 cm；上下双栏；书眉 5.6 cm，地脚 3.2 cm，版面 19.2 cm×9.3 cm；版心白口；半叶 5 行，行 13 字，共 48 叶。此卷 7 个半叶为 1 纸，共 14 纸，卷末 1 纸（5 个半叶）。

说明　1. 封面、封底均为黄色绢面，题签为蓝色。

　　　2. 栏外刻题"六卷"及纸数。

　　　3. 正文刻有句读。

麦 0573   大佛顶如来密因修证了义诸菩萨万行首楞严经卷第六

著者   （唐）般剌密帝译   （唐）弥伽释迦译语   （唐）房融笔受

时代   明

版本   经折装   写本

现状   全

题记   封面题签题"大佛顶首楞严经卷第六"。卷端题"大佛顶如来密因修证了义诸菩萨万/行首楞严经卷第六/天竺沙门般剌密帝译/乌苌国沙门弥伽释迦译语/菩萨戒弟子前正议大夫同中书门下平章事房融笔受"。尾题"大佛顶如来密因修证了义诸菩萨万/行首楞严经卷第六",后附"释音"4行。

版式   每纸半叶 30.7 cm×9.3 cm;上下双栏;书眉 5.7 cm,地脚 3.5 cm,版面 21.7 cm×9.3 cm;版心白口;半叶 5 行,行 15 字,共 43 叶。此卷 5 个半叶为 1 纸,共 18 纸,卷末 1 纸(2 个半叶)。

说明   1. 封面为红色绢面,封底为蓝色绢面,题签为黄色。

　　　　2. 扉页有冯国瑞印一方。

　　　　3. 正文刻有句读。

　　　　4. 参见麦 0187 说明项第 5 条。

麦 0574   大佛顶如来密因修证了义菩萨万行首楞严经卷第七

著者   （唐）般剌密帝译   （唐）弥伽释迦译语   （唐）房融笔受

时代   明

版本   经折装   写本

现状   全

题记   封面题签题"大佛顶首楞严经卷第七"。卷端题"大佛顶如来密因修证了义诸菩萨万/行首楞严经卷第七/天竺沙门般剌密帝译/乌苌国沙门弥伽释迦译语/菩萨戒弟子前正议大夫同中书门下平章事房融笔受"。卷端题"大佛顶如来密因修证了义诸菩萨万/行首楞严经卷第七"。尾题"大佛顶如来密因修证了义诸菩萨万/行首楞严经卷第七",后附"释音"(8行,小字占两行)。

版式   每纸半叶 30.6 cm×9.2 cm;上下双栏;书眉 5.5 cm,地脚 3.6 cm,版面 21.6 cm×9.2 cm;版心白口;半叶 5 行,行 15 字,共 52 叶。此卷 5 个半叶为 1 纸,共 21 纸。

说明   1. 封面、封底均为蓝色绢面,题签为黄色。

　　　　2. 扉页有冯国瑞印一方。

3. 正文刻有句读。

4. 参见麦 0187 说明项第 5 条。

麦 0423　大佛顶如来密因修证了义诸菩萨万行首楞严经卷第八

著者　（唐）般剌密帝译　（唐）弥伽释迦译语　（唐）房融笔受

时代　明

版本　经折装　写本

现状　全

题记　封面题签题"大佛顶首楞严经卷第八"。卷端题"大佛顶如来密因修证了义诸菩萨万/行首楞严经卷第八/天竺沙门般剌密帝译/乌苌国沙门弥伽释迦译语/菩萨戒弟子前正议大夫同中书门下平章事房融笔受"。尾题"大佛顶如来密因修证了义诸菩萨万/行首楞严经卷第八"，后附"释音"（共 9 行，小字占两行）。

版式　每纸半叶 30.7 cm×9.2 cm；上下双栏（刻印）；书眉 5.6 cm，地脚 3.4 cm，版面 21.8 cm×9.2 cm；版心白口；半叶 5 行，行 15 字，共 44 叶。此卷 5 个半叶为 1 纸，共 18 纸。正文第 1 纸与第 2 纸的交接重叠处有墨书题"八　二"，第 2 纸与第 3 纸的交接重叠处有墨书题"八　三"，第 3 纸与第 4 纸的交接重叠处有墨书题"八　四"等。

说明　1. 封面为黄色绢面，封底为蓝色绢面，题签为黄色。

2. 卷端有冯国瑞印一方（朱文）。

3. 卷末有附纸一张，内刻题"六十圣位正观修行菩提妙觉得原成诸佛与众生体性难平情想报分明　南无登圣位菩萨"。

4. 正文刻有句读。

5. 参见麦 0187 说明项第 5 条。

麦 0141　大佛顶如来密因修证了义诸菩萨万行首楞严经卷第九

著者　（唐）般剌密帝译　（唐）弥伽释迦译语　（唐）房融笔受

时代　明

版本　经折装　刻本

现状　首全尾残。止"人口说经法其人亦不觉知魔着"。

题记　封面题签题"大佛顶万行首楞严经□"。卷端题"大佛顶如来密因修证了义诸菩/萨万行首楞严经卷第九/天竺沙门般剌密帝译/乌苌国沙门弥伽释迦译语/菩萨戒弟子前正议大夫同中书门下平章事房融笔受"。中间缺。底封有版画 1 幅（见说明 1)。

版式　每纸半叶 28.1 cm×9.4 cm;上下双栏;书眉 6.1 cm,地脚 3.3 cm,版面 18.9 cm×
　　　9.4 cm;版心白口,内刻题"卷九"及纸数;半叶 5 行,行 13 字,共 39 叶。此卷 7 个
　　　半叶为 1 纸,每纸半叶或 1 叶后标栏内刻题"卷九"及叶数。正文 11 纸,版画 1 纸
　　　(1 个半叶)。

说明　1. 后有版画 1 幅,为金刚像。

　　　2. 封面、封底均为黄色绢面,题签为蓝色。

　　　3. 正文刻有句读。

　　　4. 参见麦 0187 说明项第 5 条。

麦 0422　大佛顶如来密因修证了义诸菩萨万行首楞严经卷第九

著者　(唐)般剌密帝译　(唐)弥伽释迦译语　(唐)房融笔受

时代　明

版本　经折装　写本

现状　全

题记　封面题签题"大佛顶首楞严经卷第九"。卷端题"大佛顶如来密因修证了义诸菩萨
　　　万/行首楞严经卷第九/天竺沙门般剌密帝译/乌苌国沙门弥伽释迦译语/菩萨戒弟
　　　子前正议大夫同中书门下平章事房融笔受"。尾题"大佛顶如来密因修证了义诸菩
　　　萨万/行首楞严经卷第九",后附"释音"共 4 行(小字占两行)。

版式　每纸半叶 31.7 cm×9.2 cm;上下双栏;书眉 5.6 cm,地脚 3.4 cm,版面 21.7 cm×
　　　9.2 cm;版心白口;半叶 5 行,行 15 字,共 52 叶。此卷 5 个半叶为 1 纸,共 21 纸。
　　　正文第 1 纸与第 2 纸的交接重叠处有墨书题"九　二",第 2 纸与第 3 纸的交接重
　　　叠处有墨书题"九　三",第 3 纸与第 4 纸的交接重叠处有墨书题"九　四"等。

说明　1. 封面为红色绢面,封底为蓝色绢面,题签为黄色。

　　　2. 卷端有冯国瑞印一方(朱文)。

　　　3. 卷末有附纸一张,内刻题"精研七趣妄想无根先除三□是初门回转紫金尊普施
　　　慈恩魔事细评论　南无释迦牟尼佛　九"。

　　　4. 正文刻有句读。

　　　5. 参见麦 0187 说明项第 5 条。

麦 0421　大佛顶如来密因修证了义诸菩萨万行首楞严经卷第十

著者　(唐)般剌密帝译　(唐)弥伽释迦译语　(唐)房融笔受

时代　明

版本　经折装　写本

现状　全

题记　封面题签题"大佛顶首楞严经卷第十"。卷首题"大佛顶如来密因修证了义诸菩萨
　　　　万/行首楞严经卷第十/天竺沙门般剌密帝译/乌苌国沙门弥伽释迦译语/菩萨戒弟
　　　　子前正议大夫同中书门下平章事房融笔受"。尾题"大佛顶如来密因修证了义诸菩
　　　　萨万/行首楞严经卷第十",后附"释音"(共1行)。题识"中峰寺开山大戒比丘圆
　　　　懃、徒明正、明悟、明光、明大、明照、明心、明海、明一、明忍、明喜,徒孙真常、真仙、
　　　　真存、真能、真安、真性、真贵、真秉、真言、真寂/演戒、心镇/合山僧众同愿无生戒定
　　　　慧明般若智种伏惟/楞严三昧以圆成最上一乘而顿悟诵大神咒已能摧弥于鬼蜮持
　　　　小/□□定当预住于圆通凡在玄觉所照之中均同妙有不测之气盲/者天遥昧者地近
　　　　无耳之辈闻一知十以无疑篾舌之徒该三会一/而莫碍若幽若显均霑利乐沤生沤灭
　　　　同登觉岸者矣/隆庆六年(1572)林钟月篁生日侍/佛弟子　明悟沐手书","写本极难
　　　　得,因自振还,即烦持赠/麦积书藏,望　普静上人讽诵之。/一九五五、一、十七/国
　　　　瑞记于兰州(冯国瑞印一方)"。

版式　每纸半叶30.8 cm×9.3 cm;上下双栏(刻印);书眉5.9 cm,地脚3.2 cm,版面
　　　　21.7 cm×9.3 cm;版心白口;半叶5行,行15字,共38叶。此卷5个半叶为1纸,
　　　　共14纸。正文第1纸与第2纸的交接重叠处有墨书题"十　二",第2纸与第3纸
　　　　的交接重叠处有墨书题"十　三",第3纸与第4纸的交接重叠处有墨书题"十
　　　　四"等。

说明　1. 封面、封底均为蓝色绢面,题签为黄色。

　　　　2. 卷端有冯国瑞印一方,卷末有冯国瑞朱印一方。

　　　　3. 正文刻有句读。

　　　　4. 参见麦0187说明项第5条。

麦0466　大方广佛华严经卷第一

著者　(唐)实叉难陀译

时代　明

版本　经折装　刻本

现状　全

题记　封面题签题"大方广佛华严经卷第一"。卷首有版画《说法图》(拟)1幅(5个半叶,
　　　　见说明1),牌记1幅(半叶)。内刻题"皇图永固 帝道遐昌/佛日增辉 法轮常转"。

卷首题"御制大方广佛华严经序/永乐十六年(1418)六月初四日"。卷端题"大方广佛华严经卷第一/于阗国三藏沙门实叉难陀译"。品题"世主妙严品第一之一"。尾题"大方广佛华严经卷第一"。刻题"永乐十七年(1419)十二月十三日奉佛弟子/福贤发心书写镂梓谨施",后附"释音"3行。

版式　每纸半叶 32.3 cm×12.1 cm;上下双栏;书眉 5.0 cm,地脚 2.0 cm,版面 25.3 cm× 12.1 cm;版心白口;半叶 5 行,行 15 字,共 45 叶。此卷 5 个半叶为 1 纸,第 1 纸为版画,第 2 纸始为正文。正文第 1 纸与版画纸的交接重叠处有栏外刻题"华严经卷一　一",第 2 纸与第 3 纸的交接重叠处有栏外刻题"华严经卷一　二",第 3 纸与第 4 纸的交接重叠处有栏外刻题"华严经卷一　三"等。正文 16 纸(第 16 纸为半叶),版画 1 纸(6 个半叶),序 2 纸(第 2 纸为 3 个半叶)。

说明　1. 版画正中佛结跏趺坐于莲台之上,莲台下有一听法弟子,两侧有听法弟子、菩萨、眷属、天龙八部等。

2. 封面与封底均为红色绢面,题签为黄色。

3. 正文刻有句读。

4. 麦 0466、麦 0457、麦 0420、麦 0539、麦 0459、麦 0501、麦 0502、麦 0503、麦 0504、麦 0505、麦 0565、麦 0495、麦 0536、麦 0537、麦 0538、麦 0350、麦 0351、麦 0352、麦 0485、麦 0486、麦 0487、麦 0488、麦 0489、麦 0525、麦 0526、麦 0527、麦 0528、麦 0529、麦 0479、麦 0480、麦 0481、麦 0482、麦 0483、麦 0591、麦 0592、麦 0593、麦 0594、麦 0595、麦 0516、麦 0517、麦 0518、麦 0519、麦 0520、麦 0490、麦 0491、麦 0492、麦 0493、麦 0494、麦 0506、麦 0507、麦 0508、麦 0509、麦 0510、麦 0496、麦 0497、麦 0498、麦 0499、麦 0500、麦 0596、麦 0597、麦 0598、麦 0599、麦 0600、麦 0530、麦 0531、麦 0532、麦 0533、麦 0534、麦 0511、麦 0512、麦 0513、麦 0514、麦 0515、麦 0472、麦 0473、麦 0475、麦 0476、麦 0477、麦 0478(缺卷十六、十七)为一函。

麦 0457　大方广佛华严经卷第二

著者　(唐)实叉难陀译

时代　明

版本　经折装　刻本

现状　全

题记　封面题签题"大方广佛华严经卷第二"。卷端题"大方广佛华严经卷第二/于阗国三藏沙门实叉难陀译"。品题"世主妙严品第一之二"。尾题"大方广佛华严经卷第

二"。刻题"永乐十七年(1419)十二月十三日奉佛弟子/福贤发心书写锓梓谨施",
后附"释音"2行。

版式　每纸半叶 32.2 cm×12.1 cm;上下双栏;书眉 3.5 cm,地脚 1.6 cm,版面 27.1 cm×
12.1 cm;版心白口;半叶 5 行,行 15 字,共 48 叶。此卷 5 个半叶为 1 纸,正文第 1
纸与第 2 纸的交接重叠处有栏外刻题"华严经卷二　二",第 2 纸与第 3 纸的交接
重叠处有栏外刻题"华严经卷二　三",第 3 纸与第 4 纸的交接重叠处有栏外刻题
"华严经卷二　四"等。正文 19 纸,卷末 1 纸(半叶)。

说明　1. 封面为蓝色绢面,封底为红色绢面,题签为黄色。

　　　2. 正文刻有句读。

　　　3. 参见麦 0466 说明项第 4 条。

麦 0420　大方广佛华严经卷第三

著者　(唐)实叉难陀译

时代　明

版本　经折装　刻本

现状　全

题记　封面题签题"大方广佛华严经卷第三"。卷端题"大方广佛华严经卷第三/于阗国三
藏沙门实叉难陀译"。品题"世主妙严品第一之三"。尾题"大方广佛华严经卷第
三"。刻题"永乐十七年(1419)十二月十三日奉佛弟子/福贤发心书写锓梓谨施",
后附"释音"3行。有牌记 1 幅(半叶,空白)。

版式　每纸半叶 32.2 cm×12.1 cm;上下双栏;书眉 4.0 cm,地脚 1.6 cm,版面 26.6 cm×
12.1 cm;版心白口;半叶 5 行,行 15 字,共 50 叶。此卷 5 个半叶为 1 纸,正文第 1
纸与第 2 纸的交接重叠处有栏外刻题"华严经卷三　二",第 2 纸与第 3 纸的交接
重叠处有栏外刻题"华严经卷三　三",第 3 纸与第 4 纸的交接重叠处有栏外刻题
"华严经卷三　四"等。正文 20 纸(第 20 纸为 4 个半叶),牌记 1 纸(半叶)。

说明　1. 封面为绿色绢面,封底为红色绢面,题签为黄色。

　　　2. 正文刻有句读。

　　　3. 参见麦 0466 说明项第 4 条。

麦 0539　大方广佛华严经卷第四

著者　(唐)实叉难陀译

时代　明

版本　经折装　刻本

现状　全

题记　封面题签题"大方广佛华严经卷第四"。卷端题"大方广佛华严经卷第四/于阗国三藏沙门实叉难陀译"。品题"世主妙严品第一之四"。尾题"大方广佛华严经卷第四",后附"释音"2行,牌记1幅(半叶)。

版式　每纸半叶32.2 cm×12.1 cm;上下双栏;书眉4.0 cm,地脚1.5 cm,版面26.7 cm×12.1 cm;版心白口;半叶5行,行15字;共54叶。此卷5个半叶为1纸;正文第1纸与第2纸的交接重叠处有栏外刻题"华严经卷四　二",第2纸与第3纸的交接重叠处有栏外刻题"华严经卷四　三",第3纸与第4纸的交接重叠处有栏外刻题"华严经卷四　四"等。正文21纸,卷末1纸(2个半叶),牌记1纸(半叶)。

说明　1. 封面为红色绢面,封底为蓝色绢面,题签为黄色。

　　　2. 正文刻有句读。

　　　3. 参见麦0466说明项第4条。

麦0459　大方广佛华严经卷第五

著者　(唐)实叉难陀译

时代　明

版本　经折装　刻本

现状　全

题记　封面题签题"大方广佛华严经卷第五"。卷端题"大方广佛华严经卷第五/于阗国三藏沙门实叉难陀译"。品题"世主妙严品第一之五"。尾题"大方广佛华严经卷第五"。刻题"永乐十七年(1419)十二月十三日奉佛弟子/福贤发心书写锓梓谨施",后附"释音"2行。刻题"偶(崇)居士道俗发心刊"。

版式　每纸半叶32.2 cm×12.1 cm;上下双栏;书眉4.0 cm,地脚1.5 cm,版面26.7 cm×12.1 cm;半叶5行,行15字,共42叶。此卷5个半叶为1纸,正文第1纸与第2纸的交接重叠处有栏外刻题"华严经卷五　二",第2纸与第3纸的交接重叠处有栏外刻题"华严经卷五　三",第3纸与第4纸的交接重叠处有栏外刻题"华严经卷五　四"等。正文17纸(第17纸为4个半叶)。

说明　1. 封面为绿色绢面,封底为蓝色绢面,题签为黄色。

　　　2. 正文刻有句读。

　　　3. 参见麦0466说明项第4条。

麦 0501　大方广佛华严经卷第六

著者　（唐）实叉难陀译

时代　明

版本　经折装　刻本

现状　全

题记　封面题签题"大方广佛华严经卷第六"。卷首有版画《说法图》(拟)1 幅(5 个半叶，见说明 1)，牌记 1 幅(半叶)。内刻题"皇图永固　帝道遐昌/佛日增辉　法轮常转"。卷端题"大方广佛华严经卷第六/于阗国三藏沙门实叉难陀译"。品题"如来现相品第二"。尾题"大方广佛华严经卷第六"，后附"释音"2 行。

版式　每纸半叶 32.3 cm×12.2 cm；上下双栏；书眉 4.4 cm，地脚 1.5 cm，版面 26.4 cm×12.2 cm；版心白口；半叶 5 行，行 15 字，共 66 叶。此卷 5 个半叶为 1 纸，第 1 纸为版画，第 2 纸始为正文。正文第 1 纸与版画纸的交接重叠处有栏外刻题"华严经卷六　一"，第 2 纸与第 3 纸的交接重叠处有栏外刻题"华严经卷六　二"，第 3 纸与第 4 纸的交接重叠处有栏外刻题"华严经卷六　三"等。正文 26 纸(第 25 纸为 4 个半叶，第 26 纸为 2 个半叶)，牌记 1 纸(6 个半叶)。

说明　1. 版画正中佛结跏趺坐于莲台之上，莲台下有一听法弟子，两侧有听法弟子、菩萨、眷属、天龙八部等。

　　　2. 封面与封底均为红色绢面，题签为黄色。

　　　3. 正文刻有句读。

　　　4. 麦 0501、麦 0502、麦 0503、麦 0504、麦 0505 五卷为同一函。

　　　5. 函套有黄色题签，题"大方广佛华严经六之十"。

　　　6. 参见麦 0466 说明项第 4 条。

麦 0560　大方广佛华严经卷第六

著者　（唐）实叉难陀译

时代　明

版本　经折装　刻本

现状　全

题记　封面题签题"大方广佛华严经卷第六"。卷首有版画《说法图》(拟)1 幅(5 个半叶，见说明 1)，版画左栏外题"凤翔府宝鸡县遵义里营子头村居信士宫大璋室人范氏"。牌记 1 幅(半叶)，内刻题"御制　六合清宁　七政顺序　雨阳时若　万物咸丰/亿

兆康和 凡幽融朗 均跻寿域 溥种福田/上善攸臻 障碍消释 家崇忠孝 人乐慈良/官清政平 讼简刑措 化行俗美 泰道咸亨/凡厥有生 俱成佛果 永乐十七年(1419)十二月十三日"。卷端题"大方广佛华严经卷第六/于阗国三藏沙门实叉难陀译"。品题"如来现相品第二"。尾题"大方广佛华严经卷第六"。刻题"凤翔府凤翔县郡亭乡洪原里洪渠村居住奉/佛发心随缘信士罗雄室人李氏 男妇 刘氏 陈氏 孙男罗廷皇/罗廷爵 从今向去 吉祥如意"、"永乐十七年(1419)十二月十三日奉佛弟子/福贤发心书写镂梓谨施"、"扶风县信义里信士郑万金 男郑添祐刊六连",后附"释音"2行。

版式　每纸半叶 35.4 cm×12.2 cm;上下双栏;书眉 6.2 cm,地脚 2.6 cm,版面 26.6 cm×12.2 cm;版心白口;半叶 5 行,行 15 字,共 66 叶。此卷 5 个半叶为 1 纸,第 1 纸为版画,第 2 纸始为正文。正文第 1 纸与版画纸的交接重叠处有栏外刻题"华严经卷六　一",第 2 纸与第 3 纸的交接重叠处有栏外刻题"华严经卷六　二",第 3 纸与第 4 纸的交接重叠处有栏外刻题"华严经卷六　三"等。正文 25 纸(第 25 纸为 6 个半叶),版画 1 纸(6 个半叶)。

说明　1. 版画正中佛结跏趺坐于莲台之上,两侧有听法弟子、菩萨、眷属、天龙八部等。

　　2. 封面为红色绢面,封底为蓝色绢面,题签为黄色。经折中夹有黄色绢条,上题"大方广佛华严经五十一之五十五"。

　　3. 正文刻有句读。

麦 0502　大方广佛华严经卷第七

著者　(唐)实叉难陀译

时代　明

版本　经折装　刻本

现状　全

题记　封面题签题"大方广佛华严经卷第七"。卷端题"大方广佛华严经卷第七/于阗国三藏沙门实叉难陀译"。品题"普贤三昧品第三"、"世界成就品第四"。尾题"大方广佛华严经卷第七"。刻题"永乐十七年(1419)十二月十三日奉佛弟子/福贤发心书写镂梓谨施",后附"释音"1行。

版式　每纸半叶 32.2 cm×12.2 cm;上下双栏;书眉 3.4 cm,地脚 1.6 cm,版面 27.2 cm×12.2 cm;版心白口;半叶 5 行,行 15 字,共 58 叶。此卷 5 个半叶为 1 纸,正文第 1 纸与第 2 纸的交接重叠处有栏外刻题"华严经卷七　二",第 2 纸与第 3 纸的交接重叠处有栏外刻题"华严经卷七　三",第 3 纸与第 4 纸的交接重叠处有栏外刻题

"华严经卷七　四"等。正文 24 纸(第 24 纸为半叶)。

说明　1. 封面为绿色绢面,封底为红色绢面,题签为黄色。

　　　2. 正文刻有句读。

　　　3. 麦 0501、麦 0502、麦 0503、麦 0504、麦 0505 五卷为同一函。

　　　4. 函套有黄色题签,题"大方广佛华严经六之十"。

　　　5. 参见麦 0466 说明项第 4 条。

麦 0549　大方广佛华严经卷第七

著者　(唐) 实叉难陀译

时代　明

版本　经折装　刻本

现状　全

题记　封面题签题"大方广佛华严经卷第七"。卷端题"大方广佛华严经卷第七/于阗国三藏沙门实叉难陀译"。品题"普贤三昧品第三"、"世界成就品第四"。尾题"大方广佛华严经卷第七"。刻题"永乐十七年(1419)十二月十三日奉佛弟子/福贤发心书写锓梓谨施"、"大明国山西太原府文水县丰怙里人氏　见在/陕西凤翔府东关通津巷居住清信奉/佛舍财信士苏伯进　同室张氏　马氏/长男苏汉卿王氏　苏汉吕张氏　苏汉宰胡氏/苏汉相　苏汉府　苏汉州　苏汉县　苏汉编/长兄苏伯有王氏/泊家眷等是日上叩/金相意者　切念信士苏伯进等　为因生死事大无常/迅速发心施财刻/华严经一卷　从今向去、凡在时中　吉祥如意"。

版式　每纸半叶 35.4 cm×12.2 cm;上下双栏;书眉 5.0 cm,地脚 2.7 cm,版面 27.7 cm×12.2 cm;版心白口;半叶 5 行,行 15 字,共 58 叶。此卷 5 个半叶为 1 纸,正文第 1 纸与第 2 纸的交接重叠处有栏外刻题"华严经卷七　二",第 2 纸与第 3 纸的交接重叠处有栏外刻题"华严经卷七　三",第 3 纸与第 4 纸的交接重叠处有栏外刻题"华严经卷七　四"等。正文 23 纸(第 23 纸为 6 个半叶)。

说明　1. 封面为黄色绢面,封底为红色绢面,题签为黄色。

　　　2. 正文刻有句读。

麦 0503　大方广佛华严经卷第八

著者　(唐) 实叉难陀译

时代　明

版本　经折装　刻本

现状　全

题记　封面题签题"大方广佛华严经卷第八"。卷端题"大方广佛华严经卷第八/于阗国三藏沙门实叉难陀译"。品题"华藏世界品第五之一"。尾题"大方广佛华严经卷第八"。刻题"永乐十七年(1419)十二月十三日奉佛弟子/福贤发心书写锓梓谨施",后附"释音"2行。

版式　每纸半叶32.2 cm×12.2 cm;上下双栏;书眉4.2 cm,地脚1.6 cm,版面26.5 cm×12.2 cm;版心白口;半叶5行,行15字,共47叶。此卷5个半叶为1纸,正文第1纸与第2纸的交接重叠处有栏外刻题"华严经卷八　二",第2纸与第3纸的交接重叠处有栏外刻题"华严经卷八　三",第3纸与第4纸的交接重叠处有栏外刻题"华严经卷八　四"等。正文19纸(第19纸为4个半叶)。

说明　1. 封面为蓝色绢面,封底为红色绢面,题签为黄色。

　　　2. 正文刻有句读。

　　　3. 麦0501、麦0502、麦0503、麦0504、麦0505五卷为同一函。

　　　4. 函套有黄色题签,题"大方广佛华严经六之十"。

　　　5. 参见麦0466说明项第4条。

麦0504　大方广佛华严经卷第九

著者　(唐)实叉难陀译

时代　明

版本　经折装　刻本

现状　全

题记　封面题签题"大方广佛华严经卷第九"。卷端题"大方广佛华严经卷第九/于阗国三藏沙门实叉难陀译"。品题"华藏世界品第五之二"。尾题"大方广佛华严经卷第九"。刻题"永乐十七年(1419)十二月十三日奉佛弟子/福贤发心书写锓梓谨施",后附"释音"2行。

版式　每纸半叶32.2 cm×12.2 cm;上下双栏;书眉2.9 cm,地脚1.6 cm,版面27.8 cm×12.2 cm;版心白口;半叶5行,行15字,共48叶。此卷5个半叶为1纸,正文第1纸与第2纸的交接重叠处有栏外刻题"华严经卷九　二",第2纸与第3纸的交接重叠处有栏外刻题"华严经卷九　三",第3纸与第4纸的交接重叠处有栏外刻题"华严经卷九　四"等。正文20纸(第20纸为半叶)。

说明　1. 封面与封底均为蓝色绢面,题签为黄色。

　　　2. 正文刻有句读。

3. 麦 0501、麦 0502、麦 0503、麦 0504、麦 0505 五卷为同一函。

4. 函套有黄色题签,题"大方广佛华严经六之十"。

5. 参见麦 0466 说明项第 4 条。

麦 0541　大方广佛华严经卷第九

著者　（唐）实叉难陀译

时代　明

版本　经折装　刻本

现状　全

题记　封面题签题"大方广佛华严经卷第九"。卷端题"大方广佛华严经卷第九/于阗国三藏沙门实叉难陀译"。品题"华藏世界品第五之二"。尾题"大方广佛华严经卷第九"。刻题"永乐十七年（1419）十二月十三日奉佛弟子/福贤发心书写镂梓谨施",后附"释音"2 行。刻题"扶风县余原乡大通里大官村居住奉/佛信士李文义 室人仝氏 保延 男李满堂张氏/上侍母齐氏 次男李满瀛杨氏/保延 孙男李虎见李平凉 李凉 僧李水惊/孙女金定/洎家眷等 喜舍资财刊/大方广佛华严经一卷/上报四恩 下资三有 回向时中 吉祥如意/嘉靖十七年（1538）月 日释子道显重刊"。牌记 1 幅（半叶）。封底题签题"大方广佛华严经三十六之四十"。

版式　每纸半叶 35.4 cm×12.3 cm;上下双栏;书眉 5.5 cm,地脚 2.7 cm,版面 27.2 cm×12.3 cm;版心白口;半叶 5 行,行 15 字,共 48 叶。此卷 5 个半叶为 1 纸,正文第 1 纸与第 2 纸的交接重叠处有栏外刻题"华严经卷九　二",第 2 纸与第 3 纸的交接重叠处有栏外刻题"华严经卷九　三",第 3 纸与第 4 纸的交接重叠处有栏外刻题"华严经卷九　四"等。正文 19 纸,牌记 1 纸(半叶)。

说明　1. 封面与封底均为蓝色绢面,封面题签为红色,封底题签为黄色。

2. 正文刻有句读。

麦 0505　大方广佛华严经卷第十

著者　（唐）实叉难陀译

时代　明

版本　经折装　刻本

现状　全

题记　封面题签题"大方广佛华严经卷第十"。卷端题"大方广佛华严经卷第十/于阗国三藏沙门实叉难陀译"。品题"华藏世界品第五之三"。尾题"大方广佛华严经卷第十"，后附"释音"3 行。

版式　每纸半叶 32.2 cm×12.2 cm；上下双栏；书眉 3.9 cm，地脚 1.6 cm，版面 26.7 cm×12.2 cm；版心白口；半叶 5 行，行 15 字，共 46 叶。此卷 5 个半叶为 1 纸，正文第 1 纸与第 2 纸的交接重叠处有栏外刻题"华严经卷十　二"，第 2 纸与第 3 纸的交接重叠处有栏外刻题"华严经卷十　三"，第 3 纸与第 4 纸的交接重叠处有栏外刻题"华严经卷十　四"等。正文 18 纸，卷末 1 纸(2 个半叶)。

说明　1. 封面为红色绢面，封底为蓝色绢面，题签为黄色。

　　　2. 正文刻有句读。

　　　3. 麦 0501、麦 0502、麦 0503、麦 0504、麦 0505 五卷为同一函。

　　　4. 函套有黄色题签，题"大方广佛华严经六之十"。

　　　5. 参见麦 0466 说明项第 4 条。

麦 0331　大方广佛华严经卷第十一

著者　(唐) 实叉难陀译

时代　明

版本　经折装　刻本

现状　首残尾全

题记　卷首版画 1 幅[2 个半叶，《说法图》(拟)，见说明 1]，版画左栏外题"凤翔府宝鸡县遵义里营子头村居信士宫大璋室人范氏"。牌记 1 幅(半叶)，内刻题"御制 六合清宁 七政顺序 雨阳时若 万物异丰/亿兆康和 凡幽融朗 均跻寿域 溥种福田/上善攸臻 障碍消释 家崇忠孝 人乐慈良/官清政平 讼简刑措 化行俗美 泰道咸亨/凡厥有生 俱成佛果 永乐十七年(1419)十二月十三日"。卷端题"大方广佛华严经卷第十一/于阗国三藏沙门实叉难陀译"。品题"毗卢遮那品第六"。尾题"大方广佛华严经卷第十一"。刻题"陕西凤翔府 在城什字北街军民人等刊刻/华严经一卷众信士张大先 同室人吕氏 信宫舍余欧阳佑 室人欧氏/薛隆 室人王氏 高选 室人张氏/陈世美 室人高氏 焦江 室人罗氏/张文夆 室人张氏 张秉仁 室人吴氏/玉泉里李兴王氏 男李天爵 李天祥 天秩"。后附"释音"2 行，版画 1 幅[半叶，《天王像》(拟)，见说明 2]。

版式　每纸半叶 35.6 cm×12.2 cm；上下双栏；书眉 6.0 cm，地脚 3.0 cm，版面 26.6 cm×12.2 cm，版心白口，内刻题"华严经卷十一"及纸数；半叶 5 行，行 15 字，共 39 叶半。此卷 5 个半叶为 1 纸，第 1 纸为版画，第 2 纸始为正文；每纸半叶或 1 叶后有栏外刻题"华严经卷十一"及各纸数。正文 15 纸，前版画 1 纸(3 个半叶)，后版画 1 纸(半叶)。

说明　1. 版画左侧有听法弟子、菩萨、眷属、天龙八部,后一版画中天王呈双手合十状。

　　　2. 封底为黄色绢面。

　　　3. 正文刻有句读。

麦 0565　大方广佛华严经卷第十一

著者　(唐)实叉难陀译

时代　明

版本　经折装　刻本

现状　全

题记　封面题签题"方广佛华严经卷第十一"。卷首有版画《说法图》(拟)1 幅(4 个半叶,见说明 1)。卷端题"大方广佛华严经卷第十一/于阗国三藏沙门实叉难陀译"。品题"毗卢遮郍品第六"。尾题"大方广佛华严经卷第十一",后附"释音"2 行。

版式　每纸半叶 32.2 cm×12.2 cm;上下双栏;书眉 5.4 cm,地脚 2.1 cm,版面 24.7 cm×12.2 cm;版心白口;半叶 5 行,行 15 字,共 40 叶。此卷 5 个半叶为 1 纸,第 1 纸为版画,第 2 纸始为正文。正文第 1 纸与版画纸的交接重叠处有栏外刻题"华严经卷十一　一",第 2 纸与第 3 纸的交接重叠处有栏外刻题"华严经卷十一　二",第 3 纸与第 4 纸的交接重叠处有栏外刻题"华严经卷十一　三"等。正文 16 纸(第 15 纸为 4 个半叶,第 16 纸为 2 个半叶),版画 1 纸(4 个半叶)。

说明　1. 版画右侧佛结跏趺坐于莲台之上,左侧有听法弟子、菩萨、眷属、天龙八部等。

　　　2. 封面与封底均为红色绢面,题签为黄色。

　　　3. 正文刻有句读。

　　　4. 麦 0565、麦 0495、麦 0536、麦 0537、麦 0538 五卷为同一函。

　　　5. 函套有黄色题签,题"大方广佛华严经十一之十五"。

　　　6. 参见麦 0466 说明项第 4 条。

麦 0577　大方广佛华严经卷第十一

著者　(唐)实叉难陀译

时代　明

版本　经折装　刻本

现状　全

题记　封面题签题"大方广佛华严经卷第十一"。卷首有版画《说法图》(拟)1 幅(5 个半叶,见说明 1),版画左栏外题"凤翔府宝鸡县遵义里营子头村居信士宫大璋室人范氏"。牌记 1 幅(半叶),内刻题"皇图永固 帝道遐昌/佛日增辉 法轮常转"。品题"毗卢遮郏品第六"。尾题"大方广佛华严经卷第十一"。刻题"永乐十七年(1419)十二月十三日奉佛弟子/福贤发心书写镂梓谨施",后附"释音"2 行。

版式　每纸半叶 35.3 cm×12.2 cm;上下双栏;书眉 4.5 cm,地脚 3.0 cm,版面 27.8 cm×12.2 cm;版心白口;半叶 5 行,行 15 字,共 41 叶。此卷 5 个半叶为 1 纸,第 1 纸为版画,第 2 纸始为正文。正文第 1 纸与版画纸的交接重叠处有栏外刻题"华严经卷十一　一",第 2 纸与第 3 纸的交接重叠处有栏外刻题"华严经卷十一　二",第 3 纸与第 4 纸的交接重叠处有栏外刻题"华严经卷十一　三"等。正文 15 纸(第 15 纸为 6 个半叶),版画 1 纸(6 个半叶)。

说明　1. 版画正中佛结跏趺坐于莲台之上,莲台下有一听法弟子,两侧有听法弟子、菩萨、眷属、天龙八部等。

　　　2. 封面与封底均为蓝色绢面,题签为黄色。

　　　3. 正文刻有句读。

麦 0109　大方广佛华严经卷第十二

著者　(唐)实叉难陀译

时代　明

版本　经折装　刻本

现状　全

题记　封面题签题"大方广佛华严经卷第十二"。卷端题"大方广佛华严经卷第十二/于阗国三藏沙门实叉难陀译"。品题"如来名号品第七"、"四圣谛品第八"。尾题"大方广佛华严经卷第十二"。刻题"永乐十七年(1419)十二月十三日奉佛弟子/福贤发心书写镂梓谨施",后附"释音"3 行。

版式　每纸半叶 35.1 cm×12.2 cm;上下双栏;书眉 4.9 cm,地脚 2.9 cm,版面 27.3 cm×12.2 cm;版心白口;半叶 5 行,行 15 字,共 45 叶。此卷 5 个半叶为 1 纸,正文第 1 纸与第 2 纸的交接重叠处有栏外刻题"华严经卷十二　二",第 2 纸与第 3 纸的交接重叠处有栏外刻题"华严经卷十二　三"。正文 18 纸。

说明　1. 封面与封底均为蓝色绢面,题签为黄色绢条。

　　　2. 正文刻有句读。

麦 0200　大方广佛华严经卷第十二

著者　(唐)实叉难陀译

时代　　明

版本　　经折装　刻本

现状　　首残尾全

题记　　卷端题"大方广佛华严经卷第十二/于阗国三藏沙门实叉难陀译"。品题"如来名号品第七"、"四圣谛品第八"。尾题"大方广佛华严经卷第十二"。刻题"永乐十七年(1419)十二月十三日奉佛弟子/福贤发心书写锓梓谨施",后附"释音"3行;"扶风县义合里东官村居住清信奉/佛发心舍财刻经信士魏恭道同室人王氏/男瘦汉王氏次男魏朝奉　小男王氏鸾重写/泊家眷等喜舍净资刻/华严经一卷　将此功德上报四恩　下资三宥　法界/众生　同圆种智　回向时中　吉祥如意/嘉靖十七年(1538)十月一日　释子道显　徒德广　德严等造"。

版式　　每纸半叶 35.7 cm×12.1 cm;上下双栏;书眉 5.4 cm,地脚 2.9 cm,版面 27.4 cm×12.1 cm;版心白口;半叶 5 行,行 15 字,共 45 叶。此卷 5 个半叶为 1 纸,正文第 1 纸与第 2 纸的交接重叠处有栏外刻题"华严经卷十二　二",第 2 纸与第 3 纸的交接重叠处有栏外刻题"华严经卷十二　三"。正文 18 纸。

说明　　1. 封底为红色绢面。

　　　　2. 正文刻有句读。

麦 0495　大方广佛华严经卷第十二

著者　　(唐)实叉难陀译

时代　　明

版本　　经折装　刻本

现状　　全

题记　　封面题签题"大方广佛华严经卷第十二"。卷端题"大方广佛华严经卷第十二/于阗国三藏沙门实叉难陀译"。品题"如来名号品第七"、"四圣谛品第八"。尾题"大方广佛华严经卷第十二"。刻题"永乐十七年(1419)十二月十三日奉佛弟子/福贤发心书写锓梓谨施",后附"释音"3行。

版式　　每纸半叶 32.2 cm×12.2 cm;上下双栏;书眉 3.5 cm,地脚 1.5 cm,版面 27.2 cm×12.2 cm;版心白口;半叶 5 行,行 15 字,共 45 叶。此卷 5 个半叶为 1 纸,正文第 1 纸与第 2 纸的交接重叠处有栏外刻题"华严经卷十二　二",第 2 纸与第 3 纸的交接重叠处有栏外刻题"华严经卷十二　三",第 3 纸与第 4 纸的交接重叠处有栏外刻题"华严经卷十二　四"等。正文 18 纸。

说明　　1. 封面为蓝色绢面,封底为红色绢面,题签为黄色。

2. 正文刻有句读。

3. 麦 0565、麦 0495、麦 0536、麦 0537、麦 0538 五卷为同一函。

4. 函套有黄色题签,题"大方广佛华严经十一之十五"。

5. 参见麦 0466 说明项第 4 条。

麦 0110   大方广佛华严经卷第十三

著者   (唐)实叉难陀译

时代   明

版本   经折装   刻本

现状   全

题记   封面题签题"大方广佛华严经卷第十三"。卷端题"大方广佛华严经卷第十三/于阗国三藏沙门实叉难陀译"。品题"光明觉品第九"、"菩萨问明品第十"。尾题"大方广佛华严经卷第十三"。刻题"永乐十七年(1419)十二月十三日奉佛弟子/福贤发心书写锓梓谨施",后附"释音"4 行。

版式   每纸半叶 35.1 cm×12.2 cm;上下双栏;书眉 5.0 cm,地脚 2.9 cm,版面 27.2 cm×12.2 cm;版心白口;半叶 5 行,行 15 字,共 64 叶。此卷 5 个半叶为 1 纸,正文第 1 纸与第 2 纸的交接重叠处有栏外刻题"华严经卷十三 二",第 2 纸与第 3 纸的交接重叠处有栏外刻题"华严经卷十三 三"。正文 26 纸,卷末 1 纸(3 个半叶)。

说明   1. 封面与封底均为蓝色绢面,题签为黄色。

2. 正文刻有句读。

麦 0133   大方广佛华严经卷第十三

著者   (唐)实叉难陀译

时代   明

版本   经折装   刻本

现状   全(首尾封残落,中间间有残破)

题记   卷端题"大方广佛华严经卷第十三/于阗国三藏沙门实叉难陀译"。品题"光明觉品第九"、"菩萨问明品第十"。尾题"大方广佛华严经卷第□(十)□(三)"。

版式   每纸半叶 36.0 cm×12.4 cm;上下双栏;书眉 5.4 cm,地脚 3.0 cm,版面 27.6 cm×12.4 cm;版心白口;半叶 5 行,行 15 字,共 63 叶。此卷 5 个半叶为 1 纸,正文第 1 纸与第 2 纸的交接重叠处有栏外刻题"华严经卷十三 二",第 2 纸与第 3 纸的交接重叠处有栏外刻题"华严经卷十三 三"。正文 26 纸,卷末 1 纸(1 个半叶)。

说明 1. 栏外刻题"华严经卷十三"及纸数。

    2. 正文刻有句读。

麦 0536 大方广佛华严经卷第十三

著者 （唐）实叉难陀译

时代 明

版本 经折装 刻本

现状 全

题记 封面题签题"大方广佛华严经卷第十三"。卷端题"大方广佛华严经卷第十三/于阗国三藏沙门实叉难陀译"。品题"光明觉品第九"、"菩萨问明品第十"。尾题"大方广佛华严经卷第十三"，后附"释音"4 行。

版式 每纸半叶 32.2 cm×12.2 cm；上下双栏；书眉 3.5 cm，地脚 1.5 cm，版面 27.2 cm×12.2 cm；版心白口；半叶 5 行，行 15 字，共 64 叶。此卷 5 个半叶为 1 纸，正文第 1 纸与第 2 纸的交接重叠处有栏外刻题"华严经卷十三 二"，第 2 纸与第 3 纸的交接重叠处有栏外刻题"华严经卷十三 三"，第 3 纸与第 4 纸的交接重叠处有栏外刻题"华严经卷十三 四"等。正文 26 纸（第 26 纸为半叶），卷末 1 纸（2 个半叶）。

说明 1. 封面为绿色绢面，封底为红色绢面，题签为黄色。

    2. 正文刻有句读。

    3. 麦 0565、麦 0495、麦 0536、麦 0537、麦 0538 五卷为同一函。

    4. 函套有黄色题签，题"大方广佛华严经十一之十五"。

    5. 参见麦 0466 说明项第 4 条。

麦 0403 大方广佛华严经卷第十四

著者 （唐）实叉难陀译

时代 明

版本 经折装 刻本

现状 全

题记 封面题签题"大方广佛华严经卷第十四"。卷端题"大方广佛华严经卷第十四/于阗国三藏沙门实叉难陀译"。品题"净行品第十一"、"贤首品第十二之上"。尾题"大方广佛华严经卷第十四"。刻题"永乐十七年(1419)十二月十三日奉佛弟子/福贤发心书写镂梓谨施"，后附"释音"5 行。

版式 每纸半叶 35.5 cm×12.2 cm；上下双栏；书眉 4.7 cm，地脚 3.3 cm，版面 27.5 cm×

12.2 cm;版心白口;半叶 5 行,行 15 字,共 54 叶。此卷 5 个半叶为 1 纸,正文第 1 纸与第 2 纸的交接重叠处有栏外刻题"华严经卷十四　二",第 2 纸与第 3 纸的交接重叠处有栏外刻题"华严经卷十四　三",第 3 纸与第 4 纸的交接重叠处有栏外刻题"华严经卷十四　四"等。正文 22 纸(第 22 纸为 3 个半叶)。

说明　1. 封面、封底均为蓝色绢面,题签为黄色。

2. 正文刻有句读。

麦 0537　大方广佛华严经卷第十四

著者　(唐)实叉难陀译

时代　明

版本　经折装　刻本

现状　全

题记　封面题签题"大方广佛华严经卷第十四"。卷端题"大方广佛华严经卷第十四/于阗国三藏沙门实叉难陀译"。品题"净行品第十一"、"贤首品第十二之上"。尾题"大方广佛华严经卷第十四"。刻题"永乐十七年(1419)十二月十三日奉佛弟子/福贤发心书锓梓谨施",后附"释音"5 行。有牌记 1 幅(半叶)。

版式　每纸半叶 32.2 cm×12.2 cm;上下双栏;书眉 3.5 cm,地脚 1.7 cm,版面 27.0 cm×12.2 cm;版心白口;半叶 5 行,行 15 字,共 54 叶。此卷 5 个半叶为 1 纸,正文第 1 纸与第 2 纸的交接重叠处有栏外刻题"华严经卷十四　二",第 2 纸与第 3 纸的交接重叠处有栏外刻题"华严经卷十四　三",第 3 纸与第 4 纸的交接重叠处有栏外刻题"华严经卷十四　四"等。正文 21 纸,卷末 1 纸(第 22 纸为 2 个半叶),牌记 1 纸(半叶)。

说明　1. 封面为红色绢面,封底为蓝色绢面,题签为黄色绢条。

2. 正文刻有句读。

3. 麦 0565、麦 0495、麦 0536、麦 0537、麦 0538 五卷为同一函。

4. 函套有黄色题签,题"大方广佛华严经十一之十五"。

5. 参见麦 0466 说明项第 4 条。

麦 0402　大方广佛华严经卷第十五

著者　(唐)实叉难陀译

时代　明

版本　经折装　刻本

现状　全

题记　封面题签题"大方广佛华严经卷第十五"。卷端题"大方广佛华严经卷第十五/于阗国三藏沙门实叉难陀译"。品题"贤首品第十二之下"。尾题"大方广佛华严经卷第十五"。刻题"永乐十七年(1419)十二月十三日奉佛弟子/福贤发心书写镂梓谨施",后附"释音"3行。牌记1幅(半叶,空白),版画1幅(半叶,见说明1)。

版式　每纸半叶35.2 cm×12.2 cm;上下双栏;书眉5.2 cm,地脚3.0 cm,版面27.0 cm×12.2 cm;版心白口;半叶5行,行15字,共47叶。此卷5个半叶为1纸,正文第1纸与第2纸的交接重叠处有栏外刻题"华严经卷十五　二",第2纸与第3纸的交接重叠处有栏外刻题"华严经卷十五　三",第3纸与第4纸的交接重叠处有栏外刻题"华严经卷十五　四"等。正文18纸(第18纸为6个半叶),版画牌记1纸(3个半叶)。

说明　1. 版画中天王呈双手合十状。

　　　2. 封面、封底均为蓝色绢面,题签为黄色。

　　　3. 正文刻有句读。

麦 0538　大方广佛华严经卷第十五

著者　(唐)实叉难陀译

时代　明

版本　经折装　刻本

现状　全

题记　封面题签题"大方广佛华严经卷第十五"。卷端题"大方广佛华严经卷第十五/于阗国三藏沙门实叉难陀译"。品题"贤首品第十二之下"。尾题"大方广佛华严经卷第十五",后附"释音"3行。又题"居士陈爰谋发心助刊"。牌记1幅(半叶)。

版式　每纸半叶32.2 cm×12.2 cm;上下双栏;书眉3.3 cm,地脚1.5 cm,版面27.3 cm×12.2 cm;版心白口;半叶5行,行15字,共46叶。此卷5个半叶为1纸,正文第1纸与第2纸的交接重叠处有栏外刻题"华严经卷十五　二",第2纸与第3纸的交接重叠处有栏外刻题"华严经卷十五　三",第3纸与第4纸的交接重叠处有栏外刻题"华严经卷十五　四"等。正文19纸(第18纸为4个半叶,第19纸为2个半叶),牌记1纸(半叶)。

说明　1. 封面为红色绢面,封底为蓝色绢面,题签为黄色。

　　　2. 正文刻有句读。

　　　3. 麦 0565、麦 0495、麦 0536、麦 0537、麦 0538 五卷为同一函。

4. 函套有黄色题签,题"大方广佛华严经十一之十五"。

5. 参见麦 0466 说明项第 4 条。

麦 0547　大方广佛华严经卷第十五

著者　(唐)实叉难陀译

时代　明

版本　经折装　刻本

现状　全

题记　封面题签题"大方广佛华严经卷第"。卷端题"大方广佛华严经卷第十五/于阗国三藏沙门实叉难陀译"。品题"贤首品第十二之下"。尾题"大方广佛华严经卷第十五"。刻题"本府宝鸡县西平原南高村释子德真 净通/信士王堂 李景 孙阜金 孙阜艮 孙孝 王盈/寒村寺住持僧悟会"、"永乐十七年(1419)十二月十三日奉佛弟子/福贤发心书写锓梓谨施"、"信士赵世抚 孙锦 王舟 张锐 韩雄 杨谯 男杨梅/赵永成 坡头 王廷禄、刘仲宾 郿县王喜寨信女/扶风县义合里 信士王杲杨氏 杨万江 王平 杨氏",后附"释音"3 行。刻题"释子并众信人等共刻/华严一卷 上报四恩 下资三宥 法界众生 同圆种智 吉祥如意"。卷末有版画《天王像》(拟)1 幅(半叶,见说明1)。

版式　每纸半叶 32.2 cm×12.2 cm;上下双栏;书眉 3.3 cm,地脚 1.5 cm,版面 27.3 cm×12.2 cm;版心白口;半叶 5 行,行 15 字,共 46 叶。此卷 5 个半叶为 1 纸,正文第 1 纸与第 2 纸的交接重叠处有栏外刻题"华严经卷十五　二",第 2 纸与第 3 纸的交接重叠处有栏外刻题"华严经卷十五　三",第 3 纸与第 4 纸的交接重叠处有栏外刻题"华严经卷十五　四"等。正文 18 纸(第 18 纸为 6 个半叶),版画 1 纸(半叶)。

说明　1. 版画中天王呈双手合十状。

2. 封面为蓝色绢面,封底为红色绢面,题签为黄色。

3. 正文刻有句读。

麦 0401　大方广佛华严经卷第十六

著者　(唐)实叉难陀译

时代　明

版本　经折装　刻本

现状　全

题记　封面题签题"大方广佛华严经卷第十六"。卷首有版画《说法图》(拟)1 幅(5 个半叶,见说明1)。牌记 1 幅(半叶),内刻题"皇图永固 帝道遐昌/佛日增辉 法轮常转"。卷端题"大方广佛华严经卷第十六/于阗国三藏沙门实叉难陀译"。品题"升须弥山顶品第十三"、"须弥顶上偈赞品第十四"、"十住品第十五"。尾题"大方广佛华严经卷第十六"。刻题"永乐十七年(1419)十二月十三日奉佛弟子/福贤发心书写锓梓谨施",后附"释音"2行。

版式　每纸半叶35.2 cm×12.1 cm;上下双栏;书眉5.3 cm,地脚3.1 cm,版面26.8 cm×12.1 cm;版心白口;半叶5行,行15字,共72叶。此卷5个半叶为1纸,第1纸为版画,第2纸始为正文。正文第1纸与版画纸的交接重叠处有栏外刻题"华严经卷十六　一",第2纸与第3纸的交接重叠处有栏外刻题"华严经卷十六　二",第3纸与第4纸的交接重叠处有栏外刻题"华严经卷十六　三"等。正文28纸(第28纸为3个半叶),版画1纸(6个半叶)。

说明　1. 版画正中佛结跏趺坐于莲台之上,莲台下有一听法弟子,两侧有听法弟子、菩萨、眷属、天龙八部等。

2. 封面、封底均为蓝色绢面,题签为黄色。

3. 正文刻有句读。

麦 0579　大方广佛华严经卷第十六

著者　(唐)实叉难陀译

时代　明

版本　经折装　刻本

现状　全

题记　封面题签题"大方广佛华严经卷第十六"。卷端题"大方广佛华严经卷第十六/于阗国三藏沙门实叉难陀译"。品题"升须弥山顶品第十三"、"须弥顶上偈赞品第十四"、"十住品第十五"。尾题"大方广佛华严经卷第十六",后附"释音"2行。刻题"汉中府洋县向化里 在城东街住民刘凤仪室人王氏/男刘守中 刘守正 刘守道　刘守己奉/佛刊华严经二卷 舍银四两 祈家门清吉人眷平安 吉祥如意"、"嘉靖三年(1524)四月初八日刊行　陈爵刊拜"。题识"嘉靖二十四年(1545)正月内请经释子用福　奉/佛舍财信士毛得食李　泊家眷等专保二六时中 吉祥如意"、"嘉靖三十一年(1552)八月内 秦州汉四里人氏 见在两当县地名西岔沟居住奉/佛舍绫 表经信士毛得食李氏 男毛琴尹氏 毛祺魏氏 女黑匕 小黑洁女 卖女小黑银三两 买绫表/大方广佛华严经背后八帙 共四十一卷 上报/四恩 下资三宥 见存增福 过去超升 回向二六时中 吉祥如意者矣/表经比丘坚守心背"、"同请经信士毛大寅张氏 泊家眷等吉祥如意/嘉靖肆十五年(1565)徽州中川里小寺下靖林寺/应经僧人明现"。

版式　每纸半叶 36.5 cm×12.2 cm;上下双栏;书眉 7.1 cm,地脚 2.8 cm,版面 26.6 cm×
　　　12.2 cm;版心内刻题"华严经卷十六"及纸数;半叶 5 行,行 15 字,共 70 叶。此卷 5
　　　个半叶为 1 纸,每纸半叶或 1 叶后标栏外刻题"华严经卷十六"及各纸数。正文 27
　　　纸,卷末 1 纸。

说明　1. 封面为红色绢面,封底为黄色绢面,题签为白色。
　　　2. 正文刻有句读。
　　　3. 内有莲花插画。

麦 0400　大方广佛华严经卷第十七

著者　(唐)实叉难陀译

时代　明

版本　经折装　刻本

现状　全

题记　封面题签题"大方广佛华严经卷第十七"。卷端题"大方广佛华严经卷第十七/于阗
　　　国三藏沙门实叉难陀译"。品题"梵行品第十六"、"初发心功德品第十七"。尾题
　　　"大方广佛华严经卷第十七"。刻题"永乐十七年(1419)十二月十三日奉佛弟子/福
　　　贤发心书写锓梓谨施",后附"释音"2 行。

版式　每纸半叶 35.2 cm×12.2 cm;上下双栏;书眉 4.3 cm,地脚 3.0 cm,版面 27.9 cm×
　　　12.2 cm;版心白口;半叶 5 行,行 15 字,共 64 叶。此卷 5 个半叶为 1 纸,正文第 1
　　　纸与第 2 纸的交接重叠处有栏外刻题"华严经卷十七　二",第 2 纸与第 3 纸的交
　　　接重叠处有栏外刻题"华严经卷十七　三",第 3 纸与第 4 纸的交接重叠处有栏外
　　　刻题"华严经卷十七　四"等。正文 26 纸(第 26 纸为 3 个半叶)。

说明　1. 封面、封底均为蓝色绢面,题签为黄色。
　　　2. 正文刻有句读。

麦 0338　大方广佛华严经卷第十八

著者　(唐)实叉难陀译

时代　明

版本　经折装　刻本

现状　全

题记　封面题签题"大方广佛华严经卷第十八"。卷端题"大方广佛华严经卷第十八/于阗
　　　国三藏沙门实叉难陀译"。品题"明法品第十八"。尾题"大方广佛华严经卷第十

八"。刻题"永乐十七年(1419)十二月十三日奉佛弟子/福贤发心书写镂梓谨施",后附"释音"2行。

版式　每纸半叶 35.2 cm×12.2 cm;上下双栏;书眉 4.7 cm,地脚 3.0 cm,版面 27.5 cm× 12.2 cm;版心白口;半叶 5 行,行 15 字,共 39 叶。此卷 5 个半叶为 1 纸,正文第 1 纸与第 2 纸的交接重叠处有栏外刻题"华严经卷十八　二",第 2 纸与第 3 纸的交接重叠处有栏外刻题"华严经卷十八　三",第 3 纸与第 4 纸的交接重叠处有栏外刻题"华严经卷十八　四"等。正文 16 纸(第 16 纸为 3 个半叶)。

说明　1. 栏外刻题"华严经卷十八"及纸数。

　　　2. 封面、封底均为蓝色绢面,题签为黄色。

　　　3. 正文刻有句读。

麦 0350　大方广佛华严经卷第十八

著者　(唐)实叉难陀译

时代　明

版本　经折装　刻本

现状　全

题记　封面题签题"大方广佛华严经卷第十八"。卷端题"大方广佛华严经卷第十八/于阗国三藏沙门实叉难陀译"。品题"明法品第十八"。尾题"大方广佛华严经卷第十八",后附"释音"2 行。牌记 1 幅(半叶)。

版式　每纸半叶 32.3 cm×12.2 cm;上下双栏;书眉 3.6 cm,地脚 1.5 cm,版面 27.2 cm× 12.2 cm;版心白口;半叶 5 行,行 15 字,共 39 叶。此卷 5 个半叶为 1 纸,正文第 1 纸与第 2 纸的交接重叠处有栏外刻题"华严经卷十八　二",第 2 纸与第 3 纸的交接重叠处有栏外刻题"华严经卷十八　三",第 3 纸与第 4 纸的交接重叠处有栏外刻题"华严经卷十八　四"等。正文 15 纸,卷末 1 纸(2 个半叶),牌记 1 纸(半叶)。

说明　1. 封面为蓝色绢面,封底为红色绢面,题签为黄色。

　　　2. 正文刻有句读。

　　　3. 麦 0350、麦 0351、麦 0352 为同一函。

　　　4. 函套有黄色题签,题"大方广佛华严经十六之二十"。

　　　5. 参见麦 0466 说明项第 4 条。

麦 0339　大方广佛华严经卷第十九

著者　(唐)实叉难陀译

时代　明

版本　经折装　刻本

现状　全

题记　封面题签题"大方广佛华严经卷第十九"。卷端题"大方广佛华严经卷第十九/于阗国三藏沙门实叉难陀译"。品题"升夜摩天宫第十九"、"夜摩宫中偈赞品第二十"、"十行品第二十一之上"。尾题"大方广佛华严经卷第十九"。刻题"永乐十七年(1419)十二月十三日奉佛弟子/福贤发心书写锓梓谨施",后附"释音"2行。

版式　每纸半叶35.1 cm×12.2 cm;上下双栏;书眉4.8 cm,地脚2.9 cm,版面27.4 cm×12.2 cm;版心白口;半叶5行,行15字,共62叶。此卷5个半叶为1纸,正文第1纸与第2纸的交接重叠处有栏外刻题"华严经卷十九　二",第2纸与第3纸的交接重叠处有栏外刻题"华严经卷十九　三",第3纸与第4纸的交接重叠处有栏外刻题"华严经卷十九　四"等。正文25纸(第25纸为4个半叶)。

说明　1. 封面、封底均为蓝色绢面,题签为黄色。

　　　2. 正文刻有句读。

麦0351　大方广佛华严经卷第十九

著者　(唐)实叉难陀译

时代　明

版本　经折装　刻本

现状　全

题记　封面题签题"大方广佛华严经卷第十九"。卷端题"大方广佛华严经卷第十九/于阗国三藏沙门实叉难陀译"。品题"升夜摩天宫品第十九"、"夜摩宫中偈赞品第二十"、"十行品第二十一之上"。尾题"大方广佛华严经卷第十九"。刻题"永乐十七年(1419)十二月十三日奉佛弟子/福贤发心书写锓梓谨施",后附"释音"3行。

版式　每纸半叶32.3 cm×12.2 cm;上下双栏;书眉3.8 cm,地脚1.5 cm,版面27.0 cm×12.2 cm;版心白口;半叶5行,行15字,共62叶。此卷5个半叶为1纸,正文第1纸与第2纸的交接重叠处有栏外刻题"华严经卷十九　二",第2纸与第3纸的交接重叠处有栏外刻题"华严经卷十九　三",第3纸与第4纸的交接重叠处有栏外刻题"华严经卷十九　四"等。正文25纸(第25纸为4个半叶)。

说明　1. 栏外刻题"华严经卷十九"及纸数。

　　　2. 封面、封底均为蓝色绢面,题签为黄色。

　　　3. 正文刻有句读。

4. 麦 0350、麦 0351、麦 0352 为同一函。

5. 函套有黄色题签,内题"大方广佛华严经十六之二十"。

6. 参见麦 0466 说明项第 4 条。

麦 0352　大方广佛华严经卷第二十

著者　（唐）实叉难陀译

时代　明

版本　经折装　刻本

现状　全

题记　封面题签题"大方广佛华严经卷第二十"。卷端题"大方广佛华严经卷第二十/于阗国三藏沙门实叉难陀译"。品题"十行品第二十一之下"。尾题"大方广佛华严经卷第二十",后附"释音"1 行。牌记 1 幅(半叶)。

版式　每纸半叶 32.3 cm×12.2 cm;上下双栏;书眉 4.0 cm,地脚 1.6 cm,版面 27.7 cm×12.2 cm;版心白口;半叶 5 行,行 15 字,共 51 叶。此卷 5 个半叶为 1 纸,正文第 1 纸与第 2 纸的交接重叠处有栏外刻题"华严经卷二十　二",第 2 纸与第 3 纸的交接重叠处有栏外刻题"华严经卷二十　三",第 3 纸与第 4 纸的交接重叠处有栏外刻题"华严经卷二十　四"等。正文 21 纸(第 21 纸为半叶),牌记 1 纸(半叶)。

说明　1. 封面为红色绢面,封底为蓝色绢面,题签为黄色。

2. 正文刻有句读。

3. 麦 0350、麦 0351、麦 0352 为同一函。

4. 函套有黄色题签,内题"大方广佛华严经十六之二十"。

5. 参见麦 0466 说明项第 4 条。

麦 0540　大方广佛华严经卷第二十

著者　（唐）实叉难陀译

时代　明

版本　经折装　刻本

现状　全

题记　封面题签题"大方广佛华严经卷第二十"。卷端题"大方广佛华严经卷第二十/于阗国三藏沙门实叉难陀译"。品题"十行品第二十一之下"。尾题"大方广佛华严经卷第二十"。刻题"永乐十七年(1419)十二月十三日奉佛弟子/福贤发心书写锓梓谨施",后附"释音"1 行。牌记 1 幅(半叶)。版画《天王像》(拟)1 幅(半叶,见说明1)。

版式　每纸半叶 35.1 cm×12.2 cm;上下双栏;书眉 5.1 cm,地脚 3.0 cm,版面 27.0 cm×12.2 cm;版心白口;半叶 5 行,行 15 字,共 52 叶。此卷 5 个半叶为 1 纸,正文第 1 纸与第 2 纸的交接重叠处有栏外刻题"华严经卷二十　二",第 2 纸与第 3 纸的交接重叠处有栏外刻题"华严经卷二十　三",第 3 纸与第 4 纸的交接重叠处有栏外刻题"华严经卷二十　四"等。正文 20 纸(第 20 纸为 6 个半叶),牌记版画 1 纸(3 个半叶)。

说明　1. 版画中天王呈双手合十状。

　　　2. 封面与封底均为蓝色绢面,题签为黄色。

　　　3. 正文刻有句读。

麦 0136　大方广佛华严经卷第二十一

著者　(唐)实叉难陀译

时代　明

版本　经折装　刻本

现状　全(残首尾封面)

题记　卷首内有版画 1 幅(5 个半叶,见说明 1),版画左栏外题"凤翔府宝鸡县遵义里营子头村居信士宫大璋室人范氏"。牌记"御制 六合清宁 七政顺序 雨阳时若 万物异丰/亿兆康和 凡幽融朗 均跻寿域 溥种福田/上善攸臻 障碍消释 家崇忠孝 人乐慈良/官清政平 讼简刑措 化行俗美 泰道咸亨/凡厥有生 俱成佛果 永乐十七年(1419)十二月十三日"。卷端题"大方广佛华严经卷第二十一/于阗国三藏沙门实叉难陀译"。品题"十无书藏品第二十二"。尾题"大方广佛华严经卷第二十一",后附"释音"3 行。刻题"陕西凤翔府眉县怀茅里北街居住奉/佛刊华严经板一卷信士/梁普明 宋普智 侯普厚 王普仓/张普广 侯祥 张普柔 张得福/马普聪 侯进表 李朝宣 侯大经/侯万江 梁添栋/祈保各门清吉人眷平安吉祥如意/嘉靖三十二年(1553)秋仲月下旬吉日刊造"。题识"凤翔府岐山县尚善里北□信士崔秩周氏一家眷吉祥如意者"。

版式　每纸半叶 35.7 cm×12.4 cm;上下双栏;书眉 5.9 cm,地脚 3.2 cm,版面 26.6 cm×12.4 cm;版心白口,内刻题"华严经卷二十一"及纸数,下刻"宫大璋男宫久长"(第 3 纸)、"府学生员添禄室人欧氏"(第 4 纸)、"宫大璋室人范氏"(第 7 纸)、"宫添秩室人郑氏(第 9 纸)";半叶 5 行,行 15 字,共 40 叶。此卷 5 个半叶为 1 纸,第 1 纸为版画,第 2 纸始为正文;每纸半叶或 1 叶后标栏内刻题"华严经卷二十一"及各纸数。版画 1 纸（6 个半叶），正文 15 纸（第 15 纸为 4 个半叶）。

说明　1. 版画正中佛结跏趺坐于莲台之上，两侧有听法弟子、菩萨、眷属、天龙八部，拟名
　　　　《说法图》。

　　　2. 正文刻有句读。

麦 0485　大方广佛华严经卷第二十一

著者　（唐）实叉难陀译

时代　明

版本　经折装　刻本

现状　全

题记　封面题签题"大方广佛华严经卷第二十一"。卷首有版画《说法图》（拟）1 幅（5 个半
　　　叶，见说明 1）。牌记 1 幅（半叶），内刻题"皇图永固 帝道遐昌/佛日增辉 法轮常
　　　转"。卷端题"大方广佛华严经卷第二十一/于阗国三藏沙门实叉难陀译"。品题
　　　"十无尽藏品第二十二"。尾题"大方广佛华严经卷第二十一"。刻题"永乐十七年
　　　（1419）十二月十三日奉佛弟子/福贤发心书写锓梓谨施"，后附"释音"3 行。牌记 1
　　　幅（半叶，空白）。

版式　每纸半叶 32.3 cm×12.2 cm；上下双栏；书眉 4.0 cm，地脚 1.6 cm，版面 26.7 cm×
　　　12.2 cm；版心白口；半叶 5 行，行 15 字，共 41 叶。此卷 5 个半叶为 1 纸，第 1 纸为
　　　版画，第 2 纸始为正文。正文第 1 纸与版画纸的交接重叠处有栏外刻题"华严经卷
　　　二十一　一"，第 2 纸与第 3 纸的交接重叠处有栏外刻题"华严经卷二十一　二"，
　　　第 3 纸与第 4 纸的交接重叠处有栏外刻题"华严经卷二十一　三"等。正文 15 纸，
　　　版画牌记 1 纸（6 个半叶），牌记 1 纸（半叶）。

说明　1. 版画正中佛结跏趺坐于莲台之上，莲台下有一听法弟子，两侧有听法弟子、菩
　　　　萨、眷属、天龙八部等。

　　　2. 封面为蓝色绢面，封底为红色绢面，题签为黄色。

　　　3. 正文刻有句读。

　　　4. 麦 0485、麦 0486、麦 0487、麦 0488、麦 0489 五卷为同一函。

　　　5. 函套有黄色题签，题"大方广佛华严经二十一之二十五"。

　　　6. 参见麦 0466 说明项第 4 条。

麦 0521　大方广佛华严经卷第二十一

著者　（唐）实叉难陀译

时代　　明

版本　　经折装　刻本

现状　　首尾残。

题记　　封面题签题"大方广佛华严经卷第二十一"。卷首有版画《说法图》(拟)1幅(5个半叶,见说明1)。牌记1幅(半叶),内刻题"皇图永固 帝道遐昌/佛日增辉 法轮常转"。卷端题"大方广佛华严经卷第二十一/于阗国三藏沙门实叉难陀译"。品题"十无书藏品第二十二"。尾题"大方广佛华严经卷第二十一"。刻题"永乐十七年(1419)十二月十三日奉佛弟子/福贤发心书写锓梓谨施",后附"释音"3行。

版式　　每纸半叶35.1 cm×12.2 cm;上下双栏;书眉5.1 cm,地脚2.9 cm,版面27.1 cm×12.2 cm;版心白口;半叶5行,行15字,共40叶。此卷5个半叶为1纸,第1纸为版画,第2纸始为正文。第1纸与第2纸交接重叠处有栏外刻题"华严经卷二十一　一",第2纸与第3纸交接重叠处有栏外刻题"华严经卷二十一　二"。版画牌记1纸(6个半叶),正文15纸(第15纸为4个半叶)。

说明　　1. 版画正中佛结跏趺坐于莲台之上,莲台下有一听法弟子,两侧有听法弟子、菩萨、眷属、天龙八部等。

　　　　2. 封面与封底均为蓝色绢面,题签为黄色。

　　　　3. 正文刻有句读。

　　　　4. 麦0521、麦0522、麦0523、麦0524四卷为同一函。

麦0251　大方广佛华严经卷第二十二

著者　　(唐)实叉难陀译

时代　　明

版本　　经折装　刻本

现状　　全

题记　　卷端题"大方广佛华严经卷第二十二/于阗国三藏沙门实叉难陀译"。品题"升兜率天宫品第二十三"。尾题"大方广佛华严经卷第二十二",后附"释音"(3行)。刻题"凤翔府扶风县齐家里龙渠村居住奉/佛发心信士韩洪同室人冯氏 男韩仲仁王氏孙男韩齐僧/华严经一卷回□ 吉祥如意/嘉靖三十一年(1552)九月重刊行"。牌记1幅(半叶),内有题识"大明凤翔府岐山县尚善里北庄信士崔经室人赵氏/同男崔邦羲王氏 崔邦智米氏 崔邦信魏 信氏/霜妇张氏 崔邦麟王氏/孙男崔元 崔亨 崔利崔祥 崔祺/万历十三年(1585)仲秋吉日 保佑一家眷等 吉祥如意"。

版式　　每纸半叶35.9 cm×12.2 cm;上下双栏;书眉6.1 cm,地脚3.2 cm,版面26.6 cm×

12.2 cm;版心白口,内刻题"华严经卷二十二"及纸数;半叶 5 行,行 15 字,共 58 叶。此卷 5 个半叶为 1 纸,每纸半叶或 1 叶后标刻题"华严经卷二十二"及各纸数。正文 23 纸,卷末 1 纸(半叶)。

说明 1. 封面为蓝色绢面,封底为红色绢面。

2. 正文刻有句读。

麦 0486 大方广佛华严经卷第二十二

著者 (唐)实叉难陀译

时代 明

版本 经折装 刻本

现状 全

题记 封面题签题"大方广佛华严经卷第二十二"。卷端题"大方广佛华严经卷第二十二/于阗国三藏沙门实叉难陀译"。品题"升兜率天宫品第二十三"。尾题"大方广佛华严经卷第二十二",后附"释音"3 行。

版式 每纸半叶 32.3 cm×12.2 cm;上下双栏;书眉 3.9 cm,地脚 1.7 cm,版面 26.7 cm× 12.2 cm;版心白口;半叶 5 行,行 15 字,共 58 叶。此卷 5 个半叶为 1 纸,正文第 1 纸与第 2 纸的交接重叠处有栏外刻题"华严经卷二十二 二",第 2 纸与第 3 纸的交接重叠处有栏外刻题"华严经卷二十二 三",第 3 纸与第 4 纸的交接重叠处有栏外刻题"华严经卷二十二 四"等。正文 23 纸(第 23 纸为 4 个半叶),卷末 1 纸(2 个半叶)。

说明 1. 封面与封底均为红色绢面,题签为黄色。

2. 正文刻有句读。

3. 麦 0485、麦 0486、麦 0487、麦 0488、麦 0489 五卷为同一函。

4. 函套有黄色题签,题"大方广佛华严经二十一之二十五"。

5. 参见麦 0466 说明项第 4 条。

麦 0522 大方广佛华严经卷第二十二

著者 (唐)实叉难陀译

时代 明

版本 经折装 刻本

现状 全

题记 封面题签题"大方广佛华严经卷第二十二"。卷端题"大方广佛华严经卷第二十二/

于阗国三藏沙门实叉难陀译"。品题"升兜率天宫品第二十三"。尾题"大方广佛华严经卷第二十二"。刻题"永乐十七年(1419)十二月十三日奉佛弟子/福贤发心书写锓梓谨施",后附"释音"3行。

版式　每纸半叶35.2 cm×12.3 cm;上下双栏;书眉5.1 cm,地脚3.1 cm,版面27.0 cm×12.3 cm;版心白口;半叶5行,行15字,共58叶。此卷5个半叶为1纸,正文第1纸与第2纸的交接重叠处刻题"华严经卷二十二　二",第2纸与第3纸的交接重叠处刻题"华严经卷二十二　三",第3纸与第4纸的交接重叠处刻题"华严经卷二十二　四"等。正文24纸(第24纸为半叶)。

说明　1. 封面、封底均为蓝色绢面,题签为黄色。

　　　2. 正文刻有句读。

　　　3. 麦0521、麦0522、麦0523、麦0524四卷为同一函。

麦0523　大方广佛华严经卷第二十三

著者　(唐)实叉难陀译

时代　明

版本　经折装　刻本

现状　全

题记　封面题签题"大方广佛华严经卷第二十三"。卷端题"大方广佛华严经卷第二十三/于阗国三藏沙门实叉难陀译"。品题"兜率宫中偈赞品第二十四"、"十回向品第二十五之一"。尾题"大方广佛华严经卷第二十三"。刻题"永乐十七年(1419)十二月十三日奉佛弟子/福贤发心书写锓梓谨施",后附"释音"3行。

版式　每纸半叶34.9 cm×12.2 cm;上下双栏;书眉5.1 cm,地脚2.9 cm,版面26.9 cm×12.2 cm;版心白口;半叶5行,行15字,共58叶。此卷5个半叶为1纸,正文第1纸与第2纸的交接重叠处有栏外刻题"华严经卷二十三　二",第2纸与第3纸的交接重叠处有栏外刻题"华严经卷二十三　三",第3纸与第4纸的交接重叠处有栏外刻题"华严经卷二十三　四"等。正文24纸(第24纸为3个半叶)。

说明　1. 封面与封底均为蓝色绢面,题签为黄色。

　　　2. 正文刻有句读。

　　　3. 麦0521、麦0522、麦0523、麦0524四卷为同一函。

麦0358　大方广佛华严经卷第二十三

著者　(唐)实叉难陀译

时代 明

版本 经折装 刻本

现状 全

题记 封面题签题"大方广佛华严经卷第"。卷端题"大方广佛华严经卷第二十三/于阗国三藏沙门实叉难陀译"。品题"兜率宫中偈赞品第二十四"、"十回向品第二十五之一"。尾题"大方广佛华严经卷第二十三"。刻题"永乐十七年(1419)十二月十三日奉佛弟子/福贤发心书写锓梓谨施",后附"释音"3行。题识"凤翔府岐山县尚善北庄信士崔玭魏氏一家眷等 吉祥如意者"。刻题"佛释子圆亮助缘信士马普瑞/云峰寺释子如辉如凤助缘同刊一卷 上报四恩/下资三宥 法界众生 同圆种智 吉祥如意"。

版式 每纸半叶 36.1 cm×12.6 cm;上下双栏;书眉 6.0 cm,地脚 3.7 cm,版面 26.4 cm×12.2 cm;版心白口;半叶 5 行,行 15 字,共 59 叶。此卷 5 个半叶为 1 纸,正文第 1 纸与第 2 纸的交接重叠处有栏外刻题"华严经卷二十三 二",第 2 纸与第 3 纸的交接重叠处有栏外刻题"华严经卷二十三 三",第 3 纸与第 4 纸的交接重叠处有栏外刻题"华严经卷二十三 四"等。正文 24 纸(第 24 纸为 3 个半叶)。

说明 1. 经折中夹有黄色绢条,题"大方广佛华严经卷第二十三"。

2. 封面为绿色绢面,封底为红色绢面。

3. 正文刻有句读。

麦 0487 大方广佛华严经卷第二十三

著者 (唐)实叉难陀译

时代 明

版本 经折装 刻本

现状 全

题记 封面题签题"大方广佛华严经卷第二十三"。卷端题"大方广佛华严经卷第二十三/于阗国三藏沙门实叉难陀译"。品题"兜率宫中偈赞品第二十四"、"十回向品第二十五之一"。尾题"大方广佛华严经卷第二十三"。刻题"永乐十七年(1419)十二月十三日奉佛弟子/福贤发心书写锓梓谨施",后附"释音"3行。牌记 1 幅(半叶)。

版式 每纸半叶 32.3 cm×12.2 cm;上下双栏;书眉 4.1 cm,地脚 1.6 cm,版面 26.6 cm×12.2 cm;版心白口;半叶 5 行,行 15 字,共 60 叶。此卷 5 个半叶为 1 纸,正文第 1 纸与第 2 纸的交接重叠处有栏外刻题"华严经卷二十三 二",第 2 纸与第 3 纸的交接重叠处有栏外刻题"华严经卷二十三 三",第 3 纸与第 4 纸的交接重叠处有栏外刻题"华严经卷二十三　　四"等。正文 24 纸(第 24 纸为 4 个半叶),牌记 1 纸(半叶)。

说明　1. 封面为绿色绢面,封底为蓝色绢面,题签为黄色。

　　　2. 正文刻有句读。

　　　3. 麦 0485、麦 0486、麦 0487、麦 0488、麦 0489 五卷为同一函。

　　　4. 函套有黄色题签,题"大方广佛华严经二十一之二十五"。

　　　5. 参见麦 0466 说明项第 4 条。

麦 0524　大方广佛华严经卷第二十四

著者　(唐)实叉难陀译

时代　明

版本　经折装　刻本

现状　全

题记　封面题签题"大方广佛华严经卷第二十四"。卷端题"大方广佛华严经卷第二十四/于阗国三藏沙门实叉难陀译"。品题"十回向品第二十五之二"。尾题"大方广佛华严经卷第二十四"。刻题"永乐十七年(1419)十二月十三日奉佛弟子/福贤发心书写锓梓谨施",后附"释音"2 行。

版式　每纸半叶 35.0 cm×12.2 cm;上下双栏;书眉 5.1 cm,地脚 2.9 cm,版面 27.0 cm×12.2 cm;半叶 5 行,行 15 字,共 52 叶。此卷 5 个半叶为 1 纸,正文第 1 纸与第 2 纸的交接重叠处有栏外刻题"华严经卷二十四　　二",第 2 纸与第 3 纸的交接重叠处有栏外刻题"华严经卷二十四　　三",第 3 纸与第 4 纸的交接重叠处有栏外刻题"华严经卷二十四　　四"等。正文 21 纸(第 21 纸为 4 个半叶)。

说明　1. 封面与封底均为蓝色绢面,题签为黄色。

　　　2. 正文刻有句读。

　　　3. 麦 0521、麦 0522、麦 0523、麦 0524 四卷为同一函。

麦 0198　大方广佛华严经卷第二十四

著者　(唐)实叉难陀译

时代　明

版本　经折装　刻本

现状　全(无封)

题记　封面墨书题识"大般涅槃经卷十"。卷端题"大方广佛华严经卷第二十四/于阗国三藏沙门实叉难陀译"。品题"十回向品第二十五之二"。尾题"大方广佛华严经卷第二十四"。刻题"永乐十七年(1419)十二月十三日奉佛弟子/福贤发心书写锓梓谨施",后附"释音"(2行)。题识"岐山县尚善里北庄信士崔山金氏一家眷等吉祥如意"。刻题"凤翔府青峰山东塔院释子明镜 徒真太诱引十方信士爨推己 曹氏 刘世龙 爨添禄 台氏 爨文 王氏 刘世山/爨孥 王氏 爨代臣 杨祐 张氏 郭克己 武万苍/张氏 傅志学 苟廷福 党志祥 傅景兰 王氏/党世禄 甯朝奉/普愿见闻读诵 当生华藏世界 法界有情 同生净界 回向时中 吉祥如意"。

版式　每纸半叶35.8 cm×12.3 cm;上下双栏;书眉5.9 cm,地脚3.0 cm,版面26.9 cm×12.2 cm;版心白口;半叶5行,行15字,共52叶半。此卷5个半叶为1纸,正文第1纸与第2纸的交接重叠处有栏外刻题"华严经卷二十四　二",第2纸与第3纸的交接重叠处有栏外刻题"华严经卷二十四　三",第5纸始每半叶或1叶后标刻题"华严经卷二十四"及各纸数。正文21纸。

说明　正文刻有句读。

麦0488　大方广佛华严经卷第二十四

著者　(唐)实叉难陀译

时代　明

版本　经折装　刻本

现状　全

题记　封面题签题"大方广佛华严经卷第二十四"。卷端题"大方广佛华严经卷第二十四/于阗国三藏沙门实叉难陀译"。品题"十回向品第二十五之二"。尾题"大方广佛华严经卷第二十四"。刻题"永乐十七年(1419)十二月十三日奉佛弟子/福贤发心书写锓梓谨施",后附"释音"2行。牌记1幅(半叶)。

版式　每纸半叶32.3 cm×12.2 cm,上下双栏;书眉4.1 cm,地脚1.5 cm,版面26.7 cm×12.2 cm;版心白口;半叶5行,行15字,共53叶。此卷5个半叶为1纸,正文第1纸与第2纸的交接重叠处有栏外刻题"华严经卷二十四　二",第2纸与第3纸的交接重叠处有栏外刻题"华严经卷二十四　三",第3纸与第4纸的交接重叠处有栏外刻题"华严经卷二十四　四"等。正文21纸,牌记1纸(半叶)。

说明　1. 封面与封底均为蓝色绢面,题签为黄色。

　　　2. 正文刻有句读。

　　　3. 麦0485、麦0486、麦0487、麦0488、麦0489五卷为同一函。

　　　4. 函套有黄色题签,题"大方广佛华严经二十一之二十五"。

5. 参见麦0466说明项第4条。

麦0216　大方广佛华严经卷第二十五

著者　（唐）实叉难陀译

时代　明

版本　经折装　刻本

现状　全(无封)

题记　卷端题"大方广佛华严经卷第二十五/于阗国三藏沙门实叉难陀译"。品题"十回向品第二十五之三"。尾题"大方广佛华严经卷第二十五"。刻题"永乐十七年(1419)十二月十三日奉佛弟子/福贤发心书写锓梓谨施",后附"释音"(4行)。刻题"凤翔县启亭乡石落里人氏见在刀子村居清信/佛刻经信士高著同室人全氏 男高龙同室人贾氏 高椎强氏 高唐赵氏/高雷张氏 高豸宋氏/孙男高应周 高应鄩 高应魁 高应□ 高应元/高应华 高应川 高应乐 高应吉 高应棠/高应暹 孙女麦贵 贵花 盐女 贵金 金贵/右洎一家善眷人等 即日焚香发心虔刻/大方广佛华严尊经一卷刻经向去 凡在回向时中吉祥如意者"。题识"凤翔府岐山县尚善里北庄信士崔西黄氏一家眷等吉祥如意者"。

版式　每纸半叶36.0 cm×12.5 cm;上下双栏;书眉5.4 cm,地脚3.3 cm,版面27.3 cm×12.5 cm;版心白口;半叶5行,行15字,共52叶。此卷5个半叶为1纸,正文第1纸与第2纸的交接重叠处刻题"华严经卷二十五　二",第2纸与第3纸的交接重叠处刻题"华严经卷二十五　三",第3纸与第4纸的交接重叠处刻题"华严经卷二十五　四"等,第五纸始每半叶或1叶后标刻题"华严经卷二十五"及各纸数。正文21纸(第21纸为4个半叶)。

说明　正文刻有句读。

麦0373　大方广佛华严经卷第二十五

著者　（唐）实叉难陀译

时代　明

版本　经折装　刻本

现状　全

题记　封面题签题"大方广佛华严经卷第二十五"。卷端题"大方广佛华严经卷第二十五/于阗国三藏沙门实叉难陀译"。品题"十回向品第二十五之三"。尾题"大方广佛华严经卷第二十五"。刻题"永乐十七年(1419)十二月十三日奉佛弟子/福贤发心书写锓梓谨施",后附"释音"4行。牌记1幅(半叶,空白)。版画《天王像》(拟)1幅

（半叶,见说明1）。

版式　每纸半叶 35.1 cm×12.1 cm;上下双栏;书眉 4.5 cm,地脚 3.1 cm,版面 27.5 cm×12.1 cm;版心白口;半叶 5 行,行 15 字,共 52 叶。此卷 5 个半叶为 1 纸,正文第 1 纸与第 2 纸的交接重叠处有栏外刻题"华严经卷二十五　二",第 2 纸与第 3 纸的交接重叠处有栏外刻题"华严经卷二十五　三",第 3 纸与第 4 纸的交接重叠处有栏外刻题"华严经卷二十五　四"等。正文 21 纸(第 21 纸为 2 个半叶),版画牌记 1 纸(2 个半叶)。

说明　1. 版画中天王呈双手合十状。

　　　2. 封面、封底均为蓝色绢面。

　　　3. 正文刻有句读。

麦 0489　大方广佛华严经卷第二十五

著者　（唐）实叉难陀译

时代　明

版本　经折装　刻本

现状　全

题记　封面题签题"大方广佛华严经卷第二十五"。卷端题"大方广佛华严经卷第二十五/于阗国三藏沙门实叉难陀译"。品题"十回向品第二十五之三"。尾题"大方广佛华严经卷第二十五"。刻题"永乐十七年(1419)十二月十三日奉佛弟子/福贤发心书写镂梓谨施",后附"释音"4 行。牌记 1 幅(半叶)。

版式　每纸半叶 32.3 cm×12.2 cm;上下双栏;书眉 3.5 cm,地脚 1.6 cm,版面 27.2 cm×12.2 cm;版心白口;半叶 5 行,行 15 字,共 52 叶。此卷 5 个半叶为 1 纸,正文第 1 纸与第 2 纸的交接重叠处有栏外刻题"华严经卷二十五　二",第 2 纸与第 3 纸的交接重叠处有栏外刻题"华严经卷二十五　三",第 3 纸与第 4 纸的交接重叠处有栏外刻题"华严经卷二十五　四"等。正文 21 纸(第 21 纸为 3 个半叶),牌记 1 纸(半叶)。

说明　1. 封面与封底均为蓝色绢面,题签为黄色。

　　　2. 正文刻有句读。

　　　3. 麦 0485、麦 0486、麦 0487、麦 0488、麦 0489 五卷为同一函。

　　　4. 函套有黄色题签,题"大方广佛华严经二十一之二十五"。

　　　5. 参见麦 0466 说明项第 4 条。

麦 0371   大方广佛华严经卷第二十六

著者   (唐)实叉难陀译

时代   明

版本   经折装   刻本

现状   全

题记   封面题签题"大方广佛华严经卷第二十六"。卷首有版画《说法图》(拟)1 幅(5 个半叶,见说明 1)。牌记 1 幅(半叶),内刻题"皇图永固 帝道遐昌/佛日增辉 法轮常转"。卷端题"大方广佛华严经卷第二十六/于阗国三藏沙门实叉难陀译"。品题"十回向品第二十五之四"。尾题"大方广佛华严经卷第二十六"。刻题"永乐十七年(1419)十二月十三日奉佛弟子/福贤发心书写锓梓谨施",后附"释音"3 行。

版式   每纸半叶 35.1 cm×12.3 cm;上下双栏;书眉 5.1 cm,地脚 3.2 cm,版面 26.8 cm×12.3 cm;版心白口;半叶 5 行,行 15 字,共 55 叶半。此卷 5 个半叶为 1 纸,第 1 纸为版画,第 2 纸始为正文。正文第 1 纸与版画纸的交接重叠处有栏外刻题"华严经卷二十六　一",第 2 纸与第 3 纸的交接重叠处有栏外刻题"华严经卷二十六　二",第 3 纸与第 4 纸的交接重叠处有栏外刻题"华严经卷二十六　三"等。正文 21 纸,版画 1 纸(6 个半叶)。

说明   1. 版画正中佛结跏趺坐于莲台之上,莲台下有一听法弟子,两侧有听法弟子、菩萨、眷属、天龙八部等。

2. 封面与封底均为蓝色绢面。

3. 正文刻有句读。

麦 0525   大方广佛华严经卷第二十六

著者   (唐)实叉难陀译

时代   明

版本   经折装   刻本

现状   全

题记   封面题签题"大方广佛华严经卷第二十六"。卷首有版画《说法图》(拟)1 幅(4 个半叶,见说明 1)。卷端题"大方广佛华严经卷第二十六/于阗国三藏沙门实叉难陀译"。品题"十回向品第二十五之四"。尾题"大方广佛华严经卷第二十六"。刻题"永乐十七年(1419)十二月十三日奉佛弟子/福贤发心书写锓梓谨施",后附"释音"3 行。

版式　每纸半叶 32.3 cm×12.2 cm;上下双栏;书眉 3.6 cm,地脚 1.5 cm,版面 27.2 cm×
　　　12.2 cm;版心白口;半叶 5 行,行 15 字,共 55 叶。此卷 5 个半叶为 1 纸,第 1 纸为
　　　版画,第 2 纸始为正文。正文第 1 纸与版画纸的交接重叠处有栏外刻题"华严经卷
　　　二十六　一",第 2 纸与第 3 纸的交接重叠处有栏外刻题"华严经卷二十六　二",
　　　第 3 纸与第 4 纸的交接重叠处有栏外刻题"华严经卷二十六　三"等。正文 21 纸,
　　　版画 1 纸(4 个半叶),卷末 1 纸(半叶)。

说明　1. 版画右侧佛结跏趺坐于莲台之上,左侧有听法弟子、菩萨、眷属、天龙八部等。

　　　2. 封面与封底均为红色绢面,题签为黄色。

　　　3. 正文刻有句读。

　　　4. 麦 0525、麦 0526、麦 0527、麦 0528、麦 0529 五卷为同一函。

　　　5. 函套有黄色题签,题"大方广佛华严经二十六之三十"。

　　　6. 参见麦 0466 说明项第 4 条。

麦 0628　大方广佛华严经卷第二十六

著者　(唐)实叉难陀译

时代　明

版本　经折装　刻本

现状　首尾残

题记　卷首有版画《说法图》(拟)1 幅(5 个半叶,见说明 1),版画左栏外题"凤翔府宝鸡县
　　　遵义里营子头村居信士宫大璋室人范氏"。牌记 1 幅(半叶),刻题"御制 六合清宁
　　　七政顺序 雨阳时若 万物异丰/亿兆康和 凡幽融朗 均跻寿域 溥种福田/上善攸臻
　　　障碍消释 家崇忠孝 人乐慈良/官清政平 讼简刑措 化行俗美 泰道咸亨/凡厥有生
　　　俱成佛果 永乐十七年(1419)十二月十三日"。卷端题"大方广佛华严经卷第二十
　　　六/于阗国三藏沙门实叉难陀译"。品题"十回向品第二十五之四"。尾题"大方广
　　　佛华严经卷第二十六"。刻题"永乐十七年(1419)十二月十三日奉佛弟子/福贤发
　　　心书写锓梓谨施"、"汉中府凤县凉泉里草深驿天台池庵住持发心刻经侍/佛释子普
　　　镜号月堂徒圆睿真 孙融进 真晓助缘 释子圆钟 圆可保安信士/张汉 王廷□/普愿
　　　见闻读诵当生华藏世界 法界宥情 同生净土/回向时中 吉祥如意",后附"释音"3
　　　行。题识"凤翔府岐山县尚善里北庄信士崔邦宁□男崔诚 崔诏 吉祥如意/上侍母
　　　崔宅樊氏"。卷末有版画《天王像》(拟)1 幅(半叶,见说明 2)。

版式　每纸半叶 35.7 cm×12.2 cm;上下双栏;书眉 6.4 cm,地脚 2.7 cm,版面 26.6 cm×
　　　12.2 cm;版心白口;半叶 5 行,行 15 字,共 56 叶。此卷 5 个半叶为 1 纸,第 1 纸为

版画,第2纸始为正文。正文第1纸与版画纸的交接重叠处刻题"华严经卷二十六 一",第2纸与第3纸的交接重叠处刻题"华严经卷二十六 二",第3纸与第4纸的交接重叠处刻题"华严经卷二十六 三"等。正文21纸,前版画1纸(6个半叶),后版画1纸(半叶)。

说明　1. 版画正中佛结跏趺坐于莲台之上,莲台下有一听法弟子,两侧有听法弟子、菩萨、眷属、天龙八部等。

2. 版画中天王呈双手合十状。

3. 栏外刻题"华严经卷二十六"及纸数。

4. 正文刻有句读。

麦 0215　大方广佛华严经卷第二十七

著者　(唐)实叉难陀译

时代　明

版本　经折装　刻本

现状　全(无封)

题记　卷端题"大方广佛华严经卷第二十七/于阗国三藏沙门实义难陀译"。品题"十回向品第二十五之五"。尾题"大方广佛华严经卷第二十七"。刻题"永乐十七年(1419)十二月十三日奉佛弟子/福贤发心书写锓梓谨施",后附"释音"3行。题识"凤翔府岐山县尚善里北庄信士崔安高氏 男崔祀恩巨氏/椵宅高氏 侯宅崔氏/刘□侯氏 侯宅赵氏/魏宅臣氏 崔宅翟氏/侯宅王氏/崔宅白氏 吉祥如意者"。

版式　每纸半叶 35.5 cm×12.4 cm;上下双栏;书眉 5.8 cm,地脚 2.5 cm,版面 27.2 cm×12.4 cm;版心白口;半叶5行,行15字,共57叶半。此卷5个半叶为1纸,正文第1纸与第2纸的交接重叠处刻题"华严经卷二十七 二",第2纸与第3纸的交接重叠处刻题"华严经卷二十七 三",第3纸与第4纸的交接重叠处刻题"华严经卷二十七 四"等。正文23纸。

说明　正文刻有句读。

麦 0526　大方广佛华严经卷第二十七

著者　(唐)实叉难陀译

时代　明

版本　经折装　刻本

现状　全

题记 封面题签题"大方广佛华严经卷第二十七"。卷端题"大方广佛华严经卷第二十七/于阗国三藏沙门实叉难陀译"。品题"十回向品第二十五之五"。尾题"大方广佛华严经卷第二十七"。刻题"永乐十七年(1419)十二月十三日奉佛弟子/福贤发心书写锓梓谨施",后附"释音"3行。

版式 每纸半叶32.3 cm×12.2 cm;上下双栏;书眉2.9 cm,地脚1.7 cm,版面27.7 cm×12.2 cm;版心白口;半叶5行,行15字,共58叶。此卷5个半叶为1纸,正文第1纸与第2纸的交接重叠处有栏外刻题"华严经卷二十七 二",第2纸与第3纸的交接重叠处有栏外刻题"华严经卷二十七 三",第3纸与第4纸的交接重叠处有栏外刻题"华严经卷二十七 四"等。正文24纸(第24纸为半叶)。

说明 1. 封面为绿色绢面,封底为红色绢面,题签为黄色。

2. 正文刻有句读。

3. 麦0525、麦0526、麦0527、麦0528、麦0529五卷为同一函。

4. 函套有黄色题签,题"大方广佛华严经二十六之三十"。

5. 参见麦0466说明项第4条。

麦0548 大方广佛华严经卷第二十七

著者 (唐)实叉难陀译

时代 明

版本 经折装 刻本

现状 全

题记 封面题签题"大方广佛华严经卷第二十七"。卷端题"大方广佛华严经卷第二十七/于阗国三藏沙门实叉难陀译"。品题"十回向品第二十五之五"。尾题"大方广佛华严经卷第二十七"。刻题"永乐十七年(1419)十二月十三日奉佛弟子/福贤发心书写锓梓谨施",后附"释音"3行。

版式 每纸半叶35.0 cm×12.3 cm;上下双栏;书眉4.8 cm,地脚3.0 cm,版面27.2 cm×12.3 cm;版心白口;半叶5行,行15字,共57叶半。此卷5个半叶为1纸,正文第1纸与第2纸的交接重叠处有栏外刻题"华严经卷二十七 二",第2纸与第3纸的交接重叠处有栏外刻题"华严经卷二十七 三",第3纸与第4纸的交接重叠处有栏外刻题"华严经卷二十七 四"等。正文23纸。

说明 1. 封面与封底均为蓝色绢面。

2. 正文刻有句读。

麦 0360   大方广佛华严经卷第二十八

著者   (唐)实叉难陀译

时代   明

版本   经折装   刻本

现状   全

题记   封面题签题"大方广佛华严经卷第二十八"。卷端题"大方广佛华严经卷第二十八/于阗国三藏沙门实叉难陀译"。品题"十回向品第二十五之六"。尾题"大方广佛华严经卷第二十八"。刻题"永乐十七年(1419)十二月十三日奉佛弟子/福贤发心书写锓梓谨施","扶风县长命良玉等里人氏 见在小张村居住信士陈舟晁氏/上同母王氏 弟陈天云 陈天雾、陈孟虎 胡万江 高现/王朝用 王朝相 高万海 陈天爵 苟魁",后附"释音"3行。牌记1幅(半叶)。题识(牌记内)"大明国陕西凤翔府岐山县尚善北庄村信士/张浩室人武氏同男/张得璜侯氏 张得珍黄氏 张得珠崔氏 张得宝/万历十三年(1585)仲秋吉日 永保吉祥如意者"。

版式   每纸半叶35.5 cm×12.2 cm;上下双栏;书眉5.3 cm,地脚2.5 cm,版面27.7 cm×12.2 cm;版心白口;半叶5行,行15字,共66叶。此卷5个半叶为1纸,正文第1纸与第2纸的交接重叠处有栏外刻题"华严经卷二十八   二",第2纸与第3纸的交接重叠处有栏外刻题"华严经卷二十八   三",第3纸与第4纸的交接重叠处有栏外刻题"华严经卷二十八   四"等。正文26纸(第26纸为6个半叶),牌记1纸(半叶)。

说明   1. 封面为黄色绢面,封底为红色绢面,题签为黄色。
        2. 正文刻有句读。

麦 0411   大方广佛华严经卷第二十八

著者   (唐)实叉难陀译

时代   明

版本   经折装   刻本

现状   全

题记   封面题签题"大方广佛华严经卷第二十八"。卷端题"大方广佛华严经卷第二十八/于阗国三藏沙门实叉难陀译"。品题"十回向品第二十五之六"。尾题"大方广佛华严经卷第二十八"。刻题"永乐十七年(1419)十二月十三日奉佛弟子/福贤发心书写锓梓谨施",后附"释音"3行。

版式　每纸半叶 35.0 cm×12.2 cm;上下双栏;书眉 4.8 cm,地脚 3.0 cm,版面 27.2 cm×12.2 cm;版心白口;半叶 5 行,行 15 字,共 65 叶半。此卷 5 个半叶为 1 纸,正文第 1 纸与第 2 纸的交接重叠处有栏外刻题"华严经卷二十八　二",第 2 纸与第 3 纸的交接重叠处有栏外刻题"华严经卷二十八　三",第 3 纸与第 4 纸的交接重叠处有栏外刻题"华严经卷二十八　四"等。正文 26 纸(第 26 纸为 6 个半叶)。

说明　1. 封面、封底均为蓝色绢面。

　　　2. 正文刻有句读。

麦 0527　大方广佛华严经卷第二十八

著者　(唐)实叉难陀译

时代　明

版本　经折装　刻本

现状　全

题记　封面题签题"大方广佛华严经卷第二十八"。卷端题"大方广佛华严经卷第二十八/于阗国三藏沙门实叉难陀译"。品题"十回向品第二十五之六"。尾题"大方广佛华严经卷第二十八"。刻题"永乐十七年(1419)十二月十三日奉佛弟子/福贤发心书写镂梓谨施",后附"释音"3 行。牌记 1 幅(半叶)。

版式　每纸半叶 32.3 cm×12.2 cm;上下双栏;书眉 3.9 cm,地脚 1.6 cm,版面 26.8 cm×12.2 cm;版心白口;半叶 5 行,行 15 字,共 66 叶。此卷 5 个半叶为 1 纸,正文第 1 纸与第 2 纸的交接重叠处有栏外刻题"华严经卷二十八　二",第 2 纸与第 3 纸的交接重叠处有栏外刻题"华严经卷二十八　三",第 3 纸与第 4 纸的交接重叠处有栏外刻题"华严经卷二十八　四"等。正文 27 纸(第 26 纸为 4 个半叶,第 27 纸为 2 个半叶),牌记 1 纸(半叶)。

说明　1. 封面与封底均为蓝色绢面,题签为黄色。

　　　2. 正文刻有句读。

　　　3. 麦 0525、麦 0526、麦 0527、麦 0528、麦 0529 五卷为同一函。

　　　4. 函套有黄色题签,题"大方广佛华严经二十六之三十"。

　　　5. 参见麦 0466 说明项第 4 条。

麦 0365　大方广佛华严经卷第二十九

著者　(唐)实叉难陀译

时代　明

版本　经折装　刻本

现状　全

题记　封面题签题"大方广佛华严经卷第二十九"。卷端题"大方广佛华严经卷第二十九/于阗国三藏沙门实叉难陀译"。品题"十回向品第二十五之七"。尾题"大方广佛华严经卷第二十九"。刻题"永乐十七年(1419)十二月十三日奉佛弟子/福贤发心书写锓梓谨施",后附"释音"2行。

版式　每纸半叶 35.2 cm×12.2 cm;上下双栏;书眉 4.7 cm,地脚 3.0 cm,版面 27.5 cm×12.2 cm;版心白口;半叶 5 行,行 15 字,共 39 叶。此卷 5 个半叶为 1 纸,正文第 1 纸与第 2 纸的交接重叠处有栏外刻题"华严经卷二十九　二",第 2 纸与第 3 纸的交接重叠处有栏外刻题"华严经卷二十九　三",第 3 纸与第 4 纸的交接重叠处有栏外刻题"华严经卷二十九　四"等。正文 16 纸(第 16 纸为 3 个半叶)。

说明　1. 封面与封底均为蓝色绢面。

　　　2. 正文刻有句读。

麦 0408　大方广佛华严经卷第二十九

著者　(唐)实叉难陀译

时代　明

版本　经折装　刻本

现状　全

题记　封面题签题"大方广佛华严经卷第"。卷端题"大方广佛华严经卷第二十九/于阗国三藏沙门实叉难陀译"。品题"十回向品第二十五之七"。尾题"大方广佛华严经卷第二十九"。刻题"永乐十七年(1419)十二月十三日奉佛弟子/福贤发心书写锓梓谨施",后附"释音"2行。刻题"凤翔县大尉里西指猗甫村居住奉/佛刊经信士翟顺张氏 男翟文章吕氏 翟厚刘氏 翟文夆/翟堂李氏 男翟添禄张氏 翟威/翟隆李氏 男翟添爵侯氏 翟演/翟万春陈氏 男翟添福张氏 翟减半/翟万良王氏 男翟江 翟长江/信女严氏翟孝王氏 男翟永祥 翟泡/信士王伦吕氏 男王陈陶/王沈翟氏 男王进福/各舍资财刊/华严经一卷 上报四恩 下资三有 回向时中 吉祥如意"。题识"岐山县尚善里北庄信士万朝现养男赵廷瑞 赵廷章/一家吉祥如意"。

版式　每纸半叶 35.4 cm×12.1 cm;上下双栏;书眉 5.3 cm,地脚 2.6 cm,版面 27.5 cm×12.1 cm;版心白口;半叶 5 行,行 15 字,共 40 叶。此卷 5 个半叶为 1 纸,正文第 1 纸与第 2 纸的交接重叠处有栏外刻题"华严经卷二十九　二",第 2 纸与第 3 纸的交接重叠处有栏外刻题"华严经卷二十九　三",第 3 纸与第 4 纸的交接重叠处有栏外刻题"华严经卷二十九　四"等。正文 16 纸。

说明　1. 封面为蓝色绢面,封底为红色绢面,题签为黄色绢条。

2. 正文刻有句读。

麦 0528　大方广佛华严经卷第二十九

著者　（唐）实叉难陀译

时代　明

版本　经折装　刻本

现状　全

题记　封面题签题"大方广佛华严经卷第二十九"。卷端题"大方广佛华严经卷第二十九/于阗国三藏沙门实叉难陀译"。品题"十回向品第二十五之七"。尾题"大方广佛华严经卷第二十九"。刻题"永乐十七年(1419)十二月十三日奉佛弟子/福贤发心书写锓梓谨施",后附"释音"2 行。牌记 1 幅(半叶)。

版式　每纸半叶 32.3 cm×12.2 cm;上下双栏;书眉 3.4 cm,地脚 1.5 cm,版面 27.4 cm×12.2 cm;版心白口;半叶 5 行,行 15 字,共 40 叶。此卷 5 个半叶为 1 纸,正文第 1 纸与第 2 纸的交接重叠处有栏外刻题"华严经卷二十九　二",第 2 纸与第 3 纸的交接重叠处有栏外刻题"华严经卷二十九　三",第 3 纸与第 4 纸的交接重叠处有栏外刻题"华严经卷二十九　四"等。正文 16 纸(第 16 纸为 4 个半叶),牌记 1 纸(半叶)。

说明　1. 封面与封底均为蓝色绢面,题签为黄色。

2. 正文刻有句读。

3. 麦 0525、麦 0526、麦 0527、麦 0528、麦 0529 五卷为同一函。

4. 函套有黄色题签,题"大方广佛华严经二十六之三十"。

5. 参见麦 0466 说明项第 4 条。

麦 0361　大方广佛华严经卷第三十

著者　（唐）实叉难陀译

时代　明

版本　经折装　刻本

现状　全

题记　封面题签题"大方广佛华严经卷第三十"。卷端题"大方广佛华严经卷第三十/于阗国三藏沙门实叉难陀译"。品题"十回向品第二十五之八"。尾题"大方广佛华严经卷第三十"。刻题"永乐十七年(1419)十二月十三日奉佛弟子/福贤发心书写锓梓谨施",后附"释音"2行。牌记1幅(半叶,空白)。后有版画1幅半叶,《天王像》(拟),见说明1]。

版式　每纸半叶35.2 cm×12.2 cm;上下双栏;书眉4.7 cm,地脚3.0 cm,版面27.5 cm×12.2 cm;版心白口;半叶5行,行15字,共45叶。此卷5个半叶为1纸,正文第1纸与第2纸的交接重叠处有栏外刻题"华严经卷三十　二",第2纸与第3纸的交接重叠处有栏外刻题"华严经卷三十　三",第3纸与第4纸的交接重叠处有栏外刻题"华严经卷三十　四"等。正文18纸(第18纸为2个半叶),版画、牌记1纸(3个半叶)。

说明　1. 版画中天王呈双手合十状。

　　　2. 封面、封底均为蓝色绢面,题签为黄色绢条。

　　　3. 正文刻有句读。

麦0529　大方广佛华严经卷第三十

著者　(唐)实叉难陀译

时代　明

版本　经折装　刻本

现状　全

题记　封面题签题"大方广佛华严经卷第三十"。卷端题"大方广佛华严经卷第三十/于阗国三藏沙门实叉难陀译"。品题"十回向品第二十五之八"。尾题"大方广佛华严经卷第三十"。刻题"永乐十七年(1419)十二月十三日奉佛弟子/福贤发心书写锓梓谨施",后附"释音"2行。

版式　每纸半叶32.3 cm×12.2 cm;上下双栏;书眉4.0 cm,地脚1.6 cm,版面26.7 cm×12.2 cm;版心白口;半叶5行,行15字,共44叶。此卷5个半叶为1纸,正文第6纸与第7纸的交接重叠处有栏外刻题"华严经卷三十　七",第7纸与第8纸的交接重叠处有栏外刻题"华严经卷三十　八",第8纸与第9纸的交接重叠处有栏外刻题"华严经卷三十　九"等。正文16纸(第16纸为4个半叶),牌记1纸(半叶)。

说明　1. 封面与封底均为蓝色绢面,题签为黄色。

　　　2. 正文刻有句读。

　　　3. 麦0525、麦0526、麦0527、麦0528、麦0529五卷为同一函。

　　　4. 函套有黄色题签,题"大方广佛华严经二十六之三十"。

　　　5. 参见麦0466说明项第4条。

麦 0410 大方广佛华严经卷第三十一

著者 （唐）实叉难陀译

时代 明

版本 经折装 刻本

现状 全

题记 封面题签题"大方广佛华严经卷第三十一"。卷首有版画《说法图》(拟)1 幅(5 个半叶,见说明 1)。牌记 1 幅(半叶),内刻题"皇图永固 帝道遐昌/佛日增辉 法轮常转"。卷端题"大方广佛华严经卷第三十一/于阗国三藏沙门实叉难陀译"。品题"十回向品第二十五之九"。尾题"大方广佛华严经卷第三十一"。刻题"永乐十七年(1419)十二月十三日奉佛弟子/福贤发心书写锓梓谨施",后附"释音"2 行。

版式 每纸半叶 35.1 cm×12.2 cm;上下双栏;书眉 5.3 cm,地脚 3.0 cm,版面 26.8 cm×12.2 cm;版心白口;半叶 5 行,行 15 字,共 58 叶。此卷 5 个半叶为 1 纸,第 1 纸为版画,第 2 纸始为正文。正文第 1 纸与版画纸的交接重叠处有栏外刻题"华严经卷三十一 一",第 2 纸与第 3 纸的交接重叠处有栏外刻题"华严经卷三十一 二",第 3 纸与第 4 纸的交接重叠处有栏外刻题"华严经卷三十一 三"等。正文 22 纸,版画 1 纸(6 个半叶)。

说明 1. 版画正中佛结跏趺坐于莲台之上,莲台下有一听法弟子,两侧有听法弟子、菩萨、眷属、天龙八部等。

　　 2. 封面、封底均为蓝色绢面。

　　 3. 正文刻有句读。

麦 0479 大方广佛华严经卷第三十一

著者 （唐）实叉难陀译

时代 明

版本 经折装 刻本

现状 全

题记 封面题签题"大方广佛华严经卷第三十一"。卷首有版画《说法图》(拟)1 幅(4 个半叶,见说明 1)。卷端题"大方广佛华严经卷第三十一/于阗国三藏沙门实叉难陀译"。品题"十回向品第二十五之九"。尾题"大方广佛华严经卷第三十一"。刻题"永乐十七年(1419)十二月十三日奉佛弟子/福贤发心书写锓梓谨施",后附"释音"2 行。牌记 1 幅(半叶,空白)。

版式　每纸半叶 32.3 cm×12.2 cm;上下双栏;书眉 4.2 cm,地脚 1.5 cm,版面 26.6 cm×12.2 cm;版心白口;半叶 5 行,行 15 字,共 58 叶。此卷 5 个半叶为 1 纸,第 1 纸为版画,第 2 纸始为正文。正文第 1 纸与版画纸的交接重叠处有栏外刻题"华严经卷三十一　一",第 2 纸与第 3 纸的交接重叠处有栏外刻题"华严经卷三十一　二",第 3 纸与第 4 纸的交接重叠处有栏外刻题"华严经卷三十一　三"等。正文 23 纸(第 23 纸为半叶),版画 1 纸(4 个半叶),牌记 1 纸(半叶)。

说明　1. 版画右侧佛结跏趺坐于莲台之上,左侧有听法弟子、菩萨、眷属、天龙八部等。

　　　2. 封面与封底均为红色绢面,题签为黄色。

　　　3. 正文刻有句读。

　　　4. 麦 0479、麦 0480、麦 0481、麦 0482、麦 0483 五卷为同一函。

　　　5. 函套有黄色题签,题"大方广佛华严经三十一之三十五"。

　　　6. 参见麦 0466 说明项第 4 条。

麦 0583　大方广佛华严经卷第三十一

著者　(唐)实叉难陀译

时代　明

版本　经折装　刻本

现状　首全尾残

题记　封面题签题"大方广佛华严经卷第三十一"。卷首有版画《说法图》(拟)1 幅(5 个半叶,见说明 1),版画左栏外题"凤翔府宝鸡县遵义里营子头村居信士宫大璋室人范氏"。牌记 1 幅(半叶),内刻题"御制 六合清宁 七政顺序 雨阳时若 万物异丰/亿兆康和 凡幽融朗 均跻寿域 溥种福田/上善攸臻 障碍消释 家崇忠孝 人乐慈良/官清政平 讼简刑措 化行俗美 泰道咸亨/凡厥有生 俱成佛果 永乐十七年(1419)十二月十三日"。卷端题"大方广佛华严经卷第三十一/于阗国三藏沙门实叉难陀译"。品题"十回向品第二十五之九"。刻题"洪原□□经信女王妙香同男妻王氏孙女苏家女"(第 15 纸 1 叶后版心内)。尾题"大方广佛华严经卷第三十一"。刻题"永乐十七年(1419)十二月十三日奉佛弟子/福贤发心书写锓梓谨施"。题识"凤翔府岐山县尚善里北庄信士刘廷舟/一家,吉祥如意者矣",后附"释音"1 行。刻题"凤翔府宝鸡县宣明里见在东关居住信士嗜老李庄同室人田氏/弟省祭李舟同室人王氏/男医官李守纴 张氏/监生李守约 李氏/李守纶 李唐八/孙男李仁 李永求 李白哇 李官驴/嘉靖二十七年(1548)十一月　吉旦重刊"。

版式　每纸半叶 35.5 cm×12.2 cm;上下双栏;书眉 6.2 cm,地脚 2.7 cm,版面 26.6 cm×

12.2 cm；版心白口；半叶 5 行，行 15 字，共 58 叶。此卷 5 个半叶为 1 纸，第 1 纸为版画，第 2 纸始为正文。正文第 1 纸与版画纸的交接重叠处刻题"华严经卷三十一　一"，第 2 纸与第 3 纸的交接重叠处刻题"华严经卷三十一　二"，第 3 纸与第 4 纸的交接重叠处刻题"华严经卷三十一　三"等。正文 22 纸，版画 1 纸（6 个半叶）。

说明　1. 版画正中佛结跏趺坐于莲台之上，两侧有听法弟子、菩萨、眷属、天龙八部等。

　　　2. 封面为红色绢面，封底为蓝色绢面。

　　　3. 正文刻有句读。

麦 0181　大方广佛华严经卷第三十二

著者　（唐）实叉难陀译

时代　明

版本　经折装　刻本

现状　全（首封残）

题记　卷端题"大方广佛华严经卷第三十二／于阗国三藏沙门实叉难陀译"。品题"十回向品第二十五之十"。尾题"大方广佛华严经卷第三十二"。刻题"永乐十七年（1419）十二月十三日奉佛弟子／福贤发心书写锓梓谨施"，后附"释音"（2 行）。刻题"凤翔县郡亭乡康家里人氏见在城府后土地巷路南居住奉／佛刊经扳信士王仲良　室人吕氏同男　王武／喜舍资财刊第二十二卷经十六连／华严经一卷　上报四恩　下资三宥　回向时中吉祥如意"。题识"岐山县尚善信士郭三何氏　一家眷等吉祥如意"。

版式　每纸半叶 35.6 cm×12.2 cm；上下双栏；书眉 5.1 cm，地脚 2.8 cm，版面 27.7 cm×12.2 cm；版心白口，内刻题"华严经卷三十二"及纸数；半叶 5 行，行 15 字，共 37 叶。此卷 5 个半叶为 1 纸，每纸半叶或 1 叶后标栏内刻题"华严经卷三十二"及叶数。第 1 纸与第 2 纸的交接重叠处有栏外刻题"华严经卷三十二　二"，第 2 纸与第 3 纸的交接重叠处有栏外刻题"华严经卷三十二　三"。正文 15 纸，卷末 1 纸（4 个半叶）。

说明　1. 封底为红色绢面。

　　　2. 正文刻有句读。

麦 0394　大方广佛华严经卷第三十二

著者　（唐）实叉难陀译

时代　明

版本　经折装　刻本

现状　全

题记　封面题签题"大方广佛华严经卷第三十二"。卷端题"大方广佛华严经卷第三十二/于阗国三藏沙门实叉难陀译"。品题"十回向品第二十五之十"。尾题"大方广佛华严经卷第三十二"。刻题"永乐十七年(1419)十二月十三日奉佛弟子/福贤发心书写锓梓谨施",后附"释音"2行。

版式　每纸半叶35.1 cm×12.2 cm;上下双栏;书眉4.5 cm,地脚3.0 cm,版面27.6 cm×12.2 cm;版心白口;半叶5行,行15字,共36叶半。此卷5个半叶为1纸,正文第1纸与第2纸的交接重叠处有栏外刻题"华严经卷三十二　二",第2纸与第3纸的交接重叠处有栏外刻题"华严经卷三十二　三",第3纸与第4纸的交接重叠处有栏外刻题"华严经卷三十二　四"等。正文15纸(第15纸为3个半叶)。

说明　1. 封底为红色绢面。

　　　2. 正文刻有句读。

麦0480　大方广佛华严经卷第三十二

著者　(唐)实叉难陀译

时代　明

版本　经折装　刻本

现状　全

题记　封面题签题"大方广佛华严经卷第三十二"。卷端题"大方广佛华严经卷第三十二/于阗国三藏沙门实叉难陀译"。品题"十回向品第二十五之十"。尾题"大方广佛华严经卷第三十二"。刻题"永乐十七年(1419)十二月十三日奉佛弟子/福贤发心书写锓梓谨施",后附"释音"2行。

版式　每纸半叶32.3 cm×12.2 cm;上下双栏;书眉3.3 cm,地脚1.6 cm,版面27.4 cm×12.2 cm;版心白口;半叶5行,行15字,共37叶。此卷5个半叶为1纸,正文第1纸与第2纸的交接重叠处有栏外刻题"华严经卷三十二　二",第2纸与第3纸的交接重叠处有栏外刻题"华严经卷三十二　三",第3纸与第4纸的交接重叠处有栏外刻题"华严经卷三十二 四"等。正文15纸(第15纸为4个半叶)。

说明　1. 封面为绿色绢面,封底为红色绢面,题签为黄色。

　　　2. 正文刻有句读。

　　　3. 麦0479、麦0480、麦0481、麦0482、麦0483五卷为同一函。

　　　4. 函套有黄色题签,题"大方广佛华严经三十一之三十五"。

5. 参见麦 0466 说明项第 4 条。

麦 0393　大方广佛华严经卷第三十三

著者　（唐）实叉难陀译

时代　明

版本　经折装　刻本

现状　全

题记　封面题签题"大方广佛华严经卷第三十三"。卷端题"大方广佛华严经卷第三十三/于阗国三藏沙门实叉难陀译"。品题"十回向品第二十五之十一"。尾题"大方广佛华严经卷第三十三"。刻题"永乐十七年（1419）十二月十三日奉佛弟子/福贤发心书写锓梓谨施"，后附"释音"3 行。

版式　每纸半叶 35.1 cm×12.2 cm；上下双栏；书眉 4.9 cm，地脚 3.0 cm，版面 27.2 cm×12.2 cm；版心白口；半叶 5 行，行 15 字，共 38 叶。此卷 5 个半叶为 1 纸，正文第 1 纸与第 2 纸的交接重叠处有栏外刻题"华严经卷三十三　二"，第 2 纸与第 3 纸的交接重叠处有栏外刻题"华严经卷三十三　三"，第 3 纸与第 4 纸的交接重叠处有栏外刻题"华严经卷三十三　四"等。正文 16 纸（第 16 纸为半叶）。

说明　1. 封面、封底均为蓝色绢面。

　　　2. 正文刻有句读。

麦 0481　大方广佛华严经卷第三十三

著者　（唐）实叉难陀译

时代　明

版本　经折装　刻本

现状　全

题记　封面题签题"大方广佛华严经卷第三十三"。卷端题"大方广佛华严经卷第三十三/于阗国三藏沙门实叉难陀译"。品题"十回向品第二十五之十一"。尾题"大方广佛华严经卷第三十三"，后附"释音"2 行。

版式　每纸半叶 32.3 cm×12.2 cm；上下双栏；书眉 3.8 cm，地脚 1.5 cm，版面 27.0 cm×12.2 cm；版心白口；半叶 5 行，行 15 字，共 38 叶。此卷 5 个半叶为 1 纸，正文第 1 纸与第 2 纸的交接重叠处有栏外刻题"华严经卷三十三　二"，第 2 纸与第 3 纸的交接重叠处有栏外刻题"华严经卷三十三　三"，第 3 纸与第 4 纸的交接重叠处有栏外刻题"华严经卷三十三　四"等。正文 15 纸，卷末 1 纸（半叶）。

说明　1. 封面与封底均为蓝色绢面,题签为黄色。

　　　2. 正文刻有句读。

　　　3. 麦 0479、麦 0480、麦 0481、麦 0482、麦 0483 五卷为同一函。

　　　4. 函套有黄色题签,题"大方广佛华严经三十一之三十五"。

　　　5. 参见麦 0466 说明项第 4 条。

麦 0550　大方广佛华严经卷第三十三

著者　(唐)实叉难陀译

时代　明

版本　经折装　刻本

现状　全

题记　卷端题"大方广佛华严经卷第三十三/于阗国三藏沙门实叉难陀译"。品题"十回向品第二十五之十一"。尾题"大方广佛华严经卷第三十三"。刻题"永乐十七年(1419)十二月十三日奉佛弟子/福贤发心书写锓梓谨施"。题识"岐山县尚喜里南庄信士郭闫齐氏/一家眷等吉祥如意",后附"释音"1 行。刻题"敕赐大金佛寺住持侍/佛释子觉慧发心财刊/经一卷 因经追荐昔故/父母李厚白氏 承此良因速生净界回向时中 吉祥如意/嘉靖二十年(1545)四月 吉日比丘道头重刊"。

版式　每纸半叶 35.6 cm×12.2 cm;上下双栏;书眉 5.5 cm,地脚 2.8 cm,版面 27.3 cm×12.2 cm;版心白口;半叶 5 行,行 15 字,共 38 叶。此卷 5 个半叶为 1 纸,正文第 1 纸与第 2 纸的交接重叠处有栏外刻题"华严经卷三十三　二",第 2 纸与第 3 纸的交接重叠处有栏外刻题"华严经卷三十三　三",第 3 纸与第 4 纸的交接重叠处有栏外刻题"华严经卷三十三　四"等。正文 16 纸(第 16 纸为 1 个半叶)。

说明　1. 封面为绿色绢面,封底为蓝色绢面。

　　　2. 正文刻有句读。

麦 0392　大方广佛华严经卷第三十四

著者　(唐)实叉难陀译

时代　明

版本　经折装　刻本

现状　全

题记　封面题签题"大方广佛华严经卷第三十四"。卷端题"大方广佛华严经卷第三十四/于阗国三藏沙门实叉难陀译"。品题"十地品第二十六之一"。尾题"大方广佛华严经卷第三十四"。刻题"永乐十七年(1419)十二月十三日奉佛弟子/福贤发心书写镌梓谨施",后附"释音"2行。

版式 每纸半叶 35.0 cm×12.1 cm;上下双栏;书眉 5.3 cm,地脚 2.8 cm,版面 27.9 cm× 12.1 cm;版心白口;半叶 5 行,行 15 字,共 60 叶半。此卷 5 个半叶为 1 纸,正文第 1 纸与第 2 纸的交接重叠处有栏外刻题"华严经卷三十四 二",第 2 纸与第 3 纸的交接重叠处有栏外刻题"华严经卷三十四 三",第 3 纸与第 4 纸的交接重叠处有栏外刻题"华严经卷三十四 四"等。正文 25 纸(第 25 纸为半叶)。

说明 1. 封面、封底均为蓝色绢面。

2. 正文刻有句读。

麦 0482 大方广佛华严经卷第三十四

著者 (唐)实叉难陀译

时代 明

版本 经折装 刻本

现状 全

题记 封面题签题"大方广佛华严经卷第三十四"。卷端题"大方广佛华严经卷第三十四/于阗国三藏沙门实叉难陀译"。品题"十地品第二十六之一"。尾题"大方广佛华严经卷第三十四"。刻题"永乐十七年(1419)十二月十三日奉佛弟子/福贤发心书写镌梓谨施",后附"释音"2行。

版式 每纸半叶 32.3 cm×12.2 cm;上下双栏;书眉 3.8 cm,地脚 1.5 cm,版面 27.0 cm× 12.2 cm;版心白口;半叶 5 行,行 15 字,共 61 叶。此卷 5 个半叶为 1 纸,正文第 1 纸与第 2 纸的交接重叠处有栏外刻题"华严经卷三十四 二",第 2 纸与第 3 纸的交接重叠处有栏外刻题"华严经卷三十四 三",第 3 纸与第 4 纸的交接重叠处有栏外刻题"华严经卷三十四 四"等。正文 25 纸(第 25 纸为半叶)。

说明 1. 封面为红色绢面,封底为蓝色绢面,题签为黄色。

2. 正文刻有句读。

3. 麦 0479、麦 0480、麦 0481、麦 0482、麦 0483 五卷为同一函。

4. 函套有黄色题签,题"大方广佛华严经三十一之三十五"。

5. 参见麦 0466 说明项第 4 条。

麦 0586 大方广佛华严经卷第三十四

著者 (唐)实叉难陀译

时代　明

版本　经折装　刻本

现状　首全尾残

题记　封面题签题"大方广佛华严经卷第"。卷端题"大方广佛华严经卷第三十四/于阗国三藏沙门实叉难陀译"。品题"十地品第二十六之一"。尾题"大方广佛华严经卷第三十四"。刻题"永乐十七年(1419)十二月十三日奉佛弟子/福贤发心书写锓梓谨施"。题识"凤翔府岐山县尚善里北庄信士祈政李氏/一家眷等吉祥如意者矣"。

版式　每纸半叶35.8 cm×12.1 cm;上下双栏;书眉6.2 cm,地脚2.9 cm,版面26.7 cm×12.1 cm;版心白口;半叶5行,行15字,共60叶。此卷5个半叶为1纸,正文第1纸与第2纸的交接重叠处有栏外刻题"华严经卷三十四　二",第2纸与第3纸的交接重叠处有栏外刻题"华严经卷三十四　三",第3纸与第4纸的交接重叠处有栏外刻题"华严经卷三十四　四"等。正文24纸。

说明　1. 封面为绿色绢面。

　　　2. 正文刻有句读。

麦0391　大方广佛华严经卷第三十五

著者　(唐)实叉难陀译

时代　明

版本　经折装　刻本

现状　全

题记　封面题签题"大方广佛华严经卷第三十五"。卷端题"大方广佛华严经卷第三十五/于阗国三藏沙门实叉难陀译"。品题"十地品第二十六之二"。尾题"大方广佛华严经卷第三十五"。刻题"永乐十七年(1419)十二月十三日奉佛弟子/福贤发心书写锓梓谨施",后附"释音"2行。版画《天王像》(拟)1幅(半叶,见说明1)。

版式　每纸半叶35.1 cm×12.1 cm;上下双栏;书眉4.9 cm,地脚2.9 cm,版面27.3 cm×12.1 cm;版心白口;半叶5行,行15字,共44叶。此卷5个半叶为1纸,正文第1纸与第2纸的交接重叠处有栏外刻题"华严经卷三十五　二",第2纸与第3纸的交接重叠处有栏外刻题"华严经卷三十五　三",第3纸与第4纸的交接重叠处有栏外刻题"华严经卷三十五　四"等。正文18纸(第18纸为半叶),版画、牌记1纸(2个半叶)。

说明　1. 版画中天王呈双手合十状。

　　　2. 封面、封底均为蓝色绢面。

3. 正文刻有句读。

麦 0483　大方广佛华严经卷第三十五

著者　（唐）实叉难陀译

时代　明

版本　经折装　刻本

现状　全

题记　封面题签题"大方广佛华严经卷第三十五"。卷端题"大方广佛华严经卷第三十五/于阗国三藏沙门实叉难陀译"。品题"十地品第二十六之二"。尾题"大方广佛华严经卷第三十五"，后附"释音"2 行。

版式　每纸半叶 32.3 cm×12.2 cm；上下双栏；书眉 3.3 cm，地脚 1.5 cm，版面 27.5 cm×12.2 cm；版心白口；半叶 5 行，行 15 字，共 43 叶。此卷 5 个半叶为 1 纸，正文第 1 纸与第 2 纸的交接重叠处有栏外刻题"华严经卷三十五　二"，第 2 纸与第 3 纸的交接重叠处有栏外刻题"华严经卷三十五　三"，第 3 纸与第 4 纸的交接重叠处有栏外刻题"华严经卷三十五　四"等。正文 17 纸（第 17 纸为 6 个半叶）。

说明　1. 封面为红色绢面，封底为蓝色绢面，题签为黄色。

2. 正文刻有句读。

3. 麦 0479、麦 0480、麦 0481、麦 0482、麦 0483 为同一函。

4. 函套有黄色题签，题"大方广佛华严经三十一之三十五"。

5. 参见麦 0466 说明项第 4 条。

麦 0587　大方广佛华严经卷第三十五

著者　（唐）实叉难陀译

时代　明

版本　经折装　刻本

现状　全

题记　封面题签题"大方广佛华严经卷第"。卷端题"大方广佛华严经卷第三十五/于阗国三藏沙门实叉难陀译"。品题"十地品第二十六之二"。刻题（第 3 纸半叶后版心内）"凤县登从里信士任廷贵室人赵氏　男根劳承经三连"。尾题"大方广佛华严经卷第三十五"。刻题"永乐十七年(1419)十二月十三日奉佛弟子/福贤发心书写锓梓谨施"，后附"释音"2 行。刻题"扶风县长命里逻店镇居住奉/佛发心刊板信士张敖王氏　男张万良王氏　张孟江　出家男圆恩/信女唐氏　男张进表王氏　孙张恕　信女

张妙惠 男唐进忠王氏/唐进仓巨氏 唐进湖 唐进江/信士张虎臣王氏 男张万海醋氏 经保 圆宝/唐文隆朱氏 男唐梅杨氏 唐世梅张氏 信士醋景阳辛氏 男/醋进朝陈氏 醋世用张氏 孙男康士 庾子 信士陈万仓晁氏 男/郎子 猪婆 信士醋锦屈氏 男醋添 西邬氏 醋云高氏 众信人/等 各舍资财刊/华严经一卷 上报四恩 下资三有 回向时中 吉祥如意/嘉靖十九年(1540)四月吉旦重刊"。题识"凤翔府岐山县尚善里南庄信士鲁前室人成氏/一家眷等吉祥如意者"。

版式　每纸半叶 35.6 cm×12.1 cm;上下双栏;书眉 6.8 cm,地脚 2.4 cm,版面 26.4 cm×12.1 cm;版心白口;半叶 5 行,行 15 字,共 44 叶。此卷 5 个半叶为 1 纸,正文第 1 纸与第 2 纸的交接重叠处有栏外刻题"华严经卷三十五　二",第 2 纸与第 3 纸的交接重叠处有栏外刻题"华严经卷三十五　三",第 3 纸与第 4 纸的交接重叠处有栏外刻题"华严经卷三十五　四"等。正文 18 纸(第 18 纸为 3 个半叶)。

说明　1. 版画中天王呈双手合十状。

　　　2. 经折中夹有黄色绢条,题"大方广佛华严经卷第三十五"。

　　　3. 封面为绿色绢面,封底为蓝色绢面。

　　　4. 正文刻有句读。

麦 0390　大方广佛华严经卷第三十六

著者　(唐)实叉难陀译

时代　明

版本　经折装　刻本

现状　全

题记　封面题签题"大方广佛华严经卷第三十六"。卷首有版画《说法图》(拟)1 幅(5 个半叶,见说明 1)。牌记 1 幅(半叶),内刻题"皇图永固 帝道遐昌/佛日增辉 法轮常转"。卷端题"大方广佛华严经卷第三十六/于阗国三藏沙门实叉难陀译"。品题"十地品第二十六之三"。尾题"大方广佛华严经卷第三十六"。刻题"永乐十七年(1419)十二月十三日奉佛弟子/福贤发心书写锓梓谨施",后附"释音"3 行。

版式　每纸半叶 35.5 cm×12.2 cm;上下双栏;书眉 6.2 cm,地脚 2.7 cm,版面 26.6 cm×12.2 cm;版心白口;半叶 5 行,行 15 字,共 40 叶半。此卷 5 个半叶为 1 纸,第 1 纸为版画,第 2 纸始为正文。正文第 1 纸与版画纸的交接重叠处有栏外刻题"华严经卷三十六　一",第 2 纸与第 3 纸的交接重叠处有栏外刻题"华严经卷三十六　二",第 3 纸与第 4 纸的交接重叠处有栏外刻题"华严经卷三十六　三"等。正文 15 纸,版画 1 纸(6 个半叶)。

说明　1. 版画正中佛结跏趺坐于莲台之上，莲台下有一听法弟子，两侧有听法弟子、菩萨、眷属、天龙八部等。

2. 封面、封底均为蓝色绢面。

3. 正文刻有句读。

4. 第13纸1叶书眉附纸有题识，原文照录："弟五难胜地/标断下秉涅槃障/二愚者一纯作意/皆生死愚二纯作/意向涅槃愚证/类无差别真如/颂曰/如宝知诸佛/世间诸伎艺/种种利群生/名曰难胜地/解私谓登地智/名同地前智名/异至倘及也。"

麦 0584　大方广佛华严经卷第三十六

著者　（唐）实叉难陀译

时代　明

版本　经折装　刻本

现状　全

题记　封面题签题"大方广佛华严经卷第三十六"。卷首有版画《说法图》（拟）1幅（5个半叶，见说明1），版画左栏外题"凤翔府宝鸡县遵义里营子头村居信士宫大璋室人范氏"。牌记1幅（半叶），内刻题"御制 六合清宁 七政顺序 雨阳时若 万物异丰/亿兆康和 凡幽融朗 均跻寿域 溥种福田/上善攸臻 障碍消释 家崇忠孝 人乐慈良/官清政平 讼简刑措 化行俗美 泰道咸亨/凡厥有生 俱成佛果 永乐十七年（1419）十二月十三日"。卷端题"大方广佛华严经卷第三十六/于阗国三藏沙门实叉难陀译"。品题"十地品第二十六之三"。尾题"大方广佛华严经卷第三十六"。刻题"永乐十七年（1419）十二月十三日奉佛弟子/福贤发心书写镂梓谨施"，后附"释音"1行。刻题"凤翔县西平里大佛寺前村居住奉/佛刊经板一卷信士孔廷福严氏男孔添祥 孔添祐 孔久岳氏 男孔应时袁氏/陈隆孔氏 男陈彦福 孔世隆 陈氏孔孟禄胡氏 孔景仓荔氏/孔添禄王氏 孔景义史氏 孔朝凤韩氏 孔万禄刘氏 孟大经韩氏/宝进忠严氏男窦万兴/泊会众信人等刊/华严经板一卷 上报四恩 下资三有 法界有情同生"。版画《天王像》（拟）1幅（半叶，见说明2）。

版式　每纸半叶35.5 cm×12.2 cm；上下双栏；书眉6.2 cm，地脚2.7 cm，版面26.6 cm×12.2 cm；版心白口；半叶5行，行15字，共41叶。此卷5个半叶为1纸，第1纸为版画，第2纸始为正文；每纸半叶或1叶后标刻题"华严经卷三十六"及各纸数。正文15纸，前版画1纸（6个半叶），后版画1纸（半叶）。

说明　1. 版画正中佛结跏趺坐于莲台之上，两侧有听法弟子、菩萨、眷属、天龙八部等。

2. 版画中天王呈双手合十状。

3. 封面为红色绢面,封底为蓝色绢面。

4. 正文刻有句读。

麦 0591　大方广佛华严经卷第三十六

著者　（唐）实叉难陀译

时代　明

版本　经折装　刻本

现状　全

题记　封面题签题"大方广佛华严经卷第三十六"。卷首有版画《说法图》(拟)1幅(4个半叶,见说明1)。卷端题"大方广佛华严经卷第三十六/于阗国三藏沙门实叉难陀译"。品题"十地品第二十六之三"。尾题"大方广佛华严经卷第三十六"。刻题"永乐十七年(1419)十二月十三日奉佛弟子/福贤发心书写镂梓谨施",后附"释音"5行。

版式　每纸半叶32.3 cm×12.2 cm;上下双栏;书眉5.4 cm,地脚2.1 cm,版面24.8 cm×12.2 cm;版心白口;半叶5行,行15字,共40叶。此卷5个半叶为1纸,第1纸为版画,第2纸始为正文。正文第1纸与版画纸的交接重叠处有栏外刻题"华严经卷三十六　一",第2纸与第3纸的交接重叠处有栏外刻题"华严经卷三十六　二",第3纸与第4纸的交接重叠处有栏外刻题"华严经卷三十六　三"等。正文16纸(第16纸为半叶),版画1纸(4个半叶)。

说明　1. 版画右侧佛结跏趺坐于莲台之上,左侧有听法弟子、菩萨、眷属、天龙八部等。

2. 封面、封底均为红色绢面,题签为黄色。

3. 正文刻有句读。

4. 麦 0591、麦 0592、麦 0593、麦 0594、麦 0595 五卷为同一函。

5. 函套有黄色题签,题"大方广佛华严经三十六之四十"。

6. 参见麦 0466 说明项第 4 条。

麦 0389　大方广佛华严经卷第三十七

著者　（唐）实叉难陀译

时代　明

版本　经折装　刻本

现状　全

题记　封面题签题"大方广佛华严经卷第三十七"。卷端题"大方广佛华严经卷第三十七/于阗国三藏沙门实叉难陀译"。品题"十地品第二十六之四"。尾题"大方广佛华严经卷第三十七"。刻题"永乐十七年（1419）十二月十三日奉佛弟子/福贤发心书写镵梓谨施"、"吏部听选官温朝相富平县义城里人正九品男温妥吉祥如意"，后附"释音"2行。刻题"凤翔县普闰里南马村居住奉/佛发心刊板信士芦廷臣　室人刘氏　刘氏/男芦腾霄　孟氏　芦陕州/女闹见　　孙女　孝见　泪家眷等/喜舍资财刊/华严经一卷因经芦止父闾任氏　更愿/四恩普报　三宥齐资　回向时中吉祥如意　□□□"。题识"凤翔府岐山县尚善里信士鲁冻室人李氏/孙真/孙瑶/孙守制/各家眷等吉祥如意者矣"。

版式　每纸半叶 35.4 cm×12.1 cm；上下双栏；书眉 5.9 cm，地脚 2.7 cm，版面 26.8 cm×12.1 cm；版心白口；半叶 5 行，行 15 字，共 50 叶。此卷 5 个半叶为 1 纸，正文第 1 纸与第 2 纸的交接重叠处有栏外刻题"华严经卷三十七　二"，第 2 纸与第 3 纸的交接重叠处有栏外刻题"华严经卷三十七　三"，第 3 纸与第 4 纸的交接重叠处有栏外刻题"华严经卷三十七　四"等。正文 20 纸。

说明　1. 封面为绿色绢面，封底为红色绢面。

　　　2. 正文刻有句读。

麦 0588　大方广佛华严经卷第三十七

著者　（唐）实叉难陀译

时代　明

版本　经折装　刻本

现状　首残尾全

题记　封面题签题"大方广佛华严经卷第三十七"。卷端题"大方广佛华严经卷第三十七/于阗国三藏沙门实叉难陀译"。品题"十地品第二十六之四"。尾题"大方广佛华严经卷第三十七"。刻题"永乐十七年（1419）十二月十三日奉佛弟子/福贤发心书写镵梓谨施"，后附"释音"2行。

版式　每纸半叶 35.2 cm×12.3 cm；上下双栏；书眉 4.6 cm，地脚 3.3 cm，版面 27.3 cm×12.3 cm；版心白口；半叶 5 行，行 15 字，共 49 叶。此卷 5 个半叶为 1 纸，正文第 1 纸与第 2 纸的交接重叠处有栏外刻题"华严经卷三十七　二"，第 2 纸与第 3 纸的交接重叠处有栏外刻题"华严经卷三十七　三"，第 3 纸与第 4 纸的交接重叠处有栏外刻题"华严经卷三十七　四"等。正文 20 纸（第 20 纸为 3 个半叶）。

说明　1. 封面与封底均为蓝色绢面。

　　　2. 正文刻有句读。

麦 0592　大方广佛华严经卷第三十七

著者　（唐）实叉难陀译

时代　明

版本　经折装　刻本

现状　全

题记　封面题签题"大方广佛华严经卷第三十七"。卷端题"大方广佛华严经卷第三十七/于阗国三藏沙门实叉难陀译"。品题"十地品第二十六之四"。尾题"大方广佛华严经卷第三十七",后附"释音"2 行。

版式　每纸半叶 32.3 cm×12.2 cm;上下双栏;书眉 2.9 cm,地脚 1.5 cm,版面 27.9 cm×12.2 cm;版心白口;半叶 5 行,行 15 字,共 49 叶。此卷 5 个半叶为 1 纸,正文第 1 纸与第 2 纸的交接重叠处有栏外刻题"华严经卷三十七　二",第 2 纸与第 3 纸的交接重叠处有栏外刻题"华严经卷三十七　三",第 3 纸与第 4 纸的交接重叠处有栏外刻题"华严经卷三十七　四"等。正文 20 纸(第 20 纸为 3 个半叶)。

说明　1. 封面为蓝色绢面,封底为红色绢面,题签为黄色。

　　　2. 正文刻有句读。

　　　3. 麦 0591、麦 0592、麦 0593、麦 0594、麦 0595 五卷为同一函。

　　　4. 函套有黄色题签,题"大方广佛华严经三十六之四十"。

　　　5. 参见麦 0466 说明项第 4 条。

麦 0580　大方广佛华严经卷第三十八

著者　（唐）实叉难陀译

时代　明

版本　经折装　刻本

现状　首残尾全

题记　封面题签题"大方广佛华严经卷第三十八"。卷端题"大方广佛华严经卷第三十八/于阗国三藏沙门实叉难陀译"。品题"十地品第二十六之五"。尾题"大方广佛华严经卷第三十八"。刻题"永乐十七年(1419)十二月十三日奉佛弟子/福贤发心书写锓梓谨施",后附"释音"2 行。

版式　每纸半叶 34.9 cm×12.2 cm;上下双栏;书眉 4.8 cm,地脚 3.0 cm,版面 27.1 cm×12.2 cm;版心白口;半叶 5 行,行 15 字,共 57 叶半。此卷 5 个半叶为 1 纸,正文第 1 纸与第 2 纸的交接重叠处有栏外刻题"华严经卷三十八 二",第 2 纸与第 3 纸的交接重叠处有栏外刻题"华严经卷三十八 三",第3纸与第4纸的交接重叠处有栏外刻题"华严经卷三十八 四"等。正文23纸。

说明 1. 封面与封底均为蓝色绢面。

2. 正文刻有句读。

麦 0585 大方广佛华严经卷第三十八

著者 （唐）实叉难陀译

时代 明

版本 经折装 刻本

现状 首全尾残

题记 封面题签题"大方广佛华严经卷第三十八"。卷端题"大方广佛华严经卷第三十八/于阗国三藏沙门实叉难陀译"。品题"十地品第二十六之五"。尾题"大方广佛华严经卷第三十八"。刻题"永乐十七年（1419）十二月十三日奉佛弟子/福贤发心书写锓梓谨施",后附"释音"2行。刻题"南家凹释子净深 信士杨世万 杨世威赵氏 杨大河/豆家凹信士杨臣 杨世威 杨惟藩 杨大用 杨礼 杨仕春 杨俊"、"凤翔县申都里南务村见在东关磻溪巷居信奉/佛刊经信士董景财室人牛氏 男董锦张氏 次男董锡苟氏 孙男董仲时苟氏/董孟时长氏 董季时蒲氏 董时丰 董四宝 董玉宝/重孙董六 董雷 董电 经行 经杜/故父母董俊郑氏 故室人任氏 茹氏 刻/华严经一卷 上报/四恩 下资三有 法界众生 同圆种智/嘉靖十九年（1540）四月二十九日发心 释子道显等重刊"。

版式 每纸半叶35.6 cm×12.2 cm;上下双栏;书眉6.4 cm,地脚2.8 cm,版面26.4 cm×12.2 cm;版心白口;半叶5行,行15字,共57叶。此卷5个半叶为1纸,正文第1纸与第2纸的交接重叠处有栏外刻题"华严经卷三十八 二",第2纸与第3纸的交接重叠处有栏外刻题"华严经卷三十八 三",第3纸与第4纸的交接重叠处有栏外刻题"华严经卷三十八 四"等。正文23纸（第23纸为4个半叶）。

说明 1. 封面为黄色绢面,封底为蓝色绢面。

2. 正文刻有句读。

麦 0593 大方广佛华严经卷第三十八

著者 （唐）实叉难陀译

时代 明

版本 经折装 刻本

现状　全

题记　封面题签题"大方广佛华严经卷第三十八"。卷端题"大方广佛华严经卷第三十八/于阗国三藏沙门实叉难陀译"。品题"十地品第二十六之五"。尾题"大方广佛华严经卷第三十八"。刻题"永乐十七年(1419)十二月十三日奉佛弟子/福贤发心书写锓梓谨施",后附"释音"2行。

版式　每纸半叶32.3 cm×12.2 cm;上下双栏;书眉4.2 cm,地脚1.5 cm,版面26.6 cm×12.2 cm;版心白口;半叶5行,行15字,共58叶。此卷5个半叶为1纸,正文第1纸与第2纸的交接重叠处有栏外刻题"华严经卷三十八　二",第2纸与第3纸的交接重叠处有栏外刻题"华严经卷三十八　三",第3纸与第4纸的交接重叠处有栏外刻题"华严经卷三十八　四"等。正文24纸(第24纸为半叶)。

说明　1. 封面为红色绢面,封底为蓝色绢面,题签为黄色。

　　　2. 正文刻有句读。

　　　3. 麦0591、麦0592、麦0593、麦0594、麦0595 五卷为同一函。

　　　4. 函套有黄色题签,题"大方广佛华严经三十六之四十"。

　　　5. 参见麦0466 说明项第4条。

麦0542　大方广佛华严经卷第三十九

著者　(唐)实叉难陀译

时代　明

版本　经折装　刻本

现状　全

题记　封面题签题"大方广佛华严经卷第"。卷端题"大方广佛华严经卷第三十九/于阗国三藏沙门实叉难陀译"。品题"十地品第二十六之六"。尾题"大方广佛华严经卷第三十九"。刻题"永乐十七年(1419)十二月十三日奉佛弟子/福贤发心书写锓梓谨施",后附"释音"3行。刻题"陕西凤翔府汧阳县冯坊里/信官千户张进朝 张进表 张进礼/上侍母潘氏 孙张弘/雪白里刘进 男刘自修 刘自消/王汉臣 齐万簪 鲁宅韩氏 杨禀元 杨秀玉/山西汾州客人会首 矫遐裕 于得昌 王廷章 闫李/闫顺 吴仲才 王漆得 宋大城 段恭道 陈纬/王诤 陈廷纬 杨廷珮 梁时长 刘金 张定/凤翔东关会首李廷荣 宋经 李儒 王彦美/杨大禄 李朝先 赵义 赵云 严汝忠/边升 梁珊/泪众等刊/华严板一卷 上报四恩 下资三宥 法界有情 同生/净土在世回向时中 吉祥如意者"。题识"凤翔府岐山县尚善里信士高大舟黄氏/本村信女高宅雷氏 男高俊 邢氏/各家眷等吉祥如意"。

版式 每纸半叶 35.8 cm×12.1 cm;上下双栏;书眉 6.0 cm,地脚 2.8 cm,版面 27.0 cm×
12.1 cm;版心白口;半叶 5 行,行 15 字,共 59 叶。此卷 5 个半叶为 1 纸,正文第 1
纸与第 2 纸的交接重叠处有栏外刻题"华严经卷三十九　二",第 2 纸与第 3 纸的
交接重叠处有栏外刻题"华严经卷三十九　三",第 3 纸与第 4 纸的交接重叠处有
栏外刻题"华严经卷三十九　四"等。正文 24 纸(第 24 纸为 3 个半叶)。

说明 1. 封面与封底均为蓝色绢面。

2. 正文刻有句读。

麦 0589　大方广佛华严经卷第三十九

著者 (唐)实叉难陀译

时代 明

版本 经折装　刻本

现状 首残尾全

题记 封面题签题"大方广佛华严经卷第三十九"。卷端题"大方广佛华严经卷第三十六/
于阗国三藏沙门实叉难陀译"。品题"十地品第二十六之六"。尾题"大方广佛华严
经卷第三十九"。刻题"永乐十七年(1419)十二月十三日奉佛弟子/福贤发心书写
锓梓谨施",后附"释音"3 行。

版式 每纸半叶 35.0 cm×12.3 cm;上下双栏;书眉 5.0 cm,地脚 3.0 cm,版面 27.0 cm×
12.3 cm;版心白口;半叶 5 行,行 15 字,共 58 叶。此卷 5 个半叶为 1 纸,第 1 纸为
版画,第 2 纸始为正文。正文第 1 纸与版画纸的交接重叠处有栏外刻题"华严经卷
三十九　一",第 2 纸与第 3 纸的交接重叠处有栏外刻题"华严经卷三十九　二",
第 3 纸与第 4 纸的交接重叠处有栏外刻题"华严经卷三十九　三"等。正文 24 纸
(第 24 纸为半叶)。

说明 1. 封面、封底均为蓝色绢面。

2. 正文刻有句读。

麦 0594　大方广佛华严经卷第三十九

著者 (唐)实叉难陀译

时代 明

版本 经折装　刻本

现状 全

题记 封面题签题"大方广佛华严经卷第三十九"。卷端题"大方广佛华严经卷第三十九/

于阗国三藏沙门实叉难陀译"。品题"十地品第二十六之六"。尾题"大方广佛华严经卷第三十九"。刻题"永乐十七年(1419)十二月十三日奉佛弟子/福贤发心书写镂梓谨施",后附"释音"3行。

版式　每纸半叶 32.3 cm×12.2 cm;上下双栏;书眉 4.1 cm,地脚 1.4 cm,版面 26.8 cm×12.2 cm;版心白口;半叶 5 行,行 15 字,共 59 叶。此卷 5 个半叶为 1 纸,正文第 1 纸与第 2 纸的交接重叠处有栏外刻题"华严经卷三十九　二",第 2 纸与第 3 纸的交接重叠处有栏外刻题"华严经卷三十九　三",第 3 纸与第 4 纸的交接重叠处有栏外刻题"华严经卷三十九　四"等。正文 24 纸(第 24 纸为 3 个半叶)。

说明　1. 封面为绿色绢面,封底为蓝色绢面,题签为黄色。

2. 正文刻有句读。

3. 麦 0591、麦 0592、麦 0593、麦 0594、麦 0595 五卷为同一函。

4. 函套有黄色题签,题"大方广佛华严经三十六之四十"。

5. 参见麦 0466 说明项第 4 条。

麦 0553　大方广佛华严经卷第四十

著者　(唐)实叉难陀译

时代　明

版本　经折装　刻本

现状　首残尾全(底封脱落)

题记　卷端题"大方广佛华严经卷第四十/于阗国三藏沙门实叉难陀译"。品题"十忞(定)品第二十七之一"。尾题"大方广佛华严经卷第四十",后附"释音"1 行。刻题"永乐十七年(1419)十二月十三日奉佛弟子/福贤发心书写镂梓谨施"、"普社栗园寺侍/佛发心刊经板 释子真大如刊经八张 徒圆招/圆顿 圆财 圆庆 圆果 圆浩 圆锦/徒孙明体 明霞 明学 明心 明晓 真湛/刊四连 俗徒王普祥 孙氏 王克万 杨氏/赵德山 杨氏张氏 梁普成 刘文学 王氏/齐氏 罗普俊 马氏 信女夏妙善 男梁虎/梁廷章 郭敖 林氏 王氏 张氏 郭景云/张氏 高氏 男郭廷臣 荷氏 杨仲禄 郑妙琇/王臣 苏氏 李锐 李刚 王景文 周氏/张秀 李氏 崔禄 并洎僧俗等共刊/华严经二卷 普愿同生/净土面见/□□□□□□"。后有版画《天王像》(拟)1 幅(半叶,见说明1)。

版式　每纸半叶 36.5 cm×12.3 cm;上下双栏;书眉 6.2 cm,地脚 2.9 cm,版面 26.9 cm×12.3 cm;版心白口;半叶 5 行,行 15 字,共 40 叶。此卷 5 个半叶为 1 纸,正文第 1 纸与第 2 纸的交接重叠处有栏外刻题"华严经卷四十　二",第 2 纸与第 3 纸的交接重叠处有栏外刻题"华严经卷四十　三",第 3 纸与第 4 纸的交接重叠处有栏外刻题"华严经卷四十 四"等。正文 16 纸。

说明 1. 版画中天王呈双手合十状。

2. 正文刻有句读。

麦 0581 大方广佛华严经卷第四十

著者 （唐）实叉难陀译

时代 明

版本 经折装 刻本

现状 全

题记 封面题签题"大方广佛华严经卷第四十"。卷端题"大方广佛华严经卷第四十/于阗国三藏沙门实叉难陀译"。品题"十定品第二十七之一"。尾题"大方广佛华严经卷第四十"。刻题"永乐十七年（1419）十二月十三日奉佛弟子/福贤发心书写锓梓谨施"，后附"释音"1 行。牌记 1 幅（半叶）。版画《天王像》（拟）1 幅（半叶，见说明 1）。

版式 每纸半叶 35.2 cm×12.3 cm；上下双栏；书眉 4.6 cm，地脚 3.4 cm，版面 27.2 cm×12.3 cm；版心白口；半叶 5 行，行 15 字，共 40 叶半。此卷 5 个半叶为 1 纸（第 16 纸 4 个半叶为 1 纸），正文第 1 纸与第 2 纸的交接重叠处有栏外刻题"华严经卷四十二"，第 2 纸与第 3 纸的交接重叠处有栏外刻题"华严经卷四十 三"，第 3 纸与第 4 纸的交接重叠处有栏外刻题"华严经卷四十 四"等。正文 17 纸（第 17 纸为 2 个半叶）。

说明 1. 版画中天王呈双手合十状。

2. 封面与封底均为蓝色绢面。

3. 正文刻有句读。

麦 0595 大方广佛华严经卷第四十

著者 （唐）实叉难陀译

时代 明

版本 经折装 刻本

现状 全

题记 封面题签题"大方广佛华严经卷第四十"。卷端题"大方广佛华严经卷第四十/于阗国三藏沙门实叉难陀译"。品题"十定品第二十七之一"。尾题"大方广佛华严经卷第四十"。刻题"永乐十七年（1419）十二月十三日奉佛弟子/福贤发心书写锓梓谨施"，后附"释音"1 行。

版式　每纸半叶32.3 cm×12.2 cm;上下双栏;书眉4.2 cm,地脚1.6 cm,版面26.5 cm×12.2 cm;版心白口;半叶5行,行15字,共40叶。此卷5个半叶为1纸,正文第1纸与第2纸的交接重叠处有栏外刻题"华严经卷四十　二",第2纸与第3纸的交接重叠处有栏外刻题"华严经卷四十　三",第3纸与第4纸的交接重叠处有栏外刻题"华严经卷四十　四"等。正文16纸。

说明　1. 封面与封底均为蓝色绢面,题签为黄色。

　　　2. 正文刻有句读。

　　　3. 麦0591、麦0592、麦0593、麦0594、麦0595五卷为同一函。

　　　4. 函套有黄色题签,题"大方广佛华严经三十六之四十"。

　　　5. 参见麦0466说明项第4条。

麦0516　大方广佛华严经卷第四十一

著者　(唐)实叉难陀译

时代　明

版本　经折装　刻本

现状　全

题记　封面题签题"大方广佛华严经卷第四十一"。卷首有版画《说法图》(拟)1幅(5个半叶,见说明1)。牌记1幅(半叶),内刻题"皇图永固 帝道遐昌/佛日增辉 法轮常转"。卷端题"大方广佛华严经卷第四十一/于阗国三藏沙门实叉难陀译"。品题"十定品第三十七之二"。尾题"大方广佛华严经卷第四十一"。刻题"永乐十七年(1419)十二月十三日奉佛弟子/福贤发心书写镂梓谨施",后附"释音"2行。牌记1幅(半叶)。

版式　每纸半叶32.2 cm×12.2 cm;上下双栏;书眉3.0 cm,地脚1.6 cm,版面27.7 cm×12.2 cm;版心白口;半叶5行,行15字,共43叶。此卷5个半叶为1纸,第1纸为版画,第2纸始为正文。正文第1纸与版画纸的交接重叠处有栏外刻题"华严经卷四十一　一",第2纸与第3纸的交接重叠处有栏外刻题"华严经卷四十一　二",第3纸与第4纸的交接重叠处有栏外刻题"华严经卷四十一　三"等。正文16纸(第16纸为4个半叶),版画牌记1纸(6个半叶),牌记1纸(半叶)。

说明　1. 版画正中佛结跏趺坐于莲台之上,莲台下有一听法弟子,两侧有听法弟子、菩萨、眷属、天龙八部等。

　　　2. 封面为绿色绢面,封底为红色绢面,题签为黄色。

　　　3. 正文刻有句读。

　　　4. 麦0516、麦0517、麦0518、麦0519、麦0520五卷为同一函。

5. 函套有黄色题签,题"大方广佛华严经四十一之四十五"。

6. 参见麦 0466 说明项第 4 条。

麦 0582　大方广佛华严经卷第四十一

著者　（唐）实叉难陀译

时代　明

版本　经折装　刻本

现状　全

题记　封面题签题"大方广佛华严经卷第四十一"。卷首有版画《说法图》（拟）1 幅（5 个半叶,见说明 1）。牌记 1 幅（半叶）,内刻题"皇图永固 帝道遐昌/佛日增辉 法轮常转"。卷端题"大方广佛华严经卷第四十一/于阗国三藏沙门实叉难陀译"。品题"十定（定）品第二十七之二"。尾题"大方广佛华严经卷第四十一"。刻题"嘉靖三十四年（1555）三月吉日奉/佛弟子通甫 了云 通文 徒明显发心重刊",后附"释音"2 行。刻题"长安县和迪里五楼村居住/信士刘世华 姜氏 张氏 刘氏 男三成翻修/上父母刘文达 张氏 罗氏发心刻刊/华严经一卷　伏愿/佛光普照 吉祥如意"。

版式　每纸半叶 36.1 cm×12.4 cm;上下双栏;书眉 6.3 cm,地脚 3.1 cm,版面 26.8 cm×12.4 cm;版心白口;半叶 5 行,行 15 字,共 42 叶半。此卷 5 个半叶为 1 纸,第 1 纸为版画,第 2 纸始为正文。正文第 1 纸与版画纸的交接重叠处有栏外刻题"华严经卷四十一　一",第 2 纸与第 3 纸的交接重叠处有栏外刻题"华严经卷四十一　二",第 3 纸与第 4 纸的交接重叠处有栏外刻题"华严经卷四十一　三"等。每纸半叶或 1 叶后标栏外刻题"卷四十一"及各纸数。正文 16 纸（第 16 纸为 4 个半叶）,版画 1 纸（6 个半叶）。

说明　1. 版画正中佛结跏趺坐于莲台之上,两侧有听法弟子、菩萨、眷属、天龙八部等。

2. 封面为蓝色绢面,封底为红色绢面。

3. 正文刻有句读。

麦 0517　大方广佛华严经卷第四十二

著者　（唐）实叉难陀译

时代　明

版本　经折装　刻本

现状　全

题记　封面题签题"大方广佛华严经卷第四十二"。卷端题"大方广佛华严经卷第四十二/

于阗国三藏沙门实叉难陀译"。品题"十定品第二十七之三"。尾题"大方广佛华严经卷第四十二",后附"释音"2行。

版式　每纸半叶 32.3 cm×12.2 cm;上下双栏;书眉 3.6 cm,地脚 1.6 cm,版面 27.1 cm× 12.2 cm;版心白口;半叶 5 行,行 15 字,共 48 叶。此卷 5 个半叶为 1 纸,正文第 1 纸与第 2 纸的交接重叠处有栏外刻题"华严经卷四十二　二",第 2 纸与第 3 纸的交接重叠处有栏外刻题"华严经卷四十二　三",第 3 纸与第 4 纸的交接重叠处有栏外刻题"华严经卷四十二　四"等。正文 19 纸,卷末 1 纸(半叶)。

说明　1. 封面与封底均为红色绢面,题签为黄色。

　　　2. 正文刻有句读。

　　　3. 麦 0516、麦 0517、麦 0518、麦 0519、麦 0520 五卷为同一函。

　　　4. 函套有黄色题签,题"大方广佛华严经四十一之四十五"。

　　　5. 参见麦 0466 说明项第 4 条。

麦 0545　大方广佛华严经卷第四十二

著者　(唐)实叉难陀译

时代　明

版本　经折装　刻本

现状　全

题记　封面题签题"大方广佛华严经卷第四十二"。卷端题"大方广佛华严经卷第四十二/于阗国三藏沙门实叉难陀译"。品题"十定品第二十七之三"。尾题"大方广佛华严经卷第四十二"。刻题"永乐十七年(1419)十二月十三日奉佛弟子/福贤发心书写锓梓谨施",后附"释音"2行。

版式　每纸半叶 35.4 cm×12.3 cm;上下双栏;书眉 4.9 cm,地脚 3.2 cm,版面 27.2 cm× 12.3 cm;版心白口;半叶 5 行,行 15 字,共 47 叶。此卷 5 个半叶为 1 纸,正文第 1 纸与第 2 纸的交接重叠处有栏外刻题"华严经卷四十二　二",第 2 纸与第 3 纸的交接重叠处有栏外刻题"华严经卷四十二　三",第 3 纸与第 4 纸的交接重叠处有栏外刻题"华严经卷四十二　四"等。正文 19 纸(第 19 纸为 4 个半叶)。

说明　1. 封面与封底均为蓝色绢面。

　　　2. 正文刻有句读。

麦 0419　大方广佛华严经卷第四十三

著者　(唐)实叉难陀译

时代　明

版本　经折装　刻本

现状　全(卷端稍残)

题记　封面题签题"大方广佛华严经卷第四十三"。卷端题"大方广佛华严经卷第四十三/于阗国三藏沙门实叉难陀译"。品题"十定品第二十七之四"。尾题"大方广佛华严经卷第四十三"。刻题"永乐十七年(1419)十二月十三日奉佛弟子/福贤发心书写锓梓谨施",后附"释音"2 行。

版式　每纸半叶 35.1 cm×12.4 cm;上下双栏;书眉 5.1 cm,地脚 2.9 cm,版面 27.1 cm×12.4 cm;版心白口;半叶 5 行,行 15 字,共 60 叶半。此卷 5 个半叶为 1 纸,正文第 1 纸与第 2 纸的交接重叠处有栏外刻题"华严经卷四十三　二",第 2 纸与第 3 纸的交接重叠处有栏外刻题"华严经卷四十三　三",第 3 纸与第 4 纸的交接重叠处有栏外刻题"华严经卷四十三　四"等。正文 25 纸(第 25 纸为半叶)。

说明　1. 封面、封底均为蓝色绢面。

　　　2. 正文刻有句读。

麦 0518　大方广佛华严经卷第四十三

著者　(唐)实叉难陀译

时代　明

版本　经折装　刻本

现状　全

题记　封面题签题"大方广佛华严经卷第四十三"。卷端题"大方广佛华严经卷第四十三/于阗国三藏沙门实叉难陀译"。品题"十定品第二十七之四"。尾题"大方广佛华严经卷第四十三",后附"释音"2 行。

版式　每纸半叶 32.3 cm×12.2 cm;上下双栏;书眉 4.1 cm,地脚 1.6 cm,版面 26.6 cm×12.2 cm;版心白口;半叶 5 行,行 15 字,共 60 叶。此卷 5 个半叶为 1 纸,正文第 1 纸与第 2 纸的交接重叠处有栏外刻题"华严经卷四十三　二",第 2 纸与第 3 纸的交接重叠处有栏外刻题"华严经卷四十三　三",第 3 纸与第 4 纸的交接重叠处有栏外刻题"华严经卷四十三　四"等。正文 24 纸。

说明　1. 封面与封底均为蓝色绢面,题签为黄色。

　　　2. 正文刻有句读。

　　　3. 麦 0516、麦 0517、麦 0518、麦 0519、麦 0520 五卷为同一函。

　　　4. 函套有黄色题签,题"大方广佛华严经四十一之四十五"。

5. 参见麦 0466 说明项第 4 条。

麦 0415　大方广佛华严经卷第四十四

著者　（唐）实叉难陀译

时代　明

版本　经折装　刻本

现状　全

题记　封面题签题"大方广佛华严经卷第四十四"。卷端题"大方广佛华严经卷第四十四/
于阗国三藏沙门实叉难陀译"。品题"十通品第二十八"、"十忍品第二十九"。尾题
"大方广佛华严经卷第四十四"。刻题"永乐十七年(1419)十二月十三日奉佛弟子/
福贤发心书写镂梓谨施",后附"释音"2 行。

版式　每纸半叶 35.1 cm×12.2 cm;上下双栏;书眉 5.2 cm,地脚 3.1 cm,版面 26.8 cm×
12.2 cm;版心白口;半叶 5 行,行 15 字,共 71 叶。此卷 5 个半叶为 1 纸,正文第 1
纸与第 2 纸的交接重叠处有栏外刻题"华严经卷四十四　二",第 2 纸与第 3 纸的
交接重叠处有栏外刻题"华严经卷四十四　三",第 3 纸与第 4 纸的交接重叠处有
栏外刻题"华严经卷四十四　四"等。正文 29 纸(第 29 纸为 2 个半叶)。

说明　1. 封面、封底均为蓝色绢面。

　　　2. 正文刻有句读。

麦 0519　大方广佛华严经卷第四十四

著者　（唐）实叉难陀译

时代　明

版本　经折装　刻本

现状　全

题记　封面题签题"大方广佛华严经卷第四十四"。卷端题"大方广佛华严经卷第四十四/
于阗国三藏沙门实叉难陀译"。品题"十通品第二十八"、"十忍品第二十九"。尾题
"大方广佛华严经卷第四十四",后附"释音"2 行。

版式　每纸半叶 32.3 cm×12.2 cm;上下双栏;书眉 4.3 cm,地脚 1.6 cm,版面 26.4 cm×
12.2 cm;版心白口;半叶 5 行,行 15 字,共 71 叶。此卷 5 个半叶为 1 纸,正文第 1
纸与第 2 纸的交接重叠处有栏外刻题"华严经卷四十四　二",第 2 纸与第 3 纸的
交接重叠处有栏外刻题"华严经卷四十四　三",第 3 纸与第 4 纸的交接重叠处有
栏外刻题"华严经卷四十四　四"等。正文 28 纸,卷末 1 纸(2 个半叶)。

说明　1. 封面为红色绢面,封底为蓝色绢面,题签为黄色。

　　　2. 正文刻有句读。

　　　3. 麦0516、麦0517、麦0518、麦0519、麦0520为同一函。

　　　4. 函套有黄色题签,题"大方广佛华严经四十一之四十五"。

　　　5. 参见麦0466说明项第4条。

麦0543　大方广佛华严经卷第四十四

著者　(唐)实叉难陀译

时代　明

版本　经折装　刻本

现状　全(底封脱落)

题记　封面题签题"华严经卷第四十四"(后人用蓝墨水书)。卷端题"大方广佛华严经卷第四十四/于阗国三藏沙门实叉难陀译"。品题"十通品第二十八"、"十忍品第二十九"。尾题"大方广佛华严经卷第四十四"。刻题"普光再会大法重宣高超十圣兴三贤等觉/义幽玄心月孤圆究竟离言诠/华经海会佛菩萨　三声/大明万历癸巳(1593)孟春吉旦",后附"释音"2行。

版式　每纸半叶34.3 cm×12.2 cm;上下双栏;书眉5.8 cm,地脚2.3 cm,版面26.0 cm×12.2 cm;版心白口;半叶5行,行15字,共71叶。此卷5个半叶为1纸,正文第1纸与第2纸的交接重叠处有栏外刻题"华严经卷四十四　二",第2纸与第3纸的交接重叠处有栏外刻题"华严经卷四十四　三",第3纸与第4纸的交接重叠处有栏外刻题"华严经卷四十四　四"等。正文29纸(第29纸为2个半叶)。

说明　1. 封面为褐色绢面,题签为白色。

　　　2. 正文刻有句读。

麦0520　大方广佛华严经卷第四十五

著者　(唐)实叉难陀译

时代　明

版本　经折装　刻本

现状　全

题记　封面题签题"大方广佛华严经卷第四十五"。卷端题"大方广佛华严经卷第四十五/于阗国三藏沙门实叉难陀译"。品题"阿僧祇第三十"、"如来寿量品第三十一"、"诸菩萨住处品第三十二"。尾题"大方广佛华严经卷第四十五"。刻题"永乐十七年

(1419)十二月十三日奉佛弟子/福贤发心书写镂梓谨施",后附"释音"5 行(大字 5 行,小字 6 行)。

版式　每纸半叶 32.3 cm×12.2 cm;上下双栏;书眉 3.1 cm,地脚 1.6 cm,版面 27.6 cm× 12.2 cm;版心白口;半叶 5 行,行 15 字,共 43 叶。此卷 5 个半叶为 1 纸,正文第 1 纸与第 2 纸的交接重叠处有栏外刻题"华严经卷四十五　二",第 2 纸与第 3 纸的交接重叠处有栏外刻题"华严经卷四十五　三",第 3 纸与第 4 纸的交接重叠处有栏外刻题"华严经卷四十五　四"等。正文 18 纸(第 18 纸为半叶)。

说明　1. 封面为红色绢面,封底为蓝色绢面,题签为黄色。

　　　2. 正文刻有句读。

　　　3. 麦 0516、麦 0517、麦 0518、麦 0519、麦 0520 五卷为同一函。

　　　4. 函套有黄色题签,题"大方广佛华严经四十一之四十五"。

　　　5. 参见麦 0466 说明项第 4 条。

麦 0544　大方广佛华严经卷第四十五

著者　(唐)实叉难陀译

时代　明

版本　经折装　刻本

现状　全

题记　封面题签题"大方广佛华严经卷第四十五"。卷端题"大方广佛华严经卷第四十五/于阗国三藏沙门实叉难陀译"。品题"阿僧祇品第三十"、"如来寿量品第三十一"、"诸菩萨住处品第三十二"。尾题"大方广佛华严经卷第四十五"。刻题"永乐十七年(1419)十二月十三日奉佛弟子/福贤发心书写镂梓谨施",后附"释音"半叶(大字 5 行,小字 7 行)。牌记 1 幅(半叶)。后有版画《天王像》(拟)1 幅(半叶),见说明 1。

版式　每纸半叶 35.1 cm×12.2 cm;上下双栏;书眉 4.9 cm,地脚 3.0 cm,版面 27.1 cm× 12.2 cm;版心白口;半叶 5 行,行 15 字,共 43 叶半。此卷 5 个半叶为 1 纸,正文第 1 纸与第 2 纸的交接重叠处有栏外刻题"华严经卷四十五　二",第 2 纸与第 3 纸的交接重叠处有栏外刻题"华严经卷四十五　三",第 3 纸与第 4 纸的交接重叠处有栏外刻题"华严经卷四十五　四"等。正文 18 纸(17 纸为 3 个半叶,18 纸为 2 个半叶),卷末 1 纸(2 个半叶)。

说明　1. 版画中天王呈双手合十状。

　　　2. 封面与封底均为蓝色绢面。

　　　3. 正文刻有句读。

4. 品题上书眉附纸题"此品答变化海"、"寿量品住处/品共答寿量/海"。

麦 0374　大方广佛华严经卷第四十六

著者　（唐）实叉难陀译

时代　明

版本　经折装　刻本

现状　全

题记　封面题签题"大方广佛华严经第四十六"。卷首有版画《说法图》（拟）1 幅（5 个半叶，见说明 1）。牌记 1 幅（半叶），内刻题"皇图永固 帝道遐昌/佛日增辉 法轮常转"。卷端题"大方广佛华严经卷第四十六/于阗国三藏沙门实叉难陀译"。品题"佛不思议法品第三十三之上"。尾题"大方广佛华严经卷第四十六"。刻题"永乐十七年（1419）十二月十三日奉佛弟子/福贤发心书写锓梓谨施"，后附"释音"2 行。

版式　每纸半叶 35.0 cm×12.2 cm；上下双栏；书眉 5.0 cm，地脚 3.1 cm，版面 26.9 cm×12.2 cm；版心白口；半叶 5 行，行 15 字，共 47 叶。此卷 5 个半叶为 1 纸，第 1 纸为版画，第 2 纸始为正文。正文第 1 纸与版画纸的交接重叠处有栏外刻题"华严经卷四十六　一"，第 2 纸与第 3 纸的交接重叠处有栏外刻题"华严经卷四十六　二"，第 3 纸与第 4 纸的交接重叠处有栏外刻题"华严经卷四十六　三"等。正文 18 纸（第 18 纸为 3 个半叶），版画 1 纸（6 个半叶）。

说明　1. 版画正中佛结跏趺坐于莲台之上，莲台下有一听法弟子，两侧有听法弟子、菩萨、眷属、天龙八部等。

2. 封面为红色绢面，封底为蓝色绢面。

3. 正文刻有句读。

麦 0399　大方广佛华严经卷第四十六

著者　（唐）实叉难陀译

时代　明

版本　经折装　刻本

现状　全

题记　封面题签题"大方广佛华严经四十六"。卷首有版画《说法图》（拟）1 幅（5 个半叶，见说明 1），版画左栏外题"凤翔府宝鸡县遵义里营子头村居信士宫大璋室人范氏"。牌记（半叶）内刻题"御制 六合清宁 七政顺序 雨阳时若 万物咸丰/亿兆康和 凡幽融朗 均跻寿域 溥种福田/上善攸臻 障碍消释 家崇忠孝 人乐慈良/官清政平

讼简刑措 化行俗美 泰道咸亨/凡厥有生 俱成佛果 永乐十七年(1419)十二月十三日"。卷端题"大方广佛华严经卷第四十六/于阗国三藏沙门实叉难陀译"。品题"佛不思议法品第三十三之上"。尾题"大方广佛华严经卷第四十六"。刻题"永乐十七年(1419)十二月十三日奉佛弟子/福贤发心书写锓梓谨施",后附"释音"1行。牌记(半叶)内刻题"信士蒲廷西 蒲文庆 张恩 苟表正 张友成/李庆 严子英 严廷章 苟昺 苟朝思/苟朝阳 苟凤 严世虎 严孟阳 蒲东/严友成 严廷玘 赵凡 赵五 蒲朝金/嘉靖十九年(1540)九月一日同众发心助刊经一卷 吉祥如意 匠人苏玄"。

版式　每纸半叶35.1 cm×12.2 cm;上下双栏;书眉6.3 cm,地脚2.9 cm,版面26.4 cm×12.2 cm;版心白口;半叶5行,行15字,共47叶。此卷5个半叶为1纸,第1纸为版画,第2纸始为正文。正文第1纸与版画纸的交接重叠处有栏外刻题"华严经卷四十六　一",第2纸与第3纸的交接重叠处有栏外刻题"华严经卷四十六　二",第3纸与第4纸的交接重叠处有栏外刻题"华严经卷四十六　三"等。正文18纸(第18纸为3个半叶),版画1纸(6个半叶)。

说明　1. 版画正中佛结跏趺坐于莲台之上,两侧有听法弟子、菩萨、眷属、天龙八部等。

　　　2. 封面为红色绢面,封底为蓝色绢面。

　　　3. 正文刻有句读。

麦0490　大方广佛华严经卷第四十六

著者　(唐)实叉难陀译

时代　明

版本　经折装　刻本

现状　全

题记　封面题签题"大方广佛华严经卷第四十六"。卷首有版画《说法图》(拟)1幅(4个半叶,见说明1)。卷端题"大方广佛华严经卷第四十六/于阗国三藏沙门实叉难陀译"。品题"佛不思议法品第三十三之上"。尾题"大方广佛华严经卷第四十六"。刻题"永乐十七年(1419)十二月十三日奉佛弟子/福贤发心书写锓梓谨施",后附"释音"2行。牌记1幅(半叶)。

版式　每纸半叶32.2 cm×12.2 cm;上下双栏;书眉3.2 cm,地脚1.6 cm,版面27.4 cm×12.2 cm;版心白口;半叶5行,行15字,共47叶。此卷5个半叶为1纸,第1纸为版画,第2纸始为正文。正文第1纸与版画纸的交接重叠处有栏外刻题"华严经卷四十六　一",第2纸与第3纸的交接重叠处有栏外刻题"华严经卷四十六　二",第3纸与第4纸的交接重叠处有栏外刻题"华严经卷四十六　三"等。正文18纸

（第 18 纸为 4 个半叶），版画 1 纸（4 个半叶），牌记 1 纸（半叶）。

说明　1. 版画右侧佛结跏趺坐于莲台之上，左侧有听法弟子、菩萨、眷属、天龙八部等。

　　　2. 封面、封底均为红色绢面，题签为黄色。

　　　3. 正文刻有句读。

　　　4. 麦 0490、麦 0491、麦 0492、麦 0493、麦 0494 五卷为同一函。

　　　5. 函套有黄色题签，题"大方广佛华严经四十六之五十"。

　　　6. 参见麦 0466 说明项第 4 条。

麦 0134　大方广佛华严经卷第四十七（据栏外题）

著者　（唐）实叉难陀译

时代　明

版本　经折装　刻本

现状　残。起"又为示现三种自在 令起开悟心得清净"，止"□□□□□种力。何等为十"。

版式　每纸半叶 35.5 cm×12.5 cm；上下双栏；书眉 5.2 cm，地脚 2.6 cm，版面 27.8 cm×12.5 cm；版心白口；半叶 5 行，行 15 字，共 18 叶。此卷 5 个半叶为 1 纸，第 3 纸与第 4 纸的交接重叠处有栏外刻题"华严经卷四十七　　四"，正文第 4 纸与第 5 纸的交接重叠处有栏外刻题"华严经卷四十七　　五"，正文 10 纸，卷末 1 纸（1 个半叶）。

说明　正文刻有句读。

麦 0137　大方广佛华严经卷第四十七（据尾题）

著者　（唐）实叉难陀译

时代　明

版本　经折装　刻本

现状　首尾残。起"（残破叶）则不能雨假使不制而从/雨之终不为损若有众生为佛所持及佛所使"；止"恩下资三宥法界有情同圆种智回向时中 吉祥如意"。

题记　尾题"大方广佛华严经卷第四十七"。刻题"永乐十七年（1419）十二月十三日奉佛弟子/福贤发心书写镂梓谨施"，后附"释音"（2 行）。刻题"凤翔府/敕赐太金佛寺住持侍/佛释子觉庆徒了书了玺 徒孙本能 本相 本现 本江发心施财刊/华严经一卷总报/恩下资三宥法界有情同圆种智回向时中 吉祥如意"。

版式　每纸半叶 35.6 cm×12.3 cm；上下双栏；书眉 5.3 cm，地脚 2.5 cm，版面 27.7 cm×12.3 cm；版心白口；半叶 5 行，行 15 字，共 26 叶。此卷 5 个半叶为 1 纸，正文第 10

纸与第 11 纸的交接重叠处有栏外刻题华严经卷"四十七　十一",第 11 纸与第 12 纸的交接重叠处有栏外刻题"华严经卷四十七　十二"。正文 20 纸(残第 1—10 纸,第 10 纸存 2 个半叶)。

说明　正文刻有句读。

麦 0375　大方广佛华严经卷第四十七

著者　(唐)实叉难陀译

时代　明

版本　经折装　刻本

现状　全

题记　封面题签题"大方广佛华严经卷第四十七"。卷端题"大方广佛华严经卷第四十七/于阗国三藏沙门实叉难陀译"。品题"佛不思议法品第三十三之下"。尾题"大方广佛华严经卷第四十七"。刻题"永乐十七年(1419)十二月十三日奉佛弟子/福贤发心书写锓梓谨施",后附"释音"2 行。

版式　每纸半叶 35.0 cm×12.1 cm;上下双栏;书眉 4.8 cm,地脚 2.9 cm,版面 27.3 cm×12.1 cm;版心白口;半叶 5 行,行 15 字,共 50 叶。此卷 5 个半叶为 1 纸,正文第 1 纸与第 2 纸的交接重叠处有栏外刻题"华严经卷四十七　二",第 2 纸与第 3 纸的交接重叠处有栏外刻题"华严经卷四十七　三",第 3 纸与第 4 纸的交接重叠处有栏外刻题"华严经卷四十七　四"等。正文 20 纸。

说明　1. 封面、封底均为蓝色绢面。

　　　2. 正文刻有句读。

麦 0491　大方广佛华严经卷第四十七

著者　(唐)实叉难陀译

时代　明

版本　经折装　刻本

现状　全

题记　封面题签题"大方广佛华严经卷第四十七"。卷端题"大方广佛华严经卷第四十七/于阗国三藏沙门实叉难陀译"。品题"佛不思议法品第三十三之下"。尾题"大方广佛华严经卷第四十七"。刻题"永乐十七年(1419)十二月十三日奉佛弟子/福贤发心书写锓梓谨施",后附"释音"2 行。牌记 1 幅(半叶)。

版式　每纸半叶 32.3 cm×12.2 cm;上下双栏;书眉 3.2 cm,地脚 1.7 cm,面 27.4 cm×

12.2 cm;版心白口;半叶 5 行,行 15 字,共 52 叶。此卷 5 个半叶为 1 纸,正文第 1 纸与第 2 纸的交接重叠处有栏外刻题"华严经卷四十七　二",第 2 纸与第 3 纸的交接重叠处有栏外刻题"华严经卷四十七　三",第 3 纸与第 4 纸的交接重叠处有栏外刻题"华严经卷四十七　四"等。正文 21 纸(第 21 纸为 3 个半叶),牌记 1 纸(半叶)。

说明　1. 封面为绿色绢面,封底为红色绢面,题签为黄色。

　　　2. 正文刻有句读。

　　　3. 麦 0490、麦 0491、麦 0492、麦 0493、麦 0494 五卷为同一函。

　　　4. 函套有黄色题签,题"大方广佛华严经四十六之五十"。

　　　5. 参见麦 0466 说明项第 4 条。

麦 0569　大方广佛华严经卷第四十七

著者　(唐)实叉难陀译

时代　明

版本　经折装　刻本

现状　全

题记　封面题签题"大方广佛华严经卷第四十七"。卷端题"大方广佛华严经卷第四十七/于阗国三藏沙门实叉难陀译"。品题"佛不思议法品第三十三之下"。尾题"大方广佛华严经卷第四十七"。刻题"永乐十七年(1419)十二月十三日奉佛弟子/福贤发心书写锓梓谨施",后附"释音"2 行。刻题"普光再会大法重宣高超十圣兴三贤等觉义/幽玄心月孤圆究竟离言诠/华严海会佛菩萨　三声"。

版式　每纸半叶 34.5 cm×12.2 cm;上下双栏;书眉 5.3 cm,地脚 2.2 cm,版面 27.0 cm×12.2 cm;版心白口;半叶 5 行,行 15 字,共 50 叶。此卷 5 个半叶为 1 纸,正文第 1 纸与第 2 纸的交接重叠处有栏外刻题"华严经卷四十七　二",第 2 纸与第 3 纸的交接重叠处有栏外刻题"华严经卷四十七　三",第 3 纸与第 4 纸的交接重叠处有栏外刻题"华严经卷四十七　四"等。正文 20 纸。

说明　1. 封面与封底均为黄色绢面。

　　　2. 正文刻有句读。

麦 0376　大方广佛华严经卷第四十八

著者　(唐)实叉难陀译

时代　明

版本　经折装　刻本

现状　全

题记　封面题签题"大方广佛华严经卷第四十八"。卷端题"大方广佛华严经卷第四十八/于阗国三藏沙门实叉难陀译"。品题"如来十身相海品第三十四"、"如来随好光明功德品第三十五"。尾题"大方广佛华严经卷第四十八"。刻题"永乐十七年(1419)十二月十三日奉佛弟子/福贤发心书写锓梓谨施",后附"释音"2行。

版式　每纸半叶35.0 cm×12.2 cm;上下双栏;书眉4.7 cm,地脚2.9 cm,版面27.4 cm×12.2 cm;版心白口;半叶5行,行15字,共61叶。此卷5个半叶为1纸,正文第1纸与第2纸的交接重叠处有栏外刻题"华严经卷四十八　二",第2纸与第3纸的交接重叠处有栏外刻题"华严经卷四十八　三",第3纸与第4纸的交接重叠处有栏外刻题"华严经卷四十八　四"等。正文25纸(第25纸为2个半叶)。

说明　1. 封面、封底均为蓝色绢面。

　　　2. 正文刻有句读。

麦0398　大方广佛华严经卷第四十八

著者　(唐)实叉难陀译

时代　明

版本　经折装　刻本

现状　全

题记　封面题签题"大方广佛华严经卷第四十八"。卷端题"大方广佛华严经卷第四十八/于阗国三藏沙门实叉难陀译"。品题"如来十身相海品第三十四"、"如来随好光明功德品第三十五"。尾题"大方广佛华严经卷第四十八"。刻题"永乐十七年(1419)十二月十三日奉佛弟子/福贤发心书写锓梓谨施",后附"释音"2行。刻题"宝鸡县敦化里人氏见在渭河村居住奉/佛舍财造刊经版 信士赵廷玉 室人李氏 男大庄 小庄 女存见 回向时中 吉祥如意"。

版式　每纸半叶35.5 cm×12.2 cm;上下双栏;书眉5.3 cm,地脚2.7 cm,版面27.5 cm×12.2 cm;版心白口;半叶5行,行15字,共61叶。此卷5个半叶为1纸,正文第1纸与第2纸的交接重叠处有栏外刻题"华严经卷四十八　二",第2纸与第3纸的交接重叠处有栏外刻题"华严经卷四十八　三",第3纸与第4纸的交接重叠处有栏外刻题"华严经卷四十八　四"等。正文25纸(第25纸为2个半叶)。

说明　1. 封面为绿色绢面,封底为蓝色绢面。

　　　2. 正文刻有句读。

麦 0492　大方广佛华严经卷第四十八

著者　（唐）实叉难陀译

时代　明

版本　经折装　刻本

现状　全

题记　封面题签题"大方广佛华严经卷第四十八"。卷端题"大方广佛华严经卷第四十八/于阗国三藏沙门实叉难陀译"。品题"如来十身相海品第三十四"、"如来随好光明功德品第三十五"。尾题"大方广佛华严经卷第四十八",后附"释音"2 行。

版式　每纸半叶 32.3 cm×12.2 cm;上下双栏;书眉 3.4 cm,地脚 1.6 cm,版面 27.3 cm×12.2 cm;版心白口;半叶 5 行,行 15 字,共 61 叶。此卷 5 个半叶为 1 纸,正文第 1 纸与第 2 纸的交接重叠处有栏外刻题"华严经卷四十八　二",第 2 纸与第 3 纸的交接重叠处有栏外刻题"华严经卷四十八　三",第 3 纸与第 4 纸的交接重叠处有栏外刻题"华严经卷四十八　四"等。正文 24 纸,卷末 1 纸(2 个半叶)。

说明　1. 封面与封底均为蓝色绢面,题签为黄色。

　　　2. 正文刻有句读。

　　　3. 麦 0490、麦 0491、麦 0492、麦 0493、麦 0494 五卷为同一函。

　　　4. 函套有黄色题签,题"大方广佛华严经四十六之五十"。

　　　5. 参见麦 0466 说明项第 4 条。

麦 0362　大方广佛华严经卷第四十九

著者　（唐）实叉难陀译

时代　明

版本　经折装　刻本

现状　全

题记　封面题签题"大方广佛华严经卷第四十九"。卷端题"大方广佛华严经卷第四十九/于阗国三藏沙门实叉难陀译"。品题"普贤行品第三十六"。尾题"大方广佛华严经卷第四十九"。刻题"永乐十七年(1419)十二月十三日奉佛弟子/福贤发心书写镂梓谨施",后附"释音"2 行。

版式　每纸半叶 35.1 cm×12.2 cm;上下双栏;书眉 4.4 cm,地脚 3.0 cm,版面 27.6 cm×12.2 cm;版心白口;半叶 5 行,行 15 字,共 40 叶半。此卷 5 个半叶为 1 纸,正文第 1 纸与第 2 纸的交接重叠处有栏外刻题"华严经卷四十九　二",第 2 纸与第 3 纸的交接重叠处有栏外刻题"华严经卷四十九　三",第 3 纸与第 4 纸的交接重叠处有栏外刻题"华严经卷四十九　四"等。正文 17 纸(第 16 纸为 4 个半叶,第 17 纸为 2 个半叶)。

说明　1. 封面与封底均为蓝色绢面。

　　　2. 正文刻有句读。

麦 0397　大方广佛华严经卷第四十九

著者　(唐)实叉难陀译

时代　明

版本　经折装　刻本

现状　全

题记　封面题签题"大方广佛华严经卷第四十九"。卷端题"大方广佛华严经卷第四十九/于阗国三藏沙门实叉难陀译"。品题"普贤行品第三十六"。尾题前刻题"凤翔府宝鸡县东阙比坡李普贤寺众善人等各发虔心每名认经壹/连自许之后永保平安长福消灾吉祥如意者矣/冯崇信 男冯万春 段门仝氏 孙段以成 杨氏 男王宗尧 孙王恩 陈锐李氏 高尧温李氏/陈希旦杨氏 姚门朱氏 男姚现 姚迁 乔氏/严世荣刘氏 严世杰孔氏 张云唐氏 孙林来 李顶妙福 孙李恩 杨稷李氏 刘相卢氏/吴雄陈氏 男吴平琴 锡英妙聪 李门张氏 李门王氏 正门吴氏 男王莆 王竹孙氏/李门李氏男李适 女李氏/康氏 张怀白氏/郝氏 燕世禄张氏/郝氏女虫妹 父余万艮徐氏刊字匠余后甫徐氏"。尾题"大方广佛华严经卷第四十九"。刻题"永乐十七年(1419)十二月十三日奉佛弟子/福贤发心书写锓梓谨施",后附"释音"2 行。

版式　每纸半叶 35.5 cm×12.2 cm;上下双栏;书眉 5.0 cm,地脚 2.6 cm,版面 27.9 cm×12.2 cm;版心白口,内刻题"华严经卷第四十九"或"卷四十九"及纸数;半叶 5 行,行 15 字,共 41 叶。此卷 5 个半叶为 1 纸;每纸 1 叶后标刻题"华严经卷第四十九"或"卷四十九"及各纸数。正文 17 纸(第 16 纸为 4 个半叶,第 17 纸为 3 个半叶)。

说明　1. 封面为红色绢面,封底为蓝色绢面。

　　　2. 正文刻有句读。

麦 0493　大方广佛华严经卷第四十九

著者　(唐)实叉难陀译

时代　明

版本　经折装　刻本

现状　全

题记　封面题签题"大方广佛华严经卷第四十九"。卷端题"大方广佛华严经卷第四十九/于阗国三藏沙门实叉难陀译"。品题"普贤行品第三十六"。尾题"大方广佛华严经卷第四十九"。刻题"永乐十七年(1419)十二月十三日奉佛弟子/福贤发心书写锓梓谨施",后附"释音"2行。

版式　每纸半叶 32.3 cm×12.2 cm;上下双栏;书眉 3.6 cm,地脚 1.6 cm,版面 27.1 cm×12.2 cm;版心白口;半叶 5 行,行 15 字,共 41 叶。此卷 5 个半叶为 1 纸,正文第 1 纸与第 2 纸的交接重叠处有栏外刻题"华严经卷四十九　二",第 2 纸与第 3 纸的交接重叠处有栏外刻题"华严经卷四十九　三",第 3 纸与第 4 纸的交接重叠处有栏外刻题"华严经卷四十九　四"等。正文 16 纸(第 16 纸为 4 个半叶),卷末 1 纸(3 个半叶)。

说明　1. 封面为红色绢面,封底为蓝色绢面,题签为黄色。

2. 正文刻有句读。

3. 麦 0490、麦 0491、麦 0492、麦 0493、麦 0494 五卷为同一函。

4. 函套有黄色题签,题"大方广佛华严经四十六之五十"。

5. 参见麦 0466 说明项第 4 条。

麦 0309　大方广佛华严经卷第五十

著者　(唐)实叉难陀译

时代　明

版本　经折装　刻本

现状　全

题记　封面题签题"大方广佛华严经五十"。卷端题"大方广佛华严经卷第五十/于阗国三藏沙门实叉难陀译"。品题"如来出现品第三十七之一"。尾题"大方广佛华严经卷第五十"。刻题"永乐十七年(1419)十二月十三日奉佛弟子/福贤发心书写锓梓谨施",后附"释音"(2行)。刻题"凤翔县德正杏原等里奉/佛刊经信士 周仲荣 室人白氏 男山窟山保次男小山窟山保/刘彦洁室人闫氏 男刘首然室人张氏 孙惟喜/田永岩 宋朝凤 李朝现 杨应时 张应时 张邦奇由氏/赵仲臣 申万隆 申廷肖 申万山 申万江 马登科/王尚 僧人设海 张琢/汧阳县各里人等 陈天祐 张守庆 王进义 张洪/张头隆 张头成 邓普爵 邓恩义 杨景春/齐荣 罗老人 王大虎 张宅张氏 张氏/赵旋 白廷甫 张守仁 杨秀玉 蒋厚"。

版式　每纸半叶 35.5 cm×12.2 cm;上下双栏;书眉 5.4 cm,地脚 2.5 cm,版面 27.6 cm×

12.2 cm;版心白口;半叶 5 行,行 15 字,共 60 叶。此卷 5 个半叶为 1 纸,正文第 1 纸与第 2 纸的交接重叠处有栏外刻题"华严经卷五十 二",第 2 纸与第 3 纸的交接重叠处有栏外刻题"华严经卷五十 三",第 3 纸与第 4 纸的交接重叠处有栏外刻题"华严经卷五十 四"等。正文 24 纸。

说明　1. 栏外刻题"华严经卷七十九"及纸数。

　　　2. 封面为绿色绢面,封底为蓝色绢面,题签为黄色。

　　　3. 正文刻有句读。

麦 0363　大方广佛华严经卷第五十

著者　(唐)实叉难陀译

时代　明

版本　经折装　刻本

现状　全

题记　封面题签题"大方广佛华严经五十"。卷端题"大方广佛华严经卷第五十/于阗国三藏沙门实叉难陀译"。品题"如来出现品第三十七之一"。尾题"大方广佛华严经卷第五十"。刻题"永乐十七年(1419)十二月十三日奉佛弟子/福贤发心书写锓梓谨施",后附"释音"2 行。牌记 1 幅(半叶,空白)。后有版画《天王像》(拟)1 幅(半叶),见说明 1。

版式　每纸半叶 35.0 cm×12.2 cm;上下双栏;书眉 4.7 cm,地脚 2.9 cm,版面 27.4 cm×12.2 cm;版心白口;半叶 5 行,行 15 字,共 60 叶。此卷 5 个半叶为 1 纸,正文第 1 纸与第 2 纸的交接重叠处有栏外栏外刻题"华严经卷五十　二",第 2 纸与第 3 纸的交接重叠处有栏外刻题"华严经卷五十　三",第 3 纸与第 4 纸的交接重叠处有栏外刻题"华严经卷五十　四"等。正文 24 纸(第 24 纸为 2 个半叶),版画牌记 1 纸(3 个半叶)。

说明　1. 版画中天王呈双手合十状。

　　　2. 封面、封底均为蓝色绢面,题签为黄色。

　　　3. 正文刻有句读。

麦 0494　大方广佛华严经卷第五十

著者　(唐)实叉难陀译

时代　明

版本　经折装　刻本

现状　全

题记　封面题签题"大方广佛华严经卷第五十"。卷端题"大方广佛华严经卷第五十/于阗国三藏沙门实叉难陀译"。品题"如来出现品第三十七之一"。尾题"大方广佛华严经卷第五十",后附"释音"2行。牌记1幅(半叶)。

版式　每纸半叶 32.3 cm×12.2 cm;上下双栏;书眉 3.4 cm,地脚 1.6 cm,版面 27.3 cm×12.2 cm;版心白口;半叶 5 行,行 15 字,共 59 叶。此卷 5 个半叶为 1 纸,正文第 1 纸与第 2 纸的交接重叠处有栏外刻题"华严经卷五十　二",第 2 纸与第 3 纸的交接重叠处有栏外刻题"华严经卷五十　三",第 3 纸与第 4 纸的交接重叠处有栏外刻题"华严经卷五十　四"等。正文 23 纸,卷末 1 纸(2 个半叶),牌记 1 纸(半叶)。

说明　1. 封面为蓝色绢面,封底为蓝色绢面,题签为黄色。

　　　2. 正文刻有句读。

　　　3. 麦 0490、麦 0491、麦 0492、麦 0493、麦 0494 五卷为同一函。

　　　4. 函套有黄色题签,题"大方广佛华严经四十六之五十"。

　　　5. 参见麦 0466 说明项第 4 条。

麦 0127　大方广佛华严经卷第五十一

著者　(唐)实叉难陀译

时代　明

版本　经折装　刻本

现状　全(首封脱落)

题记　卷首有版画 1 幅(5 个半叶,见说明 1)。牌记"御制 六合清宁 七政顺序 雨阳时若 万物异丰/亿兆康和 凡幽融朗 均跻寿域 溥种福田/上善攸臻 障碍消释 家崇忠孝 人乐慈良/官清政平 讼简刑措 化行俗美 泰道咸亨/凡厥有生 俱成佛果 永乐十七年(1419)十二月十三日"。版画与牌记之间刻题"凤翔府宝鸡县遵仪里营子头村信士宫大璋室人范氏"。卷端题"大方广佛华严经卷第五十一/于阗国三藏沙门实叉难陀译"。品题"如来出现品第三十七之二"。刻题"刘满郭氏女小黑"(19 纸)。尾题"大方广佛华严经卷第五十一"。刻题"永乐十七年(1419)十二月十三日奉佛弟子/福贤发心书写锓梓谨施",后附"释音"(2 行)。刻题"凤翔县左阳里人氏见在城北凤凰头居住奉/佛信士张普仁同室人孙氏妙聪男张左郭氏 张前李氏 张右李氏 张后王氏/洎及一家等上叩/金容意者发心施财助刊经一卷吉祥如意者/时嘉靖十九年(1540)七月初七日道显重刊 匠人苏玄"。后有版画 1 幅(1 个半叶,见说明 2)。

版式　每纸半叶 36.0 cm×12.4 cm;上下双栏;书眉 6.3 cm,地脚 3.2 cm,版面 26.4 cm× 12.4 cm;版心白口;半叶 5 行,行 15 字,共 56 叶。此卷 5 个半叶为 1 纸,第 1 纸为版画,第 2 纸始为正文。正文第 1 纸与版画纸的交接重叠处有栏外刻题"华严经卷五十一　一",第 2 纸与第 3 纸的交接重叠处有栏外刻题"华严经卷五十一　二"。正文 21 纸。前版画牌记 1 纸(6 个半叶),后牌记 1 纸(半叶)。

说明　1. 版画正中佛结跏趺坐于莲台之上,莲台下有一听法弟子,两侧有听法弟子、菩萨、眷属、天龙八部,拟名为《说法图》。

　　　2. 版画中天王呈双手合十状。

　　　3. 封底均为蓝色绢面。

　　　4. 正文刻有句读。

麦 0506　大方广佛华严经卷第五十一

著者　(唐)实叉难陀译

时代　明

版本　经折装　刻本

现状　全

题记　封面题签题"大方广佛华严经卷第五十一"。卷首有版画《说法图》(拟)1 幅(4 个半叶,见说明 1)。卷端题"大方广佛华严经卷第五十一/于阗国三藏沙门实叉难陀译"。品题"如来出现品第三十七之二"。尾题"大方广佛华严经卷第五十一"。刻题"永乐十七年(1419)十二月十三日奉佛弟子/福贤发心书写锓梓谨施",后附"释音"2 行。

版式　每纸半叶 32.3 cm×12.2 cm;上下双栏;书眉 4.5 cm,地脚 1.6 cm,版面 26.2 cm× 12.2 cm;版心白口;半叶 5 行,行 15 字,共 55 叶。此卷 5 个半叶为 1 纸,第 1 纸为版画,第 2 纸始为正文。正文第 1 纸与版画纸的交接重叠处有栏外刻题"华严经卷五十一　一",第 2 纸与第 3 纸的交接重叠处有栏外刻题"华严经卷五十一　二",第 3 纸与第 4 纸的交接重叠处有栏外刻题"华严经卷五十一　三"等。正文 22 纸 (第 22 纸为半叶),版画 1 纸(4 个半叶)。

说明　1. 版画右侧佛结跏趺坐于莲台之上,左侧有听法弟子、菩萨、眷属、天龙八部等。

　　　2. 封面与封底均为红色绢面,题签为黄色。

　　　3. 正文刻有句读。

　　　4. 麦 0506、麦 0507、麦 0508、麦 0509、麦 0510 五卷为同一函。

　　　5. 函套有黄色题签,题"大方广佛华严经五十一之五十五"。

6. 参见麦 0466 说明项第 4 条。

麦 0590 大方广佛华严经卷第五十一

著者 （唐）实叉难陀译

时代 明

版本 经折装 刻本

现状 全

题记 封面题签题"大方广佛华严经五十一"。卷首有版画《说法图》（拟）1 幅（5 个半叶，见说明 1）。牌记 1 幅（半叶），内刻题"皇图永固 帝道遐昌/佛日增辉 法轮常转"。卷端题"大方广佛华严经卷第五十一/于阗国三藏沙门实叉难陀译"。品题"如来出现品第三十七之二"。尾题"大方广佛华严经卷第五十一"。刻题"永乐十七年（1419）十二月十三日奉佛弟子/福贤发心书写锓梓谨施"，后附"释音"2 行。

版式 每纸半叶 35.0 cm×12.2 cm；上下双栏；书眉 5.1 cm，地脚 3.1 cm，版面 26.7 cm× 12.2 cm；版心白口；半叶 5 行，行 15 字，共 56 叶。此卷 5 个半叶为 1 纸，第 1 纸为版画，第 2 纸始为正文。正文第 1 纸与版画纸的交接重叠处有栏外刻题"华严经卷五十一 一"，第 2 纸与第 3 纸的交接重叠处有栏外刻题"华严经卷五十一 二"，第 3 纸与第 4 纸的交接重叠处有栏外刻题"华严经卷五十一 三"等。正文 21 纸，版画牌记 1 纸（6 个半叶），卷末 1 纸（半叶）。

说明 1. 版画正中佛结跏趺坐于莲台之上，莲台下有一听法弟子，两侧听法弟子、菩萨、眷属、天龙八部等。

2. 封面与封底均为蓝色绢面，题签为黄色。

3. 正文刻有句读。

麦 0322 大方广佛华严经卷第五十二

著者 （唐）实叉难陀译

时代 明

版本 经折装 刻本

现状 全

题记 封面题签题"大方广佛华严经五十二"。卷端题"大方广佛华严经卷第五十二/于阗国三藏沙门实叉难陀译"。品题"如来出现品第三十七之三"。尾题"大方广佛华严经卷第五十二"。刻题"永乐十七年（1419）十二月十三日奉佛弟子/福贤发心书写锓梓谨施"，后附"释音"2 行；"凤翔县普润里人氏见在南马村居住清信奉/佛刊经善信芦受同室人刘氏 男芦友谅李氏 文三寅/黑姐 金见 毛姐/洎家善眷叩拜干/圣造伏为善信发心谨诚刊经一卷自今向去仰仗/经力过去先亡父母遄生净界合家善信二六时中 吉祥如意/时嘉靖二十三年(1544)七月二十"(裱在封底上)。

版式　每纸半叶 35.6 cm×12.1 cm;上下双栏;书眉 6.2 cm,地脚 2.6 cm,版面 26.8 cm×12.1 cm;版心白口;半叶 5 行,行 15 字,共 51 叶。此卷 5 个半叶为 1 纸,正文第 1 纸与第 2 纸的交接重叠处有栏外刻题"华严经卷五十二　二",第 2 纸与第 3 纸的交接重叠处有栏外刻题"华严经卷五十二　三",第 3 纸与第 4 纸的交接重叠处有栏外刻题"华严经卷五十二　四"等。正文 21 纸(第 21 纸为 2 个半叶)。

说明　1. 封面为绿色绢面,封底为红色绢面,题签为黄色。

　　　2. 正文刻有句读。

麦 0329　大方广佛华严经卷第五十二

著者　(唐)实叉难陀译

时代　明

版本　经折装　刻本

现状　全

题记　封面题签题"大方广佛华严经五十二"。卷端题"大方广佛华严经卷第五十二/于阗国三藏沙门实叉难陀译"。品题"如来出现品第三十七之三"。尾题"大方广佛华严经卷第五十二"。刻题"永乐十七年(1419)十二月十三日奉佛弟子/福贤发心书写锓梓谨施",后附"释音"2 行。

版式　每纸半叶 35.0 cm×12.2 cm;上下双栏;书眉 4.8 cm,地脚 3.2 cm,版面 27.1 cm×12.2 cm;版心白口;半叶 5 行,行 15 字,共 52 叶。此卷 5 个半叶为 1 纸,正文第 1 纸与第 2 纸的交接重叠处刻题"华严经卷五十二　二",第 2 纸与第 3 纸的交接重叠处刻题"华严经卷五十二　三",第 3 纸与第 4 纸的交接重叠处刻题"华严经卷五十二　四"等。正文 21 纸(第 21 纸为 4 个半叶)。

说明　1. 栏外刻题"华严经卷五十二"及纸数。

　　　2. 封面、封底均为蓝色绢面,题签为黄色。

　　　3. 正文刻有句读。

麦 0405　大方广佛华严经卷第五十二

著者　(唐)实叉难陀译

时代　明

版本　经折装　刻本

现状　残（首残尾残）。起"愿得自在神通智力　于一念中悉能严"，止"永乐十七□□□
　　　□□□□□□□□□[年(1419)十二月十三日奉佛弟子]/福□□□□□□□□□□（贤
　　　发心书写锓梓谨施）"。

题记　尾题"大方广佛华严□□□□□（经卷第五十二）"。刻题"永乐十七□□□
　　　□□□□□□□□□[年(1419)十二月十三日奉佛弟子]/福□□□□□□□□□□（贤
　　　发心书写锓梓谨施）"。

版式　每纸半叶 36.0 cm×12.5 cm；上下双栏；书眉 5.7 cm，地脚 3.2 cm，版面 27.2 cm×
　　　12.5 cm；版心白口；半叶 5 行，行 15 字，共 40 叶。此卷 5 个半叶为 1 纸，正文第 1
　　　纸与第 2 纸的交接重叠处有栏外刻题"华严经卷五十二　二"，第 2 纸与第 3 纸的
　　　交接重叠处有栏外刻题"华严经卷五十二　三"，第 3 纸与第 4 纸的交接重叠处有
　　　栏外刻题"华严经卷五十二　四"等。正文 18 纸（第 18 纸为 1 个半叶）。

说明　正文刻有句读。

麦 0507　大方广佛华严经卷第五十二

著者　（唐）实叉难陀译

时代　明

版本　经折装　刻本

现状　全

题记　封面题签题"大方广佛华严经卷第五十二"。卷端题"大方广佛华严经卷第五十二/
　　　于阗国三藏沙门实叉难陀译"。品题"如来出现品第三十七之三"。尾题"大方广佛
　　　华严经卷第五十二"。刻题"永乐十七年(1419)十二月十三日奉佛弟子/福贤发心
　　　书写锓梓谨施"，后附"释音"2 行，牌记 1 幅（半叶空白）。

版式　每纸半叶 32.3 cm×12.2 cm；上下双栏；书眉 3.8 cm，地脚 1.3 cm，版面 27.2 cm×
　　　12.2 cm；版心白口；半叶 5 行，行 15 字，共 52 叶。此卷 5 个半叶为 1 纸，正文第 1
　　　纸与第 2 纸的交接重叠处有栏外刻题"华严经卷五十二　二"，第 2 纸与第 3 纸的
　　　交接重叠处有栏外刻题"华严经卷五十二　三"，第 3 纸与第 4 纸的交接重叠处有
　　　栏外刻题"华严经卷五十二　四"等。正文 20 纸，卷末 1 纸（3 个半叶），牌记 1 纸
　　　（半叶）。

说明　1. 封面为绿色绢面，封底为红色绢面，题签为黄色。

　　　2. 正文刻有句读。

　　　3. 麦 0506、麦 0507、麦 0508、麦 0509、麦 0510 五卷为同一函。

4. 函套有黄色题签,题"大方广佛华严经五十一之五十五"。

5. 参见麦 0466 说明项第 4 条。

麦 0219　大方广佛华严经卷第五十三

著者　(唐)实叉难陀译

时代　明

版本　经折装　刻本

现状　首尾残。起"悟皆满 二行永绝 达无相法住于佛口的得佛平等",止"佛刊华严经板信士宋普贤室人赵妙福男宋万良何氏/▢▢▢▢▢▢银想见"。

题记　尾题"大方广佛华严经卷第五十三"。刻题"永乐十七年(1419)十二月十三日奉佛弟子/福贤发心书写锓梓谨施",后附"释音"1 行。刻题"陕西西安府三原县流坊里人氏见在凤翔县南指狐村居住奉/佛刊华严经板信士宋普贤室人赵妙福男宋万良何氏/▢▢▢▢▢▢银想见"。

版式　每纸半叶 25.7 cm×12.3 cm;上下双栏;书眉 5.4 cm,地脚 2.9 cm,版面 27.4 cm×12.3 cm;版心白口;半叶 5 行,行 15 字,共 48 叶半。此卷 5 个半叶为 1 纸,正文第 1 纸与第 2 纸的交接重叠处刻题"华严经卷五十三　二",第 2 纸与第 3 纸的交接重叠处刻题"华严经卷五十三　三",第 3 纸与第 4 纸的交接重叠处刻题"华严经卷五十三　四"等。正文 20 纸(第 20 纸为 3 个半叶)。

说明　正文刻有句读。

麦 0406　大方广佛华严经卷第五十三

著者　(唐)实叉难陀译

时代　明

版本　经折装　刻本

现状　全

题记　封面题签题"大方广佛华严经五十三"。卷端题"大方广佛华严经卷第五十三/于阗国三藏沙门实叉难陀译"。品题"离世间品第三十八之一"。尾题"大方广佛华严经卷第五十三"。刻题"永乐十七年(1419)十二月十三日奉佛弟子/福贤发心书写锓梓谨施",后附"释音"1 行。

版式　每纸半叶 35.4 cm×12.5 cm;上下双栏;书眉 4.6 cm,地脚 3.0 cm,版面 27.4 cm×12.5 cm;版心白口;半叶 5 行,行 15 字,共 49 叶。此卷 5 个半叶为 1 纸,正文第 1 纸与第 2 纸的交接重叠处有栏外刻题"华严经卷五十三　二",第 2 纸与第 3 纸的交接重叠处有栏外刻题"华严经卷五十三　　三",第 3 纸与第 4 纸的交接重叠处有栏外刻题"华严经卷五十三　　四"等。正文 20 纸(第 20 纸为 3 个半叶)。

说明　1. 封面、封底均为蓝色绢面,题签为黄色。

　　　2. 书眉中有批注。

　　　3. 正文刻有句读。

麦 0508　大方广佛华严经卷第五十三

著者　(唐)实叉难陀译

时代　明

版本　经折装　刻本

现状　全

题记　封面题签题"大方广佛华严经卷第五十三"。卷端题"大方广佛华严经卷第五十三/于阗国三藏沙门实叉难陀译"。品题"离世间品第三十八之一"。尾题"大方广佛华严经卷第五十三",后附"释音"1 行(大字 1 行,小字 2 行)。

版式　每纸半叶 32.3 cm×12.2 cm;上下双栏;书眉 3.1 cm,地脚 1.6 cm,版面 27.6 cm×12.2 cm;版心白口;半叶 5 行,行 15 字,共 49 叶。此卷 5 个半叶为 1 纸,正文第 1 纸与第 2 纸的交接重叠处有栏外刻题"华严经卷五十三　　二",第 2 纸与第 3 纸的交接重叠处有栏外刻题"华严经卷五十三　　三",第 3 纸与第 4 纸的交接重叠处有栏外刻题"华严经卷五十三　　四"等。正文 19 纸,卷末 1 纸(3 个半叶)。

说明　1. 封面与封底均为蓝色绢面,题签为黄色。

　　　2. 正文刻有句读。

　　　3. 麦 0506、麦 0507、麦 0508、麦 0509、麦 0510 五卷为同一函。

　　　4. 函套有黄色题签,题"大方广佛华严经五十一之五十五"。

　　　5. 参见麦 0466 说明项第 4 条。

麦 0396　大方广佛华严经卷第五十四

著者　(唐)实叉难陀译

时代　明

版本　经折装　刻本

现状　全

题记　封面题签题"大方广佛华严经五十四"。卷端题"大方广佛华严经卷第五十四/于阗国三藏沙门实叉难陀译"。品题"离世间品第三十八之二"。尾题"大方广佛华严经卷第五十四"。刻题"永乐十七年(1419)十二月十三日奉佛弟子/福贤发心书写锓梓谨施",后附"释音"2行。牌记(半叶)内刻题"本府在城刷印匠龙共怀室人石氏 男李肖 李勤 李俭/同刷 张世华 室人石氏 男张选 室人侯氏/刘叶室人杨氏 男刘实 刘众带/泊众人等 喜舍功夫 共完经事 上报四恩 下资/三有 法界有情 同生净界 回向时中吉祥如意者"。版画《天王像》(拟)1幅(半叶,见说明1)。

版式　每纸半叶35.4 cm×12.1 cm;上下双栏;书眉5.5 cm,地脚2.6 cm,版面27.3 cm×12.1 cm;版心白口;半叶5行,行15字,共49叶。此卷5个半叶为1纸,正文第1纸与第2纸的交接重叠处有栏外刻题"华严经卷五十四　二",第2纸与第3纸的交接重叠处有栏外刻题"华严经卷五十四　三",第3纸与第4纸的交接重叠处有栏外刻题"华严经卷五十四　四"等。正文20纸(第20纸为2个半叶),牌记1纸(半叶)。

说明　1. 版画中天王呈双手合十状。

　　　2. 封面为绿色绢面,封底为蓝色绢面,题签为黄色。

　　　3. 正文刻有句读。

麦 0407　大方广佛华严经卷第五十四

著者　(唐)实叉难陀译

时代　明

版本　经折装　刻本

现状　全

题记　封面题签题"大方广佛华严经卷第五十四"。卷端题"大方广佛华严经卷第五十四/于阗国三藏沙门实叉难陀译"。品题"离世间品第三十八之二"。尾题"大方广佛华严经卷第五十四"。刻题"永乐十七年(1419)十二月十三日奉佛弟子/福贤发心书写锓梓谨施",后附"释音"2行。

版式　每纸半叶35.0 cm×12.2 cm;上下双栏;书眉4.6 cm,地脚3.3 cm,版面27.2 cm×12.2 cm;版心白口;半叶5行,行15字,共49叶。此卷5个半叶为1纸,正文第1纸与第2纸的交接重叠处有栏外刻题"华严经卷五十四　二",第2纸与第3纸的交接重叠处有栏外刻题"华严经卷五十四　三",第3纸与第4纸的交接重叠处有栏外刻题"华严经卷五十四　四"等。正文20纸(第20纸为2个半叶),卷末1纸(半叶)。

说明　1. 封面与封底均为蓝色绢面,题签为黄色。

　　　2. 正文刻有句读。

麦 0509　大方广佛华严经卷第五十四

著者　（唐）实叉难陀译

时代　明

版本　经折装　刻本

现状　全

题记　封面题签题"大方广佛华严经卷第五十四"。卷端题"大方广佛华严经卷第五十四/于阗国三藏沙门实叉难陀译"。品题"离世间品第三十八之一"。尾题"大方广佛华严经卷第五十四",后附"释音"2 行。牌记 1 幅(半叶)。

版式　每纸半叶 32.3 cm×12.2 cm";上下双栏;书眉 3.7 cm,地脚 1.7 cm,版面 26.9 cm×12.2 cm;版心白口;半叶 5 行,行 15 字,共 49 叶。此卷 5 个半叶为 1 纸,正文第 1 纸与第 2 纸的交接重叠处有栏外刻题"华严经卷五十四　二",第 2 纸与第 3 纸的交接重叠处有栏外刻题"华严经卷五十四　三",第 3 纸与第 4 纸的交接重叠处有栏外刻题"华严经卷五十四　四"等。正文 19 纸,卷末 1 纸(2 个半叶),牌记 1 纸(半叶)。

说明　1. 封面为红色绢面,封底为蓝色绢面,题签为黄色。

　　　2. 正文刻有句读。

　　　3. 麦 0506、麦 0507、麦 0508、麦 0509、麦 0510 五卷为同一函。

　　　4. 函套有黄色题签,题"大方广佛华严经五十一之五十五"。

　　　5. 参见麦 0466 说明项第 4 条。

麦 0135　大方广佛华严经卷第五十五(据栏外题)

著者　（唐）实叉难陀译

时代　明

版本　经折装　刻本

现状　首尾残。起"□□□□□魔及其眷属是为第一";止"终不舍爱乐心律仪于一切声闻独觉"。

版式　每纸半叶 35.6 cm×12.1 cm;上下双栏;书眉 5.8 cm,地脚 2.1 cm,版面 27.2 cm×12.1 cm;版心白口;半叶 5 行,行 15 字,共 45 叶。此卷 5 个半叶为 1 纸,正文第 1 纸与第 2 纸的交接重叠处有栏外刻题"华严经卷五十五　二",第 2 纸与第 3 纸的交接重叠处有栏外刻题"华严经卷五十五　三"。正文 19 纸,卷末 1 纸(1 个半叶)。

说明　正文刻有句读。

麦 0510　大方广佛华严经卷第五十五

著者　(唐)实叉难陀译

时代　明

版本　经折装　刻本

现状　全

题记　封面题签题"大方广佛华严经卷第五十五"。卷端题"大方广佛华严经卷第五十五/于阗国三藏沙门实叉难陀译"。品题"离世间品第三十八之三"。尾题"大方广佛华严经卷第五十五",后附"释音"3 行。牌记 1 幅(半叶)。

版式　每纸半叶 32.3 cm×12.2 cm;上下双栏;书眉 3.6 cm,地脚 1.6 cm,版面 27.1 cm×12.2 cm;版心白口;半叶 5 行,行 15 字,共 49 叶。此卷 5 个半叶为 1 纸,正文第 1 纸与第 2 纸的交接重叠处有栏外刻题"华严经卷五十五　二",第 2 纸与第 3 纸的交接重叠处有栏外刻题"华严经卷五十五　三",第 3 纸与第 4 纸的交接重叠处有栏外刻题"华严经卷五十五四　四"等。正文 19 纸,卷末 1 纸(2 个半叶),牌记 1 纸(半叶)。

说明　1. 封面与封底均为蓝色绢面,题签为黄色。

　　　2. 正文刻有句读。

　　　3. 麦 0506、麦 0507、麦 0508、麦 0509、麦 0510 五卷为同一函。

　　　4. 函套有黄色题签,题"大方广佛华严经五十一之五十五"。

　　　5. 参见麦 0466 说明项第 4 条。

麦 0556　大方广佛华严经卷第五十五

著者　(唐)实叉难陀译

时代　明

版本　经折装　刻本

现状　首全尾残。止"去菩萨修行菩萨清净法 菩萨成□(熟)/□□(菩)萨调伏法 菩萨平等法 菩萨□□"。

题记　封面题签题"大方广佛华严经卷第五十五"。卷端题"大方广佛华严经卷第五十五/于阗国三藏沙门实叉难陀译"。品题"离世间品第三十八之三"。

版式　每纸半叶 34.9 cm×12.2 cm;上下双栏;书眉 4.7 cm,地脚 3.1 cm,版面 27.2 cm×12.2 cm;版心白口;半叶 5 行,行 15 字,共 18 叶。此卷 5 个半叶为 1 纸,正文第 1

纸与第 2 纸的交接重叠处有栏外刻题"华严经卷五十五　　二",第 2 纸与第 3 纸的交接重叠处有栏外刻题"华严经卷五十五　　三",第 3 纸与第 4 纸的交接重叠处有栏外刻题"华严经卷五十五　　四"等。正文 8 纸(第 8 纸为半叶)。

说明　1. 封面为蓝色绢面,题签为黄色。

2. 正文刻有句读。

麦 0369　大方广佛华严经卷第五十六

著者　(唐)实叉难陀译

时代　明

版本　经折装　刻本

现状　全

题记　封面题签题"大方广佛华严经卷第五十六"。卷首版画《说法图》(拟)1 幅(5 个半叶,见说明 1)。牌记 1 幅(半叶),内刻题"皇图永固　帝道遐昌/佛日增辉　法轮常转"。卷端题"大方广佛华严经卷第五十六/于阗国三藏沙门实叉难陀译"。品题"离世间品第三十八之四"。尾题"大方广佛华严经卷第五十六"。刻题"永乐十七年(1419)十二月十三日奉佛弟子/福贤发心书写锓梓谨施",后附"释音"3 行。

版式　每纸半叶 35.0 cm×12.2 cm;上下双栏;书眉 5.0 cm,地脚 3.3 cm,版面 26.7 cm×12.2 cm;版心白口;半叶 5 行,行 15 字,共 60 叶。此卷 5 个半叶为 1 纸,第 1 纸为版画,第 2 纸始为正文。正文第 1 纸与版画纸的交接重叠处有栏外刻题"华严经卷五十六　　一",第 2 纸与第 3 纸的交接重叠处有栏外刻题"华严经卷五十六　　二",第 3 纸与第 4 纸的交接重叠处有栏外刻题"华严经卷五十六　　三"等。正文 23 纸(第 23 纸为 4 个半叶),版画牌记 1 纸(6 个半叶)。

说明　1. 版画正中佛结跏趺坐于莲台之上,莲台下有一听法弟子,两侧有听法弟子、菩萨、眷属、天龙八部等。

2. 封面、封底均为蓝色绢面,题签为黄色。

3. 正文刻有句读。

麦 0500　大方广佛华严经卷第五十六

著者　(唐)实叉难陀译

时代　明

版本　经折装　刻本

现状　全

题记　封面题签题"大方广佛华严经卷第五十六"。卷首有版画《说法图》（拟）1幅（4个半叶，见说明1）。卷端题"大方广佛华严经卷第五十六/于阗国三藏沙门实叉难陀译"。品题"离世间品第三十八之四"。尾题"大方广佛华严经卷第五十六"。刻题"永乐十七年（1419）十二月十三日奉佛弟子/福贤发心书写镂梓谨施"，后附"释音"3行。

版式　每纸半叶32.3 cm×12.2 cm；上下双栏；书眉5.4 cm，地脚2.2 cm，版面24.7 cm×12.2 cm；版心白口；半叶5行，行15字，共59叶。此卷5个半叶为1纸，第1纸为版画，第2纸始为正文。正文第1纸与版画纸的交接重叠处有栏外刻题"华严经卷五十六　一"，第2纸与第3纸的交接重叠处有栏外刻题"华严经卷五十六　二"，第3纸与第4纸的交接重叠处有栏外刻题"华严经卷五十六　三"等。正文23纸（第23纸为4个半叶），版画1纸（4个半叶）。

说明　1. 版画右侧佛结跏趺坐于莲台之上，左侧有听法弟子、菩萨、眷属、天龙八部等。

　　　2. 封面为绿色绢面，封底为红色绢面，题签为黄色。

　　　3. 正文刻有句读。

　　　4. 麦0496、麦0497、麦0498、麦0499、麦0500五卷为同一函。

　　　5. 函套有黄色题签，题"大方广佛华严经五十六之六十"。

　　　6. 参见麦0466说明项第4条。

麦0554　大方广佛华严经卷第五十六

著者　（唐）实叉难陀译

时代　明

版本　经折装　刻本

现状　首残尾全。起"□□所故不见诸法▭▭▭▭/（隔两行）/子　菩萨摩诃萨佛力所□□□□□（半段残纸）"。

题记　尾题"大方广佛华严经卷第五十六"。刻题"永乐十七年（1419）十二月十三日奉佛弟子/福贤发心书写镂梓谨施"，后附"释音"4行。牌记1幅（半叶）。内刻题"凤翔府岐山县杨遂乡石楼里蔡家坡南街居住奉/佛刊板信女李氏妙明　男蔡世伦室人张氏　孙男妇李氏/小孙男蔡牛见　重孙女水平　保菊/因经追荐亡夫主蔡干　亡孙蔡邦臣/泊家眷等发心舍贳叁两刊/华严经一卷　上报四恩　下资三有　法界众生　同缘种智/嘉靖二十年（1541）四月　吉日　比丘道头重刊"。

版式　每纸半叶35.5 cm×12.2 cm；上下双栏；书眉5.5 cm，地脚3.0 cm，版面27.0 cm×12.2 cm；版心白口；半叶5行，行15字，共35叶。此卷5个半叶为1纸，正文第1

纸与第 2 纸的交接重叠处有栏外刻题"华严经卷五十六　　二",第 2 纸与第 3 纸的交接重叠处有栏外刻题"华严经卷五十六　　三",第 3 纸与第 4 纸的交接重叠处有栏外刻题"华严经卷五十六　　四"等。正文 23 纸(第 23 纸为 4 个半叶)。

说明　1. 封底为蓝色绢面,题签为黄色。

　　　2. 正文刻有句读。

麦 0368　大方广佛华严经卷第五十七

著者　(唐)实叉难陀译

时代　明

版本　经折装　刻本

现状　全

题记　封面题签题"大方广佛华严经卷第五十七"。卷端题"大方广佛华严经卷第五十七/于阗国三藏沙门实叉难陀译"。品题"离世间品第三十八之五"。尾题"大方广佛华严经卷第五十七"。刻题"永乐十七年(1419)十二月十三日奉佛弟子/福贤发心书写锓梓谨施",后附"释音"4 行。

版式　每纸半叶 35.6 cm×12.2 cm;上下双栏;书眉 4.9 cm,地脚 3.1 cm,版面 27.1 cm×12.2 cm;版心白口;半叶 5 行,行 15 字,共 54 叶。此卷 5 个半叶为 1 纸,正文第 1 纸与第 2 纸的交接重叠处刻题"华严经卷五十七　　二",第 2 纸与第 3 纸的交接重叠处刻题"华严经卷五十七　　三",第 3 纸与第 4 纸的交接重叠处刻题"华严经卷五十七　　四"等。正文 22 纸(第 22 纸为 3 个半叶)。

说明　1. 栏外刻题"华严经卷五十七"及纸数。

　　　2. 封面、封底均为蓝色绢面,题签为黄色。

　　　3. 正文刻有句读。

麦 0499　大方广佛华严经卷第五十七

著者　(唐)实叉难陀译

时代　明

版本　经折装　刻本

现状　全

题记　封面题签题"大方广佛华严经卷第五十七"。卷端题"大方广佛华严经卷第五十七/于阗国三藏沙门实叉难陀译"。品题"离世间品第三十八之五"。尾题"大方广佛华严经卷第五十七"。刻题"永乐十七年(1419)十二月十三日奉佛弟子/福贤发心书写镪梓谨施",后附"释音"4 行。

版式　每纸半叶 32.3 cm×12.2 cm;上下双栏;书眉 3.7 cm,地脚 1.7 cm,版面 26.9 cm×12.2 cm;版心白口;半叶 5 行,行 15 字,共 55 叶。此卷 5 个半叶为 1 纸,正文第 1 纸与第 2 纸的交接重叠处有栏外刻题"华严经卷五十七　二",第 2 纸与第 3 纸的交接重叠处有栏外刻题"华严经卷五十七　三",第 3 纸与第 4 纸的交接重叠处有栏外刻题"华严经卷五十七　四"等。正文 22 纸。

说明　1. 封面与封底均为红色绢面,题签为黄色。

　　　2. 正文刻有句读。

　　　3. 麦 0496、麦 0497、麦 0498、麦 0499、麦 0500 五卷为同一函。

　　　4. 函套有黄色题签,题"大方广佛华严经五十六之六十"。

　　　5. 参见麦 0466 说明项第 4 条。

麦 0964　大方广佛华严经卷第五十七

著者　(唐)实叉难陀译

时代　明

版本　经折装　刻本

现状　全

题记　封面题签题"大方广佛华严经卷第五十七"。卷端题"大方广佛华严经卷第五十七/于阗国三藏沙门实叉难陀译"。品题"离世间品第三十八之五"。尾题"大方广佛华严经卷第五十七"。刻题"永乐十七年(1419)十二月十三日奉佛弟子/福贤发心书写镪梓谨施",后附"释音"4 行。刻题"陕西都司凤翔守御千户所表百户下军役见在/城西蚕务村屯居住奉/佛开华严经信大吕普厚 同室人蒲氏/保延弟吕汉臣 保延男吕良 吕进忠/洎家眷等普报/四恩下资三宥二六时中吉祥如意者/嘉靖二十五年(1546)夏季吉日造刊一卷"。

版式　每纸半叶 35.7 cm×12.2 cm;上下双栏;书眉 5.0 cm,地脚 3.1 cm,版面 27.6 cm×12.2 cm;版心白口;半叶 5 行,行 15 字,共 55 叶。此卷 5 个半叶为 1 纸,正文第 1 纸与第 2 纸的交接重叠处刻题"华严经卷五十七　二",第 2 纸与第 3 纸的交接重叠处刻题"华严经卷五十七　三",第 3 纸与第 4 纸的交接重叠处刻题"华严经卷五十七　四"等。正文 22 纸。

说明　1. 栏外刻题"华严经卷五十七"及纸数。

　　　2. 封面、封底均为绿色绢面,题签为黄色。

　　　3. 正文刻有句读。

麦 0366 大方广佛华严经卷第五十八

著者 （唐）实叉难陀译

时代 明

版本 经折装 刻本

现状 全

题记 封面题签题"大方广佛华严经卷第五十八"。卷端题"大方广佛华严经卷第五十八/
于阗国三藏沙门实叉难陀译"。品题"离世间品第三十八之六"。尾题"大方广佛华
严经卷第五十八"。刻题"永乐十七年(1419)十二月十三日奉佛弟子/福贤发心书
写锓梓谨施"，后附"释音"3 行。

版式 每纸半叶 35.0 cm×12.2 cm；上下双栏；书眉 5.0 cm，地脚 3.2 cm，版面 26.9 cm×
12.2 cm；版心白口；半叶 5 行，行 15 字，共 60 叶。此卷 5 个半叶为 1 纸，正文第 1
纸与第 2 纸的交接重叠处有栏外刻题"华严经卷五十八 二"，第 2 纸与第 3 纸的
交接重叠处有栏外刻题"华严经卷五十八 三"，第 3 纸与第 4 纸的交接重叠处有
栏外刻题"华严经卷五十八 四"等。正文 24 纸。

说明 1. 封面与封底均为蓝色绢面，题签为黄色。
2. 正文刻有句读。

麦 0498 大方广佛华严经卷第五十八

著者 （唐）实叉难陀译

时代 明

版本 经折装 刻本

现状 全

题记 封面题签题"大方广佛华严经卷第五十八"。卷端题"大方广佛华严经卷第五十八/
于阗国三藏沙门实叉难陀译"。品题"离世间品第三十八之六"。尾题"大方广佛华
严经卷第五十八"。刻题"永乐十七年(1419)十二月十三日奉佛弟子/福贤发心书
写锓梓谨施"，后附"释音"4 行。

版式 每纸半叶 32.3 cm×12.2 cm；上下双栏；书眉 3.7 cm，地脚 1.7 cm，版面 26.9 cm×
12.2 cm；版心白口；半叶 5 行，行 15 字，共 60 叶。此卷 5 个半叶为 1 纸，正文第 1
纸与第 2 纸的交接重叠处有栏外刻题"华严经卷五十八 二"，第 2 纸与第 3 纸的
交接重叠处有栏外刻题"华严经卷五十八 三"，第 3 纸与第 4 纸的交接重叠处有
栏外刻题"华严经卷五十八 四"等。正文 24 纸。

说明　1. 封面为蓝色绢面,封底为红色绢面,题签为黄色。

　　　2. 正文刻有句读。

　　　3. 麦 0496、麦 0497、麦 0498、麦 0499、麦 0500 五卷为同一函。

　　　4. 函套有黄色题签,题"大方广佛华严经五十六之六十"。

　　　5. 参见麦 0466 说明项第 4 条。

麦 0551　大方广佛华严经卷第五十八

著者　(唐)实叉难陀译

时代　明

版本　经折装　刻本

现状　全

题记　封面题签题"大方广佛华严经卷第"。卷端题"大方广佛华严经卷第五十八/于阗国
三藏沙门实叉难陀译"。品题"离世间品第三十八之六"。尾题"大方广佛华严经卷
第五十八"。刻题"永乐十七年(1419)十二月十三日奉佛弟子/福贤发心书写镂梓
谨施",后附"释音"3 行。刻题"大明国陕西道凤翔府宝鸡县消公里人氏见在牛浴
河居住 清信奉/佛舍财刊经信士张普信同室人妙菓 妙莲,男张进孝 保延 女贤贤
女女/婿李万敖 刘廷宪/上同母席氏/一家卷(眷)等发心喜舍银叁拾两向去二六时
中皆愿/经力保佑 吉祥如意"。

版式　每纸半叶 35.2 cm×12.2 cm;上下双栏;书眉 5.7 cm,地脚 2.9 cm,版面 27.2 cm×
12.2 cm;版心白口;半叶 5 行,行 15 字,共 60 叶。此卷 5 个半叶为 1 纸,正文第 1
纸与第 2 纸的交接重叠处有栏外刻题"华严经卷五十八　二",第 2 纸与第 3 纸的
交接重叠处有栏外刻题"华严经卷五十八　三",第 3 纸与第 4 纸的交接重叠处有
栏外刻题"华严经卷五十八　四"等。正文 24 纸。

说明　1. 封面为绿色绢面,封底为蓝色绢面,题签为黄色,经折中夹有黄色绢条,题"大方
　　　广佛华严经卷第五十八"。

　　　2. 正文刻有句读。

麦 0220　大方广佛华严经卷第五十九

著者　(唐)实叉难陀译

时代　明

版本　经折装　刻本

现状　全(无封)

题记　卷端题"大方广佛华严经卷第五十九/于阗国三藏沙门实叉难陀译"。品题"离世间品第三十八之七"。尾题"大方广佛华严经卷第五十九"。刻题"永乐十七年(1419)十二月十二日奉佛弟子/福贤发心书写锓梓谨施",后附"释音"(5行)。刻题"凤翔府凤翔县玉泉乡玉泉里女冢村居住奉/佛刊经版一卷会首王仲源白氏　王仲满吕氏　男王继轮/上侍母陈氏/王廷用　王廷玉　王锐　□得　王彦福　王彦湖/王仲学　王意　雷仲臣　□　王朝銮　王经　王昙　王庆　王恕　□　王继作"。

版式　每纸半叶35.9 cm×12.3 cm;上下双栏;书眉6.1 cm,地脚3.0 cm,版面26.1 cm×12.3 cm;版心白口;半叶5行,行15字,共74叶半。此卷5个半叶为1纸,正文第1纸与第2纸的交接重叠处刻题"华严经卷五十九　二",第2纸与第3纸的交接重叠处刻题"华严经卷五十九　三",第3纸与第4纸的交接重叠处刻题"华严经卷五十九　四"等。正文30纸(第30纸为4个半叶)。

说明　正文刻有句读。

麦0341　大方广佛华严经卷第五十九

著者　(唐)实叉难陀译

时代　明

版本　经折装　刻本

现状　全

题记　封面题签题"大方广佛华严经卷第五十九"。卷端题"大方广佛华严经卷第五十九/于阗国三藏沙门实叉难陀译"。品题"离世间品第三十八之七"。尾题"大方广佛华严经卷第五十九"。刻题"永乐十七年(1419)十二月十三日奉佛弟子/福贤发心书写锓梓谨施",后附"释音"5行。

版式　每纸半叶35.2 cm×12.2 cm;上下双栏;书眉5.2 cm,地脚3.2 cm,版面26.6 cm×12.2 cm;版心白口;半叶5行,行15字,共74叶。此卷5个半叶为1纸,正文第1纸与第2纸的交接重叠处有栏外刻题"华严经卷五十九　二",第2纸与第3纸的交接重叠处有栏外刻题"华严经卷五十九　三",第3纸与第4纸的交接重叠处有栏外刻题"华严经卷五十九　四"等。正文30纸(第30纸为3个半叶)。

说明　1. 封面、封底均为蓝色绢面,题签为黄色。

　　　2. 正文刻有句读。

麦0497　大方广佛华严经卷第五十九

著者　(唐)实叉难陀译

时代　明

版本　经折装　刻本

现状　全

题记　封面题签题"大方广佛华严经卷第五十九"。卷端题"大方广佛华严经卷第五十九/于阗国三藏沙门实叉难陀译"。品题"离世间品第三十八之七"。尾题"大方广佛华严经卷第五十九"。刻题"永乐十七年(1419)十二月十三日奉佛弟子/福贤发心书写镂梓谨施",后附"释音"5行。

版式　每纸半叶32.3 cm×12.2 cm;上下双栏;书眉4.3 cm,地脚1.6 cm,版面26.4 cm×12.2 cm;版心白口;半叶5行,行15字,共74叶。此卷5个半叶为1纸,正文第1纸与第2纸的交接重叠处有栏外刻题"华严经卷五十九　二",第2纸与第3纸的交接重叠处有栏外刻题"华严经卷五十九　三",第3纸与第4纸的交接重叠处有栏外刻题"华严经卷五十九　四"等。正文29纸,卷末1纸(3个半叶)。

说明　1. 封面为蓝色绢面,封底为红色绢面,题签为黄色。

　　　2. 正文刻有句读。

　　　3. 麦0496、麦0497、麦0498、麦0499、麦0500五卷为同一函。

　　　4. 函套有黄色题签,题"大方广佛华严经五十六之六十"。

　　　5. 参见麦0466说明项第4条。

麦0157　大方广佛华严经卷第六十

著者　(唐)实叉难陀译

时代　明

版本　经折装　刻本

现状　全

题记　封面题签题"大方广佛华严经卷第六十"。卷端题"大方广佛华严经卷第六十/于阗国三藏沙门实叉难陀译"。品题"入法界品第三十九之一"。尾题"大方广佛华严经卷第六十"。刻题"永乐十七年(1419)十二月十三日奉佛弟子/福贤发心书写镂梓谨施",后附"释音"4行。牌记1幅(空白牌记,1个半叶)。版画《天王像》1幅。

版式　每纸半叶35.1 cm×12.4 cm;上下双栏;书眉5.2 cm,地脚3.2 cm,版面26.7 cm×12.4 cm;版心白口;半叶5行,行15字,共75叶。此卷5个半叶为1纸,正文第1纸与第2纸的交接重叠处有栏外刻题"华严经卷六十　二",第2纸与第3纸的交接重叠处有栏外刻题"华严经卷六十　三"。正文30纸,卷末1纸(4个半叶),牌记1纸(1个半叶)。

说明　1. 封面与封底均为蓝色绢面，题签为黄色。

　　　　2. 正文刻有句读。

麦 0217　大方广佛华严经卷第六十

著者　（唐）实叉难陀译

时代　明

版本　经折装　刻本

现状　首尾残。起"俱 普贤菩萨 文殊师利菩萨而为上首"，止"师祖腾光置造 永为常住 吉祥如意者矣"。

题记　尾题"大方广佛华严经卷第六十"。刻题"永乐十七年（1419）十二月十三日奉佛弟子/福贤发心书写锓梓谨施"。题识"师祖腾光置造 永为常住 吉祥如意者矣"。

版式　每纸半叶 35.8 cm×12.2 cm；上下双栏；书眉 6.0 cm，地脚 2.8 cm，版面 26.9 cm×12.2 cm；版心白口；半叶 5 行，行 15 字，共 73 叶半。此卷 5 个半叶为 1 纸，正文第 1 纸与第 2 纸的交接重叠处刻题"华严经卷六十　二"，第 2 纸与第 3 纸的交接重叠处刻题"华严经卷六十　三"，第 3 纸与第 4 纸的交接重叠处刻题"华严经卷六十　四"等。正文 30 纸（第 30 纸为 3 个半叶）。

说明　正文刻有句读。

麦 0496　大方广佛华严经卷第六十

著者　（唐）实叉难陀译

时代　明

版本　经折装　刻本

现状　全

题记　封面题签题"大方广佛华严经卷第六十"。卷端题"大方广佛华严经卷第六十/于阗国三藏沙门实叉难陀译"。品题"入法界品第三十九之一"。尾题"大方广佛华严经卷第六十"。刻题"永乐十七年（1419）十二月十三日奉佛弟子/福贤发心书写锓梓谨施"，后附"释音"5 行。

版式　每纸半叶 32.3 cm×12.2 cm；上下双栏；书眉 4.4 cm，地脚 1.6 cm，版面 26.3 cm×12.2 cm；版心白口；半叶 5 行，行 15 字，共 75 叶。此卷 5 个半叶为 1 纸，正文第 1 纸与第 2 纸的交接重叠处有栏外刻题"华严经卷六十　二"，第 2 纸与第 3 纸的交接重叠处有栏外刻题"华严经卷六十　三"，第 3 纸与第 4 纸的交接重叠处有栏外刻题"华严经卷六十　四"等。正文 30 纸。

说明　1. 封面为蓝色绢面,封底为红色绢面,题签为黄色。

2. 正文刻有句读。

3. 麦0496、麦0497、麦0498、麦0499、麦0500五卷为同一函。

4. 函套有黄色题签,题"大方广佛华严经五十六之六十"。

5. 参见麦0466说明项第4条。

麦0578　大方广佛华严经卷第六十一

著者　(唐)实叉难陀译

时代　明

版本　经折装　刻本

现状　全

题记　封面题签题"大方广佛华严经卷第六十一"。卷首有版画《说法图》(拟)1幅(5个半叶,见说明1),版画左栏外题"凤翔府宝鸡县遵义里营子头村居信士宫大璋室人范氏"。牌记1幅(半叶),内刻题"御制 六合清宁 七政顺序 雨阳时若 万物异丰/亿兆康和 凡幽融朗 均跻寿域 溥种福田/上善攸臻 障碍消释 家崇忠孝 人乐慈良/官清政平 讼简刑措 化行俗美 泰道咸亨/凡厥有生 俱成佛果 永乐十七年(1419)十二月十三日"。卷端题"大方广佛华严经卷第六十一/于阗国三藏沙门实叉难陀译"。品题"入法界品第三十九之二"。尾题"大方广佛华严经卷第六十一"。刻题"永乐十七年(1419)十二月十三日奉佛弟子/福贤发心书写锓梓谨施","陕西道汉中府凤翔县八庙里凉水泉沟居住青信奉/佛舍财刊经信士文友才 室人梁妙青 男千佛保 女陈家女 关女/婿王朝阳",后附"释音"2行。题识"凤翔府岐山县义丰里玉丹营居住奉/佛舍财造经功德主李朝像室人杨氏/保延男 李克信室人赵氏/李克恩室人李氏"。

版式　每纸半叶25.5 cm×12.2 cm;上下双栏;书眉6.2 cm,地脚2.9 cm,版面26.6 cm×12.2 cm;版心白口;半叶5行,行15字,共53叶。此卷5个半叶为1纸,第1纸为版画,第2纸始为正文。正文第1纸与版画纸的交接重叠处有栏外刻题"华严经卷六十一 一",第2纸与第3纸的交接重叠处有栏外刻题"华严经卷六十一 二",第3纸与第4纸的交接重叠处有栏外刻题"华严经卷六十一 三"等。正文20纸,版画牌记1纸(6个半叶)。

说明　1. 版画正中佛结跏趺坐于莲台之上,两侧有听法弟子、菩萨、眷属、天龙八部等。

2. 封面为红色绢面,封底为绿色绢面,题签为黄色。

3. 正文刻有句读。

麦 0596　大方广佛华严经卷第六十一

著者　（唐）实叉难陀译

时代　明

版本　经折　刻本

现状　全

题记　封题题签题"大方广佛华严经卷第六十一"。卷首有版画《说法图》(拟)1 幅（4 个半叶，见说明 1）。卷端题"大方广佛华严经卷第六十一/于阗国三藏沙门实叉难陀译"。品题"入法界品第三十九之二"。尾题"大方广佛华严经卷第六十一"。刻题"永乐十七年(1419)十二月十三日奉佛弟子/福贤发心书写锓梓谨施"。附"释音"2 行。

版式　每纸半叶 32.4 cm×12.2 cm；上下双栏；书眉 5.5 cm，地脚 2.2 cm，版面 24.7 cm×12.2 cm；版心白口；半叶 5 行，行 15 字，共 52 叶。此卷 5 个半叶为 1 纸，第 1 纸为版画，第 2 纸始为正文。正文第 1 纸与版画纸的交接重叠处有栏外刻题"华严经卷六十一　一"，第 2 纸与第 3 纸的交接重叠处有栏外刻题"华严经卷六十一　二"，第 3 纸与第 4 纸的交接重叠处有栏外刻题"华严经卷六十一　三"等。正文 20 纸，版画 1 纸（4 个半叶）。

说明　1. 版画右侧佛结跏趺坐于莲台之上，左侧有听法弟子、菩萨、眷属、天龙八部等。

　　　2. 封面为蓝色绢面，封底为红色绢面，题签为黄色。

　　　3. 正文刻有句读。

　　　4. 麦 0596、麦 0597、麦 0598、麦 0599、麦 0600 五卷为同一函。

　　　5. 函套有黄色题签，题"大方广佛华严经六十一之六十五"。

　　　6. 参见麦 0466 说明项第 4 条。

麦 0409　大方广佛华严经卷第六十二

著者　（唐）实叉难陀译

时代　明

版本　经折装　刻本

现状　全

题记　封面题签题"大方广佛华严经卷第六十二"。卷端题"大方广佛华严经卷第六十二/于阗国三藏沙门实叉难陀译"。品题"入法界品第三十九之三"。尾题"大方广佛华严经卷第六十二"。刻题"永乐十七年(1419)十二月十三日奉佛弟子/福贤发心书写锓梓谨施"，后附"释音"5 行。刻题"陕西道西安府蒲城县思文崇德等里/舍财信

士党廷魁 室人陈妙福 男智恩/信士张珉室人李氏 男赵家 小赵"。题识"扶风县芩葫寺住持僧人腾光印造 永为常住/大明万历九年(1581)六月吉日造纪一□"。

版式　每纸半叶 35.4 cm×12.2 cm;上下双栏;书眉 5.7 cm,地脚 2.8 cm,版面 27.0 cm×12.2 cm;版心白口;半叶 5 行,行 15 字,共 55 叶。此卷 5 个半叶为 1 纸,正文第 1 纸与第 2 纸的交接重叠处有栏外刻题"华严经卷六十二　二",第 2 纸与第 3 纸的交接重叠处有栏外刻题"华严经卷六十二　三",第 3 纸与第 4 纸的交接重叠处有栏外刻题"华严经卷六十二　四"等。正文 22 纸。

说明　1. 封面为黄色绢面,封底为蓝色绢面,题签为黄色。

　　　2. 正文刻有句读。

麦 0597　大方广佛华严经卷第六十二

著者　(唐)实叉难陀译

时代　明

版本　经折装　刻本

现状　全

题记　封面题签题"大方广佛华严经卷第六十二"。卷端题"大方广佛华严经卷第六十二/于阗国三藏沙门实叉难陀译"。品题"入法界品第三十九之三"。尾题"大方广佛华严经卷第六十二"。刻题"永乐十七年(1419)十二月十三日奉佛弟子/福贤发心书写锓梓谨施",后附"释音"5 行。

版式　每纸半叶 32.3 cm×12.2 cm;上下双栏;书眉 3.7 cm,地脚 1.6 cm,版面 27.0 cm×12.2 cm;版心白口;半叶 5 行,行 15 字,共 55 叶。此卷 5 个半叶为 1 纸,正文第 1 纸与第 2 纸的交接重叠处有栏外刻题"华严经卷六十二　二",第 2 纸与第 3 纸的交接重叠处有栏外刻题"华严经卷六十二　三",第 3 纸与第 4 纸的交接重叠处有栏外刻题"华严经卷六十二　四"等。正文 22 纸。

说明　1. 封面与封底均为红色绢面,题签为黄色。

　　　2. 正文刻有句读。

　　　3. 麦 0596、麦 0597、麦 0598、麦 0599、麦 0600 五卷为同一函。

　　　4. 函套有黄色题签,题"大方广佛华严经六十一之六十五"。

　　　5. 参见麦 0466 说明项第 4 条。

麦 0598　大方广佛华严经卷第六十三

著者　(唐)实叉难陀译

时代　明

版本　经折装　刻本

现状　全

题记　封面题签题"大方广佛华严经卷第六十三"。卷端题"大方广佛华严经卷第六十三/
于阗国三藏沙门实叉难陀译"。品题"入法界品第三十九之四"。尾题"大方广佛华
严经卷第六十三"。刻题"永乐十七年(1419)十二月十三日奉佛弟子/福贤发心书
写锓梓谨施",后附"释音"9行。牌记1幅(半叶见说明1)。

版式　每纸半叶 32.3 cm×12.2 cm;上下双栏;书眉 2.8 cm,地脚 1.7 cm,版面 27.8 cm×
12.2 cm;版心白口;半叶 5 行,行 15 字,共 56 叶。此卷 5 个半叶为 1 纸,正文第 1 纸
与第 2 纸的交接重叠处有栏外刻题"华严经卷六十三　二",第 2 纸与第 3 纸的交接
重叠处有栏外刻题"华严经卷六十三　三",第 3 纸与第 4 纸的交接重叠处有栏外刻
题"华严经卷六十三　四"等。正文 22 纸,卷末 1 纸(半叶),牌记 1 纸(半叶)。

说明　1. 版画中天王呈双手合十状。

　　　2. 封面为绿色绢面,封底为红色绢面,题签为黄色。

　　　3. 正文刻有句读。

　　　4. 麦 0596、麦 0597、麦 0598、麦 0599、麦 0600 五卷为同一函。

　　　5. 函套有黄色题签,题"大方广佛华严经六十一之六十五"。

　　　6. 参见麦 0466 说明项第 4 条。

麦 0343　大方广佛华严经卷第六十三

著者　(唐)实叉难陀译

时代　明

版本　经折装　刻本

现状　全

题记　封面题签题"大方广佛华严经卷第六十三"。卷端题"大方广佛华严经卷第六十三/
于阗国三藏沙门实叉难陀译"。品题"入法界品第三十九之四"。尾题"大方广佛华
严经卷第六十三",刻题"永乐十七年(1419)十二月十三日奉佛弟子/福贤发心书写
锓梓谨施"。题识"凤翔府岐山县义丰里玉丹营居住奉/佛舍财造经信士李朝卿室
人王氏　男刘家哇/李张家哇",后附"释音"6行。刻题"凤县守御千户所翟常一百户
下城南三岔屯居住各发诚心刻/华严经一卷/信士张甫政室人张氏　男张拱　张冻　张
同　刘世隆室人赵氏　张经室人刘氏/陈友智室人雒氏　陈升室人张氏,男陈迪　陈甫
何美室人滕氏/张爱室人李氏　男张资　张质　杨玄室人张氏　男杨舟室人刘氏"。

版式　每纸半叶 35.3 cm×12.2 cm;上下双栏;书眉 5.5 cm,地脚 2.9 cm,版面 27.0 cm×12.2 cm;版心白口;半叶 5 行,行 15 字,共 55 叶。此卷 5 个半叶为 1 纸,正文第 1 纸与第 2 纸的交接重叠处有栏外刻题“华严经卷六十三　　二”,第 2 纸与第 3 纸的交接重叠处有栏外刻题“华严经卷六十三　　三”,第 3 纸与第 4 纸的交接重叠处有栏外刻题“华严经卷六十三　　四”等。正文 22 纸。

说明　1. 封面为绿色绢面,封底为红色绢面,题签为黄色。

　　　2. 正文刻有句读。

麦 0359　大方广佛华严经卷第六十四

著者　(唐)实叉难陀译

时代　明

版本　经折装　刻本

现状　全

题记　封面题签题“大方广佛华严经卷第六十四”。卷端题“大方广佛华严经卷第六十四/于阗国三藏沙门实叉难陀译”。品题“入法界品第三十九之五”。尾题“大方广佛华严经卷第六十四”。刻题“永乐十七年(1419)十二月十三日奉佛弟子/福贤发心书写锓梓谨施”,后附“释音”5 行;“凤翔府宝鸡县大宁里下寨居奉/佛刊经版一卷信士李尅恭同室人任氏男李新阳秦氏/李益阳高氏/李纯阳高氏/孙男 李料 李真 李四狗 李五狗/李六狗 李七狗”;“宝鸡县底店里木马村居住奉/佛刊板信士殷庆同室人司氏 男段朝用 苟氏 段朝仁/上侍母黄氏 段黑僧 女金孙青今”。

版式　每纸半叶 35.5 cm×12.2 cm;上下双栏;书眉 4.9 cm,地脚 2.9 cm,版面 27.8 cm×12.2 cm;版心白口;半叶 5 行,行 15 字,共 52 叶。此卷 5 个半叶为 1 纸,正文第 1 纸与第 2 纸的交接重叠处有栏外刻题“华严经卷六十四　　二”,第 2 纸与第 3 纸的交接重叠处有栏外刻题“华严经卷六十四　　三”,第 3 纸与第 4 纸的交接重叠处有栏外刻题“华严经卷六十四　　四”等。正文 21 纸(第 21 纸为 4 个半叶)。

说明　1. 封面为黄色绢面,封底为红色绢面,题签为黄色。

　　　2. 正文刻有句读。

麦 0599　大方广佛华严经卷第六十四

著者　(唐)实叉难陀译

时代　明

版本　经折装　刻本

现状　全

题记　封面题签题"大方广佛华严经卷第六十四"。卷端题"大方广佛华严经卷第六十四/于阗国三藏沙门实叉难陀译"。品题"入法界品第三十九之五"。尾题"大方广佛华严经卷第六十四"。刻题"永乐十七年(1419)十二月十三日奉佛弟子/福贤发心书写锓梓谨施",后附"释音"9行。

版式　每纸半叶 32.3 cm×12.2 cm;上下双栏;书眉 3.4 cm,地脚 1.6 cm,版面 27.3 cm×12.2 cm;版心白口;半叶 5 行,行 15 字,共 52 叶。此卷 5 个半叶为 1 纸,正文第 1 纸与第 2 纸的交接重叠处有栏外刻题"华严经卷六十四　二",第 2 纸与第 3 纸的交接重叠处有栏外刻题"华严经卷六十四　三",第 3 纸与第 4 纸的交接重叠处有栏外刻题"华严经卷六十四　四"等。正文 21 纸(第 21 纸为 4 个半叶)。

说明　1. 封面与封底均为蓝色绢面,题签为黄色。

　　　2. 正文刻有句读。

　　　3. 麦 0596、麦 0597、麦 0598、麦 0599、麦 0600 五卷为同一函。

　　　4. 函套有黄色题签,题"大方广佛华严经六十一之六十五"。

　　　5. 参见麦 0466 说明项第 4 条。

麦 0311　大方广佛华严经卷第六十五

著者　(唐)实叉难陀译

时代　明

版本　经折装　刻本

现状　首残尾全。起"□□□□(大方广佛)华严经卷第六十五"。

题记　卷端题"□□□□(大方广佛)华严经卷第六十五/于阗国三藏沙门实叉难陀译"。品题"□□□□(入法界品)第三十九之六"。尾题"大方广佛华严经卷第六十五"。刻题"永乐十七年(1419)十二月十三日奉佛弟子/福贤发心书写锓梓谨施",后附"释音"(4 行)。刻题"宝塔寺助缘释子青海/凤翔县石落里刊经信士燕志梅张氏 赵文夆 赵文爵 赵宅王氏/男赵进良 赵宅石氏男赵甫/翟百户下刊经信士陈敖氏/仁腾里刊经信何文夆 何宗仁 何守荣 郑友名氏/杨爵/凤翔守御千户所韦百户下三岔屯刊经信士马麒室人/常氏 闫氏 男马应化张氏/向去二六时中 吉祥如意"。

版式　每纸半叶 35.7 cm×12.6 cm;上下双栏;书眉 5.2 cm,地脚 2.5 cm,版面 27.7 cm×12.6 cm;版心白口;半叶 5 行,行 15 字,共 53 叶半。此卷 5 个半叶为 1 纸,正文第 1 纸与第 2 纸的交接重叠处有栏外刻题"华严经卷六十五　二",第 2 纸与第 3 纸的交接重叠处有栏外刻题"华严经卷六十五　三",第 3 纸与第 4 纸的交接重叠处有栏外刻题"华严经卷六十五　四"等。正文 22 纸（第 22 纸为 2 个半叶）。

说明　1. 栏外刻题"华严经卷六十五"及纸数。

2. 封底为蓝色绢面，题签为黄色。

3. 正文刻有句读。

麦 0416　大方广佛华严经卷第六十五

著者　（唐）实叉难陀译

时代　明

版本　经折装　刻本

现状　全

题记　封面题签题"大方广佛华严经卷□□□"。卷端题"大方广佛华严经卷第六十五/于阗国三藏沙门实叉难陀译"。品题"入法界品第三十九之六"。尾题"大方广佛华严经卷第六十五"。刻题"永乐十七年（1419）十二月十三日奉佛弟子/福贤发心书写锓梓谨施"。题识"凤翔府岐山县义丰里玉丹寨居住奉/佛舍财造经信士李克俭室人刘氏保廷男李坤 李坊 李甲"，后附"释音"4 行。刻题"宝塔寺助缘释子清海/凤翔县石落里刊经信士燕志梅张氏 赵文夆 赵文爵 赵宅王氏/男赵进良 赵宅石氏 男赵甫/翟百户下刊经信士陈敖 氏/仁胜里刊经信何文夆 何宗仁 何守荣 郑友名氏/杨爵"，"凤翔守御千户所常百户下三岔屯刊经信士马麒室人/向去二六时中吉祥如意/常氏 闫氏 男马应化张氏/合家向去吉祥如意"。后有版画《天王像》（拟）1 幅（半叶，见说明1）。

版式　每纸半叶 35.3 cm×12.2 cm；上下双栏；书眉 5.1 cm，地脚 2.6 cm，版面 27.8 cm×12.2 cm；版心白口；半叶 5 行，行 15 字，共 54 叶。此卷 5 个半叶为 1 纸，正文第 1 纸与第 2 纸的交接重叠处有栏外刻题"华严经卷六十五　二"，第 2 纸与第 3 纸的交接重叠处有栏外刻题"华严经卷六十五　三"，第 3 纸与第 4 纸的交接重叠处有栏外刻题"华严经卷六十五　四"等。正文 22 纸（第 22 纸为 2 个半叶），版画 1 纸（半叶）。

说明　1. 版画中天王呈双手合十状。

2. 封面为红色绢面，封底为绿色绢面，题签为黄色。

3. 正文刻有句读。

麦 0600　大方广佛华严经卷第六十五

著者　（唐）实叉难陀译

时代　明

版本　经折装　刻本

现状　全

题记　封面题签题"大方广佛华严经卷第六十五"。卷端题"大方广佛华严经卷第六十五/于阗国三藏沙门实叉难陀译"。品题"入法界品第三十九之六"。尾题"大方广佛华严经卷第六十五"。刻题"永乐十七年(1419)十二月十三日奉佛弟子/福贤发心书写锓梓谨施",后附"释音"9行。牌记1幅(半叶见说明1)。

版式　每纸半叶32.2 cm×12.2 cm;上下双栏;书眉3.4 cm,地脚1.6 cm,版面27.2 cm×12.2 cm;版心白口;半叶5行,行15字,共53叶。此卷5个半叶为1纸,正文第1纸与第2纸的交接重叠处有栏外刻题"华严经卷六十五　二",第2纸与第3纸的交接重叠处有栏外刻题"华严经卷六十五　三",第3纸与第4纸的交接重叠处有栏外刻题"华严经卷六十五　四"等。正文21纸,版画1纸(半叶)。

说明　1. 版画中天王呈双手合十状。

　　　2. 封面与封底均为蓝色绢面,题签为黄色。

　　　3. 正文刻有句读。

　　　4. 麦0596、麦0597、麦0598、麦0599、麦0600五卷为同一函。

　　　5. 函套有黄色题签,题"大方广佛华严经六十一之六十五"。

　　　6. 参见麦0466说明项第4条。

麦0530　大方广佛华严经卷第六十六

著者　(唐)实叉难陀译

时代　明

版本　经折装　刻本

现状　全

题记　封面题签题"大方广佛华严经卷第六十六"。卷首有版画《说法图》(拟)1幅(4个半叶,见说明1)。卷端题"大方广佛华严经卷第六十六/于阗国三藏沙门实叉难陀译"。品题"入法界品第三十九之七"。尾题"大方广佛华严经卷第六十六"。刻题"永乐十七年(1419)十二月十三日奉佛弟子/福贤发心书写锓梓谨施",后附"释音"6行。

版式　每纸半叶32.1 cm×12.2 cm;上下双栏;书眉5.8 cm,地脚1.6 cm,版面24.7 cm×12.2 cm;版心白口;半叶5行,行15字,共65叶。此卷5个半叶为1纸,第1纸为版画,第2纸始为正文。正文第1纸与版画纸的交接重叠处有栏外刻题"华严经卷

六十六　一",第 2 纸与第 3 纸的交接重叠处有栏外刻题"华严经卷六十六　二",第 3 纸与第 4 纸的交接重叠处有栏外刻题"华严经卷六十六　三"等。正文 26 纸(第 26 纸为半叶),版画 1 纸(4 个半叶)。

说明　1. 版画右侧佛结跏趺坐于莲台之上,左侧有听法弟子、菩萨、眷属、天龙八部等。

　　　2. 封面为蓝色绢面,封底为红色绢面,题签为黄色。

　　　3. 正文刻有句读。

　　　4. 麦 0530、麦 0531、麦 0532、麦 0533、麦 0534 五卷为同一函。

　　　5. 函套有黄色题签,题"大方广佛华严经六十六之七十"。

　　　6. 参见麦 0466 说明项第 4 条。

麦 0531　大方广佛华严经卷第六十七

著者　(唐)实叉难陀译

时代　明

版本　经折装　刻本

现状　全

题记　封面题签题"大方广佛华严经卷第六十七"。卷端题"大方广佛华严经卷第六十七/于阗国三藏沙门实叉难陀译"。品题"入法界品第三十九之八"。尾题"大方广佛华严经卷第六十七"。刻题"永乐十七年(1419)十二月十三日奉佛弟子/福贤发心书写镂梓谨施",后附"释音"5 行。

版式　每纸半叶 32.1 cm×12.2 cm;上下双栏;书眉 3.3 cm,地脚 1.5 cm,版面 27.3 cm×12.2 cm;版心白口;半叶 5 行,行 15 字,共 52 叶。此卷 5 个半叶为 1 纸,正文第 1 纸与第 2 纸的交接重叠处有栏外刻题"华严经卷六十七　二",第 2 纸与第 3 纸的交接重叠处有栏外刻题"华严经卷六十七　三",第 3 纸与第 4 纸的交接重叠处有栏外刻题"华严经卷六十七　四"等。正文 21 纸(第 21 纸为 4 个半叶)。

说明　1. 封面与封底均为红色绢面,题签为黄色。

　　　2. 正文刻有句读。

　　　3. 麦 0530、麦 0531、麦 0532、麦 0533、麦 0534 五卷为同一函。

　　　4. 函套有黄色题签,题"大方广佛华严经六十六之七十"。

　　　5. 参见麦 0466 说明项第 4 条。

麦 0532　大方广佛华严经卷第六十八

著者　(唐)实叉难陀译

时代　明

版本　经折装　刻本

现状　全

题记　封面题签题"大方广佛华严经卷第六十八"。卷端题"大方广佛华严经卷第六十八/于阗国三藏沙门实叉难陀译"。品题"入法界品第三十九之九"。尾题"大方广佛华严经卷第六十八"。刻题"永乐十七年(1419)十二月十三日奉佛弟子/福贤发心书写锓梓谨施",后附"释音"4行。

版式　每纸半叶 32.3 cm×12.1 cm;上下双栏;书眉 3.5 cm,地脚 1.6 cm,版面 27.2 cm×12.1 cm;版心白口;半叶 5 行,行 15 字,共 66 叶。此卷 5 个半叶为 1 纸,正文第 1 纸与第 2 纸的交接重叠处有栏外刻题"华严经卷六十八　二",第 2 纸与第 3 纸的交接重叠处有栏外刻题"华严经卷六十八　三",第 3 纸与第 4 纸的交接重叠处有栏外刻题"华严经卷六十八　四"等。正文 27 纸(第 27 纸为 2 个半叶)。

说明　1. 封面为绿色绢面,封底为蓝色绢面,题签为黄色。

　　　2. 正文刻有句读。

　　　3. 麦 0530、麦 0531、麦 0532、麦 0533、麦 0534 五卷为同一函。

　　　4. 函套有黄色题签,题"大方广佛华严经六十六之七十"。

　　　5. 参见麦 0466 说明项第 4 条。

麦 0533　大方广佛华严经卷第六十九

著者　(唐)实叉难陀译

时代　明

版本　经折装　刻本

现状　全

题记　封面题签题"大方广佛华严经卷第六十九"。卷端题"大方广佛华严经卷第六十九/于阗国三藏沙门实叉难陀译"。品题"入法界品第三十九之十"。尾题"大方广佛华严经卷第六十九",后附"释音"3行。

版式　每纸半叶 32.3 cm×12.1 cm;上下双栏;书眉 3.3 cm,地脚 1.6 cm,版面 27.4 cm×12.1 cm;版心白口;半叶 5 行,行 15 字,共 58 叶。此卷 5 个半叶为 1 纸,正文第 1 纸与第 2 纸的交接重叠处有栏外刻题"华严经卷六十九　二",第 2 纸与第 3 纸的交接重叠处有栏外刻题"华严经卷六十九　三",第 3 纸与第 4 纸的交接重叠处有栏外刻题"华严经卷六十九　四"等。正文 23 纸,卷末 1 纸(半叶)。

说明　1. 封面与封底均为蓝色绢面,题签为黄色。

2. 正文刻有句读。

3. 麦 0530、麦 0531、麦 0532、麦 0533、麦 0534 五卷为同一函。

4. 函套有黄色题签,题"大方广佛华严经六十六之七十"。

5. 参见麦 0466 说明项第 4 条。

麦 0534　大方广佛华严经卷第七十

著者　(唐)实叉难陀译

时代　明

版本　经折装　刻本

现状　全

题记　封面题签题"大方广佛华严经卷第七十"。卷端题"大方广佛华严经卷第七十/于阗国三藏沙门实叉难陀译"。品题"入法界品第三十九之十一"。尾题"大方广佛华严经卷第七十"。刻题"永乐十七年(1419)十二月十三日奉佛弟子/福贤发心书写锓梓谨施",后附"释音"3 行。

版式　每纸半叶 32.3 cm×12.1 cm;上下双栏;书眉 3.3 cm,地脚 1.6 cm,版面 27.4 cm×12.1 cm;版心白口;半叶 5 行,行 15 字,共 57 叶。此卷 5 个半叶为 1 纸,正文第 1 纸与第 2 纸的交接重叠处有栏外刻题"华严经卷七十　二",第 2 纸与第 3 纸的交接重叠处有栏外刻题"华严经卷七十　三",第 3 纸与第 4 纸的交接重叠处有栏外刻题"华严经卷七十　四"等。正文 23 纸(第 23 纸为 4 个半叶)。

说明　1. 封面为红色绢面,封底为蓝色绢面,题签为黄色。

2. 正文刻有句读。

3. 麦 0530、麦 0531、麦 0532、麦 0533、麦 0534 五卷为同一函。

4. 函套有黄色题签,题"大方广佛华严经六十六之七十"。

5. 参见麦 0466 说明项第 4 条。

麦 0511　大方广佛华严经卷第七十一

著者　(唐)实叉难陀译

时代　明

版本　经折装　刻本

现状　全

题记　封面题签题"大方广佛华严经卷第七十一"。卷首有版画《说法图》(拟)1 幅(4 个半叶,见说明 1)。卷端题"大方广佛华严经卷第七十一/于阗国三藏沙门实叉难陀译"。品题"入法界品第三十九之十二"。尾题"大方广佛华严经卷第七十一"。刻题"永乐十七年(1419)十二月十三日奉佛弟子/福贤发心书写锓梓谨施",后附"释音"2行。牌记1幅(半叶)。

版式　每纸半叶32.5 cm×12.2 cm;上下双栏;书眉5.2 cm,地脚2.6 cm,版面24.7 cm×12.2 cm;版心白口;半叶5行,行15字,共70叶。此卷5个半叶为1纸,第1纸为版画,第2纸始为正文。正文第1纸与版画纸的交接重叠处有栏外刻题"华严经卷七十一　一",第2纸与第3纸的交接重叠处有栏外刻题"华严经卷七十一　二",第3纸与第4纸的交接重叠处有栏外刻题"华严经卷七十一　三"等。正文27纸,版画1纸(4个半叶),牌记1纸(半叶)。

说明　1. 版画右侧佛陀跏趺坐于莲台之上,左侧有听法弟子、菩萨、眷属、天龙八部等。

2. 封面与封底均为红色绢面,题签为黄色。

3. 正文刻有句读。

4. 麦0511、麦0512、麦0513、麦0514、麦0515五卷为同一函。

5. 函套有黄色题签,题"大方广佛华严经七十一之七十五"。

6. 参见麦0466说明项第4条。

麦0512　大方广佛华严经卷第七十二

著者　(唐)实叉难陀译

时代　明

版本　经折装　刻本

现状　全

题记　封面题签题"大方广佛华严经卷第七十二"。卷端题"大方广佛华严经卷第七十二/于阗国三藏沙门实叉难陀译"。品题"入法界品第三十九之十三"。尾题"大方广佛华严经卷第七十二"。刻题"永乐十七年(1419)十二月十三日奉佛弟子/福贤发心书写锓梓谨施",后附"释音"5行。

版式　每纸半叶32.3 cm×12.1 cm;上下双栏;书眉3.3 cm,地脚1.6 cm,版面27.4 cm×12.1 cm;版心白口;半叶5行,行15字,共52叶。此卷5个半叶为1纸,正文第1纸与第2纸的交接重叠处有栏外刻题"华严经卷七十二　二",第2纸与第3纸的交接重叠处有栏外刻题"华严经卷七十二　三",第3纸与第4纸的交接重叠处有栏外刻题"华严经卷七十二　四"等。正文20纸,卷末1纸(3个半叶),版画1纸(半叶)。

说明　1. 封面为绿色绢面,封底为红色绢面,题签为黄色。

2. 正文刻有句读。

3. 麦 0511、麦 0512、麦 0513、麦 0514、麦 0515 五卷为同一函。

4. 函套有黄色题签,题"大方广佛华严经七十一之七十五"。

5. 参见麦 0466 说明项第 4 条。

麦 0513　大方广佛华严经卷第七十三

著者　（唐）实叉难陀译

时代　明

版本　经折装　刻本

现状　全

题记　封面题签题"大方广佛华严经卷第七十三"。卷端题"大方广佛华严经卷第七十三/于阗国三藏沙门实叉难陀译"。品题"入法界品第三十九之十四"。尾题"大方广佛华严经卷第七十三"。刻题"永乐十七年(1419)十二月十三日奉佛弟子/福贤发心书写镂梓谨施",后附"释音"4 行。牌记 1 幅(半叶)。

版式　每纸半叶 32.3 cm×12.2 cm;上下双栏;书眉 3.7 cm,地脚 1.5 cm,版面 27.1 cm×12.2 cm;版心白口;半叶 5 行,行 15 字,共 53 叶。此卷 5 个半叶为 1 纸,正文第 1 纸与第 2 纸的交接重叠处有栏外刻题"华严经卷七十三　二",第 2 纸与第 3 纸的交接重叠处有栏外刻题"华严经卷七十三　三",第 3 纸与第 4 纸的交接重叠处有栏外刻题"华严经卷七十三　四"等。正文 21 纸,牌记 1 纸(半叶)。

说明　1. 封面与封底均为蓝色绢面,题签为黄色。

2. 正文刻有句读。

3. 麦 0511、麦 0512、麦 0513、麦 0514、麦 0515 五卷为同一函。

4. 函套有黄色题签,题"大方广佛华严经七十一之七十五"。

5. 参见麦 0466 说明项第 4 条。

麦 0514　大方广佛华严经卷第七十四

著者　（唐）实叉难陀译

时代　明

版本　经折装　刻本

现状　全

题记　封面题签题"大方广佛华严经卷第七十四"。卷端题"大方广佛华严经卷第七十四/于阗国三藏沙门实叉难陀译"。品题"入法界品第三十九之十五"。尾题"大方广佛华严经卷第七十四"。刻题"永乐十七年(1419)十二月十三日奉佛弟子/福贤发心书写镂梓谨施",后附"释音"4行。牌记1幅(半叶)。

版式 每纸半叶32.3 cm×12.2 cm;上下双栏;书眉3.8 cm,地脚1.7 cm,版面26.8 cm×12.2 cm;版心白口;半叶5行,行15字,共38叶。此卷5个半叶为1纸,正文第1纸与第2纸的交接重叠处有栏外刻题"华严经卷七十四　二",第2纸与第3纸的交接重叠处有栏外刻题"华严经卷七十四　三",第3纸与第4纸的交接重叠处有栏外刻题"华严经卷七十四　四"等。正文15纸,牌记1纸(半叶)。

说明 1. 封面为红色绢面,封底为蓝色绢面,题签为黄色。

2. 正文刻有句读。

3. 麦0511、麦0512、麦0513、麦0514、麦0515为同一函。

4. 函套有黄色题签,题"大方广佛华严经七十一之七十五"。

5. 参见麦0466说明项第4条。

麦 0515　大方广佛华严经卷第七十五

著者 (唐)实叉难陀译

时代 明

版本 经折装　刻本

现状 全

题记 封面题签题"大方广佛华严经卷第七十五"。卷端题"大方广佛华严经卷第七十五/于阗国三藏沙门实叉难陀译"。品题"入法界品第三十九之十六"。尾题"大方广佛华严经卷第七十五"。

版式 每纸半叶32.3 cm×12.2 cm;上下双栏;书眉4.2 cm,地脚1.6 cm,版面26.5 cm×12.2 cm;版心白口;半叶5行,行15字,共75叶。此卷5个半叶为1纸,正文第1纸与第2纸的交接重叠处有栏外刻题"华严经卷七十五　二",第2纸与第3纸的交接重叠处有栏外刻题"华严经卷七十五　三",第3纸与第4纸的交接重叠处有栏外刻题"华严经卷七十五　四"等。正文30纸。

说明 1. 封面与封底均为蓝色绢面,题签为黄色。

2. 正文刻有句读。

3. 麦0511、麦0512、麦0513、麦0514、麦0515五卷为同一函。

4. 函套有黄色题签,题"大方广佛华严经七十一之七十五"。

5. 参见麦0466说明项第4条。

麦 0570   大方广佛华严经卷第七十五

著者   （唐）实叉难陀译

时代   明

版本   经折装   刻本

现状   首残尾全。起"□□菩萨集会普现法界光明讲堂/其中有神号无忧德"。

题记   尾题"大方广佛华严经卷第七十五"。刻题"嘉靖三十四年(1555)三月初一日起造系/秦府家佛堂铁李沟净土蒝奉/佛第子云 通甫/通闻 徒明头发心重刊",后附"释音"5行。刻题"蒲城县和木里现在镇安县龙洞里地方/东寺□居住信士陈白川室人李氏女欠欠 麦姐/同发心舍财刻刊/华严经一卷   伏愿/佛光普照 吉祥如意","高川信士刘仲金室人毛 张氏发心刊/华严经板一帙 伏愿/三宝光中吉祥如意"。

版式   每纸半叶 26.3 cm×12.2 cm;上下双栏;书眉 7.2 cm,地脚 2.8 cm,版面 26.3 cm×12.2 cm;版心白口;半叶 5 行,行 15 字,共 76 叶。此卷 5 个半叶为 1 纸,每纸半叶或 1 叶后标栏外刻题"华严经卷七十五"及各纸数。正文第 1 纸与第 2 纸的交接重叠处有栏外刻题"华严经卷七十五   二",第 2 纸与第 3 纸的交接重叠处有栏外刻题"华严经卷七十五   三",第 3 纸与第 4 纸的交接重叠处有栏外刻题"华严经卷七十五   四"等。正文 31 纸(第 31 纸为 4 个半叶)。

说明   1. 封底为红色绢面,题签为黄色。
        2. 正文刻有句读。

麦 0646   大方广佛华严经卷第七十五

著者   （唐）实叉难陀译

时代   明

版本   经折装   刻本

现状   全

题记   封面题签题"大方广佛华严经卷第七十五"。卷端题"大方广佛华严经卷第七十五/于阗国三藏沙门实叉难陀译"。品题"入法界品第三十九之十六"。尾题"大方广佛华严经卷第七十五"。刻题"永乐十七年(1419)十二月十三日奉佛弟子/福贤发心书写锓梓谨施",后附"释音"5行。刻题"岐山县望云乡青乐里寺庄村居住奉/佛刊板信士周隆 同室人岳氏 男周凤 刘氏/周鸾 吕氏 周威 李氏/孙男 周孟春 康氏 周孟夏 齐氏/周孟秋 吕氏 周孟冬 刘氏/周孟琴 周孟棋 周孟书/周孟画 重孙男 周兰住/泊家眷等是日舍财刊/华严第七十五卷一卷 上报/四恩下资三宥回向时中吉祥如意"。卷末有《天王像》(拟)版画1幅(半叶,见说明1)。

版式　每纸半叶36.4 cm×12.2 cm;上下双栏;书眉7.4 cm,地脚3.0 cm,版面25.8 cm×12.2 cm;版心白口,内题"华严经卷七十五"及纸数;半叶5行,行15字,共77叶半。此卷5个半叶为1纸,每纸半叶或1叶后标刻题"华严经卷七十五"及各纸数。正文第1纸与第2纸的交接重叠处刻题"华严经卷七十五　二",第2纸与第3纸的交接重叠处刻题"华严经卷七十五　三",第3纸与第4纸的交接重叠处刻题"华严经卷七十五　四"等。正文31纸。

说明　1. 版画中天王呈双手合十状。

　　　2. 栏外刻题"华严经卷七十五"及纸数。

　　　3. 封面为黄色绢面,封底为绿色绢面,题签为黄色。

　　　4. 正文刻有句读。

　　　5. 卷末下方有"太原郡"朱文印章2方。

麦0257　大方广佛华严经卷第七十六

著者　(唐)实叉难陀译

时代　明

版本　经折装　刻本

现状　全

题记　封面题签题"大方广佛华严经卷第七十六",卷首有《说法图》(拟)版画1幅(5个半叶,见说明1)。牌记1幅(半叶),内刻题"皇图永固 帝道遐昌/佛日增辉法轮常转"。卷端题"大方广佛华严经卷第七十六/于阗国三藏沙门实叉难陀译"。品题"入法界品第三十九之十七"。尾题"大方广佛华严经卷第七十六"。刻题"永乐十七年(1419)十二月十三日奉佛弟子/福贤发心书写镂梓谨施",后附"释音"9行(大字9行,小字11行)。

版式　每纸半叶35.0 cm×12.1 cm;上下双栏;书眉5.3 cm,地脚2.8 cm,版面26.8 cm×12.1 cm;版心白口;半叶5行,行15字,共63叶。此卷5个半叶为1纸,第1纸为版画,第2纸始为正文。正文第1纸与版画纸的交接重叠处有栏外刻题"华严经卷七十六　一",第2纸与第3纸的交接重叠处有栏外刻题"华严经卷七十六　二",第3纸与第4纸的交接重叠处有栏外刻题"华严经卷七十六　三"等。正文24纸,版画牌记1纸(6个半叶)。

说明　1. 版画正中佛结跏趺坐于莲台之上,莲台下有一听法弟子,两侧有听法弟子、菩萨、眷属、天龙八部等。

2. 封面与封底均为蓝色绢面,题签为黄色。

3. 正文刻有句读。

麦 0417　大方广佛华严经卷第七十六

著者　(唐)实叉难陀译

时代　明

版本　经折装　刻本

现状　全

题记　封面题签题"大方广佛华严经卷第七十六"。卷首有版画《说法图》(拟)1 幅(5 个半叶,见说明 1),版画左栏外题"凤翔府宝鸡县遵义里营子头村居信士宫大璋室人范氏"。牌记 1 幅(半叶),内刻题"御制 六合清宁 七政顺序 雨阳时若 万物异丰/亿兆康和 凡幽融朗 均跻寿域 溥种福田/上善攸臻 障碍消释 家崇忠孝 人乐慈良/官清政平 讼简刑措 化行俗美 泰道咸亨/凡厥有生 俱成佛果 永乐十七年(1419)十二月十三日"。卷端题"大方广佛华严经卷第七十六/于阗国三藏沙门实叉难陀译"。品题"入法界品第三十九之十七"。尾题"大方广佛华严经卷第七十六"。刻题"永乐十七年(1419)十二月十三日奉佛弟子/福贤发心书写镂梓谨施",后附"释音"9 行(大字 9 行,小字 11 行)。刻题"维/大明国陕西汉中府凤县八庙里砂坡子居住奉/佛施财保安信士除文贵 室人杨氏 赵氏 保延男朱家狗/泊家眷等发心刊/大方广佛华严经一卷 愿/四恩三有多生父母承此经力 往生/西方净土 二六时中 吉祥如意/释子桓遐"。

版式　每纸半叶 35.7 cm×12.4 cm;上下双栏;书眉 6.4 cm,地脚 2.6 cm,版面 26.6 cm×12.4 cm;版心白口;半叶 5 行,行 15 字,共 63 叶。此卷 5 个半叶为 1 纸,第 1 纸为版画,第 2 纸始为正文。正文第 1 纸与版画纸的交接重叠处有栏外刻题"华严经卷七十六　一",第 2 纸与第 3 纸的交接重叠处有栏外刻题"华严经卷七十六　二",第 3 纸与第 4 纸的交接重叠处有栏外刻题"华严经卷七十六　三"等。正文 24 纸,版画牌记 1 纸(6 个半叶)。

说明　1. 版画正中佛结跏趺坐于莲台之上,两侧有听法弟子、菩萨、眷属、天龙八部等。

2. 封面、封底均为红色绢面,题签为黄色。

3. 正文刻有句读。

麦 0472　大方广佛华严经卷第七十六

著者　(唐)实叉难陀译

时代　明

版本　经折装　刻本

现状　全

题记　封面题签题"大方广佛华严经卷第七十六"。卷首有版画《说法图》(拟)1 幅(4 个半叶,见说明 1)。卷端题"大方广佛华严经卷第七十六/于阗国三藏沙门实叉难陀译"。品题"入法界品第三十九之十七"。尾题"大方广佛华严经卷第七十六"。刻题"永乐十七年(1419)十二月十三日奉佛弟子/福贤发心书写镂梓谨施",后附"释音"5 行。

版式　每纸半叶 32.3 cm×12.2 cm;上下双栏;书眉 5.6 cm,地脚 1.9 cm,版面 24.8 cm×12.2 cm;版心白口;半叶 5 行,行 15 字,共 62 叶。此卷 5 个半叶为 1 纸,第 1 纸为版画,第 2 纸始为正文。正文第 1 纸与版画纸的交接重叠处有栏外刻题"华严经卷七十六　一",第 2 纸与第 3 纸的交接重叠处有栏外刻题"华严经卷七十六　二",第 3 纸与第 4 纸的交接重叠处有栏外刻题"华严经卷七十六　三"等。正文 24 纸,版画 1 纸(4 个半叶)。

说明　1. 版画右侧佛结跏趺坐于莲台之上,左侧有听法弟子、菩萨、眷属、天龙八部等。

　　　2. 封面、封底均为红色绢面,题签为黄色。

　　　3. 正文刻有句读。

　　　4. 麦 0472、麦 0473、麦 0475、麦 0476、麦 0477、麦 0478 六卷为同一函。

　　　5. 函套有黄色题签,题"大方广佛华严经七十六之八十一"。

　　　6. 参见麦 0466 说明项第 4 条。

麦 0645　大方广佛华严经卷第七十六

著者　(唐)实叉难陀译

时代　明

版本　经折装　刻本

现状　首残尾全

题记　卷首有《说法图》(拟)版画 1 幅(4 个半叶,见说明 1),版画后有牌记 1 幅(半叶),刻题"皇帝万岁万岁万万岁"。卷端题"大方广佛华严经卷第七十六/于阗国三藏沙门实叉难陀译"。品题"入法界品第三十九之十七"。尾题"大方广佛华严经卷第七十六",后附"释音"9 行。刻题"汉中府华严寺/临济第二十四世第一代无学禅师喜舍僧潭溟/徒河在 河敏孙沙贤/刊造/行愿品一卷"。

版式　每纸半叶 36.1 cm×12.2 cm;上下双栏;书眉 6.3 cm,地脚 3.5 cm,版面 26.3 cm×

12.2 cm;版心白口,内题"华严经卷七十六"及纸数;半叶 5 行,行 15 字,共 62 叶。此卷 5 个半叶为 1 纸,第 1 纸为版画,第 2 纸始为正文,每纸半叶或 1 叶后标刻题"华严经卷七十六"及各纸数。正文 24 纸(第 24 纸为 4 个半叶),版画牌记 1 纸。

说明　1. 版画正中佛结跏趺坐于莲台之上,莲台下有一听法弟子,两侧有听法弟子、菩萨、眷属、天龙八部等。

　　　2. 封底为红色绢面,题签为黄色。

　　　3. 正文刻有句读。

麦 0473　大方广佛华严经卷第七十七

著者　(唐)实叉难陀译

时代　明

版本　经折装　刻本

现状　全

题记　封面题签题"大方广佛华严经卷第七十七"。卷端题"大方广佛华严经卷第七十七/于阗国三藏沙门实叉难陀译"。品题"入法界品第三十九之十八"。尾题"大方广佛华严经卷第七十七"。刻题"永乐十七年(1419)十二月十三日奉佛弟子/福贤发心书写锓梓谨施",后附"释音"4 行。

版式　每纸半叶 32.2 cm×12.2 cm;上下双栏;书眉 4.0 cm,地脚 1.5 cm,版面 26.7 cm×12.2 cm;版心白口;半叶 5 行,行 15 字,共 80 叶。此卷 5 个半叶为 1 纸,正文第 1 纸与第 2 纸的交接重叠处有栏外刻题"华严经卷七十七　二",第 2 纸与第 3 纸的交接重叠处有栏外刻题"华严经卷七十七　三",第 3 纸与第 4 纸的交接重叠处有栏外刻题"华严经卷七十七　四"等。正文 32 纸。

说明　1. 封面为绿色绢面,封底为红色绢面,题签为黄色。

　　　2. 正文刻有句读。

　　　3. 麦 0472、麦 0473、麦 0475、麦 0476、麦 0477、麦 0478 六卷为同一函。

　　　4. 函套有黄色题签,题"大方广佛华严经七十六之八十一"。

　　　5. 参见麦 0466 说明项第 4 条。

麦 0564　大方广佛华严经卷第七十七

著者　(唐)实叉难陀译

时代　明

版本　经折装　刻本

现状 全

题记 封面题签题"大方广佛华严经卷第七十七"。卷端题"大方广佛华严经卷第七十七/于阗国三藏沙门实叉难陀译"。品题"入法界品第三十九之十八"。尾题"大方广佛华严经卷第七十七"。刻题"永乐十七年(1419)十二月十三日奉佛弟子/福贤发心书写锓梓谨施",后附"释音"4行。

版式 每纸半叶 35.2 cm×12.2 cm;上下双栏;书眉 5.3 cm,地脚 3.0 cm,版面 26.9 cm×12.2 cm;版心白口;半叶 5 行,行 15 字,共 80 叶。此卷 5 个半叶为 1 纸,正文第 1 纸与第 2 纸的交接重叠处有栏外刻题"华严经卷七十七 二",第 2 纸与第 3 纸的交接重叠处有栏外刻题"华严经卷七十七 三",第 3 纸与第 4 纸的交接重叠处有栏外刻题"华严经卷七十七 四"等。正文 32 纸。

说明 1. 封面与封底均为蓝色绢面,题签为黄色。

2. 正文刻有句读。

麦 0475 大方广佛华严经卷第七十八

著者 (唐)实叉难陀译

时代 明

版本 经折装 刻本

现状 全

题记 封面题签题"大方广佛华严经卷第七十八"。卷端题"大方广佛华严经卷第七十八/于阗国三藏沙门实叉难陀译"。品题"入法界品第三十九之十九"。尾题"大方广佛华严经卷第七十八"。刻题"永乐十七年(1419)十二月十三日奉佛弟子/福贤发心书写锓梓谨施"。

版式 每纸半叶 32.2 cm×12.2 cm;上下双栏;书眉 4.0 cm,地脚 1.5 cm,版面 26.7 cm×12.2 cm;版心白口;半叶 5 行,行 15 字,共 65 叶。此卷 5 个半叶为 1 纸,正文第 1 纸与第 2 纸的交接重叠处有栏外刻题"华严经卷七十八 二",第 2 纸与第 3 纸的交接重叠处有栏外刻题"华严经卷七十八 三",第 3 纸与第 4 纸的交接重叠处有栏外刻题"华严经卷七十八 四"等。正文 26 纸。

说明 1. 封面与封底均为蓝色绢面,题签为黄色。

2. 正文刻有句读。

3. 麦 0472、麦 0473、麦 0475、麦 0476、麦 0477、麦 0478 六卷为同一函。

4. 函套有黄色题签,题"大方广佛华严经七十六之八十一"。

5. 参见麦 0466 说明项第 4 条。

麦 0561　大方广佛华严经卷第七十八

著者　（唐）实叉难陀译

时代　明

版本　经折装　刻本

现状　全

题记　封面题签题"大方广佛华严经卷第七十八"。卷端题"大方广佛华严经卷第七十八/于阗国三藏沙门实叉难陀译"。品题"入法界品第三十九之十九"。尾题"大方广佛华严经卷第七十八"。刻题"永乐十七年(1419)十二月十三日奉佛弟子/福贤发心书写锓梓谨施",后附"释音"5 行。

版式　每纸半叶 35.0 cm×12.2 cm;上下双栏;书眉 5.2 cm,地脚 3.0 cm,版面 26.9 cm×12.2 cm;版心白口;半叶 5 行,行 15 字,共 65 叶。此卷 5 个半叶为 1 纸,正文第 1 纸与第 2 纸的交接重叠处有栏外刻题"华严经卷七十八　二",第 2 纸与第 3 纸的交接重叠处有栏外刻题"华严经卷七十八　三",第 3 纸与第 4 纸的交接重叠处有栏外刻题"华严经卷七十八　四"等。正文 26 纸。

说明　1. 封面与封底均为蓝色绢面,题签为黄色。
　　　2. 正文刻有句读。

麦 0476　大方广佛华严经卷第七十九

著者　（唐）实叉难陀译

时代　明

版本　经折装　刻本

现状　全

题记　封面题签题"大方广佛华严经卷第七十九"。卷端题"大方广佛华严经卷第七十九/于阗国三藏沙门实叉难陀译"。品题"入法界品第三十九之二十"。尾题"大方广佛华严经卷第七十九",后附"释音"4 行。

版式　每纸半叶 32.3 cm×12.2 cm;上下双栏;书眉 3.7 cm,地脚 1.6 cm,版面 27.0 cm×12.2 cm;版心白口;半叶 5 行,行 15 字,共 43 叶。此卷 5 个半叶为 1 纸,正文第 1 纸与第 2 纸的交接重叠处有栏外刻题"华严经卷七十九　二",第 2 纸与第 3 纸的交接重叠处有栏外刻题"华严经卷七十九　三",第 3 纸与第 4 纸的交接重叠处有栏外刻题"华严经卷七十九　四"等。正文 17 纸(第 17 纸为 4 个半叶),卷末 1 纸(2 个半叶)。

说明　1. 封面为红色绢面,封底为蓝色绢面,题签为黄色。

2. 正文刻有句读。

3. 麦 0472、麦 0473、麦 0475、麦 0476、麦 0477、麦 0478 六卷为同一函。

4. 函套有黄色题签,题"大方广佛华严经七十六之八十一"。

5. 参见麦 0466 说明项第 4 条。

麦 0562　大方广佛华严经卷第七十九

著者　(唐)实叉难陀译

时代　明

版本　经折装　刻本

现状　全

题记　封面题签题"大方广佛华严经卷第七十九"。卷端题"大方广佛华严经卷第七十九/
于阗国三藏沙门实叉难陀译"。品题"入法界品第三十九之二十"。尾题"大方广佛
华严经卷第七十九"。刻题"永乐十七年(1419)十二月十三日奉佛弟子/福贤发心
书写锓梓谨施",后附"释音"4 行(大字 4 行,小字 6 行)。

版式　每纸半叶 35.0 cm×12.2 cm;上下双栏;书眉 5.3 cm,地脚 2.9 cm,版面 26.8 cm×
12.2 cm;版心白口;半叶 5 行,行 15 字,共 43 叶。此卷 5 个半叶为 1 纸,正文第 1
纸与第 2 纸的交接重叠处有栏外刻题"华严经卷七十九　二",第 2 纸与第 3 纸的
交接重叠处有栏外刻题"华严经卷七十九　三",第 3 纸与第 4 纸的交接重叠处有
栏外刻题"华严经卷七十九　四"等。正文 18 纸(第 18 纸为半叶)。

说明　1. 封面与封底均为蓝色绢面,题签为黄色。

2. 正文刻有句读。

麦 0477　大方广佛华严经卷第八十

著者　(唐)实叉难陀译

时代　明

版本　经折装　刻本

现状　全

题记　封面题签题"大方广佛华严经卷第八十"。卷端题"大方广佛华严经卷第八十/于阗
国三藏沙门实叉难陀译"。品题"入法界品第三十九之二十一"。尾题"大方广佛华
严经卷第八十",后附"释音"2 行,牌记 1 幅(半叶),内题识"乾隆五十六年(1791)
十一月十七日/麦积山瑞应寺释子达焕 顶礼 读诵此经一遍"。

版式　每纸半叶 32.2 cm×12.2 cm;上下双栏;书眉 2.8 cm,地脚 1.6 cm,版面 27.8 cm× 12.2 cm;版心白口;半叶 5 行,行 15 字,共 54 叶。此卷 5 个半叶为 1 纸,正文第 1 纸与第 2 纸的交接重叠处有栏外刻题"华严经卷八十　二",第 2 纸与第 3 纸的交接重叠处有栏外刻题"华严经卷八十　三",第 3 纸与第 4 纸的交接重叠处有栏外刻题"华严经卷八十　四"等。正文 21 纸,卷末 1 纸(2 个半叶),牌记 1 纸(半叶)。

说明　1. 封面为绿色绢面,封底为蓝色绢面,题签为黄色。

　　　2. 正文刻有句读。

　　　3. 麦 0472、麦 0473、麦 0475、麦 0476、麦 0477、麦 0478 为六卷同一函。

　　　4. 函套有黄色题签,题"大方广佛华严经七十六之八十一"。

　　　5. 参见麦 0466 说明项第 4 条。

麦 0478　大方广佛华严经卷第八十一(据封题定名)

著者　(唐)般若译

时代　明

版本　经折装　刻本

现状　全

题记　封面题签题"大方广佛华严经卷第八十一"。卷端题"大方广佛华严经入不思议解脱境界普贤行愿品/罽宾国三藏般若奉诏译"。尾题"大方广佛华严经普贤行愿品"。题识"蒲何漾施银三钱 张尔修施银一钱二分 苟跃龙施银三钱/王加重施　银一百五十文 裴兴龙一家信士共施银一两/二水岔一会登续寺施银七钱一分 刘养成施银一钱二分/宋国贞施银二钱二分 朱门吴氏施银一钱五分 王氏施银二钱四分/吕门王氏施银一钱二分 张守后父子施银一钱二分 会宁县一会梁门孛氏寺施银六钱五分/本山住持僧人来幸 李世 来明 来金 徒自用 自祥 自德 自证 自悟 自有徒性蕊 性洁/玄门道人 教玄 会通 毛褐二尺/化主僧人 真祥 徒如寿 如意 如满 如右 如随 如贤 如灵 如果徒性五玉银八两/康熙二十一年(1682)四月三十日"。

版式　每纸半叶 32.2 cm×12.2 cm;上下双栏;书眉 3.0 cm,地脚 1.5 cm,版面 27.7 cm× 12.2 cm;版心白口;半叶 5 行,行 15 字,共 40 叶。此卷 5 个半叶为 1 纸,正文第 1 纸与第 2 纸的交接重叠处有栏外刻题"华严经卷八十一　二",第 2 纸与第 3 纸的交接重叠处有栏外刻题"华严经卷八十一　三",第 3 纸与第 4 纸的交接重叠处有栏外刻题"华严经卷八十一　四"等。正文 16 纸。

说明　1. 封面与封底均为蓝色绢面,题签为黄色。

　　　2. 正文刻有句读。

3. 麦 0472、麦 0473、麦 0475、麦 0476、麦 0477、麦 0478 六卷为同一函。

4. 函套有黄色题签,题"大方广佛华严经七十六之八十一"。

5. 参见麦 0466 说明项第 4 条。

麦 0563　大方广佛华严经卷第八十一

著者　（唐）般若译

时代　明

版本　经折装　刻本

现状　全

题记　封面题签题"大方广佛华严经卷第八十一"。卷端题"大方广佛华严经入不思议解脱境界普贤行愿品/罽宾国三藏般若奉诏译"。尾题"大方广佛华严经普贤行愿品"。版画《天王像》(拟)1 幅(半叶,见说明 1)。尾题"大方广佛华严经后序"。刻题"永乐十七年(1419)十二月十三日奉佛弟子/福贤发心书写镂梓谨施"。后有牌记 1 幅(半叶空白),版画《天王像》(拟)1 幅(半叶,见说明 2)。

版式　每纸半叶 35.0 cm×12.2 cm;上下双栏;书眉 4.9 cm,地脚 3.0 cm,版面 27.2 cm×12.2 cm;版心白口;半叶 5 行,行 15 字,共 44 叶。此卷 5 个半叶为 1 纸,正文第 1 纸与第 2 纸的交接重叠处有栏外刻题"华严经卷八十一　二",第 2 纸与第 3 纸的交接重叠处有栏外刻题"华严经卷八十一　三",第 3 纸与第 4 纸的交接重叠处有栏外刻题"华严经卷八十一　四"等。正文 16 纸(第 16 纸为 3 个半叶),序 2 纸(第 2 纸为 3 个半叶),版画牌记 1 纸(2 个半叶)。

说明　1. 版画中天王呈双手合十状。

2. 封面与封底均为蓝色绢面,题签为黄色。

3. 正文刻有句读。

麦 0571　大方广佛华严经卷第八十一

著者　（唐）般若译

时代　明

版本　经折装　刻本

现状　全

题记　封面题签题"大方广佛华严经卷第八十一"。卷首有版画《说法图》(拟)1 幅(5 个半叶,见说明 1)。牌记 1 幅(半叶),内刻题"御制 六合清宁 七政顺序 雨阳时若 万物异丰/亿兆康和 凡幽融朗 均跻寿域 溥种福田/上善攸臻 障碍消释 家崇忠孝 人乐慈良/官清政平 讼简刑措 化行俗美 泰道咸亨/凡厥有生 俱成佛果 永乐十七年 (1419)十二月十三日"。卷端题"大方广佛华严经入不思议解脱境界普贤行愿品/罽宾国三藏般若奉诏译"。刻题"敕封北京大慈恩寺都纲 见住城固县新马院 侍/佛刊华严经一卷舍财释子锁南 坚挫 徒了银/愿祁山门镇静僧众安和吉祥如意"。尾题"大方广佛华严经普贤行愿品"。尾题"重刊华严经后序"。刻题"洋县丰宁里闵家庄居住奉/佛刊华严经共承二卷 舍财信士刘智室人邓氏/男刘虎王氏 田氏 刘氏 杨氏 刘纪 杨氏 王氏 刘嵩 王氏 刘氏 师氏 刘堂 陈氏 赵氏/愿祈家门清吉 人眷平安 六畜兴旺 吉祥如意者"。刻题"大明国陕西汉中府洋县积庆寺 侍/佛重开释子吉圆 徒一香 一淌 真相 等幸遇/佛祖洪庥而闵报三有 以百子德未酹 由是竭倾己帑及募十方 命工锓梓/大方广佛华严经一部 金刚 弥陀观音三经一部,印施十方 令诵习者存使授/持 心珠朗耀舍羊鹿之车 御白牛乘 直趣法会 亲授记荊 四悬三有均沾利乐 法界有情同登觉岸者矣。/发心弟子吉圆 徒一清 一会 一怀 徒孙朝奉 真花 真常/本山僧 吉铭 吉银 吉镔 助缘僧一现 一先/点坐 真果 助缘方僧佛通徒法灯能满/本境 梓匠陈继甫 造经篋匠刘英 纸匠王俊 王金/舍经架信士李举/本境助缘施主周志隆 周潭 周师 周秉义 周友荣 周思敬 周思聪/周顺 周思恩 周鸾 周廷相 周鹤 周廷西 周祥 周大经 周尚得 周廷现/周宗文 周月 周大伦 周廷虎 周文学 周廷章 周圭 周自隆 周自堂 周自鸾/周自奉 周朗 周成 周大岐 周大器 周昂 张万仓 李正 刘虎 李虎/李万才 李奉 李爵 周臣良 周□良 周尚智 周爻 刘景方 周雨/杜廷相 杜爱 刘英 袁爵 杜鸾 袁恭 袁仲和 牛甫 牛俊 杜满/牛王 周时 牛西 杜甫 袁敖 牛真 周琰 周印 袁锦 周天吉 袁左/袁仲金 袁臣 袁太 袁万艮 刘朝□ 何奈 何昂 何朝 何隆 何雄"。牌记1幅(半叶),版画《天王像》(拟)1幅(半叶,见说明2)。

版式　每纸半叶36.1 cm×12.2 cm;上下双栏;书眉6.8 cm,地脚2.8 cm,版面26.5 cm×12.2 cm;版心白口;半叶5行,行15字,共47叶。此卷5个半叶为1纸,第1纸为版画,第2纸始为正文,每纸半叶或1叶后标刻题"华严经卷八十一"及各纸数。正文17纸(第17纸为6个半叶),前版画牌记1纸(6个半叶),后版画牌记1纸(2个半叶)。

说明　1. 版画正中佛结跏趺坐于莲台之上,莲台下有一听法弟子,两侧有听法弟子、菩萨、眷属、天龙八部等。

　　2. 版画中天王呈双手合十状。

　　3. 封面为红色绢面,封底为蓝色绢面,题签为黄色。

　　4. 正文刻有句读。

麦 0418　大方广佛华严经卷第八十一（据版心题定名）

著者　（唐）般若译

时代　明

版本　经折装　刻本

现状　全

题记　封面题签题"大方广佛华严经卷第八十一"。卷端题"大方广佛华严经入不思议解脱境界/普贤行愿品/罽宾国三藏般若奉诏译"。刻题"敕封北京大慈恩寺都纲 见住城固县新马院 侍/佛刊华严经一卷舍财释子锁南 坚挫 徒了银/愿祁山门镇静僧众安和吉祥如意"。尾题"大方广佛华严经普贤行愿品"。尾题"重刊华严经后序"（3 叶），序后有题"大明宣德岁次辛亥（1431）中秋吉日行在僧录司右善世会稽沙门圆静"。刻题"洋县丰宁里闵家庄居住奉/佛刊华严经共承二卷，舍财信士刘智室人邓氏/男刘虎王氏 田氏 刘氏 杨氏 刘嵩 杨氏 王氏，刘嵩 王氏 刘氏 师氏 刘堂 陈氏 赵氏/愿祈家门清吉 人眷平安 六畜兴旺 吉祥如意者"，"大明国陕西汉中府洋县积庆寺 侍/佛重开释子吉圆 徒一香 一淌 真相等幸遇/佛祖洪麻而罔报三有 以百子德未酬 由是竭倾已帑及募十方 命工锓梓/大方广佛华严经一部 金刚 弥陀观音三经一部 印施十方 令诵习者存使授/持 心珠朗耀舍羊鹿之车 御白牛乘 直趣法会亲授记蔚 四悬三有均沾利乐 法界有情同登觉岸者矣/发心弟子吉圆 徒一清 一会一怀 徒孙朝奉 真花 真常/本山僧 吉铭 吉银 吉镪 助缘僧一现 一先/点坐 真果 助缘方僧佛通徒法灯能满/本境 梓匠陈继甫 造经箧匠刘英 纸匠王俊 王金/舍经架信士李举/本境助缘施主周志隆 周潭 周师 周秉义 周友荣 周思敬 周思聪/周顺 周思恩 周鸾 周廷相 周鹤 周廷西 周祥 周大经 周尚得 周廷现/周宗文 周月 周大伦 周廷虎 周文学 周廷章 周圭 周自隆 周自堂 周自鸾/周自奉 周朗 周成 周大岐 周大器 周昂 张万仓 李正 刘虎 李虎/李万才 李奉 李爵 周臣良 周□良 周尚智 周爻 刘景方 周雨/杜廷相 杜爱 刘英 袁爵 杜鸾 袁恭 袁仲和 牛甫 牛俊 杜满/牛王 周时牛西 杜甫 袁敖 牛真 周琰 周印 袁锦 周天吉 袁左/袁仲金 袁臣 袁太 袁万艮 刘朝□ 何奈 何昂 何朝 何隆 何雄"。

版式　每纸半叶 36.1 cm×12.2 cm；上下双栏；书眉 6.8 cm，地脚 2.8 cm，版面 26.5 cm×12.2 cm；版心白口，内刻题"华严经卷八十一"及纸数；半叶 5 行，行 15 字，共 43 叶。此卷 5 个半叶为 1 纸，每纸 1 叶后有栏外刻题"华严经卷第八十一"及各纸数。正文 17 纸（第 17 纸为 6 个半叶）。

说明　1. 封面与封底均为褐色绢面，题签为白色。

2. 正文刻有句读。

麦 0247   大方便佛报恩经卷第一

著者   不详

时代   明

版本   经折装   刻本

现状   全

题记   封面题签题"大方便佛报恩经卷第一"。扉页有《说法图》(拟)1 幅(5 个半叶,见说明 1)。牌记 1 幅(半叶),上刻"御制"二字,正中刻有"六合清宁 七政顺序 雨阳时若 万物异丰/亿□康和 凡幽融朗 均跻寿域 溥种福田/上善攸臻 障碍消释 家崇忠孝 人乐慈良/官清政平 讼简刑措 化行俗美 泰道咸亨/凡厥有生 俱成佛果 永乐十七年(1419)十二月十三日"。版画右下角刻题"□□凤翔府宝鸡县遵仪里营子头村居信士宫大璋室人范氏"(版画外题)。卷端题"大方便佛报恩经卷第一"。品题"序品第一"、"孝品第二"。尾题"大方便佛报恩经卷第一",后附"释音"(1 叶半)。刻题"长安县和迪里五楼村南街居住/信士刘世华室人姜氏张氏,男刘勇张氏,六秩、刘印一家眷等发心刊刻/报恩尊经首卷伏愿/三宝光中吉祥如意"。

版式   每纸半叶 35.6 cm×11.8 cm;上下双栏;书眉 5.7 cm,地脚 3.3 cm,版面 26.6 cm×11.8 cm;版心白口,内刻题"报恩经卷一"及纸数;半叶 5 行,行 15 字,共 63 叶。此卷 5 个半叶为 1 纸,第 1 纸为版画,第 2 纸始为正文(5 个半叶)。正文第 1 纸与版画纸的交接重叠处有栏外刻题"报恩一   一   子",第 2 纸与第 3 纸的交接重叠处有栏外刻题"报恩一   二   罩",第 3 纸与第 4 纸的交接重叠处有栏外刻题"报恩卷一   三   昏"等。每纸半叶或 1 叶后标刻题"报恩经卷一"及各纸数。正文 24 纸,版画牌记 1 纸(6 个半叶)。

说明   1. 版画正中佛陀跏趺坐于莲台之上,两侧有听法弟子、菩萨、眷属、天龙八部等。

2. 封面为褐色绢面,封底为蓝色绢面。

3. 正文刻有句读。

4. 麦 0247、麦 0313、麦 0234、麦 0130、麦 0222、麦 0298、麦 0312 为同一函,一至七卷。

麦 0313   大方便佛报恩经卷第二

著者   不详

时代   明

版本　经折装　刻本

现状　首残尾全(缺封面)

题记　卷端题"大方便佛报恩经卷第二"。品题"对治品第二至发菩提心品第四"。尾题"大方便佛报恩经卷第四",后附"释音"4个半叶。刻题"泾阳县北□(留)里河村居住/信士任腾霄室人张氏、祝氏、骆氏、次男任七十孙、男任良谋、任良猷/信士寰室人男任良金侄、男任宠室人朱氏发心重刊/报恩尊经一卷二六时中吉祥如意"。

版式　每纸半叶 36.1 cm×12.1 cm;上下双栏;书眉 6.8 cm,地脚 3.4 cm,版面 25.9 cm×12.1 cm;版心白口,内刻题"报恩经卷二　一至二十三";半叶 5 行,行 15 字,共 57 叶半。此卷 5 个半叶为 1 纸,第 1 纸为正文(5 个半叶)。正文第 1 纸第 2 纸的交接重叠处有栏外刻题"报恩经卷二　二",第 2 纸与第 3 纸的交接重叠处刻题"报恩二　三",第 3 纸与第 4 纸的交接重叠处刻题"报恩二　四"等。每纸半叶或 1 叶后标刻题"报恩经卷二"及各纸数。正文 23 纸。

说明　1. 正文刻有句读。

　　　2. 无封面,封底为褐色绢面。

　　　3. 麦 0247、麦 0313、麦 0234、麦 0130、麦 0222、麦 0298、麦 0312 为同一函,一至七卷。

麦 0234　大方便佛报恩经卷第三

著者　不详

时代　明

版本　经折装　刻本

现状　全

题记　封面题签题"大方便佛报恩经卷第三"。卷端题"大方便佛报恩经卷第三"。品题"论义品第五"。尾题"大方便佛报恩经卷第三",后附"释音"(10 行)。刻题"泾阳县北留里河村居住/信士任腾霄室人祝氏 张氏 骆氏次男任七十/孙男任良谋 任良猷发心刊/报恩尊经三卷 二六时中吉祥如意"。

版式　每纸半叶 25.7 cm×11.8 cm;上下双栏;书眉 6.5 cm,地脚 3.4 cm,版面 25.8 cm×11.8 cm;版心白口,内刻题"报恩经卷三"及纸数;半叶 5 行,行 15 字,共 57 叶半。此卷 5 个半叶为 1 纸,第 1 纸为正文(5 个半叶)。正文第 1 纸与第 2 纸的交接重叠处有栏外刻题"报恩经卷三卷　一",第 2 纸与第 3 纸的交接重叠处有栏外刻题"报恩三　二",第 3 纸与第 4 纸的交接重叠处有栏外刻题"报恩三　三"等。每纸半叶或 1 叶后标刻题"报恩经卷三"及各纸数。正文 23 纸(第 23 纸为 4 个半叶)。

说明　1. 封面为褐色绢面,封底为红色绢面。

　　　2. 正文刻有句读。

　　　3. 麦 0247、麦 0313、麦 0234、麦 0130、麦 0222、麦 0298、麦 0312 为同一函,一至
　　　　七卷。

麦 0130　大方便佛报恩经卷第四

著者　不详

时代　明

版本　经折装　刻本

现状　全

题记　卷端题"大方便佛报恩经卷第四"。品题"恶友品第六"。尾题"大方便佛报恩经卷
　　　第四"。刻题"泾阳县东留里信士刘重德、李仲和男李兴/李文义、刘进忠、王希鳌、
　　　师迁美/竹万禄、男竹时昌、任宅韩氏、杨希灯/王世宁/宝泉寺释子学珪、徒德慧、孙
　　　净演、悟宝",后附"释音"(2 半叶)。

版式　每纸半叶 35.3 cm×11.6 cm;上下双栏;书眉 6.2 cm,地脚 3.1 cm,版面 26.2 cm×
　　　11.6 cm;版心白口,内刻题"报恩经卷四"及纸数;半叶 5 行,行 15 字,共 58 叶。此
　　　卷 5 个半叶为 1 纸,每纸半叶或 1 叶后标刻题"报恩经卷四"及各纸数,第 1 纸为正
　　　文。正文第 1 纸与第 2 纸的交接重叠处有栏外刻题"报恩经卷四卷　一",第 2 纸
　　　与第 3 纸的交接重叠处有栏外刻题"报恩四　二科"。正文 23 纸。

说明　1. 封底,封面均为褐色绢面。

　　　2. 正文刻有句读。

　　　3. 麦 0247、麦 0313、麦 0234、麦 0130、麦 0222、麦 0298、麦 0312 为同一函,一至
　　　　七卷。

麦 0222　大方便佛报恩经卷第五

著者　不详

时代　明

版本　经折装　刻本

现状　全

题记　封面题签题"大方便佛报恩经卷第五"。卷端题"大方便佛报恩经卷第五"。品题
　　　"慈品第七"。尾题"大方便佛报恩经卷第五",后附"释音"10 行(2 个半叶)。刻题
　　　"广福寺宗无伦/诣京请造"(释音下);"泾阳县北留河村居住/信士王用室人李氏、

男王邦净室人任氏/信士宁迁壁室人白氏,男宁宗儒、宁宗学/信士梁守己室人翟氏、男梁邦顺、任氏孙男小孙靠现/发心重刊/报恩经一卷 二六时中吉祥如意"(释音后)。

版式　每纸半叶 35.4 cm×11.7 cm;上下双栏;书眉 6.4 cm,地脚 2.9 cm,版面 26.1 cm×11.7 cm;版心白口,内刻题"报恩经卷五"及纸数;半叶 5 行,行 15 字,共 55 叶。此卷 5 个半叶为 1 纸,正文第 1 纸与第 2 纸的交接重叠处有栏外刻题"报恩经卷五　二",第 2 纸与第 3 纸的交接重叠处有栏外刻题"报恩经卷五　三",第 3 纸与第 4 纸的交接重叠处有栏外刻题"报恩经卷五　四"等。每纸半叶或 1 叶后标刻题"报恩经卷五"及各纸数。正文 22 纸。

说明　1. 封面为绿色绢面,黄色题签,封底为褐色绢面。

2. 正文刻有句读。

3. 麦 0247、麦 0313、麦 0234、麦 0130、麦 0222、麦 0298、麦 0312 为同一函,一至七卷。

麦 0298　大方便佛报恩经卷第六

著者　不详

时代　明

版本　经折装　刻本

现状　全

题记　封面题签题"大方便佛报恩经卷第六"。卷端题"大方便佛报恩经卷第六"。中题"优波离品第八"。尾题"大方便佛报恩经卷第六",后附"释音"(2 行)。题记"陕西都司凤翔守御千户所草凉驿致仕官百户王世爵同室人郭氏/张氏、男百户王守道郭氏、李氏、次男王守恩麻氏/王守卫郭氏、王守郡麻氏、王守都李氏/王守邦黎氏、长孙王董狗/发心舍财刊/大方便报恩经一卷上报 四恩下资三宥法界众生同圆种智"。题识"大明国山西平阳府临汾县贾升里信士元景学同室人张氏、男元佛保/母刘氏/表报恩经卷三卷"。

版式　每纸半叶 37.7 cm×11.9 cm;上下双栏;书眉 7.0 cm,地脚 3.7 cm,版面 26.9 cm×11.9 cm;版心白口,栏内刻题"报恩经卷六 一至二十七"、"报恩经卷六"、"一信官王世爵"、"报恩经卷六"、"三释子道喜宽庆"、"报恩经卷六　十一　张刚　刊"、"报恩经卷六　十二　吴朝甫"、"报恩经卷六　十三　董云霄刘氏"、"报恩经卷六　十七　梁仲金段氏"、"报恩经卷六　十八　田朝相刘氏"、"报恩经卷六　二十一　王从仁村氏"、"报恩经卷六"、"王从仁朱氏"。半叶 5 行,行 15 字,共 65 叶半。此卷 5

个半叶为1纸,每纸半叶或1叶后标刻题"报恩经卷六"、人名及各纸数。正文 27纸。

说明　1. 正文刻有句读。

　　　2. 封面为红色绢面,蓝色题签。

　　　3. 卷内有黄色金箔一张。

　　　4. 麦0247、麦0313、麦0234、麦0130、麦0222、麦0298、麦0312为同一函,一至 七卷。

麦0312　大方便佛报恩经卷第七

著者　不详

时代　明

版本　经折装　刻本

现状　首全尾残(缺封面)

题记　卷端题"大方便佛报恩经卷第七"。品题"亲近品第九"。尾题"大方便佛报恩经卷 第七",后附"释音"(4行)。刻题"长安县一社众信人寺安轻 刘添祥/王九轻 曹垒 刘艮 高九成/王世科 王世灯 赵廷甫/发心重刊/报恩尊经一卷 伏愿/三宝光中吉祥 如意",封底有版画《天王像》1幅。

每纸　半叶35.9 cm×11.9 cm;上下双栏;书眉7.2 cm,地脚3.2 cm,版面25.4 cm× 11.9 cm;版心白口,内刻题"报恩经卷七 一至十九";半叶5行,行15字,共48叶。 此卷5个半叶为1纸,第1纸为正文,第5纸版心刻题"孙大臣",第16纸版心刻题 "信士罗现"。正文第1纸第2纸的交接重叠处有栏外刻题"报恩经卷七 一 齐",第2纸与第3纸的交接重叠处刻题"报恩卷七 三□(君)",第3纸与第4纸 的交接重叠处刻题"报恩卷七 四 甫"等。正文19纸。

说明　1. 正文刻有句读。

　　　2. 封面为绿色绢面,无题签。

麦0192　大般涅槃经卷第一

著者　(北凉)昙无谶译

时代　明

版本　经折装　刻本

现状　略残

题记　卷首有版画1幅(见说明1),牌记"皇帝万岁万万岁"。卷端题"大般涅槃经卷第一北凉天竺三藏昙无谶奉诏译"。中题"大般涅槃经寿命品第一之一"。尾题"大般涅槃经卷第一",后附"释音"(3 个半叶)。刻题"百塔寺、净业寺领众比丘僧解空、僧古明、僧拙安和尚发心刊/□□财释子愿林发心造/□□梅造经十连伏愿/☐☐☐☐☐"。

版式 每纸半叶 35.7 cm×11.7 cm;上下双栏;书眉 8.4 cm,地脚 3.1 cm,版面 24.2 cm×11.7 cm;版心白口,内刻题"□卷一"及纸数;半叶 5 行,行 15 字,共 62 叶半。此卷 5 个半叶为 1 纸,每纸半叶或 1 叶后标栏内刻题"卷一"及纸数。第 1 纸与第 2 纸交接重叠处有栏外刻题"卷一 一",第 2 纸与第 3 纸交接重叠处有栏外刻题"卷一二"。正文 24 纸,版画 1 纸(6 个半叶)。

说明 1. 前有版画 1 幅,共 5 个半叶,画中有释迦牟尼、弟子、菩萨及天王等,应为释迦牟尼说法图。

2. 封面为红色绢面,封底为蓝色绢面。

3. 正文刻有句读。

麦 0330 大般涅槃经卷第二

著者 (北凉)昙无谶译

时代 明

版本 经折装 刻本

现状 残(首、底封脱落)

题记 卷端题"大般涅槃经卷第二 北凉天竺三藏昙无谶奉诏译"。中题"大般涅槃经寿命品第一之二"。尾题"大般涅槃经卷第二",后附"释音"(共 11 行)。刻题"百塔寺、净业寺释子解空古明拙安发心重刊/涅槃经全部/镇安县仁和里观音寺释子圆满造/涅槃经一卷/释子海宽、明讲、明江、伏愿/□(三)宝光中吉祥如意"。题识"岐山县尚善里鲁庄表"。

版式 每纸半叶 35.3 cm×11.7 cm;上下双栏;书眉 7.9 cm(残),地脚 3.4 cm,版面 27.5 cm×11.7 cm;版心白口,内刻题"□卷二";半叶 5 行,行 15 字,共 68 叶。此卷 5 个半叶为 1 纸两纸交接重叠处有栏外刻题"涅槃经卷二"及纸数。共 27 纸,卷末 1 纸(4 个半叶)。

说明 正文刻有句读。

麦 0128 大般涅槃经卷第三

著者 (北凉)昙无谶译

时代　明

版本　经折装　刻本

现状　首残尾全(缺封底)。起"人来寄其宝物。语其人言□□□□□至他处"。

题记　刻题"涅槃经卷三　十二庆"(墨等阴刻刻题,在11纸与12纸交接处)。中题"大般涅槃经金刚身品第二"。刻题"涅槃经卷三　十六"(墨等阴刻刻题,在15纸与16纸交接处)。中题"大般涅槃经名字功德品第三"。尾题"大般涅槃经卷第三",后附"释音"(1个半叶)。刻题"陕西秦府百塔寺 净业寺比丘僧解空古明拙安发心刊/大般涅槃经卷全部/灵感寺舍财释子正万徒志祥志胡志迎/发心重刊/□□□□□"。题识"岐山县尚善里刘士恭表"。

版式　每纸半叶35.7 cm×11.7 cm;上下双栏;书眉7.8 cm,地脚3.6 cm,版面11.7 cm×24.3 cm;版心白口,内刻题"□卷三"及纸数;半叶5行,行15字,共56叶。此卷5个半叶为1纸,每纸半叶或1叶后标栏内刻题"□卷三"及纸数。第1纸与第2纸交接重叠处有栏外刻题"涅槃经卷三　三胜",第2纸与第3纸交接重叠处有栏外刻题"涅槃经卷三　四胜"。正文24纸。

说明　正文刻有句读。

麦 0129　大般涅槃经卷第四

著者　(北凉) 昙无谶译

时代　明

版本　经折装　刻本

现状　首尾残。起"财而得名为大施檀越。佛言若有沙门"(前残断半叶3行,不录),止"德了、德□、明来/□□□□□如意"。

题记　尾题"□□(大般)涅槃经卷第四释音"(1个半叶),后附"释音"(5行)。刻题"丰德寺沙门释子等/住持德锐、德名、明阳、明续/道琪、德胜、德敬、明乐杰、明礼/德斌、德□、明魁/德了、德□、明来/□□□□□如意"。

版式　每纸半叶35.7 cm×11.7 cm;上下双栏;书眉8.5 cm,地脚3.2 cm,版面23.9 cm×11.7 cm;版心白口,内刻题"□卷四"及纸数;半叶5行,行15字,共44叶。此卷5个半叶为1纸,每纸半叶或一纸后标栏内刻题"卷四"及各纸数。第1纸与第2纸交接重叠处有栏外刻题"卷四　四",第2纸与第3纸交接重叠处有栏外刻题"卷四　五"。正文20纸。

说明　正文刻有句读。

麦 0131　大般涅槃经卷第五

著者　（北凉）昙无谶译

时代　明

版本　经折装　刻本

现状　全（首尾封底脱落）

题记　卷端题"大般涅槃经卷第五　北凉天竺三藏昙无谶奉诏译"。中题"大般涅槃经如来性品第四之二"。尾题"大般涅槃经卷第五"，后附"释音"（2 个半叶）。刻题"丰德寺沙门释子等/圆吉、圆定、圆左、明间、真贵/圆怒、圆公、圆众、明财、真喜/圆美、圆东、圆奉、真景/圆裋、圆满、圆秉，发心重刊/大般涅槃经一卷/三宝光中吉祥如意"。后有版画 1 幅（见说明 1）。

版式　每纸半叶 35.7 cm×11.7 cm；上下双栏；书眉 8.2 cm，地脚 3.7 cm，版面 23.8 cm×11.7 cm；版心白口，内刻题"□卷五"及纸数；半叶 5 行，行 15 字，共 63 叶。此卷 5 个半叶为 1 纸，每纸半叶或 1 叶后标栏内刻题"□卷五"及纸数。第 1 纸与第 2 纸交接重叠处有栏外刻题"涅盘（槃）经卷五　二"，第 2 纸与第三纸交接重叠处有栏外刻题"涅盘（槃）经卷五　三"。正文 25 纸，版画 1 纸（1 个半叶）。

说明　1. 版画 1 幅，为一天王像。像后残存封底底根。

　　　2. 卷中有附纸一张。

　　　3. 正文刻有句读。

麦 0190　大般若涅槃经卷第六

著者　（北凉）昙无谶译

时代　明

版本　经折装　刻本

现状　首尾稍残

题记　卷首有版画 1 幅（4 个半叶，见说明 1），牌记"皇帝万岁万万岁"。卷端题"大般涅槃经卷第六 北凉天竺三藏昙无谶奉诏译"。中题"大般涅槃经如来性品第四之三"。尾题"大般涅槃经卷第六"，后附"释音"（共 5 行）。刻题"圭峰寺沙门释子/德俶圆通 圆证 元论 元惺 明闿/圆经 圆贵 圆镜 圆满 元定/鄠县与泉里黄堆村信士竜大保赫氏/太平里南坡村信士冯应春/发心重刊 ▬▬▬▬ 一卷 ▬▬▬▬ 如意（后残）"。

版式　每纸半叶 35.9 cm×11.7 cm；上下双栏；书眉 6.9 cm，地脚 3.9 cm，版面 25.0 cm×

11.7 cm;版心白口,内刻题"□卷六"及纸数;半叶 5 行,行 15 字,共 60 叶。此卷 5 个半叶为 1 纸,每纸半叶或 1 叶后标栏内刻题"□卷六"及纸数。第 1 纸与第 2 纸交接重叠处有栏外刻题"涅槃经卷六 一",第 2 纸与第 3 纸交接重叠处有栏外刻题"涅槃经卷六 二"。正文 23 纸。

说明　1. 卷首有版画 1 幅,画中有释迦牟尼、弟子、菩萨、天王等,应为释迦牟尼说法图。

　　　2. 栏外刻题"涅槃经卷六"及纸数。

　　　3. 正文刻有句读。

麦 0325　大般涅槃经卷第七

著者　(北凉)昙无谶译

时代　明

版本　经折装　刻本

现状　残(首、尾底封脱落)。起"▨▨▨▨应当依止何以故有四",止"三宝光中吉祥如意"。

题记　尾题"大般涅槃经卷第七",后附"释音"(共 4 行)。刻题"鄠县太平里 草堂寺沙门释子等/住持成菅 智渊 会了/退隐成稳 智絪 会齐 会支/退隐成禅 智竟 会恭/成万 智夏 会因/成庄 智勒 会□/发心重刊/大般涅盘经一卷/三宝光中吉祥如意"。

版式　每纸半叶 35.7 cm×11.7 cm;上下双栏;书眉 7.2 cm,地脚 3.6 cm,版面 24.9 cm×11.7 cm;版心白口,内刻题"□卷七";半叶 5 行,行 15 字,共 58 叶半。此卷 5 个半叶为 1 纸,两纸交接重叠处有栏外刻题"涅槃经卷七"及纸数。共 24 纸,卷末 1 纸(3 个半叶)。

说明　正文刻有句读。

麦 0294　大般涅槃经卷第八

著者　(北凉)昙无谶译

时代　明

版本　经折装　刻本

现状　全(稍残)

题记　封面题签"大般涅槃经卷第八"。卷端题"大般涅槃经卷第八　北凉天竺三藏昙无谶奉诏译"。中题"大般涅槃经如来性品第四之五"。尾题"大般涅槃经卷第八",后附"释音"(共 5 行)。刻题"鄠县太平里草堂寺沙门释子等/成善 智累 智论 会宰 善花/智恺 智唤 智钱 会食 善晓/智唇 智杲 会竟/智山 智遥 会借/智证 智照 会收/

发心重刊/大般涅槃经一卷/三宝光中吉祥如意"。

版式　每纸半叶 35.8 cm×11.7 cm;上下双栏;书眉 8.2 cm,地脚 3.6 cm,版面 24.0 cm×
　　　11.7 cm;版心白口,内刻题"□卷八"及纸数;半叶 5 行,行 15 字,共 64 叶。此卷 5
　　　个半叶为 1 纸,正文第 1 纸与第 2 纸的交接重叠处有栏外刻题"涅槃经卷八　二",
　　　第 2 纸与第 3 纸的交接重叠处有栏外刻题"涅槃经卷八　三",第 3 纸与第 4 纸的
　　　交接重叠处有栏外刻题"涅槃经卷八　四"等。每纸半叶或 1 叶后标刻题"净卷八"
　　　及各纸数。共 25 纸,卷末 1 纸(4 个半叶)。

说明　1. 封面为黄色绢面,封底为黑色绢面,题签为白色。
　　　2. 正文刻有句读。

麦 0304　大般涅槃经卷第九

著者　(北凉)昙无谶译

时代　明

版本　经折装　刻本

现状　全

题记　封面题签题"大般涅槃经卷第九"。卷端题"大般涅槃经卷第九　北凉天竺三藏昙
　　　无谶奉诏译"。中题"大般涅槃经如来性品第四之六"。尾题"大般涅槃经卷第九",
　　　后附"释音"(共 3 行)。

版式　每纸半叶 36.0 cm×11.7 cm;上下双栏;书眉 7.0 cm,地脚 3.6 cm,版面 25.4 cm×
　　　11.7 cm;版心白口,内刻题"常卷九";半叶 5 行,行 15 字,共 50 叶。此卷 5 个半叶
　　　为 1 纸,两纸接缝处有栏外刻题"涅槃经六卷　宜　道　金　昏"等字样及纸数。
　　　共 20 纸。

说明　1. 封面为红色绢面,封底为蓝色绢面,题签为白色。
　　　2. 正文刻有句读。

麦 0199　大般涅槃经卷第十

著者　(北凉)昙无谶译

时代　明

版本　经折装　刻本

现状　全(首封脱落)

题记　卷端题"大般涅槃经卷第十　北凉天竺三藏昙无谶奉诏译"。中题"大般涅槃经如来
　　　性品第四之七"。尾题"大般涅槃经卷第十",后附"释音"(共 2 行),有版画 1 幅(见

说明 1)。

版式 每纸半叶 36.0 cm×11.7 cm;上下双栏;书眉 7.6 cm,地脚 3.6 cm,版面 24.8 cm× 11.7 cm;版心白口,栏内刻题"□卷十";半叶 5 行,行 15 字,共 58 叶。此卷 5 个半 叶为 1 纸,每纸半叶或 1 叶后标栏内刻题"□卷十"及纸数。第 1 纸与第 2 纸交接 重叠处有栏外刻题"涅槃经卷十 二胜",第 2 纸与第 3 纸交接重叠处有栏外刻题 "涅槃经卷十 三"。正文 23 纸,版画 1 纸(1 个半叶)。

说明 1. 版画 1 幅,绘一天王像。

    2. 封底为蓝色绢面。

    3. 正文刻有句读。

麦 0170 大般涅槃经卷第十二

著者 (北凉)昙无谶译

时代 明

版本 经折装 刻本

现状 残(首、底封脱落 中部有残,书眉部分被裁去)。

题记 卷端题"大般涅槃经卷第十二 北凉天竺三藏昙无谶奉诏译"。中题"大般涅槃经 圣行品第七之二"。尾题"大般涅槃经卷第十二",后附"释音"(2 个半叶)。

版式 每纸半叶 28.5 cm×12.1 cm;上下双栏;书眉裁断,地脚 2.2 cm,版面 26.2 cm× 12.1 cm;版心白口,内刻题"乐卷二"及纸数;半叶 5 行,行 15 字,共 56 叶半。此卷 5 个半叶为 1 纸,每纸半叶或 1 叶后标栏内刻题"乐卷二"及纸数。第 1 纸与第 2 纸 交接重叠处有栏外刻题"十二卷 二",第 2 纸与第 3 纸交接重叠处有栏外刻题"十 二卷 三"。正文 22 纸,卷末 1 纸(1 个半叶)。

说明 正文刻有句读。

麦 0555 大般涅槃经卷第十三

著者 (北凉)昙无谶译

时代 明

版本 经折装 刻本

现状 全(首封脱落)

题记 卷首题"大般涅槃经卷十三 北凉天竺三藏昙无谶奉诏译"。品题"大般涅槃经圣 行品第七之三"。尾题"大般涅槃经卷十三",后附"释音"(共 5 行)。

版式 每纸半叶 34.5 cm×12.1 cm;上下双栏;书眉 6.5 cm,地脚 2.3 cm,版面 25.7 cm×

12.1 cm；版心白口；半叶 5 行，行 15 字，共 61 叶。此卷 5 个半叶为 1 纸，共 25 纸，卷末 1 纸（3 个半叶）。

说明　1. 封底为橙色绢面。

　　　2. 正文刻有句读。

麦 0471　大般涅槃经卷第十六

著者　（北凉）昙无谶译

时代　明

版本　经折装　刻本

现状　全

题记　封面题签题"大般涅槃经"。卷首有版画《说法图》（拟）1 幅（4 个半叶，见说明 1）。卷端题"大般涅槃经卷第十六/北凉天竺三藏昙无谶奉诏译"。品题"梵行品第八之三"。尾题"大般涅槃经卷第十六"，后附"释音"半叶 4 行（小字两行占一行）。

版式　每纸半叶 32.3 cm×12.2 cm；上下双栏；书眉 2.8 cm，地脚 1.5 cm，版面 28.0 cm×12.2 cm；版心白口，内刻题"涅槃经卷十六"；半叶 5 行，行 15 字，共 54 叶。此卷 5 个半叶为 1 纸，第 1 纸为版画，第 2 纸始为正文。第 18 纸栏内刻题"性宗助刊祈求福慧增崇"，第 17 纸栏内刻题"北寺真慈徒如传徒孙"。正文 20 纸，卷末纸（4 个半叶），版画 4 个半叶。

说明　1. 版画内右侧佛结跏趺坐于莲台之上，外着圆领下垂袈裟，内着僧祇支，胸前有卐字；头光为火焰纹。左侧为听法弟子、菩萨、天王以及祥云、山、树木、宝塔等。

　　　2. 麦 0467、麦 0468、麦 0469、麦 0470、麦 0471 五卷为同一函。

　　　3. 封面为红色绢面，封底为浅蓝色纸，题签为黄色，函套为蓝色绢面（残）。

麦 0470　大般涅槃经卷第十七

著者　（北凉）昙无谶译

时代　明

版本　经折装　刻本

现状　全

题记　封面题签题"大般涅槃经"。卷端题"大般涅槃经卷第十七/北凉天竺三藏昙无谶奉诏译"。品题"梵行品第八之四"。尾题"大般涅槃经卷第十七"，后附"释音"半叶 2 行（小字两行占一行）。刻题"姑苏经坊陈祖劝刻"。

版式　每纸半叶 33.3 cm×12.2 cm；上下双栏；书眉 3.4 cm，地脚 1.5 cm，版面 27.4 cm×

12.2 cm;版心白口,内刻题"涅槃经卷十七"及叶数;半叶 5 行,行 15 字,共 54 叶。此卷 5 个半叶为 1 纸,第 1 纸始为正文。共 21 纸,卷末 1 纸(3 个半叶)。

说明　1. 麦 0467、麦 0468、麦 0469、麦 0470、麦 0471 五卷为同一函。

　　　　2. 封面为蓝色绢面,封底为浅蓝色纸,题签为黄色,函套为蓝色绢面(残)。

麦 0469　大般涅槃经卷第十八

著者　（北凉）昙无谶译

时代　明

版本　经折装　刻本

现状　全

题记　封面题签题"大般涅槃经"。卷端题"大般涅槃经卷第十八/北凉天竺三藏昙无谶奉诏译"。品题"梵行品第八之五"。尾题"大般涅槃经卷第十八",后附"释音"半叶 4 行(小字两行占一行)。牌记 1 幅(空白)。

版式　每纸半叶 32.3 cm×12.2 cm;上下双栏;书眉 3.0 cm,地脚 1.5 cm,版面 27.8 cm×12.2 cm;版心白口,内刻题"涅槃经卷十八"及叶数;半叶 5 行,行 15 字,共 57 叶。此卷 5 个半叶为 1 纸,第 1 纸始为正文;共 23 纸,卷末 1 纸(2 个半叶)。

说明　1. 麦 0467、麦 0468、麦 0469、麦 0470、麦 0471 五卷为同一函。

　　　　2. 封面为蓝色绢面,封底为浅蓝色纸,题签为黄色,函套为蓝色绢面(残)。

麦 0468　大般涅槃经卷第十九

著者　（北凉）昙无谶译

时代　明

版本　经折装　刻本

现状　全

题记　封面题签题"大般涅槃经"。卷端题"大般涅槃经卷第十九/北凉天竺三藏昙无谶奉诏译"。品题"梵行品第八之六"。刻题"比丘性定同徒海亮助刊"。尾题"大般涅槃经卷第十九",后附"释音"1 叶 7 行(小字两行占一行)。

版式　每纸半叶 32.3 cm×12.1 cm;上下双栏;书眉 2.9 cm,地脚 1.5 cm,版面 27.9 cm×12.1 cm;版心白口,内刻题"涅槃经卷十九"、"比丘如净助刊愿身心永固者"、"第子陶真敬"、"同伴夏氏"及叶数;半叶 5 行,行 15 字,共 59 叶。此卷 5 个半叶为 1 纸,第 1 纸始为正文。共 23 纸,卷末 1 纸(3 个半叶)。

说明　1. 麦 0467、麦 0468、麦 0469、麦 0470、麦 0471 五卷为同一函。

2. 封面为红色绢面,封底为浅蓝色纸,题签为黄色,函套为蓝色绢面(残)。

麦 0467　大般涅槃经卷第二十

著者　（北凉）昙无谶译

时代　明

版本　经折装　刻本

现状　全

题记　封面题签题"大般涅槃经"。卷端题"大般涅槃经卷第二十/北凉天竺三藏昙无谶奉
　　　诏译"。品题"梵行品第八之七"、"婴儿行品第九"。尾题"大般涅槃经卷第二十",
　　　后附"释音"半叶 3 行(小字两行占一行)。

版式　每纸半叶 32.2 cm×12.10 cm;上下双栏;书眉 3.1 cm,地脚 1.7 cm,版面
　　　27.4 cm×12.1 cm;版心白口,内刻题"涅槃经卷二十"、"比丘如海助刊"及叶数;半
　　　叶 5 行,行 15 字,共 54 叶。此卷 5 个半叶为 1 纸,第 1 纸始为正文。共 21 纸,卷
　　　末 1 纸(3 个半叶)。

说明　1. 麦 0467、麦 0468、麦 0469、麦 0470、麦 0471 五卷为同一函。

　　　2. 封面为红色绢面,封底为浅蓝色纸,题签为黄色,函套为蓝色绢面(残)。

麦 0092　大般涅槃经卷第三十一

著者　（北凉）昙无谶译

时代　明

版本　经折装　刻本

现状　全

题记　封面题签"大般涅槃经卷三十一之三十五"。卷首有版画 1 幅(见说明 1),牌记"皇
　　　帝万岁万万岁"。卷端题"大般涅槃经卷第三十一 北凉天竺三藏昙无谶奉诏译"。
　　　尾题"大般涅槃经卷第三十一",后附"释音"(共 5 行)。刻题"泾阳县马桥村信士吴
　　　仲吉/一家善眷人等 发心/涅槃经一卷 伏愿/三宝光中吉祥如意"。后有版画 1 幅
　　　(见说明 2)。

版式　每纸半叶 35.8 cm×11.7 cm;上下双栏;书眉 7.2 cm,地脚 3.5 cm,版面 25.0 cm×
　　　11.7 cm;版心白口,内题"净卷一";半叶 5 行,行 15 字,共 65 叶。此卷 5 个半叶为
　　　1 纸,共 25 纸,卷末 1 纸(4 个半叶)。

说明　1. 版画 1 幅,共 5 个半叶,画中有释迦牟尼、弟子、菩萨、天王等,为释迦牟《说
　　　法图》。

2. 封底有版画 1 幅,画中有一增长天王,手持宝剑而立。

3. 封面为橙色绢面,封底为黑色绢面,题签为黄色绢面。

4. 栏外刻题"涅槃经卷一"及纸数。

5. 正文刻有句读。

麦 0090　大般涅槃经卷第三十二

著者　(北凉)昙无谶译

时代　明

版本　经折装　刻本

现状　全

题记　封面题签题"大般涅槃经卷第三十二"。卷端题"大般涅槃经卷第三十二　北凉天竺三藏昙无谶奉诏译"。刻题"清林徒净音净智"(20 纸)。尾题"大般涅槃经卷第三十二",后附"释音"(6 行)。刻题"鄠县罗什寺僧人行林徒满尘　满轻"。

版式　每纸半叶 35.7 cm×11.7 cm;上下双栏;书眉 7.0 cm,地脚 3.3 cm,版面 25.2 cm×11.7 cm;版心白口,内题"净卷二"及纸数;半叶 5 行,行 15 字,共 63 叶半。此卷 5 个半叶为 1 纸,共 26 纸,卷末 1 纸(4 个半叶)。

说明　1. 封面为蓝色绢面,封底为红色绢面,题签为橙色绢面。

2. 栏外刻题"涅槃经卷二"及纸数。

3. 正文刻有句读。

麦 0223　大般涅槃经卷第三十三

著者　(北凉)昙无谶译

时代　明

版本　经折装　刻本

现状　全(缺封面)

题记　卷端题"大般涅槃经卷第三十三/北凉天竺三藏昙无谶奉诏译"。中题"大般涅槃经师子吼菩萨品第十一之七"、"大般涅槃经迦叶菩萨品第十二之一"。尾题"大般涅槃经卷第三十三",后附"释音"(4 行)。刻题"江口定会寺释子通理　祖兴　祖武/罗汉洞信士张守现 邢子江 党朝奉 赵庭相 景仲先 景进舟落海 吴汝济 王现 落万春/景进表 耿进成 李世科 柳自荣 王姜/李孟吉张氏 赵邦宣/僧人本宗 普照本然"。

版式　每纸半叶 35.7 cm×11.7 cm;上下双栏;书眉 7.2 cm,地脚 3.5 cm,版面 24.9 cm×

11.7 cm;版心白口,内刻题"净卷三"及纸数;半叶 5 行,行 15 字,共 64 叶。此卷 5 个半叶为 1 纸,正文第 1 纸与第 2 纸的交接重叠处有栏外刻题"净卷三　二",第 2 纸与第 3 纸的交接重叠处有栏外刻题"净卷三　三",第 3 纸与第 4 纸的交接重叠处有栏外刻题"净卷三　四"等。每纸半叶或 1 叶后标刻题"般经卷三"及各纸数。共 25 纸,卷末 1 纸(3 个半叶)。

说明　正文刻有句读。

麦 0089　大般涅槃经卷第三十四

著者　(北凉)昙无谶译

时代　明

版本　经折装　刻本

现状　全(虫蛀)

题记　封面题签"大般涅槃经卷第三十四"(拟),卷首题"大般涅槃经卷第三十四　北凉天竺三藏昙无谶奉诏译"。刻题"清果徒净眼"(13 纸)、"兴平草堂僧正金"(15 纸)、"清勉徒净鬼"(17 纸)、"正喜正胡"(18 纸)。尾题"大般涅槃经卷第三十四",后附"释音"(2 行)。刻题"汉阴县信士张文峰 男 张进甫/城东关信士温汉男温部/西安右户卫信士姚万良侯氏/娑罗树信士毛朝宣 业世竜/留村信女 刘宅妙月"。

版式　每纸半叶 35.5 cm×11.8 cm;上下双栏;书眉 6.9 cm,地脚 3.3 cm,版面 24.6 cm×11.8 cm;版心白口,内刻题"净卷四"及纸数;半叶 5 行,行 15 字,共 53 叶半。此卷 5 个半叶为 1 纸,共 22 纸,卷末 1 纸(3 个半叶)。

说明　1. 封面为绿色绢面,封底为红色绢面,题签为橙色绢面。

　　　2. 栏外刻题"涅槃经卷四"及纸数。

　　　3. 正文刻有句读。

麦 0302　大般涅槃经第三十五

著者　(北凉)昙无谶译

时代　明

版本　经折装　刻本

现状　全(底封脱落)

题记　封面题签题"大般涅槃经卷第三十五"。卷端题"大般涅槃经卷第三十五 北凉天竺三藏昙无谶奉诏译"。中题"大般涅槃经迦叶菩萨品第十二之三"。尾题"大般涅槃经卷第三十五",后附"释音"(1 行)。题识"泾阳县河村信士甯庭碧 梁守己/临童信士刘世广/山西信士梁添奉 司景云/大仁河信士赵廷钊 张子春 王朝仓 刘□ 张平 冯万金 雷坤 雷应春"。

版式　每纸半叶 35.6 cm×11.7 cm;上下双栏;书眉 7.5 cm,地脚 3.4 cm,版面 24.3 cm×11.7 cm;版心白口,内刻题"净卷五";半叶 5 行,行 15 字,共 51 叶半。此卷 5 个半叶为 1 纸,共 21 纸,卷末 1 纸(4 个半叶)。第 1 纸栏内题刻"兴平　信士解元江",第 2 纸栏内题刻"兴平董继业",第 3 纸卷栏内题刻"兴平　李仲金一家眷等",第 4 纸栏内题刻"兴平　信士陈廷贵　陈廷印　室人王氏　张氏",第 7 纸栏内题刻"兴平　父陈万益　男　陈邦舟",第 8 纸栏内题刻"兴平　李宗尧一家等"、"兴平　陈宅信女刘氏男陈文舟李氏"。两纸接缝处有栏外刻题"涅槃经卷五　秦　金　天昏受"等字样及纸数。

说明　1. 封面为红色绢面,题签为橙色。

　　　2. 正文刻有句读。

麦 0303　大般涅槃经卷第三十六

著者　(北凉)昙无谶译

时代　明

版本　经折装　刻本

现状　全

题记　封面题签题"大般涅槃经卷第三十六"。卷端题"大般涅槃经卷第三十六 北凉天竺三藏昙无谶奉诏译"。中题"大般涅槃经迦叶菩萨品第十二之四"。尾题"大般涅槃经卷第三十六",后附"释音"(2 行)。刻题"秦府家佛堂净业寺/释子通继徒明存 明智/明晓 明左 明长 明仓 明库/智英 照空 照郡/智参 智龙 智水 智高/智刚"。

版式　每纸半叶 35.6 cm×11.7 cm;上下双栏;书眉 7.3 cm,地脚 3.3 cm,版面 25.1 cm×11.7 cm;版心白口,内刻题"净卷六";半叶 5 行,行 15 字,共 54 叶。此卷 5 个半叶为 1 纸,两纸接缝处有栏外刻题"涅槃经六卷 宜 道 金　昏 "等字样及纸数。共 22 纸,卷末 1 纸(3 个半叶)。

说明　1. 封面为红色绢面,封底为黑色绢面,题签为橙色。

　　　2. 正文刻有句读。

麦 0245　大般涅槃经卷第三十八

著者　(北凉)昙无谶译

时代　明

版本　经折装　刻本

现状　全

题记　封面题签题"大般涅槃经"。卷端题"大般涅槃经卷第三十八/北凉天竺三藏昙无谶奉诏译"。品题"大般涅槃经迦叶菩萨品第十二之六"、"大般涅槃经憍陈如品第十三之一"。尾题"大般涅槃经卷第三十八/南无憍陈如尊者",后附"释音"(4 行)、"举赍"(2 行)。

版式　每纸半叶 32.2 cm×12.1 cm;上下双栏;书眉 2.4 cm,地脚 1.6 cm,版面 28.2 cm×12.1 cm;版心白口,内刻题"涅槃经卷三十八"及纸数;半叶 5 行,行 15 字,共 54 叶。此卷 5 个半叶为 1 纸,正文 22 纸(第 22 纸为 3 个半叶)。

说明　封面为红色绢面,封底为蓝色绢面,题签为黄色。

麦 0295　大般涅槃经卷第三十八

著者　(北凉)昙无谶译

时代　明

版本　经折装　刻本

现状　全

题记　封面题签"大般涅槃经卷第三十八"。卷首题"大般涅槃经卷第三十八 北凉天竺三藏昙无谶奉诏译"。中题"大般涅槃经迦叶菩萨品第十二之六"。尾题"大般涅槃经卷第三十八",后附"释音"6 行。刻题"秦府家佛堂甘露寺/通□ 通仁/明端 明东 明遥 明续 明瑕/明亮 明山 智永/刊经一卷"。题识"凤翔府岐山县尚善里鲁家庄施财信士王霄 王霁各家眷等吉祥如意者"。

版式　每纸半叶 35.6 cm×11.7 cm;上下双栏;书眉 6.8 cm,地脚 3.7 cm,版面 25.1 cm×11.7 cm;版心白口,内刻题"净卷八";半叶 5 行,行 15 字,共 54 叶。此卷 5 个半叶为 1 纸,正文第 1 纸与第 2 纸的交接重叠处有栏外刻题"涅槃经卷八　二",第 2 纸与第 3 纸的交接重叠处有栏外刻题"涅槃经卷八　三",第 3 纸与第 4 纸的交接重叠处有栏外刻题"涅槃经卷八　四"等。每纸半叶或 1 叶后标刻题"净卷八"及各纸数。共 21 纸,卷末 1 纸(4 个半叶)。

说明　1. 封面为蓝色绢面,封底为绿色绢面,题签为橙色。
　　　2. 正文刻有句读。

麦 0372　大般涅槃经卷第三十九

著者　(北凉)昙无谶译

时代　明

版本　经折装　刻本

现状　首残尾全。起"将不说无烦恼为涅槃耶。如是梵志。婆私咤言瞿昙"。

题记　尾题"大般涅槃经卷第三十九",后附"释音"(3 行)。刻题"修石坡万缘堂僧明镜 信士 董朝胡/南五台比丘 文理 正宗古宗龙王沟如安/兴福寺洪憹 洪众 园深 园仓 福容伏愿/三宝光中吉祥如意"。题识"凤翔府岐山县尚善里鲁家庄村居住奉/佛说供表经信士 罗鸾孙氏/一家眷等吉祥如意"。

版式　每纸半叶 35.7 cm×11.7 cm;上下双栏;书眉 6.5 cm,地脚 3.5 cm,版面 25.6 cm×11.7 cm;版心白口,内刻题"净卷九";半叶 5 行,行 15 字,共 49 叶半。此卷 5 个半叶为 1 纸,两纸交接重叠处栏外刻题"涅槃经卷九"及纸数。共 20 纸,第 1 纸为 4 个半叶。

说明　1. 封面、封底为蓝色绢面。

　　　2. 正文刻有句读。

麦 0465　大般涅槃经卷第三十九

著者　(北凉)昙无谶译

时代　明

版本　经折装　刻本

现状　全

题记　封面题签题"大般涅槃经"。卷端题"大般涅槃经卷第三十九　北凉天竺三藏昙无谶奉诏译"。尾题"大般涅槃经卷第三十九",后附"释音"2 行(小字占两行)。

版式　每纸半叶 32.2 cm×12.2 cm;上下双栏;书眉 2.7 cm,地脚 1.6 cm,版面 27.8 cm×12.2 cm;版心白口,内刻题"涅槃经卷三十九"及叶数;半叶 5 行,行 15 字,共 49 叶半。此卷 5 个半叶为 1 纸,共 20 纸,第 11 纸内题刻"比丘性亮助刊"(第十一叶)。

说明　封面为绿色绢面,封底为蓝色绢面,题签为白色。

麦 0296　大般涅槃经卷第四十

著者　(北凉)昙无谶译

时代　明

版本　经折装　刻本

现状　全(稍有虫蛀)

题记　封面题签"大般涅槃经卷第四十"。卷首题"大般涅槃经卷第四十　北凉天竺三藏昙无谶奉诏译"。中题"大般涅槃经憍陈如品第十三之三"。尾题"大般涅槃经卷第四十",后附"释音"(3 行)。刻题"秦府家佛堂净业寺/释子智英徒照空 照郡"。题识"凤翔府岐山县尚善里鲁家庄居住奉/佛设供表经信女罗门刘氏男 罗交诚孙氏孙男罗纹/一家眷等吉祥如意"。

版式　每纸半叶 35.7 cm×11.7 cm;上下双栏;书眉 7.2 cm,地脚 3.6 cm,版面 24.9 cm×11.7 cm;版心白口,栏内刻题"净卷十"及纸数;半叶 5 行,行 15 字,共 54 叶。此卷 5 个半叶为 1 纸,正文第 1 纸与第 2 纸的交接重叠处有栏外刻题"涅槃经十卷二",第 2 纸与第 3 纸的交接重叠处有栏外刻题"涅槃经十卷　三",第 3 纸与第 4 纸的交接重叠处有栏外刻题"涅槃经十卷　四"等。每纸半叶或 1 叶后标刻题"净卷十"及各纸数。共 21 纸,卷末 1 纸(3 个半叶)。

说明　1. 封面为橙色绢面,封底为黑色绢面,题签为橙色。

　　　2. 正文刻有句读。

麦 0464　大般涅槃经卷第四十

著者　(北凉)昙无谶译

时代　明

版本　经折装　刻本

现状　全

题记　封面题签题"大般涅槃经"。卷端题"大般涅槃经卷第四十　北凉天竺三藏昙无谶奉诏译"。品题"憍陈如品第十三之三"。尾题"大般涅槃经卷第四十　天福房沙门寔如 上荐/先父无边毛公",后附"释音"3 行(小字占两行)。牌记 1 幅(见说明 1)。

版式　每纸半叶 32.2 cm×11.7 cm;上下双栏;书眉 3.0 cm,地脚 1.5 cm,版面 27.7 cm×11.7 cm;版心白口,内刻题"涅槃经卷四十"及叶数;半叶 5 行,行 15 字,共 55 叶。此卷 5 个半叶为 1 纸,共 22 纸,第 1 纸内题刻"释子正宗助刊",第 2 纸内题刻"弟子归真空刊",第三纸内题刻"信女盛妙绿刊"。

说明　1. 底封有空白版记 1 幅。

　　　2. 封面为橙色绢面、封底为蓝色绢面,题签为白色。

麦 0474　大般涅槃经后分卷上

著者　(唐)若那跋陀罗　(唐)释会宁等译

时代　明

版本　经折装　刻本

现状   全

题记   封面题签题"大般涅槃经"。卷端题"大般涅槃经后分卷上   唐南海沙门若那跋陀罗与沙门会宁等译"。品题"大般涅槃经憍陈如品之末"、"遗教品第一"、"应尽还源品第二"。尾题"大般涅槃经后分卷上"。刻题"信人史楠年五十三岁十一月初八日建生"、"善人王钦法名守真报荐/亡考王恺亡女妣姚氏",后附"释音"(1行)。

版式   每纸半叶 32.2 cm×12.1 cm;上下双栏;书眉 2.8 cm,地脚 1.5 cm,版面 28.0 cm×12.1 cm;版心白口,内题"涅槃经卷四十一"、"涅槃经后分卷上"及叶数;半叶 5 行,行 15 字,共 66 叶。此卷 5 个半叶为 1 纸,共 27 纸,卷末 1 纸(2 个半叶)。

说明   封面为绿色绢面、封底为蓝色绢面,题签为黄色。

麦 0249   大般涅槃经后分卷上

著者   (唐)释若那跋陀罗   (唐)释会宁等译

时代   明

版本   经折装   刻本

现状   首残尾全

题记   卷端题"□□□□□□(大般涅槃经后分卷上)/大唐南沙门若那跋陀罗与沙门会宁等译"。中题"大般涅槃经憍陈如品之末"、"大般涅槃经遗教品第一"、"大般涅槃经应尽还源品第二"。尾题"大般涅槃经后分卷上",后附"释音"(1行)。刻题"秦府家佛堂净度禅寺/比丘僧通文徒明显 徒孙智花/□□刻刊/涅槃经一卷 伏愿/三宝光中吉祥如意"。

版式   每纸半叶 35.6 cm×11.7 cm;上下双栏;书眉 7.2 cm,地脚 3.4 cm,版面 24.9 cm×11.7 cm;版心白口,内刻题"净土分卷上"及纸数;半叶 5 行,行 15 字,共 65 叶。此卷 5 个半叶为 1 纸,正文第 1 纸与第 2 纸的交接重叠处有栏外刻题"涅槃经卷上二",第 2 纸与第 3 纸的交接重叠处有栏外刻题"涅槃经卷上   三",第 3 纸与第 4 纸的交接重叠处有栏外刻题"涅槃经卷上   四"等。每纸半叶或 1 叶后标刻题"净后分卷上"及各纸数。正文 25 纸,卷末 1 纸(3 个半叶)。

说明   1. 封底为蓝色绢面。

2. 正文刻有句读。

麦 0145   大般涅槃经后分卷下

著者   (唐)释若那跋陀罗   (唐)释会宁等译

时代   明

版本　经折装　刻本

现状　略残(首、底封脱落)

题记　卷端题"大般涅槃经后分卷下 唐南海沙门若那跋陀罗与沙门会宁等译",中题"大般涅槃经机感荼毗品第三"、"大般涅槃经圣躯廓润第四"。尾题"大般涅槃经后分卷下",后附"释音"(6 行)。刻题"秦府家佛堂百塔寺/比丘解空徒远庆孙法经法禅/发心重刊/涅槃经一部伏愿/三宝光中吉祥如意"。题识"凤翔府扶风县三头里芩葫寺住持僧人/腾光徒原容 原药 原通 孙可常 可灵 可玉 可灯/万历十年(1582)六月吉日造这/增孙悟怀、悟性、悟心、悟忠",内有版画 1 幅(见说明 1)。

版式　每纸半叶 35.6 cm×11.7 cm;上下双栏;书眉 7.1 cm,地脚 3.5 cm,版面 25.0 cm×11.7 cm;版心白口,内刻题"净后分卷下"及纸数;半叶 5 行,行 15 字,共 58 叶。此卷 5 个半叶为 1 纸,每纸半叶或 1 叶后标栏内刻题"净后分卷下"及纸数。第 1 纸与第 2 纸交接重叠处有栏外刻题"涅槃卷下　二",第 2 纸与第三纸交接重叠处有栏外刻题"涅槃卷下　三"。正文 23 纸,版画 1 纸(1 个半叶)。

说明　1. 底封有版画 1 幅,为一天王像。

　　　2. 正文刻有句读。

麦 0463　大乘本生心地观经卷第一

著者　(唐)般若等译

时代　明

版本　经折装　刻本

现状　全

题记　封面题签题"大乘本生心地观经卷第"。卷首有版画《说法图》(拟)1 幅(4 个半叶,见说明 1)。卷首题"大乘本生心地观经序/唐玄宗皇帝制"。卷端题"大乘本生心地观经卷第一/唐罽宾国三藏般若等译"。品题"序品第一"。尾题"大乘本生心地观经卷第一",后附"释音"(10 行),刻题"奉佛弟子王士□□□□资助刊刻/□……□功生回向"。

版式　每纸半叶 32.2 cm×12.1 cm;上下双栏;书眉 2.9 cm,地脚 1.5 cm,版面 27.7 cm×12.1 cm;版心白口,内刻题"心地观卷一"、"顾氏刊(第三叶)"、"真净刊(第六叶)"、"王如澄刊(第九叶)"、"顾氏刊(第十一叶)"、"凌氏刊(第十三叶)"、"圆观刊(第十五叶)"、"广震刊(第二十叶)";半叶 5 行,行 15 字,共 57 叶。此卷 5 个半叶为 1 纸,正文 21 纸,卷末 1 纸(3 个半叶),版画(4 个半叶)。

说明　1. 版画右侧佛作说法印,身旁有弟子、菩萨、帝释天王等;周围有各种乐器、山、树等。

2. 封面、封底均为蓝色绢面,题签为黄色。

3. 麦 0353、麦 0566、麦 0567、麦 0568、麦 0404、麦 0460、麦 0461、麦 0463 八卷为一函。

麦 0353　大乘本生心地观经卷第二

著者　（唐）般若等译

时代　明

版本　经折装　刻本

现状　全

题记　封面题签题"大乘本生心地观经卷第二"。卷首题"大乘本生心地观经卷第二/唐罽宾国三藏般若等译"。品题"报恩品第二上"。刻题"隆继刊"(1 纸)、"如忠刊"(3 纸)、"海印刊"(13 纸)、"永仁刊"(15 纸),尾题"大乘本生心地观经卷第二",后附"释音"(4 行)。牌记 1 幅(空白)。

版式　每纸半叶 32.3 cm×12.2 cm;上下双栏;书眉 3.1 cm,地脚 1.6 cm,版面 27.7 cm×12.2 cm;版心白口,内刻题"心地观卷二";半叶 5 行,行 15 字,共 42 叶。此卷 5 个半叶为 1 纸,正文 16 纸,卷末 1 纸(4 个半叶)。

说明　1. 封面为红色绢面,封底蓝色绢面,题签为黄色。

2. 麦 0353、麦 0566、麦 0567、麦 0568、麦 0404、麦 0460、麦 0461、麦 0463 八卷为一函。

麦 0404　大乘本生心地观经卷第三

著者　（唐）般若等译

时代　明

版本　经折装　刻本

现状　全

题记　封面题签题"大乘本生心地观经卷第"。卷端题"大乘本生心地观经卷第三/唐罽宾国三藏般若等译"。品题"报恩品第二下"。尾题"大乘本生心地观经卷第三",后附"释音"(3 行)。刻题"万历十九年(1591)八月望日弟子章藻谨书"、"信女凌氏明意男孙/道之道中道冲道仲/等助银一两五钱祈/二严克备五福咸臻"。牌记 1 幅(空白)。

版式　每纸半叶 32.2 cm×11.1 cm;上下双栏;书眉 5.8 cm,地脚 2.7 cm,版面 23.3 cm×

11.1 cm;版心白口,内刻题"心地观卷三"及叶数;半叶 5 行,行 15 字,共 44 叶。此卷每 5 个半叶为 1 纸,共 19 纸,卷末 1 纸(1 个半叶)。

说明　1. 封面为绿色,封底为蓝色,封签为黄色。

2. 麦 0353、麦 0566、麦 0567、麦 0568、麦 0404、麦 0460、麦 0461、麦 0463 八卷为一函。

麦 0461　　大乘本生心地观经卷第四

著者　（唐）般若等译

时代　明

版本　经折装　刻本

现状　全

题记　封面题签题"大乘本生心地观经卷第"。卷端题"大乘本生心地观经卷第四/唐罽宾国三藏般若等译"。品题"厌舍品第三"。尾题"大乘本生心地观经卷第四"。刻题"太仓比丘真寂续完五卷/吴郡经坊弟子陈祖勤完",后附"释音"(8 行)。刻题"弟子章□写"。

每纸　半叶 32.3 cm×12.1 cm;上下双栏;书眉 2.9 cm,地脚 1.5 cm,版面 27.9 cm×12.1 cm;版心白口;版心栏内题"心地观经卷四"、"信女周氏如银五钱(第三叶)"、"愿舍此身获丈夫智(第四叶)"、"比丘智香助银五钱(第十一叶)"、"愿亡父母早生善道(第十二叶)"及叶数;半叶 5 行,行 15 字,共 57 叶。此卷每 5 个半叶为 1 纸,共 12 纸,卷末 1 纸(3 个半叶)。

说明　1. 封面、封底均为蓝色绢面,封签为黄色。

2. 麦 0353、麦 0566、麦 0567、麦 0568、麦 0404、麦 0460、麦 0461、麦 0463 八卷为一函。

麦 0460　　大乘本生心地观经卷第五

著者　（唐）般若等译

时代　明

版本　经折装　刻本

现状　全

题记　封面题签题"大乘本生心地观经卷第"。卷端题"大乘本生心地观经卷第五/唐罽宾国三藏般若等"。品题"无垢性品第四"。尾题"大乘本生心地观经卷第五"。刻题"弟子章藻书",后附"释音"(3 行)。

版式　每纸半叶 32.3 cm×12.1 cm;上下双栏;书眉 3.0 cm,地脚 1.5 cm,版面 27.7 cm×
　　　12.1 cm;版心白口,内刻题"心地观经卷五"及叶数;半叶 5 行,行 15 字,共 44 叶
　　　半。此卷每 5 个半叶为 1 纸,共 17 纸,卷末 1 纸(4 个半叶)。

说明　1. 封面封底为蓝色绢面,封签为黄色。
　　　2. 麦 0353、麦 0566、麦 0567、麦 0568、麦 0404、麦 0460、麦 0461、麦 0463 八卷为
　　　　 一函。

麦 0568　大乘本生心地观经卷第六

著者　(唐)般若等译

时代　明

版本　经折装　刻本

现状　全

题记　封面题签题"大乘本生心地观经卷第"。卷端题"大乘本生心地观经卷第六/唐罽宾
　　　国三藏般若等译"。品题"离世间品第六"、"大乘本生心地观经厌身品第七"。尾题
　　　"大乘本生心地观经卷第六"。刻题"佛弟子章藻沐手书"。牌记 1 幅。

每纸　半叶 32.2 cm×12.1 cm;上下双栏;书眉 2.8 cm,地脚 1.6 cm,版面 27.8 cm×
　　　12.1 cm;版心白口;半叶 5 行,行 15 字,共 43 叶。此卷 5 个半叶为 1 纸,正文 17
　　　纸,卷末 1 纸(1 个半叶)。

说明　1. 封面为红色,封底为蓝色,题签为黄色。
　　　2. 麦 0353、麦 0566、麦 0567、麦 0568、麦 0404、麦 0460、麦 0461、麦 0463 八卷为
　　　　 一函。

麦 0567　大乘本生心地观经卷第七

著者　(唐)般若等译

时代　明

版本　经折装　刻本

现状　全

题记　封面题签题"大乘本生心地观经卷第"。卷端题"大乘本生心地观经卷第七/唐罽宾
　　　国三藏般若等译"。品题"波罗密多品第八"、"功德经功德庄严品第九"。尾题"大
　　　乘本生心地观经卷第八",后附"释音"(3 行)。刻题"弟子朱治登续书"(16 纸)。

版式　每纸半叶 32.3 cm×12.1 cm;上下双栏;书眉 2.8 cm,地脚 1.4 cm,版面 27.9 cm×
　　　12.1 cm;版心白口;半叶 5 行,行 15 字,共 39 叶。此卷 5 个半叶为 1 纸,正文 15

纸,卷末 1 纸(4 个半叶)。

说明　1. 封面为红色,封底为蓝色,题签为黄色。

　　　2. 麦 0353、麦 0566、麦 0567、麦 0568、麦 0404、麦 0460、麦 0461、麦 0463 八卷为一函。

麦 0566　大乘本生心地观经卷第八

著者　(唐) 般若等译

时代　明

版本　经折装　刻本

现状　全

题记　封面题签题"大乘本生心地观经卷第"。卷端题"大乘本生心地观经卷第八/唐罽宾国三藏般若等译"。品题" 观心品第十"。尾题"大乘本生心地观经卷第八",后附"释音"(3 行)。刻题"万历丙申岁(1596)佛日比丘真寂续完五卷/沙门戒津熏沐续书/吴郡颍川陈祖劝刻"。题识(牌记内)"本山住持僧人来幸 来福 来明 来金 徒自用 自详 自德 自证　自悟 徒/自有 性蕊/性洁/　化主僧人 真祥徒如寿 如随　如灵/如意 如石 如果/如满 如贤 徒性玉"。

版式　每纸半叶 32.2 cm×12.2 cm;上下双栏;书眉 2.8 cm,地脚 1.5 cm,版面 27.9 cm×12.2 cm;版心白口;半叶 5 行,行 15 字,共 48 叶。此卷 5 个半叶为 1 纸,正文 19 纸,卷末 1 纸(1 个半叶)。

说明　1. 封面为绿色绢面,封底为蓝色,题签为黄色。

　　　2. 麦 0353、麦 0566、麦 0567、麦 0568、麦 0404、麦 0460、麦 0461、麦 0463 八卷为一函。

麦 0689　大乘起信论　大乘法界无差别论

(一) 大乘起信论

著者　(梁) 真谛译　(唐) 提云般若译

时代　明

版本　线装　刻本

现状　全

题记　封面封题杂写"大清国甘肃署之时照在冯□(琭)□(立?)/周成诸张","大清王重贤式拾三年廿日/言曾思孟","言曾思孟","大清嘉庆式拾三年(1818)四月廿三日立","大乘起信论 温效贤书"。扉页半叶,有版画《高僧写经图》(拟)1 幅(见说明

1)。卷端题"大乘起信论/马鸣菩萨造　梁三藏法师真谛译/婆首那王子译语 沙门智恺笔受"。尾题"大乘起信论终",后附"音(音)释"半叶(大字 4 行,双行小字 8 行),附录后叶刻有长方形牌记 1 幅,牌记中央墨书题识"麦积山端(瑞)□□(应寺)"(第三十九叶)。

版式　每纸半叶 23.5 cm×13.3 cm;四周单栏;书眉 2.9 cm,地脚 1.5 cm,版面 19.1 cm×12.4 cm;版心 19.1 cm×1.2 cm,花口,上鱼尾内题"起信论",上鱼尾下题刻叶数(第三十一叶"无差别论"、叶数)。半叶 8 行,行 18 字,共 39 叶。

(二)《大乘法界无差别论》

题记　中题"大乘法界无差别论/坚慧菩萨造/唐三藏法师提云般若等奉制译"。题识(文中空格处墨书)"麦积山瑞应寺"(三叶)、"嘉庆二十三年(1818)"(六叶)。尾题"大乘法界无差别论　麟溪沈豫昌校"。刻题"天启四年(1624)仲冬重刻　姑苏季蘭庭印行"。

版式　每纸半叶 23.5 cm×13.3 cm;四周双栏,乌丝栏;书眉 2.4 cm,地脚 1.6 cm,版面 19.5 cm×12.2 cm;版心 19.5 cm×1.0 cm,书口白口,上鱼尾位置为刻圆墨点,圆点下题"无差别论",下题叶数;半叶 8 行,行 17 字,共 12 叶。两本共版画一叶,计 52 叶。

说明　1. 主画面有一僧人坐于书桌后,桌前有一童子作研墨状,僧人身后一屏风,屏风周边有竹、兰、山、水等。四周单栏,另半叶有 8 行无字,版心白口,上鱼尾,鱼尾下部有叶码号分隔横栏;无号码,不与正文号码相连。1989 年目录草稿有说明:"前有版画 1 幅,其画落刀起笔,乃至布局等无不是明人风格,堪称为明版画中之佳乘。"

　　　2. 竹纸(毛太),经后人重新装订。

　　　3. 笔书与前封杂题俱为同一人所书。

　　　4.《大乘起信论》与《大乘无差别论》为两种版式,即其书为配本。

　　　5. 正文刻有句读。

麦 0739　大乘金刚经论

著者　(后赵)佛图澄译

时代　不详

版本　线装　刻本

现状　首尾残。起"一断永断 一了永了 从始至终　守到如一"(前有书根十数叶),止"王留年受苦不得出生迟滞一年是故"。

题记　尾题"大乘金刚经论终"。刻题"损赀众姓 汪元清 苟远和 尹远爵/陈门刘氏 王门姚氏▢▢▢▢▢/郑远净▢▢▢▢▢/陈门段氏▢▢▢▢▢/康门阳氏▢▢▢▢▢/庞门杨氏▢▢▢▢▢/王光麟 胡仁良 汪门周元吉",后附"佛说阎罗王经序"(残)。

版式　每纸半叶 27.8 cm×18.2 cm;四周双栏;书眉 2.2 cm,地脚 1.3 cm,版面 24.3 cm×14.5 cm;版心 24.3 cm×1.1 cm,花口,上鱼尾,鱼尾上题"金刚论"、"阎王经"及叶数;半叶 8 行,行 16 字,共 29 叶。

说明　1. 正文刻有圈点并有墨书句读。

　　　2. 后有 5 叶残缺右下角,最后有 3 叶仅存三分之一"佛说阎罗王经序"。

麦 0079　大乘妙法莲华经要解科文第一卷

著者　(宋)释戒环撰

时代　明

版本　线装　刻本

现状　全

题记　封面题签题"大乘妙法莲华经 要解科文"。卷端题"大乘妙法莲华经要解科文　第一卷"。尾题"妙法莲华经科文终"。刻题"时大明正统十年(1445)乙丑季夏后学敏金录科"。牌记"陕西咸长二县讲武里西清街居住奉/佛刊经匠人苏进忠　苏孟宜 孟现/苏茂刚　胥大文 沈蓬 苏道/苏茂胜 异捐已施刊科文一卷 更愿/天保圣主求享福寿之庆子惠下民世蒙教养之泽/四时咸臻八节清平各家眷属吉祥如意"。中题"今按温陵科判此经二十八品分三"、"大乘妙法莲华经弘传序科文"。尾题"大乘妙法莲华经弘传序科终"(1 叶)。刻题"隆庆二年(1568)腊月八日 弟子了玄刊 德一书"。题识"上师比丘 行安 铁牛 寿天 释友满绪 发心释子真演 徒真霞 真喜/同沾其露同阴兹云同得真菩提路头悟禅那进修圣位","如全徒性硕"。

版式　每纸半叶 29.1 cm×17.3 cm;上下双栏;书眉 5.4 cm,地脚 2.5 cm,版面 21.1 cm×17.3 cm;版心白口;半叶 10 行,行约 17 字,共 23 叶。

麦 0751　大乘妙法莲华经要解科文

著者　(清)释戒环解

时代　清

版本　线装　刻本

现状　首全尾残。止"三勇施说咒尔　初叙本事二十五 九二子现变于"。

题记　封面题签题"妙法莲华经要解科文"。卷首题"法华经弘传序科文"(1 叶)、"法华经弘传科文/法华序科文"(1叶)。卷端题"大乘妙法莲华经要解科文　第一卷"。

版式　每纸半叶27.2 cm×16.5 cm;上下单栏;书眉4.5 cm,地脚2.5 cm,版面27.2 cm×
16.5 cm;版心白口,无鱼尾,中有叶数;半叶10行,行18字,共22叶半。

说明　与麦0752、麦0753为同一种文书。

麦0753　大乘妙法莲华经要解卷第四

著者　(清)释戒环解

时代　清

版本　线装　刻本

现状　全

题记　封面题签题"法华经要解卷第四"。卷端题"法莲华经卷第四/温陵开元莲寺比丘
戒环 解"。品题"五百弟子授记品第八"、"妙法莲华经授学无学人记品第九"、"妙
法莲华经法师品第十"、"妙法莲华经见宝塔品第十一"、"妙法莲华经提婆达多品第
十二"。尾题"妙法莲华经卷第四终",牌记"南阳子维国/幽发心捐梓",下有墨色印
章一方(未识读)。

版式　每纸半叶27.4 cm×16.6 cm;上下单栏;书眉5.2 cm,地脚2.6 cm,版面19.7 cm×
12.5 cm;版心19.7 cm×1.8 cm,花口,有上鱼尾,下题"妙解四",有叶数;半叶11
行,行21字,共57叶。

说明　1. 有印章一方(未识读)。

　　　2. 正文刻有句读。

麦0752　大乘妙法莲华经要解卷第六

著者　(清)释戒环解

时代　清

版本　线装　刻本

现状　全

题记　封面题签题"妙法莲华经要解科文"。卷端题"妙法莲华经卷第六/温陵开元莲花寺
比丘 戒环 解"。品题"随喜功德品第十八"、"妙法莲华经法师功德品第十九"、"妙
法莲华经常不轻菩萨品第二十"、"妙法莲华经如来神力品第二十一"、"妙法莲华经
嘱累品第二十二"、"妙法莲华经药王菩萨本事品第二十三"。尾题"妙法莲华经要
解卷第六终"。牌记"南阳子维/国幽梓行",有墨色印章一方(未识读)。

版式　每纸半叶27.3 cm×16.6 cm;上下单栏;书眉5.1 cm,地脚2.5 cm,版面19.7 cm×

12.5 cm;版心花口,上鱼尾,下题"妙解六"及叶数;半叶 11 行,行 21 字,共 55 叶。

说明　1. 有印章一方(未识读)。

　　　2. 正文刻有句读。

麦 0010　天目中峰和尚广录卷第八(见说明 3)

著者　(元) 释明本撰

时代　清

版本　线装　写本

现状　全

题记　封题"天目和尚语录"。卷端题"天目中峰和尚广录卷第八"。尾题"天目中峰和尚广录卷第八";题识"庚子年(1900)四月中/比丘广博书写"。

版式　每纸半叶 24.3 cm×14.0 cm;上下单栏(墨线);书眉 4.4 cm,地脚 1.7 cm,版面 18.1 cm×12.6 cm;版心无,半叶 7 行,行 15 字,共 18 叶。

说明　1. 此卷以纸线装订。

　　　2.《天目中峰和尚广录》三十卷,元释明本撰,北庭慈寂等编,收《大藏经补编》第二十五册,《禅宗全书》第四十八册。

　　　3. 书名依据卷端题名定。

麦 0063　天目晦石禅师临济四宾主辨卷一至卷四

著者　(清) 释晦石撰

时代　清

版本　线装　刻本

现状　全

题记　卷首题"天目晦石禅师临济四宾主辨目录","宾主辨缘起"。文后尾题"康熙甲午(五十三年,1714)中秋前三日西峰晦叟识于方丈之此轩"(后有记述版本流传情况,文繁不录)。卷首题"临济大师四宾主垂示"。卷端题"天目晦石禅师临济四宾主辨卷一/书记明瑛录"。中题"天目晦石禅师临济四宾主辨卷二/书记无为录"、"复紫琤禅师书"、"剔灯录缘起"、"天目晦石禅师临济四宾主辨卷三/书记无为录"、"天目晦石禅师临济四宾主辨卷三"、"天目晦石禅师临济四宾主辨卷四/书记无为录"、"天目晦石禅师临济四宾主辨卷四"、"剔灯赘语"。

版式　每纸半叶 26.8 cm×18.2 cm;四周双栏;书眉 3.2 cm,地脚 2.0 cm,版面 21.6 cm×14.6 cm,版心 21.6 cm×1.8 cm;花口,题"天目晦石禅师临济四宾主辨目录"、"缘

起"、"天目晦石禅师临济四宾主辨卷一至卷四"、"剔灯赘语",上有白方块,下有墨钉;半叶 10 行,行 20 字,共 74 叶。

说明　书眉刻题眉批。

麦 0015　历代宗派传灯捷录

著者　(清)释全道考译重录

时代　清

版本　线装　刻本

现状　全

题记　扉页有牌记 1 方"天中皓月/正法眼藏/灯续聊芳"(有朱文"正法眼藏"印 1 方),牌记后有版画 1 幅(见说明1)。卷端题"历代宗派传灯捷录"。中题"通览历代宗派传灯捷录/庐山支那大沙门全道考译重录","通览历代宗派传灯捷录终","续前正宗法派"。刻题"同缘法会善信人等/王得时 曹国昌 石国瑾 权友/卢景龙 卢升龙 雷作霖 金杯/吴国臣 程文英 马海珍 李才/黎一彦 王君臣 雷起雾 金鼑/杨福泰 张凤翼 黑延寿 唐夏/田养秀 贾志真 张垂名 刘升/李仲选 刘板桂 刘辉极 李荣/侯起仁 王进才 杜思英 魏隆/万进策 王彦魁 罗鉴有 陆旺/王喜明 车世登 刘守庄 海珠/李和芝 刘应忠 宗尚仁 冯仓","通览刊板缁素法讳尊姓/贾福/关福成 马可象 周成/郭维垣 王君榜 姓空/萧伯元 萧伯良 高棋/李和芝 李昌绪 照清 /孙振业 田锦秀/杨振业 海会"。

版式　每纸半叶 24.6 cm×14.9 cm;四边双栏;书眉 2.7 cm,地脚 2.5 cm,版面 19.4 cm×11.8 cm,版心 19.5 cm×1.3 cm;花口,上鱼尾内题"传灯捷录"及叶数,下有墨钉;半叶 9 行,行 17 字,共 67 叶。

说明　版画中有一僧人托腮沉思,身后有桌子、柜子等物件。

麦 0163　心经等

著者　不详

时代　清

版本　经折装　刻本

现状　残。起"又舍利弗极乐国土有七宝池八功德",止"道闻是五十三佛名闻已合掌心生欢"。

题记　中题"阿弥陀经"(首缺尾全)、"往生净土神咒"(全)、"弥陀忏仪"(全)、"摩可般若波罗蜜多心经"(全)、"佛说五十三佛三十五佛名经(首全、残存四行)/刘宋三藏法师置良耶舍奉诏译"。

版式　每纸半叶 21.9 cm×9.3 cm;上下双栏;书眉 1.9 cm,地脚 0.8 cm,版面 19.2 cm×
9.3 cm;版心白口;半叶 5 行,行 15 字,共 28 叶半。此卷背面每半叶多有断裂,断
裂处有修补。

说明　正文刻有句读。

麦 0706　六祖大师法宝坛经

著者　(唐)释法海等集

时代　不详

版本　线装　刻本

现状　首尾残。起"□举足动步罔非道□□□□□果矣然则佛法不诚广大而□人",止"
□□□□□谢锡桓 李长桧等施银三两"。

题记　扉页有牌记"陕西巩昌府陇西县北关文昌宫藏板"。卷首题"六祖大师法宝坛经/略
序"。品题"悟法传衣第一"、"释功德净土第二"、"定慧一体第三"、"教授坐禅第
四"、"传香忏悔第五"、"参请机缘第六"、"南顿北渐第七"、"唐朝征诏第八"、"法门
封示第九"、"付嘱流通第十"。尾题"六祖禅师法宝坛经终",后附"佛衣铭"(拟,见
说明 3)。尾题"大藏诚字函出家功德尸利苾提品"。牌记刻题"印经流布/漳县正
堂刘应瑞施银四两印经八十部/两当县正堂江中楫施银一两印二十部/续印信士/
李毓芳 梁永盛 牟应福 牟应第/助刊□□黄箓会 张辉 孙大美 李如桧 姚通运等 施
银六钱/玉光会 张辉 汪名贤 李海 王宗禄等 施银四钱/火帝会 王廷选 李润 汪周
栋栋 闫效孔等 施银六钱/文昌会 李世昌 贾良玉/杨杭 曲天祥等 施银三钱/关圣
会 赵裔 邓进学 王治 杨德亨等施银三钱/天?(地)会/王鼎 彭连 刘化龙 李楫等
施银四钱/朝山会 李禄 莫玉禄 汪琏 杨桂等 施银三钱/瘟火会 刘琼 汪琏 何化奇
牟宗相等施银三钱/初七会 张辉 王得玺 张瑜 康时澄等施银六钱/修会桥 杜霖楫
樵槌 张瑜 梁永盛等施银三钱/朝山会 赵裔 冉祚 梁福才 白我性等施银四钱/关坚
会 杨国泰 杜永禄 祁尧 汪可海等施银三钱/朝山会 杨辅善 曲郑蕴 祁世隆 朱万宝
等施银六钱/谢锡桓 李长桧等施银三钱"。

版式　每纸半叶 27.0 cm×15.5 cm;四周双栏;书眉 4.3 cm,地脚 1.4 cm,版面 21.2 cm×
12.3 cm;版心 21.2 cm×1.0 cm,花口,上鱼尾,题"坛经";半叶 8 行,行 19 字,共
89 叶半。

说明　1. 正文有墨书句读。

　　　2. 此文研究,参见翟玉兰《麦积山藏本坛经》,《丝绸之路》2004 年第 S2 期。

麦 0935　文殊菩萨像

文殊菩萨圣牌像。贴金,清绘,裱褙多层(2 mm)。尺寸(长×高):291 mm×486 mm。背题"文殊菩萨左二"。

麦 0945　文殊菩萨像

文殊菩萨圣牌像。贴金,清绘,裱褙多层(2 mm)。尺寸(长×高):266 mm×488 mm。右下方有一处残破。

麦 0957　文殊菩萨像

文殊菩萨圣牌像。贴金,清绘,裱褙多层(2 mm)。尺寸(长×高):280 mm×440 mm。背题"文殊左二"。背面第二层裱纸可见一塔,塔上有一圆形发光物。塔旁有"地藏王菩萨/阿弥陀佛/　年　月　日给　右给□/南无西方极乐世界三十六□□□□□□□□□"字样。

麦 0946　水月观音像

水月观音圣牌像。贴金,清绘,裱褙多层(2 mm)。尺寸(长×高):267 mm×491 mm。

麦 0947　韦陀像

韦陀圣牌像。贴金,清绘,裱褙多层(2 mm)。尺寸(长×高):265 mm×490 mm。

麦 0955　韦陀像

韦陀圣牌像。贴金,清绘,裱褙多层(2 mm)。尺寸(长×高):278 mm×440 mm。背题"韦陀左四"。背面最上一层裱纸(反裱)隐约可见"乾隆三十八年(1773)(朱印)　十月壹(朱色)日焚化/敕高超三界　右给付正亡鬼准此/□案下给付正亡鬼不许别鬼争夺为此须偘给者承仗/造胜会虔备冥货壹封焚化故　收执遵奉/星门下为给付冥财事　今逢"。裱纸内容与麦 0930、麦 0931、麦 0939 相同。

麦 0956　文臣武将像

文臣、武将像圣牌。贴金,清绘,裱褙多层(2 mm)。尺寸(长×高):285 mm×478 mm。左下方有衬裱黄纸的墨书榜记(20 mm×100 mm)一条,内题"潘门张氏";右下方有白底墨书榜记一条,内题"侯世公、王门傅氏、丁绍吕、丁绍起"。

麦 0949   文臣神像圣牌

文臣、神像圣牌。贴金,清绘,裱褙多层(2 mm)。尺寸(长×高):283 mm×480 mm。左下方有墨书榜题 1 幅(25 mm×100 mm),内题"侯世康、吴绪伯"。右下方有一裱黄纸的墨书榜记 1 幅(20 mm×100 mm),内题"张主义 曹氏"。左上方有一处火烧残破。

麦 0060   四分戒本

著者   (姚秦)佛陀耶舍译

时代   清

版本   线装   刻本

现状   全

题记   封题白色,题签题"四分戒本"。卷端题"四分戒本/依唐宣律师删定本 出昙无德部"。

版式   每纸半叶 29.4 cm×18.0 cm;四周双栏,乌丝栏;书眉 5.2 cm,地脚 2.6 cm,版面 21.8 cm×14.6 cm,版心 21.8 cm×1.6 cm;花口,内题"四分戒本"及叶数,下有墨钉;半叶 10 行,行 20 字,共 28 叶。

说明   纸线装订。

麦 0738   四分戒本   梵网经菩萨戒

(一) 四分戒本

著者   (姚秦)佛陀耶舍、竺佛念共译

时代   清

版本   线装   刻本

现状   残

题记   封面题签题识"四分戒本/梵网经",内封题签题"四分戒本"。卷端题"四分戒本/依唐宣律师删定本 出昙无德部",后附"释音"12 行,大字两行。

版式   每纸半叶 29.4 cm×17.9 cm;四周双栏;书眉 4.9 cm,地脚 2.8 cm,版面 21.1 cm×14.6 cm;版心 21.1 cm×1.7 cm,花口,内题"四分戒本"及叶数,上有白空方块,下有墨钉;半叶 10 行,行 20 字,共 28 叶。

说明   正文刻有句读。

(二) 梵网经菩萨戒

著者   (后秦)鸠摩罗什译

时代　清

版本　线装　刻本

现状　残

题记　封面题签题"梵网经"。卷首题"梵网经菩萨戒序"(4叶)。卷端题"梵网经菩萨戒/后秦三藏法师鸠摩罗什译"。品题"菩萨心地品之下"。尾题"梵网经菩萨戒终",后附"赞"6行、"释音"13叶。刻题"重刻南京嘉兴府楞严寺原板　四分戒律/梵网经　沙弥要律　毗尼日用 附羯磨 诵戒法仪 释音四卷 供奉十方诸大德 四众人等有缘早遇/便请登坛 励志向前 不计岁月 破目前之坚碍/消历劫之固执 究性相之深诠 穷无漏之妙旨/时/康熙二年(1663)蜀慈比丘明远知事比丘融心万秦南金/龙峰把茅命工锓梓印行/重刻梵网经释音附终　四众人等同圆种智"。

版式　每纸半叶29.4 cm×17.9 cm;四周双栏;书眉4.9 cm,地脚2.8 cm,版面21.1 cm×14.6 cm;版心21.1 cm×1.7 cm,花口,题"戒经序"、"梵网经"及叶数,上有白空方块,下有墨钉;半叶10行,行20字,共44叶。

说明　正文刻有句读。

麦0323　四十八愿

著者　不详

时代　清

版本　线装　写本

现状　首残(缺封面)

题记　卷端题"四十八愿"。

版式　每纸半叶12.5 cm×23.4 cm;上下无栏;版心白口;半叶6行,行15字,共16叶。

说明　白棉纸,极薄,纸线装订。

麦0065　目连正教血盆经(拟,见说明1)

著者　不详

时代　清

版本　经折装　刻本

现状　残。起"将何报答生身母,生身□□□□□",止"前生有罪今生改,今生有罪化为尘"。

版式　每纸半叶28.7 cm×11.9 cm;四边单栏;书眉2.4 cm,地脚0.9 cm,版面24.7 cm×10.8 cm,版心24.7 cm×1.0 cm;半叶5行,行14字,共18叶半。

说明　1. 此经内容为目连救母,定名为《目连正教血盆经》或《大藏正教血盆经》。

　　　　2. 此本叙目连冥间救母事,多七言,每段以"志心朝礼"开头,五句(最后一句话为
　　　　"南无地藏王菩萨",为民间盂兰盆节道场仪文)。

麦 0678　丛林规约(拟)

著者　不详

时代　清

版本　线装　写本

现状　残。起"三日书状誊写书札表疏四日记录凡上堂小参一一呈记五日",止"祖道兴隆
　　　　万世联芳戒德元弘永远遐昌"。

题记　中题十,分别为"丛林规约序"、"两序识事榜式"、"丛林规约"、"常住共住规约"、"禅
　　　　堂规约"、"禅堂日用规约"、"库房规约"、"戒堂规约"、"安居规约"、"七堂做工夫
　　　　规约"。

版式　每纸半叶 27.5 cm×18.0 cm;无栏;版心白口半叶 12 行,行 26 字,共 34 叶。

麦 0944　卢舍那佛像

卢舍那佛圣牌像。贴金,清绘,裱褙多层(2 mm)。尺寸(长×高):268 mm×49 mm。

麦 0953　白衣观音像

白衣观音圣牌像。贴金,清绘,裱褙多层(2 mm)。尺寸(长×高):266 mm×490 mm。

麦 0023　观自在菩萨怛缚多利随心陀罗尼经

著者　(唐)释智通译

时代　清

版本　线装　写本

现状　全

题记　封面题识"南无观世音菩萨摩诃萨"。卷首题"观自在菩萨怛缚多利随心陀罗尼经
　　　　半　品"。

版式　每纸半叶 24.1 cm×13.9 cm;上下单栏;书眉 2.6 cm,地脚 1.2 cm,版面 20.6 cm×
　　　　12.5 cm,版心白口;半叶 8 行,行 17 字,共 18 叶。

说明　1. 次白棉纸,纸线装订。

　　　　2. 正文有句读。

麦 0484   观音道场密教卷上

著者   （宋）侯溥集

时代   明

版本   经折装   写本

现状   全

题记   封面题签题"观音道场密教卷之上"。卷端题"观音道场密教卷上"。尾题"观音道场密教卷终"。题识"万历二年(1574)五月初句书经释子国卿拙妙/真宰号/颁造青峰寺施行□"。

版式   每纸半叶 34.4 cm×12.2 cm；上下双栏；书眉 3.9 cm，地脚 2.1 cm，版面 28.4 cm×12.2 cm；版心白口；半叶 5 行，行 15 字不等，共 47 叶。此卷 5 个半叶为 1 纸，正文第 1 纸与第 2 纸的交接重叠处有墨书"二"，第 2 纸与第 3 纸的交接重叠处有墨书"三"，第 3 纸与第 4 纸的交接重叠处有墨书"四"等。正文 19 纸(第 19 纸为 4 个半叶)。

说明   1. 封面与封底均为蓝色绢面，题签为白色。

        2. 正文有墨书句读。

麦 0144   观音道场密教卷中

著者   （宋）侯溥集

时代   明

版本   经折装   写本

现状   首残尾全。起"应身观世音菩萨，弟(第)一警策大众"，止"观音二字包含百亿妙慧/梵音演孔能拔无边罪垢"。

题记   品题"弟(第)二启请上圣"、"弟(第)三再加礼拜圣观音"。尾题"观音道场密教卷中/书经释子宰 国卿述"。

版式   每纸半叶 33.7 cm×12.2 cm；上下双栏；书眉 3.8 cm，地脚 1.2 cm，版面 28.7 cm×12.2 cm；版心白口；半叶 5 行，行 15 字不等，共 34 叶。此卷 5 个半叶为 1 纸，正文第 1 纸与第 2 纸的交接重叠处有栏外墨书"二"，第 2 纸与第 3 纸的交接重叠处有栏外墨书"三"。正文 14 纸。

说明   正文有句读。

麦 0155   观音道场密教卷下

著者   （宋）侯溥集

时代　明

版本　经折装　写本

现状　全

题记　封面题签题"观音道场密教卷之下"（笔书）。卷端题"观音道场密教卷下"。尾题
　　　"观音道场密教卷终□"。题识"书经功德　无限良缘　上报四恩　下资三宥/法界有情
　　　同愿种智　回向三身　和南圣众"，"皇明万历二年（1574）岁次甲戌春孟文月修书　释
　　　子宰国卿/韩项罗氏　褚氏　男韩登云薛氏"，后附"开坛洒净仪文"。

版式　每纸半叶 35.4 cm×12.2 cm；上下双栏；书眉 5.7 cm，地脚 2.8 cm，版面 27.0 cm×
　　　12.2 cm；版心白口；半叶 5 行，行 15 字不等，共 28 叶。此卷 5 个半叶为 1 纸，正文
　　　第 1 纸与第 2 纸的交接重叠处有栏外墨书"十六"，第 2 纸与第 3 纸的交接重叠处
　　　有栏外墨书"十七"。正文 11 纸，卷末 1 纸（1 个半叶）。

说明　1. 封面与封底均为蓝色绢面，题签为白色。
　　　2. 正文有墨书句读。

麦 0458　观音道场仪文卷上

著者　（宋）侯溥集

时代　明

版本　经折装　写本

现状　首尾残。起"惟我补陀大士　天竺威神开方便门"（前有 3 个半段书叶），止"观音根
　　　本六字章句救苦真言"。

题记　品题"第一叙述斋意"、"第二叹佛宣疏者"、"第五启祝真言虚"、"第七观音修正本
　　　末"、"第八释名揥化诵"、"第九存念观音"、"第十观音仪相"。

版式　每纸半叶 34.5 cm×12.2 cm；上下双栏；书眉 3.9 cm，地脚 1.9 cm，版面 28.7 cm×
　　　12.2 cm；版心白口；半叶 5 行，行约 15 字不等，共 97 叶。此卷 5 个半叶为 1 纸，正
　　　文第 1 纸与第 2 纸的交接重叠处有墨书"华二"，第 2 纸与第 3 纸的交接重叠处有
　　　墨书"三"，第 3 纸与第 4 纸的交接重叠处有墨书"四"等。正文 40 纸。

说明　正文有墨书句读。

麦 0342　观音道场仪文卷中

著者　（宋）侯溥集

时代　明

版本　经折装　写本

现状　全

题记　封面题签题"观音道场仪文卷之中"。卷端题"观音斋亿(仪)文卷中/眉州作佐郎成都府学教授侯溥贤良举"。品题"弟二启请"、"弟三再家礼拜"、"弟四救援罪若者"、"道场叙弟五怀十恶业罪仪文演"、"叙弟六观音感应验仪文演"、"叙弟七观音化现仪文"。尾题"中卷仪文终"。

版式　每纸半叶 34.5 cm×12.1 cm；上下双栏；书眉 4.2 cm，地脚 1.5 cm，版面 28.8 cm×12.1 cm；版心白口；半叶 4 行，行 15 字不等，共 63 叶。此卷 5 个半叶为 1 纸，正文第 1 纸与第 2 纸的交接重叠处有栏外墨书"二"，第 2 纸与第 3 纸的交接重叠处有栏外墨书"三"，第 3 纸与第 4 纸的交接重叠处有栏外墨书"四"等。正文 25 纸(第 25 纸为 6 个半叶)。

说明　1. 封面、封底均为蓝色绢面，题签为白色。
　　　2. 正文有墨书句读。

麦 0354　观音道场仪文卷下

著者　(宋)侯溥

时代　明

版本　经折装　写本

现状　首尾残。起"生皆□□无上佛乘 道我所未明开我所未悟"，止"今将密语重攀送 归去来兮上法舡口"。

题记　品题"弟(第)三启祝"、"弟(第)四解脱修心"、"弟(第)五之波罗蜜"、"第六修行地位"、"弟(第)七七灾起义"、"弟(第)八从闻思修"、"第九表怀"、"第十礼别圣众"。

版式　每纸半叶 33.7 cm×12.2 cm；上下双栏；书眉 3.5 cm，地脚 1.4 cm，版面 28.8 cm×12.2 cm；版心白口；半叶 5 行，行 15 字不等，共 60 叶。此卷 5 个半叶为 1 纸，正文第 2 纸与第 3 纸的交接重叠处有墨书"华三"，第 3 纸与第 4 纸的交接重叠处有墨书"四"，第 4 纸与第 5 纸的交接重叠处有墨书"五"等。正文 26 纸。

说明　正文有墨书句读。

麦 0741　观告法事(观申法事)(拟，见说明 1)

著者　不详

时代　清

版本　线装　写本

现状　残。起"伏闻三觉圆明者 佛体寂太虚 五通自在者"，止"山川岳渎众神祇 早愿颁宣临法会"。

版式　每纸半叶 24.2 cm×19.2 cm;无栏;版心白口,半叶 6 行,行 16 字,共 15 叶。

说明　1. 此本据侯冲定名。

　　　2. 内有朱色句读。

　　　3. 据"道场圣法"断为清乾隆年间。

麦 0763　观音菩萨劝男妇修身词

著者　不详

时代　清

版本　线装　刻本

现状　全

题记　封面题识"劝男妇修身词　一本堂记"。内封题签题"观音劝男妇修身词"。卷首题
　　　"序",序后有"张门赵氏八十一岁皈依佛门取名赵向善/乙卯年十月初五日归空了
　　　道八十三旬"。卷端题"观音菩萨劝男妇修身词"。

版式　每纸半叶 20.0 cm×13.2 cm;四周单栏;书眉 1.6 cm,地脚 0.9 cm,版面 17.4 cm×
　　　10.2 cm;版心 17.4 cm×1.3 cm,花口,上鱼尾,上题"男女修身词",下题"序"、"叹
　　　五更"、"修行词"、"修身词"不一,下有叶数;半叶 7 行,行 21 字,共 41 叶半。

说明　正文刻有句读。

麦 0846　观音梦授经注解

著者　云亭批注

时代　清

版本　线装　刻本

现状　全

题记　封面题签题"观音梦授经注解"。牌记"光绪癸卯(1903)桂月重刊/观音梦授经批
　　　注/有印送者自办纸墨/不取板赀致和堂藏"。卷首题"观音梦授经解叙",序后有
　　　"后学杜得绿谨识"。卷首题"观音菩萨梦授经"。卷端题"观音梦授经解　云亭先
　　　生批注"。中题"盖天古佛救世血心谕"。

版式　每纸半叶 19.6 cm×12.4 cm;四周双栏;书眉 1.7 cm,地脚 1.1 cm,版面 17.0 cm×
　　　10.5 cm;版心 17.0 cm×1.4 cm,花口,上鱼尾,上题"梦授经解叙"、"梦授经注解",
　　　下题叶数;半叶 8 行,行 20 字,共 12 叶半。

麦 0932　观音菩萨像

观音菩萨圣牌像。贴金,清绘,裱褙多层(2 mm)。尺寸(长×高):28.2 cm×43.8 cm。背题"观音左三"。最上一层裱纸有木刻版画 1 幅,画中有木船一只,船旁站一天王并有发愿文一通:"皈依三宝受持五戒不□一不□□二不□□……语五不□………/□九修三昧十修□□……之时集……/□我佛之□………/□成就菩提凡为信佛千声一点尽散圆满百年命终之时□□我府城隍社庙大小关洋□台□隘等□……/往生西方极乐世界受诸快乐十圣三贤同行伴侣依教主　遵　/□□□　时□愿□□命终仲识伏右念诸佛位前洗心实□领受西方冥途路引道此为暗明灯□□□。"

麦 0677　弘戒法仪上

著者　(明)释法藏撰

时代　清

版本　线装　刻本

现状　首残尾全。起"弘戒法仪目录"(前有书根数叶)。

题记　中题"弘戒法仪目录"。题识"麦积山景峰焕记"。

版式　每纸半叶 15.5 cm×24.1 cm;四周单栏,乌丝栏;书眉 2.3 cm,地脚 1.4 cm,版面 20.0 cm×13.3 cm;版心 19.7 cm×1.4 cm,花口,内题"弘戒法仪目录"、"弘戒法仪一　三皈"、"弘戒法仪二　遮难"、"弘戒法仪三　授五戒"、"弘戒法仪三　授八戒"、"弘戒法仪四　剃度"、"弘戒法仪五　预问难"、"弘戒法仪六　四依法"、"弘戒法仪七　沙弥戒"、"弘戒法仪八　沙弥戒"、"弘戒法仪九　教衣钵"、"弘戒法仪十　策发"、"弘戒法仪十　四羯磨"。半叶 9 行,行 18 字,共 83 叶半。

说明　1. 正文刻有句读。

　　　2. 麦 0677、麦 0036 为《弘戒法仪》上、下卷。

麦 0036　弘戒法仪下

著者　(明)释法藏撰

时代　清

版本　线装　刻本

现状　全

题记　封题墨书题"弘戒法仪下",内封蓝色题签题"支那撰述　弘戒法仪下　律"。卷端题"比丘白四羯磨受具足戒已次日差阇黎师与/说随相法仪第十二",卷末刻题"顺治戊戌岁(1658)孟夏谷旦　金陵李兰庭重刊行"。刻题后有题识"释子麦积山景峰焕记"。

版式　每纸半叶 24.1 cm×15.7 cm;四周双乌丝栏;书眉 1.8 cm,地脚 1.5 cm,版面 20.8 cm×13.4 cm,版心 20.8 cm×1.8 cm;花口,上题"弘戒法仪",下题"随相法"(1—5 叶)、"审比丘戒"(1—20 叶)、"三自皈"(1—6 叶)、"七遮法"(1—5 叶)、"忏悔法"(1—3 叶)、"苦行法"(1—4 叶)、"发誓愿"(1—4 叶)、"菩萨戒"(1—12 叶)、"授锡杖"(1—7 叶)、"授戒辨"(1—11 叶)、"示语"(1—8 叶)、"衣钵总持"(1—6 叶),半叶 9 行,行 18 字,共 90 叶。

说明　1. 版心下题"七遮法",第二叶错录为"三自皈"。

　　　2. 文中刻有句读。

　　　3. 麦 0677、麦 0036 为《弘戒法仪》上下卷。

麦 0691　弘戒法仪上

著者　(明) 释法藏撰

时代　清

版本　线装　刻本

现状　全

题记　后人所加封面墨书题"弘戒法仪上",封面题签题" 支那撰述 弘戒法仪上"。卷首题"刻弘戒法仪序　天启癸亥(1623)孟冬朔旦三峰/菩萨戒弟子法藏书于北/禅寺禁蛙堂中"(下有印文三方)。中题"弘戒法仪目录"。题识"比丘理澄授持"、"麦积方丈景峰焕授",后附"释音"(1 叶半)。

版式　每纸半叶 23.3 cm×15.3 cm;四周单乌丝栏;书眉 2.5 cm,地脚 0.7 cm,版面 20.1 cm×13.3 cm;版心 19.4 cm×1.5 cm,内题"弘戒法仪序"、"弘戒法仪目录"、"弘戒法仪一　三皈"、"弘戒法仪二　审遮难"、"弘戒法仪三　授五戒"、"弘戒法仪三　授八戒"、"弘戒法仪四　剃度"、"弘戒法仪五　预问难"、"弘戒法仪六　四依法"、"弘戒法仪七　沙弥戒"、"弘戒法仪八　沙弥戒"、"弘戒法仪九　教衣钵"、"弘戒法仪十　策发"、"弘戒法仪十　四羯磨";半叶 9 行,行 18 字,共 90 叶。

说明　1. 正文刻有句读。

　　　2. 与麦 0690 为同一函。

麦 0690　弘戒法仪下

著者　(明) 释法藏撰

时代　清

装式　线装　刻本

现状　全

题记　后人所加封面墨书题"弘戒法仪 下",封面题签题"支那撰述　弘戒法仪 下"。卷首题"比丘自四羯磨受具足戒已次日差阇黎师与/说随相法仪第十二"。刻题"顺治戊戌(1658)岁孟夏谷旦　金陵李兰庭重刊行"。题识"乾隆五十一年(1786)正月吉日请弘戒法仪上下二本/弟子理澄受持","道光四年(1824)七月朔日麦积方丈达焕请弘戒一部上下二本",后附"释音"1叶半。

版式　每纸半叶 23.2 cm×15.2 cm;四周单乌丝栏;书眉 2.2 cm,地脚 0.9 cm,版面 20.3 cm×13.4 cm;版心 20.3 cm×1.5 cm,花口,内题"弘戒法仪十二　随相法"、"弘戒法仪十三　审比丘戒"、"弘戒法仪十四　三自皈"、"弘戒法仪十五　七遮法"、"弘戒法仪十六　忏悔法"、"弘戒法仪十七　苦行法"、"弘戒法仪十八　发誓愿"、"弘戒法仪十九　菩萨戒"、"弘戒法仪二十　授锡杖"、"弘戒法仪廿四　授戒辨"、"弘戒法仪廿五　示语"、"弘戒法仪廿六　衣钵总持";半叶 9 行,行 18 字,共 90 叶。

说明　1. 竹纸,经后人裱装。

　　　2. 正文刻有句读。

　　　3. 与麦 0691 号为同一函。

麦 0736　弘戒法仪上(见说明 1)

著者　(明) 释法藏撰

时代　明

版本　线装　刻本

现状　全

题记　封面题签题"弘戒法仪上"。卷首题"刻弘戒法仪序"(3 叶),序后有"天启癸亥(1623)孟冬朔旦三峰菩萨戒弟子/法藏书于北禅寺禁蛙堂中　板存灵应寺流通"。卷首题"弘戒法仪目录"(4 叶)。中题"授在家二众三皈依法仪第一"、"遮难法仪第二"、"出家在家授五戒法仪第三"、"授八戒法"、"沙弥得度仪轨第四"、"将登坛授具足戒预问难法仪第五"、"或将出家或将授具足戒俱应先授四依法第六"、"将欲登坛受具先整授沙弥十戒初禀堂头和尚仪法第七"、"次差阿阇黎授沙弥十戒法仪第八"、"将授具足戒先差教授师授持衣教钵法第九"、"将登坛受具足戒先策发沙弥法仪第十"、"登坛授大比丘具足戒白四羯磨法仪第十一"。刻题"板存灵应寺流通"。

题识"麦积山瑞应院 景峰焕记/知天 性记"(下有两方朱文印章,不能识读)。

版式　每纸半叶28.4 cm×18.1 cm;四周双栏;书眉6.1 cm,地脚2.1 cm,版面20.1 cm×
　　　13.3 cm;版心28.4 cm×1.8 cm,白口,内题"弘戒法仪序"(1—3叶)、"弘戒法仪目
　　　录"(1—4叶)、"弘戒法仪一　三皈"(1—5叶)、"弘戒法仪二　审遮难"(1—4叶)、
　　　"弘戒法仪三　授五戒"(1—11叶)、"弘戒法仪三　授八戒"(12—13叶)、"弘戒法
　　　仪四　剃度"(1—11叶)、"弘戒法仪五　预问难"(1—6叶)、"弘戒法仪六　四依
　　　法"(1—4叶)、"弘戒法仪　沙弥戒"(1—2叶)、"弘戒法仪八　沙弥戒"(3—8叶)、
　　　"弘戒法仪九　教衣钵"(1—10叶)、"弘戒法仪十　策发"(1—4叶)、"弘戒法仪十
　　　一　四羯磨"(1—20叶)及叶数;半叶9行,行18字,共92叶。

说明　1. 据封签"弘戒法仪上"定名。
　　　2. 卷尾有印章两枚(未识读)。
　　　3. 麦0736、麦0737为一函。
　　　4. 正文刻有句读。

麦0737　弘戒法仪下(见说明1)

著者　(明)法藏撰
时代　不详
版本　线装　刻本
现状　全
题记　封面题签题"弘戒法仪　下"。中题"比丘白四羯磨受具足戒已次日差阿阇黎师与说
　　　随相法仪第十二"、"比丘将进菩萨大戒阿阇黎师预前审戒式第十三"、"将授菩萨大戒
　　　先于数日之前差阿阇黎为求戒者开导三自皈令参心地法门第十四"、"将授菩萨大
　　　戒和尚差阿阇黎问难七遮法第十五"、"将授菩萨大戒先差阿阇黎开导忏悔法第十
　　　六"、"将授菩萨大戒和尚差阿阇黎开导苦行十忍法第十七"、"将授菩萨大戒和尚先
　　　差阿阇黎开导发大誓愿法第十八"、"正授菩萨大戒轨仪第十九"、"教授持锡杖法第
　　　二十"、"授戒辩　二十四"、"进戒示语　二十五"、"衣钵总持　二十六"。题识"麦积山
　　　景峰焕记/知天 性记"(下方有印章两方,不能识读)。

版式　每纸半叶28.4 cm×18.1 cm;四周双栏;书眉5.9 cm,地脚2.2 cm,版面20.2 cm×
　　　13.5 cm;版心28.4 cm×1.8 cm,花口,题"弘戒法仪十二　随相法"(1—5叶)、"弘
　　　戒法仪十三　审比丘戒"(1—20叶)、"弘戒法仪十四　三自皈"(1—6叶)、"弘戒法
　　　仪十五　七遮法"(1—5叶)、"弘戒法仪十六　忏悔法"(1—3叶)、"弘戒法仪十
　　　七　苦行法"(1—4叶)、"弘戒法仪十八　发誓愿"(1—4叶)、"弘戒法仪十九　菩

萨戒"(1—12 叶)、"弘戒法仪二十　授锡杖"(1—7 叶)、"弘戒法仪廿四　授戒辩"(1—11 叶)、"弘戒法仪廿五　示语"(1—8 叶)、"弘戒法仪廿六　衣钵总持"(1—6 叶)及叶数;半叶 9 行,行 18 字,共 91 叶。

说明　1. 卷尾有印章两枚(未识读)。

　　　2. 麦 0736、麦 0737 为一函。

　　　3. 正文刻有句读。

麦 0308　弘明集卷第十二

著者　(梁)释僧祐撰

时代　明

版本　经折装　刻本

现状　首残尾全。起"为难也何以言之今内圣所明以为出其言"。

题记　品题"庐山慧远法师答桓玄书沙门不应敬王者书"、"桓楚许道人不致礼诏"、"庐山慧远法师与桓玄论料简沙门书"、"支道林法师与桓玄论州符求沙门名籍书"、"天保寺释道盛启齐武皇帝论检试僧事"。尾题"弘明集卷第十二　驾二",后附"释音"1 行,小字两行占一行。

每纸　半叶 35.1 cm×11.4 cm;上下单栏;书眉 6.7 cm,地脚 3.8 cm,版面 24.6 cm×11.4 cm;版心白口,内刻题"驾二";半叶 6 行,行 17 字,共 23 叶半。此卷 5 个半叶为 1 纸,正文 19 纸,第 19 纸 2 个半叶。

说明　1. 内有朱底白文印章 10 方。

　　　2. 封面、封底残,封底为红绫。

麦 0307　弘明集卷第十三

著者　(梁)释僧祐撰

时代　明

版本　经折装　刻本

现状　全

题记　封面题签题"广弘明集卷第十三"。品题"庭诰二章"。尾题"弘明集卷第十三　驾三",后附"释音"(共 2 行)。

版式　每纸半叶 35.1 cm×11.4 cm;上下单栏;书眉 7.5 cm,地脚 3.6 cm,版面 24.1 cm×11.4 cm;版心白口;半叶 6 行,行 17 字,共 29 叶半。此卷 5 个半叶为 1 纸,两纸接缝处有栏外刻题纸数及刻板人姓名,共 13 纸,卷首 1 纸(2 个半叶),卷末 1 纸(3 个半叶）。

说明　1. 封面、封底均为橙色绢面，题签为白色。

　　　2. 内有朱底白文印章 12 枚。

麦 0306　弘明集卷第十四

著者　（梁）释僧祐撰

时代　明

版本　经折装　刻本

现状　中残

题记　卷端题"弘明集卷第十四　驾四/梁释僧祐撰"。品题"竺道爽撒太山文"、"释智静撒魔文"、"释宝林破魔露布文"、"弘明论后序 释僧佑"。尾题"弘明集卷第十四"，后附"释音"（半叶 1 行，小字两行占一行）。

每纸　半叶 35.0 cm×11.2 cm；上下单栏；书眉 7.0 cm，地脚 3.7 cm，版面 24.1 cm×11.2 cm；版心白口，内刻题"驾四"；半叶 6 行，行 17 字，共 34 叶半。此卷 5 个半叶为 1 纸，第 1 纸始为正文，正文 13 纸，第 13 纸为 4 个半叶。

说明　1. 内有朱底白文印章 14 方。

　　　2. 封面银色绫，封底为朱红色绫，封面封底残。

　　　3. 第 10、14 纸残。

麦 0071　早功晚课诵

著者　不详

时代　清

版本　线装　写本

现状　全

题记　封面墨书题"早功晚课诵"。卷首题"起佛偈"。尾题"上殿　早功晚课诵经记"，卷后附有诗文，似与麦积山有关。原文照录如下："上来瑞应海流风世界 常生不老命先流 宋定宝空宾守宛 光光世界/无夜神 福杨祥元同如来 见入金为东 生/花化中寂圣保 仁休进道十殿德成/庭后和风三冬去/茅庵草舍即是春/庭有余香谢草称/家无别是汉文章/花制栋柯三月景/鸟鸣南坪万家春/门外和风扇口气/枝头好鸟报□□"，封底杂写题识"光绪三年(1877)"。

版式　每纸半叶 20.6 cm×13.8 cm；上下无栏；半叶 8 行，行约 14 字，共 7 叶。

说明　正文有墨书句读。

麦 0280   地藏菩萨本愿经卷上

著者   （唐）实叉难陀译

时代   清

版本   经折装   写本

现状   首尾残。起"炉香乍热法界蒙薰诸佛海会悉遥闻"，止"生复观未来无量劫中因蔓不以是"。

题记   封面题签题"地藏菩萨本愿经卷上"。卷首题"开经偈"（2行）。卷端题"地藏菩萨本愿经卷上/唐 于阗国三藏沙门实叉难陀译"。品题"忉利天宫神通品第一"、"分身集会品第二"、"观众生业缘品第三"、"阎浮众生业感品第四"。

版式   每纸半叶32.8 cm×11.9 cm；上下单栏；书眉5.7 cm，地脚2.7 cm，版面24.5 cm×11.9 cm；版心白口；半叶5行，行15字，共39叶。此卷2个半叶为1纸，三个半叶为1纸不等。

说明   1. 封面为蓝色绢面黄色题签。

　　　　2. 正文中刻有句读。

　　　　3. 麦0280、麦0281、麦0328为同一函。

麦 0281   地藏菩萨本愿经卷中

著者   （唐）实叉难陀译

时代   清

版本   经折装   写本

现状   全

题记   封面题签题"地藏菩萨本愿经卷中"。卷端题"地藏菩萨本愿经卷中/唐　于阗国三藏沙门实叉难陀译"。品题"地狱名号品第五"、"如来赞叹品第六"、"利益存亡品第七"、"阎罗王众赞叹品第八"、"至称佛名号品第九"。尾题"地藏菩萨本愿经卷中"。附"赞"（2行）。

版式   每纸半叶33.4 cm×12.2 cm；上下单栏；书眉4.5 cm，地脚2.3 cm，版面26.0 cm×12.2 cm；版心白口，内刻题"地藏中"及纸数；半叶5行，行15字。此卷4个半叶为1纸，计22纸。共42叶半。

说明   1. 封面为蓝色绢面黄色题签，封底为黄色绢面。

　　　　2. 正文中有句读。

　　　　3. 麦0280、麦0281、麦0328为同一函。

麦 0328　地藏菩萨本愿经卷下

著者　（唐）实叉难陀译

时代　清

版本　经折装　写本

现状　全

题记　封面题签题"地藏菩萨本愿经卷下"。卷端题"地藏菩萨本愿经卷下/唐　于阗国三藏沙门实叉难陀译"。品题"校量布施功德缘品第十"、"地神护法品第十一"、"见闻利益品第十二"、"嘱累人天品第十三"。尾题"地藏菩萨本愿经卷下"。题识"大清康熙四十五年（1706）六月 初一 日关寺誊写沙弥/普澄/普润"。

版式　每纸半叶 32.7 cm×11.8 cm；上下单栏；书眉 5.1 cm，地脚 1.9 cm，版面 25.7 cm×11.8 cm；版心白口；半叶 5 行，行 15 字，共 35 叶。此卷 3 个半叶为 1 纸，计 22 纸。

说明　1. 封面、封底均为深黄色绢面，黄色题签。

　　　2. 麦 0280、麦 0281、麦 0328 为同一函。

麦 0320　地藏菩萨本愿经卷上

著者　（清）释法灯译

时代　清

版本　经折装　刻本

现状　首全尾残

题记　封面题签题"地藏菩萨本愿经卷上"。扉页有版画《地狱变》1 幅（5 个半叶，稍残，见说明 1）。牌记"皇帝万岁万万岁"，四周有佛教八宝音乐乐器。卷首题"地藏菩萨序/至心皈命礼/地藏菩萨摩诃萨"，后有"开经偈"。卷端题"地藏菩萨本愿经卷上/三藏法师 法灯译"。尾题"地藏菩萨本愿经卷上"（下方有印一方），后附"释音"7 行。

版式　每纸半叶 33.6 cm×11.9 cm；上下双栏；书眉 5.1 cm，地脚 2.8 cm，版面 25.6 cm×11.9 cm；版心白口；半叶 5 行，行 15 字，共 47 叶。此卷 5 个半叶为 1 纸，每纸之间交接重叠处有栏外刻题"地藏经上　一至十八"。第 1 纸为版画，第 2 纸为正文。共 18 纸。

说明　1. 版画《地狱变》1 幅（5 个半叶），稍残，中间地藏菩萨，左手持锡杖，两旁立弟子，两边人物有小牌记，上写"六曹判官，冥府王官，焦面鬼王等"。

　　　2. 正文刻有句读。

3. 封面为蓝色绢面,黄色题签,稍残。

4. 麦 0320、麦 0319、麦 0183 为同一函。

麦 0319　地藏菩萨本愿经卷中

著者　（清）释法灯译

时代　清

版本　经折装　刻本

现状　首残尾全(卷首有破损半叶)

题记　封面题签题"地藏菩萨本愿经卷中"。卷端题"地藏菩萨本愿经卷中　三藏法师
　　　法灯译"。刻题"信士王开基"。尾题"地藏菩萨本愿经卷中"。刻题"信士贾文焕"
　　　(有印一方),后附"释音"6 行。题识"奉佛弟子光辉□□中卷四拾式遍"。

版式　每纸半叶 33.4 cm×12.0 cm;上下双栏;书眉 5.3 cm,地脚 2.4 cm,版面 25.5 cm×
　　　12.0 cm;版心白口;半叶 5 行,行 15 字,共 44 叶。此卷 5 个半叶为 1 纸,每一纸与
　　　下一纸交接重叠处有栏外刻题"地藏经中　二至十八"。

说明　1. 正文刻有句读。

　　　2. 封面为蓝色绢面稍残,黄色题签。封底为黄色绢面,已残。

　　　3. 麦 0320、麦 0319、麦 0183 为同一函。

麦 0183　地藏菩萨本愿经卷下

著者　（清）释法灯译

时代　清

版本　经折装　刻本

现状　首全尾残。止"音　告诸大众 天龙八部 人非人等 听□"。

题记　封面题签题"地藏菩萨本愿经卷下"。卷端题"地藏菩萨本愿经卷下　三藏法师 法
　　　灯译"。品题"地藏菩萨本愿经较量布施功德愿品第十"。刻题"弟子陈志道"。

版式　每纸半叶 33.6 cm×12.4 cm,上下双栏;书眉 5.4 cm,地脚 2.8 cm,版面 25.4 cm×
　　　12.4 cm;版心白口;半叶 5 行,行 15 字,共 13 叶。此卷 5 个半叶为 1 纸,每一纸与
　　　下一纸交接重叠处有栏外刻题"地藏经下"及纸数。

说明　1. 封面为蓝色绢面,稍残,题签黄色。

　　　2. 正文刻有句读。

　　　3. 麦 0320、麦 0319、麦 0183 为同一函。

麦 0638　地藏菩萨本愿经卷上

著者　（清）释法灯译

时代　明

版本　经折装　刻本

现状　首全尾残。止"有一海 其若倍此 彼海之东 又"。

题记　封面题签题"地藏菩萨本愿经卷上"。卷首有《释迦说法图》(拟)版画 1 幅,共 2 叶
(4 个半叶,见说明 1)。牌记"皇图永固 帝道遐昌/佛日增辉 法轮常转"。卷首题
"至心归命礼"(礼赞文,1 叶半 14 行)、"开经偈"(半叶 3 行)。卷端题"地藏菩萨本
愿经卷上/三藏法师 法灯译"。品题"地藏菩萨本愿经忉利天宫神通品第一"。

版式　每纸半叶 34.1 cm×12.5 cm;上下单栏;书眉 6.0 cm,地脚 3.0 cm,版面 25.0 cm×
12.5 cm;版心白口,内刻题"地藏上";半叶 5 行,行 12 字,共 20 叶半。此卷 5 个半
叶为正文,第 1 纸和第 2 纸交接重叠处有栏外刻题"上"、"一至七"。

说明　1. 卷首有版画 1 幅,其中有地藏菩萨、阿难、迦叶、摩耶夫人、梵王、普贤菩萨、观音
菩萨、帝释、十王等。

2. 封面为褐色绢面。

3. 正文有句读。

4. 麦 0638、麦 0654、麦 0643 上中下三卷为同一函。

麦 0637　地藏菩萨本愿经卷中

著者　（唐）实叉难陀译

时代　明

版本　经折装　刻本

现状　全

题记　封面题签题"地藏菩萨本愿经卷中"。卷端题"地藏菩萨本愿经卷中/于阗国三藏沙
门实叉难陀译"。题识"地藏菩萨功德无涯手执锡杖搭袈裟广度众群沙接引魂家九
品座莲花"(似为杂写,间于卷首题的经名与著者名之间)。品题"地藏菩萨本愿经
地狱名号品第五"、"地藏菩萨本愿经如来赞叹品第六"、"地藏菩萨本愿经利益存亡
品第七"、"地藏菩萨本愿经阎罗王众赞叹品第八"、"地藏菩萨本愿经称佛名号品第
九"。尾题"地藏菩萨本愿经卷中 终"。题识(牌记内,后人墨书)"南无常住十方
洼"。刻题(牌记左下侧)"南京聚宝门裹三坊巷口坐西面东/陈少山经房印行"。

版式　每纸半叶 32.5 cm×11.6 cm;上下双栏;书眉 5.3 cm,地脚 2.1 cm,版面 25.3 cm×

11.6 cm;版心白口,内刻题"地藏中　一至十五";半叶 5 行,行 17 字,共 38 叶。此文每 5 个半叶为 1 纸,正文共 15 纸。

说明　1. 正文刻有句读并朱色圈点。

　　　2. 封面、封签为红色绢面,封底为蓝色绢面。

　　　3. 麦 0280、麦 0281、麦 0637、麦 0328 上中下三卷为一函。

麦 0654　地藏菩萨本愿经卷中

著者　(清)释法灯译

时代　清

版本　经折装　写本

现状　全

题记　封面题签题"地藏菩萨本愿经卷中"。卷端题"地藏菩萨本愿经卷中"。品题"地藏菩萨本愿经地狱名号品第五"、"地藏菩萨本愿经如来功德赞叹品第六"、"地藏菩萨本愿经利益存亡品第七"、"地藏菩萨本愿经阎罗王众赞叹品第八"、"地藏菩萨本愿经称佛号品第九"。尾题"地藏菩萨本愿经卷中 终",后附"释音"(3 行)。

版式　每纸半叶 26.8 cm×11.0 cm;半叶 4 行,行 12 字。此卷 4 个半叶为 1 纸,计 35 纸,共 68 叶。

说明　1. 此本系仿明刻抄本。

　　　2. 麦 0638、麦 0654、麦 0643 上中下三卷为一函。

麦 0643　地藏菩萨本愿经卷下

著者　(清)释法灯译

时代　清

版本　经折装　刻本

现状　首残尾全。起"今日。于忉利天宫。称扬赞叹。地藏菩萨"。

题记　尾题"地藏菩萨本愿经卷下",后附"释音"3 行(下有朱色印一方,残)。刻题"固原城守参将苏大代/生员王万祉 王开泰 王钟斗 李成梁 高耋/侯殿国 侯勷国　马肇升/助缘信士石韫珠　王文魁 韩汝花 王君竈 蒲奉玉 蔡养伸　/屈能训 刘蚩英 屈能长 白宗赐 赵友 常存义/韩自逊 史耀 徐尚义 赵师鲁 李彻昌 赵希魁/赵大印 解得麟 李国良 任登才 张荣 纪仓/曹登科 王显礼 马友 梁通诏 张绍衡 李附凤/王凤兴 石玉雄 董俊秀 王开統 宋奉 苟应科/任大杰 李国耀 刘起鹏 梁栋 王加祥 张成/杨杰 王延瑞 王喜瑞 张彦成 王开翠 王开阑/何淑 郭德 宋继芳 宋联芳 郭自友 刘

永盛/王遴士 李弼 苟綂基 常振武 李呈馥 王开诏/李弘勳 师可范 李天务 翟养秀

王钟奎 邹启旺/李守真 许刚 党吾直/大戒比丘 同 锦/五原释子圆明 利魁 正宗

□□了志 能敏/□彻 □□通/崆崗释子广慧 明炬 □均 妙记 妙忍 妙汉/□□

性儒 如静 觉明 觉谛/照□ 道升 性恬 海涌 寂体 觉融/照□ □□/夫□郭氏 赵门

闫氏 徐门赵氏 侯门王氏 侯门赵氏/信女王门赵氏 石门贺氏/信士苗富国 室人李

氏 □□/郭养文 郭恩 郭存/□□□ 吴化□ 石点珠/经匠 陈善 孟守福 陈宗仁/刷

印匠 刘奉"。牌记"五原文昌宫释子妙心 率徒觉明、觉洪、觉授/觉观、觉圆、觉范、

觉屿、孙 普通/普祯 发心刊造/地藏观音二大菩萨经板上报 四恩下酬三有伏愿/

过去父母师长早生净土见在眷属福寿增延/一切有情同缘种智/康熙七年(1668)岁

在戊申吉日刊板晋/崆峒山真乘寺"。卷末有《天王像》版画1幅。

版式　每纸半叶33.4 cm×12.2 cm;上下双栏;书眉5.2 cm,地脚2.4 cm,版面25.8 cm×

12.2 cm;版心白口;半叶5行,行15字,共27叶。此卷5个半叶为1纸。正文第1

纸与第2纸交接重叠处有栏外刻题"地藏经下 八"、"九至十五"。

说明　1. 正文刻有句读。

　　　2. 麦0638、麦0654、麦0643上中下三卷为同一函。

麦 0939　地藏菩萨像

地藏菩萨圣牌像。贴金,清绘,裱褙多层(2 mm)。尺寸(长×高):273 mm×439 mm。背

题"地藏右三"。最上一层裱纸被反裱,内容与麦0955《韦陀像》裱褙纸内容相同,为"乾隆

三十八年(1773)十月一日"。最下一行,可见"佛"、"时"字。

麦 0940　地藏菩萨像

地藏菩萨圣牌像。清绘,裱褙多层(2 mm)。尺寸(长×高):295 mm×485 mm。左右下

角稍残。

麦 0942　地藏菩萨像

地藏菩萨圣牌像。贴金,清绘,裱褙多层(2 mm)。尺寸(长×高):272 mm×490 mm。背

面有朱笔题"唵、吽、哑"三字。

麦 0951　地藏菩萨像

地藏菩萨圣牌像。贴金,裱褙多层(2 mm)。尺寸(长×高)284 mm×478 mm。

说明　左上部有一蛀洞。

麦 0552　华严经道场起止大略

著者　不详

时代　不详

版本　经折装　刻本

现状　残(首、尾封脱落)

题记　卷端题"华严经道场起止大略"。刻题"洋县渭门里蒲河三郎沟居住奉/佛刊华严经一卷舍财信士 王进才 同室人 成氏男许家/圆德 女千见/涓合家舍财后祈保人口平安四时顺叙资畜具望吉祥/如意者矣"。

版式　每纸半叶 34.5 cm×9.3 cm;上下双栏;书眉 5.5 cm,地脚 3.0 cm,版面 25.9 cm×9.3 cm;版心白口;半叶 5 行,行 18 字,共 25 叶。此卷 6 个半叶为 1 纸,第三纸为 5 个半叶。第 3 纸与第 4 纸交接重叠处有栏外刻题字"母四";第 5 纸与第 6 纸交接重叠处有栏外刻题字"母五"。

麦 0703　西方咏和

著者　(清)湛寿录

时代　清

版本　线装　刻本

现状　全

题记　内封题签题"胜莲花"(刻题)、"峰玥记"(墨书)。卷首题"西方咏和序"(3 叶),序后有"顺治丁酉(1657)孟夏月/弟子石岩妙慧题"(后有两方墨色阳文印两方不能识读)。卷端题"西方咏和/书记湛寿录"。尾题"西方永和终",附录"单赞西方十二妙慧"(1 叶半)、"警发念佛 八首"(2 叶)。封底题识"峰玥记□"。

版式　每纸半叶 25.0 cm×15.1 cm;四周单栏;书眉 3.0 cm,地脚 1.6 cm,版面 20.4 cm×12.1 cm;版心 20.4 cm×1.3 cm,花口,上鱼尾,版心题"胜莲花序"、"胜莲花"及叶数;半叶 8 行,行 17 字,共 32 叶。

麦 0040　妙法莲华经卷第一

著者　(姚秦)鸠摩罗什译

时代　清

版本　经折装　刻本

现状　全

题记　卷首版画1幅(见说明1)。首题"妙法莲华经弘传序　终南山释　道宣 述"(共4叶半)。卷端题"妙法莲华经卷第一　姚秦三藏法师鸠摩罗什奉诏译"。品题"妙法莲华经序品第一"、"妙法莲华经方便品第二"。尾题"妙法莲华经卷第一"。题识"请/法华经一部 祁家寺住持僧寂　徒照明 徒孙普彻 普祥",后附"释音"(共3个半叶)。

版式　每纸半叶35.4 cm×15.5 cm;上下单栏;书眉2.8 cm,地脚1.5 cm,版面31.1 cm×15.5 cm;版心白口,内题"法一"及纸数;半叶4行,行12字,共112叶。此卷4个半叶为1纸,共56纸,版画1纸(4个半叶),序2纸(8个半叶),卷末1纸(3个半叶)。

说明　1. 版画1幅,共4个半叶,分前后两部分:前幅2个半叶,画说法图,有释迦牟尼及弟子、天王等;后幅2个半叶,绘《妙法莲华经》经变画,画面中有信众向佛跪拜、聚沙成塔、佛普度众生等场景。

2. 封面、封底均为白色绢面。

3. 版心栏外刻题"法一"及纸数。

4. 正文刻有句读。

5. 麦0040、麦0039、麦0055、麦0091、麦0046、麦0093、麦0094七卷为同一函。函套外衣为黄色布质,内衬纸板,外径17 cm×15 cm×39 cm。函套题签"妙法莲华宝经全部"(墨书),(木刻题签双栏)函套左右交接处上下两端各有签扣(残)。函套左起墨书发愿文一通:"维/大清国陕西直隶秦州衙上张百户任伯全旗人氏见在城东乡新兴里□头口/居住叩安信士任天眷妻室尤氏夫妇所生幼男名唤己(乙)酉(1705)子庚甲相/六月初一日吉时生今岁身染灾疾天眷夫妇发心祈保于/郡金圣寺诸佛菩萨 南无天真显教赤脚大仙无量寿佛/南无三洲感应韦驼尊天普菩萨/太白山九龙寺昊天至尊紫微仙女元天至 地主元君插花 搭扇二位君/铨钵寺捱魂朱大元帅/南瞻部洲觉皇门下临积正宗上通下祥座下发名心玉所保长命百岁在于一叩/二岁灯烛酬谢神圣之恩二六时中吉祥如意/乾隆六年(1741)正月十五日祈保。"

麦0099　妙法莲华经卷第一

著者　(姚秦)鸠摩罗什译

时代　明

版本　经折装　写本

现状　全

题记　封面题签题"妙法莲华经卷第一"(笔书)。扉页题识"法华经御赞"。护叶刻题"皇帝万岁万万岁"。首题"开经偈"(1个半叶)、"妙法莲华经弘传序,终南山释 道宣述"(7个半叶)。卷端题"妙法莲华经卷第一/姚秦三藏法师鸠摩罗什奉诏译"。品题"妙法莲华经序品第一"、"妙法莲华经方便品第二"。尾题"妙法莲华经卷第一"。尾题下题识"写经僧人净理□",后附"释音"。末纸题识"陕西甘肃凉州提标右营副将高孟鼎施表伯/大乘经壹部应供十方/施□僧人海静应供",后附"释音"(2个半叶)。

版式　每纸半叶38.8 cm×13.7 cm;上下双栏;书眉6.9 cm,地脚3.0 cm,版面29.1 cm×13.7 cm;版心白口,内刻题"法华经一卷"及纸数;半叶5行,行12字,共93叶半。此卷5个半叶为1纸,每纸半叶或1叶后标刻题"法华经一卷"及各纸数。正文37纸,卷末1纸为2个半叶。

说明　1. 正文有墨笔句读。

　　　2. 封面为黄色绢面,封底为白色,题签为黄色。

　　　3. 麦0099、麦0962、麦0123、麦0138、麦0117、麦0148、麦0149七卷一函,为凉州提标右营副将高孟鼎施供。

麦0103　妙法莲华经卷第一

著者　(姚秦)鸠摩罗什译

时代　明

版本　经折装　刻本

现状　全

题记　封面题签题"大乘妙莲华经卷第一"(笔书)。卷首有版画1幅(5个半叶,见说明1),牌记"皇帝万岁万万岁"。卷首题"开经偈"(1个半叶)、"妙法莲华经弘传序/终南山释道宣述"(6个半叶)。卷端题"妙法莲华经卷第一/姚秦三藏法师鸠摩罗什译"。品题"妙法莲华经序品第一"、"妙法莲华经方便品第二"。尾题"妙法莲华经卷第一"。刻题"陕西西安府长安县和迪里伍楼村南街居住奉/佛信士刘世友室人吕氏 苗氏刘氏 袁氏男刘局发心重刊/法华经一部仗经德追荐上/父母刘文达张氏/三宝光中吉祥如意"。

版式　每纸半叶35.2 cm×12.2 cm;上下双栏;书眉6.9 cm,地脚2.2 cm,版面26.2 cm×12.2 cm;版心白口,内刻题"法卷一"及纸数;半叶5行,行15字,共84叶半。此卷5个半叶为1纸,每纸半叶或1叶后标栏内刻题"法卷一"及各纸数,第3纸与第4纸交接重叠处标栏外刻题"法华经卷一一",第4纸与第5纸交接重叠处标栏外刻题"法华经卷一二"。正文 31 纸,卷首 1 纸为版画(6 个半叶),牌记 1 纸(1 个半叶),序 2 纸(第 2 纸为 2 个半叶)。

说明　1. 版画正中佛结跏趺坐于莲台之上,莲台下有一听法弟子,两侧有听法弟子、菩萨、眷属、天龙八部等。

2. 封面为红色绢面,封底为黄色绢面,题签为白色。

3. 正文刻有句读。

麦 0106　妙法莲华经卷第一

著者　(姚秦)鸠摩罗什译

时代　明

版本　经折装　刻本

现状　全

题记　封面题签题"大乘妙法莲华经卷第一"。卷首有版画 1 幅(5 个半叶,见说明 1),版画后衬裱新纸一方,墨题"此经藏之有年,系明刻。第五卷据敦煌藏本校/勘一过,惜未得其全。因张自振由兰返麦积托以持/赠麦积书藏/一九五五年元月十七日/冯国瑞识"。题识下有"冯国瑞"朱文印章一方。首题"开经偈"(3 叶半),下有"冯国瑞"朱文印章一方。首题"妙法莲华经弘传序/终南山释道宣述"(3 叶)。卷端题"妙法莲华经卷第一/姚秦三藏法师鸠摩罗什译"。品题"妙法莲华经序品第一"、"妙法莲华经方便品第二"。尾题"妙法莲华经卷第一"。尾题下题识"海印记",后附"释音"(4 个半叶)。刻题"信士任万金同室李氏 张氏保延男任毛/胎金贵/助缘信士牛国用杨氏师进才雷天爵/马大经 宋万仓 蒲照 张安"。

版式　每纸半叶 34.5 cm×11.9 cm;上下双栏;书眉 5.8 cm,地脚 3.6 cm,版面 25.4 cm×11.9 cm;版心白口,内刻题"法华经卷一"及纸数;半叶 5 行,行 15 字,共 74 叶。此卷 5 个半叶为 1 纸,每纸半叶或 1 叶后标栏内刻题"法华经卷一"及各纸数。正文 26 纸,卷首版画 1 纸(5 个半叶),"开经偈"2 纸(第 1 纸为 2 个半叶),序 1 纸(6 个半叶)。

说明　1. 版画内容为五佛,佛结跏趺坐于莲台之上,莲台下有一听法弟子,两侧为听法弟子、菩萨、眷属、天龙八部等。

2. 版画后有冯国瑞印两方。

3. 卷中、释音处各有附纸一。

4. 封面为橙色绢面,封底为黄色绢面,题签为白色。

5. 正文刻有句读。

6. 参见麦 0106、麦 0101、麦 0105、麦 0218、麦 0064、麦 0098、麦 0642 七卷一函,为冯国瑞先生捐赠。

麦 0116   妙法莲华经卷第一

著者   (姚秦)鸠摩罗什译

时代   不详

版本   经折装   刻本

现状   全(首封脱落,底封全)

题记   卷首题"妙法莲华经弘传序/终南山释道宣述"(7 个半叶),后有牌记"释迦如来花押"(1 个半叶)。卷端题"妙法莲华经卷第一/姚秦三藏法师鸠摩罗什奉诏译"。品题"妙法莲华经序品第一"、"妙法莲华经方便品第二"。尾题"妙法莲华经卷第一",后附"释音"(5 叶)。刻题"四川保宁府南部县积善乡宝瓶观生长人见偶汉中府凤县加林/里居民奉/佛信善黄普明 同缘室人陈妙果男黄廷富 黄廷贵 黄廷才 黄廷友 林氏 李氏 肖氏/但黄普明等生居下土农务为本知恩有资仰答无由发心施舍刊施/莲经板一付第一卷工资已毕佛经菩萨祈保一家眷属寿如南山福如东/海 四恩总报三有均资普愿见闻万缘如意"。卷末背面衬纸内有题识"巩昌府阶州文县守御□军平凉府安定监中营二甲牧马军于性□室人王妙慧/奉/保延男于光耀、室人□氏孙功德女/佛授持妙法莲华经终身不缺诸品灵章玄文三教九全亦是俗名古今居士"。

版式   每纸半叶 37.7 cm×13.9 cm;上下双栏;书眉 4.2 cm,地脚 3.7 cm,版面 29.6 cm×13.6 cm;版心白口;半叶 5 行,行 12 字,共 89 叶。此卷 5 个半叶为 1 纸,卷首 2 纸为序(第 2 纸 4 个半叶)。第 2 纸与第 3 纸交接重叠处标栏外刻题"一卷 二",第 3 纸与第 4 纸交接重叠处标栏外刻题"一卷 三"。正文 35 纸,卷末 1 纸(3 个半叶)。

说明   1. 释音后有印两方,未识读。

2. 题识在卷末衬纸内。

3. 封底为黄色绢面。

4. 正文刻有句读。

麦 0139   妙法莲华经卷第一

著者   (姚秦)鸠摩罗什译

时代   明

版本   经折装   刻本

现状   首全尾残。止"是事为云何 愿佛为解说"。

题记　封面题签题"大乘妙法莲华经卷第一"（笔书）。卷首有版画 1 幅（5 个半叶，见说明 1）。牌记"皇图永固 帝道遐昌/佛日增辉 法轮常转"。首题"诵妙法莲华经仪式"（仪式前有"钦录/洪武十七年二月十六日僧录司左讲/经臣如玘于/武英殿钦奉/圣旨……经者遵依钦此"6 个半叶）；"开经偈"（共 2 行）；"妙法莲华经弘传序/终南山释道宣述"（6 个半叶），后附"释音"（半叶）。卷端题"妙法莲华经卷第一/姚秦三藏法师鸠摩罗什译"。品题"妙法莲华经序品第一"、"妙法莲华经方便品第二"。

版式　每纸半叶 30.4 cm×9.8 cm；上下双栏；书眉 6.0 cm，地脚 3.0 cm，版面 21.7 cm×9.9 cm；版心白口，内刻题"法华科仪"或"法华经卷第一"及纸数；半叶 5 行，行 13 字，共 55 叶。此卷 5 个半叶为 1 纸，每纸半叶或 1 叶后标栏内刻题"法华科仪"或"法华经卷第一"及各纸数。正文 21 纸，卷首版画 1 纸（5 个半叶）。

说明　1. 版画正中佛结跏趺坐于莲台之上，莲台下有一听法弟子，两侧有听法弟子、菩萨、眷属、天龙八部等。

　　　2. 封面为黄色绢面，题签为白色。

　　　3. 正文刻有句读。

麦 0158　妙法莲华经卷第一

著者　（姚秦）鸠摩罗什译

时代　明

版本　经折装　刻本

现状　全

题记　封面题签题"大乘妙法莲华经卷第一"（笔书）。卷首有版画 1 幅（5 个半叶，见说明 1）。牌记"皇帝万岁万万岁"。卷首题"开经偈"（1 个半叶）、"妙法莲华经弘传序/终南山释道宣述"（6 个半叶）。卷端题"妙法莲华经卷第一/姚秦三藏法师鸠摩罗什译"。品题"妙法莲华经序品第一"、"妙法莲华经方便品第二"。尾题"妙法莲华经卷第一"。题识"大清国甘肃省直隶秦州仙人崖灵应寺修补/法华经释子了玥 徒双德/皇清乾隆四十四年（1779）八月望八日成造/唯愿/佛日增辉法轮常转二六声中时刻如意"。

版式　每纸半叶 35.5 cm×12.2 cm；上下双栏；书眉 6.0 cm，地脚 3.0 cm，版面 26.6 cm×11.3 cm；版心白口，刻题"法华经序"或"法卷一"及纸数；半叶 5 行，行 15 字，共 84 叶半。此卷 5 个半叶为 1 纸，每纸半叶或 1 叶后标栏内刻题"法华经序"或"法卷一"及各纸数。第 11 纸与第 12 纸交接重叠处有栏外刻题"法华经卷一　六"，第 12 纸与第 13 纸交接重叠处有栏外刻题"法华经卷一　七"。正文 26 纸，卷首 1 纸为版画、牌记(6个半叶)及"开经偈"(1个半叶),"序"后13叶半为手书补本,卷末5个半叶为手书补本。

说明　1. 版画正中佛结跏趺坐于莲台之上,莲台下有一听法弟子,两侧听法弟子、菩萨、眷属、天龙八部等。

　　　2. 卷前、卷后部分为清乾隆四十四年补写。

　　　3. 封面为蓝色绢面,封底为黄色,题签为红色纸。

　　　4. 正文刻有句读。

　　　5. 题签题"大乘妙法莲华经卷第一",下有"全集"二字。

麦 0189　妙法莲华经卷第一

著者　（姚秦）鸠摩罗什译

时代　不详

版本　经折装　刻本

现状　全

题记　封面题签题"大乘妙法莲华经卷第一"(笔书),卷首有版画1幅(5个半叶,见说明1)。牌记"皇图永固 帝道遐昌/佛日增辉 法轮常转"。卷端题"妙法莲华经卷第一/姚秦三藏法师鸠摩罗什译"。品题"妙法莲华经序品第一"、"妙法莲华经方便品第二"。尾题"妙法莲华经卷第一",后附"释音"(2个半叶)。

版式　每纸半叶 29.7 cm×10.0 cm;上下双栏;书眉 4.9 cm,地脚 3.3 cm,版面 21.5 cm×10.0 cm;版心白口,内刻题"法华经卷第一"及纸数;半叶 5 行,行 13 字,共 85 叶。此卷 5 个半叶为 1 纸,每纸半叶或 1 叶后标刻题"法华经卷第一"及各纸数。正文 32 纸,卷首 1 纸为版画、牌记(6 个半叶),卷末 1 纸(4 个半叶)。

说明　1. 版画正中佛结跏趺坐于莲台之上,莲台下有一听法弟子,两侧有听法弟子、菩萨、眷属、天龙八部等,拟名《说法图》。

　　　2. 卷中有附纸一张。

　　　3. 封面、封底均为绿色绢面,题签为白色。

　　　4. 正文刻有句读。

麦 0346　妙法莲华经卷第一

著者　（姚秦）鸠摩罗什译

时代　明

版本　经折装　刻本

现状　　全

题记　　封面题签题"大乘妙法莲华经卷第一"(笔书)。卷首有版画《说法图》(拟)1 幅(5 个
　　　　半叶,见说明 1)。牌记"皇帝万岁万万岁"。卷首题"开经偈"(1 个半叶)、"妙法莲
　　　　华经弘传序/终南山释道宣述"(6 个半叶)。卷端题"妙法莲华经卷第一/姚秦三藏
　　　　法师鸠摩罗什译"。品题"妙法莲华经序品第一"、"妙法莲华经方便品第二"。尾题
　　　　"妙法莲华经卷第一"。题识(尾题后)"延寿寺隆安权执",后附"释音"(4 个半叶)。
　　　　刻题 1("释音·方便品第二"下)"金善里信人杜梅 吕氏 杜宗礼 段氏/杜宗仁 张氏
　　　　男杜来 杜昆杜时春/弥陀会 张廷相 张廷玉 曹万良 薛豆 樊来/赵大 吉万仓 陈私
　　　　镜 韩洪 宋春";刻题 2("释音"后)"陕西凤翔府凤翔里仁乡云台里人氏/见在口兹
　　　　头居发心表/大乘妙法莲华尊经一部保安信士/马进学室人李氏 男马友江等/万历
　　　　元年(1573)造"。

版式　　每纸半叶 35.0 cm×11.8 cm;上下双栏;书眉 6.7 cm,地脚 3.2 cm,版面 25.6 cm×
　　　　12.0 cm;版心白口,内刻题"莲一"及纸数;半叶 5 行,行 15 字,共 87 叶。此卷 5 个
　　　　半叶为 1 纸,每纸半叶或 1 叶后标栏外刻题"莲一"及各纸数。正文 32 纸,卷首 1
　　　　纸为版画(6 个半叶),"开经偈"、"序"为 2 纸(第 1 纸为 3 个半叶)。

说明　　1. 版画正中佛结跏趺坐于莲台之上,莲台下有一听法弟子,两侧有听法弟子、菩
　　　　　　萨、眷属、天龙八部等。
　　　　2. 正文刻有句读。
　　　　3. 封面为黄色,封底为黄色绢面,题签为红色。

麦 0370　妙法莲华经卷第一

著者　　(姚秦)鸠摩罗什译

时代　　明

版本　　经折装　刻本

现状　　全

题记　　封面题签题"大乘妙法莲华经卷第一"(笔书)。卷首有版画《说法图》(拟)1 幅(3 个
　　　　半叶,见说明 1)。牌记"皇帝万岁万万岁"。首题"开经偈"(1 个半叶)、"妙法莲华
　　　　经弘传序/终南山释道宣述"(6 个半叶)。卷端题"妙法莲华经卷第一/姚秦三藏法
　　　　师鸠摩罗什译"。品题"妙法莲华经序品第一"、"妙法莲华经方便品第二"。尾题
　　　　"妙法莲华经卷第一",后附"释音"(4 个半叶)。

版式　　每纸半叶 33.4 cm×11.9 cm;上下双栏;书眉 5.0 cm,地脚 2.2 cm,版面 26.2 cm×
　　　　12.0 cm;版心白口,内刻题"序一"及纸数;半叶 5 行,行 15 字,共 85 叶。每纸半叶

或 1 叶后标刻题"序一"及各纸数。

说明   1. 版画正中佛结跏趺坐于莲台之上,莲台下有一听法弟子,两侧有听法弟子、菩
　　　　　 萨、眷属、天龙八部等。

　　　　2. 正文刻有句读。

　　　　3. 封面为黄色绢面,封底为蓝色绢面,题签为白色。

麦 0609   妙法莲华经卷第一

著者   (姚秦)鸠摩罗什译

时代   明

版本   经折装   写本(血书)

现状   全

题记   封面题签题"大乘妙法莲华经卷第一"。卷首有版画《说法图》(拟)1 幅(5 个半叶,
　　　　见说明1)。牌记"皇图永固 帝道遐昌/佛日增辉 法轮常转"。卷首题"妙法莲华经
　　　　弘传序/终南山释 道宣述"(6 个半叶)。卷端题"妙法莲华经卷第一/姚秦三藏法师
　　　　鸠摩罗什译"。品题"妙法莲华经序品第一"、"妙法莲华经方便品第二"。尾题"大
　　　　乘妙法莲华经卷第一",后附"释音"(3 个半叶,木刻)。刻题"兴圣寺僧祖印"。

版式   每纸半叶 26.6 cm×9.0 cm;上下单栏;书眉 4.3 cm,地脚 2.3 cm,版面 20.0 cm×
　　　　9.0 cm;版心内刻题"一卷"及纸数;半叶 5 行,行 15 字,共 71 叶。此卷 5 个半叶为
　　　　1 纸,每纸半叶或 1 叶后标刻题"一卷"及各纸数。正文 26 纸,版画牌记 1 纸(6 个
　　　　半叶),序 1 纸(6 个半叶)。

说明   1. 版画正中佛结跏趺坐于莲台之上,莲台下有一听法弟子,两侧有听法弟子、菩
　　　　　 萨、眷属、天龙八部等。

　　　　2. 正文有句读。

　　　　3. 封面、封底均为黄色绢面,题签为黄色。

　　　　4. 此本系血书,后经人描润。

　　　　5. 此本系两面书,背面见麦 0610 号。

　　　　6. 麦 0609、麦 0611、麦 0613、麦 0615、麦 0617、麦 0619、麦 0621 七卷为同一函佛
　　　　　 经。本卷的研究,可参翟玉兰《麦积山瑞应寺藏〈妙法莲华经〉和〈报恩仪文〉》,
　　　　　 《敦煌研究》2003 年第 6 期。

麦 0963   妙法莲华经卷第一

著者   (姚秦)鸠摩罗什译

时代　明

版本　经折装　刻本

现状　首残尾全。起"于诸声闻众　佛说我第一"。

题记　尾题"妙法莲华经卷第一",后附"释音"(2 个半叶)。

版式　每纸半叶 30.5 cm×9.8 cm;上下双栏;书眉 6.3 cm,地脚 3.1 cm,版面 21.3 cm×
　　　9.7 cm;版心白口,内刻题"法华经卷第一"及纸数;半叶 5 行,行 13 字,共 37 叶半。
　　　此卷 5 个半叶为 1 纸,每纸半叶或 1 叶后标刻题"法华经卷第一"及各纸数。正文
　　　15 纸。

说明　1. 正文刻有句读。
　　　2. 封底为绿色绢面。

麦 0039　妙法莲华经卷第二

著者　(姚秦)释鸠摩罗什译

时代　清

版本　经折装　刻本

现状　全

题记　封面题签题"大乘妙法莲□□□□□"。卷首有版画 1 幅(见说明 1)。卷端题"妙
　　　法莲华经卷第二　姚秦三藏法师鸠摩罗什奉诏译"。品题"妙法莲华经譬喻品第
　　　三"、"妙法莲华经信解品第四"。尾题"妙法莲华经卷第二",后附"释音"(共 2 叶),
　　　有附纸一张。

版式　每纸半叶 35.6 cm×15.3 cm;上下单栏;书眉 2.5 cm,地脚 1.7 cm,版面 31.4 cm×
　　　15.3 cm;版心白口,内题"法二"及纸数;半叶 4 行,行 12 字,共 108 叶。此卷 4 个
　　　半叶为 1 纸,共 54 纸。

说明　1. 卷首有版画 1 幅,共 4 个半叶,分前后两部分,前一幅为释迦牟尼说法图,内有
　　　　　佛、弟子、菩萨、天王像;后一幅为《妙法莲华经》经变画分场景,有老人入墓、睒
　　　　　子本生,有狩猎、茅屋等场景。
　　　2. 封面为绿色绢面,封底为白色绢面,题签为白色。
　　　3. 版心栏外刻题纸数。
　　　4. 正文刻有句读。
　　　5. 麦 0040、麦 0039、麦 0055、麦 0091、麦 0046、麦 0093、麦 0094 五卷为同一帙。
　　　6. 函套处有乾隆六年(1741)发愿文,录文如下"请法华经一部,祁家寺住持僧寂
　　　　　会,传照明,徒孙普彻、普祥"。

麦 0095　妙法莲华经卷第二

著者　（姚秦）鸠摩罗什译

时代　明

版本　经折装　刻本

现状　全

题记　封面题签题"大乘妙法莲华经卷第二"(笔书)。卷端题"妙法莲华经卷第二/姚秦三藏法师鸠摩罗什译"。品题"妙法莲华经譬喻品经第三"、"妙法莲华经信解品第四"。尾题"妙法莲华经卷第二"。刻题"陕西西安府长安县和迪里伍楼村南街居住奉/佛信士刘世友室人吕、苗、刘、袁氏 男刘局发心重刊/法华经一部 仗经德追荐上/父母刘文达张氏/三宝光中 吉祥如意"。

版式　每纸半叶 35.3 cm×12.7 cm；上下双栏，书眉 5.7 cm，地脚 2.8 cm，版面 26.9 cm×12.3 cm；版心白口，内刻题"法卷二"及纸数；半叶 5 行，行 15 字，共 77 叶。此卷 5 个半叶为 1 纸，每纸半叶或 1 叶后标刻题"法卷二"及各纸数。正文 25 纸，第 2 个半叶至第 12 叶 2 行为手书补本，最后 1 纸为 4 个半叶。第 1 纸与第 2 纸交接重叠处刻题"法华经卷二　七"；第 2 纸与第 3 纸交接重叠处刻题"法华经卷二　八"。

说明　1. 正文刻有句读。

　　　2. 封面为黄色、封底为白色、题签为白色绢面。

　　　3. 此卷从第 2 个半叶起至第 12 叶第 2 行为后人补写。

麦 0101　妙法莲华经卷第二

著者　（姚秦）鸠摩罗什译

时代　明

版本　经折装　刻本

现状　全

题记　封面题签题"大乘妙法莲华经卷第二"。卷端题"妙法莲华经卷第二/姚秦三藏法师鸠摩罗什译"，卷端题下有阳文朱色"冯国瑞"印章一枚。品题"妙法莲华经譬喻品经第三"、"妙法莲华经信解品第四"。尾题"妙法莲华经卷第二"，尾题下题识"海印记"。刻题"信士牛宗甫 王氏 金氏 曹氏 保延/男女祁家女 男牛五十蛮陈/清牛来蒲氏/助缘人郭儒 各捐己/赀刊完 "，后附"释音"(3 个半叶)。

版式　每纸半叶 34.5 cm×11.9 cm；上下双栏；书眉 4.2 cm，地脚 3.2 cm，版面 27.3 cm×11.9 cm；版心白口，内刻题"法华经卷二"及纸数；半叶 5 行，行 15 字，共 75 叶。此卷5个半叶为1纸,每纸半叶或1叶后标栏内刻题"法华经卷二"及各纸数。正文 30纸。

说明　1. 卷端有"冯国瑞"印一方。

2. 封面为橙色绢面,封底为黄色绢面,题签为白色。

3. 正文刻有句读。

4. 参见麦0106说明项第6条。

麦0118　妙法莲华经卷第二

著者　(姚秦)鸠摩罗什译

时代　不详

版本　经折装　刻本

现状　全

题记　封面题签题"大乘妙法莲华经卷第二"。卷端题"妙法莲华经卷第二/姚秦三藏法师鸠摩罗什奉诏译"。品题"妙法莲华经譬喻品经第三"、"妙法莲华经信解品第四"。尾题"妙法莲华经卷第二",后附"释音"(5叶)。

版式　每纸半叶37.2 cm×13.8 cm;上下双栏;书眉5.0 cm,地脚3.5 cm,版面29.0 cm×13.9 cm;版心白口;半叶5行,行12字,共90叶。此卷5个半叶为1纸,第2纸与第3纸重叠交接处有栏外刻题"二卷　四",第3纸与第4纸重叠交接处有栏外刻题"二卷　五"。正文36纸。

说明　1. 封面、封底均为蓝色绢面,题签为白色。

2. 卷末处有附纸一张。

3. 正文刻有句读。

麦0151　妙法莲华经卷第二

著者　(姚秦)鸠摩罗什译

时代　明

版本　经折装　刻本

现状　全

题记　封面题签题"大乘妙法莲华经卷第二"(笔书)。卷端题"妙法莲华经卷第二/姚秦三藏法师鸠摩罗什译"。品题"妙法莲华经譬喻品经第三"、"妙法莲华经信解品第四"。尾题"妙法莲华经卷第二"。

版式　每纸半叶33.5 cm×10.9 cm;上下双栏;书眉6.3 cm,地脚2.6 cm,版面24.8 cm×

10.8 cm;版心白口,内刻题"二卷"及纸数;半叶 5 行,行 16 字,共 61 叶半。此卷 5 个半叶为 1 纸,每纸半叶或 1 叶后标栏内刻题"二卷"及各纸数。正文 22 纸,前 6 个半叶为手书后补,卷首 1 纸(4 个半叶),卷末 1 纸(3 个半叶)。

说明　1. 此卷前 6 个半叶为后人抄补。

　　　2. 封面、封底均为黄绢面,题签为白色。

　　　3. 正文刻有句读。

麦 0364　妙法莲华经卷第二

著者　(姚秦)鸠摩罗什译

时代　明

版本　经折装　刻本

现状　全

题记　封面题签题"大乘妙法莲华经卷第二"(笔书)。卷端题"妙法莲华经卷第二/姚秦三藏法师鸠摩罗什译"。品题"妙法莲华经譬喻品经第三"、"妙法莲华经信解品第四"。尾题"妙法莲华经卷第二","释音"(4 叶)。刻题("释音·信解品第四"右下版心)"□沟寨 信士罗氏 孙男洪大道 佛宝 僧宝"。题识("释音"后)"陕西安府人氏见在凤翔县里仁乡居住/保安信士吕添寿同室人王氏同男小春/同发庆心表经一本保佑一家平安吉祥如意"。杂写一行"窗稦袤狄颓隤"。

版式　每纸半叶 35.1 cm×11.9 cm;上下双栏;书眉 6.6 cm,地脚 3.0 cm,版面 25.8 cm×12.0 cm;版心白口,内刻题"莲二"及纸数;半叶 5 行,行 15 字,共 81 叶。此卷 5 个半叶为 1 纸,每纸半叶或 1 叶后标刻题"莲二"及各纸数。正文 32 纸,最后 1 纸 2 个半叶。

说明　1. 正文刻有句读。

　　　2. 封面为绿色,封底为黄色,题签为红色。

麦 0382　妙法莲华经卷第二(据品题、版心题定名)

著者　(姚秦)鸠摩罗什译

时代　不详

版本　经折装　刻本

现状　首尾残。起"安住方便中 亦皆说是法",止"诸佛于法 得最自在 知诸众生"。

题记　品题"妙法莲华经信解品第四"。

版式　每纸半叶 29.8 cm×10.0 cm;上下双栏;书眉 5.8 cm,地脚 3.1 cm,版面 21.0 cm×

10.0 cm；版心白口，内刻题"法华经卷第二"及纸数；半叶 5 行，行 13 字，共 74 叶半。此卷 5 个半叶为 1 纸，每纸半叶或 1 叶后标刻题"法华经卷第二"及各纸数。正文 29 纸，第 1 纸 3 个半叶，最后 1 纸 1 个半叶。

说明　正文刻有句读。

麦 0383　妙法莲华经卷第二

著者　（姚秦）鸠摩罗什译

时代　不详

版本　经折装　刻本

现状　全

题记　封面题签题"大乘妙法莲华经卷第二"。卷端题"妙法莲华经卷第二／姚秦三藏法师鸠摩罗什译"。品题"妙法莲华经譬喻品经第三"、"妙法莲华经信解品第四"。尾题"妙法莲华经卷第二"，后附"释音"（2 个半叶）。

版式　每纸半叶 30.7 cm×9.8 cm；上下双栏；书眉 6.1 cm，地脚 3.3 cm，版面 21.3 cm×9.9 cm；版心白口，内刻题"法华经卷第二"及纸数；半叶 5 行，行 13 字，共 80 叶。此卷 5 个半叶为 1 纸，每纸半叶或 1 叶后标刻题"法华经卷第二"及各纸数。正文 32 纸。

说明　1. 正文刻有句读。
　　　2. 封面、封底均为蓝色绢面，题签为白色。
　　　3. 左上角书眉部分残破。

麦 0611　妙法莲华经卷第二

著者　（姚秦）鸠摩罗什译

时代　明

版本　经折装　写本（血书）

现状　全

题记　封面题签题"大乘妙法莲华经卷第二"。卷端题"妙法莲华经卷第二／姚秦三藏法师鸠摩罗什译"。品题"妙法莲华经辟喻品第三"、"妙法莲华经信解品第四"。尾题"妙法莲华经卷第二"，后附"释音"（3 个半叶，木刻）。

版式　每纸半叶 26.6 cm×9.0 cm；上下双栏；书眉 3.9 cm，地脚 2.2 cm，版面 20.7 cm×9.0 cm；版心白口，内刻题"二卷"及纸数；半叶 5 行，行 15 字，共 80 叶。此卷 7 个半叶为 1 纸，每纸半叶或 1 叶后标刻题"一卷"及各纸数。正文 21 纸，最后一纸 4

个半叶。

说明　1. 正文有书句读。

2. 封面、封底均为黄色绢面,题签为黄色。

3. 此本系血书,后经人描润。

4. 此本系两面书,背面见 0612 号。

5. 参见麦 0609 说明项第 6 条。

麦 0644　妙法莲华经卷第二

著者　(姚秦)鸠摩罗什译

时代　明

版本　经折装　刻本

现状　全

题记　封面题签题"大乘妙法莲华经卷第二"(说明 1)。卷端题"妙法莲华经卷第二/姚秦
三藏法师鸠摩罗什译"。品题"妙法莲华经譬喻品经第三"、"妙法莲华经信解品第
四"。尾题"妙法莲华经卷第二",后附"释音"(4 叶)。"释音·信解品第四下",墨
等阴刻题"▭▭▭▭孙男洪大道 佛保 僧保"。

版式　每纸半叶 32.6 cm×11.5 cm;上下双栏;书眉 4.1 cm,地脚 3.1 cm,版面 26.0 cm×
11.9 cm;版心白口,内刻题"莲二"及纸数;半叶 5 行,行 15 字,共 80 叶。此卷 5 个
半叶为 1 纸,每纸半叶或 1 叶后标刻题"莲二"及各纸数。正文 32 纸。

说明　1. 题签下有圆形印记一方。

2. 正文刻有句读。

3. 封面为蓝色,封底为绿色,题签为黄色。

麦 0962　妙法莲华经卷第二

著者　(姚秦)鸠摩罗什译

时代　明

版本　经折装　写本

现状　全

题记　封面题签题"妙法莲华经卷第二"(笔书)。卷端题"妙法莲华经卷第二/姚秦三藏法
师鸠摩罗什奉诏译"。品题"妙法莲华经譬喻品第三"、"妙法莲华经信解品第四"。
尾题"妙法莲华经化城喻品第二"。题识(尾题下)"写经僧人净理□/请经海静",后
附"释音"(6 叶)。

版式　每纸半叶 38.8 cm×13.7 cm；上下双栏；书眉 6.5 cm，地脚 3.4 cm，版面 29.0 cm×13.7 cm；版心白口，内刻题"法华经二卷"及纸数；半叶 5 行，行 12 字，共 89 叶。此卷 5 个半叶为 1 纸，每纸半叶或 1 叶后标刻题"法华经二卷"及各纸数。正文 35 纸，卷尾 1 纸为 3 个半叶。

说明　1. 正文有墨书句读。

　　　2. 封面为蓝色绢面，封底为白色，题签为黄色。

麦 0051　妙法莲华经卷第三至四（见说明 1）

著者　（姚秦）鸠摩罗什译

时代　清

版本　线装　刻本

现状　全

题记　封面蓝色，题签题"妙法莲华经卷第三至四"。卷端题"妙法莲华经卷第三/姚秦三藏法师鸠摩罗什奉诏译"。中题"妙法莲华经药草喻品第五"、"妙法莲华经授记品第六"、"妙法莲华经化城喻品第七"、"妙法莲华经卷第三"、"释音（9 行）"。牌记"嘉兴府秀水县伏礼乡三十都列一字圩信士陈明玄壬寅宫/九月二十日戊时生全室俞氏己酉宫正月十一寅时建生男陈/必达媳仲氏孙女爱婊外甥观惠统祈生生见佛世世闻法诸事吉祥/顺治甲午岁（1654）六月　吉旦谨识"。中题"妙法莲华经卷第四/姚秦三藏法师鸠摩罗什奉诏译"、"妙法莲华经五百弟子受记品第八"、"妙法莲华经授学无学人记品第九"、"妙法莲华经法师品第十"、"妙法莲华经见宝塔品第十一"、"妙法莲华经提婆达多品第十二"、"妙法莲华经劝持品第十三"、"妙法莲华经卷第四"，后附"释音"（13 行）。牌记"大清国浙江嘉兴府秀水县伏三十都列乙字圩信卜梅全长男懋学媳/陈氏长孙明微次明显次男继昌媳张氏长孙贵郎等喜刻法华经/一卷祈保合门眷属福寿遐长子孙隆盛诸事吉祥如意者"。卷末题识"僧正司普门寺记"。

版式　每纸半叶 24.1 cm×13.6 cm；四周双乌丝栏；书眉 2.4 cm，地脚 1.4 cm，版面 20.4 cm×11.2 cm；版心 20.4 cm×0.9 cm，花口，版心上方有墨色小圆圈，下方有墨钉；中题"法华经卷三"、"法华经卷四"及叶数等；半叶 8 行，行 17 字，共 89 叶。

说明　据封面题签定名。

麦 0055　妙法莲华经卷第三

著者　（姚秦）鸠摩罗什译

时代　清

版本　经折装　刻本

现状　全

题记　封面题签题"大乘妙法莲华经卷第三"。卷首有版画 1 幅(见说明 1)。卷端题"妙
　　　法莲华经卷第三 姚秦三藏法师鸠摩罗什奉诏译"。品题"妙法莲华经药草喻品第
　　　五"、"妙法莲华经授记品第六"、"妙法莲华经化城喻品第七"。尾题"妙法莲华经卷
　　　第三",后附"释音"(13 行)。

版式　每纸半叶 35.5 cm×15.5 cm;上下单栏;书眉 2.4 cm,地脚 1.4 cm,版面 31.7 cm×
　　　15.5 cm,版心白口,内题"卷三"及纸数;半叶 4 行,行 12 字,共 108 叶半。此卷 4
　　　个半叶为 1 纸,共 55 纸。版画 1 纸 4 个半叶,第 53 纸 3 个半叶,卷末 1 纸 3 个
　　　半叶。

说明　1. 卷首有版画 1 幅,分前后两个部分,前一幅为说法图,佛结跏趺坐于莲台之上,
　　　　　莲台下有一听法弟子,两侧有听法弟子、菩萨、眷属、天龙八部;后一幅为《妙法
　　　　　莲华经》经变画,有造塔、造屋、屠坊、俗人礼佛图等场景。

　　　2. 封面、封底为黄色绢面,题签为白色。

　　　3. 版心栏外刻题纸数。

　　　4. 正文刻有句读。

　　　5. 麦 0040、麦 0039、麦 0055、麦 0091、麦 0046、麦 0093、麦 0094 七卷为同一函。

麦 0104　妙法莲华经卷第三

著者　(姚秦)鸠摩罗什译

时代　明

版本　经折装　刻本

现状　全

题记　封面题签题"大乘妙法莲华经卷第三"。卷端题"妙法莲华经卷第三/姚秦三藏法师
　　　鸠摩罗什译"。品题"妙法莲华经乐草喻品第五"、"妙法莲华经授记品第六"、"妙法
　　　莲华经化城喻品第七"。尾题"妙法莲华经卷第三",尾题下题识"隆安收执",后附
　　　"释音"(5 个半叶)。"释音·药草喻品第五"下,刻题"礼仪村 张朝阳 齐仲仁/齐家
　　　寨 杜廷秀 曹妙会"。"释音·化城喻品第七"下,刻题"金善里梁村信人 张楄 张笏
　　　张守高/张万禄 男张登 张科 张山/教坊里陈 仲德 陈万苍 陈朝用 陈得湖/宋世虎
　　　宋世爵 宋世强 贾世爵"。

版式　每纸半叶 35.1 cm×11.9 cm;上下双栏;书眉 6.9 cm,地脚 2.9 cm,版面 25.5 cm×

11.9 cm;版心白口,内刻题"法莲华经卷三"及纸数;半叶 5 行,行 15 字,共 75 叶。此卷 5 个半叶为 1 纸,每纸半叶或 1 叶后标刻题"莲三"及各纸数;正文 30 纸。

说明　1. 封面为黄色绢面,封底为绿色绢面,题签为白色。

　　　2. 正文刻有句读。

麦 0105　妙法莲华经卷第三

著者　(姚秦)鸠摩罗什译

时代　明

版本　经折装　刻本

现状　全(内容全缺封底)

题记　封面题签题"大乘妙法莲华经卷第三"。卷端题"妙法莲华经卷第三/姚秦三藏法师鸠摩罗什译"。卷端题下有朱文"冯国瑞"印章一枚。品题"妙法莲华经乐草喻品第五"、"妙法莲华经授记品第六"、"妙法莲华经化城喻品第七"。尾题"妙法莲华经卷第三"。尾题下题识"海印记",后附"释音"(1 个半叶 2 行)。刻题"凤县登后里信士李普海同室/蒲氏 张氏 保延男李江李氏/明全五汉 孙男开经保/喜舍资财命工刊完第三卷吉祥如意"。

版式　每纸半叶 34.7 cm×12.0 cm;上下双栏;书眉 5.0 cm,地脚 3.1 cm,版面 26.5 cm×12.0 cm;版心白口,内刻题"法莲华经卷三"及纸数;半叶 5 行,行 15 字,共 67 叶半。此卷 5 个半叶为 1 纸,每纸半叶或 1 叶后标栏内刻题"法华经卷三"及各纸数。正文 27 纸。

说明　1. 卷首有"冯国瑞"印一方。

　　　2. 封面为绿色绢面,封底脱落,题签为黄色。

　　　3. 正文刻有句读。

　　　4. 参见麦 0106 说明项第 6 条。

麦 0123　妙法莲华经卷第三

著者　(姚秦)鸠摩罗什译

时代　不详

版本　经折装　写本

现状　全

题记　封面题签题"妙法莲华经卷第三"(笔书)。卷端题"妙法莲华经卷第三/姚秦三藏法师鸠摩罗什奉诏译"。品题"妙法莲华经乐草喻品第五"、"妙法莲华经授记品第六"、"妙法莲华经化城喻品第七"。尾题"妙法莲华经卷第三"。尾题下题识"写经僧人净理□/请经僧人海静",后附"释音"(4 个半叶),释音后有题识"九月十三日止笔"。

版式　每纸半叶 38.9 cm×13.7 cm;上下双栏;书眉 6.5 cm,地脚 4.1 cm,版面 28.4 cm×13.7 cm;版心白口,内刻题"法华经三卷"及纸数;半叶 5 行,行 12 字,共 86 叶半。此卷 5 个半叶为 1 纸,每纸半叶或 1 叶后标栏内刻题"法华经三卷"及各纸数;正文 34 纸,卷末 1 纸(3 个半叶)。

说明　1. 封面为黄色绢面,封底为白色,题签为黄色。

　　　2. 正文有墨笔句读。

麦 0160　妙法莲华经卷第三

著者　(姚秦)鸠摩罗什译

时代　不详

版本　经折装　刻本

现状　首残

题记　封面题签题"大乘妙法莲华经卷第三"(笔书)。卷端题"妙法莲华经卷第三/姚秦三藏法师鸠摩罗什译"。品题"妙法莲华经乐草喻品第五"、"妙法莲华经授记品第六"、"妙法莲华经化城喻品第七"。尾题"妙法莲华经卷第三"。刻题"陕西西安府长安县和迪里伍楼村南街居住奉/佛信士刘世友室人吕氏 刘氏 白氏 苗氏 袁氏 男刘局发心重刊/法华经一部仗经功德追荐上/父母刘文达张氏/三宝光中吉祥如意"。

版式　每纸半叶 34.8 cm×12.2 cm;上下双栏;书眉 6.7 cm,地脚 1.6 cm,版面 26.7 cm×12.1 cm;版心白口,栏内刻题"法卷三"及纸数;半叶 5 行,行 15 字,共 75 叶。此卷 5 个半叶为 1 纸,每纸半叶或 1 叶后标栏内刻题"法卷三"及各纸数。第 1 纸与第 2 纸交接重叠处有栏外刻题"法华经卷三　二",第 2 纸与第 3 纸交接重叠处有栏外刻题"法华经卷三　三 齐"。正文 30 纸。

说明　1. 封面为黄色绢面,封底为绿色绢面,题签为红色。

　　　2. 正文刻有句读。

麦 0279　妙法莲华经卷第三

著者　(姚秦)鸠摩罗什译

时代　不详

版本　经折装　刻本

现状　首略残尾全

题记　卷端题"□□(妙法)莲华经卷第三/姚秦三藏法师鸠摩罗什译"。品题"妙法莲华经
　　　乐草喻品第五"、"妙法莲华经授记品第六"、"妙法莲华经化城喻品第七"。尾题"妙
　　　法莲华经卷第三",后附"释音"(5个半叶)。其中"释音·药草喻品第五"下刻题
　　　"礼义村 张朝阳 吝仲仁/吝家寨 杜廷秀 曹妙会"。"释音·化城喻品第七"下刻题
　　　"全善里梁村信人 张楄 张笏 张守高/张万禄 男张登 张科 张山/教坊里 陈仲德 陈
　　　万仓 陈朝用 陈得湖/宋世虎 宋世爵 宋世强 贾世爵"。

版式　每纸半叶 33.2 cm×12.0 cm;上下双栏;书眉 4.5 cm,地脚 3.2 cm,版面 25.5 cm×
　　　12.0 cm;版心白口,栏内刻题"莲三"及纸数;半叶 5 行,行 15 字,共 75 叶。此卷 5
　　　个半叶为 1 纸,每纸半叶或 1 叶后标刻题"莲三"及各纸数。正文 30 纸。

说明　1. 封底为蓝色绢面。
　　　2. 正文刻有句读。

麦 0297　妙法莲华经卷第三

著者　(姚秦)鸠摩罗什译

时代　不详

版本　经折装　刻本

现状　全

题记　封面题签题"大乘妙法莲华经卷第三"。卷端题"妙法莲华经卷第三/姚秦三藏法师
　　　鸠摩罗什译"。品题"妙法莲华经乐草喻品第五"、"妙法莲华经授记第六"、"妙法莲
　　　华经化城喻品第七"。尾题"妙法莲华经卷第三"。

版式　每纸半叶 33.6 cm×12.0 cm;上下双栏;书眉 5.6 cm,地脚 2.3 cm,版面 25.8 cm×
　　　12.0 cm;版心白口,内刻题"莲三"及纸数;半叶 5 行,行 15 字,共 75 叶。此卷 5 个
　　　半叶为 1 纸,每纸半叶或 1 叶后标刻题"莲三"及各纸数。正文 30 纸,第 1 纸与第 2
　　　纸交接重叠处刻题"三　二",第 2 纸与第 3 纸交接重叠处刻题"三　三等"。

说明　1. 正文刻有句读。
　　　2. 封面为黄色,封底为蓝色绢面,题签为白色。

麦 0344　妙法莲华经卷第三

著者　(姚秦)鸠摩罗什译

时代　明

版本　经折装　刻本

现状　全

题记　封面题签题"大乘妙法莲华经卷第三"。卷端题"妙法莲华经卷第三/姚秦三藏法师鸠摩罗什译"。品题"妙法莲华经乐草喻品第五"、"妙法莲华经授记品第六"、"妙法莲华经化城喻品第七"。尾题"妙法莲华经卷第三"。刻题"陕西西安府长安县和迪里伍楼村南街居住奉/佛信士刘世友室人吕氏 刘氏 苗氏 袁氏 男刘局发心重刊/法华严经一部仗经功德追荐上/父母刘文达张氏/三宝光中吉祥如意"。

版式　每纸半叶 35.2 cm×12.2 cm;上下双栏;书眉 5.7 cm,地脚 2.8 cm,版面 26.7 cm×12.2 cm;版心白口,内刻题"卷三"及纸数;半叶 5 行,行 15 字,共 75 叶。此卷 5 个半叶为 1 纸,每纸半叶或 1 叶后标栏外刻题"卷三"及各纸数。正文 30 纸,第 1 纸与第 2 纸交接重叠处有栏外刻题"法华经卷三　二",第 2 纸与第 3 纸交接重叠处有栏外刻题"法华经卷三　三"等。

说明　1. 正文刻有句读。

　　　2. 封面为黄色绢面,封底为蓝色绢面,题签为黄色。

麦 0349　妙法莲华经卷第三

著者　(姚秦)鸠摩罗什译

时代　不详

版本　经折装　刻本

现状　全

题记　封面题签题"大乘妙法莲华经卷第三"(笔书)。卷端题"妙法莲华经卷第三/姚秦三藏法师鸠摩罗什译"。品题"妙法莲华经乐草喻品第五"、"妙法莲华经授记品第六"、"妙法莲华经化城喻品第七"。尾题"妙法莲华经卷第三",后附"释音"(2 个半叶)。

每纸　半叶 30.6 cm×9.9 cm;上下双栏;书眉 5.1 cm,地脚 4.0 cm,版面 21.6 cm×9.9 cm;版心白口,内刻题"法华经卷第三"及纸数;半叶 5 行,行 13 字,共 81 叶。此卷 5 个半叶为 1 纸,每纸半叶或 1 叶后标栏外刻题"法华经卷第三"及各纸数。正文 32 纸,卷末 1 纸为 2 个半叶。

说明　1. 正文刻有句读。

　　　2. 封面为黄色绢面,封底为绿色绢面,题签为白色。

麦 0384　妙法莲华经卷第三

著者　(姚秦)鸠摩罗什译

时代　　不详

版本　　经折装　刻本

现状　　全

题记　　封面题签题"大乘妙法莲华经卷第三"(笔书)。卷端题"妙法莲华经卷第三/姚秦三藏
　　　　法师鸠摩罗什译"。品题"妙法莲华经乐草喻品第五"、"妙法莲华经授记品第六"、"妙
　　　　法莲华经化城喻品第七"。尾题"妙法莲华经卷第三",后附"释音"(2 个半叶)。

版式　　每纸半叶 29.7 cm×9.9 cm;上下双栏;书眉 5.1 cm,地脚 3.1 cm,版面 21.8 cm×
　　　　0.9 cm;版心白口,内刻题"法华经卷第三"及纸数;半叶 5 行,行 13 字,共 78 叶半。
　　　　此卷 5 个半叶为 1 纸,每纸半叶或 1 叶后标刻题"法华经卷第三"及各纸数。正文
　　　　31 纸,卷末 1 纸为 2 个半叶。

说明　　1. 正文刻有句读。

　　　　2. 封面、封底均为蓝色绢面,题签为白色。

麦 0395　妙法莲华经卷第三

著者　　(姚秦)鸠摩罗什译

时代　　不详

版本　　经折装　刻本

现状　　全

题记　　封面题签题"大乘妙法莲华经卷第三"(笔书)。卷端题"妙法莲华经卷第三/姚秦三
　　　　藏法师鸠摩罗什译"。品题"妙法莲华经乐草喻品第五"、"妙法莲华经授记品第
　　　　六"、"妙法莲华经化城喻品第七"。刻题"秦州向华里人见在水莩居主印造"。牌记
　　　　"信士胡宗道室人杨氏 男胡清室人 张氏 李氏"。尾题"妙法莲华经卷第三",后附
　　　　"释音"(2 个半叶)。

版式　　每纸半叶 34.4 cm×12.0 cm;上下双栏;书眉 7.6 cm,地脚 2.0 cm,版面 25.1 cm×
　　　　12.0 cm;版心白口,内刻题"三"及纸数;半叶 5 行,行 15 字,共 76 叶。此卷 5 个半
　　　　叶为 1 纸,每纸半叶或 1 叶后标栏外刻题"莲三　一"及各纸数。正文 30 纸,卷末 1
　　　　纸为 2 个半叶。

说明　　1. 正文刻有句读。

　　　　2. 封面为绿色绢面,封底为黄色绢面,题签为白色。

麦 0613　妙法莲华经卷第三

著者　　(姚秦)鸠摩罗什译

时代　明

版本　经折装　写本(血书)

现状　全

题记　封面题签题"大乘妙法莲华经卷第三"。卷端题"妙法莲华经卷第三/姚秦三藏法师
　　　鸠摩罗什译"。品题"妙法莲华经药草喻品第五"、"妙法莲华经授记品第六"、"妙法
　　　莲华经化城喻品第七"。尾题"大乘妙法莲华经卷第三",后附"释音"(3 个半叶,
　　　木刻)。

版式　每纸半叶 26.6 cm×9.0 cm;上下双栏;书眉 3.0 cm,地脚 2.7 cm,版面 21.1 cm×
　　　9.0 cm;版心白口,内刻题"三卷"及纸数;半叶 5 行,行 15 字,共 69 叶。此卷 7 个
　　　半叶为 1 纸,每纸半叶或 1 叶后标刻题"一卷"及各纸数。正文 19 纸,最后 1 卷为 5
　　　个半叶。

说明　1. 正文有句读。

　　　2. 封面封底均为黄色绢面,封签为黄色。

　　　3. 此本系血书,后经人描润。

　　　4. 此本系两面书,背面见 0614 号。

　　　5. 同麦 0609 说明项第 6 条。

麦 0091　妙法莲华经卷第四

著者　(姚秦) 鸠摩罗什译

时代　清

版本　经折装　刻本

现状　全

题记　封面题签题"大乘妙法莲华经卷第四"。卷首有版画 1 幅(见说明 1)。卷端题"妙
　　　法莲华经卷第四 姚秦三藏法师鸠摩罗什奉诏译"。品题"妙法莲华经五百弟子受
　　　记品第八"、"妙法莲华经授学无学品第九"、"妙法莲华经法师品第十"、"妙法莲华
　　　经见宝塔品第十一"、"妙法莲华经提婆达多品第十二"、"妙法莲华经劝持品第十
　　　三"。尾题"妙法莲华经卷第四"。尾题后空白处有附纸一张,为后人粘贴,墨书,录
　　　文如下:"五百弟子 记登金仙 多宝佛塔涌其前/要说起根源 为法求玄 欣演妙莲全/
　　　南无大通智胜佛　四卷"。附"释音"(3 个半叶)。

版式　每纸半叶 35.5 cm×15.5 cm;上下单栏;书眉 1.6 cm,地脚 1.9 cm,版面 32.0 cm×
　　　15.5 cm;版心白口,内题"法四"及纸数;半叶 4 行,行 12 字,共 129 叶。此卷 4 个
　　　半叶为 1 纸,共 64 纸。版画 1 纸 4 个半叶,第 64 纸 3 个半叶。

说明 1. 卷首有版画 1 幅,分前后两个部分。前一幅为《说法图》,佛结跏趺坐于莲台之上,莲台下有一听法弟子,两侧有听法弟子、菩萨、眷属、天龙八部;后一幅为《妙法莲华经》经变画,有过桥、现塔、俗人礼佛图等场景。

2. 封面为绿色绢面,封底为黄色绢面,题签为白色绢面。

3. 栏外刻题纸数。

4. 正文刻有句读。

5. 麦 0040、麦 0039、麦 0055、麦 0091、麦 0046、麦 0093、麦 0094 七卷为同一函。

麦 0114 妙法莲华经卷第四

著者 (姚秦) 鸠摩罗什译

时代 不详

版本 经折装 刻本

现状 全

题记 封面题签题"大乘妙法莲华经卷第四"。卷端题"妙法莲华经卷第四/姚秦三藏法师鸠摩罗什译"。品题"妙法莲华经五百弟子受记品第八"、"妙法莲华经授学无学人记品第九"、"妙法莲莲华经法师品第十"、"妙法莲华经见宝塔品第十一"、"妙法莲华经提婆达多品第十二"、"妙法莲华经劝持品第十三"。尾题"妙法莲华经卷第四",后附"释音"(4 个半叶),尾题后题识"隆安收执"。刻题"凤翔府郿县太白乡清远全善□里见在常乐里铜峪口居住奉/佛舍财助缘刻经信士 孙廷之 李万良 杨□□ 李永海 李干/李大纪 李大熏 孙万江 李朝义 李根/李进仓 陈增福 陈增孝/本寺发心比丘明慧 徒真义 真贤等 愿祈/天下太平万氏乐业吉祥如意"。

版式 每纸半叶 35.0 cm×12.0 cm;上下双栏;书眉 6.7 cm,地脚 3.0 cm,版面 26.4 cm×12.0 cm;版心白口,内刻题"莲四"及纸数;半叶 5 行,行 15 字,共 89 叶半。此卷 5 个半叶为 1 纸,每纸半叶或 1 叶后标栏内刻题"莲四"及各纸数。正文 35 纸,卷末 1 纸(4 个半叶)。

说明 1. 卷首、卷中有附纸两条,附纸上有墨书题识。

2. 封面为黄色绢面,封底为绿色,题签为白色。

3. 正文刻有句读。

麦 0121 妙法莲华经卷第四(据尾题、品题拟,见说明 1)

著者 (姚秦) 鸠摩罗什译

时代 明

版本　经折装　刻本

现状　残。起"耨多罗三藐三菩提记复闻宿世因缘",止"持品第十三返泛蹙……"

题记　品题"妙法莲华经授学无学人记品第九",经文中间刻题"信士周绕"、"妙法莲华经法师品第十"、"信士王文良"、"妙法莲华经见宝塔品第十一"、"信士尚峰"、"妙法莲华经提婆达多品第十二"、"信士李万哲"、"信士王天河"、"信士王琴陶氏"、"妙法莲华经劝持品第十三"、"信士彭喜周"。尾题"妙法莲华经卷第四"。尾题下刻题"信士张臣",后附"释音",存半叶 5 行。

版式　每纸半叶 34.8 cm×12.0 cm;上下双栏;书眉 7.5 cm,地脚 1.9 cm,版面 25.4 cm× 12.0 cm;版心白口,内题刻"四"及纸数;半叶 5 行,行 15 字,共 87 叶。此卷 5 个半叶为 1 纸,每纸半叶或 1 叶后标栏内刻题"四"及各纸数。第 2 纸与第 3 纸交接重叠处有栏外刻题"莲四　三",第 3 纸与第 4 纸交接重叠处有栏外刻题"莲四　四"。正文 35 纸(卷首 1 纸为 4 个半叶)。

说明　1. 据尾题、品题拟名。

　　　2. 正文刻有句读。

麦 0138　妙法莲华经卷第四

著者　(姚秦)鸠摩罗什译

时代　明

版本　经折装　写本

现状　全

题记　封面题签题"妙法莲华经卷第四"(笔书)。卷端题"妙法莲华经卷第四/姚秦三藏法师鸠摩罗什奉诏译"。品题"妙法莲华经五百弟子受记品第八"、"妙法莲华经授学无学人记品第九"、"妙法莲华经法师品第十"、"妙法莲华经见宝塔品第十一"、"妙法莲华经提婆达多品第十二"、"妙法莲华经劝持品第十三"。尾题"妙法莲华经卷第四"。尾题下题识"写经僧人净理□/请经僧人海静",后附"释音"。"释音"后有题识"大明万历四十八年(1620)贰月二十二日吉时完结一卷终",后有"释音"7 个半叶。

版式　每纸半叶 39.0 cm×13.6 cm;上下双栏;书眉 6.4 cm,地脚 3.5 cm,版面 28.9 cm× 13.6 cm;版心白口,内刻题"法华经四卷"及纸数;半叶 5 行,行 12 字,共 104 叶。此卷 5 个半叶为 1 纸,每纸半叶或 1 叶后标栏内刻题"法华经四卷"及各纸数。正文 41 纸,卷末 1 纸(3 个半叶)。

说明　1. 封面为蓝色绢面,封底为白色,题签为黄色。

2. 卷末有附纸一张。

3. 正文有墨书句读。

麦 0147　妙法莲华经卷第四

著者　（姚秦）鸠摩罗什译

时代　明

版本　经折装　刻本

现状　全

题记　封面题签题“大乘妙法莲华经卷第四”。卷端题“妙法莲华经卷第四/姚秦三藏法师鸠摩罗什奉诏译”。品题“妙法莲华经五百弟子受记品第八”、“妙法莲华经授学无学人记品第九”、“妙法莲华经法师品第十”、“妙法莲华经见宝塔品第十一”、“妙法莲华经提婆达多品第十二”、“妙法莲华经劝持品第十三”。尾题“妙法莲华经卷第四”，后附“释音”3 叶半。刻题“舍财信士徐金室人冯氏/男徐彦钊 沙氏/徐彦恭梁氏”。

版式　每纸半叶 38.1 cm×13.9 cm；上下双栏；书眉 5.0 cm，地脚 3.8 cm，版面 29.7 cm×13.9 cm；版心白口；半叶 5 行，行 12 字，共 103 叶半。此卷 5 个半叶为 1 纸，第 2 纸与第 3 纸交接重叠处标栏外刻题“四卷　三”，第 3 纸与第 4 纸交接重叠处标栏外刻题“四卷　四”。正文 42 纸，卷末 1 纸(2 个半叶)。

说明　1. 卷尾附纸一条，附纸上有墨书题识。

2. 封面为蓝色绢面，封底为绿色，题签为白色。

3. 正文刻有句读。

麦 0182　妙法莲华经卷第四

著者　（姚秦）鸠摩罗什译

时代　不详

版本　经折装　刻本

现状　首全尾残。止“弥多罗尼子不我常称其于说法人中/□其种种功德精勤护/□具足”(3 个半叶)。

题记　封面题签题“大乘妙法莲华经卷第四”(笔书)。卷端题“妙法莲华经卷第四/姚秦三藏法师鸠摩罗什译”。品题“妙法莲华经五百弟子受记品第八”。

版式　每纸半叶 34.8 cm×12.0 cm；上下双栏；书眉 6.4 cm，地脚 1.8 cm，版面 26.6 cm×12.0 cm；版心白口，内刻题“法华经卷四”及纸数；半叶 5 行，行 15 字，共 3 个半叶。

说明   本书装订错误,经卷残,仅首封和前 3 个半叶为《妙法莲华经》,其余残卷均为《地藏菩萨本愿经》,已另号登记。

麦 0191   妙法莲华经卷第四(拟,见说明 1)

著者   (姚秦)鸠摩罗什译

时代   不详

版本   经折装   刻本

现状   首残尾全。起"□□□□□(富楼那)/益无量百千众生。又化无量阿□□□□□□"。

题记   品题"妙法莲华经法师品第十"、"妙法莲华经见宝塔品第十一"、"妙法莲华经提婆达多品第十二"、"妙法莲华经劝持品第十三"。尾题"妙法莲华经卷第四",后附"释音"(2 个半叶)。刻题("释音"背面衬纸)"凤县石里见在白崖河居住奉/佛承经供筵信士任万全同室李氏 张氏 保延女金贵 男毛胎/同兄任得山 张氏 任得恕 王氏 保延男任守纪 杨氏 任潮 众信湛聪 圆聪 李用 周廷美 王会 李尚金 任来 李恩/马林 朱俸 任守贵 任朝纪 尚万才 李本原 胡现 陈同/国仲良 李廷禄 米氏 李彦□ 苟世禄 陶万良 陶廷富 薛景/麻世姜 史文现 张氏各捐己资命工刊完 陈现"(注:校对时因上下纸部分粘连,未能全部校对)。

版式   每纸半叶 35.0 cm×12.0 cm;上下双栏;书眉 6.5 cm,地脚 2.0 cm,版面 26.5 cm×12.0 cm;版心白口,内刻题"法华经卷四"及纸数;半叶 5 行,行 15 字,共 76 叶半。此卷 5 个半叶为 1 纸,每纸半叶或 1 叶后标栏内刻题"法华经卷第四"及各纸数。正文 31 纸,卷末 1 纸(3 个半叶)。

说明   1. 据尾题、版心题名拟名。

　　　　2. 卷尾附纸一条,附纸上有墨书题识。

　　　　3. 正文刻有句读。

麦 0218   妙法莲华经卷第四

著者   (姚秦)鸠摩罗什译

时代   明

版本   经折装   刻本

现状   全

题记   封面题签题"大乘妙法莲华经卷第四"。卷端题"妙法莲华经卷第四/姚秦三藏法师鸠摩罗什译"。卷端题下有朱文"冯国瑞"印一方。品题"妙法莲华经五百弟子受记品第八"、"妙法莲华经授学无学人记品第九"、"妙法莲华经法师品第十"、"妙法莲华经见宝塔品第十一"、"妙法莲华经提婆连多品第十二"、"妙法莲华经劝持品第十三"。尾题"妙法莲华经卷第四",题识(尾题下)"海印记",后附"释音"10 行。刻题"凤县方石里见在白崖河居住奉/佛承经供筵信士任万金同室李氏、张氏、保延女、金贵男毛胎/同兄任得山、张氏、任得恕王氏、保延男、任守纪、杨氏、任潮/众信湛聪、圆聪、李用、周廷美、王会、李尚金、任来、李恩/马林、朱俸、任守贵、任朝纪、尚万才、李本原、胡现、陈同/国仲良、李廷禄、米氏、李彦珤、苟世禄、陶万良、陶廷富、薛景□/麻世姜 史文现 张氏 各捐己资命工刊完陈现"。

版式 每纸半叶 34.5 cm×11.8 cm;上下双栏;书眉 4.8 cm,地脚 3.4 cm,版面 26.7 cm×12.0 cm;版心白口,内刻题"法华经卷四"及纸数;半叶 5 行,行 15 字,共 80 叶。此卷 5 个半叶为 1 纸,每纸半叶或 1 叶后标刻题"法华经卷四"及各纸数。正文 31 纸,卷末 1 纸。

说明 1. 卷端有"冯国瑞"朱文印一方。

2. 卷末有附纸一张。

3. 正文刻有句读。

4. 参见麦 0106 说明项第 6 条。

麦 0266 妙法莲华经卷第四(拟)

著者 (姚秦)鸠摩罗什译

时代 不详

版本 经折装 刻本

现状 首残尾全。起"若能修行者 吾当为汝说"。

题记 尾题"妙法莲华经卷第四",后附"释音"(2 个半叶)。

版式 每纸半叶 30.7 cm×10.0 cm;上下双栏;书眉 5.6 cm,地脚 3.7 cm,版面 21.6 cm×10.0 cm;版心白口,内刻题"法华经卷四"及纸数;半叶 5 行,行 13 字,共 30 叶半。此卷 5 个半叶为 1 纸,每纸半叶或 1 叶后标刻题"法华经卷第四"及各纸数。正文 12 纸。

麦 0321 妙法莲华经卷第四(据版心题,见说明 1)

著者 (姚秦)鸠摩罗什译

时代 不详

装式 经折装 刻本

现状 首尾残。起"佛如来。遍满其中。是时诸佛。各在宝树下坐师子座",止"然大炬

火　身出妙香遍十方国"。

版式　每纸半叶 30.7 cm×9.9 cm;上下双栏;书眉 5.1 cm,地脚 4.3 cm,版面 21.4 cm×
　　　9.9 cm;版心白口,内刻题"法华经卷四"及纸数;半叶 5 行,行 13 字,共 5 叶(10 个
　　　半叶)。此卷 5 个半叶为 1 纸,两纸交接重叠处有栏外刻题"法华经卷第四"及各纸
　　　数。正文 2 纸。

说明　1. 据版心刻题"法华经卷四"拟名。
　　　2. 正文刻有句读。

麦 0345　妙法莲华经卷第四

著者　(姚秦)鸠摩罗什译

时代　不详

版本　经折装　刻本

现状　全

题记　封面题签题"大乘妙法莲华经卷第四"。卷端题"妙法莲华经卷第四/姚秦三藏法师
　　　鸠摩罗什译"。品题"妙法莲华经五百弟子受记品第八"、"妙法莲华经授学无学人
　　　记品第九"、"妙法莲华经法师品第十"、"妙法莲华经见宝塔品第十一"、"妙法莲华
　　　经提婆达多品第十二"、"妙法莲华经劝持品第十三"。尾题"妙法莲华经卷第四"。
　　　题识(尾题下)"一万一千三百二十五字"。刻题"陕西西安府长安县和迪里伍楼村
　　　南街居住奉/佛信士刘世友室人吕氏 苗氏刘氏 袁氏男刘局发心重刊/法华严经一
　　　部仗经功德追荐上/父母刘文连张氏/三宝光中吉祥如意"。

版式　每纸半叶 35.4 cm×12.2 cm;上下双栏;书眉 5.8 cm,地脚 2.7 cm,版面 26.9 cm×
　　　12.2 cm;版心白口,内刻题"法卷四"及纸数;半叶 5 行,行 15 字,共 87 叶半。此卷
　　　5 个半叶为 1 纸,每纸半叶或 1 叶后标刻题"莲四"及各纸数。正文 35 纸。第 1 纸
　　　与第 2 纸的交接重叠处有栏外刻题"法华经卷四　二",第 2 纸与第 3 纸的交接重
　　　叠处有栏外刻题"法华经卷四　三",第 3 纸与第 4 纸的交接重叠处有栏外刻题"法
　　　华经卷四等"。

说明　正文刻有句读。

麦 0355　妙法莲华经卷第四

著者　(姚秦)鸠摩罗什译

时代　不详

版本　经折装　刻本

现状　全

题记　封面题签题"大乘妙法莲华经卷第四"。卷端题"妙法莲华经卷第四/姚秦三藏法师
　　　鸠摩罗什译"。品题"妙法莲华经五百弟子受记品第八"、"妙法莲华经授学无学人
　　　记品第九"、"妙法莲华经法师品第十"、"妙法莲华经见宝塔品第十一"、"妙法莲华
　　　经提婆达多品第十二"、"妙法莲华经劝持品第十三"。尾题"妙法莲华经卷第四",
　　　后附"释音"(2 个半叶)。

版式　每纸半叶 33.7 cm×12.0 cm;上下双栏;书眉 4.9 cm,地脚 2.4 cm,版面 26.4 cm×
　　　12.0 cm;版心白口,内刻题"莲四"及纸数;半叶 5 行,行 15 字,共 87 叶半。此卷 5
　　　个半叶为 1 纸,每纸半叶或 1 叶后标刻题"莲四"及各纸数。正文 35 纸。第 1 纸与
　　　第 2 纸的交接重叠处刻题"四　二",第 2 纸与第 3 纸的交接重叠处有栏外刻题
　　　"四　三",第 3 纸与第 4 纸的交接重叠处有栏外刻题"四　四等"。

说明　1. 正文刻有句读。
　　　2. 卷尾附纸一条,附纸上有墨书题识。

麦 0381　妙法莲华经卷第四(见说明)

著者　(姚秦)鸠摩罗什译

时代　不详

版本　经折装　刻本

现状　首尾残。起"人。一切众生。皆以化生。无有淫欲",止"一一方。四百万亿那由它
　　　国土。诸"。

题记　品题"妙法莲华经授学无学人记品第九"、"妙法莲华经法师品第十"、"妙法莲华经
　　　见宝塔品第十一"。

版式　每纸半叶 30.7 cm×9.9 cm;上下双栏;书眉 5.5 cm,地脚 4.0 cm,版面 21.6 cm×
　　　9.9 cm;版心白口,内刻题"法华经卷四"及纸数;半叶 5 行,行 13 字,共 55 叶。此
　　　卷 5 个半叶为 1 纸,每纸半叶或 1 叶后标刻题"法华经卷第四"及各纸数。正文
　　　22 纸。

说明　据品题、版心内刻题"法华经卷四"拟名。

麦 0615　妙法莲华经卷第四

著者　(姚秦)鸠摩罗什译

时代　明

版本　经折装　写本(血书)

现状　全

题记　封面题签题"大乘妙法莲华经卷第四"。卷端题"妙法莲华经卷第四/姚秦三藏法师鸠摩罗什译"。品题"妙法莲华经五百弟子受记品第八"、"妙法莲华经授学无学品第九"、"妙法莲华经法师品第十"、"妙法莲华经见宝塔品第十一"、"妙法莲华经提婆达多品第十二"、"妙法莲华经劝持品第十三"。尾题"大乘妙法莲华经卷第四",后附"释音"(2个半叶,木刻)。

版式　每纸半叶 26.6 cm×9.0 cm;上下双栏;书眉 3.4 cm,地脚 2.6 cm,版面 20.7 cm×9.0 cm;版心白口,内刻题"四卷"及纸数;半叶 5 行,行 15 字,共 76 叶半。此卷 7 个半叶为 1 纸,每纸半叶或 1 叶后标刻题"四卷"及各纸数。正文 21 纸,最后 1 纸为 6 个半叶。

说明　1. 正文有书句读。

　　　2. 封面、封底均为黄色绢面,题签为黄色。

　　　3. 此本系血书,后经人描润。

　　　4. 此本系两面书,背面见麦 0616 号。

　　　5. 同麦 0609 说明项第 6 条。

麦 0046　妙法莲华经卷第五

著者　(姚秦）鸠摩罗什译

时代　清

版本　经折装　刻本

现状　全

题记　封面题签"大乘妙法莲华经卷第五"。卷首有版画 1 幅(见说明 1)。卷端题"妙法莲华经卷第五 姚秦三藏法师鸠摩罗什奉诏译"。品题"妙法莲华经安乐行品第十四"、"妙法莲华经从地涌出品第十五"、"妙法莲华经如来寿量品第十六"。尾题"妙法莲华经卷第五",后附"释音"(3 叶)。

版式　每纸半叶 35.9 cm×15.5 cm;上下单栏;书眉 3.3 cm,地脚 1.6 cm,版面 31.0 cm×15.5 cm,版心白口,内题"法五"及纸数;半叶 4 行,行 12 字,共 122 叶。此卷 4 个半叶为 1 纸,共 61 纸。版画 1 纸 4 个半叶,第 60 纸 3 个半叶,卷末 1 纸 3 个半叶。

说明　1. 卷首有版画 1 幅,分前后两个部分,前一幅为说法图,佛跏趺坐于莲台之上,莲台下有一听法弟子,两侧有听法弟子、菩萨、眷属、天龙八部;另一幅为《妙法莲华经》经变画,有读经、礼佛等场景。

　　　2. 封面为红色绢面,封底为黄色绢面,题签为白色。

3. 栏外刻题纸数。

4. 正文刻有句读。

5. 麦 0040、麦 0039、麦 0055、麦 0091、麦 0046、麦 0093、麦 0094 七卷为同一函。

麦 0064　妙法莲华经卷第五

著者　（姚秦）鸠摩罗什译

时代　明

版本　经折装　刻本

现状　全

题记　封面题签题"大乘妙法莲华经卷第五"。卷端题"妙法莲华经卷第五/姚秦三藏法师鸠摩罗什译"，经题下有"冯国瑞"朱文印章一枚。品题"妙法莲华经安乐行品第十四"、"妙法莲华经从地涌出品第十五"、"妙法莲华经如来寿量品第十六"、"妙法莲华经分别功德品第十七"。尾题"妙法莲华经卷第五"。刻题"施财刊板善人牛宗宪室官氏杨氏/男牛邦正潘氏牛邦时 潘氏/牛端阳牛双阳共资梓完"。卷尾题识"海印记"。

版式　每纸半叶 34.6 cm×11.9 cm；上下双栏；书眉 4.6 cm，地脚 3.5 cm，版面 26.6 cm×11.9 cm；版心白口，内刻题"法华经卷五"及各纸数；半叶 5 行，行 15 字，共 72 叶半。此卷 5 个半叶为 1 纸，每纸版心刻题"法华经卷五"及各纸数。正文共 29 纸。

说明　1. 扉页有"冯国瑞"印一方。

2. 书眉上方有朱色笔书"释音"。

3. 卷尾附纸一条，附纸上有墨书题识。

4. 封面为蓝色绢面，封底为黄色，题签为白色。

5. 正文刻有句读。

6. 参见麦 0106 说明项第 6 条。

麦 0097　妙法莲华经卷第五

著者　（姚秦）鸠摩罗什译

时代　明

版本　经折装　刻本

现状　全

题记　封面题签题"大乘妙法莲华经卷第五"（笔书）。卷端题"妙法莲华经卷第五/姚秦三藏法师鸠摩罗什译"。品题"妙法莲华经安乐行品第十四"、"妙法莲华经从地涌出品第十五"、"妙法莲华经如来寿量品第十六"。最后半叶系后修补,墨书"则是佛受用 常在于其中 经行及坐卧/妙法莲华经卷第五"。尾题(墨书)"妙法莲华经卷第五"。

版式　每纸半叶 34.5 cm×11.9 cm;上下双栏;书眉 6.6 cm,地脚 1.8 cm,版面 26.3 cm×11.9 cm;版心白口,内刻题"法华经卷五"及纸数;半叶 5 行,行 15 字,共 75 叶。此卷 5 个半叶为 1 纸,每纸半叶或 1 叶后标刻题"法卷五"及各纸数。正文 30 纸。

说明　正文刻有句读。

麦 0102　妙法莲华经卷第五

著者　(姚秦)鸠摩罗什译

时代　明

版本　经折装　刻本

现状　全

题记　封面题签题"大乘妙法莲华经卷第五"。卷端题"妙法莲华经卷第五/姚秦三藏法师鸠摩罗什译"。品题"妙法莲华经安乐行品第十四"、"妙法莲华经从地涌出品第十五"、"妙法莲华经如来寿量品第十六"、"妙法莲华经分别功德品第十七"。尾题"妙法莲华经卷第五",尾题下题识"隆安收执",后附"释音"(3 个半叶)。刻题"凤翔府郿县太白等乡清远等里人氏见在常乐里地方铜峪村居住奉/佛舍财刻经信士 庄朝阳 陈璋 董友仓 孙孟阳 王成 李灵/李永江 冯举 李添佑 李朝阳 郭进忠 李浪"。

版式　每纸半叶 35.0 cm×12.0 cm;上下双栏;书眉 4.9 cm,地脚 1.9 cm,版面 28.3 cm×12.0 cm,版心白口,内刻题"莲五"及纸数;半叶 5 行,行 15 字,共 86 叶。此卷 5 个半叶为 1 纸,每纸半叶或 1 叶后标栏内刻题"莲五"及各纸数。正文 32 纸,卷首 1 纸为手书补写(5 叶),第 2 纸为 4 个半叶,卷末 1 纸为 2 个半叶。

说明　1. 卷中有附纸一条,附纸上有墨书题识。

　　　2. 前有 5 叶半两行为补写。

　　　3. 封面为黄色绢面,封底脱落,题签为白色。

　　　4. 正文刻有句读。

麦 0117　妙法莲华经卷第五

著者　(姚秦)鸠摩罗什译

时代　不详

版本　经折装　写本

现状　全

题记　封面题签题"妙法莲华经卷第五"（笔书）。卷端题"妙法莲华经卷第五/姚秦三藏法师鸠摩罗什译"。品题"妙法莲华经安乐行品第十四"、"妙法莲华经从地涌出品第十五"、"妙法莲华经如来寿量品第十六"。尾题"妙法莲华经卷第五"，尾题下题识"经僧人净理□"，后附"释音"（4个半叶）。

版式　每纸半叶 38.6 cm×13.7 cm；上下双栏；书眉 6.5 cm，地脚 3.8 cm，版面 28.5 cm×13.7 cm；版心白口，内刻题"法华经五卷"及纸数；半叶 5 行，行 12 字，共 97 叶半。此卷 5 个半叶为 1 纸，每纸半叶或 1 叶后标内刻题"法华经卷五"及各纸数。正文 39 纸。

说明　1. 封面为蓝色绢面，封底为白色，题签为黄色。

　　　2. 正文刻有句读。

麦 0120　妙法莲华经卷第五

著者　（姚秦）鸠摩罗什译

时代　不详

版本　经折装　刻本

现状　全

题记　封面题签题"大乘妙法莲华经卷第五"。卷端题"妙法莲华经卷第五/姚秦三藏法师鸠摩罗什奉诏译"。品题"妙法莲华经安乐行品第十四"、"妙法莲华经从地涌出品第十五"、"妙法莲华经如来寿量品第十六"、"妙法莲华经分别功德品第十七"。尾题"妙法莲华经卷第五"，后附"释音"（5个半叶）。

版式　每纸半叶 38.1 cm×13.9 cm；上下双栏；书眉 5.7 cm，地脚 3.2 cm，版面 29.3 cm×13.9 cm；版心白口；半叶 5 行，行 12 字，共 97 叶半。此卷 5 个半叶为 1 纸，第 2 纸与第 3 纸交接重叠处有栏外刻题"五卷　三"，第 3 纸与第 4 纸交接重叠处有栏外刻题"五卷　四"。正文 39 纸。

说明　1. 卷尾附纸一条，附纸上有墨书题识。

　　　2. 封面为蓝色绢面，封底为黄色，题签为白色。

　　　3. 正文刻有句读。

麦 0367　妙法莲华经卷第五

著者　（姚秦）鸠摩罗什译

时代　明

版本　经折装　刻本

现状　全

题记　封面题签题"大乘妙法莲华经卷第五"。卷端题"妙法莲华经卷第五/姚秦三藏法师鸠摩罗什译"。品题"妙法莲华经安乐行品第十四"、"妙法莲华经从地涌出品第十五"、"妙法莲华经如来寿量品第十六"。尾题"妙法莲华经卷第五",后附"释音"(2个半叶)。

每纸　半叶 33.5 cm×12.0 cm;上下双栏;书眉 5.1 cm,地脚 2.4 cm,版面 26.2 cm×12.0 cm;版心白口,内刻题"莲五"及纸数;半叶 5 行,行 15 字,共 170 叶。此卷 5 个半叶为 1 纸,每纸半叶或 1 叶后标刻题"法华经卷五"及各纸数。正文 34 纸。

说明　1. 正文刻有句读。

　　　2. 卷末附纸一条,附纸上有墨书题识。

麦 0379　妙法莲华经卷第五(拟,见说明 1)

著者　(姚秦)鸠摩罗什译

时代　不详

版本　经折装　刻本

现状　首尾残。起"诃萨。不应于女人身。取能生欲想",止"以舍利起塔。七宝而庄严"。

题记　品题"妙法莲华经从地涌出品第十五"、"妙法莲华经如来寿量品第十六"、"妙法莲华经分别功德品第十七"。

每纸　半叶 30.9 cm×9.9 cm;上下双栏;书眉 5.1 cm,地脚 3.2 cm,版面 21.5 cm×9.9 cm;版心白口,内刻题"法华经卷第五"及纸数;半叶 5 行,行 13 字,共 85 叶。此卷 5 个半叶为 1 纸,第 1 个半叶后标刻题"法华经卷第五"及纸数。正文 33 纸,卷首 1 纸(4 个半叶),卷末 1 纸(1 个半叶)。

说明　1. 据品题与版心题拟名。

　　　2. 正文刻有句读。

　　　3. 此卷上接麦 0650。

麦 0617　妙法莲华经卷第五

著者　(姚秦)鸠摩罗什译

时代　明

版本　经折装　写本(血书)

现状　全

题记　封面题签题"大乘妙法莲华经卷第五止"。卷端题"妙法莲华经卷第五/姚秦三藏法
　　　师鸠摩罗什译"。品题"妙法莲华经安乐行品第十四"、"妙法莲华经从地涌出品第
　　　十五"、"妙法莲华经如来寿量品第十六"。尾题"妙法莲华经卷第五",后附"释音"
　　　(2个半叶,木刻)。

版式　每纸半叶 26.6 cm×9.0 cm;上下双栏;书眉 3.8 cm,地脚 2.6 cm,版面 20.3 cm×
　　　9.0 cm;版心白口,内刻题"五卷"及纸数;半叶 5 行,行 15 字,共 76 叶半。此卷 7
　　　个半叶为 1 纸,每纸半叶或 1 叶后标刻题"五卷"及各纸数。正文 21 纸,卷末 1 纸 6
　　　个半叶。

说明　1. 正文有句读。

　　　2. 封面封底均为黄色绢面,题签为黄色。

　　　3. 此本系血书,后经人描润。

　　　4. 此本系两面书,背面见 0618 号。

　　　5. 同麦 0609 说明项第 6 条。

麦 0649　妙法莲华经卷第五

著者　(姚秦)鸠摩罗什译

时代　明

版本　经折装　刻本

现状　全

题记　封面题签题"大乘妙法莲华经卷第五"。卷端题"妙法莲华经卷第五/姚秦三藏法师
　　　鸠摩罗什译"。品题"妙法莲华经安乐行品第十四"、"妙法莲华经从地涌出品第十
　　　五"、"妙法莲华经如来寿量品第十六"。尾题"妙法莲华经卷第五",尾题下题识"一
　　　万七百五十六字"。刻题"陕西西安府长安县和迪里伍楼村南街居住奉/佛信士刘
　　　世友室人吕氏 苗氏刘氏 袁氏男刘局发心重刊/法华经一部仗经德追荐上/父母刘
　　　文达张氏/三宝光中吉祥如意"。

版式　每纸半叶 35.8 cm×12.2 cm;上下双栏;书眉 6.2 cm,地脚 2.8 cm,版面 26.4 cm×
　　　12.2 cm;版心白口,内刻题"法卷五"及纸数;半叶 5 行,行 15 字,共 85 叶。此卷 5
　　　个半叶为 1 纸,每纸半叶或 1 叶后标刻题"法卷五"及各纸数。正文 34 纸。第 1 纸
　　　与第 2 纸的交接重叠处刻题"法华经卷五　二　齐",第 2 纸与第 3 纸的交接重叠
　　　处刻题"法华经卷五　四　爵"。

说明　1. 正文刻有句读。

　　　2. 栏外刻题"法华经卷五　齐"及纸数。

麦 0650　妙法莲华经卷第五

著者　（姚秦）鸠摩罗什译

时代　不详

版本　经折装　刻本

现状　首全尾残。止"□法。无所希求。文殊师利。又菩萨摩"。

题记　封面题签题"大乘妙法莲华经卷第五"。卷端题"妙法莲华经卷第五/姚秦三藏法师鸠摩罗什译"。品题"妙法莲华经安乐行品第十四"。

版式　每纸半叶 30.6 cm×9.8 cm；上下双栏；书眉 6.1 cm，地脚 3.1 cm，版面 21.5 cm×9.8 cm；版心白口，内刻题"法华经卷第五"及纸数；半叶 5 行，行 13 字，共 3 叶。此卷 5 个半叶为 1 纸，每纸半叶或 1 叶后标刻题"法华经卷第五"及纸数。正文 1 纸，卷末 1 纸(1 个半叶)。

说明　1. 正文刻有句读。

　　　2. 下接麦 0379。

麦 0965　妙法莲华经卷第五至卷第七

著者　（姚秦）鸠摩罗什译

时代　清

版本　线装　刻本

现状　全

题记　封面题签题"妙法莲华经卷五之七"。卷首题"妙法莲华经卷第五(共 37 叶)/姚秦三藏法师鸠摩罗什奉诏译"，后附"释音"(共 10 行)。中题"妙法莲华经卷第六(共 35 叶半)/姚秦三藏法师鸠摩罗什奉诏译"，后附"释音"(共 14 行)。牌记"杭州府钱塘县比丘照澄发心募劝缁素共刻/妙法莲华尊经壹部祈保道力坚固世世生生开佛/知见更祈各各现生父母福寿增崇过去先灵高/超莲界吉祥如意者/板存灵隐常住永远流通"。中题"妙法莲华经卷第七(共 30 叶)/姚秦三藏法师鸠摩罗什奉诏译"。刻题"灵隐禅堂流通"，后附"释音"(共 12 行)。刻题"灵隐经房永远流通"。牌记"比丘恩鉴为荐/先父朱良学、先母周氏早生净土/康熙九年(1670)七月日吉旦"。题识"麦积山　景峰焕记"。

版式　每纸半叶 28.2 cm×18.0 cm；上下双栏；书眉 3.7 cm，地脚 1.9 cm，版面 22.6 cm×14.8 cm；版心 22.6 cm×1.3 cm，花口，上鱼尾，书口题"法华经"，上鱼尾下题"卷五"、"卷六"、"卷七"，各叶刻题"比丘通源助刻(一、二)"，"比丘明暠助刻(三)"，"比丘上悟助刻(四)”、"比丘正文刻(五)"、"比丘尼智牧助刻(六、七)"、"比丘尼智杰助刻(八、九)"、"秦门滕氏助刻(十、十一)"、"信女田门吴氏法名净音助刻(十二)"、"比丘超容助刻(十五)"、"比丘德容助刻(十六)"、"比丘上智助刻(十七)"、"比丘佛光助刻(十八)"、"比丘超英助刻(十九)"、"比丘成量助刻(二十)"、"比丘等胜助刻(二十一)"、"比丘郎云助刻(二十二)"、"比丘上莲助刻(二十三)"、"比丘明德荐母陈氏助刻(二十四)"、"比丘电明珠刻(二十五)"、"比丘超容助刻二张(二十六)"、"比丘悟一山瞿助刻(一)"、"比丘德修助刻(二)"、"比丘济钦助刻(三)"、"比丘德华为先父楼文德助刻(四)"、"比丘德华为先母叶氏助刻(五)"、"比丘德芳助刻(六)"、"信童邵文彩 文化喜助刻(七)"、"比丘寂然母张氏助刻(八)"、"比丘尔戒助刻(九)"、"比丘子林助刻(十)"、"比丘济钦助刻(十一、十二)"、"比丘慧开助刻(十三)"、"比丘妙轮助刻(十四、十五)"、"比丘明圆助刻(十六)"、"比丘慧敬助刻(十七)"、"比丘照贤助刻(十八)"、"比丘明圆助刻(十九)"、"比丘德慈助刻(二十)"、"比丘上贤助刻(二十一)"、"比丘明慧助刻(二十二)"、"比丘寂证助刻(二十三)"、"信女夏门陈氏助刻(二十四)"、"比丘超智荐父李守祗母俞氏助刻(二十五)"、"比丘寂然母张氏助刻(二十六、二十七)"、"信士弟子法名上证上隆助刻(二十八)"、"信女何门夏氏正果助刻(二十九)"、"信女沈门曹氏上修助刻(三十)"、"比丘上悟助刻(三十三、三十四)"、"比丘恩鉴为荐先父朱良学先母周氏早生净土(一)"。半叶9行,行18字,共102叶。

说明　1. 封面、封底均为黄色,题签为蓝色。

2. 内有铅笔注文句。

3. 正文有句读。

麦 0093　妙法莲华经卷第六

著者　(姚秦)鸠摩罗什译

时代　明

版本　经折装　刻本

现状　全

题记　封面题签题"大乘妙法莲华经卷第六"。卷端题"妙法莲华经卷第六/姚秦三藏法师鸠摩罗什译"。品题"妙法莲华经随喜功德品第十八"、"妙法莲华经法师功德品第十九"、"妙法莲华经常不轻菩萨品第二十"、"妙法莲华经如来神力品第二十一"、"妙法莲华经嘱累品第二十二"、"妙法莲华经药王菩萨本事品第二十三"。尾题"妙法莲华经卷第六",后附"释音"(3个半叶)。底封题识"陕西(西)安府乾州武都乡释子沙门徒颉徒方谏□(持戒□)"。

版式　每纸半叶 33.4 cm×12.0 cm;上下双栏;书眉 5.4 cm,地脚 2.2 cm,版面 26.0 cm×
　　　 12.0 cm;版心白口,内刻题"莲六"及纸数;半叶 5 行,行 15 字,共 80 叶。此卷 5 个
　　　 半叶为 1 纸,每纸半叶或 1 叶后标刻题"莲六"及各纸数。正文 32 纸。

说明　1. 卷尾附纸一条,附纸上有墨书题识。

　　　 2. 正文刻有句读。

　　　 3. 封面、封底均为蓝色绢面。

　　　 4. 同麦 0091 说明 5。

麦 0096　妙法莲华经卷第六

著者　(姚秦)鸠摩罗什译

时代　明

版本　经折装　刻本

现状　全

题记　卷端题"妙法莲华经卷第六/姚秦三藏法师鸠摩罗什译"。品题"妙法莲华经随喜功
　　　 德品第十八"、"妙法莲华经法师功德品第十九"、"妙法莲华经常不轻菩萨品第二
　　　 十"、"妙法莲华经如来神力品第二十一"、"妙法莲华经嘱累品第二十二"、"妙法莲
　　　 华经药王菩萨本事品第二十三"。尾题"妙法莲华经卷第六",后附"释音"(3 个半
　　　 叶)。尾题前一行下题识"隆安收执"。刻题"郿县太白乡普济里新寨居住奉/佛舍
　　　 财刻经信士郑廷云室人侯氏 男郑时春/男妇孙氏 长孙男郑尚知/合家寺愿祈/天下
　　　 泰平 一家康宁 向后吉祥如意",后附"释音"(3 个半叶),题"于得□/韩威"。

版式　每纸半叶 35.0 cm×11.9 cm;上下双栏;书眉 6.7 cm,地脚 2.8 cm,版面 25.7 cm×
　　　 11.9 cm;版心白口,内刻题"莲六"及纸数;半叶 5 行,行 15 字,共 81 叶半。此卷 5
　　　 个半叶为 1 纸,每纸半叶或 1 叶后标刻题"莲六"及各纸数。正文 32 纸,卷尾 1 纸
　　　 为 3 个半叶。

说明　1. 卷首、卷尾分别附纸一条,附纸上有墨书题识。

　　　 2. 正文刻有句读。

　　　 3. 封面为绿色绢面,封底为黄色绢面。

麦 0098　妙法莲华经卷第六

著者　(姚秦)鸠摩罗什译

时代　明

版本　经折装　刻本

现状　全

题记　封面题签题"大乘妙法莲华经卷第六"。卷端题"妙法莲华经卷第六/姚秦三藏法师鸠摩罗什译"。品题"妙法莲华经随喜功德品第十八"、"妙法莲华经法师功德品第十九"、"妙法莲华经常不轻菩萨品第二十"、"妙法莲华经如来神力品第二十一"、"妙法莲华经嘱累品第二十二"、"妙法莲华经药王菩萨本事品第二十三"。尾题"妙法莲华经卷第六"。刻题"凤县嘉林里信士牛宗宪同室人/关氏　杨氏　男牛邦正潘氏牛邦时/潘氏牛端阳喜舍己资刊经/一卷吉祥如意　弟李尚福男/牛邦兰　杜万臣"。题识"海印记",后附"释音"(2个半叶)。

版式　每纸半叶 34.5 cm×12.0 cm;上下双栏;书眉 4.5 cm,地脚 3.5 cm,版面 26.8 cm×12.0 cm;版心白口,内刻题"法华经卷六"及纸数;半叶 5 行,行 15 字,共 71 叶。此卷 5 个半叶为 1 纸,每纸半叶或 1 叶后标刻题"法华经卷六"及各纸数。正文 28 纸,卷尾 1 纸为 2 个半叶。

说明　1. 扉页有"冯国瑞"印一方。

　　　2. 卷尾附纸一条,附纸上有墨书题识。

　　　3. 正文刻有句读。

　　　4. 封面为红色绢面,封底为黄色绢面,题签为黄色绢面。

　　　5. 参见麦 0106 说明项第 6 条。

麦 0107　妙法莲华经卷第六

著者　(姚秦)鸠摩罗什译

时代　明

版本　经折装　刻本

现状　全

题记　封面题签题"大乘妙法莲华经卷第六"。卷端题"妙法莲华经卷第六/姚秦三藏法师鸠摩罗什译"。品题"妙法莲华经随喜功德品第十八"、"妙法莲经法师功德品第十九"、"妙法莲华经常不轻菩萨品第二十"、"妙法莲华经如来神力品第二十一"、"妙法莲华经嘱累品第二十二"、"妙法莲华经药王菩萨本事品第二十三"。尾题"妙法莲华经卷第六"。刻题"凤县嘉林里信士牛宗宪同室人/关氏杨氏男牛邦正潘氏牛邦时/潘氏牛端阳喜舍己资刊经/一卷吉祥如意弟子李尚福 男牛邦兰 杜万臣",后附"释音"(五行)。

版式　每纸半叶 36.0 cm×11.7 cm;上下双栏;书眉 5.8 cm,地脚 3.7 cm,版面 26.9 cm×

11.7 cm;版心白口,内刻题"法华经卷六"及纸数;半叶 5 行,行 15 字,共 71 叶。此卷 5 个半叶为 1 纸,每纸半叶或 1 叶后标栏内刻题"法华经卷六"及各纸数。第 14 纸与 15 纸,23 纸与 24 纸,24 纸与 25 纸的交接重叠处均用线绳缝订。正文 28 纸,卷末 1 纸为 2 个半叶。

说明　1. 封面为红色绢面,封底为白色绢面,题签为黄色。

　　　2. 正文刻有句读。

麦 0115　妙法莲华经卷第六

著者　(姚秦)鸠摩罗什译

时代　不详

装式　经折装　刻本

现状　全(首稍残)

题记　封面题签题"大乘妙法莲华经卷第六"。卷首有版画 2 幅(4 个半叶,见说明 1)。卷端题"妙法莲华经卷□□(拟第六)/姚秦三藏□□□□□□□□(法师鸠摩罗什奉诏译)"。品题"妙法莲华经随喜功德品第□□(十八)"、"妙法莲经法师功德品第十九"、"妙法莲华经常不轻菩萨品第二十"、"妙法莲华经如来神力品第二十一"、"妙法莲华经嘱累品第二十二"、"妙法莲华经药王菩萨本事品第二十三"。尾题"妙法莲华经卷第六",后附"释音"(1 个半叶)。

版式　每纸半叶 35.6 cm×15.4 cm;上下单栏;书眉 1.8 cm,地脚 1.3 cm,版面 31.7 cm×15.4 cm;版心白口,内刻题"法六"及纸数;半叶 4 行,行 12 字,共 114 叶。此卷 4 个半叶为 1 纸,每纸半叶或 1 叶后标栏内刻题"法六"及各纸数。第 2 纸与第 3 纸交接重叠处标栏外刻题"三",第 3 纸与第 4 纸交接重叠处标栏外刻题"三"。正文 57 纸,版画 1 纸。

说明　1. 版画 2 幅。第一幅为《佛说法图》,画面中佛结跏趺坐于莲台之上,莲台下有听法弟子,两侧有弟子、菩萨、眷属、天龙八部;第二幅为《俗人听法图》,画面高台上、佛塔中、莲台上均有佛说法,下有听法弟子若干。

　　　2. 封面为绿色绢面,封底为黄色绢面,题签为白色。

　　　3. 正文刻有句读。

麦 0119　妙法莲华经卷第六

著者　(姚秦)鸠摩罗什译

时代　不详

装式　经折装　刻本

现状　全

题记　封面题签题"大乘妙法莲华经卷第六"。卷端题"妙法莲华经卷第六（拟）/姚秦三藏法师鸠摩罗什奉诏译"。品题"妙法莲华经随喜功德品第十八"、"妙法莲经法师功德品第十九"、"妙法莲华经常不轻菩萨品第二十"、"妙法莲华经如来神力品第二十一"、"妙法莲华经嘱累品第二十二"、"妙法莲华经药王菩萨本事品第二十三"。尾题"妙法莲华经卷第六"，后附"释音"（5个半叶）。

版式　每纸半叶37.8 cm×13.9 cm；上下双栏；书眉5.5 cm，地脚3.2 cm，版面28.9 cm×13.9 cm；版心白口；半叶5行，行12字，共97叶半。此卷5个半叶为1纸，第1纸与第2纸交接重叠处标栏外刻题"六卷　二"，第2纸与第3纸交接重叠处标栏外刻题"六卷　三"。正文39纸。

说明　1. 封面为蓝色绢面，封底为黄色绢面，题签为白色。

　　　2. 背面，底封数起第3叶至第5叶裱有一手书《报恩经卷上》20行，存睒子本生事，另裱纸上有"菊花新赞"、"观音道场"、"三时纲赞"杂写。

　　　3. 正文刻有句读。

麦 0148　妙法莲华经卷第六

著者　（姚秦）鸠摩罗什译

时代　明

版本　经折装　写本

现状　全

题记　封面题签题"妙法莲华经卷第六"（笔书）。卷端题"妙法莲华经卷第六/姚秦三藏法师鸠摩罗什奉诏译"。品题"妙法莲华经随喜功德品第十八"、"妙法莲经法师功德品第十九"、"妙法莲华经常不轻菩萨品第二十"、"妙法莲华经如来神力品第二十一"、"妙法莲华经嘱累品第二十二"、"妙法莲华经药王菩萨本事品第二十三"。尾题"妙法莲华经卷第六"。题识"写经僧人净礼□（花押：一心供养）/请经僧人海静"，后附"释音"（5个半叶）。

版式　每纸半叶38.7 cm×13.7 cm；上下双栏；书眉6.0 cm，地脚4.2 cm，版面28.6 cm×13.7 cm；版心白口，内刻题"法华经六卷"及各纸数；半叶5行，行12字，共94叶。此卷5个半叶为1纸，每纸半叶或1叶后标栏内刻题"法华经六卷"及各纸数。正文37纸，卷末1纸（3个半叶）。

说明　1. 卷末有附纸一张。

2. 封面为蓝色绢面，封底为白色，题签为黄色。

3. 正文有墨笔句读。

4. 封底有乾卦符号。

麦 0225　妙法莲华经卷第六（拟，见说明 1）

著者　（姚秦）鸠摩罗什译

时代　不详

版本　经折装　刻本

现状　首残尾全。起"得几所福 而说偈言 信士王兴朱氏"。

题记　首行刻题"信士王兴朱氏"。品题"妙法莲华经法师功德品第十九"。经文中间刻题"信士王朝刚（六十三叶右）"、"信士叶务（六二十一叶右）"。品题"妙法莲华经常不轻菩萨品第二十"、"妙法莲华经如来神力品第二十一"、"妙法莲华经嘱累品第二十二"。尾题"妙法莲华经卷第六"，后附"释音"。刻题（"释音"后）"印造佛法信士单廷河住助人陈尚得张氏/经车□信士单廷海单廷胡、吴□/未金信魏九志 魏九尹 魏九 张应乾 吴氏 陈氏 陈氏/士杨店 李万胡 赵万孝 郝正"。

版式　每纸半叶 34.6 cm×12.0 cm；上下双栏；书眉 7.1 cm，地脚 1.7 cm，版面 25.8 cm×12.0 cm；版心白口，栏内刻题"六"及纸数；半叶 5 行，行 15 字，共 79 叶半。此卷 5 个半叶为 1 纸，正文 32 纸。

说明　1. 据尾题拟名。

2. 封底为白色。

3. 正文刻有句读。

麦 0293　妙法莲华经卷第六

著者　（姚秦）鸠摩罗什译

时代　不详

版本　经折装　刻本

现状　全

题记　封面题签题"大乘妙法莲华经卷第六"（笔书）。卷端题"妙法莲华经卷第六/姚秦三藏法师鸠摩罗什译"。品题"妙法莲华经随喜功德品第十八"、"妙法莲华经常不轻菩萨品第二十"、"妙法莲华经如来神力品第二十一"、"妙法莲华经嘱累品第二十二"、"妙法莲华经药王菩萨本事品第二十三"。尾题"妙法莲华经卷第六"。刻题"凤县嘉林里信士牛宗宪同室人/关氏杨氏 男牛邦正潘氏牛邦时/潘氏 牛端阳喜舍己资刊经/一卷吉祥如意弟子李尚福男牛邦兰、杜万臣",后附"释音"1行。

版式　每纸半叶 34.9 cm×11.9 cm;上下双栏;书眉 6.3 cm,地脚 1.8 cm,版面 26.6 cm× 11.9 cm;版心白口,内刻题"法华经卷六"及纸数;半叶 5 行,行 15 字,共 70 叶。此卷 5 个半叶为 1 纸,每纸半叶或 1 叶后标刻题"法华经卷六"及各纸数。正文 28 纸。

说明　1. 卷 60 叶后至 62 叶为补写。

　　　2. 卷尾附纸一条,附纸上有墨书题识。

　　　3. 正文刻有句读。

　　　4. 封面为黄色绢面,封底为红色绢面,题签为红色。

麦 0347　妙法莲华经卷第六

著者　（姚秦）鸠摩罗什译

时代　明

版本　经折装　刻本

现状　全

题记　封面题签题"大乘妙法莲华经卷第六"。卷端题"妙法莲华经卷第六/姚秦三藏法师 鸠摩罗什译"。品题"妙法莲华经随喜功德品第十八"、"妙法莲华经常不轻菩萨品 第二十"、"妙法莲华经如来神力品第二十"、"妙法莲华经嘱累品第二十二"、"妙法 莲华经药王菩萨本事品第二十三"。尾题"妙法莲华经卷第六"。刻题"陕西西安府 长安县和迪里伍楼村南街居住奉/佛信士刘世友室人吕氏 苗氏 刘氏 袁氏男刘局 发心重刊/法华严经一部仗经德追荐上/父母刘文连张氏/三宝光中吉祥如意/长兴 寺住持普广存□ 广计 广志 广略 广搅/普纯 普坚 广守 广寒 广运 广令 广善/广才 广厚 广乐 宗室 宗积 宗夆 宗爱/广七 宗昌 宗减 宗洪 宗贺 宗信 道务/宗满 道高 徐怀 广学/净业寺发心领众比丘通文 智聪 广胡/信士崔现 孙右"。

版式　每纸半叶 35.3 cm×12.1 cm;上下双栏;书眉 6.4 cm,地脚 2.5 cm,版面 26.5 cm× 12.1 cm;版心白口,内刻题"法卷六"及纸数;半叶 5 行,行 15 字,共 78 叶。此卷 5 个半叶为 1 纸,每纸半叶或 1 叶后标栏外刻题"法卷六"及各纸数。正文 33 纸。

说明　1. 卷尾附纸一条,附纸上有墨书题识。

　　　2. 正文刻有句读。

　　　3. 封面为红色绢面,封底均为黄色绢面。

麦 0607　妙法莲华经卷第六

著者　（姚秦）鸠摩罗什译

时代　不详

版本　经折装　刻本

现状　全

题记　封面题签题"大乘□□□□(妙法莲华)经卷第五"。卷端题"妙法莲华经卷第六/姚秦三藏法师鸠摩罗什译"。品题"妙法莲华经随喜功德品第十八"、"妙法莲华经常不轻菩萨品第二十"、"妙法莲华经如来神力品第二十一"、"妙法莲华经嘱累品第二十二"、"妙法莲华经药王菩萨本事品第二十三"。尾题"妙法莲华经卷第六",后附"释音"(2个半叶)。

版式　每纸半叶 30.7 cm×9.9 cm;上下双栏;书眉 5.9 cm,地脚 3.2 cm,版面 21.5 cm×9.9 cm;版心白口,内刻题"法华经卷第六"及纸数;半叶 5 行,行 13 字,共 87 叶半。此卷 5 个半叶为 1 纸,每纸半叶或 1 叶后标刻题"法华经卷第六"及各纸数。正文 35 纸。

说明　1. 正文刻有句读。

　　　2. 封面与封底均为蓝色绢面,题签为黄色(残)。

麦 0619　妙法莲华经卷第六

著者　(姚秦)鸠摩罗什译

时代　明

版本　经折装　写本(血书)

现状　全

题记　封面题签题"大乘妙法莲华经卷第六"。卷端题"妙法莲华经卷第五/姚秦三藏法师鸠摩罗什译"。品题"妙法莲华经随喜功德品第十七"、"妙法莲华经随喜功德品第十八"、"妙法莲华经法师功德品第十九"、"妙法莲华经常不轻菩萨品第二十"、"妙法莲华经如来神力品第二十一"、"妙法莲华经嘱累品第二十二"、"妙法莲华经乐王菩萨本事品第二十三"。尾题"妙法莲华经卷第六",后附"释音"(2个半叶,木刻)。

每纸　半叶 26.6 cm×9.0 cm;上下双栏;书眉 4.0 cm,地脚 2.3 cm,版面 20.3 cm×9.0 cm;版心白口,内刻题"六卷"及纸数;半叶 5 行,行 15 字,共 75 叶半,此卷 7 个半叶为 1 纸,每纸半叶或 1 叶后标刻题"五卷"及各纸数。正文 21 纸,卷末 1 纸为 4 个半叶。

说明　1. 正文有句读。

　　　2. 封面、封底均为黄色绢面,题签为黄色。

　　　3. 此本系血书,后经人描润。

4. 此本系两面书,背面见 0620 号。

5. 同麦 0609 说明项第 6 条。

麦 0094　妙法莲华经卷第七

著者　(姚秦)鸠摩罗什译

时代　明

版本　经折装　刻本

现状　全

题记　封面题签题"大乘妙法莲华经卷第七"。卷端题"妙法莲华经卷第七/姚秦三藏法师
　　　鸠摩罗什译"。品题"妙法莲华经妙音菩萨品第二十四"、"妙法莲经观世音菩萨普
　　　门品第二十五"、"妙法莲华经陀罗尼品第二十六"、"妙法莲华经妙庄严王本事品第
　　　二十七"、"妙法莲华经普贤菩萨劝发品第二十八"。尾题"妙法莲华经卷第七",后
　　　附"释音"(1 个半叶)。刻题"大明国陕西汉中府洋县婆子山回龙庵/比丘东辉 发心
　　　谨成众善人刊/大乘妙法莲华经 惟愿/四恩普报三宥齐资法界有情同圆种智者/弘
　　　治十七年(1504)七月 日造 地主杨玉"。题识"沙门徒颉□(持戒)"。封底有天王版
　　　画 1 幅(1 个半叶,见说明 2)。

版式　每纸半叶 33.5 cm×12.0 cm;上下双栏;书眉 4.7 cm,地脚 2.2 cm,版面 26.8 cm×
　　　12.0 cm;版心白口,内刻题"莲七"及纸数;半叶 5 行,行 15 字,共 65 叶。此卷 5 个
　　　半叶为 1 纸,每纸半叶或 1 叶后标刻题"莲七"及各纸数。正文 26 纸。

说明　1. 卷末有印两方。

　　　2. 版画韦陀天王像,韦陀披挂盔甲,飘带绕身,双手合十,怀内抱一法器,四周祥云
　　　　 环绕。

　　　3. 正文刻有句读。

　　　4. 封面为红色绢面,封底为蓝色,题签为白色。

　　　5. 同麦 0091 说明 5。

麦 0100　妙法莲华经卷第七

著者　(姚秦)鸠摩罗什译

时代　明

版本　经折装　刻本

现状　全

题记　封面题签刻题"大乘妙法莲华经卷第七"(笔书)。卷端题"妙法莲华经卷第七/姚秦

三藏法师鸠摩罗什译"。品题"妙法莲华经妙音菩萨品第二十四"、"妙法莲华经观世音菩萨普门品第二十五"、"妙法莲华经陀罗尼品第二十六"、"妙法莲华经妙庄严王本事品第二十七"、"妙法莲华经普贤菩萨劝发品第二十八"。尾题"妙法莲华经卷第七"。题识"修补经弟子了玥受持"、"麦积山瑞应寺"。刻题"陕西西安府长安县和迪里伍楼村南街居住奉/佛信士刘世友室人吕氏 苗氏 刘氏 袁氏 男刘局发心重刊/法华经一部仗经德追荐上/父母刘文达、张氏/三宝光中吉祥如意"(有两个卍符号)。刻题"高关口二龙寺释子顺宗、顺钊、普端、普准/圭峰山德印圆经圆满圆正徒普度 圆惺 圆贵 圆通 明相落廷舟徐朝江 落万春/长安县和迪里五楼村北街居住净板木匠张大朝/伏愿/三宝光中吉祥如意"。题识"麦积山释子来聚"。牌记(刻印莲花座华盖顶)墨书"奉/佛施财信士师教石氏 贾氏 马氏 黎氏一家眷等/施银两道粮更祈一家吉祥如意/万历四十二年(1614)十月十五日教施造经僧麦积惠灵"。卷末有天王版画1幅(1个半叶,见说明1)。

版式　每纸半叶34.7 cm×12.0 cm;上下双栏;书眉5.0 cm,地脚3.5 cm,版面26.0 cm×12.0 cm;版心白口,内刻题"卷七"及纸数;半叶5行,行15字,共66叶。此卷5个半叶为1纸,每纸半叶或1叶后标刻题"莲七"及各纸数。正文26纸,卷末1纸为2个半叶。第1纸与第2纸交接重叠处刻题"法华经卷七　二",第2纸与第3纸交接重叠处刻题"法华经卷七　三　泽"。

说明　1. 版画韦陀天王像,韦陀身穿盔甲,飘带上拂,双手合十,怀内抱一法器,四周祥云环绕。

　　　2. 正文刻有句读。

　　　3. 封面为蓝色,封底为蓝色,题签为白色绢面。

麦0122　妙法莲华经卷第七

著者　(姚秦)鸠摩罗什译

时代　不详

版本　经折装　刻本

现状　全

题记　封面题签题刻题"大乘妙法莲华经卷第七"。卷端题"妙法莲华经卷第七/姚秦三藏法师鸠摩罗什译"。品题"妙法莲华经妙音菩萨品第二十四"、"妙法莲华经观世音菩萨普门品第二十五"、"妙法莲华经陀罗尼品第二十六"、"妙法莲华经妙庄严王本事品第二十七"、"妙法莲华经普贤菩萨劝发品第二十八"。尾题"妙法莲华经卷第七",后附"释音"(8个半叶)。卷末画韦陀天王版画1幅(1个半叶,见说明1)。

版式　每纸半叶 37.7 cm×12.0 cm;上下双栏;书眉 5.0 cm,地脚 3.5 cm,版面 37.9 cm×14.0 cm;版心白口;半叶 5 行,行 12 字,共 82 叶。此卷 5 个半叶为 1 纸,第 1 纸与第 2 纸交接重叠处标栏外刻题"七卷　二",第 2 纸与 3 纸交接重叠处标栏外刻题"七卷　三",正文 33 纸。

说明　1. 卷末有版画韦陀天王像,韦陀身披盔甲,飘带上拂,双手合十,怀内抱一法器,四周祥云环绕。

2. 卷末有附纸一张。

3. 封面为蓝色,封底为黄色,题签为白色。

4. 正文刻有句读。

麦 0146　妙法莲华经卷第七

著者　(姚秦)鸠摩罗什译

时代　明

版本　经折装　刻本

现状　全

题记　封面题签题"大乘妙法莲华经卷第七",卷首有版画 1 幅(4 个半叶,见说明 1)。卷端题"妙法莲华经卷第七/姚秦三藏法师鸠摩罗什奉诏译"。品题"妙法莲华经妙音菩萨品第二十四"、"妙法莲华经观世音菩萨普门品第二十五"、"妙法莲华经陀罗尼品第二十六"、"妙法莲华经庄严王本事品第二十七"、"妙法莲华经普贤菩萨劝发品第二十八"。尾题"妙法莲华经卷第七"。尾题后题识"请/法华经一部 祁家寺住持寂会 徒照明 徒孙普毹 普禅",后附"释音"(2 个半叶)。

版式　每纸半叶 35.6 cm×15.7 cm;上下双栏;书眉 5.8 cm,地脚 3.7 cm,版面 26.9 cm×11.7 cm;版心白口,内刻题"法七"及纸数;半叶 5 行,行 12 字,共 71 叶。此卷 5 个半叶为 1 纸,每纸半叶或 1 叶后标刻题"法七"及各纸数。正文 28 纸,卷尾 1 纸(2 个半叶)。第 14、15 纸,第 23、24 纸,第 24、25 纸的交接重叠处均用线绳缝订。

说明　1. 版画为前后两幅。第 1 幅为说法图;第二幅画有佛塔、高台等,为众人礼佛图。

2. 卷末有附纸一张。

3. 封面为红色绢面,封底为白色,题签为黄色。

4. 正文刻有句读。

麦 0149　妙法莲华经卷第七

著者　(姚秦)鸠摩罗什译

时代　明

版本　经折装　写本

现状　全

题记　封面题签题"妙法莲华经卷第七"(笔书)。卷端题"妙法莲华经卷第七/姚秦三藏法师鸠摩罗什奉诏译"。品题"妙法莲华经妙音菩萨品第二十四"、"妙法莲经观世音菩萨普门品第二十五"、"妙法莲华经陀罗尼品第二十六"、"妙法莲华经妙庄严王本事品第二十七"、"妙法莲华经普贤菩萨劝发品第二十八"。尾题"妙法莲华经卷第七"。题识"复请僧人海静/写经僧人净理□/城县白家村石寺僧人性通□/天启五年(1625)正月十三日请",后附"释音"(6 个半叶)。"释音"后题识"镇风寺写造　肆拾八年贰月初十日写经毕终","陕西甘肃凉州右营提标副将高孟□(鼎)施舍表伯/大乘经壹部应供十方"。

版式　每纸半叶 38.8 cm×13.7 cm;上下双栏;书眉 6.4 cm,地脚 4.3 cm,版面 28.2 cm×13.7 cm;版心白口,内刻题"法华经七卷"及纸数;半叶 5 行,行 12 字,共 80 叶。此卷 5 个半叶为 1 纸,每纸半叶或 1 叶后标栏内刻题"法华经七卷"及各纸数。正文 32 纸。

说明　1. 封面为黄色绢面,封底为白色,题签为黄色。

　　　2. 卷中有附纸一张。

　　　3. 正文有墨笔句读。

　　　4. 据李晓红辨识,麦 0099、麦 0962、麦 0123、麦 0138、麦 0117、麦 0148、麦 0149 七卷为一函,为陕西甘肃凉州右营提标副将高孟鼎施舍大乘经壹部七卷。

麦 0246　妙法莲华经卷第七

著者　(姚秦)鸠摩罗什译

时代　清

版本　经折装　写本

现状　全

题记　封面题签题"大乘妙法莲华经卷第七"(笔书)。卷端题"妙法莲华经卷第七/姚秦三藏法师鸠摩罗什译",品题"妙法莲华经妙音菩萨品第二十四"、"妙法莲经观世音菩萨普门品第二十五"、"妙法莲华经陀罗尼品第二十六"、"妙法莲华经妙庄严王本事品第二十七"、"妙法莲华经普贤菩萨劝发品第二十八"。尾题"妙法莲华经卷第七"。题识(尾题前经文下)"康熙伍年(1666)贰月初一/日 李文沐手谨书"。

版式　每纸半叶 34.5 cm×12.0 cm;上下双栏;书眉 4.0 cm,地脚 1.5 cm,版面 29.2 cm×

12.0 cm；版心白口；半叶 5 行，行约 17 字，共 61 叶。此卷 4 个半叶为 1 纸。

说明　1. 封面为褐色绢面，封底为褐色绢面，题签为红色。

2. 正文书有句读。

麦 0334　妙法莲华经卷第七（拟，见说明 1）

著者　（姚秦）鸠摩罗什译

时代　明

版本　经折装　刻本

现状　首残尾全，起"胜彼世间音 是故须常念"。

题记　品题"妙法莲华经妙庄严王本事品第二十七"、"妙法莲华经普贤菩萨劝发品第二十八"。尾题"妙法莲华经卷第七"，附"释音"（2 个半叶）。"释音·普贤菩萨劝发品第二十八"后题识"麦积山瑞应寺授记"，后附"妙法莲华经重刊序"（3 个半叶），其序后刻题"汉中府褒城县牛头寺后山/云集庵发心什子续满于弘治十八年（1505）四月/上元日立心刊板印施/大乘妙法莲华经不幸续满当年因病/身故未曾周完有/师明体 恒仁 明端 合山僧众等次后/施财刊施周隆流通读诵供养功德无/量 上报四恩下资三宥 万类有情/同缘种智 助缘僧常满/正德二年（1507）八月中元日刊毕西蜀云水僧圆聪"。刻题中间有题识"表经舍财养人蔡仲清王氏"，卷末有版画《天王像》1 幅（1 个半叶，见说明 2）。刻题中间有题识"表经舍财养人蔡仲清王氏"。版画后题识"大清道光元年（1821）正月初十日念完一至二月十三日完 觉海"。

版式　每纸半叶 35.3 cm×10.0 cm；上下双栏；书眉 6.0 cm，地脚 2.7 cm，版面 22.1 cm×10.0 cm；版心白口，内刻题"卷第七"及纸数；半叶 5 行，行 13 字，共 44 叶。此卷 5 个半叶为 1 纸，每纸半叶或 1 叶后标刻题"卷第七"及各纸数。正文 18 纸，其中 16 纸为 4 个半叶。

说明　1. 据尾题拟名。

2. 版画中天王身穿盔甲，飘带上拂，双手合十，怀抱一法器，四周祥云环绕。

3. 封底为蓝色。

4. 正文刻有句读。

麦 0546　妙法莲华经卷第七

著者　（姚秦）鸠摩罗什译

时代　明

版本　经折装　刻本

现状　全

题记　封面题签题"大乘妙法莲华经卷第七"(笔书)。卷端题"妙法莲华经卷第七/姚秦三藏法师鸠摩罗什译"。品题"妙法莲华经妙音菩萨品第二十四"、"妙法莲经观世音菩萨普门品第二十五"、"妙法莲华经陀罗尼品第二十六"、"妙法莲华经妙庄严王本事品第二十七"、"妙法莲华经普贤菩萨劝发品第二十八"。尾题"妙法莲华经卷第七",后附"释音"1个半叶。刻题"大明国陕西凭量(今平凉)里府华廷县胜雨里住民见在秦州水池菁/大乘妙法莲华经　发谨成善人刊/四恩普报三宥齐资法界有情同圆种智者/万历三十年(1602)正月初一日造 信士陈尚得张氏"。后有版画《天王像》(拟)1幅(1个半叶,见说明2)。

版式　每纸半叶 33.5 cm×12.0 cm;上下双栏;书眉 4.7 cm,地脚 2.2 cm,版面 26.8 cm×12.0 cm;版心白口;半叶 5 行,行 15 字,共 65 叶。此卷 5 个半叶为 1 纸,每纸半叶或 1 叶后标栏内刻题"莲七"及各纸数。正文 26 纸。

说明　1. 卷末有印两方(未识读)。

　　　2. 版画《天王像》,天王身穿盔甲,飘带上拂,双手合十,怀抱一法器,四周祥云环绕。

　　　3. 正文刻有句读。

　　　4. 封面为红色绢面,封底为蓝色,题签为白色。

麦 0621　妙法莲华经卷第七

著者　(姚秦)鸠摩罗什译

时代　明

版本　经折装　写本(血书)

现状　全

题记　封面题签题"大乘妙法莲华经卷第七"。卷端题"妙法莲华经卷第七/姚秦三藏法师鸠摩罗什译"。品题"妙法莲华经妙音菩萨品第二十四"、"妙法莲经观世音菩萨普门品第二十五"、"妙法莲华经陀罗尼品第二十六"、"妙法莲华经妙庄严王本事品第二十七"、"妙法莲华经普贤菩萨劝发品第二十八"。尾题"大乘妙法莲华经卷第七",后附"释音"(2 个半叶,木刻)。版画《天王像》(拟)1 幅(1 个半叶,见说明1)。牌记内题识"比丘恭能发心刺血书写/大乘妙法莲华经一部专祈保佑/信官宋/四恩总报　三有均资/法界有情　同缘种智"。刻题"兴圣寺僧祖印"。题识"第一卷 宋彪姚氏 宋祥董氏 宋得王氏/第二卷 郭颜李氏 妙秀妙惠 邸弘王权/第三卷 杨氏惠广 阮氏惠山 杜氏妙金/第四卷 郑氏会善 李氏妙清 金氏妙玉/第五卷 段式妙源 郭

氏妙成 马全林氏/第六卷 张氏妙真 郭氏秒荣 陈氏妙全/第七卷 马敬孙氏 藏氏何氏 詹氏郭氏/蒋氏陈氏 文氏付氏 徐氏/成化十四年(1478)四月八日书写"。

版式　每纸半叶 26.6 cm×9.0 cm;上下双栏;书眉 3.7 cm,地脚 2.5 cm,版面 20.6 cm×9.0 cm;版心白口,内题"七卷"及纸数;半叶 5 行,行 15 字,共 65 叶。此卷 7 个半叶为 1 纸,每纸半叶或 1 叶后标刻题"七卷"及各纸数。正文 18 纸,最后 1 卷 4 个半叶。

说明　1. 版画《天王像》,天王身穿盔甲,飘带上拂,双手合十,怀抱一法器,四周祥云环绕。

　　　2. 正文有句读。

　　　3. 封面、封底均为黄色绢面,封签为黄色。

　　　4. 此本系血书,后经人描润。

　　　5. 此本系两面书,背面见 0622 号。

　　　6. 同麦 0609 说明项第 6 条。

麦 0642　妙法莲华经卷第七

著者　(姚秦)鸠摩罗什译

时代　明

版本　经折装　刻本

现状　全

题记　封面题签题"大乘妙法莲华经卷第七"。卷端题"妙法莲华经卷第七/姚秦三藏法师鸠摩罗什译",经题下有朱文"冯国瑞"印一方。品题"妙法莲华经妙音菩萨品第二十四"、"妙法莲经观世音菩萨普门品第二十五"、"妙法莲华经陀罗尼品第二十六"、"妙法莲华经妙庄严王本事品第二十七"、"妙法莲华经普贤菩萨劝发品第二十八"。尾题"妙法莲华经卷第七"。题识"侍/佛弟子海印发心请/大乘尊经一部专祈亡过父母早生/净众者矣",后附"释音"(2 个半叶)。题识"秦州方下里六甲付忠萧氏杨氏男诸伢保一家等/表大乘经一部/刷字匠张应启吴氏"。刻题"铁笔匠大余良李氏、赵氏"。题识"陕西巩昌府秦州地名高桥上河会事沟观音殿住持僧性学议□□□□/众真□ 性德 海遇前去凤县紫柏山云峰 云岩二寺黑庵白云洞四/处印造/大乘经一十三部 药师经八十五卷 五经一部 梁皇忏七部 水忏一十二部 发回/后向于观音崖清风寺折表以完首领施主吉培马氏李氏男如香双鹿 回鹿/施财信士张益纯李 杨氏男药师保 造经僧眷性会性存性香 徒 海云 海重 等/天启五年(1625)五月二十五日起造"。刻题"大明国陕西汉中府凤县紫柏山云峰寺 侍/佛募

众刊板释子如正 弟如辉 如奉如爱徒性登 性显 性释/右洎真俗各捐己赏命工刊梓/法华经板流通以此功勋俾人人遂二六之洪愿悟一乘之/妙法同生净界共登觉场四恩总报,三宥均赏/法界含识同圆种智者矣/嘉靖三十五年(1556)七月　日/徐尚义 王氏"。刻题版心题"崇祯三年(1630)十月表忏圆满以毕祈保僧俗吉祥如意"。卷末有《天王像》(拟)版画1幅(1个半叶,见说明2)。

版式　每纸半叶34.5 cm×12.0 cm;上下双栏;书眉4.8 cm,地脚3.1 cm,版面26.8 cm×12.0 cm;版心白口,内刻题"法华经卷七"及纸数;半叶5行,行15字,共62叶半。此卷5个半叶为1纸,每纸半叶或1叶后标刻题"法华经卷七"及各纸数。正文25纸,第24纸与25纸交接重叠处刻题"陈万良 冯世英"。

说明　1. 卷端"冯国瑞"印一方。

　　　2. 版画《天王像》,天王披挂盔甲,飘带绕身,双手合十,怀抱一法器,四周祥云环绕。

　　　3. 正文刻有句读。

　　　4. 封面为绿色绢面,封底为黄色,题签为黄色。

　　　5. 参见麦0106说明项第6条。

麦0651　妙法莲华经卷第七

著者　(姚秦)鸠摩罗什译

时代　明

版本　经折装　刻本

现状　全

题记　封面题签刻题"大乘妙法莲华经卷第七"(脱落,夹在内叶中)。卷端题"妙法莲华经卷第七/姚秦三藏法师鸠摩罗什译"。品题"妙法莲华经妙音菩萨品第二十四"、"妙法莲华经观世音菩萨普门品第二十五"、"妙法莲华经陀罗尼品第二十六"、"妙法莲华经妙庄严王本事品第二十七"、"妙法莲华经普贤菩萨劝发品第二十八"。尾题"妙法莲华经卷第七"。题识"隆安权执"。刻题"槐牙里梁进忠",后附"释音"(2个半叶)。刻题("释音"前)"常乐里礼义村居住奉/□氏男真堂 同母郭氏/宝家里信士舒汉 男舒迁"。刻题("释音"后下方)"刻字人胥大纪、苏孟宜、胥大绍,木匠赵永□"。刻题(释音后)"凤翔府普门寺净月空　僧刚司官设义/建法寺住持得忠 真玭/弥陀院喜月庵 徒永济 永宽 石佛寺顺天涯/四峰庵灵大空 真玺 槐牙里无边 通三际 古潭/郿县长乐里礼义村 宝珠 湛然/法华庵发心比丘道梅 徒廓湛 廓闲 廓容 孙渊定 渊清/上同师顺大机 泊合禅流 愿祈 如经 渊朗 王僧/四恩普报/三宥齐资/

法界有情 同愿种智/大明嘉靖三十七年(1558)十月初日工卑(毕)"。牌记(刻印宝相座华盖顶),墨书"凤翔县云童里乾河村/信士壬仲义同室人董氏/同男王自起梁氏保延女小姐/一家同发诚心祈表/大乘妙法莲华经一部向后吉庆"。卷末有《天王像》(拟)版画1幅(1个半叶,见说明1)。

版式　每纸半叶35.3 cm×12.0 cm;上下双栏;书眉6.3 cm,地脚3.0 cm,版面25.9 cm×12.0 cm;版心白口,内刻题"莲七"及纸数;半叶5行,行15字,共66叶。此卷5个半叶为1纸,每纸半叶或1叶后标刻题"莲七"及各纸数。正文26纸,卷末1纸2个半叶。

说明　1. 版画《天王像》图中人物,天王身披盔甲,飘带上拂,双手合十,怀抱一法器,四周祥云环绕。

　　　2. 正文刻有句读。

　　　3. 封面为黄色绢面,封底为黄色绢面,题签为黄色(题签脱落)。

麦0276　沙弥律仪要略

著者　(明)释袾宏辑集　(明)释湛元补校

时代　清

版本　线装　刻本

现状　全

题记　封面题签题"沙弥律仪要略",题签下有朱文印章一方,右下方笔书题"觉印"。卷端题"沙弥律仪要略/明菩萨戒弟子云楼寺沙门袾宏辑集/善果寺弘律沙门湛元补校"。中题"戒律门"、"威仪门"。尾题"沙弥律仪要略终",后附"音义"5叶半。刻题"本山退隐老和尚上宝下仁/藏主福慧/知客了腾/堂主星如/后堂智兴、西堂道纯/西京卧龙寺两序执职监院玉洁全刊/西堂绍法/后堂昌利/堂主宝应/堂主宝明/维那玉舟/悦众玉光/本山方丈空龄/(有)时 板存本寺/光绪五年(1879)岁次己卯冬结制日谷旦"。

版式　每纸半叶27.0 cm×16.0 cm;上下双乌丝栏;书眉4.1 cm,地脚2.5 cm,版面20.2 cm×13.8 cm;版心20.2 cm×1.5 cm,书口刻题"沙弥律仪要略"下题叶数;半叶8行,行18字,小字两行为一行,小字行17字。

说明　正文刻有句读。

麦0675　沙弥律仪要略

著者　(明)释袾宏辑集　(明)释湛元补校

时代　清

版本　线装　刻本

现状　首残尾全

题记　封面题签题"沙弥律仪要略",朱印一方("卧龙寺□")。题识(封面下方)"觉乘"。卷端题"沙弥律仪要略/明菩萨戒弟子云楼寺沙门袾宏辑集/善果寺弘律沙门湛元补校",后附"音义"。刻题"本山退隐老和尚上宝下仁/西京卧龙寺两序执职监院玉洁全刊/藏主福慧/知客了胜/堂主星如/后堂智兴/西堂道纯/西堂绍法/后堂昌利/堂主宝应/堂主宝明,维那玉舟,悦众玉光/本山方丈空龄(印文两方)/时 板存本寺/光绪五年(1879)岁次己卯冬结制日谷旦"。

版式　每纸半叶 27.0 cm×16.0 cm;四周双栏;书眉 4.9 cm,地脚 2.4 cm,版面 19.8 cm×13.9 cm;版心 19.8 cm×1.6 cm,花口,上鱼尾,鱼尾上题"沙弥律仪要略",下题叶数;半叶 8 行,行 17 字,共 34 叶。

说明　正文刻有句读。

麦 0717　沙弥律仪要略

著者　(明)释袾宏辑

时代　不详

版本　线装　写本

现状　全

题记　封面题识"□门离法要□"。卷端题"沙弥律仪要略　净彬记/菩萨戒弟子云楼寺沙门袾宏辑"。品题"戒律诸威仪也 上篇"、"戒律门"、"不戒欤下篇"、"威仪门"、"次应受菩提心戒"、"菩提心戒忏仪"、"勒那三藏七种礼"、"毗尼日用切要"、"比丘二百五十戒"。

版式　每纸半叶 21.5 cm×12.5 cm;四周双栏;书眉 4.6 cm,地脚 2.2 cm,版面 14.9 cm×10.4 cm;版心白口;半叶 8 行,行 18 字,共 57 叶半。

说明　此本边栏为朱色,有墨朱色句读。

麦 0001　沙弥律仪要略卷第二十一

著者　(明)释袾宏辑

时代　明

版本　线装　刻本

现状　首全,尾残(缺底叶)

题记　封面题签题"沙弥律仪要略"。扉页有题识"麦积山日用毗尼沙弥律/上下二本"。卷首题"诵沙弥律仪要略第二十一/菩萨戒弟子云栖寺沙门祩宏辑"。尾题"沙弥律仪要略　终",后附"阇黎鸣尺云法帖"(拟)9 行。刻题"闫奉佐/室人王氏"(20 叶,版心下方);"秦州西关会首/宝鸡西路各堡众姓/皈依三宝弟子/孔氏男董有儿/助行沙弥/江南怀府耳益庵/匠人　梓嘉兴藏板四部"。

版式　每纸半叶 29.3 cm×18.2 cm;四边双栏;书眉 6.3 cm,地脚 2.3 cm,版面 20.6 cm×14.6 cm,版心 20.6 cm×1.2 cm,花口,版心题"沙弥律",版口上方有空白方块,下方有墨钉;半叶 10 行,行 20 字不等,共 23 叶。

说明　1. 在刻题中"江南怀府耳益庵"与"匠人　梓嘉兴藏板四部"之间存两行未刻墨条。

　　　2. 正文刻有句读。

　　　3. 此书纸线装订。

麦 0059　沙弥律仪要略卷第二十一

著者　(明)释祩宏辑

时代　清

版本　线装　刻本

现状　全

题记　封题蓝色题签题"沙弥律仪要略"。卷端题"诵沙弥律仪卷第二十一/菩萨戒弟子云栖寺沙门祩宏辑"。尾题"沙弥律仪要略　终"。刻题"西蜀知事比丘融心本堂法眷福祥 福修 福能 福祯 福元/尼福通 福荣 福亨/秦州西关会首 甯尚贤 曹茂 王洪昌、王宠、赵守旺、赵守纪、李应祥、李应春/韦仕秀韦仕俊赵汉杰刘世宽、闫奉学闫奉随/宝鸡西路各堡众姓刘希进□□□赵恩胡门冯氏□□朱氏 刘氏/皈依三宝弟子通惠 通福 通宁 通海 妙义 妙常 妙口 妙吾 妙爵 通义 通正 寂/义 孔氏男董有儿/助行沙弥来往、性惠 寂(恭) 寂能 寂灵 弘学 慧深/江南怀府其益庵眷普度朝四大名山转　终南助刻沙弥律一部/匠人董谏 男鸿章 李国祥 同敬梓嘉兴藏板四部"。

版式　每纸半叶 25.4 cm×17.0 cm;四周双栏;书眉 3.2 cm,地脚 1.5 cm,版面 20.6 cm×14.6 cm,版心 20.6 cm×1.6 cm;花口,题"沙弥律"及叶数,下有黑色墨钉,花口下题有人名:闫焖、杜氏(1 叶),李春先、何氏(2 叶),李养盛、张门李氏(3 叶),梁尚起、王政(4 叶),梁义、常应贵(5 叶),郭氏法名福崇(6 叶),秦雨、祁九禄(8 叶,8 有两叶),秦雨、祁九禄(8 叶),赵鹏(9 叶),刘志王氏(10 叶),闫奉佐、室人王氏、海宽(20 叶);半叶 10 行,行约 20 字,共 22 叶。

说明　正文刻有句读。

麦 0938　护法像

护法圣牌像。贴金,清绘,裱褙多层(2 mm)。尺寸(长×高)278 mm×440 mm。背题"护法右四"。背面第二层裱纸有木刻版画 1 幅,上题"阿弥陀佛十一月十一日　/收口准此"。版画上有一船,船上站立三人,一中年男子,一男童,一女童,岸边站一男子。

麦 0948　护法像

护法圣牌像。贴金,清绘,裱褙多层(2 mm)。尺寸(长×高):267 mm×490 mm。

麦 0066　佛说阿弥陀经

著者　(姚秦)鸠摩罗什译

时代　明

版本　经折装　刻本

现状　残。起牌记,止"彼国名为极乐"。

题记　牌记"皇图永固 帝道遐昌/佛日增辉 法轮常转"(四周有龙纹图案)。卷端题"佛说阿弥陀经"。

版式　每纸半叶 21.8 cm×8.9 cm;上下双栏;书眉 1.0 cm,地脚 1.0 cm,版面 19.7 cm×8.9 cm;版心白口;半叶 5 行,行 15 字,共 2 叶。

麦 0167　佛说阿弥陀经等

著者　(姚秦)鸠摩罗什译

时代　清

版本　经折装　写本

现状　残

题记　卷端题"佛说阿弥陀经"。中题"佛说阿弥陀经(全)"(40 个半叶);"拔一切业障根本保生净土陀罗尼(全)"(4 个半叶);"佛说妙沙经"(全)(7 个半叶)。题识"信士弟子阮兆能/妙沙经一卷终"、"佛说正教血盆经(全)"(9 个半叶)、"血盆诰"(残存 11 行)(3 个半叶)。

版式　每纸半叶 30.3 cm×13.3 cm;无栏;半叶 4 行,行 12 字,共 32 叶。此卷 3 个半叶为 1 纸,多处残断,后补。

说明　1. 黄棉纸。

　　　2. 正文有句读。

麦 0021　佛说大阿弥陀经

著者　（姚秦）鸠摩罗什译　（宋）王日休校辑

时代　清

版本　线装　刻本

现状　首残尾全。起"大阿弥陀佛经序/大藏经中有十余经言阿弥□□□□□/□□□□□种译者不同□□□□□/□□□□□月支三□□□□□"。

题记　卷首题"大阿弥陀佛经序……（残）绍兴壬午秋国学进士龙舒王日休谨序"（共 1 叶半），序后刻题"赵勤王之学刻经记二篇"。卷端题"佛说大阿弥陀经"。卷末刻题"道光十七年（1837）三月秦州会福寺海超同徒湛如刊板/南郭堂监院了缘施钱壹千文/信士 陈廷彦 施钱贰千文/赵合璧 施钱贰千壹佰文/赵执竞 施钱壹仟文/周正 施钱壹仟文/杨声名 施钱壹仟文/王化祥 施钱壹仟文/吕义合 施钱壹仟文/梁泰 施钱壹仟文/万宝 施钱壹仟文/白彩 施钱壹□□/高雅 施钱壹□□/浦启元 施钱□□□/周凤鸣 施□□□□/聂重 施钱□□□/舒勉 施钱伍□□/刘潮 施钱□□□/王敬五同男瑞 施□□□□"。

版式　每纸半叶 23.4 cm×16.7 cm；四边双栏；书眉 2.2 cm，地脚 0.7 cm，版面 20.7 cm×13.7 cm，版心 20.7 cm×1.0 cm；花口，上鱼尾，鱼尾下题"大阿弥陀经"及叶数；半叶 10 行，行 20 字，共 55 叶。

说明　1. 纸张为竹纸，极脆。

　　　2. 正文刻有句读。

麦 0050　佛说诸品仙经（见说明 1）

著者　不详

时代　清

版本　经折装　写本

现状　全

题记　封面题签题"佛说诸品仙经"。扉页题"荷担经　华严字母/阎王经　血盆经"。中题"佛说荷担报恩经一卷　雍正十二年（1734）五月初九日抄写比丘性体叩"，"华严字母（无题名，据扉页补）"，"净口业真言　雍正陆年（1728）柒月吉日抄写比丘性体敬书"，"佛说大藏正教血盆经"，"佛说大藏正教血盆经终"，"佛说金刚般若波罗密经篆　雍正八年（1730）八月吉日抄写比丘性体敬书"。

版式　每纸半叶 28.8 cm×10.8 cm；上下双栏（墨线）；书眉 2.4 cm，地脚 1.6 cm，版面

24.8 cm×10.8 cm；版心白口，半叶 5 行，行 14 字，共 37 叶。

说明 1. 据封题定名。

2. 此本由诸小经组成。其中以《佛说金刚般若波罗密经纂》最为重要，在敦煌文献中亦存有一卷(S.2565)。

3. 卷首、卷末抄写先后顺序不符，说明抄写与装裱成册不在同时。

麦 0327　佛说佛名经卷第一

著者　（元魏）菩提留支译

时代　明

版本　经折装　写本

现状　首全尾残。止"多罗三藐三菩提若善男子善女子欲消灭诸□"。

题记　封面题签题"佛说万佛名经卷一"。卷首题"原梓礼佛名经事仪序"、"礼佛名经事仪 明 滇南沙门明心集"。卷端题"佛说佛名□□□□(经卷第一)元魏北天竺三藏法师菩提留支译"。

版式　每纸半叶 37 cm×12.2 cm；上下双栏；书眉 5.9 cm，地脚 2.5 cm，版面 28.6 cm×12.2 cm；版心白口；半叶 5 行，行 15 字，共 28 叶半。此卷 3 个半叶为 1 纸，两纸交接重叠处有纸数，共 19 纸。

说明 1. 封面为黄色绢面，题签为白色。

2. 麦 0327、麦 0159、麦 0356、麦 0357 为同一函。

麦 0414　佛说佛名经卷第一

著者　（元魏）菩提留支译

时代　明

版本　经折装　写本

现状　全

题记　封面题签题"佛说万佛名经卷第一"。卷首题"原梓礼佛名经事仪序"(共 3 叶半)；"礼佛名经事仪/明 滇南沙门明心集"(共 17 叶半)。卷端题"佛说佛名经卷第一 元魏北天竺三藏法师菩提留支译"。尾题"佛说佛名经卷第一"，后附"赞"(2 行)。

版式　每纸半叶 36.1 cm×12.3 cm；上下双栏；书眉 3.3 cm，地脚 3.5 cm，版面 28.6 cm×12.3 cm；版心白口；半叶 5 行，行约 21 字，共 83 叶。此卷 5 个半叶为 1 纸，共 34 纸，卷末 1 纸(3 个半叶)。

说明 1. 封面为橙色绢面、封底均为蓝色绢面，题签为白色。

2. 麦 0414、麦 0428、麦 0427、麦 0426 为同一函,函套为蓝色,函套上题签为白色,函套题签题"佛说万佛名经卷第上"。

3. 正文刻有句读。

麦 0453　佛说佛名经卷第一

著者　（元魏）菩提留支译

时代　明

版本　经折装　写本

现状　全

题记　封面题签题"佛说万佛名经卷第一"。卷首题"原梓礼佛名经事仪序"(4 叶);"礼佛名经事仪 明滇南沙门明心集"(17 叶半)。卷端题"佛说佛名经卷第一 元魏北天竺三藏法师菩提留支译"。尾题"佛说佛名经卷第一",后附"赞"2 行。

版式　每纸半叶 35.5 cm×12.3 cm;上下双栏;书眉 4.6 cm,地脚 2.1 cm,版面 28.6 cm×12.3 cm;版心白口;半叶 5 行,行约 21 字,共 85 叶。此卷 3 个半叶为 1 纸,共 57 纸。

说明　1. 封面、封底均为黑色绢面,题签为白色。

2. 麦 0453、麦 0454、麦 0455、麦 0456 四卷为同一函,函套为蓝色,函套上题签为白色,题签题"佛说万佛名经卷第下"。

3. 正文有句读。

麦 0159　佛说佛名经卷第二

著者　（元魏）菩提留支译

时代　明

版本　经折装　写本

现状　首残尾全。起"日声佛 师子声佛/波头摩声佛"(残片十数叶)。

题记　尾题"佛说佛名经卷第二",后附"赞"(共 2 行)。

版式　每纸半叶 37.1 cm×12.2 cm;上下双栏;书眉 6.0 cm,地脚 2.4 cm,版面 28.7 cm×12.2 cm;版心白口;半叶 5 行,行 15 字,共 59 叶半。此卷 3 个半叶为 1 纸,第 2 纸与第三纸交接重叠处有栏外刻题"二卷";第 3 纸与第 4 纸交接重叠处有栏外刻题"梁卷三　三";正文 40 纸,首封及第 1 纸全部缺失,第 2 纸缺失 1 个半叶)。

说明　麦 0327、麦 0159、麦 0356、麦 0357 为同一函。

麦 0428　佛说佛名经卷第二

著者　(元魏)菩提留支译

时代　明

版本　经折装　写本

现状　全

题记　封面题签题"佛说万佛名经卷第二"。卷端题"佛说佛名经卷第二 元魏北天竺三藏法师菩提留支译"。尾题"佛说佛名经卷第二",后附"赞"2 行。

版式　每纸半叶 25.5 cm×12.3 cm;上下双栏;书眉 2.9 cm,地脚 4.1 cm,版面 28.5 cm×12.3 cm;版心白口;半叶 5 行,行约 19 字,共 59 叶半。此卷 5 个半叶为 1 纸,共24 纸。

说明　1. 封面、封底均为黑色绢面,题签为白色。

　　　2. 参见麦 0414 说明项第 2 条。

　　　3. 正文有句读。

麦 0454　佛说佛名经卷第二

著者　(元魏)菩提留支译

时代　明

版本　经折装　写本

现状　全

题记　封面题签题"佛说万佛名经卷第二"。卷端题"佛说佛名经卷第二 元魏北天竺三藏法师菩提留支译"。尾题"佛说佛名经卷第二",后附"赞"2 行。

版式　每纸半叶 35.3 cm×12.0 cm;上下双栏;书眉 4.6 cm,地脚 2.0 cm,版面 28.7 cm×12.2 cm;版心白口;半叶 5 行,行约 18 字,共 60 叶。此卷 3 个半叶为 1 纸,共40 纸。

说明　1. 封面为红色绢面,封底为蓝色绢面,题签为白色。

　　　2. 参见麦 0453 说明项第 2 条。

　　　3. 正文有句读。

麦 0356　佛说佛名经卷第三

著者　(元魏)菩提留支译

时代　明

版本 经折装 写本

现状 全

题记 封面题签题"佛说万佛名经卷三"。卷端题"佛说佛名经卷第三 元魏北天竺三藏法师菩提留支译"。尾题"佛说佛名经卷第三 终",后附"赞"2行。

版式 每纸半叶 36.9 cm×12.2 cm;上下双栏;书眉 6.1 cm,地脚 2.4 cm,版面 28.5 cm× 12.2 cm;版心白口;半叶 5 行,行 18 字不等,共 65 叶。此卷 3 个半叶为 1 纸,两纸交接重叠处有纸数,共 44 纸。

说明 1. 封面为绿色绢面,封底为红色绢面,题签为白色。

　　 2. 麦 0327、麦 0159、麦 0356、麦 0357 为同一函。

麦 0427　佛说佛名经卷第三

著者 (元魏)菩提留支译

时代 明

版本 经折装 写本

现状 全

题记 封面题签题"佛说万佛名经卷第三"。卷端题"佛说佛名经卷第三 元魏北天竺三藏法师菩提留支译",尾题"佛说佛名经卷第三",后附"赞"2行。

版式 每纸半叶 35.4 cm×12.2 cm;上下双栏;书眉 4.6 cm,地脚 2.1 cm,面 28.7 cm× 12.2 cm;版心白口;半叶 5 行,行约 19 字,共 65 叶。此卷 3 个半叶为 1 纸,共 44 纸。

说明 1. 封面为棕色绢面,封底均为黑色绢面,题签为白色。

　　 2. 参见麦 0414 说明项第 2 条。

　　 3. 正文有句读。

麦 0455　佛说佛名经卷第三

著者 (元魏)菩提留支译

时代 明

版本 经折装 写本

现状 全

题记 封面题签题"佛说万佛名经卷第三"。卷端题"佛说佛名经卷第三 元魏北天竺三藏法师菩提留支译"。尾题"佛说佛名经卷第三",后附"赞"2行。

版式 每纸半叶 35.6 cm×12.3 cm;上下双栏;书眉 2.6 cm,地脚 4.0 cm;版心白口;半叶

5 行,行约 10 字,共 64 叶。此卷 5 个半叶为 1 纸,共 25 纸。

说明　1. 封面为红色绢面,封底为蓝色绢面,题签为白色。

　　　2. 参见麦 0453 说明项第 2 条。

　　　3. 正文有句读。

麦 0357　佛说佛名经卷第四

著者　(元魏)菩提留支译

时代　明

版本　经折装　写本

现状　全

题记　封面题签题"佛说万佛名经卷四"。卷端题"佛说佛名经卷第四 元魏北天竺三藏法师菩提留支译"。尾题"佛说佛名经卷第四",后附"赞"2 行。

版式　每纸半叶 35.6 cm×11.9 cm;上下双栏;书眉 6.0 cm,地脚 1.3 cm,版面 28.5 cm×11.9 cm;版心白口;半叶 5 行,行 15 字,共 54 叶。此卷 3 个半叶为 1 纸,两纸交接重叠处有纸数,共 36 纸。

说明　1. 封面为绿色绢面,封底为红色绢面,题签为白色。

　　　2. 麦 0327、麦 0159、麦 0356、麦 0357 为同一函。

麦 0426　佛说佛名经卷第四

著者　(元魏)菩提留支译

时代　明

版本　经折装　写本

现状　全

题记　封面题签题"佛说万佛名经卷第四"。卷端题"佛说佛名经卷第四 元魏北天竺三藏法师菩提留支译"。尾题"佛说佛名经卷第四",后附"赞"2 行。

版式　每纸半叶 35.4 cm×12.2 cm;上下双栏;书眉 4.5 cm,地脚 2.1 cm,版面 28.6 cm×12.2 cm;版心白口;半叶 5 行,行约 11 字,共 54 叶。此卷 3 个半叶为 1 纸,共 36 纸。

说明　1. 封面为橙色绢面,封底均为蓝色绢面,题签为白色。

　　　2. 参见麦 0414 说明项第 2 条。

　　　3. 正文有句读。

麦 0456　佛说佛名经卷第四

著者　（元魏）菩提留支译

时代　明

版本　经折装　写本

现状　全

题记　封面题签题"佛说万佛名经卷第四"。卷端题"佛说佛名经卷第四 元魏北天竺三藏法师菩提留支译"。尾题"佛说佛名经卷第四"，后附"赞"2 行。

版式　每纸半叶 35.5 cm×12.4 cm；上下双栏；书眉 2.4 cm，地脚 4.5 cm，版面 28.5 cm×12.4 cm；版心白口；半叶 5 行，行约 10 字，共 53 叶。此卷 5 个半叶为 1 纸，共 21 纸。

说明　1. 封面为黑色绢面，封底为红色绢面，题签为白色。

　　　2. 参见麦 0453 说明项第 2 条。

麦 0429　佛说佛名经卷第五

著者　（元魏）菩提留支译

时代　明

版本　经折装　写本

现状　全

题记　封面题签题"佛说万佛名经卷第五"。卷端题"佛说佛名经卷第五 元魏北天竺三藏法师菩提留支译"。尾题"佛说佛名经卷第五"，后附"赞"2 行。

版式　每纸半叶 35.2 cm×12.3 cm；上下双栏；书眉 4.1 cm，地脚 2.4 cm，版面 28.5 cm×12.3 cm；版心白口；半叶 5 行，行约 15 字，共 53 叶。此卷 3 个半叶为 1 纸，共 36 纸。

说明　1. 封面为棕色绢面，封底为红色绢面，题签为白色。

　　　2. 参见麦 0429、麦 0430、麦 0431、麦 0436 四卷为同一函，函套为蓝色，函套上题签为白色，函套题签题"佛说万佛名经卷第中"。

麦 0432　佛说佛名经卷第五

著者　（元魏）菩提留支译

时代　明

版本　经折装　写本

现状　全

题记　封面题签题"佛说万佛名经卷第五"。卷端题"佛说佛名经卷第五 元魏北天竺三藏法师菩提留支译"。尾题"佛说佛名经卷第五",后附"赞"2行。

版式　每纸半叶 34.8 cm×12.4 cm;上下双栏;书眉 3.9 cm,地脚 2.2 cm,版面 28.5 cm× 12.4 cm;版心白口;半叶 5 行,行约 14 字,共 53 叶。此卷 5 个半叶为 1 纸,共 22 纸,卷末 1 纸(2 个半叶)。

说明　1. 封面为棕色绢面,封底为红色绢面,题签为白色。

　　　2. 麦 0432、麦 0433、麦 0434、麦 0435 四卷为同一函,函套为蓝色,函套上题签为白色,函套题签题"佛说万佛名经卷第中"。

　　　3. 正文有句读。

麦 0441　佛说佛名经卷第五

著者　（元魏）菩提留支译

时代　明

版本　经折装　写本

现状　全

题记　封面题签题"佛说万佛名经 卷五"。卷端题"佛说佛名经卷第五 元魏北天竺三藏法师菩提留支译"。尾题"佛说佛名经卷第五",后附"赞"2行。

版式　每纸半叶 37.5 cm×12.1 cm;上下双栏;书眉 5.3 cm,地脚 3.2 cm,版面 28.5 cm× 12.1 cm;版心白口;半叶 5 行,行约 19 字,共 54 叶。此卷 3 个半叶为 1 纸,共 36 纸。

说明　1. 封面为绿色绢面,封底为红色绢面,题签为白色。

　　　2. 麦 0441、麦 0442、麦 0443、麦 0444 四卷为同一函,函套为蓝色,函套上题签为白色,题签残,题"□□□□□□□中"。

麦 0430　佛说佛名经卷第六

著者　（元魏）菩提留支译

时代　明

版本　经折装　写本

现状　全

题记　封面题签题"佛说万佛名经卷第六"。卷端题"佛说佛名经卷第六 元魏北天竺三藏法师菩提留支译"。尾题"佛说佛名经卷第六",后附"赞"2行。

版式　每纸半叶 35.1 cm×12.2 cm；上下双栏；书眉 4.2 cm，地脚 2.4 cm，版面 28.5 cm×
　　　12.2 cm；版心白口；半叶 5 行，行约 17 字，共 52 叶。此卷 3 个半叶为 1 纸，共
　　　35 纸。

说明　1. 封面、封底均为棕色绢面，题签为白色。

　　　2. 参见麦 0429 说明项第 2 条。

　　　3. 正文刻有句读。

麦 0433　佛说佛名经卷第六

著者　（元魏）菩提留支译

时代　明

版本　经折装　写本

现状　全

题记　封面题签题"佛说万佛名经卷第六"。卷端题"佛说佛名经卷第六 元魏北天竺三藏
　　　法师菩提留支译"。尾题"佛说佛名经卷第六"，后附"赞"2 行。

版式　每纸半叶 34.9 cm×12.3 cm；上下双栏；书眉 3.9 cm，地脚 2.3 cm，版面 28.6 cm×
　　　12.3 cm；版心白口；半叶 5 行，行约 15 字，共 52 叶。此卷 5 个半叶为 1 纸，共
　　　21 纸。

说明　1. 封面为棕色绢面，封底为黑色绢面，题签为白色。

　　　2. 参见麦 0432 说明项第 2 条。

　　　3. 正文有句读。

麦 0442　佛说佛名经卷第六

著者　（元魏）菩提留支译

时代　明

版本　经折装　写本

现状　全

题记　封面题签题"佛说万佛名经卷六"。卷端题"佛说佛名经卷第六 元魏北天竺三藏法
　　　师菩提留支译"。尾题"佛说佛名经卷第六"，后附"赞"2 行。

版式　每纸半叶 37.3 cm×12.3 cm；上下双栏；书眉 6.2 cm，地脚 2.7 cm，版面 28.4 cm×
　　　12.3 cm；版心白口；半叶 5 行，行约 18 字，共 52 叶半。此卷 3 个半叶为 1 纸，共
　　　34 纸。

说明　1. 封面为土黄色绢面、封底为红色绢面，题签为白色。

　　2. 参见麦 0441 说明项第 2 条。

　　3. 栏外刻题纸数。

麦 0431　佛说佛名经卷第七

著者　（元魏）菩提留支译

时代　明

版本　经折装　写本

现状　全

题记　封面题签题"佛说万佛名经卷第七"。卷端题"佛说佛名经卷第七 元魏北天竺三藏法师菩提留支译"。尾题"佛说佛名经卷第七",后附"赞"2 行。

版式　每纸半叶 35.3 cm×12.4 cm;上下双栏;书眉 4.0 cm,地脚 2.4 cm,版面 28.6 cm×12.4 cm;版心白口;半叶 5 行,行约 18 字,共 59 叶。此卷 3 个半叶为 1 纸,共 41 纸。

说明　1. 封面为棕色绢面,封底为红色绢面,题签为白色。

　　2. 参见麦 0429 说明项第 2 条。

　　3. 正文刻有句读。

麦 0434　佛说佛名经卷第七

著者　（元魏）菩提留支译

时代　明

版本　经折装　写本

现状　全

题记　封面题签题"佛说万佛名经卷第七"。卷端题"佛说佛名经卷第七 元魏北天竺三藏法师菩提留支译"。尾题"佛说佛名经卷第七",后附"赞"2 行。

版式　每纸半叶 34.8 cm×12.2 cm;上下双栏;书眉 4.0 cm,地脚 2.2 cm,版面 28.2 cm×12.2 cm;版心白口;半叶 5 行,行约 15 字,共 64 叶。此卷 3 个半叶为 1 纸,共 43 纸。

说明　1. 封面为绿色绢面,封底为棕色绢面,题签为白色。

　　2. 参见麦 0432 说明项第 2 条。

　　3. 正文有句读。

麦 0443　佛说佛名经卷第七

著者　（元魏）菩提留支译

时代　明

版本　经折装　写本

现状　全

题记　封面题签题"佛说万佛名经 卷七"。卷端题"佛说佛名经卷第七 元魏北天竺三藏法师菩提留支译"。尾题"佛说佛名经卷第七",后附"赞"2行。

版式　每纸半叶 37.2 cm×12.1 cm;上下双栏;书眉 6.4 cm,地脚 2.2 cm,版面 28.5 cm×12.1 cm;版心白口;半叶 5 行,行 19 字,共 62 叶半。此卷 3 个半叶为 1 纸,共 42 纸。

说明　1. 封面为土黄色绢面、封底为红色绢面,题签为白色。

　　　2. 参见麦 0441 说明项第 2 条。

　　　3. 栏外刻题纸数。

麦 0435　佛说佛名经卷第八

著者　(元魏)菩提留支译

时代　明

版本　经折装　写本

现状　全

题记　封面题签题"佛说万佛名经卷第八"。卷端题"佛说佛名经卷第八 元魏北天竺三藏法师菩提留支译"。尾题"佛说佛名经卷第八",后附"赞"2行。

版式　每纸半叶 35.0 cm×12.2 cm;上下双栏;书眉 4.1 cm,地脚 1.9 cm,版面 28.7 cm×12.2 cm;版心白口;半叶 5 行,行约 16 字,共 74 叶。此卷 3 个半叶为 1 纸,共 50 纸。

说明　1. 封面为蓝色绢面,封底为红色绢面,题签为白色。

　　　2. 参见麦 0432 说明项第 2 条。

　　　3. 正文有句读。

麦 0436　佛说佛名经卷第八

著者　(元魏)菩提留支译

时代　明

版本　经折装　写本

现状　全

题记　封面题签题"佛说万佛名经卷八"。卷端题"佛说佛名经卷第八 元魏北天竺三藏法师菩提留支译"。尾题"佛说佛名经卷第八",后附"赞"2行。

版式　每纸半叶 35.1 cm×12.2 cm;上下双栏;书眉 3.8 cm,地脚 2.8 cm,版面 28.6 cm× 12.2 cm;版心白口;半叶 5 行,行约 18 字,共 69 叶。此卷 3 个半叶为 1 纸,共 47 纸。

说明　1. 封面为绿色绢面、封底为蓝色绢面,题签为白色。

2. 参见麦 0429 说明项第 2 条。

3. 正文有句读。

麦 0444　佛说佛名经卷第八

著者　(元魏)菩提留支译

时代　明

版本　经折装　写本

现状　全

题记　封面题签题"佛说万佛名经卷八"。卷端题"佛说佛名经卷第八 元魏北天竺三藏法师菩提留支译"。尾题"佛说佛名经卷第八",后附"赞"2行。

版式　每纸半叶 37.0 cm×12.1 cm;上下双栏;书眉 5.8 cm,地脚 2.6 cm,版面 28.7 cm× 12.1 cm;版心白口;半叶 5 行,行约 19 字,共 70 叶。此卷 3 个半叶为 1 纸,共 46 纸。

说明　1. 封面为红色绢面、封底为绿色绢面,题签为白色。

2. 参见麦 0441 说明项第 2 条。

3. 栏外刻题纸数。

麦 0437　佛说佛名经卷第九

著者　(元魏)菩提留支译

时代　明

版本　经折装　写本

现状　全

题记　封面题签题"佛说万佛名经卷第九"。卷端题"佛说佛名经卷第九 元魏北天竺三藏法师菩提留支译"。尾题"佛说佛名经卷第九",后附"赞"2行。

版式　每纸半叶 34.8 cm×12.4 cm;上下双栏;书眉 3.6 cm,地脚 2.1 cm,版面 28.7 cm× 12.4 cm;版心白口;半叶 5 行,行约 19 字,共 46 叶。此卷 3 个半叶为 1 纸,共 31 纸。

说明　1. 封面为橙色绢面,封底为蓝色绢面,题签为白色。

　　　2. 麦 0437、麦 0438、麦 0439、麦 0440 四卷为同一函,函套为蓝色,函套上题签为白色,函套题签题"佛说万佛名经卷第下"。

　　　3. 正文刻有句读。

麦 0445　佛说佛名经卷第九

著者　(元魏)菩提留支译

时代　明

版本　经折装　写本

现状　全

题记　封面题签题"佛说万佛名经卷九"。卷端题"佛说佛名经卷第九 元魏北天竺三藏法师菩提留支译"。尾题"佛说佛名经卷第九终",后附"赞"2 行。

版式　每纸半叶 36.8 cm×12.2 cm;上下双栏;书眉 5.6 cm,地脚 2.8 cm,版面 28.5 cm×12.2 cm;版心白口;半叶 5 行,行约 19 字,共 44 叶半。此卷 3 个半叶为 1 纸,共 31 纸。

说明　1. 封面为橙色绢面、封底为黄色绢面,题签为白色。

　　　2. 麦 0445、麦 0446、麦 0447、麦 0448 四卷为同一函,函套为蓝色,函套上题签为白色。

麦 0449　佛说佛名经卷第九

著者　(元魏)菩提留支译

时代　明

版本　经折装　写本

现状　全

题记　封面题签题"佛说万佛名经卷第九"。卷端题"佛说佛名经卷第九 元魏北天竺三藏法师菩提留支译"。尾题"佛说佛名经卷第九",后附"赞"2 行。

版式　每纸半叶 35.1 cm×12.2 cm;上下双栏;书眉 4.3 cm,地脚 2.2 cm,版面 28.7 cm×12.2 cm;版心白口;半叶 5 行,行约 18 字;共 47 叶。此卷 3 个半叶为 1 纸,共 31 纸。

说明　1. 封面为棕色绢面,封底为红色绢面,题签为白色。

　　　2. 麦 0449、麦 0450、麦 0451、麦 0452 四卷为同一函,函套为蓝色,函套上题签为白色,题签题"佛说万佛名经卷第下"。

3. 正文有句读。

麦 0438　佛说佛名经卷第十

著者　（元魏）菩提留支译

时代　明

版本　经折装　写本

现状　全

题记　封面题签题"佛说万佛名经卷第十"。卷端题"佛说佛名经卷第十 元魏北天竺三藏法师菩提留支译"。尾题"佛说佛名经卷第十"，后附"赞"2 行。

版式　每纸半叶 34.7 cm×12.3 cm；上下双栏；书眉 4.0 cm，地脚 2.3 cm，版面 28.5 cm×12.3 cm；版心白口；半叶 5 行，行 20 字，共 54 叶半。此卷 3 个半叶为 1 纸，共 22 纸，卷末 1 纸（4 个半叶）。

说明　1. 封面、封底均为棕色绢面，题签为白色。

2. 参见麦 0437 说明项第 2 条。

3. 正文刻有句读。

麦 0446　佛说佛名经卷第十

著者　（元魏）菩提留支译

时代　明

版本　经折装　写本

现状　全

题记　封面题签题"佛说万佛名经卷十"。卷端题"佛说佛名经卷第十 元魏北天竺三藏法师菩提留支译"。尾题"佛说佛名经卷第十"，后附"赞"2 行。

版式　每纸半叶 36.2 cm×12.1 cm；上下双栏；书眉 5.5 cm，地脚 2.8 cm，版面 28.1 cm×12.1 cm；版心白口；半叶 5 行，行约 15 字，共 54 叶半。此卷 3 个半叶为 1 纸，共 37 纸，卷末 1 纸（2 个半叶）。

说明　1. 封面为橙色绢面，封底为黄色绢面，题签为白色。

2. 栏外刻题纸数。

3. 参见麦 0445 说明项第 2 条。

麦 0450　佛说佛名经卷第十

著者　（元魏）菩提留支译

时代　明

版本　经折装　写本

现状　全

题记　封面题签题"佛说万佛名经卷第十"。卷端题"佛说佛名经卷第十 元魏北天竺三藏法师菩提留支译"。尾题"佛说佛名经卷第十",后附"赞"2 行。

版式　每纸半叶 35.2 cm×12.2 cm;上下双栏;书眉 3.7 cm,地脚 2.9 cm,版面 28.5 cm×12.2 cm;版心白口;半叶 5 行,行约 20 字,共 56 叶。此卷 3 个半叶为 1 纸,共 37 纸。

说明　1. 封面为绿色绢面、封底为蓝色绢面,题签为白色。

　　　2. 参见麦 0449 说明项第 2 条。

　　　3. 正文刻有句读。

麦 0439　佛说佛名经卷第十一

著者　（元魏）菩提留支译

时代　明

版本　经折装　写本

现状　全

题记　封面题签题"佛说万佛名经卷第十一"。卷端题"佛说佛名经卷第十一 元魏北天竺三藏法师菩提留支译"。尾题"佛说佛名经卷第十一",后附"赞"2 行。

版式　每纸半叶 34.8 cm×12.3 cm;上下双栏;书眉 3.7 cm,地脚 2.3 cm,版面 28.8 cm×12.3 cm;版心白口;半叶 5 行,行约 15 字,共 57 叶半。此卷 3 个半叶为 1 纸,共 39 纸 ,卷末 1 纸(2 个半叶)。

说明　1. 封面为绿色绢面、封底为棕色绢面,题签为白色。

　　　2. 参见麦 0437 说明项第 2 条。

　　　3. 正文有句读。

麦 0447　佛说佛名经卷第十一

著者　（元魏）菩提留支译

时代　明

版本　经折装　写本

现状　全

题记　封面题签题"佛说万佛名经卷十一"。卷端题"佛说佛名经卷第十一 元魏北天竺三藏法师菩提留支译"。尾题"佛说佛名经卷第十一",后附"赞"2行。

版式　每纸半叶 26.8 cm×12.1 cm;上下双栏;书眉 5.3 cm,地脚 3.0 cm,版面 28.5 cm×12.1 cm;版心白口;半叶 5 行,行约 17 字,共 57 叶半。此卷 3 个半叶为 1 纸,共39 纸。

说明　1. 封面为橙色绢面,封底为黄色绢面,题签为白色。

　　　2. 栏外刻题纸数。

　　　3. 参见麦 0445 说明项第 2 条。

麦 0451　佛说佛名经卷第十一

著者　(元魏) 菩提留支译

时代　明

版本　经折装　写本

现状　全

题记　封面题签题"佛说万佛名经卷第十一"。卷端题"佛说佛名经卷第十一 元魏北天竺三藏法师菩提留支译"。尾题"佛说佛名经卷第十一",后附"赞"2行。

版式　每纸半叶 34.9 cm×12.2 cm;上下双栏;书眉 4.1 cm,地脚 1.9 cm,版面 28.7 cm×12.2 cm;版心白口;半叶 5 行,行 12 字,共 58 叶。此卷 3 个半叶为 1 纸,共 38 纸。

说明　1. 封面为红色绢面,封底为蓝色绢面,题签为白色。

　　　2. 参见麦 0449 说明项第 2 条。

　　　3. 正文有句读。

麦 0440　佛说佛名经卷第十二

著者　(元魏) 菩提留支译

时代　明

版本　经折装　写本

现状　全

题记　封面题签题"佛说万佛名经卷第十二"。卷端题"佛说佛名经卷第十二 元魏北天竺三藏法师菩提留支译"。尾题"佛说佛名经卷第十二",后附"赞"2行。

版式　每纸半叶 24.7 cm×12.2 cm;上下双栏;书眉 3.9 cm,地脚 2.1 cm,版面 28.7 cm×12.2 cm;版心白口;半叶 5 行,行约 19 字,共 60 叶半。此卷 3 个半叶为 1 纸,共 41纸,卷末 1 纸(2 个半叶)。

说明　1. 封面为橙色绢面,封底为黑色绢面,题签为白色。

2. 参见麦 0437 说明项第 2 条。

3. 正文有句读。

麦 0448　佛说佛名经卷第十二

著者　（元魏）菩提留支译

时代　明

版本　经折装　写本

现状　全

题记　封面题签题"佛说万佛名经卷十二"。卷端题"佛说佛名经卷第十二 元魏北天竺三藏法师菩提留支译"。尾题"佛说佛名经卷第十二 终"，后附"赞"2 行。

版式　每纸半叶 36.5 cm×12.2 cm；上下双栏；书眉 5.1 cm，地脚 3.0 cm，版面 28.7 cm×12.2 cm；版心白口；半叶 5 行，行约 17 字，共 60 叶半。此卷 3 个半叶为 1 纸，共 41 纸。

说明　1. 封面为橙色绢面，封底为黄色绢面，题签为白色。

2. 栏外刻题纸数。

3. 参见麦 0445 说明项第 2 条。

麦 0452　佛说佛名经卷第十二

著者　（元魏）菩提留支译

时代　明

版本　经折装　写本

现状　全

题记　封面题签题"佛说万佛名经卷第十二"。卷端题"佛说佛名经卷第十二 元魏北天竺三藏法师菩提留支译"。尾题"佛说佛名经卷第十二"，后附"赞"2 行。

版式　每纸半叶 35.0 cm×12.2 cm；上下双栏；书眉 3.7 cm，地脚 2.0 cm，版面 28.6 cm×12.2 cm；版心白口；半叶 5 行，行 12 字，共 60 叶。此卷 5 个半叶为 1 纸，共 24 纸。

说明　1. 封面为棕色绢面，封底为红色绢面，题签为白色。

2. 参见麦 0449 说明项第 2 条。

3. 正文有句读。

麦 0667　佛说四分戒本

著者　（姚秦）佛陀耶舍　（姚秦）竺佛念共译

时代　清

版本　线装　刻本

现状　首残尾全。起"此二义。故去秋时也。今言春分四月者"。

题记　尾题"佛说四分戒本终"。中题"赞"(两行),后附"音义"(6叶)。刻题"本心退隐老
和尚上宝下仁/藏主福慧/知客了胜/堂主星如/俊堂智与/西堂道纯/西京卧龙寺两
序执职监院玉洁全刊/西堂绍法/俊堂昌利/堂主宝应/堂主宝明/维那玉舟/悦众玉
光/　本山方丈空龄/板存本寺/时/光绪五年(1879)岁次己卯冬结制日"。

每纸　半叶 26.9 cm×16.1 cm;四周双栏;书眉 4.7 cm,地脚 2.6 cm,版面 19.8 cm×
14.6 cm,版心 19.8 cm×1.6 cm,花口,上鱼尾,内题"佛说四分戒本";半叶8行,行
18字,共47叶。

说明　卷尾处有印章2枚,(未识读)。

麦 0668　佛说四分戒本

著者　(姚秦)佛陀耶舍　(姚秦)竺佛念共译

时代　清

版本　线装　刻本

现状　全

题记　封面题题签题"佛说四分戒本"。卷端题"四分戒本　出昙无德部/姚秦三藏佛陀耶
舍共竺佛念译/右渝华岩寺　德玉依藏重"。尾题"四分戒本终"。刻题"板存华岩
禅院"。题识(左下角护纸一条上笔书)"佛如"。

版式　每纸半叶 25.1 cm×15.9 cm;四周双栏;书眉 3.2 cm,地脚 1.6 cm,版面 20.4 cm×
14.6 cm;版心 20.4 cm×1.8 cm;花口,书口内题"四分律藏"、"四分戒本"及叶数,
下方有墨钉;半叶9行,行18字,共35叶。

麦 0150　佛母大孔雀明王经卷上

著者　(唐)释不空译

时代　明

版本　经折装　刻本

现状　首全尾残。止"曩谟没驮引野　曩谟达磨野　曩谟僧伽"。

题记　封面题题签题"佛母大孔雀明王经卷上"(笔书,见说明1),卷首有版画1幅(7个半
叶,见说明2)。刻题"武林□景先刊"(版画右下角);"淮东曹斌画"(版画左下角)。
牌记"皇图永固帝道遐昌/佛日增辉法轮常转"。卷首题"读诵佛母大孔雀明王经前

启请法/特进试鸿胪卿开府仪同三司肃国公食邑三千户赠司空/大辩正广智大兴善寺三藏沙门不空法师奉诏释"。

版式 每纸半叶 34.6 cm×11.1 cm；上下双栏；书眉 7.2 cm，地脚 2.9 cm，版面 24.4 cm×11.1 cm，版心白口；半叶 5 行，行 15 字，共 22 叶。此卷 5 个半叶为 1 纸，每 1 纸与第 2 纸交接重叠处有栏外刻题"上 五"。正文 7 纸，版画 2 纸（7 个半叶），牌记 1 纸（1 个半叶）。每叶都有断叶，系后人粘贴。

说明 1. 此题签系后人所书，所用黄裱纸与正文用纸不同。

2. 版画上部绘五佛，中部绘千手千眼观音等菩萨像，下部为四大天王，左右为菩萨、弟子、高僧等形象。左下角有"淮东曹斌画"字样。

3. 正文刻有朱笔句读，少有眉批，可视为套印批点本；另在书眉或地脚有批注，其朱色圈点为佛教音乐符号，圈点与批注应是在印版之后。

麦 0205　佛母大孔雀明王经卷上

著者 （唐）释不空译

时代 明

版本 经折装　刻本

现状 首残尾全。起"野曩谟苏嚩无钵切啰挐二合嚩婆引萨写"，止"我等与众生 皆共成佛道"。

题记 尾题"佛母大孔雀明王经卷上"。

版式 每纸半叶 34.5 cm×11.1 cm；上下双栏；书眉 7.0 cm，地脚 2.8 cm，版面 24.8 cm×11.1 cm；版心白口；半叶 5 行，行 17 字，共 26 叶。此卷 5 个半叶为 1 纸。此卷每叶都有断叶，系后人粘贴。

说明 1. 书眉或地脚有批注。

2. 版内有朱色圈点，少有墨色点，其朱色圈点为佛教音乐符号，圈点与批注应是在印版之后，经仔细考察、分析，发现其朱色圈点是活字，其做法与饾版和拱花都不同，诚为难得。

3. 封底为黄色绢面。

麦 0248　佛母大孔雀明王经卷上

著者 （唐）释不空译

时代 明

版本 经折装　刻本

现状　全

题记　封面题签题"佛母大孔雀明王经卷上"。卷首有版画《说法图》(见说明1)1幅(5个半叶)。牌记"皇帝万岁万万岁"。卷首题"读诵佛母大孔雀明王经前启请法/特进试鸿胪卿开府仪同三司肃国公食邑三千户赠司空谥/大辩正广智大兴善寺三藏沙门不空法师奉诏译"。卷端题"佛母大孔雀明王经卷上"。尾题"佛母大孔雀明王经卷上"。

版式　每纸半叶32.8 cm×10.9 cm;上下双栏;书眉5.9 cm,地脚2.9 cm,版面24.2 cm×10.9 cm;版心白口,内刻题"孔雀上"及纸数;半叶5行,行17字,共45叶。此卷5个半叶为1纸,每纸半叶或1叶后标刻题"孔雀上"及各纸数。

说明　1. 前有版画1幅(3叶)。

　　　2. 封面为绿色绢面,黄色题签,封底为蓝色绢面。

麦0206　佛母大孔雀明王经卷中

著者　(唐)释不空译

时代　明

版本　经折装　刻本

现状　全

题记　封面题签题"佛母大孔雀明王经卷中"。卷端题"佛母大孔雀明王经卷中/特进试鸿胪卿开府仪同三司肃国公食邑三千户赠司空谥/大辩正广智大兴善寺三藏沙门不空法师奉诏译"。尾题"佛母大孔雀明王经卷中"。

版式　每纸半叶33.0 cm×11.3 cm;上下双栏;书眉6.1 cm,地脚2.7 cm,版面24.3 cm×11.3 cm;版心白口;半叶5行,行17字,共53叶。此卷5个半叶为1纸。

说明　1. 封面为蓝色绢面(稍残),题签为黄色。

　　　2. 正文刻有句读。

麦0606　佛母大孔雀明王经卷中

著者　(唐)释不空译

时代　明

版本　经折装　刻本

现状　全

题记　封面题签题"佛母大孔雀明王经卷中"。卷端题"佛母大孔雀明王经卷中/特进试鸿胪卿开府仪同三司肃国公食邑三千户赠司空谥/大辩正广智大兴善寺三藏沙门不空法师奉诏译"。尾题"佛母大孔雀明经卷中"(后有 8 行偈语)。

版式 每纸半叶 33.2 cm×11.1 cm;上下双栏;书眉 5.3 cm,地脚 3.3 cm,版面 24.6 cm× 11.1 cm;版心白口;半叶 5 行,行 17 字,共 62 叶。此卷 5 个半叶为 1 纸,每一纸有栏内刻题"孔雀中 一至二十五",每纸与第 2 纸有交接重叠处。

说明 此卷封面为黄色带花绢面,黄色题签。蓝色封底。稍残。

麦 0113 佛母大孔雀明王经卷下

著者 (唐)释不空译

时代 明

版本 经折装 刻本

现状 首全尾残。止"勉为之叙其卷末将伺来者受持读诵/当具眼观之哉"。

题记 卷端题"佛母大孔雀明王经卷下/特进试鸿胪卿开府仪同三司肃国公食邑三千户赠司空/谥大辩正广智大兴善寺三藏沙门不空法师奉诏译"。尾题"佛母大孔雀明王经卷下"。

版式 每纸半叶 34.6 cm×11.1 cm;上下双栏;书眉 6.3 cm,地脚 3.6 cm,版面 24.8 cm× 11.1 cm;版心白口;半叶 5 行,行 17 字,共 40 叶半。此卷 5 个半叶为 1 纸。每叶都有断叶,后人有粘贴。

说明 1. 少有眉批,另在书眉或地脚有批注,其朱色圈点为佛教音乐符号,圈点与批注应是在印版之后。

   2. 正文刻有朱色句读。

麦 0608 佛母大孔雀明王经卷下

著者 (唐)释不空译

时代 明

版本 经折装 刻本

现状 全

题记 封面题签题"佛母大孔雀明王经卷下"。卷端题"佛母大孔雀明王经卷下/特进试鸿胪卿开府仪同三司肃国公食邑三千户赠司空谥/大辩正广智大兴善寺三藏沙门不空法师奉诏译"。尾题"佛母大孔雀明王经卷下"(后有 8 行偈语)。牌记"陕西平凉府/敕赐崆峒山香山寺住持僧同合山僧众舍财/刊板一付印造诸品经咒一百部孔雀经/一百部水忏一百二十部散施十方流传/诵念上祝/皇王万寿太子千秋国泰民安总报/四恩三宥吉祥如意","韩王香火院/皇帝万岁万万岁/嘉靖三十一年(1552)岁

次壬子夏仲月 吉日施”。题识“麦积山瑞应方丈景峰焕诵持”。后有《天王像》版画
1幅。

版式　每纸半叶33.1 cm×10.9 cm;上下双栏;书眉5.6 cm,地脚3.1 cm,版面24.4 cm×
　　　10.9 cm;版心白口;半叶5行,行17字,共39叶。此卷5个半叶为1纸,每一纸有
　　　栏内刻题“孔雀下 一至十五”,每纸与第2纸有交接重叠处。

说明　此卷封面为绿色带花绢面,黄色题签,黄色封底,稍残。

麦0696　佛门杂写一册(拟名,见说明1)

著者　不详

时代　不详

版本　线装　写本

现状　全

题记　封面朱色墨书题“大天王品□”。中题“破地狱真言”(4行)、“普昭请真言”(2行)、
　　　“解□结真言”(17行)、“观音菩萨□叶障真言”(1行)、“开□喉真言”(1行)、“三昧
　　　耶戒真言”(18行)、“施无□食真言”(1行)、“普供养真言”(2行)、“念心经□普回
　　　向真言”(6叶半)、“入山护身利山咒”(12行)、“送神咒”(16行)、“佛说寿生经”、
　　　“正教□信血盆经”(1叶半)、“毗尼日用切要”。卷尾帖一条附纸,纸上墨书题“计
　　　大悲咒四百三十四字”,卷中第20叶绘有莲花1幅。

版式　每纸半叶21.9 cm×13.3 cm;四周单栏;书眉1.8 cm,地脚1.8 cm,版面18.9 cm×
　　　12.2 cm;版心18.9 cm×1.6 cm,白口;共25叶半。

说明　1. 书中是一些真言和经,没有具体名称,故拟名“杂写一册”。
　　　2. 正文有句读。

麦0701　佛门法科

著者　不详

时代　民国

版本　线装　写本

现状　全

题记　封面题签题识“佛门法科”(见说明1)、“瑞应堂”。首叶题签题识“佛门法科”(见说
　　　明2)。卷末题识“洪法弟陈普照书　叩处”。

版式　每纸半叶27.4 cm×19.8 cm;无栏;半叶8行,行20字,共39叶。

说明　1. 封面题签为黄色,墨书系后人所补,原题签残存一“佛”字。

2. 首叶题签为红色,墨书系后人补加,覆盖于正文之上。

3. 正文内有朱色、墨色句读。

4. 正文处有朱文印数方,未识读。

5. 内有黄裱纸一张,内有题识"奉/佛修醮为妻预期追荐报恩往生道场信士哀夫人刚刚 等/是 日 焚香上叩/圣慈洞鉴凡情/冒干/真空九纳之至/民国十四年(1925)九月初 申/疏",有朱色阳文印一方(未能识读)。

6. 卷末题识"普照"为麦积山瑞应寺住持,参考寺院遗存"万善同缘"。

麦 0755　佛门杂录(拟,见说明)

著者　不详

时代　明

版本　线装　写本

现状　首尾残。起"第十六愿者若成佛国中人天乃至声闻有不善者我终",止"南无那恒哆啰夜耶 右戒牒给付厶亡人收讫"。

版式　每纸半叶 23.1 cm×15.1 cm;上下单栏;书眉 1.7 cm,地脚 0.7 cm,版面 20.5 cm×12.8 cm;版心白口;半叶 10 行,行 24 字,共 63 叶半。

说明　此为侯冲拟名,最早整理时拟名《道场仪规》。因文本组成较复杂,内容不一,中有《破呈牒》《元宵疏》等,故拟《佛门杂录》。侯冲文章见《敦煌遗书研究通讯》总第 1 期,2013 年 8 月,第 19 页。

麦 0184　金刚经

著者　(姚秦)鸠摩罗什译

时代　清

版本　经折装　刻本

现状　残。起"金刚经启请"(8 半叶),止"何以故发阿耨多罗"。

题记　卷首题"金刚经启请"(8 半叶)、"发愿文"(4 半叶)、"开经偈"(4 行)。卷端题"金刚般若波罗蜜经/姚秦三藏法师鸠摩罗什译"。品题"法荟因由分第一"、"善现启请分第二"、"大乘正宗分第三"、"妙行无住分第四"、"如理宝见分第五"、"正信希有分第六"、"无得无说分第七"、"依法出生分第八"、"一相无相分第九"、"庄严净土分第十"、"无为福胜分第十一"、"尊重正教分第十二"、"如法受持分第十三"、"离相灭分第十四"、"持经功德分第十五"、"能　净业障分第十六"、"究竟无我分第十七"、"一体同观分第十八"、"法界通化分第十九"、"离色离相分第二十"、"非说所说分第

二十一"、"无法可得分第二十二"、"净心行善分第二十三"、"福智无比分第二十

四"、"化无所化分第二十五"、"法身非相分第二十六"、"无断无灭分第二十七"。

版式   每纸半叶 32.5 cm×12.0 cm;上下双栏;书眉 4.8 cm,地脚 1.5 cm,版面 26.5 cm×

12.0 cm;版心白口;半叶 4 行,行 11 字,共 63 叶半。此卷背面每半叶多有断裂,断

裂处后人都有修补。

麦 0385   金刚经

著者   (姚秦)鸠摩罗什译

时代   不详

版本   经折装   刻本

现状   首全尾残。止"数何况其沙。须菩提。我今宝言告汝。若"。

题记   卷首题"金刚经启请"(共 3 行)、"净口业真言"(共 1 行)、"安土地真言"(共 2 行)、

"虚空藏菩萨普供养真言"(共 1 行)、"请八金刚"(共 4 行)、"请四菩萨"(共 4 行)、

"发愿文"(共 4 行)、"云何梵"(共 3 行)、"开经偈"(共 2 行)。卷端题"金刚般若菠

萝蜜经 姚秦三藏法师鸠摩罗什译"。品题"法会因由分第一"、"善现启请分第二"、

"大乘正宗分第三"、"妙行无住分第四"、"如理宝见分第五"、"正信希有分第六"、

"无得无说分第七"、"依法出生分第八"、"一相无相分第九"、"庄严净土分第十"、

"无为福胜分第十一"。

版式   每纸半叶 26.6 cm×8.3 cm;上下双栏;书眉 4.3 cm,地脚 2.4 cm,版面 19.9 cm×

8.3 cm;版心白口,半叶 5 行,行 15 字,共 15 叶。此卷 5 个半叶为 1 纸,共 6 纸。

说明   1. 封面为棕色,题签为白色。

2. 栏外刻题纸数。

3. 正文有句读。

麦 0024   金刚经偶录

著者   不详

时代   清

版本   线装   刻本

现状   首尾残(存 49 叶—83 叶)。起"佛印空生所说为如是如是者以其不落有无",止"为

□□□□廑净名所谓一切众生即菩提"。

版式   每纸半叶 26.5 cm×15.1 cm,上下单栏,左右双栏;书眉 5.5 cm,地脚 2.1 cm,版面

19.1 cm×12.3 cm;版心 19.1 cm×1.1 cm,花口,上鱼尾,上题"金刚经偶录",下题

叶数;半叶 8 行,行 18 字,共 33 叶半。

说明　1. 定名据版心书口题名拟。

　　　2. 正文刻有句读。

麦 0636　金刚般若波罗蜜经

著者　（姚秦）鸠摩罗什译

时代　不详

版本　经折装　刻本

现状　全

题记　卷首有版画 1 幅(共 2 叶半,见说明 1)。牌记"皇图永固帝道遐昌/佛日增辉法轮常转"。卷首题"金刚经启请"(共 4 行)、"净口业真言"(共 2 行)、"净三业真言"(共 2 行)、"安土地真言"(共 2 行)、"普供养真言"(共 13 行)、"发愿文"(共 5 行)、"云何梵"(共 4 行)、"开经偈"(共 4 行)。卷端题"金刚般若波罗蜜经/姚秦三藏法师鸠摩罗什译"。尾题"金刚般若波罗蜜经"(最后 3 叶为后人所补加,纸张材质不一)。题识"祈雨海会众姓虔诚五湖四海请龙宫云行降甘霖行雨龙/君早早雨超升　南无求甘霖菩萨摩诃萨"。

版式　每纸半叶 30.7 cm×11.5 cm;上下双栏;书眉 3.9 cm,地脚 0.8 cm,版面 26.1 cm×11.5 cm;版心白口;半叶 4 行,行 11 字,共 72 叶半。此卷 4 个半叶为 1 纸,共 37 纸。第 36 纸 3 个半叶,第 37 纸 7 个半叶。

说明　1. 前有版画 1 幅,画面中有释迦牟尼、弟子、菩萨、天王等,应为释迦牟尼说法图。

　　　2. 封面为黑色绢面、封底为橙色绢面,题签模糊不清。

　　　3. 正文刻有句读。

麦 0890　金刚般若波罗密经

著者　（姚秦）鸠摩罗什译

时代　清

版本　线装　刻本

现状　全

题记　卷首有《说法图》(拟)版画 1 幅(2 个半叶,见说明 1),版画背面无文字。卷首题"看经警文"(13 行)、"金刚经启请"(4 行)、"净口业真言"(2 行)、"安土地真言"(2 行)、"普供养真言"(1 行)、"十二奉请"(12 行)、" 发愿文"(5 行)、"云何梵"(4 行)、"开经偈"(4 行 8 句)。卷端题"金刚般若波罗密经/姚秦三藏法师 鸠摩罗什译"。卷中品题从"法会因由分第一"到"应化非真分第三十二"全。尾题"金刚般若波罗密经",后附"补阙真言"(4行)、"赞"(4行)。牌记刻题"光绪乙巳年(1905)秦州蒲氏敬刊送"(见说明2)。

版式　每纸半叶25.6 cm×15.8 cm;上下双栏;书眉10.4 cm(见说明3),地脚3.2 cm(此为仿经折、卷轴装,其中有一纸有左右边栏),版面12.0 cm×13.6 cm;版心白口,其叶数题刻于书根之侧,版内间有荷花、摩尼珠、卍字符等插画;半叶10行,行12字,共28叶。

说明　1. 画面正中有一佛,两侧有弟子,佛前有一僧人正虔诚跪拜佛祖,周边有祥云、山水等。

　　　2. 牌记内有金刚像1幅。

　　　3. 此本仿经折、卷轴装。

　　　4. 正文内刻有句读。

麦0687　注释金刚般若波罗蜜经

著者　不详

时代　清

版本　线装　写本

现状　残

题记　封面题签题"金刚般若波罗蜜□□□□□□"(评注尊经全部)。卷首抄写《劝念文》(拟)8行:"日光古佛正果来天堂地狱九门开十万八千佛菩萨诸天童子/两边排脚踏乌云路红莲遍地开头顶无量七宝□眼看婆婆/世界耳听诸佛说法若有善男子善女子(拟)每日至心念日/光经一卷准金刚经十卷清心净身念十遍永世不踏地/狱门天罗神地罗神人离谁、离身一切灾殃化微/尘日光真经佛如来便照菩萨摩诃萨百万一合/手金刚王菩萨南无保月光菩萨普天星斗菩萨/菩萨摩诃萨/摩诃萨十方三世□□□□诃般若般罗密"。卷首题"弥陀□□□□"。中题"金刚经启请"、"金刚般若波罗蜜经"、"发愿□"、"开经偈"、"金刚般若波罗蜜经"。尾题"注释金刚般若波罗蜜经终"。卷末题"警悟诗"。题识"四川叙州府知隆昌县事黔南信官胡献琛指俸觅匠梓于隆昌/署中　此经计八十叶共板四十块/皇明天启柒年(1627)岁次丁卯阳日朔日吉旦(此为抄录原版刻记)/康熙三十二年(1693)六月吉日誊经弟子生员周隆盛"(第36叶)。中题"十齐素念仸式"、"礼仸灭罪文"。底封抄写《发愿文》(拟)10行:"往昔所造诸恶业皆无始贪瞋痴从身语意之所生一切佛前求忏悔罪从/心起将心忏心若灭时罪亦忘心忘罪灭两皆空是则明为真忏悔愿灭三障诸/烦恼愿得智慧心明了普愿罪障悉消除世之常行菩萨到众生无边誓愿/度烦恼无尽誓愿断法门无量誓愿学佛道无世誓愿成愿生西方净/土中九品莲花为父母花开见佛悟无生不退菩萨为伴侣礼佛恭仪殊胜行/无边胜福皆回向普愿沉泥诸众生速往无量光佛刹已上因缘三十佛文殊/普贤官自在十方三世一切佛一切菩萨摩诃萨摩诃般若波罗蜜/自皈依佛 当愿众生 提解大道 发无上心/自皈依佛 当愿众生 深入经藏 智□□海/自皈依佛 当愿众生 统领大众 一切无碍 和南圣众。"

版式　每纸半叶 35.4 cm×23.3 cm；上下单栏（墨线）；书眉 4.0 cm，地脚 1.3 cm，版面 30 cm×23.3 cm；版心白口；半叶 13 行，行 28 字，小字占两行，共 45 叶半。

说明　注释《金刚般若波罗蜜经》，当系古逸经，不见《大藏经》目录。原文为天启柒年 (1627)刻版，抄本为康熙三十二年(1693)六月吉日誉经弟子生员周隆盛所写，亦可知此文的重要性。其中，有些疏文仅具地方性，如《朝山进香文疏》中有"大清国陕西　居住奉"等字样，系为地方所特有。

麦 0968　金光明经卷第四

著者　（北凉）昙无谶译

时代　唐

版本　卷轴，写本

现状　首残（残片 5 叶），尾全。

题记　品题"金光明经舍身品第十七"、"金光明经赞佛品第十八"、"金光明经累嘱品第十九"。尾题"金光明经卷第四"。

每纸　通纸长 740 mm（包括残片五段），高 250 mm，书眉 25 mm，地脚 21 mm。四周单乌丝栏。每行 17 字。

说明　1. 卷轴，木质，长 280 mm（两端朱底墨漆，上端漆 30 mm，下端 45 mm）。

　　　2. 黄麻纸，用黄檗染色。

　　　3. 据李西民同志介绍，此件文书为装脏品，在 1983 年 6 月出土于麦积山东岩大佛头像破损之右颊内，同时出土的还有绍兴二十七年(1157)八月二十五日（据题记）白釉青瓷碗一只。

麦 0171　金光明最胜王经卷第一

著者　（唐）释义净译

时代　明

版本　经折装　刻本

现状　全

题记　封面题签题"金光明最胜王经卷第一"卷首有版画1幅(5个半叶,见说明1)。牌记"皇帝万岁万万岁"。卷端题"金光明最胜王经卷第一"。品题"金光明最胜王经序品第一"、"金光明最胜王经如来寿量品第二"。尾题"金光明最胜王经卷第一"。牌记"奉/佛弟子宋妙喜印造/金光明经第一卷,以此功德普报/四恩三宥均资/成化十七年(1481)　月日印"(笔书)。后有版画1幅(1个半叶,见说明2)。

版式　每纸半叶34.4 cm×11.8 cm;上下双栏;书眉5.0 cm,地脚2.8 cm,版面26.6 cm×11.8 cm;版心白口,内刻题"金光明经卷一"及纸数;半叶5行,行15字,共47叶。此卷5个半叶为1纸,每纸半叶或1叶后标栏内刻题"金光明经卷一"及纸数。正文17纸,版画1纸(6个半叶),牌记2纸(各1个半叶)。

说明　1. 版画中佛结跏趺坐于莲台之上,两侧为菩萨、弟子、天王、天龙八部、帝王等,拟名《说法图》。

　　　2. 版画绘一天王像。

　　　3. 封面封底均为蓝色,题签为红色。

　　　4. 麦0171、麦0172、麦0173、麦0174、麦0175、麦0176、麦0177、麦0178、麦0179、麦0180十卷为同一函,函套上封签题"妙法莲华经"(可能为后人混用)。

　　　5. 正文刻有句读。

麦0172　金光明最胜王经卷第二

著者　(唐)释义净译

时代　明

版本　经折装　刻本

现状　全

题记　封面题签题"金光明经最胜□□□□□"。卷端题"金光明最胜王经卷第二"。品题"金光明最胜王经分别三身品第三"、"金光明最胜王经梦见忏悔品第四"。尾题"金光明最胜王经卷第二"。牌记"奉/佛弟子李海印造/金光明经一卷以此功勋报四恩三宥均资/成化十七年(1481)月 日印"(笔书)。后有版画1幅(1个半叶,见说明1)。

版式　每纸半叶34.5 cm×11.9 cm;上下双栏;书眉5.0 cm,地脚2.9 cm,版面26.3 cm×11.9 cm;版心白口,内刻题"金光明经卷二"及纸数;半叶5行,行15字,共44叶。此卷5个半叶为1纸,每纸半叶或1叶后标栏内刻题"金光明经卷二"及纸数。正文18纸,牌记1纸(1个半叶),版画1纸(1个半叶)。

说明　1. 版画绘一天王像。

2. 封面封底均为蓝色,题签为红色。

3. 参见麦 0171《金光明最胜王经卷第一》说明项第 4 条。

麦 0173　金光明最胜王经卷第三

著者　（唐）释义净译

时代　明

版本　经折装　刻本

现状　全

题记　封面题签题"金光明最胜王经卷第三"。卷端题"金光明最胜王经卷第三"。品题
　　　"金光明最胜王经灭业障品第五"。尾题"金光明最胜王经卷第三"。牌记"奉/佛弟
　　　子郭景印造/金光明经一卷以此功勋普报/四恩三宥均资/成化十七年（1481）
　　　月　日印"（笔书）。后有版画 1 幅（1 个半叶,见说明 1）。

版式　每纸半叶 33.8 cm×11.9 cm;上下双栏;书眉 4.7 cm,地脚 2.9 cm,版面 26.7 cm×
　　　11.9 cm;版心白口,内刻题"金光明经卷第三"及纸数;半叶 5 行,行 15 字,共 37
　　　叶。此卷 5 个半叶为 1 纸,每纸半叶或 1 叶后标栏内刻题"金光明经卷三"及纸数。
　　　正文 16 纸,卷末一纸（4 个半叶）,牌记、版画 1 纸（2 个半叶）。

说明　1. 版画绘一天王像。

　　　2. 封面封底均为蓝色,题签为红色。

　　　3. 参见麦 0171《金光明最胜王经卷第一》说明项第 4 条。

　　　4. 正文刻有句读。

麦 0174　金光明最胜王经卷第四

著者　（唐）释义净译

时代　明

版本　经折装　刻本

现状　全

题记　封面题签题"金光明最胜王经卷第四"。卷端题"金光明最胜王经卷第四"。品题
　　　"金光明最胜王经最净地陀罗尼品第六"。尾题"金光明最胜王经卷第四"。牌记
　　　"奉/佛弟子郭景印造/金光明经一卷以此功勋普报/四恩三宥功资/成化十七年
　　　（1481）月　日印"（笔书）,内有版画 1 幅（1 个半叶,见说明 1）。

版式　每纸半叶 34.4 cm×11.9 cm;上下双栏;书眉 4.9 cm,地脚 2.8 cm,版面 26.5 cm×
　　　11.9 cm;版心白口,内刻题"金光明经卷第四"及纸数;半叶 5 行,行 15 字,共 39 叶

半。此卷 5 个半叶为 1 纸,每纸半叶或 1 叶后标栏内刻题"金光明经卷四"及纸数。正文 16 纸,卷末 1 纸(2 个半叶),牌记、版画 1 纸(2 个半叶)。

说明　1. 版画绘一天王像。

2. 封面、封底均为蓝色,封签为红色。

3. 与麦 0171、麦 0172、麦 0173、麦 0174、麦 0175、麦 0176、麦 0177、麦 0178、麦 0179、麦 0180 十卷为同一函,函套上封签题"妙法莲华经"。

4. 正文刻有句读。

麦 0175　金光明最胜王经卷第五

著者　(唐)释义净译

时代　明

版本　经折装　刻本

现状　全

题记　封面题签题"金光明最胜王经卷第五"。卷端题"金光明最胜王经卷第五"。品题"经莲华喻赞品第七"、"金胜陀罗尼品第八"、"重显空性品第九"、"依空满愿品第十"、"四天王观察人天品第十一"。尾题"金光明最胜王经卷第五"。牌记"奉/佛弟子王玺印造/金光明经一卷以此功勋普报/四恩三宥功资/成化十七年(1481)　月　日印"(笔书)。后有版画 1 幅(1 个半叶,见说明 1)。

版式　每纸半叶 33.8 cm×11.8 cm,上下双栏;书眉 5.0 cm,地脚 2.9 cm,版面 26.7 cm×11.8 cm;版心白口,内刻题"金光明经卷五"及纸数;半叶 5 行,行 15 字,共 43 叶半。此卷 5 个半叶为 1 纸,每纸半叶或 1 叶后标栏内刻题"金光明经卷五"及纸数。正文 17 纸,卷末 1 纸(2 个半叶),牌记、版画 1 纸(2 个半叶)。

说明　1. 版画为一天王像。

2. 封面封底均为蓝色,题签为红色。

3. 参见麦 0171《金光明最胜王经卷第一》说明项第 4 条。

4. 正文刻有句读。

麦 0176　金光明最胜王经卷第六

著者　(唐)释义净译

时代　明

版本　经折装　刻本

现状　全

题记　封面题签题"金光明最胜王经卷第六"。卷端题"金光明最胜王经卷第六"。品题"四天王护国品第十二"。尾题"金光明最胜王经卷第六"。牌记"奉/佛弟子刘志刚印造/金光明经一卷以此功勋普报/四恩三宥功资/成化十七年(1481)月　日印"(笔书)。后有版画 1 幅(1 个半叶,见说明 1)。

版式　每纸半叶 34.9 cm×11.9 cm;上下双栏;书眉 5.9 cm,地脚 2.8 cm,版面 25.5 cm×11.9 cm;版心白口,内刻题"金光明经卷第六"及纸数;半叶 5 行,行 15 字,共 47 叶。此卷 5 个半叶为 1 纸,每纸半叶或 1 叶后标栏内刻题"金光明经卷六"及纸数。正文 19 纸,卷末 1 纸(2 个半叶),牌记、版画 1 纸(2 个半叶)。

说明　1. 版画为一天王像。

　　　2. 封面、封底均为蓝色,题签为红色。

　　　3. 参见麦 0171《金光明最胜王经卷第一》说明项第 4 条。

　　　4. 正文刻有句读。

麦 0177　金光明最胜王经卷第七

著者　(唐)释义净译

时代　明

版本　经折装　刻本

现状　全

题记　封面题签题"金光明最胜王经卷第七"。卷端题"金光明最胜王经卷第七"。品题"无染着陀罗尼品第十三"、"如意宝珠品第十四"、"大辩才天女品第十五之一"。尾题"金光明最胜王经卷第七"。牌记"奉/佛弟子宋廉印造/金光明经一卷以此功勋普报/四恩三宥均资/成化十七年(1481)月 日印"(笔书)。后有版画 1 幅(1 个半叶,见说明 1)。

版式　每纸半叶 34.0 cm×11.8 cm;上下双栏;书眉 4.9 cm,地脚 2.5 cm,版面 26.6 cm×11.8 cm;版心白口,内刻题"金光明经卷七"及纸数;半叶 5 行,行 15 字,共 39 叶半。此卷 5 个半叶为 1 纸,每纸半叶或 1 叶后标栏内刻题"金光明经卷七"及纸数。正文 16 纸,卷末 1 纸(3 个半叶),牌记、版画 1 纸(2 个半叶)。

说明　1. 版画绘一天王像。

　　　2. 封面、封底均为蓝色,题签为红色。

　　　3. 参见麦 0171《金光明最胜王经卷第一》说明项第 4 条。

　　　4. 正文刻有句读。

麦 0178　金光明最胜王经卷第八

著者　（唐）释义净译

时代　明

版本　经折装　刻本

现状　全

题记　封面题签题"金光明最胜王经卷第八"。卷端题"金光明最胜王经卷第八"。品题"金光明最胜王经大辩才天女品之余"、"金光明最胜王经大吉祥天女品第十六"、"金光明最胜王经大吉祥天女增长财物品第十七"、"金光明最胜王经坚牢地神品第十八"、"金光明最胜王经僧慎尔耶药叉大将品第十九"、"金光明最胜王经王法正论品第二十"。尾题"金光明最胜王经卷第八"。牌记"奉/佛弟子张春印造/金光明经一卷以此功勋普报/四恩三宥功资/成化十七年(1481)月　日印"(笔书)。后有版画 1 幅(1 个半叶,见说明 1)。

版式　每纸半叶 34.0 cm×11.8 cm;上下双栏;书眉 4.9 cm,地脚 2.5 cm,版面 25.7 cm×11.8 cm;版心白口,内刻题"金光明经卷八"及纸数;半叶 5 行,行 15 字,共 47 叶。此卷 5 个半叶为 1 纸,每纸半叶或 1 叶后标栏内刻题"金光明经卷八"及纸数。正文 19 纸,卷末 1 纸(3 个半叶),牌记、版画 1 纸(2 个半叶)。

说明　1. 版画绘一天王像。

　　　2. 封面、封底均为蓝色,题签为红色。

　　　3. 参见麦 0171《金光明最胜王经卷第一》说明项第 4 条。

　　　4. 正文刻有句读。

麦 0179　金光明最胜王经卷第九

著者　（唐）释义净译

时代　明

版本　经折装　刻本

现状　全

题记　封面题签题"金光明最胜王经卷第九"。卷端题"金光明最胜王经卷第九"。品题"金光明最胜王经善生王品第二十一"、"金光明最胜王经诸天药叉护持品第二十二"、"金光明最胜王经授记品第二十三"、"金光明最胜王经除病品第二十四"、"金光明最胜王经长者子流水品第二十五"。尾题"金光明最胜王经卷第九"。牌记"奉/佛弟子郭智印造/金光明经一卷以此功勋普报/四恩三宥功资/成化十七年

（1481）　月　日印”（笔书）。后有版画 1 幅（1 个半叶,见说明 1）。

版式　每纸半叶 34.4 cm×11.8 cm;上下双栏;书眉 4.9 cm,地脚 2.8 cm,版面 26.4 cm×11.8 cm;版心白口,内刻题“金光明经卷九”及纸数;半叶 5 行,行 15 字,共 50 叶。此卷 5 个半叶为 1 纸,每纸半叶或 1 叶后标栏内刻题“金光明经卷九”及纸数。正文 20 纸,牌记、版画 1 纸（2 个半叶）。

说明　1. 版画绘一天王像。

2. 封面、封底均为蓝色,题签为红色。

3. 参见麦 0171《金光明最胜王经卷第一》说明项第 4 条。

4. 卷内有红色夹条,墨书题“兰州大师、杨师兄二位启”。

5. 正文刻有句读。

麦 0180　金光明最胜王经卷第十

著者　（唐）释义净

时代　明

版本　经折装　刻本

现状　全

题记　封面题签题“金光明最胜王经卷第十”。卷端题“金光明最胜王经卷第十”。品题“金光明最胜王经舍身品第二十六”、“金光明最胜王经十方菩萨赞叹品第二十七”、“金光明最胜王经妙幢菩萨赞叹品第二十八”、“金光明最胜王经菩提树神赞叹品第二十九”、“金光明最胜王经大辩才天女赞叹品第三十”、“金光明最胜王经付嘱品第三十一”。尾题“金光明最胜王经卷第十”。牌记“奉/佛弟子赵贵印造/金光明经一卷以此功勋普报/四恩三宥功资/成化十七年（1481）　月　日印”（笔书）。后有版画 1 幅（1 个半叶,见说明 1）。

版式　每纸半叶 340 cm×12.0 cm;上下双栏;书眉 5.0 cm,地脚 2.9 cm,版面 26.4 cm×12.0 cm;版心白口,内刻题“金光明经卷十”及纸数;半叶 5 行,行 15 字,共 47 叶。此卷 5 个半叶为 1 纸,每纸半叶或 1 叶后标栏内刻题“金光明经卷十”及纸数。正文 19 纸,卷末 1 纸（2 个半叶）,牌记、版画 1 纸（2 个半叶）。

说明　1. 版画绘一天王像。

2. 封面、封底均为蓝色绢面,封签为红色。

3. 参见麦 0171《金光明最胜王经卷第一》说明项第 4 条。

4. 正文刻有句读。

麦 0283　金光明最胜王经卷第一

著者　（唐）释义净译

时代　明

版本　经折装　刻本

现状　全

题记　封面题签题"金光明最胜王经卷第一"。卷首有《说法图》(拟)版画 1 幅(5 个半叶，见说明 1)。后有牌记 1 幅(半叶，见说明 2)，内题"天地开泰 海宇清宁 雨顺风调 时和岁稔/百灵协顺 万物阜康 治教昭明 福祐骈集/讼理政平 化行俗美 家崇忠义 人尚慈仁/宗社尊安 嗣续繁衍 恩霑八极 泽被九幽/普证佛果 咸登寿域 宣德三年(1428)四月初十日施"。版画边栏右上刻题"金光经相一"。卷端题"金光明最胜王经卷第一"。品题"金光明最胜王经序品第一"、"金光明最胜王经如来寿量品第二"。尾题"金光明最胜王经卷第一"。刻题"李普明李氏妙信/母金氏二何范饶氏/刘钰 张氏钊勇伟"。题识"天启癸丑〔袁按：天启年内无"癸丑"，只有"癸亥"(1623)〕二月初一日请经僧佛号一师"。

版式　每纸半叶 35.0 cm×12.2 cm；上下双栏；书眉 5.6 cm，地脚 2.4 cm，版面 27.0 cm×12.2 cm；版心白口；半叶 5 行，行 15 字，共 48 叶。此卷 5 个半叶为 1 纸，第 1 纸为版画，牌记为独立半叶，第 2 纸始为正文。正文第 2 纸与第 3 纸的交接重叠处刻题"金光明经一卷　二"；第 3 纸与第 4 纸的交接重叠处刻题"金光明经一卷　三"等。正文 18 纸(第 18 纸为 1 个半叶)，版画 1 纸(5 个半叶)。

说明　1. 前有版画 1 幅，版画正中佛结跏趺坐于佛座上，双手作说法印，左右两侧有听法弟子、菩萨、眷属、天龙八部等。

　　　2. 牌记 1 幅。

　　　3. 正文刻有句读。

　　　4. 麦 0283、麦 0284、麦 0285、麦 0286、麦 0287、麦 0288、麦 0289、麦 0290、麦 0291、麦 0292 十卷为同一函。

　　　5. 封面为蓝色绢面，封底为深绿色绢面，题签为白色。

　　　6. 函套为蓝色绢面，有黄色题签，题"金光明最胜王经全部 一之十"。

麦 0284　金光明最胜王经卷第二

著者　（唐）释义净译

时代　明

版本	经折装　刻本
现状	全
题记	封面题签题"金光明最胜王经卷第二"。卷端题"金光明最胜王经卷第二"。品题"金光明最胜王经分别三身品第三"、"金光明最胜王经梦见忏悔品第四"。尾题"金光明最胜王经卷第二"。刻题"续鸾"。
每纸	半叶 35.0 cm×12.2 cm；上下双栏；书眉 5.1 cm，地脚 2.5 cm，版面 27.5 cm×12.2 cm；版心白口；半叶 5 行，行 15 字，共 46 叶。此卷 5 个半叶为 1 纸，第 1 纸为正文。第 1 纸右边栏外刻题"金光明经二卷　一"；第 1 纸正文与第 2 纸的交接重叠处刻题"金光明经二卷　二"；第 2 纸与第 3 纸的交接重叠处刻题"金光明经二卷　三"等。正文 18 纸（第 18 纸为 2 个半叶）。
说明	1. 正文刻有句读。
	2. 参见麦 0283 说明项 4。
	3. 封面为深绿色绢面，封底为蓝色绢面，题签为白色。
	4. 函套为蓝色绢面，有黄色题签，题"金光明最胜王经全部 一之十"。

麦 0285　金光明最胜王经卷第三

著者	（唐）释义净译
时代	明
版本	经折装　刻本
现状	全
题记	封面题签题"金光明最胜王经卷第三"。卷端题"金光明最胜王经卷第三"。品题"金光明最胜王经灭业障品第五"。尾题"金光明最胜王经卷第三"。刻题"真通"。
版式	每纸半叶 34.9 cm×12.2 cm；上下双栏；书眉 4.9 cm，地脚 2.8 cm，版面 27.2 cm×12.2 cm；版心白口；半叶 5 行，行 15 字，共 38 叶。此卷 5 个半叶为 1 纸，第 1 纸为正文。第 1 纸右边栏外刻题"金光明经三卷　一"，第 1 纸正文与第 2 纸的交接重叠处刻题"金光明经三卷　二"，第 2 纸与第 3 纸的交接重叠处刻题"金光明经三卷　三"等。正文 15 纸（第 15 纸为 1 个半叶）。
说明	1. 正文刻有句读。
	2. 参见麦 0283 说明项 4。
	3. 封面为蓝色绢面，封底为深绿色绢面，题签为白色。
	4. 函套为蓝色绢面，有黄色题签，题"金光明最胜王经全部一之十"。

麦 0286　金光明最胜王经卷第四

著者　（唐）释义净译

时代　明

版本　经折装　刻本

现状　全

题记　封面题签题"金光明最胜王经卷第四"。卷端题"金光明最胜王经卷第四"。品题"金光明最胜王经最净地陀罗尼品/第六"。尾题"金光明最胜王经卷第四"。刻题"李仲荣蒲氏/母全氏二侯哲"。

版式　每纸半叶 35.0 cm×12.2 cm；上下双栏；书眉 4.8 cm，地脚 2.3 cm，版面 27.8 cm×12.2 cm；版心白口；半叶 5 行，行 15 字，共 42 叶。此卷 5 个半叶为 1 纸，第 1 纸为正文。第 1 纸右边栏外刻题"金光明经四卷　一"；第 1 纸正文与第 2 纸的交接重叠处刻题"金光明经四卷　二"；第 2 纸与第 3 纸的交接重叠处刻题"金光明经四卷　三"等。正文 16 纸(第 16 纸为 4 个半叶)。

说明　1. 正文刻有句读。

　　　2. 参见麦 0283 说明项 4。

　　　3. 封面为深绿色绢面，封底为蓝色绢面，题签为白色。

　　　4. 函套为蓝色绢面，有黄色题签，题"金光明最胜王经全部　一之十"。

麦 0287　金光明最胜王经卷第五

著者　（唐）释义净译

时代　明

版本　经折装　刻本

现状　全

题记　封面题签题"金光明最胜王经卷第五"(拟，见说明 1)。卷端题"金光明最胜王经卷第五"。品题"金光明最胜王经莲华喻赞品第七"、"金光明最胜王经金胜陀罗尼品第八"、"金光明最胜王经重显空性品第九"、"金光明最胜王经依空满愿品第十"、"金光明最胜王经四天王观察人天品第十一"。尾题"金光明最胜王经卷第五"。刻题"李景旸/徐氏"。

每纸　半叶 35.0 cm×12.0 cm；上下双栏；书眉 5.0 cm，地脚 2.7 cm，版面 27.3 cm×12.0 cm；版心白口；半叶 5 行，行 15 字，共 45 叶。此卷 5 个半叶为 1 纸，第 1 纸为正文。第 1 纸右边栏外刻题"金光明经五卷　一"，第 1 纸正文与第 2 纸的交接重叠处刻题"金光明经五卷　二",第 2 纸与第 3 纸的交接重叠处刻题"金光明经五卷　三"等。正文 18 纸。

说明　1. 据正文卷端题,题签当作"金光明最胜王经卷第五"。

　　　2. 正文刻有句读。

　　　3. 参见麦 0283 说明项 4。

　　　4. 封面为蓝色绢面,封底为深绿色绢面,题签为白色,残。

　　　5. 函套为蓝色绢面,有黄色题签,题"金光明最胜王经全部一之十"。

麦 0288　金光明最胜王经卷第六

著者　(唐)释义净译

时代　明

版本　经折装　刻本

现状　全

题记　封面题签题"金光明最胜王经卷第六"。卷端题"金光明最胜王经卷第六"。品题"金光明最胜王经四天王护国品第十二"。尾题"金光明最胜王经卷第六"。刻题"王普信李氏/文王怀胡氏"。

每纸　半叶 34.8 cm×12.0 cm;上下双栏;书眉 4.3 cm,地脚 2.7 cm,版面 27.9 cm×12.0 cm;版心白口;半叶 5 行,行 15 字,共 48 叶半。此卷 5 个半叶为 1 纸,第 1 纸为正文。第 1 纸右边栏外刻题"金光明经六卷　一",第 1 纸正文与第 2 纸的交接重叠处刻题"金光明经六卷　二",第 2 纸与第 3 纸的交接重叠处刻题"金光明经六卷　三"等。正文 19 纸(第 19 纸为 2 个半叶)。

说明　1. 正文刻有句读。

　　　2. 参见麦 0283 说明项 4。

　　　3. 封面为深绿色绢面,封底为蓝色绢面,题签为白色。

　　　4. 函套为蓝色绢面,有黄色题签,题"金光明最胜王经全部　一之十"。

麦 0289　金光明最胜王经卷第七

著者　(唐)释义净译

时代　明

版本　经折装　刻本

现状　全

题记　封面题签题"金光明最胜王经卷第七"。卷端题"□□□□(金光明最)胜王经卷第七"。品题"金光明最胜王经无染着陀罗尼品第/十三"、"金光明最胜王经如意宝珠品第十四"、"金光明最胜王经大辩才天女品第十五"。尾题"金光明最胜王经卷第七"。刻题"焦江刘氏王氏/张得肖大迅"。

每纸　半叶 35.0 cm×12.0 cm;上下双栏;书眉 5.0 cm,地脚 2.8 cm,版面 27.2 cm×12.0 cm;版心白口;半叶 5 行,行 15 字,共 42 叶。此卷 5 个半叶为 1 纸,第 1 纸为正文。第 1 纸正文与第 2 纸的交接重叠处刻题"金光明经七卷　二",第 2 纸与第 3 纸的交接重叠处刻题"金光明经七卷　三"等。正文 18 纸(第 18 纸为 4 个半叶)。

说明　1. 正文刻有句读。

　　　2. 参见麦 0283 说明项 4。

　　　3. 封面为黑色绢面,封底为深绿色绢面,题签为白色。

　　　4. 函套为蓝色绢面,有黄色题签,题"金光明最胜王经全部　一之十"。

麦 0290　金光明最胜王经卷第八

著者　(唐)释义净译

时代　明

版本　经折装　刻本

现状　全

题记　封面题签题"金光明最胜王经卷第八"。卷端题"金光明最胜王经卷第八"。品题"金光明最胜王经大吉祥天女品第十六"、"金光明最胜王经大吉祥天女增长财/物品第十七"、"金光明最胜王经坚牢地神品第十八"、"金光明最胜王经僧慎尔耶药叉大将品第十九"、"金光明最胜王经王法正论品第二十"。尾题"金光明最胜王经卷第八"。刻题"王鸾黄氏"。

每纸　半叶 35.0 cm×12.0 cm;上下双栏;书眉 4.6 cm,地脚 2.8 cm,版面 27.6 cm×12.0 cm;版心白口;半叶 5 行,行 15 字,共 49 叶。此卷 5 个半叶为 1 纸,第 1 纸为正文。第 1 纸右边栏外刻题"金光明经八卷　一",第 1 纸正文与第 2 纸的交接重叠处刻题"金光明经八卷　二",第 2 纸与第 3 纸的交接重叠处刻题"金光明经八卷　三"等。正文 19 纸(第 19 纸为 3 个半叶)。

说明　1. 正文刻有句读。

　　　2. 参见麦 0283 说明项 4。

　　　3. 封面为深绿色绢面,封底为黄纸,题签为白色。

　　　4. 函套为蓝色绢面,有黄色题签,题"金光明最胜王经全部一之十"。

麦 0291　金光明最胜王经卷第九

著者　（唐）释义净译

时代　明

版本　经折装　刻本

现状　全

题记　封面题签题"金光明最胜王经卷第九"。卷端题"金光明最胜王经卷第九"。品题"金光明最胜王经善生王品第二十一"、"金光明最胜王经诸天药叉护持品第二十二"、"金光明最胜王经授记品第二十三"、"金光明最胜王经除病品第二十四"、"金光明最胜王经长者子流水品第二十五"。尾题"金光明最胜王经卷第九"。

每纸　半叶 35.0 cm×12.0 cm；上下双栏；书眉 4.5 cm，地脚 2.9 cm，版面 27.6 cm×12.0 cm；版心白口；半叶 5 行，行 15 字，共 52 叶。此卷 5 个半叶为 1 纸，第 1 纸为正文。第 1 纸右边栏外刻题"金光明经八卷　一"，第 1 纸正文与第 2 纸的交接重叠处刻题"金光明经八卷　二"，第 2 纸与第 3 纸的交接重叠处刻题"金光明经八卷　三"等。正文 20 纸（第 20 纸为 4 个半叶）。

说明　1. 正文刻有句读。

　　　2. 参见麦 0283 说明项 4。

　　　3. 封面为蓝色绢面，封底为深绿色，题签为白色。

　　　4. 函套为蓝色绢面，有黄色题签，题"金光明最胜王经全部 一之十"。

麦 0292　金光明最胜王经卷第十

著者　（唐）释义净译

时代　明

版本　经折装　刻本

现状　全

题记　封面题签题"金光明最胜王经卷第十"。卷端题"金光明最胜王经卷第十"。品题"金光明最胜王经舍身品第二十六"、"金光明最胜王经十方菩萨赞叹品第二十七"、"金光明最胜王经妙幢菩萨赞叹品第二十八"、"金光明最胜王经菩提树神赞叹品第二十九"、"金光明最胜王经大辩才天女赞叹品第三十"、"金光明最胜王经付嘱品第三十一"。尾题"金光明最胜王经卷第十"。题识"顺治癸巳(1653)八月初一日经流法徒祖哲 孙甚常"（尾题前）、"持诵衲僧忠修一竟"（封底背面）。后有《天王像》版画 1 幅。

版式　每纸半叶35.0 cm×12.0 cm;上下双栏;书眉4.4 cm,地脚2.6 cm,版面28.0 cm×
　　　12.0 cm;版心白口;半叶5行,行15字,共49叶。此卷5个半叶为1纸,第1纸为
　　　正文,第1纸右边栏外刻题"金光明经八卷 一",第1纸正文与第2纸的交接重叠处
　　　刻题"金光明经八卷　二",第2纸与第3纸的交接重叠处刻题"金光明经八卷
　　　三"等。正文19纸(第19纸为3个半叶)。

说明　1. 正文刻有句读。
　　　2. 参见麦0283说明项4。
　　　3. 封面为深绿色绢面,封底为黄色绢面,题签为白色。
　　　4. 函套为蓝色绢面,有黄色题签,题"金光明最胜王经全部一之十"。

麦 0239　金光明最胜王经卷第六

著者　(唐)释义净译

时代　明

版本　经折装　刻本

现状　全

题记　封面题签题"金光明最胜王经卷第六"。卷首有《说法图》(拟)版画1幅(4个半叶,
　　　见说明1)。卷端题"金光明最胜王经卷第六/唐三藏法师义净奉诏译"。品题"四
　　　天王护国品第十二"。尾题"金光明最胜王经卷第六"。刻题"衲子圆涓刻第六卷
　　　为/先父吴梦桂亡母郎氏/往生莲界成就菩提","西王报国祝帝遐龄天长地久永清
　　　宁/密语护迦陵叶赞能仁法籍始长存"。有牌记1幅(版心无文字)。

版式　每纸半叶32.3 cm×12.2 cm;上下双栏;书眉2.9 cm,地脚1.5 cm,版面27.8 cm×
　　　12.2 cm;版心白口,内刻题"最胜王经卷六"及纸数;半叶5行,行15字,共50叶。
　　　此卷5个半叶为1纸,每纸半叶或1叶后标刻题"最胜王经卷六"及各纸数。版画1
　　　纸(4个半叶),正文19纸,牌记1纸(半叶)。

说明　1. 前有版画1幅,版画正中佛陀跏趺坐于佛座上,双手作说法印,左右两侧立听法
　　　弟子、菩萨、眷属、天龙八部等。
　　　2. 封面为深蓝色绢面,封底为浅蓝色,题签为黄色。

麦 0648　金光明最胜王经卷第七

著者　(唐)释义净译

时代　明

版本　经折装　刻本

现状　残。起"去菩萨之所受持。是菩萨母。说的语已",止版画(《天王像》)。

题记　品题"金光明最胜王经如意宝珠品第十四"、"金光明最胜王经大辩才天女品第十五"。尾题"金光明最胜王经卷第七"。刻题"皇明隆庆元年(1567)仲春月吉日初起/发心释子通文/舍财信士功德主刘世友室人刘氏　苗氏　吕氏重刊"。底封有《天王像》(拟,残)版画1幅。

版式　每纸半叶35.6 cm×12.2 cm;上下双栏;书眉6.5 cm,地脚2.8 cm,版面26.3 cm×12.2 cm;版心白口,内刻题"金光明卷七"、"卷七"、"七卷"不一;半叶5行,行15字,共42叶半。此卷5个半叶为1纸,第1纸正文与第2纸的交接重叠处刻题"金光明经七卷　二",第2纸与第3纸的交接重叠处刻题"金光明经七卷　三"等。正文16纸4个半叶,版画半叶。

说明　正文刻有句读。

麦0314　金光明最胜王经卷第八

著者　(唐)释义净译

时代　明

版本　经折装　刻本

现状　全(首、底封脱落)

题记　卷端题"金光明最胜王经卷第八",品题"金光明最胜王经大辩才天女品之余"、"金光明最胜王经大吉祥天女第十六"、"金光明最胜王经大吉祥天女增长财/物品第十七"、"金光明最胜王经坚牢地神品第十八"、"金光明最胜王经僧慎尔耶药叉大将品第十九"、"金光明最胜王经王法正论品第二十"。尾题"金光明最胜王经卷第八"。刻题"皇明隆庆元年(1567)仲春月吉日初起/发心释子通文/舍财信士功德主刘世友室人刘氏 苗氏 吕氏重刊"。

每纸　半叶35.6 cm×12.2 cm;上下双栏;书眉6.3 cm,地脚2.9 cm,版面26.4 cm×12.2 cm;版心白口,内刻题"金光明经八卷"、"八卷";半叶5行,行15字,共49叶半。此卷5个半叶为1纸,第1纸与第2纸交接重叠处刻题"金光明经八卷　二",第2纸与第3纸的交接重叠处刻题"金光明经八卷　三"。正文19纸4个半叶。

说明　正文刻有句读。

麦0108　金光明最胜王经卷第九

著者　(唐)释义净译

时代　明

版本　经折装　刻本

现状　首残尾全。起"我昔曾为转法轮王 舍此大地并大海"。

题记　品题"金光明最胜王经诸天乐义护持品第/二十二"、"金光明最胜王经授记品第二十三"、"金光明最胜王经除病品第二十四"、"金光明最胜王经长者子流水品第二/十五"。尾题"金光明最胜王经卷第九"。刻题"皇明隆庆元年(1567)仲春月吉日初起/发心释子通文/舍财信士功德主刘世友室人刘氏 苗氏 吕氏重刊"。后有版画1幅(1个半叶,见说明1)。

版式　每纸半叶36.7 cm×12.2 cm;上下双栏;书眉6.8 cm,地脚2.8 cm,版面26.0 cm×12.2 cm;版心白口,内刻题"九卷"及纸数;半叶5行,行15字,共52叶半。此卷5个半叶为1纸,每纸半叶或1叶后标栏内刻题"九卷"及纸数;根据起始有四个半叶,到第2纸交接重叠处有栏外刻题"金光明经九卷　二",故拟正文第1纸缺半叶,第2纸与第3纸的交接重叠处有栏外刻题"金光明经九卷　三",第3纸与第4纸的交接重叠处有栏外刻题"金光明经九卷 四"等。正文21纸,版画1纸(1个半叶)。

说明　1. 底封有版画1幅,为金刚天王像。

　　　2. 正文刻有句读。

麦 0165　金光明最胜王经卷第十

著者　(唐)释义净译

时代　明代

版本　经折装　刻本

现状　首残尾全,中残(见说明1)

题记　卷端题"金光明最胜王经卷第十"。品题"金光明最胜王经舍身品第二十六"、"金光明最胜王经十方菩萨赞叹品第/二十七"、"□□(金光)明最胜王经菩提树神赞叹品第/二十九"、"金光明最胜王经大辩才天女赞叹品/第三十"、"金光明最胜王经付嘱品第三十一"。尾题"金光明最胜王经卷第十"。牌记"大明国陕西西安府长安县丰邑乡和迪里伍楼村居住/发心信士刘世友室人刘氏 苗氏 吕氏 男刘栋/上侍父刘文达 刊造/母张氏 罗氏/金光明最胜王经一部祈保家道平安/三宝光中吉祥如意/皇明隆庆元年(1567)仲春月吉日发心释子通文起造"。

版式　每纸半叶35.6 cm×12.2 cm;上下双栏;书眉6.3 cm,地脚2.9 cm,版面26.3 cm×12.2 cm;版心白口,内刻题"十卷"及纸数;半叶5行,行15字,共47叶。此卷5个半叶为1纸,每纸半叶或1叶后标栏内刻题"十卷"及纸数。据起始叶交接重叠处有栏外刻题"金光明经十卷　一",第2纸与第3纸的交接重叠处有栏外刻题"金光明经十卷　二",第3纸与第4纸的交接重叠处有栏外刻题"金光明经十卷　三"等。第13纸后缺3个半叶,第14纸前缺半叶,正文20纸,卷末1纸(3个半叶)。

说明　1. 中残,有部分缺失。

　　　2. 封底为蓝色绢面。

　　　3. 正文刻有句读。

麦 0053　金刚川老颂铁馂鍋经

著者　不详

时代　清

版本　线装　写本

现状　全

题记　封面题签题"金刚川老颂铁馂鍋经 卷"。副叶题识"雍正三年(1725)春月吉日　书经"。卷端题"金刚川老颂铁馂鍋"。中题"金刚神咒",书有《回向偈》(拟)"愿一此功德,普及于一切,我等与众生,皆共成佛道"。杂写"佛是天中天,毫光照大千。八风吹不动,一染紫金莲"。

版式　每纸半叶 21.9 cm×13.9 cm;上下乌丝栏;书眉 1.0 cm,地脚 0.6 cm,版面 20.0 cm×12.4 cm,版心白口;半叶 7 行,行约 14 字,共 14 叶。

说明　此本眉批标有"一"至"卅二",但未明段落。间有俳句。内容亦杂乱无章,涉及《金刚经》《赵州禅师语录》等,未知何意。

麦 0049　青峰山大云登禅师语录

著者　(清) 释凤巴记录

时代　清

版本　线装　刻本

现状　全

题记　卷首题"青峰大云登禅师语录序"。序尾刻题"己酉岁律应仲吕谷旦/文林郎原任郿县知县骆文/嗣法门人明"(印两方,8 叶)。卷首题"序",序后刻题"时　雍正柒年(1729)梅月夏日谷旦/瀛海后学祖元敬题"。卷首题"青峰山大云登禅师目录"。卷端题"青峰山大云登禅师语录"。尾题"青峰大云和尚登禅师语录终。/凤巴记录,后学普舟"(印一方)。刻题"时 雍正七年(1729) 月 日 刊板于 本山"。题识"上瑞下光大和尚后学弟子觉悟"(在尾题与刻题之间)。

版式　每纸半叶 26.9 cm×14.2 cm;上下双栏,左右单乌丝栏;书眉 5.4 cm,地脚 2.4 cm,
　　　版面 19.1 cm×12.5 cm,版心 19.1 cm×1.6 cm,花口,上鱼尾,上题"大云和尚语
　　　录",下题卷、叶数;半叶 7 行,行 15 字,共 51 叶。

说明　封面为后人所加,画有龙爪图案,底叶有杂写 6 行。

麦 0061　念诵仪轨(拟,见说明 1)

著者　不详

时代　清

版本　线装　写本

现状　残。起"良因,掌坛举云",止"以皆登诚则必应感而遂通冒罪秦为□□"。

题记　中题"如来藏教焚香达信真言"、"礼请尊者仪"、"五更转(拟)"。

版式　每纸半叶 24.4 cm×17.5 cm;上下无栏;版心白口;半叶 8 行,行约 18 字,共 34 叶。

说明　1. 首尾残,中有"如来藏教焚香达信真言"、"礼请尊者仪"等题字。

　　　2. 绵纸,纸线装订。

麦 0077　宗门玄鉴图

著者　(明)释方觉撰

时代　清

版本　线装　刻本

现状　首稍残

题记　卷端题"宗门玄鉴图"。中题"宗门玄鉴图"、"曹洞宗旨"、"宗门玄鉴图终"、"四舆幺
　　　(8 行)"、"宗门玄鉴图后跋"、"玄鉴图拈偈六首"。刻题"康熙甲戌(1694)孟春之
　　　吉/三宝弟子崔守恒、苏天祥谨书(印两方)/监管刊刻印造了陀、幽成、法性、宝积、
　　　宝兴、宝寿、宝真、宝成、宝学/长安梓人、胥自奇、苏超、李沧龙"。

版式　每纸半叶 27.4 cm×17.6 cm;四边双栏;书眉 4.6 cm,地脚 2.5 cm,版面 20.5 cm×
　　　13.0 cm,版心 20.3 cm×1.0 cm;白口,上有一半白半墨圆,下有一中白(点),外墨
　　　圆;半叶 10 行,行 19 字,共 31 叶。

麦 0085　宝藏论并青州问答

著者　(东晋)释僧肇著　(宋)释一辨问

时代　清

版本　线装　写本

现状　全

题记　封面题签题"宝藏论并青州问答"。卷端题"宝藏论广照空有品第一"。中题"离征体净品第二"、"本际虚玄品第三"、"宝藏论终"、"明教嵩禅师尊僧篇"、"青州百问序"、"青州百问"、"羯磨问难法"。题识"游云口人书"、"相安书"。

版式　每纸半叶 24.6 cm×18.1 cm;上下无栏;版心白口,半叶 9 行,行约 24 字,共 43 叶。

说明　正文后似有杂写若干。

麦 0250　过去庄严劫千佛名经

著者　(宋)畺良耶舍译

时代　清

版本　经折装　写本

现状　全

题记　封面题签题"三世诸佛名经上"(墨书)。卷首题"三劫三千佛缘起/宋畺良耶舍译"。"赞"40 行。卷端题"过去庄严劫千佛名经/开元拾遗附梁录"。尾题"过去庄严劫千佛名经"。

版式　每纸半叶 34.4 cm×12.0 cm;无栏;半叶 5 行,行约 17 字,共 58 叶。此卷 2 个或 3 个半叶为 1 纸。

麦 0269　过去庄严劫千佛名经

著者　(宋)畺良耶舍译

时代　清

版本　经折装　写本

现状　全

题记　封面题签题"过去庄严劫千佛名经"。卷首题"三劫三千佛缘起出大藏得字函观/药王药上菩萨经/宋畺良耶舍 译"。卷端题"过去庄严劫千佛名经/开元拾遗附梁录"。尾题"过去庄严劫千佛名经"。

版式　每纸半叶 32.0 cm×11.0 cm;上下双栏;书眉 6.3 cm,地脚 2.0 cm,版面 23.7 cm×11.0 cm;版心白口;半叶 6 行,行 12—20 字不等,共 47 叶。此卷 5 个半叶为 1 纸(第 1 纸为 2 个半叶,第 2 纸为 4 个半叶)。

麦 0604　过去庄严劫千佛名经

著者　(宋)畺良耶舍译

时代　清

版本　经折装　写本

现状　全

题记　封面题签"过去庄严劫千佛"。卷首题"三劫三千佛缘起出观药王/药上经 宋畺良耶舍译"。卷端题"过去庄严劫千佛名经 一名集诸佛/大功德山/开元拾遗附梁录"。尾题"过去庄严劫千佛名经",后附"释音"5行。

版式　每纸半叶31.0 cm×10.3 cm;上下双栏;书眉3.8 cm,地脚2.2 cm,版面25.0 cm×10.3 cm;版心白口;半叶4行,行13字,共79叶半。此卷11个半叶为1纸,共16纸,第1纸3个半叶,卷末1纸3个半叶。

说明　1. 封面为黄色绢面,封底为蓝色绢面,题签为黄色(后粘贴)。

　　　2. 正文刻有句读。

麦 0683　过去庄严劫千佛名经

著者　(宋)畺良耶舍译

时代　清

装式　包背装　写本

现状　全

题记　卷首题"三劫三千佛缘起出观药王/药上经/宋畺良耶舍译"。卷尾题"过去庄严劫千佛名经"。题识"乾隆九年(1744)六月中释子际博沐手虔书"。

版式　每纸半叶31.7 cm×19.4 cm;上下双栏;书眉3.7 cm,地脚2.4 cm,版面25.6 cm×19.4 cm;版心花口,题"千佛名经";半叶7行,行14字,共45叶。

说明　正文有句读。

麦 0686　过去庄严劫千佛名经卷上

著者　(宋)畺良耶舍译

时代　清

版本　线装　写本

现状　全

题记　封面题签题"颍川氏应用",封面左上角笔书墨识"上卷"。卷首题"香赞随意御制三千诸佛各经序/宣德二季(1427)/领众重刊"(后有释音一行)。卷端题"三劫三千佛缘起出得字函观药王/药上经/宋畺良耶舍译"。中题"过去庄严劫千佛名经卷上 一各集诸佛/大功德山/开元拾遗附梁录"。尾题"过去庄严劫千佛名经卷上",后附

"赞"(两行半)。

版式　每纸半叶 32.2 cm×19.8 cm;上下单栏(墨线);版心白口,上题"千佛口上卷"及叶
　　　　码;半叶 6 行,行 11 字,共 59 叶。

说明　1. 同麦 0684、麦 0685、麦 0686 为一函。
　　　　2. 正文有句读。

麦 0240　现在贤劫千佛名经

著者　(宋)畺良耶舍译

时代　清

版本　经折装　写本

现状　全

题记　封面题签题"现在贤劫千佛名经"(墨书)。卷端题"现在贤劫千佛名经 一名集诸佛
　　　　大功德山/开元拾遗附梁录"。尾题"现在贤劫千佛名经"。题识"康熙癸未(1703)
　　　　季夏月吉旦/弟子沙弥自绪书"。

版式　每纸半叶 32.0 cm×11.1 cm;上下双栏;书眉 5.4 cm,地脚 2.6 cm,版面 24.0 cm×
　　　　11.1 cm;版心白口;半叶 6 行,行 10—12 字,共 44 叶半。此卷 5 个半叶为 1 纸。

说明　封面为棕色绢面,封底为蓝色绢面,题签为白色。

麦 0267　现在贤劫千佛名经

著者　(宋)畺良耶舍译

时代　清

版本　经折装　写本

现状　全

题记　封面题签题"现在贤劫千佛名经"(墨书)。卷端题"现在贤劫千佛名经 一名集诸 佛
　　　　大功德山/开元拾遗附梁录"。尾题"现在贤劫千佛名经",后附"释音"4 行。

版式　每纸半叶 31.0 cm×10.5 cm;上下双栏;书眉 4.2 cm,地脚 1.8 cm,版面 25.0 cm×
　　　　10.5 cm;版心白口;半叶 4 行,行约 13 字,共 69 叶。此卷第 1 纸为 5 个半叶,剩下
　　　　的均 11 个半叶为 1 纸。

说明　1. 封面为蓝色绢面,封底为黄色绢面,题签为白色。
　　　　2. 正文有句读。

麦 0682   现在贤劫千佛名经

著者   （宋）畺良耶舍译

时代   清

装式   包背装   写本

现状   全

题记   卷首题"现在贤劫千佛名经 一名集诸佛/大功德山/开元拾遗附梁录"。卷尾题"现在贤劫千佛名经"。题识"乾隆九年(1744)六月内释子际博沐手虔书"。

版式   每纸半叶31.7 cm×19.4 cm；上下双栏；书眉3.7 cm,地脚2.4 cm,版面25.6 cm×19.4 cm；版心花口,题"千佛名经"；半叶7行,行15字,共39叶。

说明   1. 此本与麦0683为同帙。

　　　　2. 此本书脑向内,版心向外,以浆糊之,后用纸线装订。

　　　　3. 正文有句读。

麦 0685   现在贤劫千佛名经卷中

著者   （宋）畺良耶舍译

时代   清

版本   线装、写本

现状   全

题记   封面题签题"颖川氏应用"。封面左上角笔书题识"中卷"。卷首题"现在贤劫千佛各经卷中 一名集诸/大功德山/开元拾遗附梁录"。尾题"现在贤劫千佛各经卷中",后附"赞"(共2行半)。

版式   每纸半叶32.4 cm×20.7 cm；上下单栏(墨线)；版心白口,上题"千佛卷中"及叶数；半叶6行,行11字；共46叶。

说明   同麦0684、麦0685、麦0686为一函。

麦 0242   未来星宿劫千佛名经

著者   （宋）畺良耶舍译

时代   清

版本   经折装   写本

现状   全(中间有破损)

题记   封面题签题"未来星宿劫千佛名经"(墨书)。卷端题"未来星宿劫千佛名经/开元拾遗附梁录"。尾题"未来星宿劫千佛名经"。题识"雍正十二年(1734)六月望旦麦积山住持释子际博虔书"。

版式　每纸半叶 31.1 cm×10.6 cm;上下双栏;书眉 4.3 cm,地脚 25 cm,版面 24.7 cm×10.6 cm;版心白口;半叶 4 行,行约 14 字,共 82 叶半。此卷 5 个半叶为 1 纸。

说明　1. 封面为黄色绢面。封底为蓝色绢面,题签为黄色。

2. 正文刻有句读。

麦 0243　未来星宿劫千佛名经

著者　(宋) 疅良耶舍译

时代　清

版本　经折装　刻本

现状　全

题记　封面题签题"未来星宿劫千佛名经"。卷端题"未来星宿劫千佛名经 一名集诸佛 大功德山/开元拾遗附梁录"。尾题"未来星宿劫千佛名经"。

版式　每纸半叶 32.1 cm×11.0 cm;上下双栏;书眉 6.4 cm,地脚 2.5 cm,版面 23.5 cm×11.0 cm;版心白口;半叶 6 行,行 16 字不等,共 45 叶。此卷 5 个半叶为 1 纸。

说明　1. 封面为深蓝色绢面,封底为浅蓝色绢面。

2. 正文刻有句读。

麦 0684　未来星宿劫千佛名经卷下

著者　(宋) 疅良耶舍译

时代　清

版本　线装　写本

现状　全

题记　封面题签题"颍川氏应用"。题识"封面左上角笔书　下卷"。卷首题"未来星宿劫千佛名经卷下　一名集诸佛/大功德山/开元拾遗附梁录"。尾题"未来星宿劫千佛名经卷下",后附"赞"(共 16 行半)。

版式　每纸半叶 32.4 cm×20.0 cm;半叶 6 行,行 14 字,共 58 叶。

说明　1. 此为抄刻本,经后人装裱。

2. 麦 0684、麦 0685、麦 0686 为一函。

麦 0652　法忏缘起

著者　不详

时代　清

版本　线装　写本

现状　全

题记　封面题签题"法忏缘起"。卷首题"法忏缘起",卷末止"现相应机水中月惟能令众等见神通"(疑未写完)。

版式　每纸半叶 22.6 cm×13.0 cm;无栏;半叶 6 行,行约 14 字,共 12 叶。

说明　1. 正文刻有句读。

　　　2. 封底有习字数行。

麦 0681　法事道场仪规

著者　不详

时代　清

装式　线装　写本

现状　首残尾全。起"施食坛规　举赞"。

题记　中题"施食坛规　举赞"、"坛场牌吊顶字"、"寒林幡十首"、"皂经壹卷"。题识"大清国甘肃省直隶秦州东乡中社朝阳寺住持僧人聪印"。

版式　每纸半叶 23.6 cm×16.5 cm;共 6 行,行 17 字(不等);共 63 叶。

说明　1. 此本后两叶为杂抄对联等。

　　　2. 正文有朱笔句读。

麦 0745　法戒录

著者　(清)梦觉子汇辑

时代　清

版本　线装　刻本

现状　残。起"伯叔全孝道 终鲜兄弟报鞠劳中年 娶妻儿又小 谁能替得半分毫",止"亲戚六眷不能靠　千斤担子无人挑"。

题记　中题"陈情表"、"全家福　恭敬叔伯"、"现眼报　恭敬先生"、"老长年　恭敬主人"、"悔后迟　不敬长上"、"法戒录第三册上卷下　梦觉子汇辑"、"和睦乡里"、"无心得地　忍耐和睦"、"化蛇报怨　回心和睦"、"飞龙拔宅　富不和睦"。

版式　每纸半叶 24.4 cm×15.2 cm;四周双栏;书眉 4.0 cm,地脚 1.3 cm,版面 19.0 cm×
　　　12.7 cm;版心 19.0 cm×1.0 cm,花口,有上鱼尾,鱼尾上题"法界录",鱼尾下题"陈
　　　情表"(109—111 叶)、"全家福"(111—118 叶)、"现眼报"(119—127 叶)、"老长年"
　　　(127—134 叶)、"悔后迟"(134—141 叶)、"和睦乡里"(142 叶)、"无心得地"(143—
　　　149 叶)、"化蛇报怨"(149—153 叶)、"飞龙拔宅"(153—159 叶)。半叶 8 行,行 22
　　　字,共 51 叶。

说明　正文刻有句读。

麦 0671　牧云和尚宗本投机颂

著者　(清)释通门撰

时代　清

版本　线装　刻本

现状　全

题记　封面题签题"支那……佛祖源流□"。卷端题"牧云和尚宗本投机颂/记室　智旹/
　　　秦南峰把茆孙明远重刊"。中题"西干"(15 叶半)、"震旦"(22 叶半)。

版式　每纸半叶 26.1 cm×16.3 cm;四周双栏;书眉 2.8 cm,地脚 2.0 cm,版面 21.3 cm×
　　　14.9 cm;版心 21.3 cm×1.4 cm,题"宗本投机颂"。1—15 叶下题"西干",16—38
　　　叶下题"震旦",下有墨钉。半叶 10 行,行 20 字,共 38 叶。

麦 0928　阿弥陀佛像

阿弥陀佛圣牌像。贴金,清绘,裱褙多层(2 mm)。尺寸(长×高):278 mm×437 mm。背
题"弥陀佛右一"。背面第二层裱纸为一木刻山水画,有人物、船只、花鸟、树木等。

麦 0929　阿难帝释像

阿难与帝释圣牌像。贴金,清绘,裱褙多层(2 mm)。尺寸(长×高):298 mm×486 mm。
背题"阿难尊者 帝释右一"。

麦 0937　迦叶梵王像

迦叶与梵王圣牌像。贴金,清绘,裱褙多层(2 mm)。尺寸(长×高):290 mm×488 mm。
背题"迦叶尊者梵王左一"。背面手书"乾隆四十一年(1776)四月廿六日宣行"字样。

麦 0004　修礼七佛慈悲忏法(见说明 1)

著者　(梁) 释宝唱撰

时代　清

版本　线装　刻本

现状　全

题记　封面题签题"修礼七佛慈悲忏法"。卷首有版画佛像 1 幅(见说明 2)。后有"香炉赞"、"佛名赞"等。卷端题"修礼七佛慈悲忏法"。尾题"修礼七佛慈悲忏法终"。刻题"陕西西安府蓝田县铁张村寺造经信士张奇达 张元弘 张奇运 张奇斗 张奇淋 张奇相 张奇魁 李成枝 李毓莫 广微 惟莲 惟郎 僧人性法","此板在陕西省南兴善寺禅/堂内藏……又大雁塔寺内有/药师经 金刚经 地藏经 观音/经板"(此板记在上条刻板记之上)。

版式　每纸半叶 24.7 cm×14.2 cm;四边双栏;书眉 3.3 cm,地脚 2.1 cm,版面 19.3 cm×11.5 cm,版心 19.3 cm×0.7 cm,花口,有墨色小圆圈,题"慈悲忏卷"及叶数;半叶 6 行,行 16 字不等,共 21 叶。

说明　1. 定名根据题签题名所拟。

　　　2. 前有版画 1 幅,佛有头光、背光,结跏趺坐于莲台之上,座下有一枝荷叶。

　　　3. 正文刻有句读。

　　　4. 封面外有后人加装护封。

　　　5. 内有佛、菩萨造像。

麦 0006　弥勒佛解八十一劫法华宝忏卷一至二(据中题)

著者　不详

时代　清

版本　线装　写本

现状　首尾残。起"弥勒佛解八十一劫法华宝忏卷一",止"南无千万如来佛"。后有残书根二叶,最后一行南无赦罪王菩□(萨)。

题记　卷首题"弥勒佛解八十一劫法华宝忏卷一"。中题"佛解八十一劫法华宝忏卷一终"、"佛解八十一劫法华宝忏卷二"。

版式　每纸半叶 23.5 cm×18.6 cm,上下无栏,版心白口,半叶 8—10 行,行 19 字不等,共 34 叶。

说明　此书以纸线装订。

麦 0022　毗尼日用仪范

著者　（明）释袾宏辑

时代　清

版本　线装　刻本

现状　全

题记　封面白色题签题"毗尼日用仪范"。内封题识"麦积山/正宗三十八世瑞应堂上达老和尚口口弟子湛汾"。卷首题"毗尼日用仪范"。尾题"毗尼日用仪范附终"。

版式　每纸半叶 29.3 cm×18.0 cm，四边双栏，书眉 5.4 cm，地脚 2.3 cm；版面 21.3 cm× 14.5 cm，版心 21.3 cm×1.9 cm，花口，内题"日用仪范"及叶数，上有白色方框，下有墨钉；半叶 10—13 行，行 20 字不等，共 30 叶。

说明　1. 正文刻有句读。

　　　2.《沙弥律仪要略一卷附毗尼日用仪范一卷四分戒本一卷》《梵网经菩萨戒一卷》，明释袾宏辑。

麦 0037　毗尼日用全部（见说明 1）

著者　（明）释读体编

时代　清

版本　线装　写本

现状　全

题记　封面题"毗尼日用全部"（拟）。杂写题识"炉香怎热法界蒙熏诸佛/海会悉摇闻称意随处结/祥云放寅诸佛现金身/南无香云盖菩萨摩诃萨"。

版式　每纸半叶 20.7 cm×14.8 cm；上下单栏；书眉 2.5 cm，地脚 0.7 cm，版面 17.4 cm× 13.0 cm；版心白口；半叶 8 行，行 16 字，共 16 叶。

说明　1. 书名根据封面题名所定，观其内容不全，似节抄本。

　　　2. 正文有句读。

麦 0750　毗尼日用切要

著者　（清）释读体汇集　（清）释源谅重订

时代　清

版本　线装　刻本

现状　全

题记　卷首题"序"(4叶),序后题"时/大清光绪五年(1879)岁次己卯孟春/本山东头陀书于/卧龙丈室/板存西京十方卧龙禅林",下方有墨文、墨底白文印章两方(不能识读)。卷端题"毗尼日用切要/宝华山弘戒比丘读体汇集/潭柘山岫云寺弘律沙门源谅重订",后附"音义"4叶。刻题"本山退隐老和尚宝下仁/藏主福慧/知客了胜/堂主星如/后堂知兴/西堂道纯/西京卧龙寺两序执职监院玉洁全刊/西堂绍法/后堂昌利/堂主宝应/堂主宝明/维那玉舟/悦众玉光/本山方丈空龄/板存本寺/光绪五年(1879)岁次己卯冬结制日谷旦"(下方有墨文、墨底白文印章两方,不能识读)。

版式　每纸半叶 28.3 cm×15.7 cm;四周双栏;书眉 7.2 cm,地脚 1.8 cm,版面 19.3 cm×13.4 cm;版心 19.3 cm×1.7 cm,花口,上鱼尾,内题"序"、"毗尼日用切要"及叶数;半叶 14 行,行 16 字,大字占两行,共 37 叶。

说明　1. 印章共有四方,未识读。

　　　2. 正文刻有句读。

麦 0919　毗尼日用切要

著者　(明)释读体汇集　(清)释源谅重订

时代　清

版本　线装　刻本

现状　全

题记　封面题签墨书"毗尼日用切要"(后人用红色纸题识),封面中部下端墨书题识"瑞应寺性计玺计"。卷端题"毗尼日用切要/宝华山弘戒比丘读体汇集/潭柘山岫云寺弘律沙门源谅重订",后附"音义"(4叶半)。

每纸　半叶 24.1 cm×16.3 cm;四周双栏;书眉 3.2 cm,地脚 1.8 cm,版面 19.1 cm×14 cm,版心 19.1 cm×1.5 cm;花口,上鱼尾,书口刻题"毗尼日用切要",上鱼尾下题刻叶码;半叶 8 行,行 18 字,共 32 叶。

说明　1. 正文刻有句读。

　　　2. 封面为后人所补,用黄色纸裱原装附叶纸,纸质较为粗糙。

麦 0950　毗卢遮那佛像

毗卢遮那佛圣牌像。贴金,清绘,裱褙多层(2 mm)。尺寸(长×高):267 mm×490 mm。右下方有白底黑框榜题 1 幅(20 mm×95 mm),内题"信女孟门季氏"。

麦0164 复庵和尚华严经纶贯

著者 （宋）释复庵著

时代 清

版本 经折装 刻本

现状 全（封底残，中间间残）

题记 封面题签题"大方广佛华严经"。卷端题"复庵和尚华严经纶贯"。尾题"复庵和尚华严经纶贯"。

版式 每纸半叶 32.3 cm×12.0 cm；上下双栏；书眉 4.3 cm，地脚 1.8 cm，版面 26.1 cm×12.0 cm；版心白口，内刻题"纶贯"及纸数；半叶 5 行，行 15 字，共 26 叶半。此卷 5 个半叶为 1 纸，每纸半叶或 1 叶后标栏内刻题"梁忏卷三"及叶数。共 11 纸。

说明 此卷封面为蓝色绢面，黄色题签，尾残，没有封底。

麦0936 帝释天供养天像

帝释天与供养天圣牌像。贴金，清绘，裱褙多层（2 mm）。尺寸（长×高）：283 mm×479 mm。左下角有白底墨书榜记 1 幅，内题"丁门杨氏 高翔"。

麦0952 帝释天后供养天像

释天后与供养天圣牌像。贴金，清绘，裱褙多层（2 mm）。尺寸（长×高）：266 mm×489 mm。右下角有白底墨书榜记 1 幅，内题"傅开基、张继统"。

麦0954 药师佛像

药师佛圣牌像。贴金，清绘，禄裱多层（2 mm）。尺寸（长×高）：280 mm×439 mm。背题"药师佛左一"。背裱纸有 1 幅版画，隐约可识为一塔（11 层）。

麦0069 高峰要略全集上

著者 （南宋）释元妙撰

时代 清

版本 线装 写本

现状 全

题记 封面黄色，题签题"高峰要略全集上"。卷端题"法事集成 追荐陈意门 冬部 时也"。题识"阮兆熊奉请"（此被一黄纸覆蒙，校者按：此记在护叶朱文印下方）；"僧

人自警　身心欲愿奉尘刹 自觉勤劳莫半些 四相不除彻底错 五阴未尽到头差 神光断臂求心印 喜见烧身问法华 我等不随诸大士 狂(枉)披三世佛袈裟　僧人自警”;工尺谱2行,录文如下:"思意尺。工亦工尺。思意尺工尺意思。三范/工工范悟。悟范范。工尺。思意尺工尺意思。"又有杂写10行,行4字。

每纸	半叶 21.4 cm×18.6 cm;无栏;半叶 11 行,行 17—19 字不等,共 45 叶。
说明	1. 正文有句读和朱笔圈点。
	2. 护叶有朱文印一方,不能识读。
	3. 卷首题上方及正文内有朱文印一方"□月□空"。
	4. 麦 0069、麦 0760、麦 0761 为同一种,全称"高峰语录佛事要略全集"。

麦 0760　高峰语录佛事要略全集上

著者	(南宋)释元妙撰
时代	清
版本	线装　刻本
现状	全
题记	封面题识"高峰语录"。护叶题识"南赡部洲"。卷首题"序"(拟,1 叶),序末有"余深嘉之乃作序并述寂安之善行以为世传焉"(左侧有墨文印章三方,不能识读)。卷首题"高峰语录佛事要略目录"(3 叶)。卷端题"高峰语录佛事要略全集上"。尾题"大清国各有不同人氏见在某处居住奉□□□□□"。
版式	每纸半叶 23.7 cm×13.2 cm;四周双栏;书眉 3.3 cm,地脚 1.6 cm,版面 18.7 cm×11.6 cm;版心白口,内题"高峰语录"卷以及叶数,下有墨钉;半叶 8 行,行 17 字,共 83 叶。
说明	1. 印章共有三方(未识读)。
	2. 正文刻有句读。

麦 0761　高峰语录佛事要略全集下

著者	(南宋)释元妙撰
时代	清
版本	线装　刻本
现状	首全尾残。止"雾乾坤静海湛空澄化日融月照松床春色"。
题记	卷端题"新刊高峰语录佛事要略全集下"。
版式	每纸半叶 23.8 cm×13.3 cm;四周双栏;书眉 3.5 cm,地脚 1.6 cm,版面 18.8 cm×

11.5 cm;版心白口,内刻题"高峰语录"卷及叶数,下有墨钉;半叶 8 行,行 17 字,共
61 叶。

说明　正文刻有句读。

麦 0054　高王观音经

著者　(东魏)高欢

时代　清

版本　线装　刻本

现状　全

题记　封面题签题"高王观世音经　敬谨奉诵/慎勿秽亵"。扉页牌记"同治元年(1862)夏
五月吉旦时刊/高王观音经/附救难消灾神咒救苦经/绣像救人难偈光明咒/观音十
二大愿多心经/天宝斋藏版"。首题"高王观世音经应验序"。"序"后刻题"同治元
年(1862)夏六月明阳子题并书"。牌记"板存甘肃秦州西关街会福寺/天宝斋吴家
刻字铺二牌坊下/写刻书籍篆镌图章刷印善书/乐善好施至铺面议竭力效劳"。首
题"真言、开经偈"。卷端题"佛说高王观世音经"。刻题"成都吴逢春在秦州近三十
年州城缺少善书或/有善本经文亦是川陕外县应考代送春四川省/选有益善书经文
备信善同缘者刊刻/高王经本末感应甚多救苦难咒增绘图像八难经/偈十二愿文消
灾获福难以尽述今合成本以备/乐善好施方便分合印送"(此刻题后为条形墨等一
条,7 叶)。中题"观音救难经"。刻题"燕京进士钱福五十无子屡祷不应忽遇老僧
持经/授诵夫妇发心奉刊一藏生子三俱在庠/江南苏州府常熟人现任东阁大学士蒋
公因患痞/气面色青减用药调治不愈知此甚灵命妻孙氏/虔诚持念一万二千遍痞气
消精神如旧故将/大士咒印一万二千卷广送/滁州进士王鼎闻经验甚夫妇受持刊板
印施即生/一子现任户部尚书又得二孙甲子同榜/新安许元吉固贫无聊欲投江自尽
路遇老人出经/示曰虔诵自得天佑元吉持诵不辍后贸易扬州/竟得巨富刊施万余
卷/山东监察周继乡罪谪和林夜梦/大士传此咒一万二千遍可以解厄后诵咒完忽
蒙/赦得安施印一千二百卷皋兰信士杨尔椐因母/病危虔诚祷施一千卷病即安/江
西王天锡赴汉口经营舟至长江忽遭大风合船/号哭慌张失措天锡素诵此经愿刷一
千卷风息/陈氏身病无子诵咒不辍刊施三千六百卷病即/痊果生一子官至户部侍
郎/浙湖苏迅忧母病素斋虔诵此经忽梦灶神曰汝诚/孝上帝增汝母寿吾为孝子神亦
蒙恩荣汝祖父/德薄汝寒儒结善浅虽三子无一实速印施大/经一藏吾为汝请一贤孙
急为长子完婚惊觉即/行后皆如言/嘉兴戴夑有危症妻黄氏跪诵印施病旋愈子痘
濒/死亲见大士吹气于儿顶实时愈/华阳裴登寿同妻祈子叩讽经百卷遂生一子/余

旭日过江探亲遇狂风舟几覆即极口念观音/经风浪暂息得免溺覆/江南易成屡试不售后得此经虔诵十遍刻送三千/卷庚辰果入泮/安徽旌德吕继庵任盩厔二尹未赴任委署凤翔县/丞嘉庆四年贼匪作乱由川至陕一带吕奉上宪/委办粮台时冒凶险继室张氏闻信心忧虔许刻/印是经一万二千卷并朝夕唪诵后渐平定得获/贼首张汉朝以军功升镇安县洊升直隶州/桐乡贡生李一鸣事母至孝母七十忽患重病服药/罔效一鸣延医路经古佛寺进庙求签见 观音/案前有高王经一卷愿刊此经一千三百卷布送/四方是夜母病减半连夜刊刷未及半月而愈/甘肃静宁州吏目张清济之妻申氏因田病唪诵一/万二千遍母病渐瘥因无子嗣立愿刊施不一年/得子敬印一千二百卷/秦州清水县姚用中持诵高王经甚虔刊板印送秦/安王堃眼疾感于大士而痛即止印送一千卷/秦州卜永年念高王经灭息兵戈水火之灾普救疾/病公私之难句发愿印送一千卷布敬四方/秦州东乡沈持升因疾病发愿印送二百卷疾病全愈"(9 至 11 叶)。

版式　每纸半叶 23.3 cm×13.9 cm;四周单栏;书眉 2.8 cm,地脚 0.6 cm,版面 19.7 cm×12.1 cm,版心 19.7 cm×0.4 cm,大黑口,上下象鼻,下题叶数;半叶 9 行,行 20 字,共 10 叶。

麦 0162　高王观音经

著者　(东魏)高欢

时代　清

版本　蝴蝶装　刻本

现状　残。起"死苦 消除于毒害 南无大明观世音 观明观",止"十方三界一切佛 诸尊菩萨摩诃萨 摩诃般若波罗蜜 拜 终"。

题记　卷题"观音梦授经"。题识"高王观世音 能救诸苦","咸丰十年(1860)又三月二十七日吉","大悲大愿大圣大慈 礼","波罗蜜多/耨多罗三藐三菩提"。卷题"玄天上帝垂训文","玄天上帝金科玉律/秦州甘泉寺九庵张西江敬录/秦州甘泉寺弟子聂元偕侄男侄玉音敬刊印施"。

版式　《高王观音经》每纸半叶 25.6 cm×13.5 cm;四周双栏;书眉 2.6 cm,地脚 2.5 cm,版面 20.8 cm×11.7 cm,版心 20.6 cm×1.1 cm;花口,上鱼尾,鱼尾内刻题"高王观音经",鱼尾下刻题叶码;半叶 7 行,行 17 字,共 10 叶。

《玄天上帝垂训文》每纸半叶 25.6 cm×11.8 cm;四周单栏;书眉 4.5 cm,地脚 0.8 cm,版面 20.3 cm×10.7 cm,版心 20.3 cm×1.4 cm;花口,上鱼尾,题"垂训文",鱼尾下刻题叶数;半叶 7 行,行 20 字,共 2 叶。

《玄天上帝金科玉律》每纸半叶 25.6 cm×12.5 cm;四周单栏,末半叶四周双栏;书眉 5.2 cm,地脚 0.5 cm,版面 20.0 cm×10.8 cm,版心 20.0 cm×10.8 cm;花口,上
鱼尾,内刻题"金科玉律",鱼尾下刻题叶数。

麦 0702　高王观音经

著者　(东魏)高欢

时代　清

版本　线装　刻本

现状　全

题记　封面题签题"高王观音经/敬谨奉诵/慎勿秽亵"。牌记(半叶)"同治元年(1862)夏
　　　五月吉旦刊恭敬神堂,慎勿秽亵/高王观世音经/附救难消灾神咒救苦经/绣像救难
　　　偈光明咒/观音十二大愿 多心经/天宝斋藏板"。卷首题"摩诃般若波罗蜜多经"(1
　　　叶);"高王观音经应验序"(1 叶),序后题"同治元年(1862)夏六月明阳子题并书"。
　　　牌记"板存甘肃秦州西关街会福寺/天宝斋吴家刻字铺二牌坊下/写刻书籍篆镌图
　　　章刷印善书/乐善好施至铺面议竭力效劳"(序后左下侧方形)。卷首题"启请并开
　　　经偈"(2 行)。卷端题"佛说高王观世音经"(4 叶)。中题"观音救苦经"(4 叶)。刻
　　　题"秦州东乡沈持升　因疾病发愿印送二百卷疾病全愈"。

版式　每纸半叶 23.3 cm×14.1 cm;四周单栏;书眉 2.9 cm,地脚 0.7 cm,版面 19.6 cm×
　　　12.1 cm;版心 19.6 cm×0.5 cm;黑口,象鼻,上鱼尾,刻叶数;半叶 9 行,行 20 字,
　　　共 11 叶。

说明　此本《观音经》后有"灵验记"16 则,诚为民间文学之一宝贵资料。

麦 0710　高王观音经

著者　(东魏)高欢

时代　清

版本　线装　刻本

现状　全

题记　封面题签题"高王观音经"。卷首题"高王观世音菩萨经原序"(2 叶)、"高王观世音
　　　菩萨灵应真经"(1 叶)。中题"开经偈"(2 行)、"佛说高王观世音菩萨经"(1 叶半)、
　　　"高王观世音经示斋戒日期"(1 叶)、"高王观世音经灵应记"(4 叶)。刻题"板存秦
　　　州/隍庙如有/信善君子发心印送者即到/隍庙印刷"。

版式　每纸半叶 24.2 cm×14.5 cm;四周双栏;书眉 3.7 cm,地脚 1.9 cm,版面 18.6 cm×
　　　12.4 cm,版心 18.6 cm×1.3 cm;花口,有上鱼尾,正文前题"序"。正文部分题"高

王观音经";半叶 10 行,行 20 字,共 10 叶。

麦 0722 高王观音经

著者 (东魏)高欢

时代 清

版本 线装 刻本

现状 全

题记 封面题签题"高王观音经/敬谨奉诵/慎勿秽亵"。卷首题"高王观世音菩萨经原序" (2 叶)。中题"高王观世音菩萨灵应真经"(1 叶)、"开经偈"(2 行)、"佛说高王观世音菩萨经"(2 叶)、"观音菩萨救苦救难神咒"(10 行)、"高王观世音经示斋戒日期" (1 叶)、"高王观世音经灵应记"(4 叶)。尾题"甘肃宁远县秀士令士元数科不第虔诵刊刻于/道光癸卯(1843)科果中三十名举人"。牌记"咸丰癸丑年(1853)仲夏月上邽弟子姚用中敬刊,板存清水县北乡白驮石设原寺乐善/君子发心印送者自备墨纸板不取资/秦州元宝斋吴刻字"。卷末后序"子非不信因果。奈穷乡僻壤。隘于见闻。癸丑春母患臂痛/屈伸维艰。医卜罔效者经年。偶于友人案头。见玉历警世/一书。捧读之际。心凛神异。发愿翻刻印送。期母臂愈。乃言/未出口。而母患若失。又妻万氏。心痛经旬。自于/灶神前虔祷印送。亦占勿药。其鹰(应)验若此。敢不敬从。然虽已付梓。尚需时日。因先印送/高王观音经。敬信录二书。以作见善如不及之微忱/咸丰岁次甲寅(1854)孟秋吉日街泉弟子王重英谨述"。

版式 每纸半叶 22.9 cm×15.7 cm;四周双栏;书眉 2.7 cm,地脚 1.6 cm,版面 18.6 cm× 12.4 cm;版心 18.6 cm×1.3 cm,花口,上鱼尾,刻题"序"、"高王观音经"等及叶数; 半叶 10 行,行 20 字,共 10 叶半。

说明 正文刻有句读。

麦 0884 高王观音经(见说明 1)

著者 (东魏)高欢

时代 清

版本 线装 刻本

现状 全

题记 卷首题"序",序后有"光绪十五年(1889)己丑秦州同仁局敬刊"。朱色牌记"秦州东乡伯阳渠信士,刘永宗率男邦远敬送"。中题"净身真言"、"净口真言"、"净三业真言"、"安土地真言"、"奉献八菩萨"、"开经偈"、"佛说高王观世音经"。

版式 每纸半叶 24.3 cm×14.5 cm;四周双乌丝栏;书眉 3.0 cm,地脚 1.0 cm,版面 20.3 cm×12.2 cm;版心 20.3 cm×1.9 cm,花口,上鱼尾,大黑口;半叶 8 行,行 22 字,共 8 叶。

说明 1. 据序定名,尾叶有墨钉。

2. 书眉有释音。

麦 0898　高王观音经

著者　(东魏)高欢

时代　清

版本　线装　刻本

现状　首残尾全

题记　内封有版画 1 幅(见说明 1)。卷首题"高王观世音菩萨经原序"(2 叶)。卷端题"高王观世音菩萨灵应真经"。中题"佛说高王观世音菩萨经"、"观音菩萨救苦救济难神咒"、"高王观世音经齐戒日期"、"高王观世音菩萨灵应记"。尾题"咸丰癸丑年(1853)仲夏月上邽弟子姚用中敬刊/弟子马海龙敬送"。

版式 每纸半叶 24.1 cm×14.8 cm;四周双乌丝栏;书眉 3.8 cm,地脚 1.5 cm;版面 12.5 cm×18.5 cm;版心 18.5 cm×1.2 cm,花口,上鱼尾上题"高王观音经";半叶 10 行,行 20 字,共 10 叶。

说明 版画中为一尊观音菩萨像,手持净瓶和柳枝。

麦 0915　高王观音经

著者　(东魏)高欢

时代　清

版本　线装　刻本

现状　全

题记　封面题签题"绣像高王观音经"(黄纸)。卷首版画 1 幅《观音菩萨像》(拟)(见说明 1)。卷首题"高王观世音菩萨经原序"(2 叶)。卷端题"高王观世音菩萨灵应真经"。中题"佛说高王观世音菩萨经"、"高王观音经灵应记"。刻题"甘肃宁远县秀士令士元数科不第虔诵刊刻于/道光癸卯(1843)科果中三十名举人/□□□(二)年春正月吉日 秦州□(莆)赞武敬送/秦州潘毓秀因父终求早超生许愿印送二百卷","咸丰癸丑年(1853)仲夏月上邽弟子姚用中敬刊/乐善/君子发心印送者自备墨纸板不取资"。

版式   每纸半叶 24.1 cm×14.4 cm；四周单乌丝栏；书眉 4.4 cm，地脚 1.0 cm，版面 18.7 cm×13.0 cm，版心 18.7 cm×1.2 cm；花口，上鱼尾，书口题"高王观音经"，鱼尾下刻题叶码；半叶 10 行，行 21 字，共 8 叶。

说明   前有版画 1 幅，观世音菩萨身披白衣，双目下视，右手边置净水瓶，瓶中的杨柳枝还清晰可见，身后有竹子、山石、小鸟。

麦 0748   教乘法数卷第一至卷第三

著者   （明）释圆静集

时代   清

版本   线装   刻本

现状   首残尾全（缺封底）。起"僧□司右善☐☐☐☐☐综群籍讲演之隙焚膏继晷不☐☐☐☐☐"。

题记   卷首题"序"，序后有"宣德六年(1431)岁在辛亥秋九月九日/行在僧录司右□□江左道遐序"(1 叶，下方有墨文印章一方，未识读)。卷首题"序"，序后有"宣德辛亥(1431)二月九日/寓庆寿寺松阴序"(半叶)。卷端题"教乘法数卷第一/会稽沙门圆瀞 集"。中题"教乘法数卷第二"、"教乘法数卷第三"。尾题"教乘法数卷第三"。

版式   每纸半叶 27.3 cm×16.2 cm；四周双栏；书眉 4.7 cm，地脚 1.7 cm，版面 21.2 cm×14.5 cm；版心 20.6 cm×0.6 cm，花口，上下鱼尾。中题"法教卷一"、"法教卷二"、"法教卷三"及叶数，上下皆有大黑口象鼻。半叶 10 行，行 17 字，共 133 叶。

说明   1. "宣德六年岁在辛亥秋九月九日行在僧录司右□□江左道遐序"后有印一方，未识读。

　　　2. 每卷卷尾都有佛教音乐乐器、七宝、卍字等。

麦 0073   教乘法数卷第三

著者   （明）释圆瀞集

时代   清

版本   线装   刻本

现状   全

题记   封面题签题"支那撰述   教乘法数卷三"。卷端题"教乘法数卷第三"。题识"雍正三年(1725)岁次乙巳姑洗天水季学慧然记"。

版式   每纸半叶 26.1 cm×16.9 cm；四边双栏；书眉 4.2 cm，地脚 1.6 cm，版面 20.1 cm×14.4 cm，版心 20.1 cm×1.0 cm；花口，上鱼尾，题"法数卷三"及叶数；半叶小字 12

行,行约 21 字,共 70 叶。

说明　1. 在每卷卷中、卷尾都有佛教音乐乐器七宝等。

　　　2. 麦 0073(卷三)、麦 0664(卷六至八)、麦 0730(卷十一至十三)、麦 0699(卷九至十)、麦 0670(卷四至五)、麦 0758(卷五)、麦 0748(卷一至三)为一函。

麦 0670　教乘法数卷第四至卷第五

著者　释圆瀞集

时代　清

版本　线装　刻本

现状　全

题记　封面题签题"教乘法数卷第四之五"。卷端题"教乘法数卷第四"。中题"教乘法数卷第五"。题识"雍正三年(1725)岁次乙巳姑洗月天水季学慧然　圆记"。

版式　每纸半叶 26.0 cm×16.8 cm;四周双栏;书眉 3.9 cm,地脚 1.1 cm,版面 20.3 cm×14.3 cm;版心 20.3 cm×0.7 cm,花口,上鱼尾,下题"法数卷四"、"法数卷五"及叶数等;半叶 15 行,行约 18 字,共 103 叶。

说明　1. 每卷卷中、卷尾都有佛教音乐乐器七宝等。

　　　2. 麦 0073、麦 0664、麦 0730、麦 0699、麦 0670、麦 0758、麦 0748 为一函。

麦 0758　教乘法数卷第四至卷第五

著者　(明) 释圆瀞集

时代　清

版本　线装　刻本

现状　首尾残。起"四法",止"教乘法数卷第五"。

题记　中题"教乘法数卷第四"、"教乘法数卷第五"。尾题"教乘法数卷第五"。

版式　每纸半叶 27.2 cm×16.5 cm;四周双栏;书眉 4.9 cm,地脚 1.8 cm,版面 20.5 cm×14.6 cm;版心已被虫蛀,残,隐约可识象鼻,上鱼尾,上题"法数□□";半叶 12 行,大字字数不等,小字行约 24 字,共 91 叶(后两叶已脱落)。

说明　1. 卷中、卷尾都有佛教音乐乐器七宝等。

　　　2. 麦 0073、麦 0664、麦 0730、麦 0699、麦 0670、麦 0758、麦 0748 为一函。

麦 0664　教乘法数卷第六至卷第八

著者　(明) 释圆瀞集

时代　清

版本　线装　刻本

现状　首残尾全(缺封面)

题记　卷端题"教乘法数卷第六"。中题"教乘法数卷第七"、"教乘法数卷第八"。后封题识"雍正三年(1725)岁在乙巳姑洗天水季学慧然记"。

版式　每纸半叶 26.0 cm×16.9 cm;四周双栏;书眉 3.5 cm,地脚 1.9 cm,版面 20.6 cm×14.5 cm;版心 20.5 cm×0.7 cm,花口,双鱼尾,下题"法数卷六"、"法数卷七"、"法数卷八"及叶数等;半叶 12 行,行 25 字,共 70 叶。

说明　1. 竹纸,极薄,帘纹宽在 10 mm—12 mm 之间。
　　　2. 每卷卷中、卷尾都有佛教音乐乐器七宝等。
　　　3. 麦 0073、麦 0664、麦 0730、麦 0699、麦 0670、麦 0758、麦 0748 为一函。

麦 0699　教乘法数卷第九至卷第十

著者　(明)释圆瀞集

时代　清

版本　线装　刻本

现状　全

题记　封面题签题"教乘法数卷九之十",题签下有朱文印一方。卷端题"教乘法数卷第九"。中题"教乘法数卷第十"。题识"雍正三年(1725)岁次乙巳姑洗月天水季学慧然记"。

版式　每纸半叶 25.9 cm×16.9 cm,共 76 叶;四边双栏;书眉 3.9 cm,地脚 1.2 cm,版面 20.3 cm×14.3 cm;版心 20.3 cm×0.7 cm,花口,上鱼尾,内题"法数卷九"、"法数卷十";半叶 10 行,行约 24 字,共 76 叶。

说明　1. 每卷卷中、卷尾都有佛教音乐乐器七宝等。
　　　2. 麦 0073、麦 0664、麦 0730、麦 0699、麦 0670、麦 0755、麦 0748 麦为一函。

麦 0730　教乘法数卷第十一至卷第十二

著者　(明)释圆瀞

时代　清

版本　线装　刻本

现状　首全尾残。止"三千妙境"。

题记　卷端题"教乘法教卷第十一"。中题"教乘法教卷第十一"、"教乘法数卷第十二"。

版式　每纸半叶 26.0 cm×16.9 cm;四周双栏;书眉 3.3 cm,地脚 1.7 cm,版面 20.9 cm×14.3 cm;版心 20.9 cm×0.6 cm,花口,上下鱼尾,内题"法数卷十一"、"法数卷十二"及叶数;半叶 12 行,小字约 30 字,共 63 叶。

说明　每卷卷中、卷尾都有佛教音乐乐器七宝等。

麦 0655　诸经日诵（见说明 3）

著者　不详

时代　清

版本　线装　刻本

现状　残。起"南无佛顶首楞严　南无观世音菩萨",止"离伽耶降福齐家金地涌莲花 登云□□"。

题记　中题"朝时课诵终"、"暮时课诵第四"、"暮时课诵终"、"杂录第五"。

版式　每纸半叶 22.8 cm×13.1 cm;四周双乌丝栏;书眉 2.3 cm,地脚 1.1 cm,版面 19.6 cm×11.3 cm;版心 19.6 cm×0.9 cm,花口,内题"诸经日诵",下有墨钉、叶数;半叶 8 行,行 17 字,共 78 叶半。

说明　1. 竹纸,极脆。

　　　2. 正文刻有朱、墨句读。

　　　3. 题名据版心题。

麦 0680　诸经题解杂抄（拟）

著者　不详

时代　清

装式　线装　写本

现状　残(首封存、尾封残)。止"苦海。仰凭海众。念佛回向"。

题记　卷首题识"妙音观音号圆通土天愿誓洪深苦/海度迷津救苦寻□八面证观音南无圆通海会□/佛菩萨/南无□佛顶首楞严如来修真了诸萨/万行楞严三昧印圆通海会佛菩萨"。中题"华严经起止"、"法华经赞　首卷"、"妙法莲华经弘传序"、"大佛顶首楞严经题目"、"佛说阿弥陀经题"、"华严经题序"。

版式　每纸半叶 24.3 cm×15.0 cm;上下单栏(墨,后无);书眉 1.8 cm,地脚 0.9 cm,版面 21.2 cm×15.0 cm;版心白口;半叶 6 行,行 17 字,共 27 叶。

说明　此本杂抄多录经名而释之。

麦 0754 通玄青州二百问

著者 (宋)释一辩撰

时代 不详

版本 线装 刻本

现状 首尾残。起"面南看北斗腾腾炎暑任迁流毕竟难侵无",止"忘转隔得迈红衢还迷紫陌脚跟线断了无▮▮▮▮▮▮云水客"(下方有朱印一方残,不能辨识)。

题记 中题"通玄百问终"、"青州百问/序后有 林泉野衲从伦序 释常绥书"、"青州百问/中都大万寿禅寺辩和尚问/唐慈云十身禅寺觉和尚/燕京报恩禅寺林泉老人颂/华亭生生道人梓"。

版式 每纸半叶 13.8 cm×20.8 cm;四周单栏;书眉 0.8 cm,地脚 0.6 cm,版面 19.4 cm×11.7 cm;版心 19.4 cm×0.8 cm,花口,上鱼尾,鱼尾上题"通玄问"、"青州问"等不一,鱼尾下题"卷上";半叶 8 行,行 17 字,共 24 叶半。

说明 题名依据《佛学大辞典》。

麦 0029 敕建十方卧龙禅寺同戒录(见说明 1)

著者 不详

时代 清

版本 线装 刻本

现状 全

题记 封面题签题"敕建十方卧龙禅寺同戒录 光绪五年(1879)冬期"。内封题"同戒录/总持三学"(印一方,见说明 1)。卷首题"敕建卧龙禅寺同戒录序/大清光绪五年(1879)岁次己卯佛诞日/东遐龄头陀谨识"(印两方,见说明 2,共 3 叶半);卷首题"敕建卧龙禅寺同戒录"。

版式 每纸半叶 24.6 cm×14.3 cm;上下双乌丝栏;书眉 5.5 cm,地脚 1.4 cm;版面 17.2 cm×11.3 cm,版心 17.2 cm×1.8 cm,花口,上鱼尾,鱼尾上题"同戒录"、"轨范",下题"序"及叶数;半叶 8 行,行 16 字不等,共 29 叶。

说明 1. 书名据卷首题。

2. 内封有朱印一方,未识读。

3. 另有方印两方,一为朱文,一为白文,未识读。

麦 0732　敕建十方卧龙禅寺同戒录

著者　不详

时代　清

版本　线装　刻本

现状　首尾残

题记　封面题签题"敕建十方卧龙禅寺同戒录"。牌记 1(1 叶卷下残损),正面题"同戒
　　　□□",反面题"总持□□"。卷首题"敕建卧龙禅寺同戒录序"(2 叶残损)。序后有
　　　"大清光绪五年(1879)岁次己卯佛诞日/东邋龄头陀谨识"(下方有墨文、墨底白文
　　　印章两方,未识读)。牌记 2"敕建卧龙禅寺同戒录/得戒本师大和尚　名上空下龄
　　　号东邋山东直隶/济宁州籍本命己亥宫六月初五吉时建生"(朱文、白文两方印章
　　　覆盖于文字之上,未识读)。

版式　每纸半叶 24.3 cm×14.4 cm;四周双栏;书眉 5.3 cm,地脚 1.8 cm,版面 17.4 cm×
　　　11.8 cm;版心 17.4 cm×1.3 cm,上鱼尾,正文前题"轨范",正文题"同戒录",半叶
　　　4 行,行 12 小字,共 22 叶。

说明　有印章 5 方,未识读。

麦 0705　敕赐宝华山护国慧居寺同戒录

著者　不详

时代　清

版本　线装　刻本

现状　全

题记　封面题签题"宝华山慧居寺同戒录"(下方有朱文印章一方)、"康熙陆拾壹年(1722)
　　　春期"。牌记(半叶)"钦赐精持梵戒戒坛"(下有朱文、白文两方印,未识读)。卷首
　　　题"同戒录序"(4 叶),序后有"康熙壬寅(1722)佛成道日敬录/先老人题词于千华
　　　律社"(后有白文印两方,其中一方印文曰"福聚图书",另一方不能识读)。卷端题
　　　"敕赐宝华山护国慧居寺同戒录"。

版式　每纸半叶 16.4 cm×26.5 cm;四周单栏;书眉 4.4 cm,地脚 1.5 cm,版面 20.5 cm×
　　　13.4 cm;版心 20.5 cm×1.5 cm,花口,题"同戒录"及叶数;半叶大字 6 行,小字 12
　　　行,行约 17 字,共 24 叶半。

麦 0017　梵网经菩萨戒

著者　（姚秦）鸠摩罗什译　（明）释祩宏校

时代　清

版本　线装　刻本

现状　全

题记　卷端题"梵网经菩萨戒/姚秦三藏法师鸠摩罗什译 明菩萨戒弟子云栖寺沙门祩宏校订"。中题"菩萨心地品之下"。尾题"梵网经菩萨戒终"，后附"赞"（7 行）、"音义"（8 叶）。刻题"本山退隐老和尚上宝下仁/藏主福慧/知客了胜/堂主星如/后堂智兴/西堂道纯/西京卧龙寺两序执职、监院玉洁全刊/西堂绍法/后堂昌利/堂主宝应/堂主宝明/维那玉舟/悦众玉光/本山方丈空龄/时 板存本寺/光绪五年(1879)岁次己卯冬结制日谷旦"。尾叶有朱文 2 方。

版式　每纸半叶 27.1 cm×16.2 cm；四边双乌丝栏；书眉 4.8 cm，地脚 2.6 cm，版面 19.9 cm×13.3 cm，版心 19.9 cm×1.1 cm；花口，上鱼尾，题"梵网经菩萨戒"，下题叶数；半叶 8 行，行 18 字，共 44 叶。

说明　1. 后有朱文印 2 方，未识读。

　　　2. 卷首叶有朱文印 1 枚，未识读。

　　　3. 正文刻有句读。

麦 0042　梵网经菩萨戒

著者　（后秦）鸠摩罗什译

时代　清

版本　线装　刻本

现状　全

题记　封面题签题"梵网经"。卷首题"梵网经菩萨戒序"。卷端题"梵网经菩萨戒/后秦三藏法师鸠摩罗什译"。刻题"重刻南京嘉兴府严楞寺大藏原板，四分戒律/梵网经，沙弥要律，毗尼日用，后附羯磨。诵戒法/仪释音四卷。供奉十方诸大德。四众人等。有缘早/遇便请登坛。励志向前，不计岁月。破目前之坚碍/消历劫之固执。究性相之深诠。穷无漏之妙旨/时/康熙二年(1663)蜀慈比丘明远知事比丘融心寓秦南金/龙峰把茅命工锓梓印行/重刻梵网经释音附终，四众人等同圆种智"。

版式　每纸半叶 25.9 cm×17.5 cm；四边双栏；书眉 3.1 cm，地脚 2.1 cm，版面 20.5 cm×14.6 cm，版心 20.5 cm×2.0 cm；花口，中题"梵网经"、"梵网直解"及叶数，版心上

方的白方框,下有黑色墨钉;半叶 10 行,行 20 字,共 44 叶。

说明　1. 文中刻有句读。

2. 袁按:《梵网直解》四卷,为明代如馨(1541—1615)所著,本卷未作校对。刻题又
见于麦 0056。

麦 0056　梵网经菩萨戒

著者　(后秦) 鸠摩罗什译

时代　清

版本　线装　刻本

现状　全

题记　封面题签题"梵网经"。扉页杂写"正羊二大三在辰四月斋醮不用寅五马六鼠七鸡
位八月还在卯上寻/天瘟/九蛇十猪十一猴十二月牛头重千斤/天林地神火山水舟
人鬼 正七起寅二八子 三九起戌四十申 五十一/天隔/月起午 六十二月在辰/王母
洞粮五斗捌升九合六勺"。卷首题"梵网经菩萨戒序"。卷端题"梵网经菩萨戒/后
秦三藏法师鸠摩罗什译"。中题"菩萨心地品之下"、"梵网经菩萨戒终",后附"赞"
(6 行)、"释音"(2 叶)。刻题"重刻南京嘉兴府严楞寺大藏原板,四分戒律/梵网经
沙弥要律 毗尼日用 附羯磨 诵戒法/仪释音四卷 供奉十方诸大德 四众人等 有缘
早/遇便请登坛 励志向前 不计岁月 破目前之坚碍/消历劫之固执 究性相之深诠
穷无漏之妙旨/时/康熙二年(1663)蜀慈比丘明远知事比丘融心寓秦南金/龙峰把
茅命工锓梓印行/重刻梵网经释音附终/助缘比丘圆显性元信士任尊贤室人虢氏"。
中题"半月诵比丘戒说戒仪法第二十二"、"四分戒本/依唐宣律师删定本　出昙无
德部"。

版式　每纸半叶 24.8 cm×17.1 cm;四边双栏;书眉 2.6 cm,地脚 1.4 cm,版面 20.8 cm×
14.5 cm,版心 20.8 cm×1.7 cm;花口,书口上有白线方框,版心题"戒经序"、"梵网
经"、"四分戒本序"、"四分戒本"及叶数,下有墨钉;半叶 10 行,行 20 字,共 62 叶。

说明　1.《梵网经》后有墨钉一行(29 叶)。

2.《梵网经菩萨戒》(1—33 叶)、《四分戒本》(34—62 叶)。

3. 正文刻有句读。

4. 刻题又见于麦 0042《梵网经菩萨戒》。

麦 0080　梵网经菩萨戒

著者　(姚秦) 鸠摩罗什译　(明) 释袾宏校订

时代　清

版本　线装　刻本

现状　稍残

题记　封面题签题"□□(梵网)经菩萨"。封面题识"体禅记"。卷端题"梵网经菩萨戒/姚秦三藏法师鸠摩罗什译　明菩萨戒弟子云栖寺沙门袾宏校订"。尾题"梵网经菩萨戒 终",后附"赞"(7行)、"音义"(7叶)、"音义终"。

版式　每纸半叶 28.0 cm×15.7 cm;上下双乌丝栏;书眉 6.0 cm,地脚 2.6 cm,版面 19.4 cm×13.4 cm,版心 19.4 cm×1.6 cm;花口,上鱼尾,上题"梵网经菩萨戒",上鱼尾下刻叶数;半叶 8 行,行 18 字,共 43 叶。

麦 0082　梵网经菩萨戒

著者　(姚秦)鸠摩罗什译　(明)释袾宏校订

时代　清

版本　线装　刻本

现状　全

题记　封面题签题"梵网经菩萨戒"。封面题识"世宏"。卷端题"梵网经菩萨戒/姚秦三藏法师鸠摩罗什译/明菩萨戒弟子云栖寺沙门袾宏校订"。尾题"梵网经菩萨戒终",后附"赞"(7行)、"音义"(7叶)。刻题"照录本山退隐老和尚上宝下仁/藏主福慧/知客了胜/堂主星如/后堂智兴/西堂道纯/西京卧龙寺两序执职监院玉洁全刊/西堂绍法/后堂昌利/堂主宝应/堂主宝明/维那玉舟/悦众玉光/本山方丈空龄/时板存本寺/光绪五年(1879)岁次己卯冬结制日谷旦"。

版式　每纸半叶 26.9 cm×16.1 cm;上下双乌丝栏;书眉 4.5 cm,地脚 2.5 cm,版面 19.9 cm×13.4 cm,版心 19.9 cm×1.6 cm;花口,上鱼尾上题"梵网经菩萨戒",上鱼尾下刻叶数;半叶 8 行,行 18 字,共 44 叶。

说明　1. 后有两方白文印,未识读。

　　　2. 卷端有朱文印一方,未识读。

麦 0731　梵网经菩萨戒

著者　(后秦)鸠摩罗什译

时代　清

版本　线装　刻本

现状　全

题记　封面题签题"梵网经"（蓝色签纸）。卷首题"梵网经菩萨戒序"（4 叶）。卷端题"梵网经菩萨戒/后秦三藏法师鸠摩罗什译"。尾题"梵网经菩萨戒终"，后附"赞"6 行。刻题"天童福严下第四世孙系蜀慈比丘明远同成都/安邑知事比丘融心内捐衣钵之赀外募四众/人等命工重梓楞严寺藏板　四分　梵网/沙弥　毗尼内附羯磨诵戒法仪四分广布十/方有缘早遇便请登坛励志向前不计岁月破/目前坚碍消历劫固执究性相之深诠穷无漏/之妙/旨/康熙乙巳年（1665）寓秦南金龙山直指堂印行　助缘比丘尼性元徒海福"。

版式　每纸半叶 25.9 cm×16.6 cm；四周双栏；书眉 2.7 cm，地脚 2.1 cm，版面 21.1 cm×14.6 cm；版心 21.1 cm×1.7 cm，花口，题"戒经序"、"梵网经"及叶数，下有墨钉；半叶 10 行，行 20 字，共 31 叶。

说明　1. 正文刻有句读。

　　　2. 内有附纸 1 叶。

麦 0735　梵网经菩萨戒

著者　（后秦）鸠摩罗什译

时代　清

版本　线装　刻本

现状　全

题记　封面题签题"梵网经"。卷首题"梵网经菩萨戒序"（4 叶）。卷端题"梵网经菩萨戒/后秦三藏法师鸠摩罗什译"。品题"菩萨心地品之下"。尾题"梵网经菩萨戒终"，后有"赞"6 行，后附"释音"13 叶。刻题"重刻南京嘉兴府楞严寺原板　四分戒律/梵网经　沙弥要律　毗尼日用 附羯磨 诵戒法仪 释音四卷 供奉十方诸大德 四众人等 有缘早遇/便请登坛 励志向前 不计岁月 破目前之坚碍/消历劫之固执 究性相之深诠 穷无漏之妙旨/时/康熙二年（1663）蜀慈比丘明远知事比丘融心万秦南金/龙峰把茅命工锓梓印行/重刻梵网经释音附终　四众人等同圆种智"。

版式　每纸半叶 29.4 cm×18.1 cm；四周双栏；书眉 6.0 cm，地脚 2.5 cm，版面 20.7 cm×14.6 cm；版心 20.7 cm×1.7 cm，花口，上题"戒经序"、"梵网经"及叶数，下有墨钉；半叶 10 行，行 20 字，共 44 叶。

说明　正文刻有句读。

麦 0062　准提净业卷一至卷二

著者　（唐）地婆诃罗译　（明）谢于教编集

时代　明

版本　线装　刻本

现状　首全尾残。止"海能摄百川,百川不摄大海,二为准提坛法人易"。

题记　卷首有版画1幅,上题"佛说准提",佛前跪一弟子,佛前立给孤独、祇陀二人,画面四周有佛教音乐八宝。卷端题"刻准提净业序",序后有"天启癸亥三年(1623)中元之吉/古虔青莲居士谢于教沐手焚香书/板存十方寺藏经阁"。卷首题"重刊准提净业引"。序后刻题1."崇祯丙子九年(1636)季春吉旦/镇人佛子王发政沐手敬书";2."重刊姓氏/雷朝 李朝柱 徐珩/王用 陈思义 李应时/吴来吉 孟思奇 陈善/孟应熊 张魁 杨富/张问德 邓登云/李云 金元/王进忠 廉汝息/张天禄 秦玉/王建功 万寿/林遇时 刘万钟/王彦 杨宗孝/僧　约法 罗守全/王䓕政 马斯川/盛宪 王崇举/名藩铁笔王大儒 王大彦刊"。卷首题"准提净业目引"。卷端题"准提净业卷之一/佛说七俱胝佛母心大准提陀罗尼经/唐武周沙门地婆诃罗译"。中题"佛说七俱胝佛母心大准提陀罗尼经竟"、"佛说七俱胝佛母准提大明陀罗尼经咒文节略/唐天竺三藏金刚智译"、"准提真言持诵便览"、"净业续课"、"准提净业卷之二"、"观行轨仪"。

版式　每纸半叶25.2 cm×15.4 cm;四周单乌丝栏;书眉3.1 cm,地脚1.7 cm,版面20.3 cm×13.2 cm,版心20.3 cm×1.0 cm;花口,上有鱼尾,上题"准提净业",下题卷数及叶数;半叶9行,行19字,共44叶。

麦0076　梁武帝问志公禅师因果文(见说明1)

著者　不详

时代　清

版本　线装　写本

现状　残。起"□能知狱有这苛重罪武帝又曰亡人斋",止"□□□中大喜郎传□□□□"。

版式　每纸半叶20.9 cm×12.3 cm;上下无栏;版心白口;半叶7行,行约18字,共19叶。

说明　1.侯冲定名为"梁武帝问志公禅师因果文",此从之。

　　　2.纸线装订。

麦0378　梁皇忏十卷出入忏文上

著者　不详

时代　明

版本　经折装　写本

现状	残。起"五十种光　光五十种色 以为项光 身诸毛孔",止"具足五盖五障经消亡发明五种之心轮回授持五支之"。

现状　残。起"五十种光　光五十种色 以为项光 身诸毛孔",止"具足五盖五障经消亡发明五种之心轮回授持五支之"。

题记　品题"第一卷入忏文"、"第二卷入忏文"、"第三卷入忏文"、"第三卷出忏文"、"第四卷入忏文"、"第五卷入忏文"。

版式　每纸半叶 24.5 cm×10.7 cm;上下双栏;书眉 1.3 cm,地脚 2.1 cm,版面 21.1 cm×10.7 cm;版心白口;半叶 5 行,行约 20 字,共 47 叶。此卷 7 个半叶为 1 纸。

说明　1. 正文有墨书句读。

　　　2. 与麦 0380《梁皇忏十卷出入忏文下》为上下册。

麦 0380　梁皇忏十卷出入忏文下

著者　不详

时代　明

版本　经折装　写本

现状　首尾残。起"皆证于六通 作前后之围绕 授记则六合乾坤震动说法止",止"声名处处度众生 远行地菩萨止"。

题记　品题"第六卷出忏文"、"第七卷入忏文"、"第七卷出忏文"、"第八卷入忏文"、"入忏文"、"第九卷出忏文"、"第十卷入忏文"、"第十卷出忏文"、"祝延文"、"祈祷韦驮文"。

版式　每纸半叶 25.3 cm×10.7 cm;上下双栏;书眉 3.1 cm,地脚 1.2 cm,版面 21.0 cm×10.7 cm;版心白口;半叶 5 行,行约 20 字,共 23 叶。此卷 7 个半叶为 1 纸。

说明　1. 封面为红色绢面,封底为褐色绢面,题签为黄色。

　　　2. 正文有墨书句读。

　　　3. 与麦 0378《梁皇忏十卷出入忏文上》为上下册。

麦 0694　菩提心戒忏仪

著者　不详

时代　清

版本　线装　写本

现状　首残。起"摩诃萨"(最完整之第一叶第一句,前有残存书根若干)。

题记　尾题"菩提心戒忏仪终"。题识"三衣者乃/诸佛之基出世根源歃求出世之因坚持三饭五戒 僧歃授/受身艰无办叩暮(募) 诸方宰官耆翁居士垦着慨发圣志/或施三衣或五七二衣做缘圣事昔闻庞公黄氏万善同归/诸公何彼龙披一线能免乌难况剃一僧乎乞赐成就再来/福果不爽"。

版式　每纸半叶 23.2 cm×13.4 cm;部分有上栏;书眉 2.3 cm。半叶 7 行,行 10 字,共 9 叶。

说明　正文有朱笔句读。

麦 0711　得定超运禅师语录

著者　(清)释明曜等编次

时代　清

版本　线装　刻本

现状　首尾残(封面脱落)

题记　卷首题"得定运禅师语录序"(2 叶)。序后题"乾隆庚午(1750)佛诞日芝城洛云居士沐手拜序"。卷首题"崇果寺得定禅师语录目录"(1 叶)。卷端题"得定超运禅师语录卷一/嗣法门人明曜等编次"。中题"得定超运禅师语录卷二/嗣法门人明曜等编次"。尾题"东秦骊山训善弟子萧让沐手拜撰"。

版式　每纸半叶 25.8 cm×16.6 cm;四周双栏;书眉 4.5 cm,地脚 1.6 cm,版面 19.7 cm×13.6 cm,版心 13.6 cm×1.8 cm;花口,正文前题"崇果寺得定禅师语录叙"、"崇果寺得定禅师语录目录"、"崇果寺得定禅师语录卷之一"、"崇果寺得定禅师语录卷之二"及叶数;半叶 8 行,行 18 字,共 66 叶。

麦 0742　授大比丘具足戒法

著者　不详

时代　清

版本　线装　写本

现状　全

题记　卷端题"授大比丘具足戒法"。品题"第一明请师法"、"第二正请师法"、"第三坛主白法"、"第四安受戒者所在法"、"第五差教师法"、"第六教授师出众问遮难法"、"第七召入众法"、"第八乞授戒法"、"第九明戒体法"、"第十正授戒法"。尾题"戒坛普说仪文终",后附"登坛受戒羯磨"(6 叶)。

版式　每纸半叶 30.1 cm×17.9 cm;四周无栏;半叶 11 行,行 20 字,共 16 叶。

说明　正文有墨书句读。

麦 0933　密迹金刚像

密迹金刚圣牌像。贴金,清绘,裱褙多层(2 mm)。尺寸(长×高):288 mm×485 mm。背题"密迹金刚左三"。裱纸最上层依稀可见"□侄□□□□吴/香位周奇 吴/郭□ 吴/马□得 杨/孙□梅孙/孙□辉孙"。

麦 0934　秽迹金刚像

秽迹金刚圣牌像。贴金,清绘,裱褙多层(2 mm)。尺寸(长×高):285 mm×485 mm。背题"秽迹金刚右三"。最上一层裱纸下端有字"衣□□□/家造此/□陶至/父为母"。

麦 0027　道场仪文(拟,见说明 1)

著者　不详

时代　清

版本　线装　写本

现状　首尾残。起"道场诚就 振齐将成 齐主庆诚",止"应以声闻身得度者即现声闻身而为/说法应以梵王身得度者即现梵王身/而为说法应以帝释身得度者即现释身而为说法应以自在天身得度者即现自在天身而另说□□"。

题记　卷末题识"大清嘉庆贰十年(1815)抄录"。

版式　每纸半叶 23.4 cm×16.1 cm;无栏;半叶 7 行,行 17 字不等,共 15 叶。

说明　1. 侯冲拟名为"表白启请科仪",此处参考定名为"道场仪文"。

　　　2. 白棉纸,纸线装订。

麦 0031　道场仪文(拟,见说明 1)

著者　不详

时代　清

版本　线装　写本

现状　残。起"门外开方佛事",止"竹密不妨流水过,山高岂碍白云飞"。

题记　中题"门外开方佛事"。

版式　每纸半叶 23.5 cm×16.8 cm;无栏;半叶 8 行,行 13 字,共 26 叶。

说明　1. 侯冲认为:"此卷① 门外开方佛事,② 破湖佛事。属于焰口类。"此参考定名为道场仪文。

　　　2. 白棉纸,纸线装订。

3. 正文有句读。

麦 0072　道场仪文（拟）

著者　不详

时代　清

版本　线装　写本

现状　残。起"梵音初震一声雷　无限天龙眼忽闻"，止"⬚⬚⬚⬚⬚尽　愿向人间应现来"（前一叶完整句"百亿须弥四天下　两轮日月把金刚"）。

题记　中题"文卷经终"、"诏请佛事壹册卷文赞"、"临幡法事壹册等"。

版式　每纸半叶 22.2 cm×17.1 cm；上下无栏；版心白口；半叶 8 行，行约 21 字，共 36 叶。

说明　1. 正文有朱笔句读。

2. 纸线装订。

3. 侯冲认为内容包括四种，分别为 1. 请行科，2. 召请佛事，3. 束幡法事，4. 请佛上表法科，并指出此书书法精美。

麦 0030　禅林宝训

著者　（南宋）释净善重集

时代　清

版本　线装　写本

现状　首全尾残。止"己之私无所依据一妄庸唱之于其前百妄庸和之于其后"。

题记　卷首题"禅林宝训"

版式　每纸半叶 26.9 cm×19.3 cm；上下无栏；版心白口；半叶 9 行，行 26 字不等，共 20 叶。

说明　1. 棉纸，正文有朱笔句读及校对。

2. 纸线装订。

3.《禅林宝训》收在《大正藏》第四十八册，《禅宗全书》第三十二册。

麦 0019　禅林宝训卷上

著者　（南宋）释净善重集

时代　明

版本　线装　刻本

现状　全

题记 封题有黄色题签,题"禅林宝训卷一至二"。卷首存"序"一通(残,存一叶),"序"后有东吴沙门净善书。卷端题"禅林宝训卷上/东吴沙门净善重集"。尾题"禅林宝训卷上"。题识"觉海奉者"。

版式 每纸半叶 26.8 cm×16.4 cm;四周双栏;书眉 4.1 cm,地脚 1.4 cm,版面 21.1 cm×14.2 cm,版心 21.1 cm×1.6 cm;黑口,象鼻,上下鱼尾。中题"宝训",版心鱼尾下刻题"赵□兴"(2 叶)、"纳孟库"(3 叶)、"冯舟"(4 叶)、"窦英"(5 叶)、"喻朝甫"(6 叶)、"张寅张琴"(7 叶)、"温世经"(8 叶)、"窦俸"(9 叶)、"李东李西"(10 叶)、"魏瓒"(11 叶)、"赵普"(12 叶)、"文世□"(13 叶)、"张世良"(15 叶)、"胡彦敛"(16 叶)、"李大笔"(17 叶)、"程万江"(18 叶)、"爨文甫"(19 叶)、"窦文斌"(20 叶)、"唐文贵"(21 叶)、"李和义"(22 叶)、"魏□"(23 叶)、"程世甫"(24 叶)、"朱彦庆"(25 叶)、"苗彦甫"(27 叶)、"九方寺僧遇江"(28 叶)、"张伯然"(29 叶)、"李万福梁氏"(31 叶)、"程廷美"(33 叶)、"雷镇舟"(34 叶)、"□大虎"(35 叶)、"琈伯荣"(36 叶)、"九方洞明刚"(37 叶)、"施主张廷甫文氏"(38 叶)、"赵会"(40 叶)、"沈天夫赵万会"(41 叶)、"王世桀"(42 叶)、"泾阳客人王彦春"(43 叶)、"李万堂"(44 叶)、"贺宝"(45 叶);半叶 10 行,行 20 字,共 46 叶。

说明 正文刻有句读。

麦 0695　禅林宝训卷下

著者 (南宋)释净善重集

时代 清

版本 线装　写本

现状 全

题记 卷端题"禅林宝训卷下/东吴沙门 净善 重集"。尾题"禅林宝训卷下",后附"二绝敬跋/天池善老宝训集后锡山尤袤/壬寅重阳日书","重刊禅林宝训后序"。序末有"大明正统八年(1443)岁次癸亥秋八月上瀚金台永宁住山吴/兴沙门 大海 序/"。题识"大清康熙八年(1669)岁次己酉阳月吉日天竺智月学誊/抄"。

版式 每纸半叶 26.6 cm×17.2 cm;四周单栏;书眉 4.4 cm,地脚 2.2 cm,版面 19.9 cm×14.1 cm;版心 19.9 cm×1.4 cm,白口;半叶 10 行,行 20 字,共 40 叶半。

说明 自佛教东传,许多印度,及西域僧侣来中土传教,或习教,明清两代,天竺僧侣亦有来华者,此条题记中"天竺智月"当系印度籍僧侣在华习汉佛教。

麦 0033   禅林宝训卷上下

著者   (南宋)释净善重集

时代   清

版本   线装   刻本

现状   首残尾全。起"宝训者昔妙喜竹诛庵茅江"。

题记   卷首残存"序"一通(据麦 0019),"序"后有东吴沙门净善书。卷端题"禅林宝训卷
上 东吴沙门 净善 重集/禅林宝训卷上"。中题"禅林宝训卷下 东吴沙门 净善 重
集"。尾题"禅林宝训卷下"。题识封叶裱衬有"治病疾"等十余种药方。

版式   每纸半叶 28.3 cm×17.6 cm;四周双栏;书眉 5.0 cm,地脚 2.2 cm,版面 21.4 cm×
14.4 cm,版心 21.4 cm×1.7 cm;象鼻,上下鱼尾,内题"宝训",鱼尾下刻功德主姓
名:赵大兴(2 叶)、冯舟(4 叶)、宝英(5 叶)、喻朝甫(6 叶)、张寅张琴(7 叶)、温世
□(经)(8 叶)、窦俸(9 叶)、 李东李西(10 叶)、魏瓒(11 叶)、赵普(12 叶)、文世金
(13 叶)、张世艮(15 叶)、胡彦剑(16 叶)、李大笔(17 叶)、程万江(18 叶)、爨文甫
(19 叶)、宝文斌(20 叶)、唐文贵(21 叶)、李和义(22 叶)、魏瓒(23 叶)、程世甫(24
叶)、璩大虎(26 叶)、璩伯荣(27 叶)、九方寺僧通江(28 叶)、张伯然(29 叶)、李方福
梁氏(31 叶)、程廷美(34 叶)、雷镇舟(35 叶)、朱彦庆(36 叶)、苗彦甫(37 叶)、九方
洞明刚(38 叶)、施主张廷甫文氏(39 叶)、赵会(41 叶)、沈天夫赵万会(42 叶)、王世
桀(43 叶)、经阳客人王彦春(44 叶)、李万堂(45 叶)、贺经魁(46 叶)、经阳客人刘秉
健(47 叶)、经阳客人刘秉秀(49 叶)、艾朝用(51 叶)、李口云(52 叶)、程世隆(53
叶)、陈遇孝(54 叶)、爨永祥(55 叶)、孙安(58 叶)、凤鸣李守清(59 叶)、金孟德(60
叶)、陈遇贤(61 叶)、张宅孟氏(63 叶)、释子海主(64 叶)、韩普义(65 叶)、李仲仓
(66 叶)、张进禄(67 叶)、董廷玫(68 叶)、孟顶(69 叶)、孟朝现(70 叶)、孟朝奉(70
叶)、赵添爵/高廷艮 张登戊(71 叶)、郭安(72 叶)、肖汉儒(74 叶)、魏□现(75 叶)、
男肖艮(76 叶)、刘朝甫(77 叶)、齐仲云(79 叶) 强廷共李氏(80 叶)、曹世隆(81
叶)、百尚技(82 叶)、张兄成(83 叶)、张世金、张世艮(84 叶)、何大现(85 叶)、逍现
(86 叶)、董廷珠(87—88 叶)、郑朝现(89 叶)、释子广相(91 叶)、刘东正张氏(92
叶);半叶 10 行,行 20 字,共 93 叶。

说明   正文刻有句读。

麦 0743   禅林宝训卷下

著者   (宋)释净善重集

时代　明

版本　线装　写本

现状　全

题记　封面白色题签题"禅林宝训全集"。卷端题"禅林宝训卷下/东吴沙门　净善 重集"。尾题"禅林宝训卷下",后附"二程敬跋",跋后有"壬寅重阳日书",后附"重刊禅林宝训后序",序后题"大明正统八年(1443)岁次癸亥秋八月上澣金台永/宁住山吴兴沙门 大海 序/皇明隆庆二年(1568)十二月佛成道 日沙门了玄 重刊"。题识"寂祥子虽未学拜"。

版式　每纸半叶 27.2 cm×16.3 cm;四周双栏;书眉 4.4 cm,地脚 1.9 cm,版面 21.1 cm×14.3 cm,版心 21.1 cm×1.6 cm;黑口,象鼻,上下鱼尾,上题"宝训下"、"宝训后序"及叶数,下题"泾阳客人刘秉健"(第 1 叶)、"泾阳客人刘秉秀"(第 3 叶)、"艾朝用"(第 5 叶)、"李□云"(第 6 叶)、"程世隆"(第 7 叶)、"陈遇孝"(第 8 叶)、"张□祥"(第 9 叶)、"孙安"(第 12 叶)、"凤鸣李守清"(第 13 叶)、"金孟德"(第 14 叶)、"陈遇贤"(第 15 叶)、"张宅孟氏(第 17 叶)、"释子海主"(第 18 叶)、"韩普义"(第 19 叶)、"李仲仓"(第 20 叶)、"张进禄"(第 21 叶)、"董迁玫"(第 22 叶)、"孟顶"(第 23 叶)、"孟朝现　孟朝奉"(第 24 叶)、"超添□ 高廷□ □登戊"(第 25 叶)、"郭安"(第 26 叶)、"肖汉儒"(第 28 叶)、"魏那现"(第 29 叶)、"男肖艮"(第 30 叶)、"刘朝甫"(第 31 叶)、"脊仲云"(第 33 叶)、"□廷其、李氏"(第 34 叶)、"曹世隆"(第 35 叶)、"白尚技"(第 36 叶)、"张兄成"(第 37 叶)、"张世全　张世艮"(第 38 叶)、"何大现"(第 39 叶)、"赵现"(第 40 叶)、"董廷珠"(第 41、42 叶)、"郑朝现"(第 43 叶)、"释子广相"(第 45 叶)、"刘东正　张氏"(第 46 叶)、"白仲仓"(后序一);半叶 10 行,行 20 字,共 47 叶。

说明　正文刻有句读。

麦 0718　禅林宝训音义

著者　(明)释大建校

时代　清

版本　线装　写本

现状　全

题记　封面题识"宝训说批注 后学至宝真可息(惜)也"。卷首题"禅林宝训音义序"(2叶),序后有"崇祯乙亥(1635)仲春三日 梁溪比丘大建识"。卷端题"禅林宝训音义/云楼后学比丘大建较"。尾题" 禅林宝训音义卷终"。题识"康熙五十二年

(1713)抄录"。底封杂写"般若堂中聚六和,特将短疏暮(募)檀那/三食拈出维摩供云水频乎福寿多/交龙堂内奉伽陀又将疏匕化檀那/缁素行行昆昆顶 边山云峰道理夛 五十六年七月离位八月所至/洞彻"。

版式　每纸半叶 23.2 cm×13.5 cm;上下单栏;书眉 2.0 cm,地脚 1.5 cm,版面 20.2 cm×11.5 cm;版心白口,半叶 11 行,行 17 字;共 93 叶。

麦 0324　禅林宝训音义

著者　(明) 释大建较

时代　明

版本　线装　刻本

现状　全

题记　封面题签题"□□□(禅林宝)训音义"。卷首题"禅林宝训音义序/崇祯乙亥(1635)仲春三日梁溪比丘大建识"(共 2 叶),后有印章 2 方(见说明1)。卷端题"禅林宝训音义/云楼后学比丘大建较"。中题"序"、"卷上"、"卷下"。尾题"崇祯乙亥(1635)孟春上元日大建书于云楼之净/业山房 禅林宝训音义卷终"。题识"道光十年(1830)五月初七日立"(尾封衬纸)。

版式　每纸半叶 23.8 cm×13.2 cm;四周单栏;书眉 2.6 cm,地脚 1.9 cm,版面 19.4 cm×11.5 cm;版心花口,上鱼尾,鱼尾下题"宝训音义"及叶码;半叶 14 行,行 17 字,共81 叶。

说明　1. 印章 2 方,一为朱文"云楼亦建",一为白文"宫成氏"。

　　　2. 毛太竹纸,质较细薄,色黄,帘宽约在 10 毫米—12 毫米之间。

　　　3. 正文刻有句读。

麦 0679　禅林宝训音义

著者　(明) 释大建校

时代　明

版本　线装　写本

现状　首全尾残。止"空也说□所说之法空也"。

题记　卷首题"禅林宝训音义序/时崇祯乙亥(1635)仲春三日梁溪比丘大建识"。卷端题"禅林宝训音义/云楼后学比丘大建较"。

版式　每纸半叶 26.8 cm×18.7 cm;四周单乌丝栏;书眉 4.2 cm,地脚 2.3 cm,版面20.3 cm×16.2 cm;版心花口,题"宝训音义";半叶 20 行,行 24 字,大字占两行,共

41 叶半。

说明　书眉有批注。

麦 0075　禅林宝训音义下卷

著者　（明）释大建校

时代　清

版本　线装　写本

现状　首尾残。起"可穷起云亭下一时通口开广大无际吞尽杨岐粟棘蓬上堂云东西南"，止"成佛无疑矣"。

题记　中题"禅林宝训音义下卷　终"、"大佛广佛华严经"。

版式　每纸半叶 27.7 cm×17.9 cm；上下单栏；书眉 1.2 cm，地脚 2.8 cm，版面 23.7 cm×17.9 cm；版心白口；半叶 8 行，行 28 字，共 45 叶。

说明　附后之"大方广佛华严经"为后人抄录，笔迹与正文不同。

麦 0058　禅林宝训合注卷第一至卷第二

著者　（清）释行盛撰　（清）张文嘉校　（清）张文宪参阅

时代　清

版本　线装　刻本

现状　全

题记　封面题签题"禅林宝训合注卷第一之二"。护叶杂写题识"上堂说戒好好好学人之者/出家学运来余禅/也要时时听人传/觉海闲诗"。首题"禅林宝训序"。尾题刻题"东吴沙门净善（后小字注）东吴，苏州郡名，沙门，略梵谓也，全谓沙迦门曩，此云勤息"。首题"禅林宝训合注序"。尾题刻题"顺治己丑年(1649)除夕前三日武林慧云禅寺住持释行盛撰"，"禅林宝训合注叙"。尾题刻题"庚寅夏日武林净慧居士张文嘉促嘉甫述"。卷端题"禅林宝训合注卷第一/虎(武)林净慧居士张文嘉仲嘉父校定"。中题"禅林宝训合注卷第一"（后附"释音"）、"禅林宝训合注卷第二/虎(武)林澄远居士张文惠仲程叔甫参阅"。尾题"禅林宝训合注卷第二终"（后附"释音"），后附"音切"6 行。卷尾附叶墨书题识"成化二十年(1484)觉海授持"。

版式　每纸半叶 27.8 cm×16.6 cm；四周双乌丝栏；书眉 3.3 cm，地脚 1.7 cm，版面 22.8 cm×15.0 cm，版心 22.8 cm×1.0 cm；花口；上题"支那撰述"。中题"禅林宝训"，下题叶数，下有墨钉；半叶 10 行，行 20 字，共 78 叶。

说明　白棉纸。

麦 0749　禅林宝训合注卷第一至卷第二

著者　(清)释行盛撰　(清)张文嘉校　(清)张文宪参阅

时代　清

版本　线装　刻本

现状　全

题记　封面题识"宝训卷上"(左上方有朱文印章一方,不能识读)。卷首题"禅林宝训序"(1叶,下方有朱文印章一方,不能识读)。题识"受持传绪"。卷首题"禅林宝训合注序"(1叶),序后有"顺治己丑年(1649)除夕前三日武林慧云禅寺住持释行"。卷首题"禅林宝训合注叙"(2叶),序后有"庚寅(1650)夏日武林净慧居士张文嘉仲嘉甫述"。卷端题"禅林宝训合注卷第一/虎林净慧居士张文嘉仲嘉父较定"(下方有朱文印章一方,不能识读)。中题"禅林宝训合注卷第一"(下方有朱文印章一方,不能识读)。附"音切"14行,大字占两行。中题"禅林宝训合注卷第二/虎林澄远居士张文宪程叔甫参阅"(下方有朱文印章一方,不能识读)。尾题"禅林宝训合注卷第二终"(下方有朱文印章一方,不能识读)。题识"乾隆四十五年(1780)十月初一日请书人印安玄封济性记"(下方有朱文、白文印两方,覆盖于文字之上)。附"音切"16行,大字占两行。

版式　每纸半叶 27.3 cm×16.2 cm;四周双栏;书眉 3.4 cm,地脚 1.4 cm,版面 22.6 cm×15.0 cm,版心 22.6 cm×1.4 cm;花口,上题"支那撰述",下题"禅林宝训合注卷一"、"禅林宝训合注卷二"及叶数,下有墨钉;半叶 10 行,行 20 字,共 38 叶。

说明　1. 印章共有 7 方。

　　　2. 正文刻有句读。

麦 0733　禅林宝训合注卷第三至卷第四

著者　(清)释行盛撰　(清)张文嘉校　(清)张文宪参阅

时代　清

版本　线装　刻本

现状　全

题记　封面有墨书题识"宝训卷下"。卷端题"禅林宝训合注卷第三/虎林净慧居士张文嘉仲嘉甫较定"(下方有朱文印章一方,不能识读)。中题"禅林宝训合注卷第三",下方有朱文印章一方,不能识读。后附"音切"14行,大字占两行。中题"禅林宝训合注卷第四/虎林澄远居士张文宪陈叔甫参阅"(下方有朱文印章一方,不能识读)。

尾题"禅林宝训合注卷第四"（下方有朱文印章一方，不能识读）。又附"音切"10行，大字占两行。附录"明教嵩禅师尊僧篇 附"、"宝王论"、"右沩山大圆禅师警策铭"、"重梓行由（略）时 康熙十二年（1673）孟春寓岐山县青峰高店镇十方高院/解制后命工锓梓金陵嘉兴府楞严寺大藏同行/净慧居士张公合注宝训四卷全部/西安府乾州上巨里董城寨敬刻一卷求忏信士/生员任伦贤同弟任尊贤室人貌氏愿吉祥如意/助缘信士赵振声王氏李必用唐氏"、"重刻宝训合注第四卷后附终/唐藏信士生员黄云文弟云后云旦/僧实安实惠实法实贞实福/两序职事老耆旧本堂木众助缘成工同圆种智/济性记"（下方有朱文、白文两方印章覆盖于文字之上，不能识读）。

版式　每纸半叶 16.6 cm×27.8 cm；四周双栏；书眉 3.6 cm，地脚 1.4 cm，版面 22.5 cm×14.9 cm，版心 22.5 cm×1.4 cm；花口，上题"支那撰述"，下题"禅林宝训合注卷第三"、"禅林宝训合注卷第四"及叶数，下有墨钉；半叶 10 行，行 20 字，共 72 叶。

说明　1. 印章共有 6 方。

　　　2. 正文刻有句读。

麦 0734　禅林宝训合注卷第三至卷第四

著者　（清）释行盛撰　（清）张文嘉校　（清）张文宪参阅

时代　清

版本　线装　刻本

现状　全

题记　封面题签题"禅林宝训合注卷第三之四"。内封题识"禅林宝训合注卷第三之四"。卷端题"禅林宝训合注卷第三/虎林净慧居士张文嘉仲嘉父较定"。中题"禅林宝训合注卷第三"，后附"音切"。中题"禅林宝训合注卷第四/虎林澄远居士张文宪程叔甫参阅"、"禅林宝训合注卷第四"，附"音切"。附录题"明教嵩禅师尊僧篇 附"、"宝王论"、"右沩山大圆禅师警策铭"、"重梓行由（略）时 康熙十二年（1673）孟春寓岐山县青峰高店镇十方高院/解制后命工锓梓金陵嘉兴府楞严寺大藏同行/净慧居士张公合注宝训四卷全部/西安府乾州上巨里董城寨敬刻一卷求忏信士/生员任伦贤同弟任尊贤室人貌氏愿吉祥如意/助缘信士赵振声王氏李必用唐氏"、"重刻宝训合注第四卷后附终/唐藏信士生员黄云文弟云后云旦/僧人实惠实法 实贞　实福/两序职事老耆旧本堂木众助缘成工同圆种智"。

版式　每纸半叶 27.3 cm×16.2 cm；四周双栏；书眉 3.6 cm，地脚 1.4 cm，版面 22.5 cm×14.9 cm，版心 22.5 cm×1.4 cm；花口，上题"支那撰述"，下题"禅林宝训合注卷三"、"禅林宝训合注卷第四"及叶数，下有墨钉；半叶 10 行，行 20 字，共 72 叶。

说明　1. 正文刻有句读。

　　　2. 内夹纸1张。

麦 0048　禅林方语(见说明1)

著者　不详

时代　清

版本　线装　写本

现状　全

题记　扉页题识"右盬合会 觉天善会";副叶题"禅林方语",后有一天王画像;第三叶有一佛像,四周有题识"有栈佛大道昌如償祖/新灵山地成果弟/壹人万古千秋门/雪霜霅霖露灵雷云有为王成果心鬼进神佛道朝山如重满"。卷中题佛祖语(27条)、神祇语(12条)、人名语(88条)、地名语(68条)、器物语(41条)、畜物语(61条)、杂语类(28条)。尾题"此宗门方语计刻有三百三十语。凡为宗师不可不知/而不可用,何也? 于中心行用事,恐损其德,故绍佛祖/位者济道德而贵淳厚,是以不可用也"。题识重写尾题,及"善果威动天和地/天地同转生万物/威灵真武应/宝杵镇魔军军魔"等杂写。后有一文人画像,头戴官帽,一腋下夹一叠账本,右上角题"鬼相",左下角题"修醮"。题识"有壹菩萨明月普开/鉴 盬情尾洞圣慈冒干真空几纳之至　/民国贰叁年(1934)叁月贰拾申疏叩/即有南赡部洲中华国甘肃天/水县东乡新军寨头贰牌一会/善信人等俱授如来遗醮弟子会/首孙秀等祈祥均利普福道场/魔军威灵真武应宝杵镇","佛祖雪山呈正果/真言一启年弥陀/千千诸佛千千坐/万万菩萨万万真/三三教圣人三三坐/善善春秋善善乐/圆慧照灵终寒","涅盘大觉而拾叁/佛洼遍要冻应武/青天白日遍地横/舟梅有根无人楝/春鹅吴修麦积山/贯书管座皂宽沉"。

版式　每纸半叶24.1 cm×14.0 cm;无栏;版心白口;半叶8行,行约19字,共14叶。

说明　1. 据附叶题名定名。

　　　2. 此本仅11叶,余则多乱写乱画。正叶内为棉纸,色微黄,较细薄,帘宽11 mm—14 mm;封为黄麻纸,质粗厚。

　　　3. 此本内全为谜语,除"佛祖语"等语与佛教有关外,其余都无关。查《五种大藏经目录》未见。

　　　4. 前有画2幅,后有画1幅。

　　　5. 据尾题"此宗门方语,计刻有三百三十语",应为刻本之抄稿。

　　　6. 纸线装订。

麦 0052 禅门小参

著者 不详

时代 清

版本 线装 写本

现状 全

题记 卷端题"禅门小参"。中题"祝香唱赞"、"临济根源派曰",并有杂写(6叶,内容关于十二月、五更转等),起"正月里 云入山 出家人 把禅参",止"吉微摩那栖鸟深暮嘱哗吽吽泮/泮泮娑诃"。

版式 每纸半叶 22.2 cm×14.4 cm;无栏;半叶8行,行约19字,共22叶。

说明 1. 此本内容讲禅宗历代祖师事迹及禅修修法,五、七言不等,是研究佛教俗文学的极好资料。

2.《十二月》(拟)从正月至十二月,全为俳句。

3.《五更转》(拟)存一更至五更鼓。

4. 封底画有道家杂符。

5. 纸线装订。

麦 0282 禅门佛事要略

著者 (清)释性和集

时代 清

版本 线装 刻本

现状 全

题记 封题"禅门佛事"(墨书)。题识"副叶笔书 禅门佛事 谔张"。卷首题"禅门佛事要略目录"。卷端题"禅门佛事要略/镇海沙门性和集书"。题识"麦积方丈景峰焕记"。

版式 每纸半叶 12.9 cm×23.4 cm;四周单栏;书眉 3.4 cm,地脚 1.3 cm,版面 12.9 cm×18.6 cm;版心花口,上下鱼尾,题"禅门要略";半叶8行,行18字,共70叶。

麦 0729 禅宗决疑集

著者 (明)释智彻述

时代 明

版本 线装 刻本

现状　全

题记　封面题识"决疑集"。卷首题"禅宗决疑集序"。序后有"洪武四年(1371)九月十日阿育山崇裕"(下有墨文、墨底白文印章两方,不能识读)。卷首题"禅宗决疑集目录"。卷端题"禅宗决疑集/西蜀野衲　智彻　述",后附"释音"5行。牌记"奉/佛弟子文鉴等谨发诚心印造/四十二章遗教经证道歌决疑集以斯功因上报/四恩下资三宥普愿见闻读诵同生净土广及/法界有情均沾利益/成化五年(1469)月 日意/马鞍山重刊京都党家印行"。尾题"禅宗决疑集卷终　崇祯十三年(1640)"。题识(封底)"顺治二年(1645)七月十五日造"。

版式　每纸半叶 24.4 cm×15.1 cm;四周双栏;书眉 3.5 cm,地脚 1.4 cm,版面 19.6 cm×11.6 cm;版心 19.6 cm×0.2 cm,花口;半叶 10 行,行 17 字,共 31 叶。

说明　正文刻有句读。

麦 0143　销释金刚科仪卷上(据封题)

著者　(宋) 释宗镜述

时代　明

版本　经折装　写本

现状　全

题记　封面题签题"销释金刚科仪上卷"(笔书)。卷首题"销释金刚科仪"。卷端题"金刚般若波罗蜜经/姚秦三藏法师鸠摩罗什奉诏译"。品题"法会因由分第一"、"善现起请分第二"、"大乘正宗分第三"、"妙行无住分第四"、"如理宝见分第五"、"正信希有分第六"、"无得无说分第七"、"依法出生分第八"。

版式　每纸半叶 28.5 cm×9.0 cm;上下双栏;书眉 4.8 cm,地脚 2.9 cm,版面 20.8 cm×9.0 cm;版心白口;半叶 5 行,行 15 字,共 46 叶。此卷 4 个或 5 个半叶为 1 纸,正文 19 纸。

说明　1. 麦 0142、麦 0143 为一函。

　　　2. 正文有朱笔句读。

麦 0142　销释金刚科仪卷下(据封题)

著者　(宋) 释宗镜述

时代　明

版本　经折装　写本

现状　全

题记　封面题签题"销释金刚科仪上卷"(笔书)。品题"一相无相分第九"、"庄严净土分第十"、"无为福胜分第十一"、"尊重正教分第十二"、"如法受持分第十三"、"离相寂灭分第十四"、"持经功德分第十五"、"能净业障分第十六"、"究竟无我分第十七"、"一体同观分第十八"、"法界通化分第十九"、"离色离相分第二十"、"非说所说分第二十一"、"无法可得分第二十二"、"净心行善分第二十三"、"福智无比分第二十四"、"化无所化分第二十五"、"法身非相分第二十六"、"无断无灭分第二十七"、"不受不贪分第二十八"、"威仪寂静分第二十九"、"一合相理分第三十"、"知见不生分第三十一"、"应化非真分第三十一"。

版式　每纸半叶 28.1 cm×9.0 cm;上下双栏;书眉 4.6 cm,地脚 2.8 cm,版面 20.7 cm×9.0 cm;版心白口;半叶 5 行,行 15 字,共 74 叶。此卷 4 个或 5 个半叶为 1 纸,正文 31 纸。

说明　1. 麦 0142、麦 0143 为一函。

　　　2. 正文有朱笔句读。

麦 0326　销释地藏科仪全部

著者　(宋)释元照集

时代　明

版本　经折装　刻本

现状　全

题记　封面题签题"销释地藏科仪全部"。刻题"天顺八年(1464)岁在甲申春正月上元日/南京僧录司右觉义兼/敕赐弘觉承恩两寺住持宽 太㠙 序"。卷端题"销释地藏科仪"。尾题"销释地藏科仪卷终",后附"销释地藏科仪后/天顺八年(1464)龙集甲申月建丙寅哉生/明西域师子比丘书"。牌记 1 幅(半叶),内刻题"陕西西安府三原县人今在汉中府南郑县望京里/北门居住奉/佛施经信士郭徒亨 室人秦氏 男郭克思祥 见声童/上同母王氏 幼男保童女长女 发心刊印/销释地藏科仪宝卷一千卷散施十方流传诵念上报/四恩下资 三宥二六 时中吉祥如意/正德七年(1512)七月 日经流净明寺启"。

版式　每纸半叶 33.0 cm×12.4 cm;上下双栏;书眉 4.7 cm,地脚 2.2 cm,版面 26.3 cm×12.4 cm;版心白口,内刻题"地藏卷"及纸数;半叶 5 行,行 15 字,共 70 叶。此卷 5 个半叶为 1 纸,两纸交接重叠处有栏外刻题"地藏卷"及纸数。正文 28 纸。

说明　1. 封面、封底均为蓝色绢面,题签为黄色。

　　　2. 正文刻有句读。

麦 0674　释氏要览全部

著者　（宋）释道诚编集

时代　清

版本　线装　刻本

现状　全

题记　封面题签题"禅门释氏要览全部"。卷端题"释氏要览卷上/钱唐月轮寺讲经论赐紫
　　　沙门释　道诚　编集"。中题"姓氏篇第一"（2 叶 7 行）、"三宝篇第二"（14 叶半）、
　　　"称谓第三"（8 叶 9 行）、"住处篇第四"（4 叶）、"出家篇第五"（3 叶半）、"师资篇第
　　　六"（3 叶）、"剃发篇第七"（2 叶半）、"法衣篇第八"（7 叶 7 行）、"□法篇第九"（7 叶
　　　9 行）、"礼数篇第十"（3 叶半）、"道具篇第十一"（3 叶半）、"制听篇第是十二"（2 叶
　　　6 行）。题识（封底上笔书）"仙人岩灵应寺东院释子自福徒性唤□"。

版式　每纸半叶 24.1 cm×16.4 cm；四周双栏；书眉 2.2 cm，地脚 1.8 cm，版面 19.7 cm×
　　　13.2 cm，版心 0.5 cm×19.9 cm；花口象鼻，上鱼尾，下题"二卷"；半叶 12 行，行 23
　　　字，共 66 叶。

麦 0931　释迦牟尼佛像

释迦牟尼佛圣牌像。贴金，清绘，裱褙多层（2 mm）。尺寸（长×高）：279 mm×443 mm。背
题"释迦佛中"。背面第二层裱褙纸反裱，手书内容同麦 0930、麦 0939、麦 0955 相同："乾隆三
十八年(1773)十月壹日　焚化/敕高超三界　右给付正亡鬼准此/口案下给付正亡鬼不许别鬼
争夺为此须儌给者承仕/造胜会虔备冥货壹封焚化故　收执遵奉/星门下为给付冥财事今逢。"

麦 0941　释迦牟尼佛像

释迦佛圣牌像。贴金，清绘，裱褙多层（2 mm）。尺寸（宽×高）：266 mm×489 mm。

麦 0960　释迦牟尼佛像

释迦牟尼圣牌像。贴金，清绘，裱褙多层（2 mm）。尺寸（长×高）：290 mm×484 mm。背
题"释迦文佛中"。背面有墨书题记"乾隆四十四年(1779)五月上瀚之吉/麦积山瑞应寺发
心承造/诸佛菩萨诸天护法像牌两堂共十八尊/住持释子湛然 彻然 徒 达焕 达照(用墨涂)
达成 达贤 孙 悟本 悟真 悟修 悟信/行慧 徒 修璹/正觉和尚笔画 徒□□(用墨涂)"。

说明　据冯国瑞《麦积山石窟志》(石印本 1941 年)关于"瑞应寺"一章，瑞应寺僧供奉牌
　　　位，系乾隆五年(1740)由西安雁塔移锡住此，其宗派为临济正宗，其中湛然禅师为

临济正宗三十七世。

麦 0930　普贤菩萨像

普贤菩萨圣牌像。贴金,清绘,裱褙多层(2 mm)。尺寸(长×高):285 mm×468 mm。背题"普贤菩萨右二"。背面第二层裱纸笔书"宋廷梅 刘法才 李建 张三起 宋法 吴天才 巩珍(香长) 童月 李楠(香长) 高宽 高冕 高修(香长) 阮奠安 阮自珍(香长)(香长)高夆 雒万库 赵祥安 佞车 王得昌 付成(香长)"。中层第一面裱纸(反裱)笔书如下(第一、二层相同笔书):"星门下为给付冥财事　今逢/□胜会虔备冥货壹封焚化故　收执遵奉/□案下给付正亡鬼不许别鬼争夺为此须儌给者承仗/敕高超三界　右给付正亡鬼准此/乾隆三十八年(1773)十月初一日　焚化。"中层第二面裱纸(反裱)笔书如下:"疏奉行法事 再祈/佛光缥渺智月常明驾六通之神异早/离西极骈五辇之安降慈东土佑合/会老幼福海□深□山益峻二六时中/吉祥如意上祝。"横向(反裱)三行:"□□□□□□□……□/秀恩霑沙界利济群……/正遇。"

麦 0943　普贤菩萨像

普贤菩萨圣牌像。贴金,清绘,裱褙多层(2 mm)。尺寸(长×高):265 mm×492 mm。

麦 0958　普贤菩萨像

普贤菩萨圣牌像。贴金,清绘,裱褙多层(2 mm)。尺寸(长×高):280 mm×438 mm。背题"普贤右二"。最上一层衬裱纸为一木刻印刷纸张,隐约可见"天下大峨眉山/西方公据西方……/夜受苦生前□不持五戒不修□□□□三途受/此 谷□有□期□有善男子善女/子□□□□求解脱一修布施二修持戒三修忍辱/四修精进五修禅定六修智慧七修□□八修□□/开名著僧□□□□□若罪成河沙若能依念佛/者或□□□……/□□……念化成长生不老出/离三界□□有情□诸□□不过□□不逢八□/临终随身　念童王□情□相迎/接□验实□行十大阎王遵□佛敕大赦□□天/佛敕□合通行准此胜力合给文凭原籍住居请受/信善　本命年/劝念弥陀点佛图千声一点是明珠 西方路上为/公据　地狱门前作敕书右给付/计开所积善功列故于后/　壹"。

说明　背面有白蜡遗痕。

麦 0025　福源石屋珙禅师语录卷之上

著者　(元)释清珙撰　(明)释至柔等编
时代　明
版本　线装　写本

现状　全

题记　封面题"石屋禅师语录卷下"。卷首题"石屋珙禅师自赞像"(共 8 行)、"福源石屋珙禅师语录原序"(共 2 叶半)、"福源石屋珙禅师塔铭"(共 5 叶)。卷端题"福源石屋珙禅师语录卷之上 参学门人至柔等编"。

版式　每纸半叶 24.7 cm×14.0 cm;上下单栏(墨线);书眉 4.5 cm,地脚 2.0 cm,版面 18.2 cm×13.0 cm;版心白口,半叶 7 行,行 15 字,共 64 叶。

说明　1. 次白棉纸,粉红色,较为粗厚,无帘纹,与明永乐年间次白棉纸同,书法极佳。

　　　2. 纸线装订。

麦 0070　解般若波罗密多心经此义

著者　(唐)释玄奘译　(明)释通润解

时代　清

版本　线装　写本

现状　全

题记　卷端题"解般若波罗密多心经此义/唐三藏法师玄奘译/金庭比丘通润解"。

版式　每纸半叶 22.2 cm×15.0 cm;上下无栏;版心白口;半叶 7 行,行 15 字,共 17 叶。

说明　1. 此本查《五种大藏目录章编》无,为明代金庭比丘通润对《心经》的理解。

　　　2. 侯冲认为此本内容为通俗理解的《心经》,属孤本。

麦 0132　慈悲道场忏法卷第一

著者　(梁)释宝唱等集

时代　明

版本　经折装　刻本

现状　全

题记　封面题签题"慈悲道场忏法卷第一",卷首有版画 2 幅(见说明 1)。牌记"皇图永固帝道遐昌/佛日增辉 法轮常转"。卷首题"校正重刊慈悲道场忏法序及慈悲道场忏法序"(共 3 叶),序尾有印章 3 方(见说明 2)。中题"慈悲道场忏法序"(共 7 叶)、"礼忏仪式"。刻题"清风阁巡检王思尧"。牌记"启运慈悲道场忏法/一心归命三世诸佛"。有《启请八佛名号》版画 1 幅(2 个半叶),从右至左正中分别刻题佛名:南无过去毗婆尸佛、尸弃佛、毗舍浮佛、拘留孙佛、拘那含牟尼佛、迦叶佛、本师释迦牟尼佛、当来弥勒尊佛。卷端题"慈悲道场忏法卷第一"。品题"归依三宝第一"、"断疑第二"、"忏悔第三"。尾题"慈悲道场忏法卷第一"。后有发愿文共 6 行,后附"释音"(1个半叶)。刻题"凤翔县槐原里闫家务人氏见在凤县三岔东沟三官殿/蒿坪居住清信奉/佛发心刊经信士路政同室人王氏 男路添祥杜氏/上侍母郑氏 弟路端室人王氏 路平 王氏/助缘释子月庵 规圆 宽爱/助缘信士张万才 李氏 男张世龙/陈敖 陈氏 王秉直/张大朝 王从义 赵氏 王福 张世爵/李真续"。题识"自祥书"。卷末背面题识"性月受持"。卷末背面题"成经王甫 张氏/自德 自运受持/那麻保收点"(被裱在封底,另有一行看不清楚)。

版式　每纸半叶 31 cm×10.8 cm;上下双栏;书眉 4.1 cm,地脚 2.3 cm,版面 24.7 cm×10.8 cm;版心白口,半叶 5 行,行 15 字,共 64 叶。此卷 5 个半叶为 1 纸,第 1 纸与第 2 纸交接重叠处有栏外刻题"一卷　一";第 2 纸与第 3 纸交接重叠处有栏外刻题"一卷　二"。正文 21 纸。

说明　1. 卷首有版画 2 幅,共 5 个半叶,内容为两人对坐,旁边有侍从、弟子等,另有一天人手捧食物从天而降,应为《维摩诘经·香积品》内容。

2. 方形印章 2 方,一朱文,一白文。

3. 封面、封底均为黄色绢面,题签为白色。

4. 卷中有附纸一张。

5. 正文刻有句读。

麦 0208　慈悲道场忏法卷第一

著者　(梁) 释宝唱等集

时代　明

版本　经折装　刻本

现状　全

题记　封面题签题"慈悲道场忏法卷第一"。卷首有版画 1 幅(见说明 1)。牌记"皇图永固 帝道遐昌/佛日增辉 法轮常转"。卷首题"校正重刊慈悲道场忏法序"(共 3 叶,后有印章 3 方,见说明 2)、"慈悲道场忏法序"(共 6 叶)、"启运慈悲道场忏法/一心归命三世诸佛"。卷端题"慈悲道场忏法卷第一"。品题"皈依三宝第一"、"断疑第二"、"忏悔第三"。尾题"慈悲道场忏法卷第一 南无欢喜地菩萨",后附"释音"(共 4 行)。题识"助缘僧人了真/承经一卷"。刻题"凤翔县槐原里闫家务人氏见在凤县三岔东沟三官殿/蒿坪居住清信奉/佛发心刊经信士路政 同室人王氏 男路添祥 杜氏/上侍母郑氏 弟路端 室人王氏 路平 王氏/助缘释子 月庵 规圆 宽爱/助缘信士张万才 李氏 男张世龙/陈敖 陈氏 王秉直/张大朝 王从义 赵氏 王福 张世爵 李真续"。

版式　每纸半叶 34.7 cm×11 cm;上下双栏;书眉 6.5 cm,地脚 3.5 cm,版面 24.8 cm× 11 cm;版心白口;半叶 5 行,行 15 字,共 65 叶。此卷 5 个半叶为 1 纸,正文第 1 纸 与第 2 纸的交接重叠处有栏外刻题"卷　二",第 2 纸与第 3 纸的交接重叠处有栏 外刻题"卷　三",第 3 纸与第 4 纸的交接重叠处有栏外刻题"卷　四"等。正文 21 纸(第 21 纸为 4 个半叶),版画牌记 1 纸(6 个半叶),序 4 纸。

说明　1. 版画中两人对坐,旁边有侍从、弟子等,另有一天人手捧食物从天而降,应为《维 摩诘经·香积品》内容。

　　　2. 印章 3 方。1 方朱文,2 方白文。

　　　3. 封面为黄色绢面,封底为蓝色绢面,题签为白色。

　　　4. 题记与麦 0335、麦 0535 相同。

　　　5. 正文刻有句读。

麦 0224　慈悲道场忏法卷第一

著者　(梁)释宝唱等集

时代　明

版本　经折装　刻本

现状　全

题记　卷首版画 1 幅(见说明 1)。牌记"皇图永固 帝道遐昌/佛日增辉 法轮常转"。卷首 题"校正重刊慈悲道场忏法序"(共 2 叶)、"次举普贤偈文"(共 5 叶)。牌记"启运慈 悲道场忏法/一心皈命三世诸佛"。《七佛名号》版画 1 幅(共 2 叶)。卷端题"慈悲 道场忏法卷第一"。尾题"慈悲道场忏法卷第一",有发愿文(共 1 叶)。刻题"西安 府鄠县太平乡秦渡里众社人等/杨进用刘氏、宋大顺张氏/李朝甫王氏 吴添资张 氏/罗现贺氏 杨官李氏/王宅郭氏 武世景张氏/杨尅琴张氏/姚宗义张氏 孙应科张 氏/吴宅张氏 张谏张氏/杨仲敖刘氏 任仕花张氏/杨世安高氏 张谆王氏/杨世友朱 氏 王制刘氏/武进友 孙氏 张顺化氏/李进忠李氏 张仕仁李氏/张世禄柴氏/张世枝 杨氏/张仲安崔氏/隆庆五年(1571)六月吉造 张世爵刘氏"。题识"僧人惠沾记"、 "施财造忏信士刘仓王氏/男刘邦成徐氏 刘邦具庞氏/麦积山造经释子慧灵 徒本干 本忏 本情本江孙来巽"。底封背面贴纸题"嘉庆年七八月立捭衫福惹宾"。

版式　每纸半叶 34.2 cm×11.2 cm;上下单栏;书眉 5.5 cm,地脚 3.7 cm,版面 25.4 cm× 11.2 cm;版心白口,内刻题"梁忏卷一"及纸数;半叶 5 行,行 13 字,共 73 叶。此卷 5 个半叶为 1 纸,正文第 1 纸与第 2 纸的交接重叠处有栏外刻题"梁卷一　二",第 2 纸与第 3 纸的交接重叠处有栏外刻题"梁卷一　三",第 3 纸与第 4 纸的交接重叠处有栏外刻题"梁卷一 四"等。每纸半叶或 1 叶后标刻题"梁忏卷一"及各纸数。正文 24 纸,版画 1 纸(5 个半叶),牌记 1 纸(1 个半叶),序为 3 纸(5 个半叶),牌记版画 1 纸(5 个半叶)。

说明　1. 版画中第一个画面为释迦牟尼说法图;第二个画面为文殊菩萨、维摩诘对坐辩法图,第三个画面绘一菩萨像。

2. 封面为黄色绢面,封底为蓝色绢面,题签为白色。

3. 正文刻有句读。

麦 0265　慈悲道场忏法卷第一

著者　(梁)释宝唱等集

时代　明

版本　经折装　刻本

现状　全(首封脱落)

题记　卷首有《说法图》(拟)版画 1 幅(4 个半叶,见说明 1)。后有牌记 1 幅(半叶),内刻题"皇图永固 帝道遐昌/佛日增辉 法轮常转"。卷首题"校正重刊慈悲道场忏法序"(共 2 叶半)、"次举普贤偈文"(共 5 叶)。牌记 1 幅(半叶),内刻题"启运慈悲道场忏法/一心皈命三世诸佛"。《启请八佛名号》版画 1 幅(2 个半叶),从右至左正中分别题佛名:南无过去毗婆尸佛、尸弃佛、毗舍浮佛、拘留孙佛、拘那含牟尼佛、迦叶佛、本师释迦牟尼佛、当来弥勒尊佛。卷端题"慈悲道场忏法卷第一"。品题"皈依三宝第一"、"断疑第二"、"忏悔第三"。尾题"慈悲道场忏法卷第一"。中题"发愿文"(共 1 叶)。刻题"西安府鄠县太平乡秦渡里众社人等/杨进用刘氏 宋大顺张氏/李朝甫王氏 吴添资张氏/罗现贺氏 杨官李氏/王宅郭氏 武世景张氏/杨尅琴张氏/姚宗义张氏 孙应科张氏/吴宅张氏 张谏张氏/杨仲敖刘氏 任仕花张氏/杨世安高氏 张谆王氏/杨世友朱氏 王制刘氏/武进友 孙氏 张顺化氏/李进忠李氏 张仕仁李氏/张世禄柴氏/张世枝杨氏/张仲安崔氏/隆庆五年(1571)六月吉造、张世爵刘氏"。题识"西安府蓝田县黄甫里荀家嘴居住奉/佛造经信士杨加平室人惠氏、男杨茂魁陈氏、杨茂盛杨/杨茂丰女小青泪阁家善眷人等发心造/梁忏一卷伏愿/三宝光中吉祥如意/清凉寺住持僧弟子灵见"、"清凉寺住持僧弟子觉同书"。贴纸题"弟子永泰、永灵、永见"。

版式　每纸半叶 34.6 cm×11.3 cm;上下单栏;书眉 6.7 cm,地脚 3.1 cm,版面 25.5 cm×11.3 cm;版心白口,内刻题"梁忏卷一"及纸数;半叶 5 行,行 13 字,共 73 叶。此卷 5 个半叶为 1 纸,共 31 纸,版画为 1 纸(5 个半叶),牌记为 1 纸(1 个半叶),序为 1

纸(5个半叶),牌记版画为1纸(5个半叶)。正文第1纸与第2纸的交接重叠处有栏外刻题"梁卷一　二";第2纸与第3纸的交接重叠处有栏外刻题"梁卷一　三";第3纸与第4纸的交接重叠处有栏外刻题"梁卷一　四"等。每纸半叶或1叶后标刻题"梁忏卷六"及各纸数。正文24纸,版画牌记2纸,序3纸,卷末1纸(半叶)。

说明　1. 卷首版画与麦0224版画相同,第1幅是释迦牟尼说法图;第二幅为文殊菩萨、维摩诘对坐辩法图;第三幅绘一菩萨画像。

　　　 2. 封底为黄色绢面。

　　　 3. 正文刻有句读。

麦0333　慈悲道场忏法卷第一

著者　(梁)释宝唱等集

时代　明

版本　经折装　刻本

现状　全

题记　卷端题"慈悲道场忏法卷第一"。刻题"西安府□县太乡秦渡里□社人等/杨进用 刘氏 宋太顺 张氏/李朝甫 王氏 吴添资 张氏/罗现 贺氏 杨言 李氏/王宅 郭氏 武世景 张氏/杨尅琴 张氏/姚宗义 张氏 张训 武氏/张世福 杨氏 孙应科 张氏/吴宅 张氏 张谏 张氏/杨仲敖 刘氏 仁仕花 张氏/杨世□ 高氏 张□王氏/杨世友 朱氏 壬□ 刘氏/□进友 孙氏 张顺 化氏/李进忠 李氏 张仕仁 李氏/张世禄 柴氏/张世枝 杨氏 张仲安 □氏/隆庆五年(1571)六月 吉造 张世爵 刘氏"。题识"施财造忏信士 刘仓 王氏/男刘邦成 徐氏 刘邦具 庞氏/麦积山造经释子慧虚 徒本干本忏本情本 江孙来撰"、"僧人惠沾记"。

版式　每纸半叶11.2 cm×33.4 cm;上下双栏;书眉5.5 cm,地脚3.5 cm,版面11.2 cm×25.3 cm;版心白口,内刻题"梁忏卷一";半叶5行,行13字,共60叶。

说明　1. 前有版画1幅,题记1幅。

　　　 2. 正文刻有句读。

麦0335　慈悲道场忏法卷第一

著者　(梁)释宝唱等集

时代　元

版本　经折装　刻本

现状　全

题记　封面题签题"慈悲道场忏法卷第一"。后有版画1幅(5个半叶)。牌记1幅(半叶),内刻题"皇图永固 帝道遐昌/佛日增辉 法轮常转"。卷首题"校正重刊慈悲道场忏法序/后至元四年(1338)岁在戊寅如来圣制杭城释智松、柏庭序并有智松、柏庭谨序"(3叶),后有印3方。卷首题"慈悲道场忏法序"(6叶)、"启运慈悲道场忏法/一心归命三世诸佛"。卷端题"慈悲道场忏法卷第一"。品题"皈依三宝第一"、"断疑第二"、"忏悔第三"。尾题"慈悲道场忏法卷第一",后附"释音"4行。刻题"凤翔县槐原里闫家务人氏见在凤县三岔东沟三官殿/嵩坪居住清信奉/佛发心刊经信士路政 同室人王氏 男路添祥 杜氏/上侍母郑氏 弟路端 室人王氏 路平 王氏/助缘释子 月庵 规圆 宽爱/助缘信士 张万才 李氏 男张世龙/陈敖 陈氏 王秉直/张大朝 王从义 赵氏 王福 张世爵 李真续"。

每纸　半叶36 cm×10.6 cm;上下双栏;书眉7.8 cm,地脚3.8 cm,版面24.8 cm×10.6 cm;版心白口;半叶5行,行15字,共64叶。此卷5叶为1纸,第1纸版画,牌记半叶,正文19纸　4个半叶,共21纸。

说明　1. 刻题与麦0535、麦0208相同。

　　　2. 正文刻有句读。

　　　3. 卷首有夹叶,内墨书题"梁皇宝忏武帝流因郗氏夫人堕蛇身救苦出迷津采□□/稽首礼能仁/南无欢喜地菩萨……"。

　　　4. 封面为黄色,封底为蓝色,题签为黄色。

麦0535　慈悲道场忏法卷第一

著者　(梁)释宝唱等集

时代　明

版本　经折装　刻本

现状　全

题记　封面题签题"慈悲道场忏法卷第一"。卷首有版画2幅(见说明1),牌记"皇图永固 帝道遐昌/佛日增辉 法轮常转"。卷首题"校正重刊慈悲道场忏法序"(共3叶,后有印章3方,见说明2)、"慈悲道场忏法序"(共6叶)、"启运慈悲道场忏法/一心归命三世诸佛"。卷端题"慈悲道场忏法卷第一"。尾题"慈悲道场忏法卷第一",后附"释音"4行。刻题"凤翔县槐原里闫家务人氏　见在凤县三岔东沟三官殿/嵩坪居住 清信奉/佛发心刊经　信士路政　同室人王氏　男路添详　杜氏/上侍母郑氏　弟路端 室人王氏　路平　王氏/助缘释子　月庵　规圆　宽爱/助缘信士　张万才　李氏　男张世龙/陈敖　陈氏　王秉直/张大朝　王从义　赵氏　王福

张世爵　李真续"。

版式　每纸半叶 35.5 cm×10.7 cm;上下双栏;书眉 8.2 cm,地脚 2.5 cm,版面 24.7 cm×10.7 cm;版心白口;半叶 5 行,行 15 字,共 64 叶半。此卷 5 个半叶为 1 纸,共 25 纸,第 1 纸(6 个半叶),序 3 纸。

说明　1. 卷首有版画 2 幅,共 5 个半叶,内容为两人对坐,旁边有侍从、弟子等,另有一天人手捧食物从天而降,应为《维摩诘经·香积品》内容。

　　　2. 印章 3 方,一朱文,二白文。

　　　3. 封面为黄色绢面,封底为绿色绢面,题签为白色。

　　　4. 栏外刻题"一卷"及纸数。

　　　5. 正文刻有句读。

　　　6. 与麦 0335、麦 0208 相同。

麦 0602　慈悲道场忏法卷第一

著者　（梁）释宝唱等集

时代　元(至元四年,1338)

版本　经折装　刻本

现状　全(底封脱落)

题记　封面题签题"慈悲道场忏法卷第一"(墨书)。卷首有版画《说法图》(拟)1 幅(4 个半叶,见说明 1)。卷首题"校正重刊慈悲道场忏法序"(存"□□至元四年岁在戊寅如来圣制杭城释智松、柏庭序"),后并有智松、柏庭序(2 叶半,后有印 3 方)及"开经偈"(半叶,拟见说明 2)。牌记 1 幅(半叶),内刻题"启运慈悲道场忏法/一心归命三世诸佛"。牌记《启请八佛名号》版画 1 幅(3 个半叶),从右至左正中分别刻题佛名:南无过去毗婆尸佛、尸弃佛、毗舍浮佛、拘留孙佛、拘那含牟尼佛、迦叶佛、本师释迦牟尼佛、当来弥勒尊佛。卷端题"慈悲道场忏法卷第一"。品题"皈依三宝第一"、"断疑第二"、"忏悔第三"。题识"正堂书"。尾题"慈悲道场忏法卷第一"。版画《天王像》(拟)1 幅(半叶,见说明 3)。题识"梁皇宝忏万得洪名灵文一卷/最洪深。字字免灾延。顶礼佛名。消灾保/安宁。脱苦早超生。/梁皇忏一卷。功得力愿灭亡灵。一障罪亲证"。

每纸　半叶 30.8 cm×11.3 cm;上下单栏;书眉 3.9 cm,地脚 2.2 cm,版面 25.3 cm×11.3 cm;版心白口,内题"梁忏卷一"及纸数;半叶 5 行,行 13 字,共 65 叶。此卷 5 个半叶为 1 纸。正文 26 纸。

说明　1. 版画正中为佛说法图,佛周有弟子、菩萨、天王、玉帝等像,左侧版画为玉帝、太上老君说法,四周有侍女、文臣等。

2. 据段落后题定名。

3. 后版画为大梵尊天像。

4. 正文刻有句读。

5. 封面为黄色绢面,题签为白色。

6. 与麦 0602、麦 0575、麦 0603、麦 0241、麦 0315、麦 0152、麦 0340、麦 0226、麦 0278、麦 0337 为同一函《慈悲道场忏法》(卷一至卷十全)。

麦 0966　慈悲道场忏法卷第一

著者　(梁)释宝唱等集

时代　明

版本　经折装　刻本

现状　首残尾残。起"灭生老病死",止"陈敖、陈氏、王秉直/张大明"。

题记　中题"断疑第二"、"忏悔第三"。尾题"慈悲道场忏法卷第一",后附"释音"4 行(小字两行占一行)。刻题"凤翔县槐原里闫家务人氏见在凤县三岔东沟三官殿/蒿坪居住清信/佛发心刊经信士路政 同室人王氏 男路添详 杜氏/上侍母郑氏 弟路端室人王氏 路平 王氏/助缘释子 月庵 规圆 宽爱/助缘信士 张万才 李氏 男张世龙/陈敖 陈氏 王秉直/张大明"。

版式　每纸半叶 36 cm×11.1 cm;上下双栏;书眉 7.8 cm,地脚 3.3 cm,版面 24.5 cm×11.1 cm;版心白口;半叶 5 行,行 15 字,共 47 叶。此卷 5 个半叶为 1 纸。正文 18 纸 6 个半叶,卷首前 4 叶下部残。

说明　1. 正文刻有句读。

2. 与麦 0273、麦 0156、麦 0124、麦 0254、麦 0255、麦 0966、麦 0259、麦 0263、麦 0264、麦 0299 为同一函《慈悲道场忏法》(卷一至卷十全)。

麦 0201　慈悲道场忏法卷第二

著者　(梁)释宝唱等集

时代　明

版本　经折装　刻本

现状　全

题记　封面题签题"慈悲道场忏法第二"。牌记"启运慈悲道场忏法/一心归命三世诸佛三佛"。后有版画 1 幅。卷端题"慈悲道场忏法卷第二"。品题"发菩提心第四"、"发

愿第五"。尾题"慈悲道场忏法卷第二"。刻题"长安县和迪里伍楼村发心众社人
等/刘增 姜世臣 姜登科 刘登夆/姜肇 刘大先 姜实冻 刘永 /刘堂 姜世德 姜计朋
姜世仁 姜廷选"。封底外题识"麦积山瑞应寺"。

版式　每纸半叶 35.7 cm×11 cm;上下单栏;书眉 8.5 cm,地脚 2.7 cm,版面 25.7 cm×
　　　11.1 cm;版心白口,内刻题"梁忏卷二"及纸数;半叶 5 行,行 13 字,共 45 叶半。此
　　　卷 5 个半叶为 1 纸,正文第 1 纸与第 2 纸的交接重叠处有栏外刻题"梁卷二　二";
　　　第 2 纸与第 3 纸的交接重叠处有栏外刻题"梁卷二　三";第 3 纸与第 4 纸的交接
　　　重叠处有栏外刻题"梁卷二　四"等。每纸半叶或 1 叶后标刻题"梁忏卷二"及各纸
　　　数。正文 18 纸,卷末 1 纸(第 18 纸为 1 个半叶)。

说明　1. 封面为蓝色绢面,封底为黄色绢面,题签为黄色。
　　　2. 正文刻有句读。

麦 0204　慈悲道场忏法卷第二

著者　(梁)释宝唱等集

时代　明

版本　经折装　刻本

现状　全(首封脱落)

题记　卷端题"慈悲道场忏法卷第二"。品题"发菩提心第四"、"发愿第五"。尾题"慈悲道
　　　场忏法卷第二"。题识"麦积徒学晚衲本韶置/造后来明收"。

版式　每纸半叶 34.4 cm×11.2 cm;上下单栏;书眉 5.8 cm,地脚 3.7 cm,版面 24.8 cm×
　　　11.2 cm;版心白口,内刻题"梁忏卷二"及纸数;半叶 5 行,行 13 字,共 44 叶。此卷
　　　5 个半叶为 1 纸,正文第 1 纸与第 2 纸的交接重叠处有栏外刻题"梁卷二　二",第
　　　2 纸与第 3 纸的交接重叠处有栏外刻题"梁卷二　三",第 3 纸与第 4 纸的交接重叠
　　　处有栏外刻题"梁卷二　四"等。每纸半叶或 1 叶后标刻题"梁忏卷二"及各纸数。
　　　正文 18 纸(第 1 纸 3 个半叶)。

说明　1. 封底为黄色绢面。
　　　2. 此本与麦 0203、麦 0214 相同。
　　　3. 正文有句读。

麦 0207　慈悲道场忏法卷第二

著者　(梁)释宝唱等集

时代　明

版本　经折装　刻本

现状　全

题记　封面题签题"慈悲道场忏法卷第二"。卷首题"启运慈悲道场忏法/一心归命三世诸佛"。卷端题"慈悲道场忏法卷第二"。品题"发菩提心第四"、"发愿第五"。尾题"慈悲道场忏法卷第二",后附"释音"(1行)。刻题"凤县三岔东沟三宫殿蒿坪□中二沟居清信奉/佛刊经信士王宪室人王氏　李氏　男王得成王氏　王得恭　杨氏　三得用/同绿人/陈万全　周氏　李氏　男梁大/高崇真　史万阳　李文学　梁仲金/王从智　王从仁　张万才/各捐己资命工刊完　更愿/天下太平　兆民乐业　四时明静　八节安宁　各家眷属吉祥如意"。题识"请经僧人元经"。

版式　每纸半叶 34.5 cm×11.0 cm;上下双栏;书眉 7.8 cm,地脚 3.5 cm,版面 24.0 cm×11.0 cm;版心白口;半叶 5 行,行 15 字,共 42 叶。此卷 5 个半叶为 1 纸,正文第 1 纸与第 2 纸的交接重叠处有栏外刻题"二卷　二",第 2 纸与第 3 纸的交接重叠处有栏外刻题"二卷　三",第 3 纸与第 4 纸的交接重叠处有栏外刻题"二卷　四"等。正文 17 纸(第 17 纸为 4 个半叶)。

说明　1. 封面为绿色绢面、封底为蓝色绢面,题签为橙色。

　　　2. 正文刻有句读。

麦 0258　慈悲道场忏法卷第二

著者　(梁)释宝唱等集

时代　明

版本　经折装　刻本

现状　全

题记　封面题签题"慈悲道场忏法卷第二"。卷首题"启运慈悲道场忏法/一心归命三世诸佛"。卷端题"慈悲道场忏法卷第二"。品题"发菩提心第四"、"发愿第五"。尾题"慈悲道场忏法卷第二　南无离垢地菩萨",后附"释音"(1行)。刻题"凤县三岔东沟三官殿蒿坪湟中二满居清信奉/佛刊经信士王宪室人王氏　李氏/男王得成王氏　王得恭杨氏　王得用/同缘人/陈万全　周氏　李氏　男梁大/高崇真　史万阳　李文学　梁仲全/王徒智　王徒仁　张万才/各捐己资命工刊完　更愿/天下太平兆民乐业四时明静八节安宁各家卷属吉祥如意"。

版式　每纸半叶 32.5 cm×11.1 cm;上下双栏;书眉 8.5 cm,地脚 3.5 cm,版面 24.0 cm×11.1 cm;版心白口,半叶 5 行,行 15 字,共 42 叶。此卷 5 个半叶为 1 纸,正文第 1 纸与第 2 纸的交接重叠处有栏外刻题"二卷　二",第 2 纸与第 3 纸的交接重叠处有栏外刻题"二卷　三",第3纸与第4纸的交接重叠处有栏外刻题"二卷　四"等。共17纸(第17纸为4个半叶)。

说明　1. 封面封底均为黄色绢面,题签为白色。

　　　2. 正文刻有句读。

麦 0261　慈悲道场忏法卷第二

著者　(梁)释宝唱等集

时代　明

版本　经折装　刻本

现状　首残尾全

题记　封面题签题"慈悲道场忏□□□□(法卷第二)"。卷首有版画1幅(见说明1),卷首题"启运慈悲道场忏法/一心归命三世诸佛"。卷端题"慈悲道场忏法卷第二"。品题"发菩提心第四"、"发愿第五"。尾题"慈悲道场忏法卷第二 南无离垢地菩萨",后附"释音"(1行)。刻题"凤县三岔东沟三宫殿蒿坪□中二沟居清信奉/佛刊经信士王宪室人王氏 李氏 男王得成王氏 王得恭 杨氏 三得用/同缘人/陈万全 周氏 李氏 男梁大/高崇真 史万阳 李文学 梁仲金/王从智 王从仁 张万才/各捐己资命工刊完 更愿/天下太平 兆民乐业 四时明静 八节安宁 各家眷属吉祥如意"。

版式　每纸半叶 34.5 cm×11 cm;上下双栏;书眉 7.8 cm,地脚 3.5 cm,版面 23.5 cm×11 cm;版心白口;半叶5行,行15字,共42叶半。此卷5个半叶为1纸,正文第1纸与第2纸的交接重叠处有栏外刻题"二卷　二",第2纸与第3纸的交接重叠处有栏外刻题"二卷　三",第3纸与第4纸的交接重叠处有栏外刻题"二卷　四"等。共17纸,版画1纸(半叶)。

说明　1. 版画仅存半叶,画面有菩萨、弟子站立,为说法图。

　　　2. 封面为黄色绢面、封底均为蓝色绢面,题签为白色。

　　　3. 正文刻有句读。

麦 0575　慈悲道场忏法卷第二

著者　(梁)释宝唱等集

时代　元(至元四年 1338)

版本　经折装　刻本

现状　全

题记　封面题签题"慈悲道场忏法卷第二"(墨书)。卷首题"启运慈悲道场忏法/一心归命三世诸佛"。后有《启请八佛名号》版画 1 幅(2 个半叶),从右至左正中分别刻题佛名:南无过去毗婆尸佛、尸弃佛、毗舍浮佛、拘留孙佛、拘那含牟尼佛、迦叶佛、本师释迦牟尼佛、当来弥勒尊佛。卷端题"慈悲道场忏法卷第二"。品题"发菩提心第四"、"发愿第五"、"发回向心第六"。尾题"慈悲道场忏法卷第四"。题识"正堂",后附"□□ 发愿文"(拟,见说明 1)。题识"梁皇宝忏 万得洪名 灵文一卷 最洪深 字字/免灾延 顶礼佛名 消灾保安宁 脱苦早超升/梁皇忏一卷 功得力 愿灭亡灵 一障罪 亲证如来离/垢地 忏文举处 罪花非 解了冤 忏了罪脱 苦生/忉利 欢喜菩萨 引入龙花会"。

版式　每纸半叶 30.8 cm×11.2 cm;上下单栏;书眉 3.7 cm,地脚 2.0 cm,版面 25 cm×11.2 cm;版心花口,内题"梁忏卷二"及纸数;半叶 5 行,行 13 字,共 45 叶。此卷 5 个半叶为 1 纸,正文 17 纸。

说明　1. 题名据卷端题名拟名。

　　　2. 正文刻有句读。

　　　3. 封面为黄色绢面,题签为白色。

　　　4. 参见麦 0602 说明项第 6 条。

麦 0605　慈悲道场忏法卷第二

著者　(梁) 释宝唱等集

时代　明

版本　经折装　刻本

现状　全

题记　封面题签题"慈悲道场忏法卷第二"。卷首题"启运慈悲道场忏法/一心归命三世诸佛"。卷端题"慈悲道场忏法卷第二"。品题"发菩提心第四"、"发愿第五"、"发回向心第六"。尾题"慈悲道场忏法卷第二",后附"释音"(1 行)。刻题"凤县三岔东沟三官殿蒿坪□中二沟居清信奉/佛刊经信士王宪室人王氏 李氏 男王得成王氏 王得恭杨氏 王得用/同缘人陈万全周氏 李氏 男梁大/高崇真 史万阳 李文学 梁仲全/王从智 王从仁 张万才/各捐己资命工刊完 更愿天下太平 兆民乐业 四时明静 八节安宁 各家眷属 吉祥如意"。题识"自祥"、"成经李大齐妻王氏"、"师本报"、"麦积山 忏撼"、"麦积山住持来凉自运"、"性月受持"(封底背面)。

版式　每纸半叶 31 cm×10.8 cm;上下双栏;书眉 5.2 cm,地脚 2.5 cm,版面 23.3 cm×10.8 cm;版心白口;半叶 5 行,行 15 字,共 42 叶。此卷 5 个半叶为 1 纸,正文 17 纸。

说明　1. 正文刻有句读。

　　　2. 封面为绿色绢面,封底为蓝色绢面,题签为白色。

麦 0111　慈悲道场忏法卷第三

著者　(梁)释宝唱等集

时代　明

版本　经折装　刻本

现状　全

题记　封面题签题"慈悲道场忏法卷第三"。牌记"启运慈悲道场忏法/一心归命三世诸佛",卷首《启请八佛名号》版画 1 幅(2 个半叶),从右至左正中分别刻题佛名:南无过去毗婆尸佛、尸弃佛、毗舍浮佛、拘留孙佛、拘那含牟尼佛、迦叶佛、本师释迦牟尼佛、当来弥勒尊佛。卷端题"慈悲道场忏法卷第三"。品题"显果报第七"。尾题"慈悲道场忏法卷第三",后附"释音"7 行(小字占 2 行)。刻题"大明国陕西汉中府凤县栌子沟居住 奉/佛刊板众会信士孙安 刘秉健 张朝刚 张万苍 樊文甫 李氏 程廷美 程世甫 陈遇聚/樊永林 樊永春 程万江 杨添举/右暨各众会人等谨发诚心开刊/梁皇 宝忏 第三卷/四时顺续 八节咸安 吉祥如意"。

版式　每纸半叶 35.7 cm×10.8 cm;上下双栏,书眉 9.4 cm,地脚 3.3 cm,版面 23.3 cm×10.8 cm;版心白口;半叶 5 行,行 15 字,共 54 叶。此卷 5 个半叶为 1 纸,第 1 纸与第 2 纸交接重叠处有栏外刻题"卷三　二",第 2 纸与第 3 纸交接重叠处有栏外刻题"卷三　三"。正文 22 纸,卷末 1 纸(2 个半叶)。

说明　1. 卷末有附纸,内墨书题识:"梁皇宝忏功德周圆,菩萨恩宥利人天,福惠广增延/法力无边。法云地菩萨……"。

　　　2. 封面、封底为佛经裱褙,封面为蓝色绢面,封底残存黄色绢面,题签为白色。

　　　3. 刻题与麦 0336、麦 0254 相同。

　　　4. 正文刻有句读。

麦 0112　慈悲道场忏法卷第三

著者　(梁)释宝唱等集

时代　明

版本　经折装　刻本

现状　全

题记　封面题签题"慈悲道场忏法卷第三"。牌记"启运慈悲道场忏法/一心归命三世诸佛",卷首有《启请八佛名号》版画 1 幅(2 个半叶),从右至左正中分别刻题:南无过去毗婆尸佛、尸弃佛、毗舍浮佛、拘留孙佛、拘那含牟尼佛、迦叶佛、本师释迦牟尼佛、当来弥勒尊佛。卷端题"慈悲道场忏法卷第三"。品题"显果报第七"。尾题"慈悲道场忏法卷第三"。刻题"陕西西安府长安县和迪里伍楼村居住奉/佛清信刘世富室人孙氏 赵氏男刘增周氏刘溱姜氏 刘佩 孙刘五十/父刘文达/母张氏/发心刊造/梁皇宝忏三卷二六日时中吉祥如意"。题识"西安府蓝田县黄甫里苟家嘴居住奉/佛造经信士杨明栋室人高氏/男杨阊梁氏 孙男杨加禄何氏 经保 三保/洎合家善眷人等发心造/梁忏一卷 伏愿/三宝光中吉祥如意 弟子永泰灵见"("弟子永泰灵见"写于粘贴黄签上,"永泰"被墨涂)。底封内题字 6 行,均用墨涂去。

版式　每纸半叶 35 cm×11.1 cm;上下单栏;书眉 7 cm,地脚 3.3 cm,版面 24.5 cm×11.2 cm;版心白口,内刻题"梁忏卷三"及叶数;半叶 5 行,行 13 字,共 60 叶半。此卷 5 个半叶为 1 纸,每纸半叶或 1 叶后标栏内刻题"梁忏卷三"及叶数。第 1 纸与第 2 纸交接重叠处有栏外刻题"梁卷三   二",第 2 纸与第 3 纸交接重叠处有栏外刻题"梁卷三   三"。正文 24 纸,卷末 1 纸(2 个半叶)。

说明　1. 封面、封底均为黄色绢面,题签为橙色。

　　　2. 正文有句读。

麦 0126   慈悲道场忏法卷第三

著者　(梁)释宝唱等集

时代　明

版本　经折装   刻本

现状　全

题记　封面题签题"慈悲道场忏法卷第三"。牌记"启运慈悲道场忏法/一心归命三世诸佛",卷首有《启请八佛名号》版画 1 幅(2 个半叶),从右至左正中分别刻题佛名:南无过去毗婆尸佛、尸弃佛、毗舍浮佛、拘留孙佛、拘那含牟尼佛、迦叶佛、本师释迦牟尼佛、当来弥勒尊佛。卷端题"慈悲道场忏法卷第三"。品题"显果报第七之余"。尾题"慈悲道场忏法卷第三 礼佛进计一百六十九拜"。题识"崇祯二年(1629)四月初八麦积后学晚衲本韶置造 徒来明收记"。刻题"陕西西安府长安县和迪里五楼村居住奉/佛清信刘世富室人孙氏赵氏 刘江周氏姜氏刘佩孙刘五十/父刘文达母张氏发心刊造/梁皇宝忏三卷 二六时中吉祥如意"。

版式　每纸半叶 34.1 cm×11.1 cm;上下单栏;书眉 6.2 cm,地脚 3.7 cm,版面 24.5 cm×11.1 cm;版心白口,内刻题"梁忏卷三"及纸数;半叶 5 行,行 13 字,共 60 叶。此卷

5 个半叶为 1 纸,每纸半叶或 1 叶后标栏内刻题"梁忏卷三"及纸数。第 1 纸与第 2 纸交接重叠处有栏外刻题"梁忏卷三　二",第 2 纸与第 3 纸交接重叠处有栏外刻题"梁忏卷三　三"。正文 24 纸。

说明　1. 封面、封底为黄色绢面。

　　　2. 正文刻有句读。

麦 0153　慈悲道场忏法卷第三

著者　(梁)释宝唱等集

时代　明

版本　经折装　刻本

现状　首尾残。起"自用不信好言不孝父母达戾反,反逆,或为地主",止"南无名称远闻佛　南无法名号佛"。

题记　无

版式　每纸半叶 31.0 cm×11.0 cm;上下单栏;书眉 4.1 cm,地脚 2.2 cm,版面 24.7 cm× 11.0 cm;版心白口,内刻题"梁忏卷三"及纸数;半叶 5 行,行 13 字,共 33 叶。此卷 5 个半叶为 1 纸,每纸半叶或 1 叶后标栏内刻题"梁忏卷三"及叶数。第 1 纸与第 2 纸交接重叠处有栏外刻题"梁卷三　二",第 2 纸与第三纸交接重叠处有栏外刻题"梁卷三　三"。正文 14 纸,第 1 纸 4 个半叶,卷末 1 纸 2 个半叶。

说明　正文刻有句读。

麦 0210　慈悲道场忏法卷第三

著者　(梁)释宝唱等集

时代　明

版本　经折装　刻本

现状　全

题记　封面题签题"梁皇道场忏法卷之三"(笔书)。卷首题"启运慈悲道场忏法/一心归命三世诸佛"。卷端题"慈悲道场忏法卷第三"。品题"显果报第七"。尾题"慈悲道场忏法卷第三",后附"释音"7 行(小字占 2 行)。刻题"大明国陕西汉中府凤县栌子沟居住 奉/佛刊板众会信士孙安 刘秉健 张朝刚 张万苍/樊文甫 李氏 程廷美 程世甫 陈遇贤/樊永林 樊永春 程万江 杨添举/右暨各众会人等谨发诚心开刊/梁皇宝忏第三卷/四时顺续 八节咸安 吉祥如意"。卷末题识"凤县慈仁寺梁皇忏"(书眉上)。封底背面题识"永昌北禅寺请到/徽州官寺僧人海倡名下/梁武忏一部,宗来收执,其价小麦四斗米二斗/见义西寺掌教故立经字下"。

版式　每纸半叶 32.8 cm×10.8 cm;上下双栏;书眉 7.4 cm,地脚 2.4 cm,版面 23.0 cm×10.8 cm;版心白口;半叶 5 行,行 15 字,共 54 叶。此卷 5 个半叶为 1 纸,正文第 1 纸与第 2 纸的交接重叠处有栏外刻题"卷三　二",第 2 纸与第 3 纸的交接重叠处有栏外刻题"卷三　三",第 3 纸与第 4 纸的交接重叠处有栏外刻题"卷三　四"等。正文 22 纸(第 22 纸为 3 个半叶)。

说明　1. 封面为黄色绢面,封底为绿色绢面,题签为白色。

2. 卷末书眉有批注,墨书题"波若心灯照破/黑暗狱二卷/灵文其众高/求忏悔口帝/大王赦免无/边罪南无/法光地菩/萨引入龙/华会……"。

3. 正文刻有句读。

麦 0254　慈悲道场忏法卷第三

著者　(梁)释宝唱等集

时代　明

版本　经折装　刻本

现状　全

题记　封面题签题"慈悲道场忏法卷第三"。卷首题"启运慈悲道场忏法/一心归命三世诸佛"。卷端题"慈悲道场忏法卷第三"。品题"显果报第七"。尾题"慈悲道场忏法卷第三",后附"释音"7 行(小字占 2 行)。刻题"大明国陕西汉中府凤县栌子沟居住奉/佛刊板众会信士孙安 刘秉健 张朝刚 张万仓/樊文甫 李氏 程廷美 程世甫 陈遇贤/樊永林 樊永春 程万江 杨添举/右暨各众会人等谨发诚心开　刊/梁皇 宝忏 第三卷/四时顺续,八□(节)咸安,吉祥如意"。

版式　每纸半叶 35.6 cm×10.7 cm;上下双栏;书眉 9.7 cm,地脚 2.7 cm,版面 23.4 cm×10.7 cm;版心白口;半叶 5 行,行 15 字,共 55 叶。此卷 5 个半叶为 1 纸,正文第 1 纸与第 2 纸的交接重叠处有栏外刻题"三卷　二",第 2 纸与第 3 纸的交接重叠处有栏外刻题"三卷　三",第 3 纸与第 4 纸的交接重叠处有栏外刻题"三卷　四"等。正文 22 纸。

说明　1. 卷末刻题与麦 0111、麦 0336 相同。

2. 排号重复。

3. 封面封底为蓝色绢面,题签为黄色。

4. 与麦 0273、麦 0156、麦 0124、麦 0254、麦 0255、麦 0966、麦 0259、麦 0263、麦 0264、麦 0299 为同一函《慈悲道场忏法卷》(卷一至卷十全)。

5. 正文刻有句读。

麦 0271　慈悲道场忏法卷第三

著者　(梁) 释宝唱等集

时代　明

版本　经折装　刻本

现状　全

题记　封面题签题"慈悲道场忏法卷第三"。卷首题"启运慈悲道场忏法/一心皈命三世诸
　　　佛"。卷端题"慈悲道场忏法卷第三"。品题"显果报第七"。尾题"慈悲道场忏法卷
　　　第三",后附"发愿文"(共 6 行)、"释音"(共 7 行)。刻题"大明国陕西汉中府凤县枦
　　　子沟居住奉/佛刊板众会信士孙安　刘秉健　张朝刚　张万苍/文甫　李氏　程廷美　程世
　　　甫　陈遇贤/永林　永春程万江　杨添举/右暨各众会人等谨发诚心开刊/梁皇宝忏第
　　　三卷/四时顺续,八节咸安、吉祥如意"。题识"自祥"、"陕西西安府咸阳县河南里民
　　　见在秦州地名/黄峧峪诚经信仕董彦雄宝人杨氏/男董翰宝人胡氏"、"麦积山禅寺
　　　住持自运",封底背面有"性月受持"。

版式　每纸半叶 31.0 cm×10.8 cm;上下双栏;书眉 5.0 cm,地脚 2.5 cm,版面 23.5 cm×
　　　10.8 cm;版心白口;半叶 5 行,行 15 字,共 55 叶。此卷 5 个半叶为 1 纸,正文第 1
　　　纸与第 2 纸的交接重叠处有栏外刻题"三卷　二",第 2 纸与第 3 纸的交接重叠处
　　　有栏外刻题"三卷　三",第 3 纸与第 4 纸的交接重叠处有栏外刻题"三卷　四"等。
　　　正文 22 纸。

说明　1. 卷内有粘贴小红签进行校对。

　　　2. 封面为红色绢面,封底为黄色绢面,题签为白色。

　　　3. 正文刻有句读。

麦 0336　慈悲道场忏法卷第三

著者　(梁) 释宝唱等集

时代　明

版本　经折装　刻本

现状　全

题记　封面题签题"慈悲道场忏法卷第二"(见说明 1)。卷首题"启运慈悲道场忏法/一心
　　　归命三世诸佛"。卷端题"慈悲道场忏法卷第三"。品题"显果报第七"。尾题"慈悲
　　　道场忏法卷第三",后附"释音"7 行。刻题"大明国陕西汉中府凤县枦子沟居住奉/

佛刊板众会信士孙安 刘秉健 张朝刚 张万仓/樊文甫 李氏 程廷美 程世甫 陈遇贤/樊永林 樊永春 程万江 杨添举/右暨各众会人等谨发诚心开刊/梁皇宝忏第三卷/四时顺续,八□咸安,吉祥如意"。

版式　每纸半叶 35.0 cm×11.0 cm;上下双栏;书眉 7.0 cm,地脚 3.7 cm,版面 24.3 cm×11.0 cm;版心白口;半叶 5 行,行 15 字,共 54 叶。此卷 5 个半叶为 1 纸,共 21 纸 3 个半叶。

说明　1. 封面"慈悲道场忏法卷第二",内容为"慈悲道场忏法卷第三"。

　　　2. 刻题与麦 0111 相同。

　　　3. 正文刻有句读。

　　　4. 封面为黄色绢面,封底为绿色绢面,题签为白色。

麦 0603　慈悲道场忏法卷第三

著者　(梁)释宝唱等集

时代　元(至元四年,1338)

版本　经折装　刻本

现状　首尾残。起"启运慈悲道场忏法/一心归命三世诸佛"。

题记　卷首有《启请八佛名号》版画 1 幅(2 个半叶),从右至左正中分别刻题佛名:南无过去毗婆尸佛、尸弃佛、毗舍浮佛、拘留孙佛、拘那含牟尼佛、迦叶佛、本师释迦牟尼佛、当来弥勒尊佛。卷端题"慈悲道场忏法卷第三"。品题"显果报第七",卷尾题"慈悲道场忏法卷第三"。题识"永昌堂老",序后题"杭城妙觉比丘智松"(拟,见说明1)。题识"请经信士冯尚名 男冯永善 郭氏 马氏 宋氏/弟冯永会 郭氏/一家眷"等。卷末有版画《天王像》(拟)1 幅(半叶,见说明2)。

版式　每纸半叶 30.8 cm×11.2 cm;上下单栏;书眉 4.0 cm,地脚 2.0 cm,版面 24.8 cm×11.2 cm;版心白口,内刻题"梁忏卷三"或"梁卷三"及纸数;半叶 5 行,行 13 字,共 59 叶。此卷 5 个半叶为 1 纸,每纸半叶或 1 叶后标刻题"梁忏卷三"或"梁卷三"及纸数,共 24 纸。

说明　1. 据段后题定名。

　　　2. 版画所绘为持国天王像。

　　　3. 正文刻有句读。

　　　4. 封底为绿色绢面。

　　　5. 参见麦 0602 说明项第 6 条。

　　　6. 卷三登记号 13963 与卷二登记号重复。

7. 卷末有附纸 1 张。

8. 卷末第 24 纸反接于第 1 纸前,中间多有散失,纸数不详。

麦 0647　慈悲道场忏法卷第三

著者　(梁) 释宝唱等集

时代　明

版本　经折装　刻本

现状　全(无封面)

题记　卷首有牌记 1 幅(半叶),内刻题"启运慈悲道场忏法/一心归命三世诸佛"。卷首有《启请八佛名号》版画 1 幅(3 个半叶),从右至左正中分别刻题佛名：南无过去毗婆尸佛、尸弃佛、毗舍浮佛、拘留孙佛、拘那含牟尼佛、迦叶佛、本师释迦牟尼佛、当来弥勒尊佛。卷端题"慈悲道场忏法卷第三"。品题"显果报第七"。尾题"慈悲道场忏法卷第三"。刻题 1. "详大忏内列百七十佛 也称扬诸佛功德经 旧本止有百六十欠/其十尊 良怀不满而况经中西北二方佛号极少 亦缺下方 启满/大数 未免讨论 今将药王经内十方十佛 补足其数 具满十方不/为缺典 礼诵者幸毋诮焉 又复每进前列弥勒 释迦后陈无边身/观音者 盖弥勒垂形示梦安号立题 此称慈氏 当降龙华三会度/生空众生界 释迦者 教理行果 皆禀金言 虽示圆常法身 普应永/超苦海 实赖慈舟 无边身者 心含尘刹 形遍虚空 随众生心 应所/知量 观音者 运同体悲 起无缘慈 赴感寻声 拔苦 乐宏通护助/最有力焉 亦表四无量心 标喜舍 影略其中 四等六度 义含已/尽洪惟 地藏慈尊 愿广悲深 遍于三涂 极恶趣中 横身苦 而此/忏缺焉 何故 盖造忏之时 此经未至 甚为欢惜 本启每进补足 诚/虑太繁 今则脱离 地狱品内增入 修礼者慎勿生恼 伏望深生怜/愍大运慈悲 同地藏之用心等观音之救苦 法应如是 口请勉旃/况此忏及直标生佛 法性为各大菩提心为体 弘持行愿为宗 破/惑显理为用 大乘为教相 虽然口浅至深 终归极致 前后文义皆/显 大乘莫不皆以华严涅槃结撮 妙旨回向 一法最广最深 竖穷/横偏 浩溥无涯 援接含生 同归性海 知我罪我 其在兹乎 杭城妙觉比丘智松拜手"。刻题 2. "陕西西安府长安县和迪里伍楼村居住奉/佛清信刘世富室人孙赵氏男刘增周氏 刘溙姜氏刘珮孙刘五十文刘文达母张氏发心刊造/梁皇宝忏三卷　二六时中 吉祥如意"。题识(封底背面)"麦积山瑞应寺觉海授持"。

版式　每纸半叶 35.3 cm×11.1 cm;上下单栏;书眉 8.1 cm,地脚 2.6 cm,版面 25.3 cm×11.1 cm;版心白口,内题"梁忏三"及叶数"一至二十二";半叶 5 行,行 13 字,共 60 叶。此卷 5 个半叶为 1 纸。共 24 纸。

说明　1. 封面残,封底为蓝色绢面。

　　　2. 栏外刻题"梁卷三"及纸数。

　　　3. 正文刻有句读。

麦 0197　慈悲道场忏法卷第四

著者　(梁)释宝唱等集

时代　明

版本　经折装　刻本

现状　全

题记　封面题签题"慈悲道场忏法卷第四"。卷首有《启请八佛名号》版画 1 幅(2 个半叶),从右至左正中分别刻题佛名:南无过去毗婆尸佛、尸弃佛、毗舍浮佛、拘留孙佛、拘那含牟尼佛、迦叶佛、本师释迦牟尼佛、当来弥勒尊佛。卷端题"慈悲道场忏法卷第四"。品题"显果报第七之余"、"出地狱第八"。尾题"慈悲道场忏法卷第四",后附"释音"(4 行)。题识"麦积山自运"。刻题"陕西汉中卫三岔驿百户所军人见在北石居住清信奉/佛祈福刊梁皇宝忏一卷 保安信士文福张氏保延文万川张氏/同父景隆保媚男王万礼 文氏 张添佐 文氏/助缘信士文景义 张荣 张宾 文氏/石泪合会众信人等各舍资财 保佑二六时中吉祥如意"。

版式　每纸半叶 31 cm×10.8 cm;上下双栏;书眉 5 cm,地脚 2.5 cm,版面 24 cm×10.8 cm;版心白口;半叶 5 行,行 15 字,共 47 叶。此卷 5 个半叶为 1 纸,第 1 纸与第 2 纸交接重叠处有栏外刻题"四卷　二",第 2 纸与第 3 纸交接重叠处有栏外刻题"四卷　三"。正文 19 纸。

说明　1. 封面、封底均为黄色绢面,题签为白纸。

　　　2. 正文刻有句读。

麦 0211　慈悲道场忏法卷第四

著者　(梁)释宝唱等集

时代　明

版本　经折装　刻本

题记　封面题签题"梁皇道场忏法卷之四"(笔书)。卷首题"启运慈悲道场忏法/一心皈命三世诸"。卷端题"慈悲道场忏法卷第四"。品题"显果报第七之余"、"出地狱之八"。尾题"慈悲道场忏法卷第四",后附"释音"(4 行)。刻题"陕西汉中卫三岔驿百户所军人见在北石居住清信奉/佛祈福刊梁皇宝忏一卷 保安信士文福室人张氏保廷文万川张氏/同父文景隆 保媪男王万礼文氏 张添佐文氏/助缘信士文景义张荣 张宾文氏/右泊合会众信人等各舍资财 保佑二六时中 吉祥如意"。题识"凤县慈仁寺住持僧人通礼记"。

版式　每纸半叶 32.2 cm×10.8 cm;上下双栏;书眉 6.5 cm,地脚 2.2 cm,版面 23.5 cm×10.8 cm;版心白口;半叶 5 行,行 15 字,共 48 叶。此卷 5 个半叶为 1 纸,正文第 1 纸与第 2 纸的交接重叠处有栏外刻题"四卷　二",第 2 纸与第 3 纸的交接重叠处有栏外刻题"四卷　三",第 3 纸与第 4 纸的交接重叠处有栏外刻题"四卷　四"等。正文 19 纸(第 19 纸为 6 个半叶)。

说明　1. 封面为蓝色绢面,封底为绿色绢面,题签为白色。

　　　 2. 正文刻有句读。

麦 0213　慈悲道场忏法卷第四

著者　(梁) 释宝唱等集

时代　明

版本　经折装　刻本

现状　全

题记　封面题签题"慈悲道场忏法卷之四"。卷首题"启运慈悲道场忏法/一心归命三世诸佛"。卷端题"慈悲道场忏法卷第四"。品题"显果报第七之余"、"出地狱之八"。尾题"慈悲道场忏法卷第四"。刻题"大明国陕西西安府长安县和迪里五楼村南街居住清信奉/佛造梁皇忏一卷 保延信士刘世华室人 姜氏、张氏 男刘永张氏 刘秩 刘印 刘奔狗 女经儿/伏乞/三宝光中吉祥如意"。题识"西安府蓝田县黄百里苟家嘴居住奉/佛造经信士杨继秦室人李氏 刘氏/泊合家善眷人等发心造/梁忏一卷伏愿/三宝光中吉祥如意"(字上有墨划的痕迹);"清凉寺住持,弟子觉同书";"曹溪水一派向东流 观音瓶内除灾咎 醍醐灌顶涤尘/垢 杨枝洒处润焦枯 咽喉中甘露有瑷浆透/四八端严微妙身 四空天众尽称名/四生六道真慈父 四十八愿度众生"。夹叶附纸题识"花奉献文殊共普贤 牡丹芍药真堪供百花 献上黄金殿/花开花谢绽金莲 青衣童子持华亲睹慈尊面/二足巍巍大觉尊 二时开阐妙圆门/二乘菩萨多方便 二六时中转法轮";"灯晃耀荧煌列宝金光明遍照周沙界昏衢照耀俱/无碍阎魔瞻礼紫金台 然灯佛成道鲁虔释迦拜/三宝门中佛法僧 三祇行满果愿深/三十二种庄严相 三千诸佛尽同名"。

版式　每纸半叶 34.5 cm×11.1 cm;上下单栏;书眉 7.2 cm,地脚 3.0 cm,版面 24.7 cm×11.1 cm;版心白口,内刻题"梁忏卷四"及纸数;半叶 5 行,行 13 字,共 54 叶。此卷

5 个半叶为 1 纸,正文第 1 纸与第 2 纸的交接重叠处有栏外刻题"梁卷四　二",第 2 纸与第 3 纸的交接重叠处有栏外刻题"梁卷四　三",第 3 纸与第 4 纸的交接重叠处有栏外刻题"梁卷四　四"等。每纸半叶或 1 叶后标刻题"梁忏卷四"及各纸数。正文 21 纸,卷末 1 纸(3 个半叶)。

说明　1. 封面与封底均为红色绢面,题签为黄色。

　　　2. 正文刻有句读。

麦 0231　慈悲道场忏法卷第四

著者　(梁)释宝唱等集

时代　明

版本　经折装　刻本

现状　全(首封脱落)

题记　卷首题"启运慈悲道场忏法/一心归命三世诸佛"(刻有佛像)。卷端题"慈悲道场忏法卷第四"。品题"显果报第七之余"、"出地狱之八"。尾题"慈悲道场忏法卷第四"。题识"崇祯三年(1630)四月初八日麦积晚衲本韶置造　徒来明收记"。刻题"大明国陕西府长安县和迪里五楼村南街居住清信奉/佛造梁皇忏一卷 保延信士刘世华室人姜氏 张氏 男刘永张氏 刘秩 刘印 刘奔狗 女经见/伏乞/三宝光中 吉祥如意"。题识"自祥受持□"。

版式　每纸半叶 34.5 cm×11.2 cm;上下单栏;书眉 6.1 cm,地脚 3.8 cm,版面 24.6 cm×11.2 cm;版心白口,栏内刻题"梁忏卷四"及纸数;半叶 5 行,行 13 字,共 54 叶。此卷 5 个半叶为 1 纸,正文第 1 纸与第 2 纸的交接重叠处有栏外刻题"梁卷四　二",第 2 纸与第 3 纸的交接重叠处有栏外刻题"梁卷四　三",第 3 纸与第 4 纸的交接重叠处有栏外刻题"梁卷四　四"等。每纸半叶或 1 叶后标刻题"梁忏卷四"及各纸数。正文 21 纸,卷末 1 纸(3 个半叶)。

说明　1. 封底为黄色绢面。

　　　2. 正文刻有句读。

麦 0241　慈悲道场忏法卷第四

著者　(梁)释宝唱等集

时代　元

版本　经折装　刻本

现状　首全尾残

题记　封面题签题"慈悲道场忏法卷第四"(墨书)。卷首题"启运慈悲道场忏法/一心归命三世诸佛"。后有《启请八佛名号》版画1幅(2个半叶),从右至左正中分别刻题佛名:南无过去毗婆尸佛、尸弃佛、毗舍浮佛、拘留孙佛、拘那含牟尼佛、迦叶佛、本师释迦牟尼佛、当来弥勒尊佛。卷端题"慈悲道场忏法卷第四"。品题"显果报第七之余"、"出地狱之八"。尾题"慈悲道场忏法卷第四"。题识"父冯尚名 男冯永善 郭氏 马氏/男冯永会 宋氏",卷末有《天王像》(拟)版画1幅(半叶,见说明1)。

版式　每纸半叶30.8 cm×11.2 cm;上下单栏;书眉4.0 cm,地脚2.0 cm,版面24.8 cm×11.2 cm;版心白口,内刻题"梁忏卷四"和"四卷末"及纸数;半叶5行,行13字,共53叶。此卷5个半叶为1纸,每纸半叶或1叶后标刻题"梁忏卷四六"及各纸数。正文21纸,牌记1纸(半叶)。

说明　1. 后版画为"增长天王"像。

　　　2. 封面为黄色绢面,题签为白色。

　　　3. 正文刻有句读。

　　　4. 参见麦0602说明项第6条。

麦0255　慈悲道场忏法卷第四

著者　(梁)释宝唱等集

时代　明

版本　经折装　刻本

现状　首全尾残

题记　封面题签题"慈悲道场忏法卷第四"。卷首题"启运慈悲道场忏法/一心归命三世诸佛"。卷端题"慈悲道场忏法卷第四"。品题"显果报第七之余"、"出地狱之八"。尾题"慈悲道场忏法卷第四"。题识"请经僧人元经"、"舍财信士刘门何氏 小女姚姐"、"王氏槐",后附"释音"4行(2行小字占一行)。刻题"陕西汉中卫三岔驿百户所军人见在比石居住清信奉/(下残)"。

版式　每纸半叶35.0 cm×11.1 cm;上下双栏;书眉7.7 cm,地脚3.4 cm,版面24 cm×11.1 cm;版心白口;半叶5行,行15字,共47叶半。此卷5个半叶为1纸,正文第1纸与第2纸的交接重叠处有栏外刻题"四卷　二",第2纸与第3纸的交接重叠处有栏外刻题"四卷　三",第3纸与第4纸的交接重叠处有栏外刻题"四卷　四"等。正文19纸。

说明　1. 正文刻有句读。

　　　2. 封面为红色绢面,题签为黄色。

3. 参见麦 0254 说明项 4。

麦 0263 慈悲道场忏法卷第四

著者 （梁）释宝唱等集

时代 明

版本 经折装 刻本

现状 全

题记 封面题签题"慈悲道场忏法卷第四"（见说明 1）。卷首题"启运慈悲道场忏法/一心归命三世诸佛"。卷端题"慈悲道场忏法卷第四"。品题"显果报第七之余"、"出地狱之八"。尾题"慈悲道场忏法卷第四"，后附"释音"4 行（半叶）。刻题"陕西汉中卫三岔驿百户所军人见在比石居住清信奉/佛祈刊梁皇宝忏一卷 保安信士文福 室人张氏 保廷文万川张氏/同父文景隆保婿男王万礼文氏张添佑文氏/助缘信士文景義 张荣 张宾文氏/石泊合会众信人等 各舍资财 保佑二六时 吉祥如意"（见说明 2）。

版式 每纸半叶 35.3 cm×11.1 cm；上下双栏；书眉 8.8 cm，地脚 3.2 cm，版面 23.9 cm×11.1 cm；版心白口；半叶 5 行，行 15 字，共 48 叶半。此卷 5 个半叶为 1 纸，正文第 1 纸与第 2 纸的交接重叠处有栏外刻题"四卷 二"，第 2 纸与第 3 纸的交接重叠处有栏外刻题"四卷 三"，第 3 纸与第 4 纸的交接重叠处有栏外刻题"四卷 四"等。正文 19 纸（第 19 纸为 6 个半叶）。

说明 1. 封面封底绢面残缺，裱褙佛经。

2. 刻题与麦 0274 相同。

3. 参见麦 0254 说明项 4。

4. 封面为蓝色绢面，封底为白色，题签为白色。

5. 正文刻有句读。

麦 0274 慈悲道场忏法卷第四

著者 （梁）释宝唱等集

时代 明

版本 经折装 刻本

现状 全

题记 封面题签题"慈悲道场忏法卷第四"。卷首题"启运慈悲道场忏法/一心归命三世诸佛"。卷端题"慈悲道场忏法卷第四"。品题"显果报第七之余"、"出地狱之八"。尾题"慈悲道场忏法卷第四"，后附"释音"（共 4 行）。刻题"陕西汉中卫三岔驿百户所军人见在北石居住清信奉/佛祈福刊梁皇宝忏一卷 保安信士文福室人张氏 保延文万川张氏/同父文景隆保婿男王万礼文氏 张添佐文氏/助缘信士文景羲 张荣 张宾文氏/石洎会众信人等各舍资财保佑二六时中吉祥如意"。

版式　每纸半叶 35.3 cm×11.0 cm;上下双栏;书眉 8.5 cm,地脚 3.0 cm,版面 24.0 cm×11.0 cm;版心白口;半叶 5 行,行 15 字,共 48 叶半。此卷 5 个半叶为 1 纸,正文第 1 纸与第 2 纸的交接重叠处有栏外刻题"梁卷二　二",第 2 纸与第 3 纸的交接重叠处有栏外刻题"梁卷二　三",第 3 纸与第 4 纸的交接重叠处有栏外刻题"梁卷二　四"等。正文 19 纸(第 19 纸为 6 个半叶)。

说明　1. 封面为橙色绢面,封底为黄色绢面,题签为白色。

　　　2. 与麦 0263 相同。

　　　3. 正文刻有句读。

麦 0318　慈悲道场忏法卷第四

著者　(梁)释宝唱等集

时代　明

版本　经折装　刻本

现状　首尾均残。起"慈悲道场忏法卷第四"(残破过去八佛名号,存五佛),止"亲证如来焰惠地 忏文举处罪花飞 解/□□□□罪 □苦生忉利"。

题记　卷端题"慈悲道场忏法卷第四"。

版式　每纸半叶 35.9 cm×10.7 cm;上下双栏;书眉 1.0 cm,地脚 2.8 cm,版面 23.3 cm×10.7 cm;版心白口;半叶 5 行,行 15 字,共 46 叶半。此卷 5 个半叶为 1 纸,交接重叠处有栏外刻题"四卷"及纸数。共 19 纸,第 1 纸 3 个半叶,卷末 1 纸 4 个半叶。

说明　正文有句读。

麦 0194　慈悲道场忏法卷第五

著者　(梁)释宝唱等集

时代　明

版本　经折装　刻本

现状　全

题记　封面题签题"慈悲道场忏法卷第五"。牌记"启运慈悲道场忏法/一心归命三世诸佛"。卷端题"慈悲道场忏法卷第五"。品题"解冤释结第九之余"。尾题"慈悲道场忏法卷第五",后附"释音"2 行。刻题"凤县城关清信奉/佛施财刊板信士徐琦室人

武氏 男朱光科钟氏 孙计儿/姚文礼 室人傅氏 男姚勋赵氏/朱九思 室人马氏 周氏
男朱懿/张治安室人史氏 孙会元/谯宅刘氏 李宅丽氏 张得海/共刊此经 祈保吉祥
如意者矣"。

版式　每纸半叶 35.5 cm×11 cm;上下双栏;书眉 8.4 cm,地脚 3.1 cm,版面 24.2 cm×
11 cm;版心白口;半叶 5 行,行 15 字,共 42 叶半。此卷 5 个半叶为 1 纸,第 1 纸与
第 2 纸交接重叠处有栏外刻题"卷五　二",第 2 纸与第 3 纸交接重叠处有栏外刻
题"卷五　三"。正文 17 纸。

说明　1. 封面为黄色绢面,封底为蓝色绢面,题签为白色。

　　　　2. 正文有句读。

麦 0196　慈悲道场忏法卷第五

著者　(梁)释宝唱等集

时代　明

版本　经折装　刻本

现状　全

题记　封面题签题"慈悲道场忏法卷第五"。牌记"启运慈悲道场忏法/一心归命三世诸
佛"。卷首有《启请八佛名号》版画 1 幅(2 个半叶),从右至左正中分别刻题佛名:
南无过去毗婆尸佛、尸弃佛、毗舍浮佛、拘留孙佛、拘那含牟尼佛、迦叶佛、本师释迦
牟尼佛、当来弥勒尊佛。卷端题"慈悲道场忏法卷第五"。品题"结怨释结第九"。
尾题"慈悲道场忏法卷第五",后附"释音"2 行。刻题"凤县城关清信奉/佛施财刊
板信士徐琦室人武氏 男朱光科钟氏 孙计儿/姚文礼 室人傅氏 男姚勋赵氏/朱九恩
室人马氏 周氏 男朱懿/张治安室人史氏 孙会元/谯宅刘氏 李宅丽氏 张得海/共刊
此经 祈保吉祥如意者矣"。题识"麦积山自运"。

版式　每纸半叶 31.2 cm×10.8 cm;上下双栏;书眉 4.6 cm,地脚 2.5 cm,版面 24.1 cm×
10.8 cm;版心白口;半叶 5 行,行 15 字,共 42 叶半。此卷 5 个半叶为 1 纸,第 1 纸
与第 2 纸交接重叠处有栏外刻题"卷五　二",第 2 纸与第 3 纸交接重叠处有栏外
刻题"卷五　三"。正文 17 纸。

说明　1. 封面为绿色绢面,封底为蓝色绢面,题签为白纸。

　　　　2. 正文刻有句读。

麦 0214　慈悲道场忏法第五

著者　(梁)释宝唱等集

时代　明

版本　经折装　刻本

现状　全

题记　封面题签题"慈悲道场忏法第五"。卷首题"启运慈悲道场忏法/一心归命三世诸佛",后有《启请八佛名号》版画1幅(共1叶),从右至左正中分别刻题佛名：南无过去毗婆尸佛、尸弃佛、毗舍浮佛、拘留孙佛、拘那含牟尼佛、迦叶佛、本师释迦牟尼佛、当来弥勒尊佛。卷端题"慈悲道场忏法卷第五"。品题"结怨释结第九"。尾题"慈悲道场忏法卷第五"。刻题"陕西西安府长安县大村里造经板信士张永寿室人赵氏 李氏/长男张廷夆室人杨氏 甯氏/张住室人沈氏/次男张保子/父母张吉张氏杨氏/上叔父张庆室人解氏/隆庆五年(1571)六月吉日造行 二六时中吉祥如意"。题识"崇祯二年(1629)四月初八日麦积晚祯本韶置/造 徒来明收"。刻题"陕西秦府长具寺释子化主宗信引众发心刊造此/经/助吉人张名里信士胡大安室人王氏"。封底背面题识"麦积山僧人自祥□"。

版式　每纸半叶34.2 cm×11.1 cm;上下单栏;书眉6.1 cm,地脚3.8 cm,版面24.5 cm×11.1 cm;版心白口,内刻题"梁忏卷五"及纸数;半叶5行,行13字,共47叶半。此卷5个半叶为1纸,正文第1纸与第2纸的交接重叠处有栏外刻题"梁卷五　二",第2纸与第3纸的交接重叠处有栏外刻题"梁卷五　三",第3纸与第4纸的交接重叠处有栏外刻题"梁卷五　四"等。每纸半叶或1叶后标刻题"梁忏卷五"及各纸数。正文19纸。

说明　1. 封面为红色绢面,封底为黄色绢面,题签为白色。

　　　2. 正文刻有句读。

麦 0227　慈悲道场忏法卷第五

著者　(梁) 释宝唱等集

时代　明

版本　经折装　刻本

现状　全

题记　封面题签题"慈悲道场忏法卷第五"。卷首题"启运慈悲道场忏法/一心归命三世诸佛"。卷端题"慈悲道场忏法卷第五"。品题"解冤释结第九"。尾题"慈悲道场忏法卷第五",后附"释音"2行。刻题"凤县城关清信奉/佛舍财刊版信士徐琦室人武氏男朱光科种氏 孙计儿/姚文礼室人傅氏 男姚勋赵氏/朱九思室人马氏 周氏 男朱懿/张治安室人史氏 孙会元/谯宅刘氏 李宅丽氏 张得海/共刊此经祈保吉祥如意者矣"。

版式　每纸半叶 35.3 cm×11 cm;上下双栏;书眉 8.5 cm,地脚 3 cm,版面 24.1 cm×11 cm;版心白口;半叶 5 行,行 15 字,共 43 叶。此卷 5 个半叶为 1 纸,正文第 1 纸与第 2 纸的交接重叠处有栏外刻题"五卷　二",第 2 纸与第 3 纸的交接重叠处有栏外刻题"五卷　三",第 3 纸与第 4 纸的交接重叠处有栏外刻题"五卷　四"等。正文 17 纸(第 17 纸为 6 个半叶)。

说明　1. 封面为橙色绢面,封底为黄色绢面,题签为白色。

　　　2. 正文刻有句读。

麦 0252　慈悲道场忏法卷第五

著者　(梁)释宝唱等集

时代　明

版本　经折装　刻本

现状　全

题记　封面题签题"慈悲道场忏法卷第三"。卷首题"启运慈悲道场忏法/一心归命三世诸佛"。后有三佛版画 1 幅,题八佛名号。卷端题"慈悲道场忏法卷第五"。品题"解冤释结第九"。尾题"慈悲道场忏法卷第五"。刻题"陕西西安府长安县大村里造经板 信士张永寿室人赵氏李氏/长男张廷夆 室人杨氏 甯氏/张住室人 沈氏/次男张保子/父母张吉张氏 杨氏/上叔父张庆室人解氏/隆庆五年(1571)六月 吉日造行二六时中吉祥如意","陕西秦府长兴寺释子化主宗信引众发心刊造此/经/助言人张名里信士胡大安室人王氏"。

版式　每纸半叶 35.7 cm×11.1 cm;上下单栏;书眉 8.5 cm,地脚 2.7 cm,版面 25.7 cm×11.1 cm;版心白口,内刻题"梁忏卷五"及纸数;半叶 5 行,行 13 字,共 47 叶半。此卷 5 个半叶为 1 纸,正文第 1 纸与第 2 纸的交接重叠处有栏外刻题"梁卷五　二",第 2 纸与第 3 纸的交接重叠处有栏外刻题"梁卷五　三",第 3 纸与第 4 纸的交接重叠处有栏外刻题"梁卷五　四"等。每纸半叶或 1 叶后标刻题"梁忏卷五"及各纸数。正文 19 纸。

说明　1. 封面封底为蓝色绢面,题签为黄色。

　　　2. 正文刻有句读。

麦 0315　慈悲道场忏法卷第五

著者　(梁)释宝唱等集

时代　元(至元四年,1338)

版本　经折装　刻本

现状　首全尾残(底封脱落)

题记　封面题签题"慈悲道场忏法卷第伍"。卷首题"启运慈悲道场忏法/一心归命三世诸佛"。后有《启请八佛名号》版画1幅(2个半叶),从右至左正中分别刻题佛名:南无过去毗婆尸佛、尸弃佛、毗舍浮佛、拘留孙佛、拘那含牟尼佛、迦叶佛、本师释迦牟尼佛、当来弥勒尊佛。卷端题"慈悲道场忏法卷第五"。品题"结怨释结第九"。尾题"慈悲道场忏法卷第五"。牌记1幅,内刻题"杭州观桥南杨家经铺印行"。

版式　每纸半叶30.8 cm×11.2 cm;上下单栏;书眉3.7 cm,地脚2.7 cm,版面24.8 cm×11.2 cm;版心白口,内刻题"梁忏卷五"及纸数;半叶5行,行13字,共46叶。此卷5个半叶为1纸,正文共18纸2个半叶。

说明　1. 正文刻有句读。

　　　2. 封底为黄色绢面,封面题签为白色。

　　　3. 参见麦0602说明项第6条。

麦0332　慈悲道场忏法卷第五

著者　(梁)释宝唱等集

时代　明

版本　经折装　刻本

现状　全

题记　封面题签题"慈悲道场忏法卷第五"。卷首题"启运慈悲道场忏法/一心归命三世诸佛"。卷端题"慈悲道场忏法卷第五"。尾题"慈悲道场忏法卷第五",后附"释音"(2行)。刻题"凤县城关清信奉/佛舍财刊板信士徐琦室人武氏 男朱光科钟氏 孙计儿/姚文礼 室人傅氏 男姚勋赵氏/朱九思室人马氏 周氏 男朱懿/张治安室人史氏 孙会元/谯宅刘氏 李宅丽氏 张得海/共刊此经祈保吉祥如意者矣"。题识1. (夹纸)"梁皇宝忏敕会沙门 黄金殿上演玄文 宫阁叆祥云法雨/缤纷梁感皇王思/南无焰惠地普萨……"2. (夹纸)"梁皇宝忏志公宜杨 九重宫殿放毫光 郗氏勉哭驶感谢/君王脱著上天堂/南无难胜第菩萨……"3. (夹纸)"目莲昔日照救娘恩 三涂地狱悉皆明 饿鬼勉灾筵箭剔/昏灯照破铁围城/南无发光地菩萨 摩诃萨 三卷"。

版式　每纸半叶35.7 cm×10.7 cm;上下双栏;书眉9.1 cm,地脚2.6 cm,版面24.1 cm×10.7 cm;版心白口;半叶5行,行15字,共41叶。此卷5个半叶为1纸,两纸交接重叠处有栏外刻题"卷五"及纸数。共17纸。

说明　1. 封面、封底均为绿色绢面,题签为橙色。

2. 正文有句读。

麦 0462　慈悲道场忏法卷第五

著者　(梁)释宝唱等集

时代　明

版本　经折装　刻本

现状　全

题记　封面题签题"梁皇道场忏法卷之五"(笔书)。卷首题"启运慈悲首场忏"。卷端题"慈悲道场忏法卷第五"。品题"解怨释结第九"。尾题"慈悲道场忏法卷第五",后附"释音"(2行)。刻题"凤县城关三青信奉/佛舍财刊板信士徐琦 室人武氏 男朱光科钟氏 孙计儿/姚文礼 室人傅氏 男 姚 勋赵氏/朱九思 室马氏 周氏 男朱懿/张治安 室人史氏 孙会元/谯宅刘氏 李宅丽氏 张得海/共刊此经祈保吉祥如意者矣"(最后一行裱在底封)。

版式　每纸半叶 32.3 cm×11.0 cm;上下双栏;书眉5.3 cm,地脚2.5 cm,版面24.4 cm×11.0 cm;版心白口;半叶5行,行15字,共44叶半。此卷5个半叶为1纸,共17纸。正文第1纸与第2纸的交接重叠处刻题"五卷　二",第2纸与第3纸的交接重叠处刻题"五卷　三",第3纸与第4纸的交接重叠处刻题"五卷　四"及叶数。

说明　1. 封面为红色绢面,封底为黄色绢面,题签为白色。

2. 正文有句读。

麦 0152　慈悲道场忏法卷第六

著者　(梁)释宝唱等集

时代　元(至元四年,1338)

版本　经折装　刻本

现状　全

题记　封面题签题"慈悲道场忏法卷第陆"。牌记"启运慈悲道场忏法/一心归命三世诸佛"。卷首有《启请八佛名号》版画1幅(2个半叶),从右至左正中分别刻题佛名:南无过去毗婆尸佛、尸弃佛、毗舍浮佛、拘留孙佛、拘那含牟尼佛、迦叶佛、本师释迦牟尼佛、当来弥勒尊佛。卷端题"慈悲道场忏法卷第六"。品题"解怨释结第九之余"。尾题"慈悲道场忏法卷第六",后有版画1幅(1个半叶,见说明1)。题识"梁皇宝忏 万得洪名 灵文一卷最洪深 字字/免灾延 顶礼佛名 消灾保安宁 脱苦早超生/梁皇忏一卷 功德力愿灭亡灵 一障罪亲证如来/现前地 忏文举处罪花非 解了冤忏了罪 脱/苦生忉利 现前地菩萨 引入龙花会"。

版式　每纸半叶 30.8 cm×11.3 cm；上下单栏；书眉 3.9 cm，地脚 2.2 cm，版面 24.6 cm×11.2 cm；版心白口，栏内刻题"梁忏卷六"及纸数；半叶 5 行，行 13 字，共 46 叶。此卷 5 个半叶为 1 纸；正文 18 纸，版画 1 纸（1 个半叶）。

说明　1. 尾题后版画，刻题为"多闻天王"。

　　　2. 封面为黄色绢面，题签为白色。

　　　3. 正文刻有句读。

　　　4. 参见麦 0602 说明项第 6 条。

麦 0195　慈悲道场忏法卷第六

著者　（梁）释宝唱等集

时代　明

版本　经折装　刻本

现状　全

题记　封面题签题"慈悲道场忏法卷第六"。牌记"启运慈悲道场忏法/一心归命三世诸佛"，后有《启请八佛名号》版画 1 幅（2 个半叶），从右至左正中分别刻题佛名：南无过去毗婆尸佛、尸弃佛、毗舍浮佛、拘留孙佛、拘那含牟尼佛、迦叶佛、本师释迦牟尼佛、当来弥勒尊佛。卷端题"慈悲道场忏法卷第六"。品题"解冤释结第九之余"。尾题"慈悲道场忏法卷第六"，后附"释音"3 行。刻题"承刊经信士文仕林 男文朝相 室人李氏/路正 室人王氏 路端室人王氏 赵宅路氏/徐琊 室人李氏/男徐友朝 梁氏/张元 室人吴氏/王宪 魏文徽 陈万全/乞人人生前福寿延长殁后不经恶道二六时中吉祥如意者"。

版式　每纸半叶 35.7 cm×10.8 cm；上下双栏；书眉 9.1 cm，地脚 3.3 cm，版面 23.3 cm×10.8 cm；版心白口；半叶 5 行，行 15 字，共 42 叶。此卷 5 个半叶为 1 纸，第 1 纸与第 2 纸交接重叠处有栏外刻题"卷六　二"，第 2 纸与第 3 纸交接重叠处有栏外刻题"卷六　三"，正文 16 纸，卷末 1 纸（4 个半叶）。

说明　1. 封面为蓝色绢面，封底为黄色绢面，题签为白纸。

　　　2. 正文刻有句读。

麦 0209　慈悲道场忏法卷第六

著者　（梁）释宝唱等集

时代 明

版本 经折装 刻本

现状 全

题记 封面题签题"慈悲道场忏法卷之六"。卷首题"启运慈悲道场忏法/一心归命三世诸
佛"。卷端题"慈悲道场忏法卷第六"。品题"解怨释结第九之余"。尾题"慈悲道场
忏法卷第六"。刻题"陕西西安府长安县和迪里伍楼村居住奉/佛 信士刘世友　室
人苗氏 刘氏 吕氏 袁氏 男刘局/姜益刘氏 李氏 男姜世公 姜世道/姜满李氏 男姜
世成 发心刊造/宝忏一卷 二六时中吉祥如意"。题识"清信奉/佛造经信士赵实 程
氏/泊合家善眷人等发心造/梁忏一卷 伏愿/三宝光中吉祥如意","清凉寺住持、弟
子贤同灵见",卷首附纸题识"春先蕊百草甚奇青茶芽点出馨香 喷玉瓯盏内雪/花
润赵州公桉又重新睡魔王能退□ 度黄昏阵/六欲天中佛世尊 六通朗鉴照乾坤/六
年苦行成正觉 六度振动现法身"。

版式 每纸半叶 34.6 cm×11.1 cm;上下单栏;书眉 6.4 cm,地脚 3.4 cm,版面 24.3 cm×
11.1 cm;版心白口,内刻题"梁忏卷六"及纸数;半叶 5 行,行 13 字,共 47 叶。此卷
5 个半叶为 1 纸,正文第 1 纸与第 2 纸的交接重叠处有栏外刻题"梁卷六　二",第
2 纸与第 3 纸的交接重叠处有栏外刻题"梁卷六　三",第 3 纸与第 4 纸的交接重叠
处有栏外刻题"梁卷六　四"等。每纸半叶或 1 叶后标刻题"梁忏卷六"及各纸数。
正文 19 纸(第 19 纸为 4 个半叶)。

说明 1. 封面为黄色绢面,封底为橙色绢面,题签为红色。

2. 正文刻有句读。

麦 0228　慈悲道场忏法卷第六

著者 (梁)释宝唱等集

时代 明

版本 经折装 刻本

现状 全

题记 封面题签题"慈悲道场忏法卷第六"。卷首题"启运慈悲道场忏法/一心归命三世诸
佛"。卷端题"慈悲道场忏法卷第六"。品题"解怨释结第九之余"。尾题"慈悲道场
忏法卷第六",后附"释音"3 行。刻题"助缘释子 广尽/承刊经信士 文仕林 男文朝
相 室人李氏/路正 室人王氏 路端 室人王氏 赵宅 路氏/徐琦 室人李氏 男徐有朝
梁氏/张元 室人吴氏/王宪 魏文徽 陈万全/乞人人生前福寿延长 殁后不经恶道 二
六时中吉祥如意者"。

版式　每纸半叶 35.6 cm×10.6 cm；上下双栏；书眉 9.4 cm，地脚 2.5 cm，版面 24.3 cm× 10.7 cm；版心白口；半叶 5 行，行 15 字，共 42 叶。此卷 5 个半叶为 1 纸，正文第 1 纸与第 2 纸的交接重叠处有栏外刻题"卷六　二"，第 2 纸与第 3 纸的交接重叠处有栏外刻题"卷六　三"，第 3 纸与第 4 纸的交接重叠处有栏外刻题"卷六　四"等。正文 17 纸（第 17 纸为 4 个半叶）。

说明　1. 封面为黄色绢面，封底为蓝色绢面，题签为红色。

　　　2. 正文刻有句读。

麦 0229　慈悲道场忏法卷第六

著者　（梁）释宝唱等集

时代　明

版本　经折装　刻本

现状　全

题记　封面题签题"慈悲道场忏法卷第六"。卷首题"启运慈悲道场忏法/一心归命三世诸佛"。卷端题"慈悲道场忏法卷第六"。品题"解怨释结第九之余"。尾题"慈悲道场忏法卷第六"，后附"释音"3 行。刻题"助缘释子 广尽/承刊经信士 文仕林 男文朝相 室人李氏/路正 室人王氏 路端 室人王氏 赵宅 路氏/徐珅 室人李氏 男徐友朝梁氏/张元室人吴氏/王宪 魏文徽 陈万全/乞人人生前福寿延长 殁后不经恶道 二六时中吉祥如意者"。

版式　每纸半叶 35.8 cm×10.6 cm；上下双栏；书眉 8.5 cm，地脚 3.7 cm，版面 23.8 cm× 10.6 cm；版心白口；半叶 5 行，行 15 字，共 42 叶。此卷 5 个半叶为 1 纸，正文第 1 纸与第 2 纸的交接重叠处有栏外刻题"卷六　二"，第 2 纸与第 3 纸的交接重叠处有栏外刻题"卷六　三"，第 3 纸与第 4 纸的交接重叠处有栏外刻题"卷六　四"等。正文 17 纸（第 17 纸为 4 个半叶）。

说明　1. 封面为红色绢面，封底为绿色绢面，题签为黄色。

　　　2. 卷中有夹叶，内题"梁皇宝忏武帝虔诚 殷勤感动圣贤心 佛法有威灵四/果声闻处度众生/南无现前地菩萨……"。

　　　3. 正文刻有句读。

麦 0232　慈悲道场忏法卷第六

著者　（梁）释宝唱等集

时代　明

版本　经折装　刻本

现状　全

题记　封面题签题"梁皇道场忏法卷之六"（墨书）。卷首题"启运慈悲道场忏法/一心皈命
三世诸佛"。卷端题"慈悲道场忏法卷第六"。品题"解怨释结第九之余"。尾题"慈
悲道场忏法卷第六 南无现前地菩萨"。刻题"梁皇宝忏万德洪名 灵文六卷最宏深/
字字免灾延 寒冰 顶礼佛名 消灾保安宁 脱苦早超生/梁皇忏六卷功德力 愿灭亡灵
六根罪/亲证如来现前地 忏文举处罪花飞 解/了冤 忏了罪 脱苦生切利"，后附"释
音"（3行）。刻题"承刊经信士文仕林 男文朝相室人李氏/路正 室人王氏 路端室人
王氏 赵宅路氏/徐玙 室人李氏男徐友朝 梁氏/张元 室人吴氏/王宪 魏文徽 陈万
全/乞人人生前福寿延长 殁后不经恶道 二六时中吉祥如意者"。

版式　每纸半叶 32.2 cm×10.8 cm；上下双栏；书眉 5.5 cm，地脚 3.0 cm，版面 23.7 cm×
10.8 cm；版心白口；半叶 5 行，行 15 字，共 42 叶。此卷 5 个半叶为 1 纸，正文第 1
纸与第 2 纸的交接重叠处有栏外刻题"六卷　二"，第 2 纸与第 3 纸的交接重叠处
有栏外刻题"六卷　三"，第 3 纸与第 4 纸的交接重叠处有栏外刻题"六卷　四"等。
正文 17 纸（第 17 纸为 4 个半叶）。

说明　1. 封面为绿色绢面，封底为黄色绢面，题签为白色。
　　　2. 正文刻有句读。

麦 0262　慈悲道场忏法卷第六

著者　（梁）释宝唱等集

时代　明

版本　经折装　刻本

现状　全

题记　封面题签题"慈悲道场忏法卷第六"。卷首题"启运慈悲道场忏法/一心归命三世诸
佛"，有《三佛》版画 1 幅。卷端题"慈悲道场忏法卷第六"。品题"解怨释结第九之
余"。尾题"慈悲道场忏法卷第六"。刻题"陕西西安府长安县和迪里伍楼村居住
奉/佛 信士刘世友室人苗氏 刘氏 吕氏 袁氏 男刘局/姜益刘氏 李氏 男姜世公 姜
世道/姜满李氏 男姜世成 发心刊造/宝忏一卷 二六时中吉祥如意"。

版式　每纸半叶 35.8 cm×11.1 cm；上下单栏；书眉 8.1 cm，地脚 2.8 cm，版面 25.2 cm×
11.1 cm；版心白口，内刻题"梁忏卷六"及纸数；半叶 5 行，行 13 字，共 47 叶。此卷
5 个半叶为 1 纸，正文第 1 纸与第 2 纸的交接重叠处有栏外刻题"梁卷六　二"，第
2 纸与第 3 纸的交接重叠处有栏外刻题"梁卷六　三"，第 3 纸与第 4 纸的交接重叠

处有栏外刻题"梁卷六　四"等。每纸半叶或1叶后标刻题"梁忏卷六"及各纸数。正文19纸(第19纸为4个半叶)。

说明　1. 封面封底均为蓝色绢面,题签为黄色。

2. 正文刻有句读。

麦0270　慈悲道场忏法卷第六

著者　(梁) 释宝唱等集

时代　明

版本　经折装　刻本

现状　全

题记　封面题签题"梁皇道场忏法卷之六"。卷首题"启运慈悲道场忏法/一心皈命三世诸佛"。卷端题"慈悲道场忏法卷第六"。品题"解怨释结第九之余"。尾题"慈悲道场忏法卷第六"。题识"慈悲道场忏法卷第六南无现前地菩萨梁皇宝忏万德洪名 灵文六卷最宏深 字字免灾延寒冰 顶礼佛名 消灾保安宁 脱苦早超升 梁皇忏六卷功德力 愿灭亡灵六根罪亲证/如来现前地忏文举处罪花飞 解了冤 忏了罪 脱苦生天利"。

版式　每纸半叶31.2 cm×10.6 cm;上下双栏;书眉5.4 cm,地脚2.5 cm,版面23.4 cm× 10.6 cm;版心白口;半叶5行,行15字,共41叶。此卷5个半叶为1纸,正文第1纸与第2纸的交接重叠处有栏外刻题"六卷　二",第2纸与第3纸的交接重叠处有栏外刻题"六卷　三",第3纸与第4纸的交接重叠处有栏外刻题"六卷　四"等。正文16纸,卷末1纸(2个半叶)。

说明　1. 封面为黄色绢面,封底为红色绢面,题签为白色。

2. 正文刻有句读。

麦0301　慈悲道场忏法卷第六

著者　(梁) 释宝唱等集

时代　明

版本　经折装　刻本

现状　全

题记　封面题签题"慈悲道场忏法卷第六"。牌记"启运慈悲道场忏法/一心归命三世诸佛"。后有《八佛名号》版画1幅(1叶)。卷端题"慈悲道场忏法卷第六"。尾题"慈悲道场忏法卷第六"。刻题"陕西西安府长安县和迪里伍楼村居住奉/佛信士刘世

友室人苗氏 刘氏 吕氏 袁氏 男刘局/姜益 刘氏 李氏 男姜世公 姜世道/姜满李氏 男姜世成 发心刊造/宝忏一卷 二六时中 吉祥如意"。题识"崇祯二年(1629)四月初八日麦积山瑞应禅寺晚衲本韶置造/徒来明收"。

版式　每纸半叶 34 cm×11.1 cm；上下单栏；书眉 6.5 cm，地脚 3.5 cm，版面 24.2 cm× 11.1 cm；版心白口，内刻题"梁忏卷六"；半叶 5 行，行 13 字，共 47 叶。此卷 5 个半叶为 1 纸，两纸接缝处有栏外刻题"梁卷六　罞　爵　刚"及纸数。正文 19 纸。

说明　1. 封面为黄色绢面，封底为红色绢面，题签为白纸。

　　　2. 正文刻有句读。

麦 0193　慈悲道场忏法卷第七

著者　（梁）释宝唱等集

时代　明

版本　经折装　刻本

现状　全

题记　封面题签题"慈悲道场忏法卷第七"。牌记"启运慈悲道场忏法/一心归命三世诸佛"。卷首有《启请八佛名号》版画 1 幅（2 个半叶），从右至左正中分别刻题佛名：南无过去毗婆尸佛、尸弃佛、毗舍浮佛、拘留孙佛、拘那含牟尼佛、迦叶佛、本师释迦牟尼佛、当来弥勒尊佛。卷端题"慈悲道场忏法卷第七"。品题"自庆第十"、"警缘三宝第十一"、"忏主谢大众第十二"、"总发大愿第十三"、"奉为天道礼佛第十四"、"奉为诸佛仙礼佛第十五"、"奉为梵王等礼佛第十六"。尾题"慈悲道场忏法卷第七"，后附"释音"1 行。刻题"凤县东关安和居住奉/佛施财刊经信士闫其胡氏 男鲍万银 汪氏 孙男铁牛/樊良佐朱氏 男周年王氏/马万良 曹江 翟万苍 牛彦禄 张仲臣/高大朝 汪纪宗 蔡宅侯氏/赵宅张氏 李宅张氏 消宅董氏/愿祈四时咸宁八节清平各家眷属吉祥如意"。

版式　每纸半叶 35.6 cm×10.7 cm；上下双栏；书眉 8.4 cm，地脚 3.5 cm，版面 24.5 cm× 10.7 cm；版心白口；半叶 5 行，行 15 字，共 40 叶。此卷 5 个半叶为 1 纸，第 1 纸与第 2 纸交接重叠处有栏外刻题"卷七　二"，第 2 纸与第 3 纸交接重叠处有栏外刻题"卷七　三"。正文 16 纸。

说明　1. 卷末有附纸 1 叶，内容为"天厨妙供禅悦酥陀 唵吽苏噜萨哩缚/恒他阿哦多恒你耶苏噜萨哩缚/南无远行地菩萨"。

　　　2. 封面为绿色绢面，题签为黄色，封底为红色绢面。

　　　3. 正文刻有句读。

麦 0233　慈悲道场忏法卷第七

著者　（梁）释宝唱等集

时代　明

版本　经折装　刻本

现状　全

题记　封面题签题"梁皇道场忏法卷之七"（墨书）。卷首题"启运慈悲道场忏法/一心皈命三世诸佛"。卷端题"慈悲道场忏法卷第七"。品题"自庆第十"、"警缘三宝第十一"、"忏主谢大众第十二"、"总发大愿第十三"、"奉为天道礼佛第十四"、"奉为诸佛仙礼佛第十五"、"奉为梵王等礼佛第十六"。尾题"慈悲道场忏法卷第七　南无远行地菩萨"。刻题"梁皇宝忏万德洪名 灵文七卷最宏深/字字免灾延 寒冰顶佛理佛名消灾保安宁 脱苦早超生/梁皇忏七卷功德力 愿灭亡灵七遮罪/亲证如来远行地 忏文举处罪花飞 解/了冤 忏了罪 脱苦生忉利礼佛五进计一百四十五拜"，后附"释音"1行。刻题"凤县东关安和居住奉/佛施财刊经信士闫其胡氏 男鲍万银汪氏 孙男铁牛/樊良佐朱氏 男周年王氏/马万良 曹江 翟万仓 牛彦禄 张仲臣/高大朝 汪纪宗 蔡宅侯氏/赵宅张氏 李宅张氏 消宅董氏/愿祈四时咸宁 八节清平 各家眷属吉祥如意"。

版式　每纸半叶 32.2 cm×10.8 cm；上下双栏，书眉 5.9 cm，地脚 2.5 cm，版面 22.8 cm×10.8 cm；版心白口；半叶 5 行，行 15 字，共 40 叶。此卷 5 个半叶为 1 纸，正文第 1 纸与第 2 纸的交接重叠处有栏外刻题"七卷　二"，第 2 纸与第 3 纸的交接重叠处有栏外刻题"七卷　三"，第 3 纸与第 4 纸的交接重叠处有栏外刻题"七卷　四"等。正文 16 纸。

说明　1. 封面为绿色绢面，封底为红色绢面，题签为白色。

　　　2. 正文刻有句读。

麦 0236　慈悲道场忏法卷第七

著者　（梁）释宝唱等集

时代　明

版本　经折装　刻本

现状　全

题记　封面题签题"慈悲道场忏法卷之七"。卷首题"启运慈悲道场忏法/一心归命三世诸佛"。卷端题"慈悲道场忏法卷第七"。品题"自庆第十"、"警缘三宝第十一"、"忏主谢大众第十二"、"总发大愿第十三"、"奉为天道礼佛第十四"、"奉为诸佛仙礼佛第十五"、"奉为梵王等礼佛第十六"。尾题"慈悲道场忏法卷第七"。刻题"长安县和迪里五楼村信士/刘廷羲周氏 男刘帆姜氏 刘恺/刘聚成张氏 男刘羊儿 刘来山/姜在张氏 男姜世仁张氏 姜世羲 姜世礼"、"梁卷七/罗汉寺释子/然庆 深胡 深顶 妙新/然奂 深禄 深良 真海/然堂 深泉 深库 然灯 深祥 妙海/然杰 深奉 妙常 湛然 深英 妙彩/张有亮寨信士甯梅杨氏"。题识"西安府蓝田县黄甫里苟家嘴居住奉/佛造经信士雷化私室人杨氏 男毛头 判娃/泊合家善眷人等发心造/梁忏一卷伏愿/三宝光中吉祥如意"。附纸粘贴在"觉同书"上面,题识"弟子永泰灵见",并将"永泰"二字用墨涂去。卷首附纸题识"天厨供纸陀最后来饥餐麻麦充皮袋 仙人又送斋食/在双双牧女献香糜 四天王捧钵遥望灵山拜/七佛林中七宝台 七宝名坐七如来七宝珍体现世间 七处说法度有缘"。

版式　每纸半叶 34.6 cm×11.2 cm;上下单栏;书眉 6.4 cm,地脚 3.3 cm,版面 25.4 cm×11.2 cm;版心白口,内刻题"梁忏卷七"及纸数;半叶 5 行,行 13 字,共 45 叶。此卷 5 个半叶为 1 纸,正文第 1 纸与第 2 纸的交接重叠处有栏外刻题"梁卷　二",第 2 纸与第 3 纸的交接重叠处有栏外刻题"梁卷　三",第 3 纸与第 4 纸的交接重叠处有栏外刻题"梁卷　四"等。每纸半叶或 1 叶后标刻题"梁忏卷七"及各纸数。正文 18 纸。

说明　1. 封面、封底均为黄色绢面,题签为橙色。
　　　2. 正文刻有句读。

麦 0260　慈悲道场忏法卷第七

著者　(梁)释宝唱等集

时代　明

版本　经折装　刻本

题记　封面题签题"慈悲道场忏法卷第七"。卷首题"启运慈悲道场忏法/一心归命三世诸佛"。后有《八佛名号》版画 1 幅(共 1 叶)。卷端题"慈悲道场忏法卷第七"。品题"自庆第十"、"警缘三宝第十一"、"忏主谢大众第十二"、"总发大愿第十三"、"奉为天道礼佛第十四"、"奉为诸佛仙礼佛第十五"、"奉为梵王等礼佛第十六"。尾题"慈悲道场忏法卷第十",后附"释音"1 行。刻题"凤县东关安和居住奉/佛施财刊经信士闫其其胡氏 男鲍万银 汪氏 孙男铁牛/樊良佐朱氏 男周年 王氏/马万良 曹江 翟万仓 牛彦禄 张仲臣/高大朝 汪纪宗 蔡宅侯氏/赵宅张氏 李宅张氏 蒲消董氏/愿祈四时咸宁八节清平各家眷属吉祥如意"。题识"自祥"、"自运"、"李存"、"性月受持"。

版式　每纸半叶 32.0 cm×10.8 cm;上下双栏;书眉 5.0 cm,地脚 2.3 cm,版面 24.2 cm× 10.8 cm;版心白口;半叶 5 行,行 15 字,共 40 叶。此卷 5 个半叶为 1 纸,正文第 1 纸与第 2 纸的交接重叠处有栏外刻题"十卷　二",第 2 纸与第 3 纸的交接重叠处 有栏外刻题"十卷　三",第 3 纸与第 4 纸的交接重叠处有栏外刻题"十卷　四"等。 共 16 纸。

说明　1. 封面为红色绢面,封底为蓝色绢面,题签为白色。

　　　2. 正文刻有句读。

麦 0272　慈悲道场忏法卷第七

著者　(梁) 释宝唱等集

时代　明

版本　经折装　刻本

现状　全

题记　封面题签题"慈悲道场忏法卷第七"。卷首题"启运慈悲道场忏法/一心归命三世诸 佛"。卷端题"慈悲道场忏法卷第七"。品题"庆第十"、"缘三宝第十一"、"主谢大众 第十二"、"发大愿第十三"、"为天道礼佛第十四"、"为诸仙礼佛第十五"、"为梵王等 礼佛第十六"。尾题"慈悲道场忏法卷第七　礼佛五进计一百四十五拜"。刻题"长 安县和迪里五楼村信士/刘廷羲周氏 男刘帆姜氏 刘恺/刘聚成张氏 男刘羊儿 刘来 山 /姜在张氏 男姜世仁张氏 姜世羲 姜世礼/梁卷七/罗汉寺释子/然庆 深胡 深顶 妙新/然龛 深禄 深良 真海/然堂 深泉 深库/然灯 深祥 妙海/然杰 深奉 妙常/湛然 深英 妙彩/张有亮寨信士甯梅 杨氏"。题识"崇祯三年(1630)四月初八日麦积山后 学晚衲本韶置造/徒来明收",底封外笔书"麦积山瑞应寺"。

版式　每纸半叶 34.2 cm×11.2 cm;上下单栏;书眉 5.3 cm,地脚 4.1 cm,版面 25 cm× 11.2 cm;版心白口,内刻题"梁忏卷七"及纸数;半叶 5 行,行 13 字。共 45 叶。此 卷 5 个半叶为 1 纸,正文第 1 纸与第 2 纸的交接重叠处有栏外刻题"梁卷七　二", 第 2 纸与第 3 纸的交接重叠处有栏外刻题"梁卷七　三",第 3 纸与第 4 纸的交接 重叠处有栏外刻题"梁卷七　四"等。每纸半叶或 1 叶后标刻题"梁忏卷七"及各纸 数。正文 18 纸。

说明　1. 封面为红色绢面、封底为蓝色绢面,题签为白色。

　　　2. 正文刻有句读。

麦 0273　慈悲道场忏法卷第七

著者　（梁）释宝唱等集

时代　明

版本　经折装　刻本

现状　全

题记　封面题签题"慈悲道场忏法卷第七"。卷首题"启运慈悲道场忏法/一心归命三世诸
　　　佛"。卷端题"慈悲道场忏法卷第七"。品题"自庆第十"、"警缘三宝第十一"、"忏主
　　　谢大众第十二"、"总发大愿第十三"、"奉为天道礼佛第十四"、"奉为诸佛仙礼佛第
　　　十五"、"奉为梵王等礼佛第十六"。尾题"慈悲道场忏法卷第七"。刻题"凤县东关
　　　安和居住奉/佛施财刊经信士闫其胡氏 男鲍万银汪氏 孙男铁牛/樊良佐朱氏 男周
　　　年王氏/马万良 曹江 翟万仓 牛彦禄 张仲臣/高大朝 江纪宗 蔡宅侯氏/赵宅张氏
　　　李宅张氏 消宅董氏/愿祈四时咸宁 八节清平 各家眷属 吉祥如意"。

版式　每纸半叶 35.7 cm×10.6 cm；上下双栏；书眉 9.2 cm，地脚 2.5 cm，版面 24.1 cm×
　　　10.7 cm；版心白口；半叶 5 行，行 15 字，共 40 叶。此卷 5 个半叶为 1 纸，正文第 1
　　　与第 2 纸的交接重叠处刻题"七卷　一"，第 2 纸与第 3 纸的交接重叠处刻题"七
　　　卷　二"，第 3 纸与第 4 纸的交接重叠处有栏外刻题"七卷　四"等。正文 16 纸。

说明　1. 卷末有附纸 1 叶。
　　　2. 参见麦 0254 说明项 4。
　　　3. 封面为绿色绢面，题签为黄色绢面，封底为白色绢面。
　　　4. 正文刻有句读。

麦 0277　慈悲道场忏法卷第七

著者　（梁）释宝唱等集

时代　明

版本　经折装　刻本

现状　全（无首封）

题记　卷首题"启运慈悲道场忏法/一心归命三世诸佛"。后有三佛版画 1 幅。卷端题"慈
　　　悲道场忏法卷第七"。品题"自庆第十"、"警缘三宝第十一"、"忏主谢大众第十二"、
　　　"总发大愿第十三"、"奉为天道礼佛第十四"、"奉为诸佛仙礼佛第十五"、"奉为梵王
　　　等礼佛第十六"。尾题"慈悲道场忏法卷第七"。刻题"长安县和迪里五楼村信士/
　　　刘廷羲周氏 男刘帆姜氏 刘恺 刘聚成 张氏 男刘羊儿 刘来山/姜在张氏 男姜世仁

张氏 姜世羲 姜世礼";"梁卷七/罗汉寺释子/然庆 深胡 深顶 妙新/然龛 深禄 深良 真海/然堂 深泉 深库/然灯 深祥 妙海/然杰 深奉 妙常/湛然 深英 妙彩/张有亮寨 信士甯梅杨氏"。

版式　每纸半叶 35.8 cm×11.1 cm;上下单栏;书眉 8.1 cm,地脚 2.5 cm,版面 25.2 cm× 11.1 cm;版心白口,内刻题"梁忏卷七"及纸数;半叶 5 行,行 13 字,共 44 叶半。此 卷 5 个半叶为 1 纸,正文第 1 纸与第 2 纸的交接重叠处有栏外刻题"梁卷七　二", 第 2 纸与第 3 纸的交接重叠处有栏外刻题"梁卷七　三",第 3 纸与第 4 纸的交接 重叠处有栏外刻题"梁卷七　四"等。每纸半叶或 1 叶后标刻题"梁忏卷七"及各纸 数。正文 18 纸(第 18 纸为 4 个半叶)。

说明　1. 封底为蓝色绢面。

　　　2. 正文刻有句读。

麦 0340　慈悲道场忏法卷第七

著者　(梁)释宝唱等集

时代　元

版本　经折装　刻本

现状　首残尾全。起"切三宝/忏主谢大众第十二"。

题记　品题"忏主谢大众第十二"、"总发大愿第十三"、"奉为天道礼佛第十四"、"奉为诸佛 仙礼佛第十五"、"奉为梵王等礼佛第十六"。尾题"慈悲道场忏法卷第七"。后有 《金刚像》版画 1 幅(拟),半叶(见说明 1)。

版式　每纸半叶 30.7 cm×11.2 cm;上下单栏;书眉 3.7 cm,地脚 2 cm,版面 25 cm× 11 cm;版心白口,内刻题"梁忏卷七"及纸数;半叶 5 行,行 13 字,共 25 叶。此卷 5 个半叶为 1 纸。正文 9 纸 4 个半叶,版画半叶。

说明　1. 版画后刻题为"密迹金刚像"。

　　　2. 正文刻有句读。

　　　3. 封底为绿色绢面。

　　　4. 参见麦 0602 说明项第 6 条。

麦 0412　慈悲道场忏法卷第七

著者　(梁)释宝唱等集

时代　明

版本　经折装　刻本

现状　全

题记　封面题签题"慈悲道场忏法卷第七"。卷首题"启运慈悲道场忏法/一心归命三世诸佛"。卷端题"慈悲道场忏法卷第七"。品题"自庆第十"、"警绿三宝第十一"、"忏主谢大众第十二"、"总发大愿第十三"、"奉为天道礼佛第十四"、"奉为诸佛仙礼佛第十五"、"奉为梵王等礼佛第十六"。尾题"悲道场忏法卷第七",后附"释音"1行。刻题"凤县东关安和居住奉/佛施财刊经信士闫其胡氏　男鲍万银　汪氏　孙男鈇/樊良佐　朱氏　男周年王氏/马万良　曹江　翟万仓　牛彦录　张仲臣/高大朝　汪纪宗　蔡宅侯氏/赵宅张氏　李宅张氏　消宅董氏/愿祈四时咸宁　八节清平　各家眷属　吉祥如意"。

版式　每纸半叶35.0 cm×11.0 cm;上下双栏;书眉8.2 cm,地脚3.0 cm,版面23.8 cm×11.0 cm;版心白口;半叶5行,行15字,共40叶。此卷5个半叶为1纸。共16纸。正文第1纸与第2纸的交接重叠处有栏外刻题"卷七　二",第2纸与第3纸的交接重叠处有栏外刻题"卷七　三",第3纸与第4纸的交接重叠处有栏外刻题" 卷七　四"等。

说明　1. 封面为黄色绢面,题签为白色。

　　　2. 正文有句读。

麦 0125　慈悲道场忏法卷第八

著者　(梁)释宝唱等集

时代　元

版本　经折装　刻本

现状　残

题记　牌记"启运慈悲道场忏法/一心归命三世诸佛",后有《启请八佛名号》版画1幅(2个半叶),从右至左正中分别刻题佛名:南无过去毗婆尸佛、尸弃佛、毗舍浮佛、拘留孙佛、拘那含牟尼佛、迦叶佛、本师释迦牟尼佛、当来弥勒尊佛。卷端题"慈悲道场忏法卷第八"。品题"奉为阿修罗道一切善神礼佛第十七"、"奉为龙王礼佛第十八"、"奉为魔王礼佛第十九"、"奉为国王人道礼佛第二十"、"奉为诸王王子礼佛第二十一"、"奉为父母礼佛第二十二"、"奉为过去父母礼佛第二十三"、"奉为师长礼佛第二十四"、"为十方比丘比丘尼礼佛第二十五"、"为十方过去比丘比丘尼礼佛第二十六",后附"释音"1行。刻题"汉中府凤翔县李家坪居住清信奉/佛舍财命工刊板信士温朝相室人李氏/保延女李家女/花花/信士许万良室人王氏/保延女小坠/二人各舍己资工刊　梁雷(电)室人亢氏/慈悲道场梁武忏第八卷修儿世福田种来生善果祈身安寿永长福消灾永生净土面见/弥陀而亲蒙首记法界有情同圆种智"。题识"麦积山瑞应寺"。

版式　每纸半叶 30.6 cm×11.2 cm;上下单栏;书眉 4.5 cm,地脚 2.1 cm,版面 24.2 cm×11.1 cm;版心白口,内刻题"梁忏卷八";半叶 5 行,行 13 字,共 59 叶。此卷 5 个半叶为 1 纸;正文 15 纸。

说明　1. 封底为绿色绢面。

　　　2. 正文刻有句读。

　　　3. 与另一本麦 0226《慈悲道场卷第八》给号重复。

　　　4. 与麦 0602、麦 0575、麦 0603、麦 0315、麦 0152、麦 0340、麦 0226、麦 0278、麦 0337 为同一《慈悲道场忏法》,分别为卷一、二、三、五、六、七、八、九、十,缺卷四。

麦 0203　慈悲道场忏法卷第八

著者　(梁) 释宝唱等集

时代　明

版本　经折装　刻本

现状　全

题记　封面题签题"慈悲道场忏法卷第八",牌记"启运慈悲道场忏法/一心归命三世诸佛"。后有《三佛》版画 1 幅。卷端题"慈悲道场忏法卷第八"。品题"奉为阿修罗道一切善神礼佛第十七"、"奉为龙王礼佛第十八"、"奉为魔王礼佛第十九"、"奉为国王人道礼佛第二十"、"奉为诸王王子礼佛第二十一"、"奉为父母礼佛第二十二"、"奉为过去父母礼佛第二十三"、"奉为师长礼佛第二十四"、"为十方比丘比丘尼礼佛第二十五"、"为十方过去比丘比丘尼礼佛第二十六"。尾题"慈悲道场忏法卷第八"。题识"麦积晚衲本韶徒来明收"。刻题"陕西长安县和迪里五楼村南街居住奉/佛信士刘廷舟室人张氏男刘仓室人吕氏/信士吕世友室人刘氏男吕强段氏吕章/信士刘廷用室人张氏 李氏 王氏/信士刘文喜室人童氏男刘进香王氏"。

每纸　半叶 34.3 cm×11.1 cm;上下单栏;书眉 5.6 cm,地脚 3.5 cm,版面 25.2 cm×11.1 cm;版心白口,内刻题"梁忏卷八"及纸数;半叶 5 行,行 13 字,共 41 叶。此卷 5 个半叶为 1 纸,正文第 1 纸与第 2 纸的交接重叠处有栏外刻题"梁卷八　二",第 2 纸与第 3 纸的交接重叠处有栏外刻题"梁卷八　三",第 3 纸与第 4 纸的交接重叠处有栏外刻题"梁卷八　四"等。每纸半叶或 1 叶后标刻题"梁忏卷八"及各纸数。正文 16 纸,卷末 1 纸(2 个半叶)。

说明　1. 封面、封底均为蓝色绢面,题签为白色。

2. 正文刻有句读。

麦 0226　慈悲道场忏法卷第八

著者　（梁）释宝唱等集

时代　元

版本　经折装　刻本

现状　全

题记　卷首题"启运慈悲道场忏法/一心归命三世诸佛"，后有《启请八佛名号》版画 1 幅，从右至左正中分别刻题"南无过去毗婆尸佛、尸弃佛、毗舍浮佛、拘留孙佛、拘那含牟尼佛、迦叶佛、本师释迦牟尼佛、当来弥勒尊佛"。卷端题"慈悲道场忏法卷第八"。品题"奉为阿修罗道一切善神礼佛第十七"、"奉为龙王礼佛第十八"、"奉为魔王礼佛第十九"、"奉为国王人道礼佛第二十"、"奉为诸王王子礼佛第二十一"、"奉为父母礼佛第二十二"、"奉为过去父母礼佛第二十三"、"奉为师长礼佛第二十四"、"为十方比丘比丘尼礼佛第二十五"、"为十方过去比丘比丘尼礼佛第二十六"，后附"释音"（1 行）。刻题"汉中府凤翔县李家坪居住清信奉/佛舍财命工刊板信士温朝相室人李氏/保延女李家女/花花/信士许万良室人王氏/保延女小坠/二人各舍己资共刊 梁雷(电)室人亢氏/慈悲道场梁武忏第八卷修儿世福田种来生善果祈身安寿永长福消灾永生净土面见/弥陀而亲蒙首记法界有情同圆种智"。题识（封底）"麦积山瑞应寺"。

版式　每纸半叶 30.6 cm×11.2 cm；上下单栏；书眉 4.5 cm，地脚 2.1 cm，版面 24.2 cm×11.1 cm；版心白口；半叶 5 行，行 13 字，共 39 叶。此卷 5 个半叶为 1 纸，正文第 1 纸与第 2 纸的交接重叠处有栏外刻题"八卷　二"，第 2 纸与第 3 纸的交接重叠处有栏外刻题"八卷　三"，第 3 纸与第 4 纸的交接重叠处有栏外刻题"八卷　四"等。正文 16 纸（第 16 纸为 3 个半叶）。

说明　1. 封底为蓝色绢面。

　　　2. 参见麦 0602 说明项第 6 条。

　　　3. 正文刻有句读。

麦 0268　慈悲道场忏法卷第八

著者　（梁）释宝唱等集

时代　明

版本　经折装　刻本

现状 全(首封脱落)

题记 封面题签题"梁皇道场忏法卷之八"(墨书)。卷首题"启运慈悲道场忏法/一心皈命三世诸佛"。卷端题"慈悲道场忏法卷第八"。品题"奉为阿修罗道一切善神礼佛第十七"、"奉为龙王礼佛第十八"、"奉为魔王礼佛第十九"、"奉为国王人道礼佛第二十"、"奉为诸王王子礼佛第二十一"、"奉为父母礼佛第二十二"、"奉为过去父母礼佛第二十三"、"奉为师长礼佛第二十四"、"为十方比丘比丘尼礼佛第二十五"、"为十方过去比丘比丘尼礼佛第二十六"。尾题"慈悲道场忏法卷第八 南无不动地菩萨",后附"释音"1行。刻题"汉中府凤县李家坪居住清信奉/佛舍财命工刊板信士温朝相室人李氏/保延女李家女/花花/信士许万良室人王氏/保延女小坠/二人各舍己资共刊 梁电室人亢氏/慈悲道场梁武忏第八卷修儿世福田 种/来生善果 祈身安寿永长福 消灾求生净/土面见/弥陀而亲蒙受记 法界有情同圆种智"。

版式 每纸半叶 32.9 cm×10.8 cm;上下双栏;书眉 5.5 cm,地脚 3.6 cm,版面 23.8 cm×10.8 cm;版心白口;半叶 5 行,行 15 字,共 40 叶。此卷 5 个半叶为 1 纸,正文第 1 纸与第 2 纸的交接重叠处有栏外刻题"八卷 二",第 2 纸与第 3 纸的交接重叠处有栏外刻题"八卷 三",第 3 纸与第 4 纸的交接重叠处有栏外刻题"八卷 四"等。正文 16 纸。

说明 1. 封面为蓝色绢面,封底为红色绢面,题签为白色。
2. 正文刻有句读。

麦 0275 慈悲道场忏法卷第八

著者 (梁)释宝唱等集

时代 明

版本 经折装 刻本

现状 全

题记 封面题签题"慈悲道场忏法卷第八"。卷首题"启运慈悲道场忏法/一心皈命三世诸佛"。卷端题"慈悲道场忏法卷第八"。品题"奉为阿修罗道一切善神礼佛第十七"、"奉为龙王礼佛第十八"、"奉为魔王礼佛第十九"、"奉为国王人道礼佛第二十"、"奉为诸王王子礼佛第二十一"、"奉为父母礼佛第二十二"、"奉为过去父母礼佛第二十三"、"奉为师长礼佛第二十四"、"为十方比丘比丘尼礼佛第二十五"、"为十方过去比丘比丘尼礼佛第二十六",尾题"慈悲道场忏法卷第八",后附"释音"1行。刻题"汉中府凤县李家坪居住清信奉/佛舍财命工刊板信士温朝相室人李氏/保延女李家女/花花/信士许万良室人王氏/保延女小坠/二人各舍己资共刊 梁电室人亢氏/

慈悲道场梁武忏第八卷修儿现世福田种/来生菩果祈身安寿永长福消灾求生净/土面见/弥陀而亲蒙受记法界有情同圆种智"。题识"共计一千六百七十五拜"、"麦积山僧人 自祥 来□(紫)"、"性月受持(卷末背面)"。

版式　每纸半叶 31.3 cm×10.8 cm；上下双栏；书眉 5.2 cm，地脚 2.5 cm，版面 23.6 cm×10.8 cm；版心白口；半叶 5 行，行 15 字，共 39 叶半。此卷 5 个半叶为 1 纸，正文第 1 纸与第 2 纸的交接重叠处有栏外刻题"八卷　二"，第 2 纸与第 3 纸的交接重叠处有栏外刻题"八卷　三"，第 3 纸与第 4 纸的交接重叠处有栏外刻题"八卷　四"等。正文 16 纸(第 16 纸为 4 个半叶)。

说明　1. 封面为绿色绢面，封底为红色绢面，题签为白色。

　　　2. 正文刻有句读。

麦 0238　慈悲道场忏法卷第八

著者　(梁)释宝唱等集

时代　明

版本　经折装　刻本

现状　全

题记　封面题签题"慈悲道场忏法卷之八"。卷首题"启运慈悲道场忏法/一心归命三世诸佛"。卷端题"慈悲道场忏法卷第八"。品题"奉为阿修罗道一切善神礼佛第十七"、"奉为龙王礼佛第十八"、"奉为魔王礼佛第十九"、"奉为国王人道礼佛第二十"、"奉为诸王王子礼佛第二十一"、"奉为父母礼佛第二十二"、"奉为过去父母礼佛第二十三"、"奉为师长礼佛第二十四"、"为十方比丘比丘尼礼佛第二十五"、"为十方过去比丘比丘尼礼佛第二十六"。尾题"慈悲道场忏法卷第八"。刻题"陕西长安县和迪里五楼村南街居住奉/佛信士刘廷舟室人张氏 男刘仓室人吕氏/信士吕世友 室人刘氏 男 吕强段氏 吕章/信士刘廷用室人张李氏 王氏/信士刘文喜室人童氏 男刘进香王氏/净叶寺 发心领众重造"。题识"清信奉/佛造经信女孙门骆氏/洎合家眷人等发心造/梁忏一卷伏愿/三宝光中吉祥如意"，"清凉寺院住持 弟子永泰灵见"("弟子永泰灵见"写于粘贴黄签上，"永泰"被涂墨)。卷首有附纸题识"世间宝历代古今传，珊瑚琥珀银丝线砗磲玛瑙连珠串/给孤张者舍祇园金轮王说法永镇龙宫殿/八宝台上佛世尊 八德池中现法身/八部龙神咸拥护 八难三涂尽超升"。

版式　每纸半叶 34.7 cm×11.2 cm；上下单栏；书眉 6.2 cm，地脚 2.9 cm，版面 25.6 cm×11.2 cm；版心白口，栏内刻题"梁忏卷八"及纸数；半叶 5 行，行 13 字，共 42 叶。此卷 5 个半叶为 1 纸，正文第 1 纸与第 2 纸的交接重叠处有栏外刻题"梁卷八　二"，第 2 纸与第 3 纸的交接重叠处有栏外刻题"梁卷八　三",第 3 纸与第 4 纸的交接重叠处有栏外刻题"梁卷八　四"等。每纸半叶或 1 叶后标刻题"梁忏卷八"及各纸数。正文 17 纸(第 17 纸为 4 个半叶)。

说明　1. 封面为红色绢面,封底为黄色绢面,题签为橙色。

　　　2. 正文刻有句读。

麦 0557　慈悲道场忏法卷第八

著者　(梁)释宝唱等集

时代　明

版本　经折装　刻本

现状　首全尾残。止"皆得清静。一切罪业皆得消灭"。

题记　封面题签题"慈悲道场忏法卷第八"。卷首题"启运慈悲道场忏法/一心归命三世诸佛",后有版画"三佛"1 幅(2 个半叶)。卷端题"慈悲道场忏法卷第八"。品题"奉为阿修罗道一切善神礼佛第十七"、"奉为龙王礼佛第十八"、"奉为魔王礼佛第十九"、"奉为国王人道礼佛第二十"、"奉为诸王王子礼佛第二十一"、"奉为父母礼佛第二十二"、"奉为过去父母礼佛第二十三"、"奉为师长礼佛第二十四"、"为十方比丘比丘尼礼佛第二十五"、"为十方过去比丘比丘尼礼佛第二十六"。

版式　每纸半叶 35.6 cm×11.1 cm;上下单栏;书眉 8.0 cm,地脚 2.6 cm,版面 25.0 cm×11.1 cm;版心白口;半叶 5 行,行 13 字,共 37 叶。此卷 5 个半叶为 1 纸,共 14 纸 4 个半叶,第 14 纸和最后 4 个半叶上半部残。

说明　1. 附一残片,尺寸为 22 cm×11 cm,内容为《慈悲道场忏法卷八》残段,故附后。

　　　2. 封面为蓝色绢面,封签为黄色。

　　　3. 正文刻有句读。

麦 0625　慈悲道场忏法卷第八

著者　(梁)释宝唱等集

时代　明

版本　经折装　刻本

现状　全

题记　封面题签题"慈悲道场忏法卷第八"。卷首牌记"启运慈悲道场忏法/一心归命三世诸佛"及《八佛名号》版画 1 幅(1 叶)。卷端题"慈悲道场忏法卷第八"。品题"奉为阿修罗道一切善神礼佛第十七"、"奉为龙王礼佛第十八"、"奉为魔王礼佛第十九"、

"奉为国王人道礼佛第二十"、"奉为诸王王子礼佛第二十一"、"奉为父母礼佛第二十二"、"奉为过去父母礼佛第二十三"、"奉为师长礼佛第二十四"、"为十方比丘比丘尼礼佛第二十五"、"为十方过去比丘比丘尼礼佛第二十六"。尾题"慈悲道场忏法卷第八",后附"释音"。刻题"汉中府凤县李家坪居住清信奉/佛舍财命工刊板信士温朝相室人李氏/保延女李家女/花花/信士许万良室人王氏/保延女小坠/梁毫室人亢氏/二人各舍己资共刊 梁雷(电)室人亢氏/慈悲道场梁武忏第八卷修见世福田种/来生善果祈身安寿永长福消灾求生净/土面见/弥陀而亲蒙受记法界有情同圆种智"。

版式　每纸半叶 35.8 cm×10.7 cm;上下双栏;书眉 9.5 cm,地脚 2.2 cm,版面 24 cm×10.7 cm;版心白口;半叶 5 行,行 15 字,共 39 叶。此卷 5 个半叶为 1 纸,共 16 纸,卷末 1 纸(3 个半叶)。

说明　1. 封面、封底均为蓝色绢面,题签为黄色。

　　　2. 栏外刻题"八卷"及纸数。

　　　3. 正文刻有句读。

麦 0124　慈悲道场忏法卷第九

著者　(梁) 释宝唱等集

时代　明

版本　经折装　刻本

现状　全

题记　牌记"启运慈悲道场忏法/一心归命三世诸佛"。卷首有《启请八佛名号》版画 1 幅(2 个半叶),从右至左正中分别刻题佛名:南无过去毗婆尸佛、尸弃佛、毗舍浮佛、拘留孙佛、拘那含牟尼佛、迦叶佛、本师释迦牟尼佛、当来弥勒尊佛。卷端题"慈悲道场忏法卷九"。品题"为阿鼻地狱礼佛第二十七"、"为灰河铁丸等地狱礼佛第二十八"、"为饮铜炭坑等地狱礼佛第二十九"、"为刀兵铜釜等地狱礼佛第三十"、"为火城刀山等地狱礼佛第三十一"、"为饿鬼道礼佛第三十二"、"为畜生道礼佛第三十三"、"为六道发愿第三十四"、"警念无常第三十五"、"为执劳运力礼佛第三十六"、"发回向第三十七"。尾题"慈悲道场忏法卷第九"。刻题"陕西西安府长安县和迪里伍楼村居住奉/佛信士刘世荣室人张氏 高氏 男刘润赵氏 刘堂张氏 刘先李氏 刘新 孙刘杨来发心刊造/宝忏一卷 二六时中 吉祥如意"。题识"崇祯二年(1629)四月初八麦积晚衲本诏/置造来明收置"。

版式　每纸半叶 34.1 cm×11.1 cm;上下单栏;书眉 5.4 cm,地脚 3.8 cm,版面 25 cm×

11.1 cm;版心白口,内刻题"梁忏卷九"及纸数;半叶 5 行,行 13 字,共 52 叶。此卷 5 个半叶为 1 纸,每纸半叶或 1 叶后标栏内刻题"梁忏卷九"及叶数。第 1 纸与第 2 纸的交接重叠处刻题识"梁卷九　一　爵二",第 2 纸与第 3 纸的交接重叠处刻题识"梁卷九　二"。正文 21 纸。

说明　1. 封面为红色绢面,封底为蓝色绢面,题签已失。

　　　2. 与麦 0273、麦 0156、麦 0124、麦 0254、麦 0255、麦 0966、麦 0259、麦 0263、麦 0264、麦 0299 为同一《慈悲道场忏法》(卷一至卷十)。

　　　3. 正文刻有句读。

麦 0154　慈悲道场忏法卷第九

著者　(梁) 释宝唱等集

时代　明

版本　经折装　刻本

现状　全

题记　封面题签题"慈悲道场忏法卷第九"。牌记"启运慈悲道场忏法/一心归命三世诸佛",后有《启请八佛名号》版画 1 幅(2 个半叶),从右至左正中分别刻题佛名:南无过去毗婆尸佛、尸弃佛、毗舍浮佛、拘留孙佛、拘那含牟尼佛、迦叶佛、本师释迦牟尼佛、当来弥勒尊佛。卷端题"慈悲道场忏法卷第九"。品题"为阿鼻地狱礼佛第二十七"、"为灰河铁九等地狱礼佛第二十八"、"为饮铜炭坑等地狱礼佛第二十九"、"为刀兵铜釜等地狱礼佛第三十"、"为火城刀山等地狱礼佛第三十一"、"为饿鬼道礼佛第三十二"、"为畜生道礼佛第三十三"、"为六道发愿第三十四"、"警念无常第三十五"、"为执劳运力礼佛第三十六"、"发回向第三十七"。尾题"慈悲道场忏法卷第九南无善慧地菩萨"。

版式　每纸半叶 35.5 cm×11 cm;上下双栏;书眉 7.5 cm,地脚 3.3 cm,版面 24.8 cm× 11 cm;版心白口;半叶 5 行,行 15 字,共 46 叶半。此卷 5 个半叶为 1 纸,第 1 纸与第 2 纸交接重叠处有栏外刻题"九卷　二",第 2 纸与第三纸交接重叠处有栏外刻题"九卷　三"。正文 19 纸。

说明　1. 封面为黄色绢面,封底为蓝色绢面,题签为白色。

　　　2. 正文有句读。

麦 0202　慈悲道场忏法卷第九

著者　(梁) 释宝唱等集

时代　明

版本　经折装　刻本

现状　全

题记　封面题签题"慈悲道场忏法卷第九"。卷首题"启运慈悲道场忏法/一心归命三世诸佛"。卷端题"慈悲道场忏法卷第九"。品题"为阿鼻地狱礼佛第二十七"、"为灰河铁丸等地狱礼佛第二十八"、"为饮铜炭坑等地狱礼佛第二十九"、"为刀兵铜釜等地狱礼佛第三十"、"为火城刀山等地狱礼佛第三十一"、"为饿鬼道礼佛第三十二"、"为畜生道礼佛第三十三"、"为六道发愿第三十四"、"警念无常第三十五"、"为执劳运力礼佛第三十六"、"发回向第三十七"。尾题"慈悲道场忏法卷第九"。题识"请经僧人元经",后附"释音"(1行)。刻题"御爱山观音寺释子常广徒惠经孙性受宽学/信士王平室人杨氏男王应郿 王氏/信女杨氏妙能 男王廷义 张氏 王廷礼 范氏/范举 □□男范廷西侯氏/王宅张氏 男王廷恩/王大甫 男王进儒/何宅赵氏男何万臣 黎氏/王登云 陈氏 杨景先 王氏 杨得林 王氏/何万春 男何朝 徐氏 郭庭金/各捐己资 命工刊完 更祈/天保圣主 永享福寿之庆 子惠下民 世蒙救养之泽 各家/眷属吉祥如意"。题识"舍财信士任来黄氏认经二卷"。

版式　每纸半叶 34.3 cm×11.1 cm;上下双栏;书眉 6.4 cm,地脚 3.5 cm,版面 25.0 cm×11.1 cm;版心白口;半叶 5 行,行 15 字,共 49 叶。此卷 5 个半叶为 1 纸,正文第 1 纸与第 2 纸的交接重叠处有栏外刻题"九卷　二",第 2 纸与第 3 纸的交接重叠处有栏外刻题"九卷　三",第 3 纸与第 4 纸的交接重叠处有栏外刻题"九卷　四"等。正文 20 纸(第 20 纸为 3 个半叶)。

说明　1. 封面为红色绢面,封底为蓝色绢面,题签为黄色。

　　　2. 与麦 0559 相同。

　　　3. 正文刻有句读。

麦 0237　慈悲道场忏法卷第九

著者　(梁)释宝唱等集

时代　明

版本　经折装　刻本

现状　全

题记　封面题签题"慈悲道场忏法卷第九"。卷首题"启运慈悲道场忏法/一心归命三世诸佛"。卷端题"慈悲道场忏法卷九"。品题"为阿鼻地狱礼佛第二十七"、"为灰河铁丸等地狱礼佛第二十八"、"为饮铜炭坑等地狱礼佛第二十九"、"为刀兵铜釜等地狱礼佛第三十"、"为火城刀山等地狱礼佛第三十一"、"为饿鬼道礼佛第三十二"、"为畜生道礼佛第三十三"、"为六道发愿第三十四"、"警念无常第三十五"、"为执劳运力礼佛第三十六"、"发回向第三十七"。尾题"慈悲道场忏法卷第九"。

版式　每纸半叶 35.7 cm×10.8 cm;上下双栏;书眉 7.4 cm,地脚 3.5 cm,版面 25 cm×10.8 cm;版心白口;半叶 5 行,行 15 字,共 47 叶半。此卷 5 个半叶为 1 纸,正文第 1 纸与第 2 纸的交接重叠处有栏外刻题"梁卷二　二",第 2 纸与第 3 纸的交接重叠处有栏外刻题"梁卷二　三",第 3 纸与第 4 纸的交接重叠处有栏外刻题"梁卷二　四"等。每纸半叶或 1 叶后标刻题"梁忏卷六"及各纸数。正文 19 纸。

说明　1. 封面为蓝色绢面。

　　　2. 正文刻有句读。

麦 0278　慈悲道场忏法卷九

著者　(梁)释宝唱等集

时代　元(至元四年,1338)

版本　经折装　刻本

现状　首全尾残

题记　封面题签题"慈悲道场忏法卷第玖"。卷首题"启运慈悲道场忏法/一心归命三世诸佛"。后有《启请八佛名号》版画 1 幅(2 个半叶),从右至左正中分别刻题佛名:南无过去毗婆尸佛、尸弃佛、毗舍浮佛、拘留孙佛、拘那含牟尼佛、迦叶佛、本师释迦牟尼佛、当来弥勒尊佛。卷端题"慈悲道场忏法卷第九"。品题"为阿鼻地狱礼佛第二十七"、"为灰河铁丸等地狱礼佛第二十八"、"为饮铜炭坑等地狱礼佛第二十九"、"为刀兵铜釜等地狱礼佛第三十"、"为火城刀山等地狱礼佛第三十一"、"为饿鬼道礼佛第三十二"、"为畜生道礼佛第三十三"、"为六道发愿第三十四"、"警念无常第三十五"、"为执劳运力礼佛第三十六"、"发回向第三十七"。尾题"慈悲道场忏法卷第九"。

版式　每纸半叶 30.6 cm×11.2 cm;上下单栏;书眉 3.5 cm,地脚 2 cm,版面 25.3 cm×11.1 cm;版心白口,内刻题"梁忏卷九"及纸数;半叶 5 行,行 13 字。共 51 叶。此卷 5 个半叶为 1 纸,每纸半叶或 1 叶后标刻题"梁忏卷九"及各纸数。正文 20 纸,卷末 1 纸(2 个半叶)。

说明　1. 参见麦 0602 说明项第 6 条。

　　　2. 封面为黄色绢面,题签为白色,封底残。

　　　3. 正文刻有句读。

麦 0559　慈悲道场忏法卷第九

著者　（梁）释宝唱等集

时代　明

版本　经折装　刻本

现状　全

题识　封面题签"慈悲道场忏法卷第九"。卷首题"启运慈悲道场忏法/一心归命三世诸佛"。卷端题"慈悲道场忏法卷第九"。品题"为阿鼻地狱礼佛第二十七"、"为灰河铁丸等地狱礼佛第二十八"、"为饮铜炭坑等地狱礼佛第二十九"、"为刀兵铜釜等地狱礼佛第三十"、"为火城刀山等地狱礼佛第三十一"、"为饿鬼道礼佛第三十二"、"为畜生道礼佛第三十三"、"为六道发愿第三十四"、"警念无常第三十五"、"为执劳运力礼佛第三十六"、"发回向第三十七"。尾题"慈悲道场忏法卷第九"，后附"释音"1行。刻题"御爱山观音寺释子常广徒惠经孙性受宽学/信士王平室人杨氏男王应郜 王氏/信女杨氏妙能 男王廷义 张氏 王廷礼 范氏/范举 □□男范廷西侯氏/王宅张氏 男王廷恩/王大甫 男王进儒/何宅赵氏男何万臣 黎氏/王登云 陈氏 杨景先 王氏 杨得林 王氏/何万春 男何朝 徐氏 郭庭金/各捐己资 命工刊完 更祈/天保圣主 永享福寿之庆 子惠下民 世蒙救养之泽 各家/眷派（属）吉祥如意"。

每纸　半叶 35.7 cm×10.5 cm；上下双栏；书眉 9.5 cm，地脚 2.5 cm，版面 24 cm×10.5 cm；版心白口；半叶 5 行，行 15 字，共 49 叶。此卷 5 个半叶为 1 纸，共 20 纸，卷末 1 纸（3 个半叶）。

说明　1. 封面为红色绢面，封底为绿色绢面，题签为黄色。

　　　2. 正文有句读。

　　　3. 刻题与麦 0202 相同。

麦 0626　慈悲道场忏法卷第九

著者　（梁）释宝唱等集

时代　明

版本　经折装　刻本

现状　全

题记　封面题签"梁皇道场忏法卷之九"（墨书）。卷首牌记"启运慈悲道场忏法/一心归命三世诸佛"及《八佛名号》（共 1 叶）。卷端题"慈悲道场忏法卷第九"。品题"为阿鼻地狱礼佛第二十七"、"为灰河铁丸等地狱礼佛第二十八"、"为饮铜炭坑等地狱礼佛第二十九"、"为刀兵铜釜等地狱礼佛第三十"、"为火城刀山等地狱礼佛第三十一"、"为饿鬼道礼佛第三十二"、"为畜生道礼佛第三十三"、"为六道发愿第三十四"、"警念无常第三十五"、"为执劳运力礼佛第三十六"、"发回向第三十七"。尾题"慈悲道场忏法卷第九"(墨书),后附"释音"1行。刻题"御爱山观音寺释子常广 徒惠经 孙性受宽学/信士王平 室人杨氏 男王应菂 王氏/信女杨氏妙能 男王廷义 张氏 王廷礼 范氏/范举 李氏 男范廷西 侯氏/王宅张氏 男王廷恩/王大甫 男王进儒/何室赵氏 男何万臣 黎氏/王登云陈氏 杨景先 王氏 杨得村 王氏/何万春 男何朝徐氏 郭廷金/各捐己资命工刊完更祈/大保圣主永享福寿之庆子惠下民世蒙教养之泽各家/眷泒(属)吉祥如意"。

版式　每纸半叶 32.7 cm×10.9 cm;上下双栏;书眉 5.1 cm,地脚 3.0 cm,版面 24.5 cm×10.9 cm;版心白口;半叶 5 行,行 15 字,共 50 叶。此卷 5 个半叶为 1 纸,共 20 纸,卷末 1 纸(3 个半叶)。

说明　1. 封面为黄色绢面,封底为白色绢面,题签为白色。

2. 栏外刻题"九卷"及纸数。

3. 正文有句读。

4. 尾题前后三叶为后人墨书补缀。

麦 0156　慈悲道场忏法卷第十

著者　(梁)释宝唱等集

时代　明

版本　经折装　刻本

现状　全

题记　封面题签题"慈悲道场忏法卷第十"。牌记"启运慈悲道场忏法/一心归命三世诸佛"。后有《启请八佛名号》版画 1 幅(2 个半叶),从右至左正中分别刻题佛名:南无过去毗婆尸佛、尸弃佛、毗舍浮佛、拘留孙佛、拘那含牟尼佛、迦叶佛、本师释迦牟尼佛、当来弥勒尊佛。卷端题"慈悲道场忏法卷第十"。品题"菩萨回向法第三十八"、"发愿第三十九"、"嘱累第四十"。尾题"慈悲道场忏法卷第十"。刻题"陕西西安府三原县焦吴里人见住凤县三官殿舍财信士马万朝室人傅氏/男马志官周氏 马志丰张氏 马志贵/上侍父母马廷宝王氏 助缘人张舟 马志才 马志禄 马志云",后附"释音"(1行);"陕西汉中府凤县僧会司护印 梅玉山/助缘比丘 辉太虚 锐宝峰 印大乘 祥瑞峰 晓东明/堂月庵 定性空 福寿天 经宝藏/儒学生员雩庄子 赵启贤 功德主 路正 王宪/三岔驿东沟新修静室禅院发心释子了弦/上同师觉海 觉听 更愿/四

恩总报 三宥齐资 法界有情 同圆种智/时嘉靖(1564)岁次甲子菊月上瀚吉日工完 刊匠雷邦宁 余朝江"。牌记内题识"仙人岩灵应寺住持沙弥照琦/麦积山瑞应寺受 持经真荣记 徒普连 普真"。卷末版画1幅(见说明1)。题识"仙人嵩住持僧人普 莲"(在底封)。

版式 每纸半叶35.8 cm×10.7 cm;上下双栏;书眉1.0 cm,地脚2.3 cm,版面23.8 cm× 10.8 cm;版心白口;半叶5行,行15字,共52叶。此卷5个半叶为1纸。第1纸与 第2纸交接重叠处有栏外刻题"十卷 二",第2纸与第3纸交接重叠处有栏外刻 题"十卷 三";正文20纸,卷末1纸(4个半叶)。

说明 1. 版画1幅,画一天王像。

2. 封面为蓝色绢面,封底为白色绢面,题签为黄色。

3. 与麦0273、麦0156、麦0124、麦0254、麦0255、麦0966、麦0259、麦0263、麦 0264、麦0299为同一函《慈悲道场忏法》(卷一至十全)。

4. 正文刻有句读。

麦0235 慈悲道场忏法卷第十

著者 (梁)释宝唱等集

时代 明

版本 经折装 刻本

现状 全

题记 封面题签题"梁皇道场忏法卷之□"。卷首题"启运慈悲道场忏法/一心归命三世诸 佛"。卷端题"慈悲道场忏法卷第十"。品题"菩萨回向法第三十八"、"发愿第三十 九"、"嘱累第四十"。尾题"慈悲道场忏法卷第十"。刻题"梁皇宝忏万德洪名 灵文 十卷最宏深/字字免灾延 寒冰 顶佛礼佛名 消灾保安宁 脱苦早超生/梁皇忏 十卷 功德力 愿灭亡灵十缠罪/亲证如来法云地 忏文举处罪花飞 解〔冤〕忏了罪,脱 苦生仞利";"衣供养赞文";"陕西西安府三原县焦吴里人见住凤县三官殿舍财信士 马万朝室人傅氏/男马志官周氏 马志丰 张氏 马志贵/上侍父母马廷宝王氏 助绿人 张舟 马志才 马志禄 马志云",后附"释音"(1行);"陕西汉中府凤县僧会司护印 梅 玉山/助缘比丘 辉太虚 锐宝峰 印大乘 祥瑞峰 晓东明/堂月庵 定性空 福寿天 经 宝载/儒学生员零庄子赵启贤 功德主 路正 王宪/三岔驿东沟新修静室禅院发心释 子了弦/上同师觉海 觉听 更愿/四恩总报三宥齐资法界有情同圆种智/时嘉靖岁次 甲子(1564)菊月上瀚吉日工完 刊匠 雷邦宁 余朝江"。牌记1幅(半叶)。题识"大 明国陕西秦州利桥普门院住持/侍/佛造忏沙门弟子性喜徒海经/万历十五年

(1587)孤洗月造记"。后有版画1幅(见说明1)。

版式　每纸半叶 32.8 cm×10.8 cm;上下双栏;书眉 5.5 cm,地脚 3 cm,版面 24.2 cm×10.8 cm;版心白口;半叶 5 行,行 15 字,共 52 叶。此卷 5 个半叶为 1 纸,正文第 1 纸与第 2 纸的交接重叠处有栏外刻题"十卷　二",第 2 纸与第 3 纸的交接重叠处有栏外刻题"十卷　三",第 3 纸与第 4 纸的交接重叠处有栏外刻题"十卷　四"等。正文 21 纸(第 21 纸为 4 个半叶)。

说明　1. 封底有韦陀护法版画 1 幅。

　　　2. 封面为绿色绢面,封底为黄色绢面,题签为白色。

　　　3. 正文刻有句读。

麦 0259　慈悲道场忏法卷第十

著者　(梁)释宝唱等集

时代　明

版本　经折装　刻本

现状　全

题记　封面题签题"慈悲道场忏法卷第十"。卷首题"启运慈悲道场忏法/一心归命三世诸佛"。卷端题"慈悲道场忏法卷第十"。品题"菩萨回向法第三十八"、"发愿第三十九"、"嘱累第四十"。尾题"慈悲道场忏法卷第十"。刻题"陕西西安府三原县焦吴里人见住凤县三官殿舍财信士马万朝室人傅氏/男马志官周氏　马志丰张氏　马志贵/上侍父母马廷宝王氏　助缘人张舟　马志才　马志禄　马志云",后附"释音"1 行。刻题"陕西汉中府凤县僧会司护印　梅玉山/助缘比丘　辉太虚　锐宝峰　印大乘　祥瑞峰　晓东明/堂月庵　定性空　福寿天　经宝藏/儒学生员雩庄子赵启贤　功德主　路正王宪/三岔驿东汉新修静室禅院发心释子了弦/上同师觉海　觉听　更愿/四恩总报　三宥齐资　法界有情　同圆种智/时嘉靖岁次甲子(1564)菊月上瀚吉日工完　刊匠雷邦宁　金朝江"。牌记 1 幅(半叶),牌记内题识"大明国陕西凤翔府陇州乡全里人氏/见在秦州地名东沟口住　奉念经僧人如孝　如取/佛舍财印造梁皇忏　信士任回　室人/李氏弟任孟喜室人张氏　男大孝/发心僧人明现　真义十家娃双算径保小孝/万历十五年(1587)六月吉旦印造"。牌记后有《天王像》(拟)版画 1 幅(半叶,见说明1),版画左题识"青岩忏一部"。

版式　每纸半叶 35.6 cm×11.1 cm;上下双栏;书眉 8.5 cm,地脚 3.3 cm,版面 24.1 cm×11.1 cm;版心白口;半叶 5 行,行 15 字,共 52 叶。此卷 5 个半叶为 1 纸,正文第 1 纸与第 2 纸的交接重叠处有栏外刻题"十卷　二",第 2 纸与第 3 纸的交接重叠处有栏外刻题"十卷　三",第3纸与第4纸的交接重叠处有栏外刻题"十卷　四"等。

正文20纸,卷末1纸(4个半叶)。

说明　1. 版画中天王呈双手合十状。

　　　2. 刻题与麦0299、麦0264相同。

　　　3. 参见麦0254说明项4。

　　　4. 封面为蓝色绢面,封底为白色,题签为白色。

　　　5. 正文刻有句读。

麦0264　慈悲道场忏法卷第十

著者　(梁)释宝唱等集

时代　明

版本　经折装　刻本

现状　全(封底脱落)

题记　封题"启运慈悲道场忏法/一心归命三世诸佛"。卷端题"慈悲道场忏法卷第十"。
品题"菩萨回向法第三十八"、"发愿第三十九"、"嘱累第四十"。尾题"慈悲道场忏
法卷第十"。刻题"陕西西安府三原县焦吴里人见住凤县三官殿舍财信士马万朝室
人傅氏/男马志官周氏 马志丰张氏 马志贵/上侍父母马廷宝王氏 助缘人张舟 马志
才 马志禄 马志云",后附"释音"1行;"陕西汉中府凤县僧会司护印 梅玉山/助缘比
丘 辉太虚 锐宝峰 印大乘 祥瑞峰 晓东明/堂月庵 定性空 福寿天 经宝藏/儒学生
员雩庄子赵启贤 功德主 路正王宪/三岔驿东沟新修静室禅院发心释子了弦/上同
师觉海 觉听 更愿/四恩总报 三宥齐资 法界有情 同圆种智/时嘉靖岁次甲子
(1564)菊月上瀚吉日工完 刊匠雷邦宁 余朝江"。题识"请经僧人元经 明禅"。后有
牌记1幅(半叶),牌记内题识"大明国陕西庆祥府安花县高/楼里民人目今见在汉中
府凤县/废丘关居住舍财信士任来 室人/黄氏保延女何众 女/右泊一家大小善眷人
等/总报四恩三宥同缘重种智"。卷末有《天王像》(拟)版画1幅(半叶,见说明1)。

版式　每纸半叶34.8 cm×11.1 cm;上下双栏;书眉6.8 cm,地脚3.3 cm,版面24.6 cm×
11.1 cm;版心白口;半叶5行,行15字,共52叶。此卷5个半叶为1纸,正文纸共
20纸4个半叶。

说明　1. 版画中天王呈双手合十状。

　　　2. 刻题与麦0299、麦0259、麦0156相同。

　　　3. 参见麦0254说明项4。

　　　4. 封面残,蓝色绢面。

5. 正文刻有句读。

麦 0299　慈悲道场忏法卷第十

著者　(梁)释宝唱等集

时代　明

版本　经折装　刻本

现状　全

题记　封面题签题"慈悲道场忏法卷第十"。卷首题"启运慈悲道场忏法/一心归命三世诸佛"。卷端题"慈悲道场忏法卷第十"。品题"菩萨回向法第三十八"、"发愿第三十九"、"嘱累第四十"。尾题"慈悲道场忏法卷第十"。刻题"陕西西安府三原县焦吴里人见住凤县三官殿舍财信士马万朝室人傅氏/男马志官周氏 马志丰张氏 马志贵/上侍父母马廷宝王氏 助缘人张舟 马志才 马志禄 马志云"(见说明1),后附"释音"1行;"陕西汉中府凤县僧会司护印 梅玉山/助缘比丘 辉太虚 锐宝峰 印大乘 祥瑞峰 晓东明/堂月庵 定性空 福寿天 经宝藏/儒学生员雯庄子赵启贤 功德主 路正王宪/三岔驿东沟新修静室禅院发心释子了弦/上同师觉海 觉听 更愿/四恩总报 三宥齐资 法界有情 同圆种智/时嘉靖岁次甲子(1564)菊月上瀚吉日工完 刊匠雷邦宁 余朝江"(见说明1)。卷末题识"仙人岩东院僧来印受持"、"西庵东院僧人来印"。牌记1幅(半叶),牌记内题识"大明国陕西等到华昌府文县右所阵/百户下军余在秦州地名东沟口住奉/佛舍财印造梁皇忏信士刘万林室人/杨氏等 孙男药师保 祈保一家/福寿康宁/万历拾五年(1587)六月孟春吉旦印造"。后有版画1幅(护法像,在牌记后),题识"青岩忏一部"(版画左侧)。

版式　每纸半叶35.5 cm×10.7 cm;上下双栏;书眉8.5 cm,地脚3.3 cm,版面23.9 cm×10.8 cm;版心白口;半叶5行,行15字,共52叶。此卷5个半叶为1纸,正文第1纸与第2纸的交接重叠处有栏外刻题"十卷　二",第2纸与第3纸的交接重叠处有栏外刻题"十卷　三",第3纸与第4纸的交接重叠处有栏外刻题"十卷　四"等。正文共20纸,卷末1纸(4个半叶)。

说明　1. 刻题与麦0264、麦0259、麦0156相同。

　　　2. 封面封底为蓝色绢面,题签为白色。

　　　3. 正文刻有句读。

麦 0337　慈悲道场忏法卷第十

著者　(梁)释宝唱等集

时代　元

版本　经折装　刻本

现状　首尾残。起"不为无目而隐光明。菩提道心亦/复如是",止"者取经为证不敢妄臆庶乎修礼君子功不浪施若也于"。

题记　品题"发愿第三十九"、"嘱累第四十"。尾题"慈悲道场忏法卷第十"。题识"永昌末学正堂书记"(在尾题下)。后有版画 1 幅(半叶,见说明 2)。卷末附"梁忏卷十后序"(据版心题,首尾残,2 个半叶)。

每纸　半叶 35 cm×11.1 cm;上下单栏;书眉 4.5 cm,地脚 2 cm,版面 24.5 cm×11.1 cm;版心白口,内题"梁忏卷十"、"梁忏卷十后序"及纸数;半叶 5 行,行 13 字,共 52 叶半。此卷 5 个半叶为 1 纸。正文 20 纸 3 个半叶(半叶版画),后序 2 个半叶。

说明　1. 卷末有附纸一张。

　　　2. 后一版画绘娑竭龙王。

　　　3. 正文刻有句读。

　　　4. 参见麦 0602 说明项第 6 条。

麦 0756　慈悲三昧水忏法卷上

著者　(唐)知玄述作

时代　明

版本　经折装　刻本

现状　首残尾全。首起版画 1 幅(见说明 1)

题记　卷首题"慈悲三昧水忏起缘"。中题"慈悲三昧水忏法卷上"。刻题"佛弟子同秀同舟造板法孙祖鉴清信清修/慈胤庵主人一校",后附"释音"(1 个半叶)。

版式　每纸半叶 34.5 cm×12.1 cm;上下双栏;书眉 6.4 cm,地脚 2.3 cm,版面 24.9 cm×12.1 cm;版心白口;半叶 5 行,行 15 字,共 27 叶。

说明　1. 封前有版画 1 幅,4 个半叶。第 1 个半叶画有一楼阁和一僧人;第 2 个半叶有僧人和官员 5 人,画中有龙椅;第 3 个半叶画有一匹马和两个俗人及山水;第 4 个半叶画有一棵树及三个僧人。

　　　2. 正文刻有句读。

　　　3. 收于《大正藏》第四十五册。

麦 0639　慈悲三昧水忏法卷中

著者　(唐)智玄述作

时代　明

版本　经折装　刻本

现状　首全尾残。止"罹宪网。或任邪治领它财物。侵公益私"。

题记　封面题签题"慈悲三昧水忏法卷中"。卷首题"慈悲三昧水忏法卷中"(共 11 纸,第 1 纸为 3 个半叶,卷末一纸为 2 个半叶)。

版式　每纸半叶 33.8 cm×12.0 cm;上下双栏;书眉 5.9 cm,地脚 2.6 cm,版面 25.3 cm× 12.0 cm;版心白口;半叶 5 行,行 15 字,共 40 叶。此卷 5 个半叶为 1 纸,共 18 纸。

麦 0757　慈悲三昧水忏法卷下

著者　(唐）知玄述作

时代　明

版本　经折装　刻本

现状　首全尾残。止"释音估、犷、栅、场"。

题记　封面题签题"慈悲三昧水忏法卷下部"(笔书)。卷端题"慈悲三昧水忏法卷下"。中题"慈悲三昧水忏法卷中"。尾题"佛弟子/三昧水忏万德洪名最宏深字字免 灾违 沉沦 顶礼佛名 消灾保安宁 脱苔早超升/三昧忏中卷功德力愿灭 某甲 亡灵 身三 罪称杨菩萨中贤位忏文举处罪花飞解了冤/忏了罪脱 苦身切利 化莲池内/慈胤庵 主人□□(一校)",后附"释音"(3 个半叶 3 行)。

版式　每纸半叶 33.7 cm×12.2 cm;上下双栏;书眉 6.1 cm,地脚 2.7 cm,版面 25.1 cm× 12.0 cm;版心白口;半叶 5 行,行 15 字,共 26 叶。5 个半叶为 1 纸,正文 10 纸。第 1 纸 2 个半叶,第 2 纸与第 3 纸交接重叠处刻题"水忏下"。

说明　1. 正文刻有句读。

　　　2. 封面为绿色,题签为白色。

　　　3. 此卷装订有错乱,疑合两部分为一卷。

　　　4. 查《大正藏》第四十五册,《慈悲三昧水忏法》共三卷,唐代知玄述作,系据宗密之 《圆觉经修之正仪》著录而成之《中忏法书》。

麦 0185　三昧水忏法卷下

著者　(唐）释知玄述

时代　明

版本　经折装　刻本

现状　全

题记　封面题签题"三昧水忏法卷下"。卷端题"三昧水忏法卷下"。尾题"三昧水忏法卷
下　竟"(8个半叶),后附"释音"(11行)。刻题"陕西汉中府凤县后紫柏山云严禅
林住持了玄/隆庆六年(1572)岁次壬申十二月佛成道日吉旦重刊/铁笔匠苏孟宜"。
题识"东□里信士造经信士樊大夏□/氏","造经僧人净恩　兄净息徒悟大千　了河
了祥　了福　了绪　了海　徒孙悟林/弟净德　净圆"。

版式　每纸半叶 30.9 cm×9.0 cm;上下双栏;书眉 7.0 cm,地脚 4.1 cm,版面 19.6 cm×
9.0 cm;版心白口,内刻题"水忏下"及纸数;半叶 5 行,行 15 字,共 39 叶半。此卷 5 个
半叶为 1 纸,每纸半叶或 1 叶后标栏内刻题"水忏下"及纸数。卷背面每半叶有断裂,
断裂处后人有修补。

说明　1. 此卷封面、封底均为蓝色绢面,稍残,封面黄色题签。

2. 卷末有附纸一张。

3. 正文刻有句读。

麦 0610　新集孝顺设供拔苦报恩道场密教上

著者　(宋)释思觉集

时代　明

版本　经折装　写本

现状　全

题记　封面题签题"报恩密教上"。卷端题"新集孝顺设供拔苦报恩道场密教上/汉州绵竹
大中祥符寺长讲华严海印大师思觉"。题识"弘治四年(1491)伏羌县儒学廪膳生员
谢子宁",后附"释音"(1个半叶)。

版式　每纸半叶 26.6 cm×9.0 cm;上下单栏;书眉 4.3 cm,地脚 2.3 cm,版面 20.0 cm×
9.0 cm;版心白口;半叶 5 行,行 15 字,共 71 叶。此卷起于第四个半叶,止于
53 叶。

说明　1. 封面封底均为黄色绢面,题签为白色。

2. 此本系两面书,正面见麦 0609 号。

3. 麦 0610、麦 0612、麦 0614、麦 0616、麦 0618、麦 0620、麦 0622 七卷为一函完整佛
经。相关研究,可参见魏文斌、李晓红《麦积山明代写本〈报恩道场仪〉及相关问
题研究》,《世界宗教研究》2005 年第 3 期;李晓红、魏文斌《麦积山藏"报恩科仪"
儒释孝子事迹考及相关研究》,《敦煌学辑刊》2006 年第 3 期。

麦 0622   新集孝顺设供拔苦报恩道场密教中

著者   （宋）释思觉集

时代   明

版本   经折装   写本

现状   全

题记   封面题签题“报恩密教中”。卷端题“新集孝顺设供拔苦报恩道场密教中”。题识
“弘治四年(1491)伏羌县儒学廪膳生员谢/子宁述”。

版式   每纸半叶 26.6 cm×9.0 cm;上下双栏;书眉 3.7 cm,地脚 2.5 cm,版面 20.6 cm×
9.0 cm;版心白口;半叶 5 行,行 15 字,共 65 叶。此卷起于第 6 个半叶,止于 60
叶半。

说明   1. 封面、封底均为黄色绢面,题签为白色。

2. 此本系两面书,正面见麦 0621 号。

3. 同麦 0610 说明项第 3 条。

麦 0620   新集竖宗立教儒释兼济真俗混融孝顺设供拔苦报恩道场仪文上

著者   （宋）释思觉集

时代   明

版本   经折装   写本

现状   全

题记   封面题签题“报恩仪文上”。卷端题“新集竖宗立教儒释兼济真俗混融孝顺设供拔
苦报恩道场仪文上/汉州绵竹大中祥符寺住持长讲华严海印大师思觉集”。题识
“弘治四年(1491)伏羌县儒学廪膳生员谢子宁述”。

版式   每纸半叶 26.6 cm×9.0 cm;上下双栏;书眉 4.0 cm,地脚 2.3 cm,版面 20.3 cm×
9.0 cm;半叶 5 行,行 15 字,共 75 叶半。

说明   1. 封面、封底均为黄色绢面,题签为白色。

2. 此本系两面书,正面见麦 0619 号。

3. 同麦 0610 说明项第 3 条。

麦 0612   新集竖宗立教儒释兼济真俗混融孝顺设供拔苦报恩道场仪文中

著者   （宋）释思觉集

时代   明

版本 经折装 写本

现状 全

题记 封面题签题"报恩仪文中"。卷端题"新集竖宗立教儒释兼济真俗混融孝顺设供拔苦报恩道场仪文中/汉州绵竹大中祥符寺住持长讲华严海印大师思觉集"。题识"弘治四年(1491)伏羌县儒学廪膳生员谢子宁述"。

版式 每纸半叶 26.6 cm×9.0 cm;上下双栏;书眉 3.9 cm,地脚 2.2 cm,版面 20.7 cm×9.0 cm;版心白口;半叶 5 行,行 15 字,共 80 叶。

说明 1. 封面封底均为黄色绢面,题签为白色。

2. 此本系两面书,正面见麦 0611 号。

3. 同麦 0610 说明项第 3 条。

麦 0616 新集竖宗立教儒释兼济真俗混融孝顺设供拔苦报恩道场仪文下

著者 (宋)释思觉集

时代 明

版本 经折装 写本

现状 全

题记 封面题签题"报恩仪文下"。卷端题"新集竖宗立教儒释兼济真俗混融孝顺设供拔苦报恩道场仪文下/汉州绵竹大中祥符寺住持长讲华严海印大师思觉集"。题识"弘治四年(1491)伏羌县儒学廪膳生员谢子宁述"。

每纸 半叶 26.6 cm×9.0 cm;上下双栏;书眉 3.4 cm,地脚 2.6 cm,版面 20.7 cm×9.0 cm;版心白口;半叶 5 行,行 15 字,共 76 叶半。此卷起于第 4 个半叶,止于最后一叶。

说明 1. 封面、封底均为黄色绢面,题签为白色。

2. 此本系两面书,正面见麦 0615 号。

3. 同麦 0610 说明项第 3 条。

麦 0614 新集竖宗立教儒释兼济真俗混融孝顺设供拔苦报恩道场提纲赞

著者 (宋)释思觉集

时代 明

版本 经折装 写本

现状 全

题记 封面题签题"报恩提纲赞"。卷端题"新集竖宗立教儒释兼济真俗混融孝顺设供拔苦报恩道场提纲"。题识"苗经事意盲□"、"弘治四年(1491)伏羌县儒学廪膳生员谢子/宁述"。

每纸 半叶 26.6 cm×9.0 cm;上下双栏;书眉 3.0 cm,地脚 2.7 cm,版面 21.1 cm× 9.0 cm;版心白口;半叶 5 行,行 15 字,共 69 叶。此卷起于第 8 个半叶,止于 36 叶。

说明 1. 封面封底均为黄色绢面,题签为白色。

2. 此本系两面书,正面见麦 0613 号。

3. 同麦 0610 说明项第 3 条。

麦 0618　新集竖宗立教儒释兼济真俗混融孝顺设供拔苦报恩道场教诫仪文下

著者 (宋) 释思觉集

时代 明

版本 经折装　写本

现状 全

题记 封面题签题"报恩教诫仪"。卷端题"新集竖宗立教儒释兼济真俗混融孝顺设供拔 苦报恩道场仪文下/汉州绵竹大中祥符寺住持长讲华严海印大师/思觉集西山邵学 士化众设初会疏语/右儒林郎新知合州汉初县事马 伯康书"。题识"弘治四年 (1491)伏羌县儒学廪膳生员谢子宁述"。

每纸 半叶 26.6 cm×9.0 cm;上下双栏;书眉 3.8 cm,地脚 2.6 cm,版面 20.3 cm× 9.0 cm;半叶 5 行,行 15 字,共 76 叶半。此卷起于第 1 叶,止于 72 叶半。

说明 1. 封面、封底均为黄色绢面,题签为白色。

2. 此本系两面书,正面见麦 0617 号。

3. 同麦 0610 说明项第 3 条。

麦 0656　瑜伽焰口施食全部

著者 不详

时代 清

版本 线装　写本

现状 全

题记 卷端题"瑜伽焰口施食全部"。中题"瑜伽焰口施食仪文"。尾题"新集瑜伽焰口卷 终"。题识"天池堂华严寺住持僧自悟记/皈依/三宝弟子高元陞法名印权抄录/十 方应供利益存亡　笔籍不正观之休笑矣"。

版式　每纸半叶 28.0 cm×19.0 cm;上双栏,下单栏(墨线);书眉 2.0 cm,地脚 0.7 cm,版面 25.4 cm×19.0 cm;版心白口;半叶 8 行,行 15 字,共 52 叶半。

麦 0697　蜀叟大师语录（据版心题）

著者　不详

时代　清

版本　线装　刻本

现状　首尾残。起"横遍十方非情识所测非思量所解非智力能穷非",止"即撞拦而出亦如先日之状彼时遂感居士杨雄董"。

题记　中题"重修兴国寺疏引"、"书问"、"杂偈"。

版式　每纸半叶 26.0 cm×17.2 cm;四周文武乌丝栏;书眉 2.7 cm,地脚 0.9 cm,版面 22.3 cm×14.7 cm;版心 21.6 cm×1.1 cm,花口,上题"支那撰述 蜀叟大师语录",下题"杂著"、"书问"、"杂偈",叶数下有墨钉。半叶 10 行,行 20 字,共 25 叶。

麦 0704　楞伽阿跋多罗宝经卷第一至卷第二

著者　（宋）求那跋陀罗释

时代　清

版本　线装　刻本

现状　全

题记　封面题识"楞伽阿跋多罗宝经一之二"、"峰玥记"。卷端题"楞伽阿跋多罗宝经卷第一/宋天竺三藏求那跋陀罗释"。中题"楞伽阿跋多罗宝经卷第二/宋天竺三藏求那跋陀罗释"。卷末题识"修补经弟子峰玥成造"。

版式　每纸半叶 23.5 cm×13.5 cm;四周单栏;书眉 3.7 cm,地脚 1.5 cm,版面 18.7 cm×11.5 cm;版心 18.7 cm×1.1 cm,花口,上鱼尾题"楞伽卷一"、"楞伽卷二"及叶数;半叶 8 行,行 17 字,共 86 叶。

说明　正文有墨笔句读。

麦 0720　僧界结解法第一

著者　不详

时代　清

版本　线装　写本

现状　全

题记   卷端题"僧界结解法第一",下有朱文印章一方(未识读)。品题"结界场法"、"解戒场法"、"结三小界法"、"安居仪范"、"上座问云"、"忏离衣舍衣法"、"乞忏悔法"、"请忏悔主法"、"和白法"、"忏二根本小罪法"、"正舍罪法"、"还衣法"、"受安陀会法"、"受欝多罗僧法"、"受僧伽黎法"、"受钵多罗法"。

版式   每纸半叶 22.8 cm×12.9 cm;上下无栏;版心花口,题"结界法"(1—21 叶)、"安居"(22—27 叶)、"忏衣"(28、31 叶)、"安居忏衣"(29—30 叶)、"还衣法"(32—34 叶);半叶 6 行,行 12 字,共 34 叶。

说明   1. 正文有墨书句读。

        2. 卷中题"安居法事终"下有朱文印一方。

麦 0715   德山大义论示众

著者   不详

时代   不详

版本   线装　写本

现状   全

题记   卷端题"德山大义论示众"。品题"理学名言"、"古德格言"、"高峰语录"、"古公案"。

版式   每纸半叶 21.4 cm×13.7 cm;无栏;半叶 9 行,行 23 字,共 54 叶。

说明   正文刻有句读。

麦 0725   踪眼和尚机锋语录

著者   不详

时代   清

版本   线装　写本

现状   稍残

题记   封面题识"踪眼语录"。卷端题"踪眼和尚机锋语录"。题识(封底)"大清国陕巩昌府秦州礼县塸城里地名史家山/足庵持戒僧人明/岷州马坞羊卷沟龙头寺抄写住持僧人真喜/徽州西市民郑有室人杨氏书写传于十方/善男信女持戒人仔细观看悟道明心/顺治十五年(1658)□□□戌春仲朔四日书写"。

版式   每纸半叶 20.5 cm×14.6 cm;无栏;半叶 8 行,行 20 字,32 叶。

说明   1. 纸捻装订。

        2. 正文有墨书句读。

麦 0700　赞礼观音祈祷文卷（拟，见说明 1）

著者　不详

时代　清

版本　线装　写本

现状　全

题记　封面墨书题识"礼观音文"。护叶题识"序赞礼观音祈祷文卷"。中题"赞观音文"、
"礼观音文"、"祈祷观音文"、"观音赞"。

版式　每纸半叶 21.6 cm×14.1 cm；上下单栏，其中 3、4、5、10、11、12、13 叶无栏；书眉
1.0 cm，地脚 1.1 cm，版面 19.1 cm×12.3 cm；半叶 6 行，行约 15 字，共 13 叶。

说明　据护叶题识定名。

麦 0011　重刊北京五大部直音会韵卷上下（见说明 1）

著者　（明）冯梦祯撰

时代　清

版本　线装　刻本

现状　全

题记　封面题签题"大经会韵直音"。首题"五大部直音集韵序"。中题"五大部诸经直音
目录卷上"。刻题"大清康熙二十九年（1690）补修五大部直音龙渠寺随宜谨"。中
题"重刊北京五大部直音会韵卷上"、"大方广佛华严经直音序"、"华严经卷第一"。
刻题"省祭巨朝宪郭氏　男巨宗儒 "（4 叶）。中题"华严经卷第二"、"华严经卷第
三"。刻题"凤翔府岐山县石楼里信士 王朝斌王氏"（5 叶）。中题"华严经卷第四"、
"华严经卷第五"、"华严经卷第六"、"华严经卷第七"。刻题"凤翔府岐山县石楼里
信士王收 高氏"（6 叶）。中题"华严经卷第八"、"华严经卷第九"、"华严经卷第十
（下方有条形墨钉）"、"华严经卷第十一"、"华严经卷第十二"、"华严经卷第十三（下
方有条形墨钉）"、"华严经卷第十四"、"华严经卷第十五"、"华严经卷第十六"、"华
严经卷第十七"、"华严经卷第十八"。刻题"韩门信女德元"（10 叶）。中题"华严经
卷第十九"。刻题"苏家村寺僧尘消徒普意"（11 叶）。中题"华严经卷第二十"。刻
题"苏家村寺僧慧宾徒广琏 广现"（12 叶）。中题"华严经卷第二十一"、"华严经
第二十二"、"华严经卷第二十三"。刻题"僧人明海"（13 叶）。中题"华严经卷第二
十四"。刻题"太子营李良郭氏 赵氏男李养志"（13 叶）。中题"华严经卷第二十
五"。刻题"黄古寺慧广徒了韵了普"（14 叶）。中题"华严经卷第二十六"、"华严经

卷第二十七"。刻题"太子寺僧人真义"(15 叶)。中题"华严经卷第二十八"、"华严经卷第二十九"、"华严经卷第三十"、"华严经卷第三十一"。刻题"大丈寺明河"(16叶)。中题"华严经卷第三十二"。刻题"岐山太子村信士王大经赵氏"(17 叶)。中题"华严经卷第三十三"、"华严经卷第三十四"、"华严经卷第三十五"、"华严经卷第三十六"。刻题"岐山太子村牛氏男张廷金张廷玉"(18 叶)。中题"华严经卷第三十七"、"华严经卷第三十八"、"华严经卷第三十九"。刻题"苏家村寺僧尘涌"(19叶)。中题"华严经卷第四十"、"华严经卷第四十一"、"华严经卷第四十二"。刻题"岐山县太子营刘进经董氏"(20 叶)。中题"华严经卷第四十三"、"华严经卷第四十四"、"华严经卷第四十五"。刻题"徽州横渠浴(峪?)刘僧人月照"(21 叶)。中题"华严经卷第四十六"、"华严经卷第四十七"、"华严经卷第四十八"、"华严经卷第四十九"。刻题"岐山县太子营刘进朝王氏"(22 叶)。中题"华严经卷第五十"、"华严经卷第五十一"、"华严经卷第五十二"、"华严经卷第五十三"。刻题"季固孟氏 男李守志、孟氏 男 三狗"(23 叶)。中题"华严经卷第五十四"、"华严经卷第五十五"、"华严经卷第五十六"。刻题"李汝桐陈氏 男 赵大"(24 叶)。中题"华严经卷第五十七"、"华严经卷第五十八"、"华严经卷第五十九"。刻题"徐景会张氏"(25 叶)。中题"华严经卷第六十"、"华严经卷第六十一"。刻题"季珊李氏 男 李腾蛟李氏"(26 叶)。中题"华严经卷第六十二"、"华严经卷第六十三"、"华严经卷第六十四"。刻题"何家村寺广玹徒尘溢"(27 叶)。中题"华严经卷第六十五"。刻题"信士苗进经室人杨氏"(28 叶)。中题"华严经卷第六十六"、"华严经卷第六十七"、"华严经卷第六十八"。刻题"岐山苗进得室人李氏"(29 叶)。中题"华严经卷第六十九"、"华严经卷第七十"、"华严经卷第七十一"。刻题"徐景岩温氏男徐普经王氏 男 张大"(30 叶)。中题"华严经卷第七十二"、"华严经卷第七十三"。刻题"苗奉林苗进胡男苗时元"(31 叶)。中题"华严经卷第七十四"、"华严经卷第七十五"、"华严经卷第七十六"。刻题"徐尚文仁氏男吊庄"(32 叶)。中题"华严经卷第七十七"。刻题"李江何氏 李天佑苗氏"(33 叶)、"白云寺僧人普具徒照坤"(34 叶)。中题"华严经卷第七十八"、"华严经卷第七十九"。刻题"岐山翟进禄李氏"(35 叶)。中题"华严经卷第八十"、"华严经卷第八十一"、"大方广佛华严经卷第直音终"、"大般涅槃经直音"、"涅槃经卷第一"、"涅槃经卷第二"。刻题"刘天佑杨氏 男 官吉"(39 叶)。中题"涅槃经卷第三"。刻题"僧尘香徒普济普涧"(40 叶)。中题"涅槃经卷第四"、"涅槃经卷第五"、"涅槃经卷第六"。刻题"陇卅礼家壮李万良"(41 叶)。中题"涅槃经卷第七"。刻题"岐山渭阳萧进朝逯氏 翟氏 萧进福穆氏 男肖鸣赵氏 肖玉刘氏"(42 叶)。中题"涅槃经卷第八"。刻题"丈八寺僧玄朝徒普净"(43 叶)。中题

"涅槃经卷第九"。刻题"照摘寺真讫明惠"（44叶）。中题"涅槃经卷第十"。刻题"王进仁董氏"（45叶）。中题"涅槃经卷第十一"。刻题"龙泉寺性义、悟照"（46叶）。中题"涅槃经卷第十二"。刻题"张世禄"（47叶）。中题"涅槃经卷第十三"。刻题"信士汶仲学易氏男汶举 汶人"（48叶）。中题"涅槃经卷第十四"、"涅槃经卷第十五"。刻题"口（牛）进朝李氏"（49叶）、"生江寺圆异"（50叶）。中题"涅槃经卷第十六"、"涅槃经卷第十七"。刻题"郝天凤刊经"（51叶）。中题"涅槃经卷第十八"、"涅槃经卷第十九"、"涅槃经卷第二十"。刻题"郝禀仁刊经"（52叶）。中题"涅槃经卷第二十一"。刻题"汶仲良吕氏男汶名 汶山"（53叶）。中题"涅槃经卷第二十二"、"涅槃经卷第二十三"、"涅槃经卷第二十四"。刻题"李朝相王氏"（54叶）。中题"涅槃经卷第二十五"、"涅槃经卷第二十六"。刻题"侯江"（55叶）。中题"涅槃经卷第二十七"、"涅槃经卷第二十八"。刻题"信士汶仲学易氏汶举 汶人"（56叶）。中题"涅槃经卷第二十九"、"涅槃经卷第三十"、"涅槃经卷第三十一"。刻题"李舟左氏"（57叶）"李天福纪氏"（58叶）。中题"涅槃经卷第三十二"、"涅槃经卷第三十三"、"涅槃经卷第三十四"、"涅槃经卷第三十五"、"涅槃经卷第三十六"。刻题"僧尘亮徒普瀛"（59叶）。中题"涅槃经卷第三十七"、"涅槃经卷第三十八"。刻题"袁家寺僧悟迁徒本安"（60叶）。中题"涅槃经卷第三十九"、"涅槃经卷第四十"、"涅槃经卷第四十一"、"涅槃经卷第四十二"。刻题"宋天云薛氏"（61叶）、"凤翔县侯丰里绕王村信士张进表/室人赵氏 男 张奉鸾王氏/张奉蛟孙男当年/信士张彦禄室人梁氏"（62叶）。中题"大般涅槃经直音卷第终"、"金光明最胜王经直音"、"金光明经卷第一"、"金光明经卷第二"。刻题"王汝杰男德忠信"（63叶）。中题"金光明经卷第三"、"金光明经卷第四"。刻题"梁庆甫王氏男梁天林孙氏"（64叶）。中题"金光明经卷第五"、"金光明经卷第六"、"金光明经卷第七"。刻题"王廷鉴"（65叶）。中题"金光明经卷第八"、"金光明经卷第九"、"金光明经卷第十"。刻题"信士邓恩"（66叶）。中题"大金光明最胜王经直音终"、"小金光明经卷第一"、"金光明经卷第二"。刻题"建法寺德忠徒圆经"（67叶）。中题"金光明经卷第三"、"金光明经卷第四"。刻题"吴秉彐弊男吴三省吴三乐吴三宥"。中题"小金光明经直音终"、"大乘本生心地观经直音序"、"心地观经卷第一"、"心地观经卷第二"、"心地观经卷第三"。刻题"弘寺见正金徒志坤"（69叶）。中题"心地观经卷第四"、"心地观经卷第五"。刻题"刘孟阳侯氏孙刘进表"（70叶）。中题"心地观经卷第六"。刻题"凤县东川寺宽爱"（71叶）。中题"心地观经卷第七"；中题"心地观经卷第八"。刻题"凤翔县汶家村信士李觉王氏 郭氏 男李应元郑氏/弟李璋王氏"（72叶）。中题"大乘本生心地观经直音终"、"大方便佛报恩经直音"、"报恩经卷第一"、

"报恩经卷第二"。刻题"王朝现梁氏"(73 叶)。中题"报恩经卷第三"。刻题"长命寺真英孙觉兰"(74 叶)。中题"报恩经卷第四"。刻题"僧人真亮"(75 叶)。中题"报恩经卷第五"。刻题"程万胡男程天仁"(76 叶)。中题"报恩经卷第六"、"报恩经卷第七"。刻题"郝家寺净光"(77 叶)。尾题"大方便佛报恩经直音终"。

版式　每纸半叶 26.9 cm×17.1 cm;四周双乌丝栏;书眉 3.5 cm,地脚 1.2 cm,版面 22.2 cm×15.1 cm,版心 22.2 cm×1.1 cm,花口,上鱼尾,上题"直音卷上"、"直音卷下",下题华严、涅槃、金光、心地、报恩等叶数,下方有墨钉;半叶 8 行,行 15 字不等,共 77 叶。

说明　定名据中题拟。

麦 0698　□□□十书(据封题)

著者　不详

时代　明

版本　线装　刻本

现状　首全尾残。止"用瓮盛酒一斗菊花头二两以生绢袋县"。

题记　封题"□□□十书"。卷首题"续伴老编/顺阳李荫袭美甫/续伴老编卷终"。中题"戒杀生文序　赐进士出身光禄大夫太子太保吏部尚/书/武英殿大学士知/制诰/国史典志总裁官海虞严讷撰"、"戒杀生　古杭云栖寺沙门袾宏撰/万历丁酉(1597)秋八月吉日顺阳仚陀寺发僧/李褶嬡荫重刻"、"锦阳楼八事图　发僧李荫具图"、"锦阳楼八事　朱谋埠/如岩下电　琥珀眼掠"、"赭阳楼八事铭图　岞峪山李荫具图/图毕"、"赭阳楼八事铭　李惟中/宪此先民　右瓦瓿"、"神隐拈"。

版式　每纸半叶 26.5 cm×15.5 cm;四周单乌丝栏;书眉 6.8 cm,地脚 2.5 cm,版面 17.3 cm×13.8 cm;版心 17.4 cm×1.1 cm,花口,上鱼尾,鱼尾上题"续伴老编"、"戒杀文序"、"戒杀文"、"八事图"、"八事诗"、"赭阳八事图"、"赭阳八事铭"、"神隐拈",鱼尾下叶数。半叶 9 行,行 16 字,共 42 叶半。

说明　1. 棉纸,纸线装订,书眉特高,几近经折装,为明刻线装尚宋之遗风,甚为珍贵。

　　　2. 正文有朱笔句读。

　　　3. 书眉上有杂写。

二、道 教 类 文 书

麦 0709　三坛圆满天仙大戒略说

著者　（清）柳守元撰

时代　不详

版本　线装　刻本

现状　首残

题记　卷端题"三坛圆满天仙大戒略说/开立阐秘宏教真君柳守元撰"（正文上覆盖朱文印，不能识读）。

版式　每纸半叶 27.3 cm×14.9 cm；四周双栏；书眉 5.5 cm，地脚 2.1 cm，版面 19.5 cm×13.0 cm，版心 19.5 cm×1.8 cm；花口，上鱼尾，内题"天仙大戒"及叶数；半叶 7 行，行 15 字，共 51 叶。

麦 0859　三圣心经（见说明）

著者　不详

时代　清

版本　线装　刻本

现状　全

题记　封面题签题"三圣经"。牌记"三圣心经"。中题"玉皇心印妙经"、"观音心经"、"摩诃般若波罗密多心经下卷"、"赞"、"灶王心经"、"观音梦授真经"、"漏字经"。刻题"大清光绪三年(1877)冬月望八日敬立板"。

版式　每纸半叶 24.5 cm×14.9 cm；四周单栏；书眉 3.2 cm，地脚 1.2 cm，版面 19.7 cm×12.1 cm，版心 19.7 cm×0.9 cm；花口，上鱼尾，上题"玉皇心经"、"观音心经"、"灶王心经"、"漏字经"等细目；半叶 7 行，行 14 字，共 8 叶。

说明　据牌记题定名。

麦 0921   三圣救劫宝训

著者　不详

时代　清

版本　线装　刻本

现状　首全尾残。止"师教诵读抱儿入学堂拜师课塾束修不辞贫供"。

题记　封面题签题"三圣救劫宝训"。牌记"咸丰丁巳年(1857)重刻/三圣救劫宝训/板存留坝厅连云寺印/者自备纸墨不取分文"。卷首题"三圣救劫宝训序",序后有"咸丰七年(1857)十月吉日草门东吉室谨志/汉中文明堂杨刻"(2叶)。中题"文昌帝君降笔记"、"太上感应篇"。

每纸　半叶22.5 cm×13.2 cm;四周双栏;书眉4.1 cm,地脚0.6 cm,版面17.8 cm×11.3 cm,版心17.8 cm×1.0 cm;花口,上鱼尾,书口刻题"三圣救劫宝训序"、"帝君降笔"、"感应篇"、"一蕉露"、"勤孝歌"等,上鱼尾下刻题叶数。半叶9行,行20字,共9叶半。

说明　1. 正文中有撕叶,据叶数顺序,中当缺4叶。

　　　2. 正文有墨笔句读。

麦 0926   三圣感应经

著者　不详

时代　清

版本　线装　刻本

现状　全

题记　封题墨书题"三圣感应经",封面中部下端墨书题识"长升昶记",内封墨书题"三圣感应经"。卷首题"三圣宝训合编序"。序后有"光绪岁次辛巳(1881)仲秋武威举人徐志薰沐敬撰序于施教亭"(2叶)。卷端题"太上感应篇"。中题"关圣帝君觉世真经"。

每纸　半叶24.4 cm×14.8 cm;四周双栏;书眉5.1 cm,地脚1.8 cm,版面17.5 cm×12.7 cm,版心17.5 cm×1.0 cm;花口;上鱼尾,书口题"三圣真经";半叶8行,行20字,共11叶。

麦 0078   三教同识

著者　不详

时代　清

版本　线装　写本

现状　稍残。起"三教同识"，止"则书夜之故可通书夜之故通而死生顺逆/无不一矣"。

题记　卷首题"三教同识"。中题"程子答横渠书"、"阳明答伦彦式书"、"永嘉答溪山朗禅师书"、"白玉蟾谢紫阳真人书"。尾题"三教同识终"。后附一纸，从"了凡曰凡欲静坐……则书夜之故可通书夜之故通而死生顺逆/无不一矣"，似与正文有关。

版式　每纸半叶 22.6 cm×18.1 cm；无栏；版心白口；半叶 10 行，行约 24 字，共 9 叶。

说明　1. 次黄绵纸，纸线装订。

　　　2. 正文有句读。

麦 0043　太上感应篇

著者　不详

时代　清

版本　线装　刻本

现状　全

题记　封题红色题签题"太上感应篇"，副叶牌记题"嘉庆戊午(1798)重镌　太上感应篇　街亭温怀亲敬刊"。卷端题"太上感应篇"。中题"感应篇读法纂要及灵验记"、"文昌帝君阴骘文"。题识"五劝流通"(12 叶)，书眉中加写"俞公讳都　字良臣/江西人　十八入庠 因/为善愿不坚　天罚/遇灶神感化　号净/意道人　发心苦行/持善三年　万历/丁丑(1577)登进士　享寿/八十八岁"，"小子温启代送"。

版式　每纸半叶 22.2 cm×13.5 cm；上下双栏，左右单栏；书眉 5.9 cm，地脚 1.2 cm，版面 15.2 cm×11.2 cm，版心 15.2 cm×1.0 cm；花口，上鱼尾，题"感应篇"(1 叶)、"太上感应篇"、"读法纂要"(9 叶)、"感应篇灵验"(13 叶)、"阴骘文"(1—3 叶)；半叶 6 行，行 16 字，共 27 叶半。

说明　1. 此本为街亭(甘肃天水麦积区)温怀亲刊，其后之"小子温启代送"的字样与第 12 叶书眉字体相同，为同一人所写、解，可见当时的"感应故事"在民间流行。

　　　2. 纸线装订。

麦 0631　太上感应篇

著者　不详

时代　清

版本　线装　刻本

现状　全

题记　牌记"嘉庆戊午(1798)重镌/太上感应篇/街亭温怀/亲敬刊"。卷首题"太上感应篇"(7叶半,背后半叶内容空)。卷中题"感应篇读法纂要及灵验记"(16叶)。

版式　每纸半叶21.3 cm×13.3 cm;四周双栏;书眉4.2 cm,地脚2.6 cm,版面15.4 cm×11.3 cm,版心15.4 cm×0.9 cm;花口,首叶题"感应篇",余叶皆无题,上鱼尾(白色),第九叶上鱼尾上题"太上感应篇",上鱼尾下题"读法纂要"。半叶6行,行16字,共24叶。

说明　正文刻有句读。

麦0634　太上感应篇

著者　不详

时代　清

版本　线装　刻本

现状　首残尾全

题记　牌记"嘉庆戊午(1798)重镌　太上□(感)应篇"。中题"文昌帝君阴骘文"(1叶)、"太上感应篇"(8叶)、"感应篇读法纂要及灵验记"(16叶)。

版式　每纸半叶21.1 cm×13.0 cm;四周双栏;书眉3.5 cm,地脚2.3 cm,版面15.3 cm×11.7 cm,版心15.3 cm×0.9 cm;花口,有上鱼尾(白色),鱼尾上题"阴骘文"、"感应篇"及叶数等;半叶6行,行16字,共25叶。

说明　正文刻有句读。

麦0662　太上感应篇

著者　不详

时代　清

版本　线装　刻本

现状　全

题记　内封题签题"太上感应□"。卷首题"太上感应篇引"(1叶)。牌记在"太上感应篇引"后左下方有方形,题"此版存龙州城隍庙/内每本工价所费不/多倘有同志输资印/钉数十本或百千本/或依本重刊随意流/通功德无量"。卷端题"太上感应篇"(4叶)。中题"奉行感应篇实验"(4叶)。刻题"康熙癸丑(1673)季夏朔有三日钱塘翁介眉谨识"。

版式　每纸半叶24.5 cm×14.7 cm;四周单栏;书眉4.4 cm,地脚1.1 cm,版面19.0 cm×

12.4 cm,版心 19.0 cm×1.2 cm;花口,内题"太上感应篇"及叶数。半叶 9 行,行 19 字,共 8 叶。

说明　有朱笔、墨刻双重圈点。

麦 0665　太上感应篇

著者　不详

时代　清

版本　线装　刻本

现状　残。起版画,止"分别耳吾自有□□□□□施行以警不敬字纸"。

题记　卷首有版画 2 幅(共 2 叶,见说明 1),后有"破衲道人与一子序(拟)",序文起"嘉承/何化侯府重刻感应篇顶礼敬序/",序后有刻题"康熙肆年(1665)孟夏月　吉旦/蜀渝几水破衲道人与一子薰沐拜撰"(后有印章 2 方,见说明 2,共 2 叶半),序文后有杂写题识"道典垂时　匝地凶星悉荡秽(除)/法轮转处　普天吉曜尽来临/道生一兲包阴阳造化之权/德贯三才　布乾坤斗极之象"(注:转处,原文作"处转",二字中间有一倒乙符号,共半叶)。卷首题"感应篇序",序后有"蜀东南浦道人谨述/后学赵演真习诵虔心恭敬"(有印章 2 方,见说明 3,共 2 叶)。卷首题"太上感应篇诸序",序后有"儒学生员赵廉成薰沐敬诵"(共 8 叶半),序后杂写题识"元始度人言天大言地大言道大大/大包罗天地/太上说法说上品说中品说中下品/品宏杨宇宙"。卷首题"太上感应篇目录",中题"梓潼帝君宝章"、"太上感应灵篇"、"玄帝垂训"、"玄帝金科玉律"、"东岳圣帝垂训"、"太微山君功过格言"、"许真君十无益"、"赤松子中诚经"、"雷霆邓天君垂训"、"雷府辛天君垂训"、"魏元君训世语"、"孙真人劝世文"、"唐太古妙应孙真人福寿论"、"长春真人附录"、"太上老君十斋戒日"、"天童护命妙经"。

版式　每纸半叶 24.7 cm×17.1 cm;四周单栏;书眉 2.3 cm,地脚 0.9 cm,版面 21.6 cm×14.5 cm;版心 21.6 cm×0.8 cm,花口,题"感应篇",有上鱼尾顶栏;半叶 9 行,行 20 字,共 72 叶。

说明　1. 首有版画 2 叶 2 幅,内容为玉皇大帝及太上老君等仙。

　　　2. 两方印章,一方为朱文"与一子",另一方白文"破衲道人"。

　　　3. 两方印章与之前的两方内容不同。

　　　4. 正文有部分朱笔句读。

麦 0920　太上感应篇

著者　不详

时代　清

版本　线装　刻本

现状　全

题记　封面题签题"太上感应篇"。牌记(半叶)"光绪戊戌(1898)夏秦/州同仁局刊送",卷
　　　首题"重刊感应篇叙",序后有"光绪乙未(1895)夏王求宝子敬叙"。卷端题"太上感
　　　应篇"。

版式　每纸半叶 23.7 cm×16.2 cm;四周双栏;书眉 2.8 cm,地脚 1.0 cm,版面 19.6 cm×
　　　14.2 cm,版心 19.6 cm×1.0 cm;花口,上鱼尾,大黑口,上鱼尾下刻题叶码。半叶 8
　　　行,行 20 字,共 5 叶。

麦 0893　太上老君说常清静经

著者　不详

时代　清

版本　线装　刻本

现状　全

题记　封面题签题"太上老君清静经图注　慎勿污秽"。牌记"大清宣统庚戌(1910)岁重
　　　刊/清静经图注/板存三阳川致和堂","皇图永固 帝道遐昌　当今皇帝万岁万万
　　　岁"。后有版画 1 幅,题"太上才君　道德天尊"。卷首题"太上老君清静经图注",
　　　序后有"甲辰年乾月望日/文昌帝君序于朝阳古洞","重刻清静经图注后叙",序后
　　　有"西岳华山聚仙台复初道人余明善 熏沐谨叙","重刻清静经后叙","清静经图注
　　　目录"。卷端题"太上老君说常清静经"。尾题"太上老君说常清静经"。刻题"谨将
　　　助资名目开列于后/王昌镐 张全榜 雷慈忠 刘万一 李跻龙 张维一/生员周纲 廪生
　　　杨震西 潘协顺　刘震南　汪献图　子汉濯/李凌桂　子朝宗 效祖 李芳春 武生雷
　　　平西 妻陈氏 以上一十七人各助钱壹千文/监生王建基 鸿文堂 裴应忠 裴选青 张
　　　忠义　杨绪华/监生张自明　张天佑 刘元亨 王国玺/以上十人各助钱伍侑文/监生
　　　赵锡爵　助钱肆千文 张尚仁 助钱叁百文/张时中 陈又新 刘宏仁 三人各助钱二百
　　　文/李凤华 张开慧 陈自新 蔺海龙四人各助钱壹百文"。

版式　每纸半叶 23.8 cm×15.8 cm;四周双栏;书眉 5.2 cm,地脚 1.5 cm,版面 17 cm×
　　　13.8 cm,版心 16.7 cm×0.9 cm;花口,上鱼尾,内题"清静经";半叶 9 行,行 22 字,
　　　共 58 叶。

说明　1. 此本内用"篇章号"。

　　　2. 前有版画 1 幅。

麦 0856　太微仙君功过格（见说明1）

著者　不详

时代　清

版本　线装　刻本

现状　首尾残。起"论功过格灵验记"，止"十九日功 过　二十日功 过　廿一日功 过"。

题记　卷首题目录"论功过格灵验记"、"行宫过格凡例"、"孚佑帝君过格目录"、"关圣帝君功过格序警世文"、"地藏王菩萨功过格序验记"、"文昌帝君功过格序"、"论功过格云"、"行功过格凡例"。刻题"略邑居士郁斋李馥桂重刻男竹庵方苞敬书香亭方馨明庵方光校刻"。牌记"同治十年（1871）刊刻功竣即印二千本本于院试时散送善士文人"。

版式　每纸半叶 23.3 cm×14.7 cm；四周双栏；书眉 2.0 cm，地脚 1.6 cm，版面 20.3 cm×12.4 cm；版心 20.3 cm×1.2 cm，花口，上鱼尾，上题"功过格"，下题细目、叶数；半叶 8 行，行 24 字，共 64 叶。

说明　据版心题定名。

麦 0889　文昌帝君书钞上下集

著者　（清）朱珪敬述

时代　清

版本　线装　刻本

现状　全

题记　内封题签题"文昌书钞上集"（白色签纸）。牌记"嘉庆癸亥年（1803）重镌/文昌书钞/畚经堂藏板"。卷首题"士人束发读书则知尊"，序后有题"乾隆三十三年（1768）二月初二大兴朱珪敬识"、"文昌帝君书钞目录"（2 叶）、"文昌帝君世纪/朱珪敬述"、"感应实录"（2 叶）、"孝经原序"（序后有"明宏治五年三月吉旦少保大学士邱□仲深琼山甫敬述"）、"孝经原跋"（跋后有"明宏治五年三月内翰林侍读学士王鏊敬跋"）。卷端题"文昌帝君书钞上集"。中题"文昌书钞下集"（白色签纸，见说明）、"文昌帝君书钞下集"。

每纸　半叶 24.9 cm×15.5 cm；四周双乌丝栏；书眉 4.3 cm，地脚 1.7 cm，版面 18.8 cm×12.5 cm，版心 18.8 cm×1.1 cm；花口，上鱼尾，上题"文昌帝君书钞"，下题细目、叶数；半叶 10 行，行 21 字，共 169 叶半。

说明　竹纸，上下两册合订。

麦 0009　玄天上帝劝世文(见说明)

著者　不详

时代　清

版本　线装　刻本

现状　全

题记　封面题签题"玄天上帝劝世文"(蓝色墨印)。刻题"咸丰甲寅岁(1854)镌　善信君子愿印送者板存本镇"(题在首叶)。卷首列目录及"真武宫　垂训戒文　计五百一十六字六字一句(小字)";"玄天上帝金科玉律　计一千零二十字六字一句/一百七十句(小字)"。中题"玄天上帝垂训文"、"右垂训文"、"玄天上帝文金科玉律"、"玄天上帝劝世格言"(七行)。刻题"秦州甘泉寺九庵张西江敬录/秦州甘泉寺弟子聂元偕侄好甥玉普敬刊印施"。

版式　每纸半叶 23.8 cm×13.2 cm,四周双栏,书眉 2.2 cm,地脚 0.7 cm,版面 20.4 cm×11.4 cm,版心 20.4 cm×1.3 cm,花口,上鱼尾,上题"垂训文"、"金科玉律"及叶数;半叶 7 行,行 20 字,共 8 叶。

说明　定名根据封面题名拟。

麦 0746　玄天上帝垂训文　玄天上帝金科玉律

著者　不详

时代　清

版本　线装　刻本

现状　全

题记　封面题签题"玄天上帝劝世文"。内封题"咸丰甲寅岁(1854)镌 善信君子愿印送者板存本镇/真武宫 垂训戒文 计五百一十六字六字一句/玄天上帝金科玉律 计一千零二十字六字一句/一百七十句/劝世格言计六十四字四字一句/一十六句"。卷端题"玄天上帝垂训文"。中题"右垂训文"、"玄天上帝金科玉律"。刻题"秦州甘泉寺九庵张西江敬录/秦州甘泉寺弟子聂元偕侄好男玉音敬刊印施"。

版式　每纸半叶 23.8 cm×13.2 cm;四周单栏;书眉 2.4 cm,地脚 0.9 cm,版面 20.7 cm×11.2 cm,版心 20.7 cm×1.5 cm;花口,上鱼尾,鱼尾上题"垂训文"、"金科玉律",下刻叶数;半叶 7 行,行 20 字,共 7 叶。

麦 0316　元始天尊说真武修行苦行宝卷下（拟，见说明 1）

著者　不详

时代　清（见说明 4）

版本　经折装　刻本

现状　残。起"人天上太微朝元始出群迷生生世世常当崇敬礼"，止"赞不尽无量佛慈心浩大 □（说）不尽武当山圣境功能"。

题记　尾题"元始天尊说真武修行苦行宝卷下终"。题识（背面）"科事凡昧小臣刘通静承诰奉行/康熙二十二年（1683）肆月　廿四　日奉行"，"伏以'昊天罔极难酬养育之恩子报劬劳可答生□□/孝信来投敢不敷奏乃有/南阎浮提/大清国陕西等处承宣布政使司华昌府□□/中所王百户人氏见在城东四十里铺牧□□/住清净奉/道修济资冥报荐送殡归茔□□□罪报□□/生员季文学戊寅相十一月三十日□□□庚辰相十一月□□/孝孙季凤、季凰、季□□季龙、孙□□"（此纸系衬正面）。

版式　每纸半叶 34.1 cm×12.2 cm；上下双栏；书眉 3.8 cm，地脚 1.1 cm，版面 29.2 cm×12.2 cm；版心白口；半叶 5 行，行 18 字，共 12 叶半。

说明　1. 据尾题拟名。

2. 麦 0316 与麦 0317 应为同一册。

3. 正文刻有句读。

4. 据背面题识，写卷时间可能早于清康熙二十二年（1683）。

麦 0317　元始天尊说真武修行苦行宝卷下

著者　不详

时代　清

版本　经折装　刻本

现状　残。起"到至今　普天下　他是人根"，止"赞不尽无量佛慈心浩大 口不尽武当山圣境功能"。

题记　尾题"元始天尊说真武修行苦行宝卷下终"。题识（背面）"孝侄季运昌南氏 孙男季瑄张氏 孝男何海季氏甯金柱张氏 甯金□/季虎 季二善/孙女婿张士俊 张养祥季氏/亲眷张彝 张珩 生员刘锡九 甯喜寿 张晓 张连 张志 张□/阮加猷/张洪 夏承先 张国宪 张国程 杨春槐 王宠 张养启 张福□/右暨一家孝眷人等是日哀千上叩"，"伏以/昊天罔极难酬养育之恩子报劬劳可答生□□/孝信来投敢不敷奏乃有/南阎浮提/大清国陕西等处承宣布政使司华昌府□□/中所王百户人氏见在城东四十里铺牧□□/住清净奉/道修济资冥报荐送殡归茔□□□罪报□□/生员季文学戊寅相十一月三十日□□□庚辰相十一月□□/孝孙季凤、季凰、季□□季龙、孙□□"。

版式　每纸半叶34.1 cm×12.2 cm;上下双栏;书眉3.8 cm,地脚1.1 cm,版面29.2 cm×12.2 cm;版心白口;半叶5行,行18字,共12叶半。

说明　1.据尾题拟名。

　　　2.麦0316与麦0317应为同一册。

　　　3.正文刻有句读。

　　　4.据背面题识,写卷时间可能早于清康熙二十二年(1683)。

麦0601　佛说混源道德经

著者　不详

时代　清

版本　经折装　写本

现状　首尾残。起"无上甚深做妙法 百千万劫难遭遇",止"醉饮蟠桃晏醉薰薰身倒在龙霄殿万圣去朝元子品题"。

题记　封面题签题"佛说混源道德经全部"(墨书)。中题"养气固精分第一"、"发愿救苦分第二"、"戒律身心分第三"、"道本无形分第四"、"求师乞绝分第五"、"按候炼丹分第六"、"八卦动静分第七"、"授持戒惠分第八"、"安炉立鼎分第九"、"运火煅炼分第十"、"筑基炼己分第十一"、"迷失真性分第十二"、"五行分第十三"、"蓬莱三岛分第十四"、"龙虎交感分第十五"(尾缺)。

版式　每纸半叶31.3 cm×12 cm;上下单栏;书眉4.4 cm,地脚1.5 cm,版面25.4 cm×12 cm;版心白口;半叶6行,行22字,共48叶。此卷每纸3、4、5个半叶不等。

说明　1.1989年,袁德领指导整理文书时,认为"此经非佛非道,亦不见诸家佛道目录,是为罕见"。

　　　2.2012年9月,上海师范大学哲学学院侯冲教授观看此卷子后,认为此书实为混源教宝卷,本名"佛说混源道德金丹龟灵阖月宝卷",略称"佛说混源道德金丹"、"道德宝卷"。

　　　3.混元教,明清秘密宗教。红阳教支系,又名混沌教、清净佛门教、佛爷教、清圆道教。

　　　4.封面、封底均为黄色,题签为红色。

麦 0632　玉历钞传警世

著者　（清）勿迷道人等辑

时代　清

装式　线装　刻本

现状　残。起"玉帝慈恩纂载通行世间男妇改悔前非准赎罪恶玉历"，止"药取利应发入活大地狱受苦又有将玉历说与世人知警"（后叶残存书根两行）。

题记　卷首有版画插图 14 幅（共 7 叶，见说明 1）。卷首题"玉帝慈恩纂载通行世间男妇改悔前非准赎罪恶玉历"（1 叶）。中题"因果实录卷下"（24 叶）。刻题"顺治十三年（1656）岁次戊戌三月初九日孝感县林嗣麒书记"（67 叶）。中题"谨集增劝敬信忏悔于后"（68 叶）。刻题"天台寺僧悚然谨劝"（71 叶）。中题"钞传玉历超度亡母梦验附录"（71 叶）。题识"身卧福地出门见喜大吉大利"（第 71 叶）。

版式　每纸半叶 22.1 cm×13.6 cm；四周双栏；书眉 2.6 cm，地脚 1.0 cm，版面 18.5 cm×11.3 cm；版心 18.6 cm×0.8 cm，花口，上鱼尾，题"玉历钞传警世"、"增颧敬信忏悔"、"玉历救母梦验"，下题"养怡"。半叶 10 行，行 24 字，共 84 叶。

说明　1. 版画为《经变图》，第 1 幅版画上有"东厨司"字样，画面中有一人伏地向一官人诉说。第二幅版画上有"威灵显赫"字样，一官人审案，一副官手拿"善赏"之物。第三幅到第十二幅版画分别描述升堂场面，并列出酷刑，有孽镜亭、水寒狱、割肚抽肠、血污池、刀枪地狱、闸刀地狱、油锅地狱、开膛地狱等。第十三幅版画上有"普门大士"字样，有位菩萨在教化世人。第十四幅版画上有"同善捐刻玉历钞传芳名列后"、"勿迷道人广行警世奉劝敬信"字样。

　　　　2. 正文刻有句读。

麦 0716　玉历钞传警世（拟，见说明 1）

著者　（清）勿迷道人等辑

时代　清

版本　线装　刻本

现状　首残尾全。起"泼置街路 无故养驴马诸兽 尿粪防碍行人 故意荒芜田地"，止"凤翔文顺堂杨包印书／秦安路门焦氏印送十部"。

题记　中题"二十条赦款纲目／嘉庆十五年（1810）岁次庚年嘉平月谷旦天罗天仙纯阳子注跋"，"警化孚佑帝君吕祖师释地狱字音／嘉庆己巳（1809）一阳月初三日成刻"，"因果宝录卷下／道光九年（1829）岁次己丑三月 会稽鲁廷栋敬识"，"李宗敏参订附记／

乾隆甲寅(1794)清和月钱江后学明山氏李宗敏参订附记”,“地藏王功过格序附 载重德宝训/乾隆五十九年(1794)岁次甲寅端月之朔钱后学朱庸谨志”,“南城徐拙庵活地狱记”,“谨集增劝敬信忏悔于后”,“钞传玉历超度亡母梦验附录”,“玉历钞传敬信现报附录/季亮谨钞附刊”,“玉历钞传敬信现报求己堂李氏谨集”,“玉历转祸为福 二则”,“玉历钞传近报/嘉庆二十年(1815)十月初一日宛平崔梦麟敬记”。刻题“同治六年(1867)九月吉日印刷/山西太平县 香严氏/山西绛州 建三氏/甘肃秦州 保三氏/陕西富平县 范之氏仝敬送”。中题“玉历钞传近报续刻 三则”,“玉历钞传梦记/道光元年辛巳(1821)桂月日江南寓居苏州畲润堂弟子葛雨田谨志”。刻题“同治七年(1868)新正月吉日山西绛州弟子王建三敬送”。中题“附录应验”(拟,见说明2)、“附敬灶祀期”。刻题“光绪四年(1878)冬十一月十五日西关氏妇吴骆 吴吴氏仝子吴松龄/为夫疾病缠绵诚心许愿敬送”。中题“玉历钞传附灵验记/道光壬寅年(1842)五月吉日,燕北常龄沐手敬书”,“禁忌房事日期/光绪四年(1878)二月吉日/陕西韩城生员张起鹏印送壹百部”,“重刊玉历钞传跋/道光十五年(1835)正月上元日 泾上胡世经熏沐敬跋”,“玉历钞传警世因果宝录合编翻刻跋”,“文昌帝君阴骘文”。刻题“秦安县西乡人谢志德郭氏现年五旬有二郎生一子因疾病全/妻郭氏叩许灶前刊印玉历二十五部郎日轻减/光绪六年(1880)六月吉日谢志德谨志刷刊印送”。中题“文昌帝君重申阴骘文训”、“玄天上帝金科玉律”。刻题“清水姚用中捐钱壹拾陆仟文/秦州韩仰魏捐钱壹拾仟文/秦州王凤伦捐钱壹拾伍仟文/秦州潘九德捐钱伍仟文/秦安王升堂捐钱伍仟文/秦安王重庆捐钱拾仟文/秦安王重英捐钱壹拾陆仟文/秦安廪生赵芝秀捐钱壹仟文/共捐钱柒拾捌仟文 匠工使钱肆拾捌仟陆百印书三百本/使钱贰拾柒仟文□费使钱贰仟肆百文/咸丰岁次甲寅(1854)秋九月吉日弟子王重英谨志/咸丰乙卯(1855)仲春王重英万氏印送二百部妻万氏印送一百部/凤翔文顺堂杨刻道光二十六年(1846)丙午夏四月吉日寺癸麓阳居士跋/秦州天宝斋吴刊/咸丰四年(1854)甲寅夏五月吉日 凤翔文顺堂杨翻刻/咸丰五年(1855)乙卯春三月吉日 秦州隆兴西某刷印五十部/咸丰六年(1856)丙辰夏六月吉日 秦州金铎为子疾刷印十部/秦州潘九德刷印三拾部/清水姚某刷印二十部/秦州李某刷印十部/清水姚某刷印三十部/咸丰岁次丁巳(1857)孟夏月 张琥刷印三十部/赵蠧刷印三十部/赵翼刷印十五部/宝旭刷印十部/咸丰七年(1857)岁次丁巳秋八月吉日 秦州隆兴西某复印五十部/秦州金某复印十部/韩邑吉民贵刷印十部/咸丰岁次戊午(1858)夏四月吉日秦安莲花镇郭士林为堂如修身疮疾起愿刷印一百部莲花镇陈鼎之妻焦氏自初得疫喘之症三十余年调理/未瘥及丁巳冬喘疾大作百药罔效几乎殒命余袖手无策忽/于案头见玉历一册即为翻阅遂发善愿虔心祝告/灶君刷印玉历不料即日轻减未逾月而数十年之旧疾悉除/则是书之灵验真有捷于挣（抶）鼓者矣时 咸丰八年（1858）三月廿四日生员陈鼎谨志/咸丰八年（1858）岁次戊午春三月吉日秦安生员陈鼎 妻焦氏刷印五十部 五十部 凤翔文顺堂杨包印书/秦安路门焦氏印送十部"。

版式　每纸半叶23.6 cm×14.0 cm；四周单栏；书眉2.7 cm，地脚1.3 cm，版面19.6 cm×11.4 cm，版心19.6 cm×0.9 cm；花口，上鱼尾，鱼尾上题"玉历钞传警世"，鱼尾下题"增二十条赦款"（33—40叶）、"地狱释音"（41叶）、"因果卷下"（42—61叶）、"因果宝录"（62—63、67—69叶）、"因果下卷"（64—66、70—83叶）、"卷下参订附记"（84—85叶）、"卷下地藏王功过格序附"（86—87叶）、"卷下活地狱记"（88—89叶）、"卷下敬言忏悔"（90—94叶）、"卷下梦验"（95—98叶）、"卷下敬信现报"（99—102叶）、"卷下敬信福报"（103—108叶）、"卷下转祸为福"（109叶）、"卷下近报"（110—112叶）、"卷下近报续刻三则"（113—114叶）、"卷下梦记"（115叶）、"卷下梦记附录"（116—117叶）、"卷下附录应验"（119—120叶）、"卷下附敬灶祀期"（121—122叶）、"卷下附灵验记"（123—125叶）、"卷下禁忌房事"（126—127叶）、"卷下跋"（128—129叶）、"附"（1—2叶）。半叶9行，行23字，共143叶。

说明　1. 题名据版心命名。

2. 正文有墨笔句读。

麦 0721　玉历钞传警世（说明1）

著者　（清）勿迷道人等辑

时代　清

版本　线装，刻本

现状　首尾残

题记　扉叶有版画1幅（2个半叶，见说明2）。卷端题"玉帝慈恩纂载通行世门男妇改悔前非准赎罪恶玉历"。中题"增劝敬信忏悔"、"玉历钞传袁德初超度亡母梦验"、"太上感应篇"、"玄天上帝金科玉律宝经"、"文昌救劫宝章"、"魏元君劝世文"。题识"小雁塔东廊现瑞堂"。刻题"嘉庆二十二年（1817）秋七月三十日/嘉庆二十三年（1818）秋七月三十日又印送三十部/道光二十三年（1843）秋七月咸阳马家寨弟子吴可柱敬印四十部"。

版式　每纸半叶22.9 cm×13.8 cm；四周双栏；书眉3.5 cm，地脚1.3 cm，版面18.2 cm×11.1 cm，版心1.2 cm×18.2 cm；花口，上鱼尾，书口题"玉历钞传警世"、"魏元君劝世文"（75叶）、"帝君阴骘文"（76—77叶）、"劝世文"（80—83叶）等及叶数；半叶8

行,行23字,共91叶。

说明　1. 据版心题定名。

　　　2. 版画前半叶有帝王、大臣、百姓朝拜莲花童子画面。后半叶左上方有观音手持柳枝净瓶,右下侧有祥云、楼宇、河流山川等,楼宇上题"酆都大帝"。

　　　3. 正文刻有句读。

麦0849　玉历钞传警世

著者　(清)勿迷道人等辑

时代　清

版本　线装　刻本

现状　全

题记　封面题签题"玉历□□□□"。牌记刻题"道光七年(1827)丁亥之桂月/玉历钞传警世/板藏甘泉寺之耕心堂有/情愿印送者或刊或请板/印施不拘　秦州张氏重刊"。卷首题"莲溪张丽敬录序"(拟,见说明1),序后有"莲溪张丽敬录"。卷端题"玉帝慈恩纂载通行世间男女改悔前非准赎罪恶玉历",后附"抄传玉历福报数事"(起"湖州蔡佩兰事止蒋春圃公事")。刻题"时/道光七年(1827)岁在丁亥秋八月上浣谷旦/天水甘泉寺养正子张英杰全侄天旷子张西铭沐手敬刊施/悟性子张西江　敬录/养息子张西郡　阅订/王玺偕徒周鸣凤、偕男王廷举　敬镌"。刻题"天水张人杰偕男西范、西凤、西序、西羲、西雍印送/秦州东柯温启、温华印送"。

版式　每纸半叶25.1 cm×15.0 cm;四周单栏;书眉3.5 cm,地脚1.2 cm,版面20.5 cm×12.7 cm,版心20.3 cm×1.2 cm;花口,书口题"玉历抄传警世",上鱼尾,下刻叶数;半叶10行,行24字,共47叶半。

说明　1. 序无题,起"太上曰,玉历一书",止"则天堂有路,地狱无门之言,可不经矣"。后题"莲溪张丽敬录"。

　　　2. 正文刻有句读。

麦0855　玉历钞传警世

著者　(清)勿迷道人等辑

时代　清

版本　线装　写本

现状　全

题记　内封题"道光十年(1830)月吉日成/玉历钞传警世/板藏甘泉寺之耕心堂有情愿/印

送者或刷或请板印施不拘"。卷首题"序",序后有"莲溪张丽敬录"。卷端题"玉帝慈悲恩纂载通行世间男女改悔前非准赎罪恶玉历"。尾题"秦州街亭温 启录全部敬送"。

版式　每纸半叶 24.1 cm×16.4 cm;无栏;半叶 9 行,行 23 字,共 49 叶。

说明　正文有墨笔句读。

麦 0923　玉历钞传警世

著者　不详

时代　清

版本　线装　刻本

现状　全

题记　封面题签题"玉历钞传警世"。牌记"道光七季丁亥(1827)之桂月/玉历钞传警世/板藏甘泉寺之耕心堂有/情愿印送者或刷或请板/印施不拘/秦州张氏重刊"。卷首题"序"(拟)。"序"后有"莲溪张丽敬录"。卷端题"玉帝慈恩纂载通行世间男女改悔前非准赎罪恶玉历"。刻题"道光七年(1827)岁在丁亥秋八月上浣谷旦/天水甘泉寺养正子张英杰仝侄天旷子张西铭沐手敬刊印施/悟性子张西江 敬录/养息子张西郡 阅订/王玺偕徒周鸣凤 偕男王廷举敬镌/天水张人杰偕男西范 西凤 西序 西义 西雍印送秦州东柯峪温启、温华印送"。

每纸　半叶 24.4 cm×14.6 cm;四周双栏;书眉 3.2 cm,地脚 1.0 cm,版面 12.0 cm,版心 20.1 cm×1.2 cm;花口,上鱼尾,书口题"玉历钞传警世",上鱼尾下题叶码;半叶 9 行,行 24 字,共 47 叶半。

说明　正文有句读。

麦 0767　玉皇上帝洪慈救劫宝经

著者　不详

时代　清

版本　线装　刻本

现状　全

题记　封面题签题"玉皇上帝救劫宝经"(朱色),内封护叶题"玉皇上帝洪慈救劫宝经"(篆书),牌记"光绪三十一年(1905)仲春月重镌/玉皇上帝洪慈救劫宝经/山东东昌府堂邑县/郭黄庄积善堂存板"。卷首题"上帝宝诰"(半叶)、"洪慈救劫宝经弁言"(2 叶半)、"咸丰八年(1858)九月癸巳日子刻降笔"。卷首题"太上老君原序"(8 叶半),序后题"霞府宗师文昌帝君三官大帝关圣帝君观音佛母孚佑帝君全降笔"。卷端题"玉皇上帝救劫宝经"。尾题"玉皇上帝洪慈救劫宝经终",后附跋(15 叶半),跋后题"咸丰元年(1851)七月八日准提拜跋"、"闻中谨跋",跋后有题"咸丰五年(1855)十一月十五日降鸾于歙各洗心居","咸丰元年(1851)七月望前五日玉清内相臣吕嵩谨跋","咸丰乙卯年(1855)长至日天台尊者臣道济谨识于歙之各洗心居","咸丰八年(1858)九月下旬三日紫府真君天医明王臣吴猛谨识","时庚午六月(1870)即朔/文昌帝左卿前玉阙工部尚书臣策浩顿首拜","此经系江南宁国府宁国县咸丰元年(1851)孚佑帝君命门下弟子辈虔诚斋戒一月经忏七书夜","咸丰八年(1858)十一月上浣醇修子稽首谨识","同治九年(1870)六月谷旦济心贻香社 守心体仁社谨识","光绪乙巳(1905)孟夏朔五日/瑶池统辖禄善司臣贞固久谨跋于堂西之绩善堂","光绪三十一年(1905)岁次乙巳七月二十一日臣华陀降跋"。

版式　每纸半叶 25.8 cm×15.4 cm;四周双栏;书眉 4.0 cm,地脚 2.1 cm,版面 19.4 cm×11.9 cm,版心 19.4 cm×1.2 cm;花口,上鱼尾,下有象鼻及叶数;半叶 7 行,行 17字,共 39 叶。

说明　竹纸,后附清代跋记共 11 篇。

麦 0854　玉皇心印妙经批注(见说明 1)

著者　(清)觉贞子注　(清)明忠子校

时代　清

版本　线装　刻本

现状　全

题记　封面题签题"玉皇心印妙经注解 慎勿亵秽"(红色签纸)。牌记"宣统庚戌岁(1910)重刊/玉皇心印妙经批注/板存三阳川致和堂愿印/送者不取板资"。卷首题"玉皇心印妙经批注愿序",序后有"醒梦道人觉贞子序于金陵别墅/后学陈醒齐熏沐敬书"。卷首题"孚佑帝君叙",序后有"时/大清乾隆三十七年(1772)梅月望日/玉清内相金阙选仙化行孚佑帝君兴行/妙道天尊吕降于离太乙园中/后学陈醒齐熏沐敬书"。卷首题"文昌梓潼帝君叙"、"徽国朱文公序"。卷端题" 玉皇心印妙经批注/醒梦道人觉真子注/受业门人启蒙居士明忠子校阅"。中题"上乐三品神与气精"、"神合其气合体真"、"圣日圣月照金庭"、"得丹则灵不得则倾"。尾题"玉皇心印妙经真解终"。

版式　每纸半叶 23.7 cm×16.1 cm;四周双栏;书眉 3.7 cm,地脚 1.2 cm,版面 19.1 cm×13.8 cm,版心 19.1 cm×1.0 cm;花口,上鱼尾,书口题"玉皇心印妙经真解",上鱼

尾,下题叶码等细目;半叶 10 行,行 23 字,共 36 叶。

说明　据卷端题定名。

麦 0857　玉皇经注解(见说明 1)

著者　(明)周玄贞撰

时代　清

版本　线装　刻本

现状　全

题记　封题墨书题"玉皇经批注/恒泰堂记"。

版式　每纸半叶 24.8 cm×17.3 cm,上下双栏,左右单栏;书眉 3.2 cm,地脚 1.3 cm,版面 20.2 cm×14.9 cm,版心 20.3 cm×1.3 cm;花口,上鱼尾,上题"玉皇经注解",下题卷数及叶数;半叶 10 行,行 23 字,共 71 叶。

说明　1. 据版心题定名。

　　　2. 此卷经文为大字,注文为单行小字。卷一第 10 叶缺失后半叶。

　　　3. 正文中刻有朱笔、墨笔句读。

　　　4. 此卷系后人重新装订,卷首、卷尾均有缺失。

麦 0633　召福集

著者　不详

时代　清

版本　线装　刻本

现状　全

题记　卷首题"召福集序"。刻题"道光乙未(1835)秋九月朔日甘肃秦州举人倪映衡谨志"(1 叶)。中题"召福集目录"、"文昌帝君降笔文　感应篇浅说"、"太极真人感应篇赞　阴骘文浅说"、"感应篇　觉世经浅说"、"阴骘文"、"觉世真经"、"太上感应篇(双行小字)"、"以其至尊无上故称太上即老/君也感是人感动应是天报应"。刻题"道光乙未(1835)秋八月甘肃秦州举人倪映衡谨志"。中题"感应篇浅说终　秦州梓人杨自直敬镌"(第 24 叶)、"阴骘文",刻题"道光乙未(1835)冬月　门怀珍录写校镌/李蔚春 倪文焕/捐赀剞劂(第 41 叶)"。中题"关圣帝君觉世真经"。刻题"道光辛卯岁(1831)春二月天水倪映衡敬志"(第 51 叶)。

每纸　半叶 23.6 cm×15.4 cm;四周单栏;书眉 1.4 cm,地脚 0.4 cm,版面 21.9 cm×14.6 cm,版心 21.9 cm×1.0 cm;花口,有上鱼尾,鱼尾上题"召福集序";半叶 16

行,行 24 字;共 51 叶。

说明　1. 版心书题处有一刻印黑圆圈。

　　　2. 正文有句读。

　　　3. 与麦 0663、麦 0858 同为《召福集》。

麦 0663　召福集

著者　不详

时代　清

版本　线装　活字本

现状　全

题记　封题"召福集"。卷首题"召福集序",序后有"道光乙未(1835)秋九月朔日甘肃秦州举人倪映衡谨志"(1 叶)。卷首题"召福集目录"(2 叶),下列"文昌帝君降笔文　感应篇浅说"、"太极真人感应篇赞　阴骘文浅说"、"感应篇　觉世经浅说"、"阴骘文"、"觉世真经"。卷端题"太上感应篇",中有"感应篇浅说(拟)",后有"道光乙未(1835)秋八月甘肃秦州举人倪映衡谨志"。中题"感应篇浅说　秦州梓人杨自直敬镌"(第 24 叶)、"阴骘文"。刻题"道光乙未(1835)冬月　门怀珍录写校镌/李蔚春倪文焕/捐赀剞劂"(第 41 叶)。中题"关圣帝君觉世真经"。刻题"道光(1831)辛卯岁春二月天水倪映衡敬志/秦州方廪生尹东郊刷送"。底封有护叶两张,其中一张上有杂写题识"同治九年(1870)　吉日/高高高玄玄玄万犬千石佛佑莲"。

版式　每纸半叶 23.9 cm×15.5 cm;四周单栏;书眉 1.7 cm,地脚 0.8 cm,版面 21.5 cm×14.1 cm,版心 21.5 cm×1.3 cm;花口,上鱼尾;半叶 16 行,行 24 字,半叶字体不一,共 51 叶。

说明　1. 版心书名题名处有一刻印黑圆圈。

　　　2. 正文有句读。

　　　3. 与麦 0633、麦 0663、麦 0858 题名同为《召福集》。

　　　4. 卷中第三叶文中空白处有墨条(墨钉)一处。

麦 0858　召福集

著者　不详

时代　清

版本　线装　刻本

现状　残。起"召福集序",止"聚庆凡有□□□□□"。

题记　卷首题"召福集序",序后题"道光乙未(1835)秋九月朔日甘肃秦州举人倪映衡谨志"。卷首题"召福集目录"。中题"太上感应篇"。

每纸　半叶 24.4 cm×16.3 cm;四周单栏;书眉 1.5 cm,地脚 0.6 cm,版面 21.6 cm×13.5 cm,版心 21.6 cm×1.1 cm;花口,上鱼尾,无题;半叶 16 行,行 24 字,共 46 叶半。

麦 0635　阴骘文图说

著者　(清)黄正元纂辑

时代　清

版本　线装　刻本

现状　全

题记　封面题签"阴骘文亲解图说□□"(印一方,见说明 1)。卷端题"阴骘文图说 闽中黄正元泰一纂辑"。中题"文昌帝君亲解阴骘文解 江夏夏建寅补辑"、"拾药材以拯疾苦"(3 叶半)、"施茶水以解渴烦"(3 叶)、"或买物而放生"(3 叶)、"或持斋而戒杀"(3 叶)、"举步常看虫蚁"(3 叶)、"禁火莫烧山林"(3 叶)、"点夜灯以照人行"(3 叶)、"造河船以济人渡"(3 叶)、"勿登山而网禽鸟"(3 叶)、"勿临水而毒鱼虾"(叶 3)、"勿宰耕牛"(2 叶)、"勿弃字纸"(4 叶)、"勿谋人之财产"(3 叶)、"勿妒人之技能"(3 叶)、"勿淫人之妻女"(4 叶)、"勿唆人之争讼"(3 叶)、"勿坏人之名节"(3 叶)、"勿破人之婚姻"(3 叶)、"勿为私仇使人兄弟不和"(3 叶)、"勿因小利使人父子不睦"(3 叶)、"勿倚权势而辱善良"(3 叶)、"勿恃富豪而欺穷困"(3 叶)、"善人则亲近之助德行于身心"(3 叶)、"恶人则远避之杜灾殃眉睫"(3 叶)。

版式　每纸半叶 17.9 cm×12.1 cm;四周单栏,书眉 3.0 cm,地脚 1.1 cm,版面 13.8 cm×9.2 cm,版心 13.8 cm×1.0 cm;花口,上鱼尾,鱼尾上题"阴骘文图说",鱼尾下题卷名及叶码"舍药一至三"、"施茶一至三"、"或买一至三"、"或持一至三"、"举步一至三"、"禁火一至三"、"点夜一至三"、"造河一至三"、"勿登一至三"、"勿临一至三"、"勿宰一至三"、"勿弃一至四"、"勿谋一至三"、"勿妒一至三"、"勿淫一至四"、"勿唆一至三"、"勿坏一至三"、"勿破一至三"、"勿因私一至三"、"勿因小一至三"、"勿倚一至三"、"勿恃一至三"、"善人一至三"、"恶人一至三"。半叶 9 行,行 22 字,共 73 叶。

说明　1. 封面下方中间有长方印一方,刻有"增□岳记"。

　　　2. 首封背面 末封正面皆笔书"囍"字。

　　　3. 正文刻有句读。

4. 每篇故事后有版画插图 1 幅。

麦 0041　灶王新经

著者　不详

时代　清

版本　线装　写本

现状　全

题记　卷首题"灶王新经"。尾题"天水翟氏基堂印送",录文如下:

灶王新经

天地开辟,吃的是毛,哈的是血,爱钻木而取火,/百姓才知烹饪,佐泰壹化之功,助浑提元孕/之妙,是为太上无尊之神,管人善恶。恒河/沙数民,恒河数神,恒河沙数身,世上无处无我,/敬之以香灯,不如敬我以洁净;孝你父母,才是/敬我;和你兄弟,才是敬我;妯娌相睦,才是敬我;/夫妇如宾,才是敬我;家尽向善,才是敬我;/火性不生,才是敬我;不怨天地,才是敬我;/能信神明,才是敬我。厨登牛犬,天秽气触我,/我必降灾;妇女不净,臭气冲我,我必降灾;一家/吵闹,使我不安,我必降灾;行诸恶事,使我如无,/我必降灾。每月晦日,奏人善恶,上帝耳目,实我/是寄,上帝喉舌,实我是司。吾神不大,吾神非小,/自有天地,即吾神祸福之权,上帝授我,我/视其人,降以祸福。士不入我禄籍,我不奏帝,难忘(望)功名;/农不入我福籍,我不奏帝,难望发达;工贾医卜,/我不佑彼,无处可行。凡是人类,以我为主,大恶大灾,/小恶小灾。上帝赐福,先问于我,上帝降祸,先问于/我。天上无我,耳目无人,地下无我,生死不分,家中无/我,善恶不明。风雷听我号令,雨旱由我传奏。世上之/人,速速敬我。各人思想,不敬父母,天雷劈之;不/敬尊长,王法处之;不敬三宝,刑祸随之。不敬/吾神,即不敬天;不敬吾神,即不敬地。不敬天地,/天地不容;不敬吾神,吾能容乎? 降之灾病,/暗夺冥绝。家内小故,皆我所使;家内小祥。/皆我所佑。每日晨起,盥洗焚香,恭读一遍,/心体力行,求子得子,求福得福,求寿得寿。/妇人念此,百病不生;家常念此,百福并臻。/有事念此,转祸为祥;无事念此,添子益孙。/富者念此,永远不贫;贫者念此,得利致富。/若谤吾言,吾神削纪。吾神至尊,其勿忽吾。女子六戒:不敬父母,不孝公婆,/不和妯娌,嫖赌弱女,/(斗)狠唆讼,不敬丈夫,/打胎溺女,秽污字纸,/好谈闺闱,抛撒五谷,/艳妆废字。/天水翟氏基堂印送。

版式　每纸半叶 21.2 cm×13.3 cm;无栏;半叶 8 行,行 18 字不等,共 3 叶。

说明　此本纸为次白棉纸,帘宽 15 mm 左右,特坚韧;系用同种纸线穿孔装订。

麦 0875 灶王感应篇

著者 不详

时代 清

版本 线装 刻本

现状 全

题记 封面题签题"灶王感应篇 慎勿污亵"(红色题签)。牌记"光绪庚辰年(1880)镌/灶王感应篇"。刻题"潘毓秀印送壹百本/秦州西乡里杨家寺正六/甲贡生张登杰因为家门/眼疾印送灶王经一百本"(第10叶)。

版式 每纸半叶21.3 cm×13.4 cm;四周双栏;书眉2.8 cm,地脚1.1 cm,版面17.6 cm×11.5 cm,版心17.6 cm×0.8 cm;花口,上鱼尾,上大黑口,下题叶数;半叶9行,行19字,共17叶。

说明 此本是配本。

麦 0666 重刻敬信录

著者 不详

时代 清

版本 线装 刻本

现状 全

题记 封面红色题签上有笔书题"敬信录",封面中间笔书题"甘体和为□"。牌记内刻题"道光戊子(1828)孟春/重刻敬信录/板存闽省城隍庙耕余堂/愿印者每部工价一百八十文"。卷首题"重刻敬信录序"(1叶)、"重镌增订敬信录目"(2叶)。中题"太上感应篇"(4叶)、"感应篇读法纂要"(8叶)、"文昌帝君阴骘文"(2叶)、"文昌帝君阴骘文灵验"(13叶)、"文昌帝劝孝文"(2叶)、"关圣帝君觉世真经"(2叶)、"关圣帝君觉世真经致福灵验"(1叶)、"文昌帝君宝训"(2叶)、"文昌帝君圣训"(1叶)、"文昌帝君戒淫文"(1叶)、"文昌帝君惜字十八戒"(1叶),其中空白处笔书"春城□□不飞花,寒食东风□柳斜日暮寒(汉)"、"文昌帝君惜字真经"(1叶)、"推广惜字条"(2叶)、"惜字文"(2叶)、"先贤家训"(2叶),其中空白处有笔书题"举念时明明白白毋欺了自己到头□是是非非□放过谁人"、"莲池大师放生文"(2叶)、"惜物命文"(3叶)、"附格言七则"(3叶)、"劝葬说"(2叶)、"劝孝歌"(2叶)、"附格言四则"(2叶)、"戒讼说"(2叶)、"敬惜五谷文"(3叶)、"遏淫说"(4叶)、"附格言四则"(2叶)、"□前戒忌说"(2叶)、"灵圣真君"(1叶半)。

版式 每纸半叶 22.2 cm×14.9 cm;四周双栏;书眉 3.1 cm,地脚 1.0 cm,版面 17.9 cm×13.5 cm,版心 17.9 cm×1.1 cm;花口,上下鱼尾,题"太上感应篇"、"附格言四则"等不同篇名;半叶 10 行,行 21 字,共 75 叶半。

麦 0688   重镌玉历钞传因果实录合编

著者 不详

时代 清

装式 线装   刻本

现状 全

题记 封面题签题"玉历钞传因果实录 慎勿秽亵"。封面封签牌记"凡人或希子嗣寿命延县/或因疾病绵缠家务人口/不顺祈保清吉平安即将〇十三奏拟玉历钞传因果实录每日诵读一遍或/请人持诵讲解合家老幼/听闻遵行百日之功所求/无不应验其书灵妙异常/慎勿视为寻常善书若有/虚言〇神明降殃次封牌记咸丰甲寅年(1854)重镌/玉历钞传警世因果实录合编/板存秦州北乡远门镇/关帝庙若有好善君子信心广布者听凭刷印"。卷首题"吕祖师降谕遵信玉历"(第 1 叶,共 14 行)。中题"宏教真人柳仙降谕奉行玉历"(第 2 叶,共 15 行)、"韩祖师降笔序"(第 3—5 叶,共 44 行)、"重刊玉历小引"(第 6 叶,共 15 行)、"道光戊戌年(1838)仲冬日丹溪拙叟精一道予谨书"、"玉历钞传警世目录"(第 1—2 叶,共 23 行)、"太阴真经"(第 3—33 叶)、"二十条款纲目"(第 33—40 叶)、"警化孚佑帝君吕祖师释地狱字音"(第 41 叶)、"因果实录卷下"(第 42—80 叶)。

版式 每纸半叶 24.2 cm×15.0 cm;四周单栏;书眉 3.3 cm,地脚 1.8 cm,版面 19.1 cm×11.9 cm,版心 19.1 cm×1.0 cm;花口,上题"玉历钞传警世"、"文昌帝君阴骘文"、"增刻太阳真经",上鱼尾下,上题"序"、"目录"等细目。半叶 9 行,共 24 字,共 90 叶半。

说明 1. 本书目录与正文题目不符。

2. 正文有朱笔句读。

麦 0714   重刻阴阳界善恶果报例案(见说明)

著者 不详

时代 清

版本 线装   刻本

现状 首残(缺首封)

题记 内封牌记(半叶)"岁在丙辰仲春重镌/重刻阴阳界善恶果报例案/板存三阳川致和

堂/有印送者不取板赀”。卷端题“□□□阳界善恶果报例案”。尾题“大清光绪二十年(1894)岁次甲午季夏月朔二日/静邑监生柳耀祖敬刊印送”,后有附录(1张)“谨将十王寿诞日期录左”。

版式　每纸半叶 20.6 cm×13.7 cm;四周单栏;书眉 1.4 cm,地脚 0.9 cm,版面 18.2 cm×10.8 cm,版心 18.2 cm×0.8 cm;黑口象鼻,上鱼尾,下有叶数;半叶 8 行,行 20 字,共 18 叶。

说明　卷名据牌记题“重刻阴阳界善恶果报例案”定名。

麦 0762　修真指南歌

著者　不详

时代　清

版本　线装　刻本

现状　全

题记　内封题签题“修真指南歌”。卷首题“修真指南歌”。刻题“板存清水县白沙至诚堂”。

版式　每纸半叶 20.0 cm×13.5 cm;四周双栏;书眉 1.5 cm,地脚 0.9 cm,版面 17.5 cm×11.3 cm,版心 17.5 cm×0.8 cm;花口,上鱼尾,鱼尾上题“皈戒”,下有叶数;半叶 6 行,行 14 字,共 26 叶。

说明　正文刻有句读。

麦 0764　修真指南歌

著者　不详

时代　清

版本　线装　刻本

现状　首全尾残(缺封底)

题记　内封题“修真指南歌”。卷首题“修真指南歌”。刻题“板存清水县白沙至诚堂”。

版式　每纸半叶 20.1 cm×13.7 cm;四周双栏;书眉 1.8 cm,地脚 0.8 cm,版面 17.6 cm×11.2 cm,版心 17.6 cm×0.8 cm;花口,有上鱼尾,鱼尾上题“皈戒”,下有叶数;半叶 6 行,行 14 字,共 26 叶。

说明　正文刻有句读。

麦 0766　修真指南歌

著者　不详

时代　清

版本　线装　刻本

现状　全

题记　封面题签题"修真指南歌"。卷首题"修真指南歌"。刻题"板存清水县白沙至诚堂"。

版式　每纸半叶 20.3 cm×14.0 cm;四周双栏;书眉 2.7 cm,地脚 0.1 cm,版面 17.4 cm×11.3 cm,版心 17.4 cm×0.8 cm;花口,有上鱼尾,鱼尾上题"皈戒",下有叶数;半叶 6 行,行 14 字,共 26 叶。

说明　正文刻有句读。

麦 0887　神训必读

著者　(清)李镇撰

时代　清

版本　线装　刻本

现状　全

题记　内封题识"张记"。牌记"神训必读",后附"劝孝歌 灶君劝女文"。卷首题"捐资姓名目录于后 校阅 廪生李守谦/经理人拔贡赵金玺 善士 王长善/督梓　生员王希贤 骞和善/湅邑 五品衔赵鸿烈捐钱拾两伍百文/武生 张应庚捐钱壹串贰百文　赵宗才捐钱贰串伍百文/张门何居士捐钱壹串贰百五十文 生员 杨道生捐钱五百文/赵得众捐钱二百四十文 张逢庚捐钱二百四十文/牛宝元捐钱二串四百文　穆天瑞捐钱二百文/穆天祥捐钱一仟文 刘长义捐钱五百文/张步动捐钱二百四十文　巨闻真捐钱二百文/罗金林捐钱二百四十文　赵存善捐钱五百文/昆卢寺会首捐钱二串文　王长德捐钱一串文/冯林娃捐钱三百文/张锡捐钱五百文/龟山会捐钱二串文 高自卑捐钱五百文/张华捐钱五百文 李门 张居士捐钱三百文/吕春娃捐钱三百文　景酉娃捐钱五百文/张永灵捐钱一串文 惠谈子捐钱五百文/郑顺魁捐钱六百文 王生财捐钱二百四十文 王丰玉捐钱二百四十文 王生和捐钱二百四十文/景清雅捐钱五百文 景清明捐钱五百文/景清泰捐钱五百文 赵门 李氏捐钱五串文/生员王希贤捐钱五百文　宾介时□捐钱五百文/陇县 缘悦贵捐钱一百文 边建和捐钱一串文/张先春捐钱一百五十文 张学洙捐钱一百五十文/边门　张居士捐钱五百文 侯八娃捐钱一串文/孙文炳捐钱五百文 孙守先捐钱二百四十文/顿 制捐钱一百二十文 顿苍步捐钱一百二十文 **凤翔县** 韩振茂捐钱五百文 谢绪捐钱一百二十文/永德堂捐钱一串文 裕德堂捐钱一百二十文/巨来学捐钱五百文　田云集捐钱五百文/段超群捐钱五百文　田来顺捐钱五百文/武梦惺捐钱三百文　田顺顺捐钱五百文/张惺玉捐钱二百四十文　严鉴捐钱二百四十文/张发善捐钱五百文　严作动捐钱七十五文/张惟寿捐钱五十文　严孔禄捐钱一百二十文/段家满捐钱一百二十文　田化帐捐钱三百文/甯福油捐钱一百二十文　田弃娃捐钱一百二十文/张瑞永捐钱三百文　李记保捐钱五百文/张秋贤捐钱二百文　樊贵捐钱五百文/樊宝全捐钱二百四十文　樊改明捐钱二百文/史明捐钱五百文　樊门　任居士捐钱二百四十文/王清莲捐钱一百二十文　马举长捐钱一串文/毕秋莲捐钱一百二十文　吴惺莲捐钱一百二十文/冯探莲捐钱三百文　贺百莲捐钱二百四十文/杨义真捐钱一百二十文　杨门李氏捐钱一百二十文　亦门冯氏捐钱一百二十文　樊忠孝捐钱二百二十文/甯记财捐钱二百二十文　辛先莲捐钱三百文"。卷端题"太上感应篇"。中题"关圣帝君觉世经"、"文昌帝君阴阳文"、"元天上帝金科玉律"、"吕祖劝世文/湃杨县后学柱山赵金玺敬书"、"劝孝歌"、"八反歌"、"灶君劝妇女歌"。尾题"湃阳县任世忠为痊母亲印送壹千本"。

版式　每纸半叶 24.6 cm×16.1 cm;四周单栏;书眉 4.3 cm,地脚 1.7 cm,版面 18.5 cm×12.6 cm,版心 18.5 cm×1.3 cm;第 1 叶至第 3 叶黑口,第 4 叶至第 14 叶白口,上鱼尾,无题;半叶 9 行,行 24 字,共 14 叶。

说明　《神训必读》不分卷,清李镇撰,清光绪十八年(1892)刻本,河南大学图书馆有藏本。

麦 0045　悟性穷源

著者　（清）涵谷子著

时代　不详

版本　线装　刻本

现状　全(封叶脱落)

题记　卷首题"重刊悟性穷源序",序后有"〇(康)熙十八年(1679)夏月阮□日/后学纯霞子孔灵谨序"(下有印两方)。刻题"同治六年(1867)仲秋月凤邑/复敬刊存板"。中题"原序",序后有"顺治辛丑年(1661)岁阳月望日后学希真子拜撰"。卷端题"悟性穷源/涵谷子著 明一后学张则黄校阅得一　后学陈醒斋重刊"。尾题"悟性穷源终",后附"指玄访道篇"(2 叶)。卷末刻题"民国六年(1917)板存清水县东门外白沙镇志诚堂"。

版式　每纸半叶 22.2 cm×14.2 cm;四周单栏;书眉 2.7 cm,地脚 0.9 cm,版面 18.6 cm×14.2 cm,版心 18.6 cm×0.6 cm;花口,上鱼尾,上题"悟性穷源",下题叶数;半叶 8 行,行 19 字,共 40 叶。

说明　纸系竹纸。此本为翻刻本,惜未见同治六年本,录之待考。

麦 0669　悟真篇(见说明 1)

著者　(宋)张伯端撰

时代　清

版本　线装　刻本

现状　首残尾全

题记　卷分上下两栏。上栏首叶为空栏,第三叶开始有注音与批注;下栏起"交而产人气交者逆行无情所以长□□□者顺行"。文末刻题"大清道光二十一年(1841)岁次……/乾阳子序"。下栏中题"悟真篇外集"(11 叶)、"悟真篇外集终"、"悟真篇三注卷下/宋紫阳真人张伯端平权撰/紫贤真人薛道光注/子野真人陆 墅注/上阳子 陈致虚注/济一子金溪傅金铨顶圈点醒秘/蜀北绿野斋重订"(20 叶)。尾题"悟真篇三注卷下终"。

版式　每纸半叶 24.8 cm×14.5 cm;四周单栏,分上下两栏;书眉 2.1 cm,地脚 1.5 cm,版面上栏 3.1 cm×12.8 cm,下栏 17.7 cm×12.8 cm;版心上栏 3.1 cm×1.0 cm,下栏 17.7 cm×1.0 cm;花口,上鱼尾,上题"悟真篇",下题"外集"、"卷之下";半叶 9 行,行 20 字,共 31 叶。

说明　1. 题名据版心书口题定。

　　　2. 正文有句读。

麦 0888　破迷宗旨

著者　(清)彭德源著

时代　清

版本　线装　刻本

现状　首全尾残

题记　封面题签题"破迷宗旨"。牌记"岁在丙辰仲春重镌/破迷宗旨/板存三阳川致和堂/有印送者不取板赀"。卷首题"破迷宗旨序/道光肆年(1824)小阳月儒童老人谨识",中题"超明堕暗论第一/儒童老人著"(6 叶半)、"行善消劫论第二"(3 叶半)、"践实修真论第三"(3 叶半)、"辨人是非论第四"(半叶)、"破迷宗旨篇"(2 叶半)、"破迷宗旨原跋"(2 叶)。

版式　每纸半叶 24.2 cm×15.2 cm;四周单栏;书眉 4.5 cm,地脚 2.0 cm,版面 17.8 cm×13.6 cm,版心 17.8 cm×1.3 cm;上鱼尾,上题"破迷宗旨",下记叶数;半叶 9 行,行 22 字,共 33 叶。

说明　正文刻有句读。

麦 0918 破迷宗旨

著者 （清）彭德源著

时代 清

版本 线装 刻本

现状 全

题记 封面题签题"破迷宗旨"。卷首题"破迷宗旨序"。"序"后题"道光肆年(1824)小阳月儒童老人谨识"(共5叶,见说明1)。中题"超明堕暗论第一 儒童老人著"、"行善消劫论第二"、"践宝修真论第三"、"辨人是非论第四"、"破迷宗旨篇"(共2叶半)、"破迷宗旨元跋"。"跋"后题"来逸人跋于贤集馆中"(共2叶半)。

每纸 半叶24.2 cm×15.9 cm;四周单栏;书眉4.4 cm,地脚1.9 cm,版面17.9 cm×15.0 cm,版心17.9 cm×1.3 cm;花口,上鱼尾,书口题"破迷宗旨",上鱼尾下刻叶数;半叶9行,行22字,共24叶。

说明 1. 破迷宗旨序共5叶,其中第2叶重复装订,有独立叶码,纸质不同。

2. 正文刻有句读。

3. 作者彭德源为一贯道祖师,道号依法,又号浩然、儒童老人、素一老人、水一老人、广野老人。此书为青莲教的重要典籍之一。

麦 0874 阐道规箴

著者 （清）西林居士撰

时代 清

版本 线装 刻本

现状 全

题记 卷首题"阐道规箴序/大清道光六年(1826)岁次丙戌蒲月之既望西林居士 叙于九华山普严寺中"。中题"退安祖醒世词/时逢丙戌 道光六春 三阳开泰 四海升平"、"退安祖自责警世词"、"退安祖三圣词"、"退安祖好高词"、"退安祖化气歌"、"百得词"。

版式 每纸半叶22.0 cm×14.0 cm;四周双栏;书眉2.1 cm,地脚0.9 cm,版面19.0 cm×11.7 cm,版心19.0 cm×0.9 cm;花口,上鱼尾,上题"阐道规箴",下题叶数;半叶9行,行21字,共42叶。

麦 0916 集善堂省身鉴(见说明3)

著者 （清）刘弘绪撰

时代　清

版本　线装　刻本

现状　残。起"有感自应中人欲求感应",止"▭▭▭▭自意念甫萌以至事为口"(省身鉴跋的第七行)。

题记　卷首题"刘弘绪序(拟)",序后有"乾隆十三季戊辰(1748)季冬润/州刘弘绪敬撰"(后有印章两方,见说明1)。卷首题"原叙",序后有"雍正十二年(1734)岁次甲寅清和之吉/闽中黄正元泰一氏敬识"(后有印章两方,见说明2,共2叶)。卷首题"集善堂省身鉴目次"。卷端题"集善堂省身鉴"。中题"感应篇凡例"(共2叶)、"太上感应篇"(共3叶半)、"感应篇灵验记"(共1叶半,中间有斯叶)、"文昌帝君阴骘文"(共1叶半)、"阴骘文灵验记"(共6叶半)、"功过格原引"(共1叶半)、"功过格凡例"(共1叶半)、"功过格"(共17叶)、"增订局官功过格"(4叶半)、"功过格灵验记"(共1叶)、"功过格式"(共1叶半)、"立命之学"(共5叶半)、"改过之法"(共2叶半)、"积善之方"(共3叶半)、"谦德之效"(共2叶半)、"俞净意公遇灶神记"(共4叶半)。尾题"省身鉴跋"(残存7行)。

版式　每纸半叶22.6 cm×14.2 cm;四周单栏,乌丝栏;书眉1.8 cm,地脚1.0 cm,版面19.8 cm×12.9 cm,版心19.8 cm×1.3 cm;花口,上鱼尾,书口题"省鉴录",鱼尾下题中题"骘阴文灵验记"、"功过格"等细目,下其中一叶题"集善堂藏板";半叶9行,行22字,共68叶。

说明　1. 印章两方,略小,第一方为白文,第二方为朱文。

　　　2. 印章两方,略大,第一方为白文,第二方为朱文。

　　　3. 正文有句读。

　　　4. 据卷端题定名。

麦0168　道经集抄

著者　不详

时代　清

版本　经折装　写本

现状　残。起"杂写六行"(道家启请类),止"悟之者可传圣道"。

题记　中题"杂写六行(道家启请类)"(见题识)、"元始天尊说金光明经(全)"(4个半叶)、"元始天尊说生天得道真经(全)"(5个半叶)、"太上老君说黄妙真经"(首全,存十八行,4个半叶)。此卷背面起"臣等至心皈命礼",止"三魂永久 魄无丧倾 急急如律令"(3个半叶)。品题"净口神咒"(4行)、"净身神咒"(3行)、"安土地咒"(3个半叶)、"金光神咒"(20 个半叶)、"开经玄蕴咒"(4 行)、"太上老君说常清静经"(4 个半叶)。题识"门神户尉各依本位铜刀位下　斩鬼千段化为血水/太上老君急急如律令/太上老君说平安皂经终","开将土地神之最灵升昼/升天达地出幽入冥/为吾开奏不得□□/有功之日名书上清","□神地神之□□乾隆"。

版式　每纸半叶 34.1 cm×11.7 cm;无栏;半叶 5 行,行 16 字,共 7 叶。

说明　正文中有句读。

麦 0169　道经残片

著者　不详

时代　清

版本　经折装　刻本

现状　残。起"泽容我江河渡我风雨送我雷霆随我",止"开生门祥烟塞死户初发玄元始以通祥"。

题记　中题"太上泰清天童护命妙经终"。品题"太上洞玄灵宝救苦妙经"。题识"玄中教主大法真师随旁连醮度群迷自/已失洪因清净无为天地昔皆困"(此卷背面);"诵经四向忏悔文……八碧三台足圣哲书地府地"(此卷背面)。

版式　每纸半叶 33.9 cm×11.1 cm;无栏;半叶 5 行,行 16 字,共 2 叶。

麦 0765　新刻阴阳护救三教千镇厌法经一卷

著者　不详

时代　清

版本　线装　刻本

现状　首全尾残。止"又用财马于妇人本命日祭谢有子必成"(后有符一通)。

题记　前封护叶杂写"甲戊壬子居板(坎)丁辛乙卯空(坤)转/戊庚甲午震相连丁癸辛酉在还(巽)边"。牌记"黄公原本/灵符三元/千百全镇/协济堂板"。卷首目录"李淳风三元备用大镇灵应经目录"(4 叶)。卷端题"新刻阴阳护救三教千镇厌法经一卷"。中题"重刻阴阳三元备用百镇卷之三"、"新刻阴阳护救三教千镇厌法经二卷"。

版式　每纸半叶 19.2 cm×12.0 cm;四周单栏;书眉 2.8 cm,地脚 1.1 cm,版面 15.4 cm×10.2 cm,版心 15.4 cm×1.1 cm;花口,上鱼尾,上题"千镇",下题卷数及叶数;半叶 19 行,行 21 字,共 92 叶。

说明　此本有配补。

三、儒教类文书

麦 0864　大学章句大全

著者　（宋）朱熹注释

时代　清

版式　线装　刻本

现状　全

题记　卷分上下两栏，上栏注释，下栏正文。卷首题"大学章句大全"。中题"大学章句大全下"。

版式　每纸半叶 25.9 cm×15.8 cm；上下单栏，上下两栏；书眉 1.9 cm，地脚 1.6 cm，版面上栏 5.1 cm×14.1 cm，下栏 17.3 cm×14.1 cm。版心上栏 5.6 cm×1.0 cm，白口；下栏 17.3 cm×1.0 cm，花口；上鱼尾，鱼尾上题"大学大全"。中题"章句中"、"章句下"及纸数。半叶上栏 20 行，行 11 字。下栏 18 行，行 20 字。共 96 叶。

麦 0871　文选卷一至卷四

著者　（唐）李善注

时代　不详

版本　线装　刻本

现状　首残

题记　卷首题"文选序/梁昭明太子撰"。卷端题"文选卷一/唐文林郎守太子右内率府录事参军事崇贤馆直学士臣李善注上"。中题"京都上"、"文选卷二"、"西京赋"、"文选卷三"、"京都中 京都有三卷此卷 居中故曰京都中"、"文选卷四"、"南都赋 挚虞曰南阳郡治宛/在京之南故曰南都"（双行小字注）。

版式　每纸半叶 25.9 cm×16.0 cm；四周单栏；书眉 3.5 cm，地脚 1.0 cm，版面 21.7 cm×14.8 cm；版心 21.7 cm×0.6 cm，花口，上鱼尾。中题"文选卷一"、"文选卷二"等。半叶 12 行，行 25 字，小字双行，共 68 叶半。

说明　此本有朱笔句读。

麦 0624 书经体注大全合参卷一

著者 （宋）蔡沈集传 （清）范翔鉴定

时代 清

版本 线装 刻本

现状 全

题记 封面题"书经体注卷一"（封面为后人所补）。题识"麦积山"，护叶题识"光绪五年
(1879)正月初九日□□"。题签题"崇文堂/书经体注图考"。牌记"道光丁未年
(1847)新镌/苕溪范紫登先生鉴定/书经体注图/考大全 崇顺堂梓行"。卷首题
"书经体注序"（2 叶），序末题"雍正乙巳(1725)春日 钟山钱希祥再文氏书"。题
识"麦积山记"。卷分上、中、下三栏，上栏中题"书经体注大全合参"，下栏中题"书
经集传序"，上栏中题"书经体注大全合参/苕溪范 翔紫登先生鉴定/上元张圣度
念庭订/钟山钱希祥再文参"，下栏中题"书经卷之一 蔡沈集传"。

版式 每纸半叶 25.7 cm×16.5 cm；四周单栏，分上下两栏；书眉 1.9 cm，地脚 0.7 cm，版
面上栏 13.3 cm×14.1 cm，下栏 9.8 cm×14.1 cm；版心上栏 0.9 cm×13.3 cm，花
口，上题"书经体注"，下栏 0.9 cm×9.8 cm，花口，上鱼尾，上题"虞书"，鱼尾下注卷
数；上栏 20 行，行 27 字，下栏 18 行，行 17 字，共 63 叶，大字占两行。

说明 1. 有图 27 幅。

2. 正文刻有句读。

3. 麦 0624（卷一）、麦 0707（卷一）、麦 0016（卷二）、麦 0014（卷四）、麦 0885（卷五、
卷六）、麦 0904（卷三、卷四）为一函。

麦 0707 书经体注大全合参

著者 （宋）蔡沈集传 （清）范翔鉴定

时代 清

版本 线装 刻本

现状 全

题记 内封题签题"崇文堂 书经体注图考"。牌记（半叶）"道光丁未年(1847)新镌/苕溪
范紫登先生鉴定/书经体注图考大全 崇顺堂梓行"。卷首题"书经体注序"（2
叶），序后题"雍正乙巳(1725)春日 钟山钱希祥再文氏书"。卷分上、下两栏。上
栏卷首题"书经体注大合参"，下栏卷首题"书经集传序"；上栏卷端题"书经体注大
全合参/苕溪范紫登先生鉴定/上元张圣度念庭订/钟山钱希祥再文参"，下栏卷端

题"书经卷之一 蔡沈集传"。

版式　每纸半叶 26.5 cm×16.8 cm;四周单栏,上下两栏;书眉 2.8 cm,地脚 0.8 cm,版面上栏 13.5 cm×13.9 cm,下栏 9.6 cm×13.9 cm。版心上栏 13.9 cm×0.8 cm,花口,上题"书经体注";下栏 9.6 cm×0.8 cm,花口,上鱼尾上题"虞书"等,下题"卷一"及叶数。半叶上栏 20 行,行 27 字,大字占双行;下栏 18 行,行 17 字,大字占双行,共 63 叶半。

说明　书内文字有朱、墨句读。

麦 0016　书经体注大全合参卷二

著者　(宋)蔡沈集传　(清)范翔鉴定

时代　清

版本　线装　刻本

现状　全

题记　封题笔书"卷二"。卷分上下两栏,护叶题识杂写"赋赋经书"、"文一盏状元及第/武三杯挂印封侯"等。上栏卷端题"书经体注大全合集/若溪范紫登先生鉴定/上元张圣 度念庭订/钟山钱希祥再文参",下栏卷端题"书经卷之二/蔡沈集传"。中题"夏书"、"商书"。卷末题识"同治三年(1864)麦积山"。护叶纸两张,有墨书题识"大清同治三年(1864)/三阳开泰"杂写等。

版式　每纸半叶 26.4 cm×16.8 cm;上下两栏,四周单边;书眉 2.4 cm,地脚 0.9 cm,版面上栏 13.2 cm×14.2 cm,下栏 9.8 cm×14.2 cm;版心上栏 13.2 cm×0.8 cm,花口,题"书经体注",下栏 9.8 cm×0.8 cm,花口,上鱼尾,上题"夏书"、"商书",下题卷数及叶数;半叶上栏 16 行不等,行 27 字不等;下栏 17 行不等,行 17 字不等,共 88 叶。

说明　1. 正文刻有朱笔句读。
　　　2. 此卷与麦 0624(一)、麦 0707(一)、麦 0016(二)、麦 0014(四)、麦 0885(五六)、麦 0904(三四)为一函。

麦 0014　书经体注大全合参卷四(见说明 1)

著者　(宋)蔡沈集传　(清)范翔鉴定

时代　清

版本　线装　刻本

现状　全

题记　封面题"书经体注卷叁",下侧有墨书"麦积山"。卷分上下两栏,护叶一张纸有笔书杂写"堂道西山见日光才秀"等,上栏卷端题"书经体口(注)☐☐☐☐☐",下栏卷端题"书经卷之四　蔡沈集传",卷末两张附叶有杂写"书经卷三"。

版式　每纸半叶 26.4 cm×16.4 cm;上下两栏,四周单边,乌丝栏;书眉 2.6 cm,地脚 1.1 cm,版面上栏 12.9 cm×14.2 cm,下栏 9.9 cm×14.2 cm;版心上栏 12.9 cm× 0.7 cm,花口,题"书经体注",下栏 9.9 cm×0.7 cm,花口,鱼尾上题"周书",下题"卷四"及叶数;半叶上栏 20 行,行 27 字不等,下栏 17 行,行 17 字不等,共 60 叶。

说明　1. 定名根据版心书口题名所拟,与麦 0624(一)、麦 0707(一)、麦 0016(二)、麦 0014 (四)、麦 0885(五、六)为一函。

　　　2. 竹纸,极薄,宽帘在 10—13 mm 之间。

　　　3. 正文刻有句读。

麦 0885　书经体注卷五至卷六

著者　(宋)蔡沈集传

时代　清

版本　线装　刻本

现状　全

题记　封面墨书题"卷四　麦积山"。卷分上下两栏,上栏卷首题"书经体注",下栏卷首题"书经卷之五 蔡沈集传";上栏中题"书经体注",下栏中题"书经卷之六 蔡沈集传"。卷末护纸两张,墨书题识"天问金口楼碧山/我夫子生民未有/大圣人万古不磨/地口关第一人　纲常口古"。底封题识"两耳不听门外事/一心只读圣贤书"。

版式　每纸半叶 26.5 cm×16.9 cm;四周单乌丝栏,上下两栏;书眉 2.5 cm,地脚 1.2 cm,版面上栏 13.6 cm×14.1 cm,下栏 9.8 cm×14.1 cm。版心上栏 13.6 cm× 0.7 cm,花口,题"书经体注";下栏 9.8 cm×0.7 cm,花口,上鱼尾,上题"周书",下题卷目;半叶上栏 20 行,行 27 字;下栏 18 行,行 17 字;大字占双行,共 94 叶。

说明　正文有墨笔句读。

麦 0904　书经卷三至卷四

著者　(宋)蔡沈集注

时代　清

版本　线装　刻本

现状　全

题记　封面墨书题"书经卷三四",右上角题签墨书题"11 号"(白纸,后人所贴)。卷端题"书经卷之三/蔡沈集传"(共 45 叶)。中题"书经卷之四/蔡沈集传"(共 63 叶)。

版式　每纸半叶 23.9 cm×15.8 cm;四周单栏;书眉 3.5 cm,地脚 1.0 cm,版面 19.5 cm×14.0 cm;版心 19.5 cm×1.0 cm,花口,上鱼尾,书口题"书经",上鱼尾下题"卷三"、"卷四"细目及叶数;半叶 18 行,行 17 字,大字占双行,共 108 叶。

说明　此书有补配。

麦 0896　纲鉴易知录卷五三至卷五五(见说明 1)

著者　(清)周之炯　(清)吴乘权　(清)周之灿同辑

时代　清

版本　线装　刻本

现状　首残尾全。起"罪。上问卿乡言可贬何也。二人对初不知。上以为衮为"。

题记　卷分上下两栏,上栏注解。中题"尺木堂纲鉴易知录卷五四/通鉴纲目定本　周之炯静专/山阴吴乘权楚材同辑/周之灿星若尺木堂纲鉴易知录卷五五/通鉴纲目续编定本　周之炯静专/山阴吴乘权楚材同辑/周之灿星若"。底封内叶杂写题识"道通天地有形外,思入风云变态中"。

版式　每纸半叶 25.5 cm×15.7 cm;四周单栏,分上下两栏;书眉 4.3 cm,地脚 1.1 cm;版面上栏 2.1 cm×13.3 cm,上栏为释音,下栏 17.5 cm×13.3 cm;版心上栏 2.1 cm×1.2 cm,下栏 17.5 cm×1.2 cm,花口,上鱼尾,上题"纲鉴易知录",下题卷数及叶数;半叶 9 行,行 20 字,共 99 叶(其中卷五三为 35 叶,卷五四为 33 叶,卷五五为 31 叶)。

说明　1. 题名据卷端题定。
　　　2. 正文刻有句读。

麦 0744　纲鉴易知录卷五六至卷五七(见说明 3)

著者　(清)周之炯　(清)吴乘权　(清)周之灿同辑

时代　清

版本　线装　刻本

现状　全

题记　护纸题识"无风云出塞/不夜月临关"。卷分上下两栏,上栏释音,下栏正文。下栏卷端题"尺木堂纲鉴易知录卷五六/通鉴纲目定本 山阴周之炯静专/吴乘权楚材/周之灿星若同辑"。下栏中题"尺木堂纲鉴易知录卷五七/通鉴纲目定本 山阴周之炯静专/吴乘权楚材/周之灿星若同辑"。底封杂写"水落鱼龙夜/山空鸟鼠秋"。

版式　每纸半叶 25.5 cm×15.7 cm；四周单边，上下两栏；书眉 4.2 cm，地脚 1.6 cm；版面上栏 2.2 cm×12.6 cm，下栏 17.6 cm×12.6 cm；版心下栏 17.6 cm×1.2 cm，花口，上鱼尾，上题"纲鉴易知录"，下题"卷五六　唐宪宗"、"卷五七　唐穆宗"、"唐敬宗"、"唐文宗"等及叶数；半叶 9 行，行 19 字，小字双行，共 66 叶。

说明　1. 上栏为释音。

　　　2. 正文有句读。

　　　3. 题名据卷端定。

麦 0768　纲鉴易知录卷五八至卷五九

著者　（清）周之炯　（清）吴乘权　（清）周之灿同辑

时代　清

版本　线装　刻本

现状　全

题记　前封护叶有杂写。卷分上下两栏，上栏为注解，下栏卷端题"尺木堂纲鉴易知录卷五八/通鉴纲目定本/山阴周之炯静专 吴乘权楚材 周之灿星若 同辑"，下栏中题"尺木堂纲鉴易知录卷五九/通鉴纲目定本/山阴周之炯静专 吴乘权楚材 周之灿星若 同辑"。底面内封有杂写。

版式　每纸半叶 25.6 cm×15.7 cm；四周单栏，分上下两栏；书眉 3.9 cm，地脚 1.6 cm，版面 20.0 cm×12.8 cm，版心 20.0 cm×1.1 cm；花口，上鱼尾，内题"纲鉴易知录"，下题"卷五八 唐文宗"、"卷五八 唐武宗"、"卷五八 唐宣宗"、"卷五八 唐懿宗"、"卷五九 唐僖宗"、"卷五九 唐昭宗"等及叶数；半叶 9 行，行 20 字，共 65 叶。

说明　1. 正文刻有句读。

　　　2. 上栏为注解。

麦 0911　纲鉴易知录卷六十至卷六一

著者　（清）周之炯　（清）吴乘权　（清）周之灿同辑

时代　清

版本　线装　刻本

现状　全

题记　内封杂写"富贵穷一时/忠义流千古"。卷分上下两栏，上栏释音，下栏卷端题"尺木堂纲鉴易知录卷六十/纲目续编定本　山阴周之炯静专/吴乘权楚材/周之灿星若同辑"(共 32 叶)。下栏中题"尺木堂纲鉴易知录卷六一/纲目续编定本　山阴周之炯静专/吴乘权楚材/周之灿星若同辑"(共 33 叶)。底封杂写"万般皆下品/唯有读书高"。

版式　每纸半叶 25.5 cm×15.7 cm;四周单栏,上下两栏;书眉 4.6 cm,地脚 1.6 cm,版面上栏 2.3 cm×13.1 cm,下栏 18.0 cm×13.1 cm,版心上栏 2.3 cm×1.3 cm,白口,下栏 18.0 cm×1.3 cm,花口,上鱼尾,下栏书口刻题"纲鉴易知录",上鱼尾下刻题"卷六十唐昭宗"、"卷六十唐昭宣帝"、"卷六十五代梁太祖"、"五代梁主瑱"、"卷六一五代唐庄宗"、"卷六一五代唐明宗"、"卷六一五代唐闵帝"等细目及各卷叶数;半叶 9 行,行 20 字,共 65 叶。

说明　正文有句读。

麦 0892　纲鉴易知录卷六二至卷六三

著者　(清)周之炯　(清)吴乘权　(清)周之灿同辑

时代　清

版本　线装　刻本

现状　全

题记　卷分上下两栏,上栏注解,下栏卷端题"尺木堂纲鉴易知录卷六三/通鉴纲目定本　山阴周之炯静专/吴乘权楚材/周之灿星若同辑"。下栏中题"尺木堂纲鉴易知录卷六二/通鉴纲目定本　山阴周之炯静专/吴乘权楚材/周之灿星若同辑"。

版式　每纸半叶 25.5 cm×15.6 cm;四周单栏,分上下两栏;书眉 4.7 cm,地脚 1.4 cm,版面上栏 2.2 cm×12.5 cm,上栏为释音,下栏 17.4 cm×12.5 cm。版心上栏 2.1 cm×1.2 cm,下栏 17.5 cm×1.2 cm。花口,上鱼尾,上题"纲鉴易知录",下题卷数、细目及叶数;半叶 9 行,行 20 字,共 51 叶(其中卷六二为 34 叶,卷六三为 17 叶)。

说明　正文刻有句读。

麦 0906　纲鉴易知录卷六四至卷六五

著者　(清)周之炯　(清)吴乘权　(清)周之灿同辑

时代　清

版本　线装　刻本

现状　全

题记　内封杂写"栽培心上地/涵养性中天",卷分上下两栏,上栏释音,下栏卷端题"尺木堂纲鉴易知录卷六四/纲目续编定本　山阴周之炯静专/吴乘权楚材/周之灿星若同辑"(共 47 叶),下栏中题"尺木堂纲鉴易知录卷六五/纲目续编定本　山阴周之炯静专/吴乘权楚材/周之灿星若同辑"(共 35 叶),底封内杂写"天地多正气/杂然赋流形"。

版式　每纸半叶 25.5 cm×15.7 cm;四周单栏,分上下两栏;书眉 4.6 cm,地脚 1.6 cm,版面上栏 2.3 cm×13.1 cm,下栏 18.0 cm×13.1 cm;版心上栏 2.3 cm×1.3 cm,白口,下栏 18.0 cm×1.3 cm,花口,上鱼尾,下栏书口刻题"纲鉴易知录",上鱼尾下刻题"卷六四宋太祖"、"卷六五宋太宗"细目及各卷叶数;半叶 9 行,行 20 字,共 82 叶。

说明　1. 版面上栏为释音。

　　　2. 正文有句读。

麦 0862　纲鉴易知录卷六七至卷六八

著者　(清)周之炯　(清)吴乘权　(清)周之灿同辑

时代　清

版本　线装　刻本

现状　残。起"利病俟报政而用之",止"中梁适同平章事"。

题记　卷分上下两栏,上栏释音,下栏正文。中题"尺木堂纲鉴易知录卷六八/通鉴纲目续编定本　周之炯静专/山阴吴乘权楚材同辑/周之灿星若"。

版式　每纸半叶 25.5 cm×15.8 cm;四周单栏,分上下两栏;书眉 4.2 cm,地脚 1.5 cm,版面上栏 2.2 cm×12.4 cm,上栏为释音,下栏 17.4 cm×12.4 cm;版心上栏 2.2 cm×1.3 cm,下栏 17.4 cm×1.3 cm,花口,上鱼尾,上题"纲鉴易知录",下题卷数及叶数;半叶 9 行,行 20 字,共 70 叶(其中卷六七为 34 叶,卷六八为 36 叶)。

说明　正文刻有句读。

麦 0909　纲鉴易知录卷六九至卷七十

著者　(清)周之炯　(清)吴乘权　(清)周之灿同辑

时代　清

版本　线装　刻本

现状　首全尾残

题记　封面刻题"凤洲纲鉴卷"(三通)。内封杂写"松下问童子/言师采药去"。卷分上下两栏,上栏释音,下栏卷端题"尺木堂纲鉴易知录卷六九/纲目续编定本　山阴周之炯静专/吴乘权楚材/周之灿星若同辑"(共 34 叶)。下栏中题"尺木堂纲鉴易知录卷七十/纲目续编定本　山阴周之炯静专/吴乘权楚材/周之灿星若同辑"(共 37 叶)。封底刻题"凤洲纲鉴卷"(三通)。

版式　每纸半叶 25.5 cm×15.7 cm;四周单边,上下两栏;书眉 4.6 cm,地脚 1.6 cm,版面上栏 2.3 cm×13.1 cm,下栏 18.0 cm×13.1 cm;版心上栏 2.3 cm×1.3 cm,白口,下栏 18.0 cm×1.3 cm,花口,上鱼尾,下栏书口刻题"纲鉴易知录",上鱼尾下刻题"卷六九宋仁宗"、"卷六九宋英宗"、"卷七十宋神宗"等细目及各卷叶数;半叶 9 行,行 20 字,共 55 叶。

说明　正文有句读。

麦 0913　纲鉴易知录卷七一至卷七二

著者　(清)周之炯　(清)吴乘权　(清)周之灿同辑

时代　清

版本　线装　刻本

现状　全

题记　封面墨书题"七十一"。内封杂写"洞中方七日/世上已千年"。卷分上下两栏,上栏释音,下栏卷端题"尺木堂纲鉴易知录卷七一/纲目续编定本　山阴周之炯静专/吴乘权楚材/周之灿星若全辑"(共 27 叶)。下栏中题"尺木堂纲鉴易知录卷七二/纲目续编定本　山阴周之炯静专/吴乘权楚材/周之灿星若全辑"(共 36 叶)。底封杂写"细雨菊花/天 初伏夕书"。

版式　每纸半叶 25.5 cm×15.7 cm;四周单边,上下两栏;书眉 4.6 cm,地脚 1.6 cm,版面上栏 2.3 cm×13.1 cm,下栏 18.0 cm×13.1 cm,版心上栏 2.3 cm×1.3 cm,白口;下栏 18.0 cm×1.3 cm,花口,上鱼尾,下栏书口刻题"纲鉴易知录",上鱼尾下刻题"卷七一宋神宗"、"卷七二宋哲宗"等细目及各卷叶数;半叶 9 行,行 20 字 ,共 63 叶。

说明　正文有句读。

麦 0908　纲鉴易知录卷七三至卷七四

著者　(清)周之炯　(清)吴乘权　(清)周之灿同辑

时代　清

版本　线装　刻本

现状　全

题记　封面笔书题"七十三"。内封杂写"吾不能以春风风/人夏雨雨人吾穷/必矣　后五月廿八日书"。卷分上下两栏,上栏释音,下栏卷端题"尺木堂纲鉴易知录卷七三/纲目续编定本　山阴周之炯静专/吴乘权楚材/周之灿星若同辑"(共31叶)。下栏中题"尺木堂纲鉴易知录卷七四/纲目续编定本　山阴周之炯静专/吴乘权楚材/周之灿星若同辑"(共33叶)。底封内杂写"君看为宰相/必用读书人"。

版式　每纸半叶25.5 cm×15.7 cm;四周单边,分上下两栏;书眉4.6 cm,地脚1.6 cm,版面上栏2.3 cm×13.1 cm,下栏18.0 cm×13.1 cm;版心上栏2.3 cm×1.3 cm,白口,下栏18.0 cm×1.3 cm,花口,上鱼尾,下栏书口刻题"纲鉴易知录",上鱼尾下刻题"卷七三宋哲宗"、"卷七四宋徽宗"细目及各卷叶数;半叶9行,行20字,共64叶。

说明　正文有句读。

麦0910　纲鉴易知录卷七五至卷七六

著者　(清)周之炯　(清)吴乘权　(清)周之灿同辑

时代　清

版本　线装　刻本

现状　全

题记　封面笔书题"七十五"。内封杂写"霜气红于仁/月花蓝似心"。卷分上下两栏,上栏释音,下栏卷端题"尺木堂纲鉴易知录卷七五/纲目续编定本　山阴周之炯静专/吴乘权楚材/周之灿星若同辑"(共32叶)。下栏中题"尺木堂纲鉴易知录卷七六/纲目续编定本　山阴周之炯静专/吴乘权楚材/周之灿星若同辑"(共38叶半)。底封杂写"槛外低秦岭/窗中小渭川"。

版式　每纸半叶25.5 cm×15.7 cm;四周单边,上下两栏;书眉4.6 cm,地脚1.6 cm,版面上栏2.3 cm×13.1 cm,下栏18.0 cm×13.1 cm。版心上栏2.3 cm×1.3 cm,白口;下栏18.0 cm×1.3 cm,花口。上鱼尾,下栏书口刻题"纲鉴易知录",上鱼尾下刻题"卷七五宋徽宗"、"卷七六宋钦宗"细目及各卷叶数;半叶9行,行20字,共70叶半。

说明　正文有句读。

麦0905　纲鉴易知录卷七七至卷七八

著者　(清)周之炯　(清)吴乘权　(清)周之灿同辑

时代　清

版本　线装　刻本

现状　首尾残。起"终夜不寐然卒至播迁何也纲对曰人主之职在知"(77 卷存 6 叶),止"者二人充都保王一都盗贼烟火之事其次有保长"。

题记　卷分上下两栏,上栏释音,下栏卷中题"尺木堂纲鉴易知录卷七八/纲目续编定本　山阴周之炯静专/吴乘权楚材/周之灿星若同辑"(78 卷存 35 叶半)。

版式　每纸半叶 25.5 cm×15.7 cm;四周单边,上下两栏;书眉 4.6 cm,地脚 1.6 cm,版面上栏 2.3 cm×13.1 cm,下栏 18.0 cm×13.1 cm;版心上栏 2.3 cm×1.3 cm,白口;下栏 18.0 cm×1.3 cm,花口,上鱼尾,下栏书口刻题"纲鉴易知录",上鱼尾下刻题"卷七七宋高宗"、"卷七八宋高宗"细目及各卷叶数;半叶 9 行,行 20 字,共 40叶半。

说明　1. 版面上栏为释音。
　　　2. 正文有句读。

麦 0912　纲鉴易知录七九至卷八一

著者　(清)周之炯　(清)吴乘权　(清)周之灿同辑

时代　清

版本　线装　刻本

现状　全

题记　封面题签题"纲鉴易知录七十九卷 革"。内封杂写"美酒饮教微醉后/好花看到半开时/桃月四日书"。卷分上下两栏 ,上栏释音,下栏卷端题"尺木堂纲鉴易知录卷七九/纲目续编定本　山阴周之炯静专/吴乘权楚材/周之灿星若同辑"(共 31 叶)。下栏中题"尺木堂纲鉴易知录卷八十/纲目续编定本　山阴周之炯静专/吴乘权楚材/周之灿星若同辑"(共 35 叶);"尺木堂纲鉴易知录(卷八十一)/纲目续编定本　山阴周之炯静专/吴乘权楚材/周之灿星若同辑"(共 32 叶)。底封杂写"更无柳絮因风起/惟有葵花向日倾"。

版式　每纸半叶 25.5 cm×15.7 cm;四周单边,上下两栏;书眉 4.6 cm,地脚 1.6 cm,版面上栏 2.3 cm×13.1 cm,下栏 18.0 cm×13.1 cm,版心上栏 2.3 cm×1.3 cm,白口,下栏 18.0 cm×1.3 cm,花口,上鱼尾,下栏书口刻题"纲鉴易知录",上鱼尾下刻题"卷七九宋高宗"、"卷八十宋高宗"、"卷八一宋高宗"等细目及各卷叶数;半叶 9 行,行 20 字,共 98 叶。

说明　正文有句读。

麦 0907　纲鉴易知录卷八二至卷八三

著者　（清）周之炯　（清）吴乘权　（清）周之灿同辑

时代　清

版本　线装　刻本

现状　全

题记　封面墨书题"八十二卷"。内封杂写"忠厚留有余地步/和平养无限天机/
□□□□"。卷分上下两栏,上栏释音,下栏卷端题"尺木堂纲鉴易知录卷八二/纲
目续编定本　山阴周之炯静专/吴乘权楚材/周之灿星若同辑"(共 33 叶)。下栏
中题"尺木堂纲鉴易知录卷八三/纲目续编定本　山阴周之炯静专/吴乘权楚材/
周之灿星若同辑"(共 34 叶)。底封内杂写"文到无心始见/奇 书于书室"。

版式　每纸半叶 25.5 cm×15.7 cm;四周单边,分上下两栏;书眉 4.6 cm,地脚 1.6 cm,版面
上栏 2.3 cm×13.1 cm,下栏 18.0 cm×13.1 cm;版心上栏 2.3 cm×1.3 cm,白口,下
栏 18.0 cm×1.3 cm,花口,上鱼尾,下栏书口刻题"纲鉴易知录",上鱼尾下刻题"卷八
二宋高宗"、"卷八三宋孝宗"细目及各卷叶数。半叶下栏 9 行,行 20 字,共 67 叶。

说明　正文有句读。

麦 0914　纲鉴易知录卷八四至卷八五

著者　（清）周之炯　（清）吴乘权　（清）周之灿同辑

时代　清

版本　线装　刻本

现状　全

题记　封面墨书题"八十五卷"。内封杂写"春风桃李花开日/秋雨梧桐落叶时"。卷分上
下两栏,上栏释音,下栏卷端题"尺木堂纲鉴易知录卷八四/纲目续编定本　山阴周
之炯静专/吴乘权楚材/周之灿星若同辑"(共 36 叶)。下栏中题"尺木堂纲鉴易知
录卷八五/纲目续编定本　山阴周之炯静专/吴乘权楚材/周之灿星若同辑"(共 36
叶)。底封杂写"青龙驾火游莲宝/白虎兴波出洞房/龙心书"。

版式　每纸半叶 25.5 cm×15.7 cm;四周单边,上下两栏;书眉 4.6 cm,地脚 1.6 cm,版面
上栏 2.3 cm×13.1 cm,下栏 18.0 cm×13.1 cm,版心上栏 2.3 cm×1.3 cm,白口,
下栏 18.0 cm×1.3 cm,花口,上鱼尾,下栏书口刻题"纲鉴易知录",上鱼尾下刻题
"卷八四宋光宗"、"卷八四宋宁宗"、"卷八五宋宁宗"等细目及各卷叶数;半叶下栏
9 行,行 20 字,共 72 叶。

说明　正文有句读。

麦 0861　纲鉴易知录卷八六至卷八七

著者　(清)周之炯　(清)吴乘权　(清)周之灿同辑

时代　清

版本　线装　刻本

现状　全

题记　封题"八十六卷"(手书)。内封杂识"立□(马)吴山第一峰"(手书)。卷分上下两栏,上栏释音,下栏正文。卷端题"尺木堂纲鉴易知录卷八六/纲目续编定本　山阴周之炯静专/吴乘权楚材/周之灿星若同辑"。中题"尺木堂纲鉴易知录卷八七/纲目续编定本　山阴周之炯静专/吴乘权楚材/周之灿星若同辑"。底封杂写题识"生无已报国,死愿为猛将以灭敌/右钞鉴书语"。

版式　每纸半叶 25.5 cm×15.6 cm;四周单边,分上下两栏;书眉 4.7 cm,地脚 1.5 cm,版面上栏 2.2 cm×13.0 cm,上栏为释音,下栏 17.3 cm×13.0 cm;版心上栏 2.2 cm×1.4 cm,下栏17.3 cm×1.4 cm,花口,上鱼尾,上题"纲鉴易知录",下题卷数及叶数;半叶 9 行,行 20 字,共 61 叶(其中卷八六为 28 叶,卷八七为 34 叶)。

说明　正文刻有句读。

麦 0860　纲鉴易知录卷八八至卷八九

著者　(清)周之炯　(清)吴乘权　(清)周之灿同辑

时代　清

版本　线装　刻本

现状　全

题记　封题"八八"(墨书)。内封杂写题识"贾贼奸邪蒙蔽为心,理宗闇弱审察无存"。卷分上下两栏,上栏释音,下栏正文。卷端题"尺木堂纲鉴易知录卷八八/纲目续编定本　山阴周之炯静专/吴乘权楚材/周之灿星若同辑"。中题"尺木堂纲鉴易知录卷八九/纲目续编定本　山阴周之炯静专/吴乘权楚材/周之灿星若同辑"。

版式　每纸半叶 25.0 cm×15.6 cm;四周单边,分上下两栏;书眉 4.5 cm,地脚 1.5 cm,版面上栏 2.2 cm×13.2 cm,上栏为释音,下栏 17.3 cm×13.2 cm。版心上栏 2.2 cm×1.2 cm,白口;下栏 17.3 cm×1.2 cm,花口,上鱼尾,内题"纲鉴易知录",下题卷数、细目及叶数;半叶 9 行,行 20 字,共 64 叶(其中卷八八为 30 叶,卷八九为 34 叶)。

说明　正文刻有句读。

麦 0047　四书翼注论文中庸卷上下

著者　（清）张甄陶撰

时代　清

版本　线装　刻本

现状　全（封面与左下角稍残）

题记　封题"四书翼注 五本"。卷端题"中庸翼注论文卷上"。中题"中庸翼注论文卷下"。

版式　每纸半叶 19.1 cm×13.1 cm；四周单栏；书眉 3.8 cm，地脚 0.9 cm，版面 14.3 cm× 11.3 cm，版心 14.3 cm×0.8 cm；花口，上鱼尾，上题"四书翼注论文"，下题"中庸卷上"、"中庸卷下"。半叶 18 行，行 18 字，共 92 叶。

麦 0783　四书翼注论文大学卷

著者　（清）张甄陶述　（清）屠继序重校

时代　清

版本　线装　刻本

现状　全

题记　封面题签题"四书翼注上"（笔书）。牌记"何义门先生鉴定/张太史四书翼/注论文典故详载辨明/三乐堂藏板"。卷首题"序"（2 叶半），"序"后题"乾隆五十三年（1788）岁次戊申四月朔日/古虞曹梦赍志"（下方有朱、白文印章两方，不能识读）。卷首题"叙"（3 叶），后题"乾隆四十一年（1776）岁在丙申仲冬朔旦同馆后学铅/山蒋士铨顿首拜撰"。卷首题"四书翼注论文凡例"（2 叶半）。卷端题"大学翼注论文/福清张甄陶惕庵敬述/鄞县屠继序淇篁重校"。

版式　每纸半叶 19.2 cm×13.3 cm；四周单栏；书眉 4.3 cm，地脚 0.7 cm，版面 14.1 cm× 11.1 cm；版心 14.1 cm×0.8 cm，花口，上鱼尾，上题"四书翼注论文"，下题"序"、"叙"等，下题"大学"及叶数；半叶 9 行，行 18 字，小字双行，共 50 叶。

说明　1. 正文刻有句读。

　　　2. 此函有五册，分别为麦 0783、麦 0784、麦 0785、麦 0786、麦 0787，有蓝布衣函套，函套题签题"四书翼注论文"。

麦 0784　四书翼注论文上论卷一至卷五

著者　（清）张甄陶述　（清）屠继序重校

时代　清

版本　线装　刻本

现状　全

题记　封题"上论翼注论文卷一之五"(钢笔书)。卷端题"上论翼注论文卷之一"。中题"上论翼注论文卷之二"、"上论翼注论文卷之三"、"上论翼注论文卷之四"、"上论翼注论文卷之五"。

版式　每纸半叶19.2 cm×13.3 cm;四周单栏;书眉4.1 cm,地脚1.1 cm,版面14.0 cm×11.3 cm;版心14.0 cm×0.8 cm,花口,上鱼尾,上题"四书翼注论文",下题上论卷数及叶数;半叶9行,行18字,小字双行,共83叶。

说明　1. 正文刻有句读。

　　　2. 此函有五册,分别为麦0783、麦0784、麦0785、麦0786、麦0787。

麦0785　四书翼注论文上论卷六至卷十

著者　(清)张甄陶述　(清)屠继序重校

时代　清

版本　线装　刻本

现状　全

题记　封题"上论翼注论文卷六之十"(纲笔书)。卷端题"上论翼注论文卷之六"。中题"上论翼注论文卷之七"、"上论翼注论文卷之八"、"上论翼注论文卷之九"、"上论翼注论文卷之十"。

版式　每纸半叶19.2 cm×13.3 cm;四周单栏;书眉4.1 cm,地脚1.1 cm,版面14.0 cm×11.3 cm,版心14.0 cm×0.8 cm;花口,上鱼尾,上题"四书翼注论文",下题上论卷数及叶数;半叶9行,行18字,小字双行,共90叶。

说明　1. 正文刻有句读。

　　　2. 此函有五册,分别为麦0783、麦0784、麦0785、麦0786、麦0787。

麦0786　四书翼注论文下论卷一至卷四

著者　(清)张甄陶述　(清)屠继序重校

时代　清

版本　线装　刻本

现状　全

题记　封题封签题"下论翼注论文卷一之四"(纲笔书)。卷端题"下论翼注论文卷之一"。

中题"下论翼注论文卷之二"、"下论翼注论文卷之三"、"下论翼注论文卷之四"。

版式　每纸半叶 19.2 cm×13.3 cm；四周单栏；书眉 3.9 cm，地脚 0.9 cm，版面 13.9 cm×11.1 cm，版心 13.9 cm×0.9 cm；花口，上鱼尾上题"四书翼注论文"，下题下论卷数及叶数；半叶 9 行，行 18 字，小字双行，共 73 叶。

说明　1. 正文刻有句读。

　　　2. 此函有五册，分别为麦 0783、麦 0784、麦 0785、麦 0786、麦 0787。

麦 0787　四书翼注论文下论卷五至卷十

著者　（清）张惕甄陶　（清）屠继序重校

时代　清

版本　线装　刻本

现状　全

题记　封面封签题"四翼注下"（墨书）。卷端题"下论翼注论文卷之五"，中题"下论翼注论文卷之六"、"下论翼注论文卷之七"、"下论翼注论文卷之八"、"下论翼注论文卷之九"、"下论翼注论文卷之十。"

版式　每纸半叶 19.2 cm×13.3 cm；四周单栏；书眉 3.5 cm，地脚 1.4 cm，版面 14.2 cm×11.3 cm，版心 14.2 cm×0.8 cm；花口，上鱼尾，上题"四书翼注论文"，下题下论卷数及叶数；半叶 9 行，行 18 字，小字双行，共 75 叶。

说明　1. 正文刻有句读。

　　　2. 此函有五册，分别为麦 0783、麦 0784、麦 0785、麦 0786、麦 0787。

麦 0872　四书翼注论文上孟卷一（见说明 1）

著者　（清）张甄陶撰　（清）屠继序校

时代　清

版本　线装　刻本

现状　全

题记　卷端题"上孟翼注论文卷之一上"。中题"上孟翼注论文卷之一下"、"上孟翼注论文卷之二上"。

版式　每纸半叶 19.3 cm×13.2 cm；四周单栏；书眉 4.2 cm，地脚 1.3 cm，版面 13.9 cm×11.2 cm，版心 13.9 cm×0.7 cm；花口，上鱼尾，上题"四书翼注论文"，中题"上孟卷之一"、"上孟卷之一下"等细目。半叶 9 行，行 19 字，大字顶栏，小字空一格，双行 36 字。共 45 叶。

说明   据版心题定名。

麦 0876   四书翼注论文下孟卷一至卷二（见说明 1）

著者   （清）张甄陶撰   （清）屠继序校

时代   清

版本   线装   刻本

现状   全

题记   卷端题"下孟翼注论文卷之一上"。中题"下孟翼注论文卷之一下"、"下孟翼注论文卷之二上"、"下孟翼注论文卷之二下"。

版式   每纸半叶 19.2 cm×13.2 cm；四周单栏；书眉 4.1 cm，地脚 1.3 cm，版面 11.0 cm×13.8 cm，版心 13.8 cm×0.8 cm；花口，上鱼尾，上题"四书翼注论文"，中题"下孟卷"；半叶 18 行，行 18 字，大字双行，顶格 19 字，共 86 叶。

说明   据书口版心题定名。

麦 0873   四书翼注论文下孟卷三至卷四（见说明 1）

著者   （清）张甄陶撰   （清）屠继序校

时代   不详

版本   线装   刻本

现状   全

题记   卷端题"下孟翼注论文卷之三上"。中题"下孟翼注论文卷之三下"、"下孟翼注论文卷之四上"、"下孟翼注论文卷之四下"。

版式   每纸半叶 19.2 cm×13.6 cm；四周单栏；书眉 3.9 cm，地脚 1.2 cm，版面 13.9 cm×11.2 cm，版心 13.9 cm×0.7 cm；花口，上鱼尾，上题"四书翼注论文"，中题"下孟卷之三"、"下孟卷之四"等细目；半叶 9 行，行 19 字，大字顶栏，小字空一格双行，共 91 叶。

说明   据书口版心题定名。

麦 0708   四书朱子异同条辨大学

著者   （清）李沛霖   （清）李祯订

时代   清

版本   线装   刻本

现状   首尾残。起"海内之士同臻于□□□"，止"致知在格□□□□□□/道矣知□□□□□□

（书根）"。

题记　卷首题"李振裕序"（拟，见说明1,5叶），序末题"康熙四十有四年（1705）岁在乙酉春二月/经筵讲官礼部尚书加三/级吉水李振裕撰"。卷首题"李祯序"（拟，见说明2）（4叶），序末题"后学李祯壬午（1682）正月二十一日谨序"。卷首题"李沛霖序四书朱子异同条辨自序"（8叶），序末题"康熙壬午年（1682）春王月望日都梁后学李沛霖序"。卷端题"四书朱子异同条辨大学之一/都梁李沛霖 弟祯 全订/男学会 侄煌参较"。

版式　每纸半叶 26.4 cm×16.2 cm；上下单栏，左右双栏；书眉 4.1 cm，地脚 1.5 cm，版面 20.8 cm×13.6 cm，版心 20.8 cm×1.5 cm；花口，上鱼尾，正文前题"序"、"自序"，正文部分上题"朱子异同条辨"，鱼尾下题"大学卷一"、叶数、"近譬堂/藏板"；半叶18行，行20字，共78叶。

说明　1. 序名据序末"康熙四十有四年岁在乙/酉春二月/经筵讲官礼部尚书加三/吉水李振裕撰"，简作"李振裕序"。

　　　2. 序名据序末"后学李祯壬午（1682）正月二十一日谨序"拟名。

　　　3. 李振裕序后有墨文"李振裕"印一方，白文印一方（不能识读）。

　　　4. 正文刻有句读。

麦 0865　四书朱子异同条辨中庸卷之一

著者　（清）李沛霖　（清）李祯订

时代　清

版式　线装　刻本

现状　首全尾残

题记　封题"中庸　恒泰堂"（墨书）。卷首题"序"（据序后序终题，6叶）。卷端题"四书朱子异同条辨中庸卷之一/都梁李沛霖/弟祯全订男学会/侄煌参较"。中题"中庸"。尾题"中庸卷之一终"。版心题"朱子异同条辨中庸卷之一"。

版式　每纸半叶 26.4 cm×16.2 cm；四周单栏；书眉 4.1 cm，地脚 1.2 cm，版面 20.6 cm×13.6 cm，版心 20.6 cm×1.6 cm；花口，上鱼尾，上题"朱子异同条辨之一"，中题"中庸"、叶数，下题"近譬堂藏板"；半叶18行，行20字，共108叶半。

说明　此本内有墨笔句读。

麦 0774　四书人物类典串珠卷第八至十八

著者　（清）臧志仁编辑

时代　清

版本　线装　刻本

现状　全

题记　卷端题"四书人物类典串珠卷第八/上元臧志仁讱斋氏编辑/侄铭西园 男锟冶田 氏校字"。中题"四书人物类典串珠卷第九/上元臧志仁讱斋氏编辑/侄铭西园 男锟冶田 氏校字"、"四书人物类典串珠卷第十/上元臧志仁讱斋氏编辑/侄铭西园 男锟冶田 氏校字"、"四书人物类典串珠卷第十一/上元臧志仁讱斋氏编辑/侄铭西园 男锟冶田 氏校字"、"四书人物类典串珠卷第十二/上元臧志仁讱斋氏编辑/侄铭西园 男锟冶田 氏校字"、"四书人物类典串珠卷第十三/上元臧志仁讱斋氏编辑/侄铭西园 男锟冶田 氏校字"、"四书人物类典串珠卷第十四/上元臧志仁讱斋氏编辑/侄铭西园 男锟冶田 氏校字"、"四书人物类典串珠卷第十五/上元臧志仁讱斋氏编辑/侄铭西园 男锟冶田 氏校字"、"四书人物类典串珠卷第十六/上元臧志仁讱斋氏编辑/侄铭西园 男锟冶田 氏校字"、"四书人物类典串珠卷第十七/上元臧志仁讱斋氏编辑/侄铭西园 男锟冶田 氏校字"、"四书人物类典串珠卷第十八/上元臧志仁讱斋氏编辑/侄铭西园 男锟冶田 氏校字"。

版式　每纸半叶 25.4 cm×16.0 cm;四周单栏;书眉 4.0 cm,地脚 1.4 cm,版面 20.1 cm×13.7 cm;版心 20.1 cm×1.1 cm,花口,上鱼尾,上题"四书人物类典串珠",下题"天文、星辰等不一"。半叶 12 行,行 32 字,共 143 叶。

说明　正文刻有句读。

麦 0853　四书人物类典串珠卷第十九至二十七(见说明 1)

著者　(清)臧志仁编辑

时代　清

版本　线装　刻本

现状　全

题记　内封护纸一张,杂写药方"黄连三十、党参三十、黄柏三十、知母四十、朱砂二十、山栀二十、赤芍三十、云苓三十、麻皮二十、二花二十、连翘二十、花粉三十、枳壳二十、□□三十、甘料二十,鸡清引"。内封题签钤印一枚(不识)。卷端题"四书人物类典串珠卷第十九　上元臧志仁讱齐氏编辑 侄铭西园男铭冶田氏校字"。中题"四书人物类典串珠卷第二十　上元臧志仁讱齐氏编辑 侄铭西园男铭冶田氏校字"、"四书人物类典串珠卷第二十一　上元臧志仁讱齐氏编辑 侄铭西园男铭冶田氏校字"、"四书人物类典串珠卷第二十二　上元臧志仁讱齐氏编辑 侄铭西园男铭冶田氏校字"、"四书人物类典串珠卷第二十三　上元臧志仁讱齐氏编辑 侄铭西园男铭冶田氏校字(见说明 2)"、"四书人物类典串珠卷第二十四　上元臧志仁讱齐氏编辑 侄铭西园男铭冶田氏校字"。刻题"文发堂藏板"。中题"四书人物类典串珠卷第二十五　上元臧志仁讱齐氏编辑 侄铭西园男铭冶田氏校字"、"四书人物类典串珠卷第二十六　上元臧志仁讱齐氏编辑 侄铭西园男铭冶田氏校字"、"四书人物类典串珠卷第二十七　上元臧志仁讱齐氏编辑 侄铭西园男铭冶田氏校字"。

版式　每纸半叶 25.2 cm×15.9 cm;四周单栏;书眉 4.1 cm,地脚 1.1 cm,版面 19.9 cm×13.7 cm,版心 19.9 cm×1.1 cm;花口,上鱼尾,上题"四书人物类典串珠",下题细目及卷数;半叶 12 行,行 32 字,共 136 叶。

说明　1. 据版心题定名。

2. 卷第二十二与卷第二十三之间有护纸两张。

麦 0816　四书典腋卷一至卷七

著者　（清）松轩主人记

时代　清

版本　线装　刻本

现状　全

题记　卷首牌记"道光壬午年(1822)镌/四书典腋/京都琉璃厂梓行"。卷首题"凡例",后有"松轩主人记"。卷首题"总目"。中题"四书典腋卷一"、"四书典腋卷二"、"四书典腋卷三"、"四书典腋卷四"、"四书典腋卷五"、"四书典腋卷六"、"四书典腋卷七"。

版式　每纸半叶 17.7 cm×11.3 cm;四周单栏;书眉 4.2 cm,地脚 1.5 cm,版面 12.1 cm×9.0 cm,版心 12.1 cm×0.7 cm;花口,上鱼尾,上题"天地部上"、"帝王部下"等细目,中题"四书典腋"卷数,下题叶数;半叶 16 行,行 26 字,共 79 叶半。

说明　1. 此函四册:麦 0813、麦 0814、麦 0815、麦 0816。函有蓝色布衣函套,函套题签题"四书典腋"。

2. 据卷首题定名。

麦 0815　四书典腋卷八至卷十二

著者　（清）松轩主人记

时代　清

版本　线装　刻本

现状　全

题记　中题"四书典腋卷八"、"四书典腋卷九"、"四书典腋卷十"、"四书典腋卷十一"、"四书典腋卷十二"。

每纸　半叶 17.6 cm×11.4 cm；四周单栏；书眉 4.1 cm，地脚 1.5 cm，版面 12.4 cm×9.0 cm，版心 12.4 cm×0.8 cm；花口，上鱼尾，上题"德性部"、"人事部"等细目，中题"四书典腋"、卷数，下题叶数；半叶 16 行，行 26 字，共 70 叶半。

说明　此函四册：麦 0813、麦 0814、麦 0815、麦 0816。

麦 0814　四书典腋卷十一至卷十三

著者　（清）松轩主人记

时代　清

版本　线装　刻本

现状　全

题记　中题"四书典腋卷十一"、"四书典腋卷十二"、"四书典腋卷十三"。

版式　每纸半叶 17.7 cm×11.5 cm；四周单栏；书眉 4.3 cm，地脚 1.3 cm，版面 11.4 cm×9.0 cm，版心 11.4 cm×0.7 cm；花口，上鱼尾，上题"伦常部"、"列国部"等细目，中题"四书典腋"及卷数，下题叶数；半叶 16 行，行 26 字，共 100 叶。

说明　此函四册麦 0813、麦 0814、麦 0815、麦 0816。

麦 0813　四书典腋卷十四至卷十八

著者　（清）松轩主人记

时代　清

版本　线装　刻本

现状　全

题记　中题"四书典腋卷十四"、"四书典腋卷十五"、"四书典腋卷十六"、"四书典腋卷十七"、"四书典腋卷十八"。

版式　每纸半叶 17.6 cm×11.5 cm；四周单栏；书眉 4.3 cm，地脚 1.7 cm，版面 11.9 cm×9.0 cm，版心 11.9 cm×0.7 cm；花口，上鱼尾，上题"制度部下"、"器用部上"等细目，中题"四书典腋"及卷数，下题叶数；半叶 10 行，行 26 字，共 71 叶半。

说明　此函四册：麦 0813、麦 0814、麦 0815、麦 0816。

麦 0821　四书体注孟子卷六

著者　（宋）朱熹集注

时代　清

版本　线装　刻本

现状　全

题记　封面墨书题"孟子终卷"。卷分上下两栏,卷端上栏题"告子四章总旨",卷端下栏题"孟子卷之六/朱熹集注"、"告子章句上凡二十章"。中题"下栏题 孟子卷之六/朱熹集注"、"尽心章句上凡四十六章"。

版式　每纸半叶 26.1 cm×16.1 cm;四周单边,分上下两栏;书眉 1.5 cm,地脚 0.6 cm,版面上栏 14.6 cm×14.7 cm,下栏 9.9 cm×14.7 cm,版心上栏 14.6 cm×0.9 cm;花口,题"四书体注",下栏 9.9 cm×0.9 cm,花口题"孟子"、"告子"等细目。上栏 23 行,行 31 字;下栏 9 行,行 18 字。小字双行,共 65 叶。

说明　1. 据版心题定名。

　　　2. 正文有墨笔句读。

　　　3. 本卷包括卷六、卷七两部分。

麦 0852　四书释义孟子卷六至卷七(见说明 1)

著者　(宋)朱熹集注

时代　清

版本　线装　刻本

现状　首残(封面稍残)

题记　卷分上下两栏,上栏为"四书释义",下栏卷端题"孟子卷之六　朱熹集注"。
　　　中题"孟子卷之七　朱熹集注",封底杂写题识"门第清高"。

每纸　半叶 26.8 cm×15.7 cm;四周单边,分上下两栏;书眉 1.5 cm,地脚 0.6 cm,版面上栏 14.1 cm×14.6 cm,下栏 9.7 cm×14.2 cm。版心上栏 14.1 cm×0.8 cm,花口,题"四书释义"。下栏 9.7 cm×0.8 cm,花口,题"孟子"、卷数及细目。上栏 23 行,行 30 字;下栏 18 行,大字占双行,行 17 字。共 66 叶。

说明　1. 没有卷首题名,据版心题定名。

　　　2. 正文刻有句读。

麦 0881　四书实解旁训孟子下卷四至卷六

著者　(清)朱良玉纂辑

时代　清

版本　线装　刻本

现状　全

题记　卷分上下两栏,上栏卷端题"四书实解旁训/环峰朱良玉西田纂辑　受业许丰□云/唐□修勤六 参校",下栏卷端题"孟子下卷之四 朱熹集注"。卷尾附纸杂写"一去二三里,言(烟)村四五家,亭台六七座,八九十支花"等。

每纸　半叶 25.9 cm×16.4 cm;四周单边,分上下两栏;书眉 3.1 cm,地脚 1.2 cm,版面上栏 13.3 cm×14.1 cm,下栏 8.6 cm×14.1 cm;版心上栏 13.3 cm×1.0 cm,花口,题"四书实解旁训";下栏 8.6 cm×1.0 cm,花口,上鱼尾,下题"孟子"、卷数及叶数。半叶上栏 23 行,行 32 字;下栏 18 行,大字占双行,18 字。共 61 叶。

说明　1. 此书为《孟子》卷四至六。

　　　2. 正文刻有句读。

麦 0922　四书贯解旁训孟子卷一至卷三

著者　(清)朱良玉纂辑

时代　清

版本　线装　刻本

现状　全

题记　封面墨书题"上孟"。内封墨书题"上孟子卷之五本"。内封中部下端题识"刘建官"。卷首题"孟子序说"(共 2 叶)。卷分上下两栏,上栏卷端题"四书贯解旁训/环峰朱良玉西田纂辑",下栏卷端题"孟子卷之一 朱熹集注/梁惠王章句上"(共 33 叶)。中题"孟子卷之二 朱熹集注/公孙丑章句上"(共 31 叶半)、"孟子卷之三 朱熹集注/胜文公章句上"(共 31 叶)。底封题识"刘建官用心习字"。

版式　每纸半叶 25.9 cm×16.3 cm;四周单边,分上下两栏;书眉 3.3 cm,地脚 1.4 cm,版面上栏 12.9 cm×14.0 cm,下栏 8.3 cm×14.0 cm。版心上栏 12.9 cm×1.0 cm,上题"四书贯解旁训"。下栏 8.3 cm×1.0 cm,花口,上鱼尾,上鱼尾下题"孟子梁惠卷一"、"孟子公孙卷二"、"孟子胜文卷三"、"澹明轩"等。半叶上栏 23 行,行 32 字;下栏 18 行,行 17 字。大字占双行,共 95 叶半。

麦 0653　字汇(午集)

著者　(明)梅膺祚释音

时代　清

版本　线装　刻本

现状　首残尾全(缺封面)

题记　卷端题"字汇午集/宣城梅膺祚诞生释音"。

版式　每纸半叶 23.1 cm×12.8 cm;四周单栏;书眉 2.6 cm,地脚 1.1 cm,版面 19.5 cm×
　　　12.2 cm,版心 19.5 cm×1.7 cm;花口,上端题"午"字,中有墨钉,下刻叶数;半叶
　　　16 行(大字占双行),行 24 字(小字),共 109 叶。

说明　1. 纸张为竹纸,纸张极薄且脆。
　　　2. 正文刻有句读。

麦 0759　字汇

著者　(明)梅膺祚释音

时代　清

版本　线装　刻本

现状　首尾残。起"□而籍释典道篆医卜相",止"艰"。

题记　卷首有"字汇序"(拟),序末题"康熙廿年(1681)阳月望兰陵/棘人刘永懋式围父别/
　　　号幻翁氏题于竹山之/揽霄堂"(下方有墨文、墨底白文印章两方)。卷首题"字汇凡
　　　例"(3 叶半)、"字汇目录"(15 叶半)。卷端题"字汇首卷/宣城梅膺祚诞生释音"
　　　(39 叶)。

版式　每纸半叶 23.1 cm×12.8 cm;四周单栏;书眉 2.6 cm,地脚 0.9 cm,版面 19.6 cm×
　　　11.4 cm;版心 19.6 cm×1.2 cm,花口,上鱼尾,鱼尾上题"字汇序"、"字汇",鱼尾下
　　　题"凡例"、"目录"、"首卷"以及叶数;半叶 8 行,行 16 字,共 61 叶半。

说明　《字汇》为海内珍本,共 14 卷,为字典一类的工具书。

麦 0891　左传选卷十二

著者　(春秋)左丘明撰　(清)储欣评

时代　清

版本　线装　写本

现状　全

题记　卷首题"左传选/宜兴储欣同人评　门下后学 徐永公逊/董南纪宗少 孙男掌文曰
　　　虞　校订/男芝五来参述"。尾题"卷十二终"。

版式　每纸半叶 24.1 cm×12.9 cm;上下单栏;书眉 2.9 cm,地脚 1.5 cm,版面 19.6 cm×
　　　10.4 cm,版心 19.6 cm×1.2 cm;花口,上题"左传选"、"昭公下",下题"卷十二"。
　　　半叶 8 行,行 25 字,共 51 叶。

麦 0778　论语集注大全卷六

著者　(宋)朱熹注释

时代　清

版本　线装　刻本

现状　首残尾全。起"打并扫断了问□贰过集注云边于前者"。

题记　卷分上下两栏,下栏尾题"论语集注大全卷之六终"。

版式　每纸半叶 26.0 cm×15.9 cm;四周单边,分上下两栏;书眉 2.1 cm,地脚 1.3 cm,版面上栏 5.6 cm×14.0 cm,下栏 17.1 cm×14.0 cm。版心上栏 5.6 cm×1.6 cm,白口;下栏 17.1 cm×1.6 cm,花口,鱼尾上题"论语大全",下题 "卷之六 雍也"以及叶数。半叶上栏 20 行,行 11 字,下栏 9 行,行 20 字,小字双行。共 56 叶。

说明　1. 正文刻有句读。

　　　2. 麦 0778、麦 0866、麦 0870 为《论语集注大学》同一函。

麦 0866　论语集注大全卷七(拟,见说明 1)

著者　(宋)朱熹注释

时代　清

版本　线装　刻本

现状　首尾残。起"不求以其在天无可求之道也",止"者其必自颜回始"。

题记　卷分上下两栏,上栏注解,下栏正文,无题。

版式　每纸半叶 26.0 cm×16.5 cm;上下单栏,左右文武栏,上下两栏;书眉 1.3 cm,地脚 1.0 cm,版面 上栏 5.7 cm×14.2 cm,下栏 18.0 cm×14.2 cm;版心上栏 5.7 cm×1.5 cm,白口,下栏 18.0 cm×1.5 cm,花口,上鱼尾,上题"论语大全",下题"卷之七 述而"及叶数。半叶上栏 20 行,行 11 字;下栏 9 行,行 20 字。小字双行。共 42 叶。

说明　1. 据版心题定名。

　　　2. 正文刻有句读。

　　　3. 麦 0778、麦 0866、麦 0870 为《论语集注大全》同一函。

麦 0870　论语集注大全卷八至卷九

著者　(宋)朱熹注释

时代　清

版本　线装　刻本

现状　首稍残

题记　卷分上下两栏,上栏注解,下栏正文。下栏卷端题"论语集注大全卷之八/泰伯第八",下栏中题"论语集注大全卷之九/子罕第九"。

版式　每纸半叶 25.9 cm×15.9 cm;四周单边,分上下两栏;书眉 2.0 cm,地脚 1.2 cm,版面上栏 5.5 cm×14.1 cm 下栏 17.4 cm×14.1 cm。版心上栏 5.5 cm×1.6 cm,白口;下栏 17.4 cm×1.6 cm,花口,上鱼尾,鱼尾上题"论语大全",鱼尾下题"卷之八/泰伯"、"卷之九/子罕"及叶数。半叶上栏 20 行,行 11 字;下栏 9 行,行 20 字。小字双行,共 95 叶。

说明　1. 上栏为批注。

　　　2. 正文刻有句读。

　　　3. 麦 0778、麦 0866、麦 0870 为《论语集注大全》同一函。

麦 0773　礼记体注大全合参卷二

著者　(清)曹士玮辑　(清)范翔先生鉴定　(清)徐旦参订

时代　清

版本　线装　刻本

现状　全

题记　卷分上下两栏,上栏卷端题"礼记体注大全合参/苕溪范紫登先生鉴定/钟山徐旦文初参订",下栏卷端题"礼记卷之二 陈澔集说/钱唐曹士玮庭玉纂辑"。

版式　每纸半叶 25.9 cm×15.8 cm;四周单边,上下两栏;书眉 1.4 cm,地脚 0.8 cm;版面上栏 12.3 cm×13.3 cm,下栏 11.6 cm×13.3 cm。版心上栏 12.3 cm×0.9 cm,花口,上题"礼记体注";下栏 11.6 cm×0.9 cm,花口,上鱼尾,鱼尾上题"文王"、"内则"等不一,鱼尾下题卷数及叶数。半叶上栏 21 行,行 25 字;下栏 9 行,行 17 字,大字占双行。共 60 叶半。

说明　1. 正文刻有句读。

　　　2. 此卷为《礼记体注卷二》。

麦 0772　礼记体注大全合参卷三

著者　(清)曹士玮辑　(清)范翔鉴定　(清)徐旦参订

时代　清

版本　线装　刻本

现状   全

题记   封面墨书杂写"礼记六本　9号"。卷分上下两栏,上栏卷端题"礼记体注大全合
参/苕溪范紫登先生鉴定/钟山徐旦文初参订",下栏卷端题"礼记卷之三　陈澔集
说/钱唐曹士玮庭玉纂辑"。

版式   每纸半叶 25.8 cm×15.8 cm;四周单边,分上下两栏;书眉 1.1 cm,地脚 0.7 cm,版
面上栏 12.5 cm×13.7 cm,下栏 11.7 cm×13.7 cm。版心上栏 12.5 cm×0.8 cm,
花口,上题"礼记体注";下栏 11.7 cm×1.1 cm,花口,上鱼尾,上题"大传"、"少仪等
不一",下题卷数及叶数。半叶上栏 21 行,行 25 字;下栏 9 行,17 字,大字占双行。
共 65 叶。

说明   正文刻有句读。

麦 0693   礼记体注大全合参卷四(拟,见说明 2)

著者   (清)范翔定　(清)徐旦参订　(清)曹庭玉辑

时代   清

版本   线装　刻本

现状   全

题记   卷分上下两栏。上栏卷首题"礼记体注大全合参/苕溪范紫登先生鉴定/钟山徐
旦文初参订"。尾题"礼记体注大全合参"。下栏卷首题"礼记卷之四　陈澔集说/
钱唐曹士玮庭玉纂辑"。中题"经解"、"哀公"、"仲尼"、"孔子"、"坊记"、"表记"、"缁
衣"、"儒行"、"昏义"、"乡饮"、"射义"、"燕义"、"聘义"。

版式   每纸半叶 25.8 cm×15.5 cm;四周单边,上下两栏,乌丝栏;书眉 1.5 cm,地脚
0.8 cm。版面上栏 12.0 cm×13.5 cm,花口,上题"礼记体注";下栏 11.5 cm×
13.3 cm,花口,上鱼尾,上题"经解"、"哀公"、"仲尼"、"孔子"、"坊记"、"表记"、"缁
衣"、"儒行"、"昏义"、"乡饮"、"射义"、"燕义"、"聘义",下题"卷四"及叶数。半叶上
栏约 19 行,行 25 字;下栏 9 行,行 18 字,小字双行。共 66 叶。

说明   1. 正文刻有句读。

　　　　2. 题名据卷首上下栏定。

麦 0712   经史正音切韵指南门法(见说明 1)

著者   (元)刘鉴撰

时代   明

版本   线装　刻本

现状　全

题记　封面题识"指南"。内封题签题"经史正音切韵指南门法"。卷首题"经史正音切韵指南门序"(2叶),序后题"至元二年(1337)岁在丙子良月关中刘鉴士明自序/大明嘉靖(1564)岁次甲子孟秋金台衍法寺后里/怡庵本赞捐赏重刊/瀛海若愚明贤校录"。中题"切韵门法",卷尾附叶两张,上题"正体、押韵"(见说明2)。

版式　每纸半叶24.7 cm×16.2 cm;四周双栏;书眉3.2 cm,地脚1.1 cm,版面19.5 cm×13.8 cm;版心19.5 cm×1.1 cm,花口,有上鱼尾,下题"序"、"指南"等;半叶10行,行16字,共57叶。

说明　1. 卷名据签题"经史正音切韵指南门法"定。

　　　2. 尾封粘贴附录《五七言诗正体韵表》。

麦 0894　经史辨体经部周易上

著者　(清)徐与乔辑

时代　清

版式　线装　刻本

现状　全

题记　封题墨书题"易经全部"。内封题签题"敦化堂 经史辨体"(白色纸签),右侧杂写题识"志性穷命非,穷性至命是/王世贞/"。牌记"徐扬贡先生辑评/经史辨体/易 诗书 春秋 礼记/国语 国策 史记 汉书 后汉书 敦化堂梓行"。卷首题"叙",后题"康熙十有七年(1679)八月望前三日徐与乔书"(下有墨印两方),"经史辨体 经部周易/昆山徐与乔退山氏述","经史辨体 经部史部/□(昆)山徐与乔退山氏述","例言",后题"退山氏识","经史辨体 经部目次"。卷端题"经史辨体/京畿杨尔茂先生鉴定/西浙邵瞻雨先生论政"。中题"洛书"(半叶)、"伏羲八卦方位"(半叶)、"文王八卦方位"(半叶)、"经史辨体　经部周易/昆山徐与乔退山氏述"。

版式　每纸半叶25.5 cm×15.7 cm;四周双栏;书眉4.7 cm,地脚1.2 cm,版面20.0 cm×11.4 cm,版心20.0 cm×0.9 cm;花口,上题"经史辨体",中题"经部周易上"等细目;半叶9行,行26字,共109叶。

说明　1. 书眉刻有批文。

　　　2. 内有墨笔句读。

麦 0850　状元书经(见说明2)

著者　(南宋)蔡沈集注

时代　清

版本　线装　刻本

现状　全

题记　牌记"点书无讹/状元书经/汉南桂林梓行"。卷分上下两栏,上栏注音,下栏正文。卷首题"书经集注序"(2叶)。卷端题"书经卷一/蔡沈集传"。中题"禹贡节要便蒙总歌附录二卷"。

版式　每纸半叶 19.3 cm×11.7 cm;四周单边,分上下两栏;书眉 2.6 cm,地脚 0.7 cm,版面上栏 0.9 cm×9.8 cm,下栏 14.9 cm×9.8 cm;版心上栏 0.9 cm×0.6 cm,下栏 14.9 cm×0.6 cm,上鱼尾,上题"书经",下题"卷一"(1—45 叶)、"卷二"(1—34 叶);半叶 18 行,行 18 字,共 81 叶。

说明　1. 封面残破。

　　　2. 据牌记定名。

麦 0867　学源堂合纂四书体注大学中庸

著者　(宋) 朱熹集注　(清) 范翔参订

时代　清

版本　线装　刻本

现状　全

题记　封题"中□(庸)大学　全义堂"。封面杂写"光绪十八年(1892)"(手书)。牌记题"延古斋四书旁训体注/范紫登先生参订讲义原本梨枣已久翻刻笔画/定多讹舛今本坊不惜重资专请名学遵依/康熙字典点书校正其审音辨体考异类皆备晰详/明洵为善本识者鉴之　崇顺堂藏板"。卷首题"范紫登自序",序后有"苕溪后学范翔紫登氏题于西郊之漱芳轩"(共 3 叶),序下方有墨印两方。卷分上下两栏,上栏卷端题"学源堂合纂四书体注/苕溪范翔紫登参订　受业 沈世櫿　王秉元 江发/朱光斗 吴吉文 闵德章/吴有文 蔡鸿达 归尔瑜/黄继善　江秀 慎光祖/侄 应兆 汝霖 汝雯 全校";下栏卷端题"大学旧音泰/今读如字(双行小字注)　朱熹章句"(有墨印一方)。上栏中题"漱芳轩合纂四书体注/苕溪范翔紫登参订　受业沈世櫿　王秉元 江发/朱光斗 吴吉文 邵士秀/吴有文 黄继善 归尔瑜/蔡鸿达　江秀 闵德章/侄 应兆 汝霖 汝雯 全校";下栏中题"中庸　中者不偏不倚无过/不及之名庸平常也(双行小字注) 朱熹章句",封底护纸墨书题识杂写"谁有我高 为人在世要公平花开论有 已日红我不七人七我自有清 天□□□"。

版式　每纸半叶 26.4 cm×16.7 cm;四周单边,分上下两栏;书眉 3.0 cm,地脚 0.7 cm,版面上栏 14.0 cm×14.6 cm,下栏 8.9 cm×14.6 cm。版心上栏 14.0 cm×0.9 cm,花口,上题"四书体注";下栏 8.9 cm×0.9 cm,花口,下鱼尾,顶上题"大学"、"中庸"及叶数。半叶上栏 23 行,行 31 字;下栏 18 行,行 17 字。共 50 叶。

说明　本书有墨笔句读。

麦 0013　诗韵含英（见说明）

著者　（清）刘文蔚辑

时代　清

版本　线装　刻本

现状　首尾残。起"鹡—缁—戎—苔……",止"诗韵含英"（下鱼尾）"卷八"（版心,正文存五行,最后一行存"讵—儋"）。

题记　中题"诗韵含英卷四/山阴刘文蔚豹君……/十一真"、"诗韵含英卷五/山阴刘文蔚豹君辑/下平"、"诗韵含英卷六/山阴刘文蔚豹君辑/六麻"、"诗韵含英卷七/山阴刘文蔚豹君辑/八庚"、"诗韵含英卷八/山阴刘文蔚豹君辑/十一尤"。

版式　每纸半叶 15.9 cm×10.9 cm;四边双栏;书眉 2.1 cm,地脚 0.8 cm,版面 12.9 cm×9.7 cm,版心 12.9 cm×1.0 cm;花口,有上鱼尾,上题"诗韵含英",下题卷数及叶数;半叶 16 行,行大字 5—8 字,小字不等,共 100 叶。

说明　定名据版心书口题名。

麦 0020　诗经融注大全体要卷六至卷八

著者　（清）高朝璎定　（清）沈世楷辑

时代　清

版本　线装　刻本

现状　首残尾全。上栏起"〔三章〕夫天所以使周士传世之显者为周是乃所以造周也彼",下栏起"世之不显厥犹翼思皇多士率此王国"。

题记　卷分上下两栏,上栏为注解,下栏卷首题"诗经融注大全体要 钱塘高朝璎介石定 门人沈世楷昆输辑 沈存仁子□□（元参）/男 景屺子瞻商 景陈□□□（子锡校）"。中题"诗经融注大全体要　诗经卷之七/钱塘高朝璎介石定 门人沈世楷昆输辑 沈存仁子元参/男 景屺子瞻商 景陈子锡校"、"诗经融注大全体要　诗经卷之八/钱塘高朝璎介石定 门人沈世楷昆输辑 沈存仁子元参/男 景屺子瞻商 景陈子锡校"。尾题"诗经体注　诗经卷八"。封底杂写题识"月落乌啼霜满天 江枫渔火对愁眠 姑苏城外寒山寺 夜半钟声到客船 弟皇 功/扬/麦积山";"凤笛吹束声第一/峨眉画出月第

三 麦积山主特(持)/尧钦□而克让朱启□而嚚讼□狂之/兮敬腾怠腾也/功盖天下而主不终/位柱人亚而众不候/扬/麦积山"。

版式　每纸半叶 26.4 cm×17.1 cm;四周单边,上下两栏;书眉 1.7 cm,地脚 1.1 cm;版面上栏 12.3 cm×14.3 cm,下栏 11.2 cm×14.3 cm;版心上栏 12.3 cm×1.1 cm,花口,内题"诗经体注图考",下栏 11.2 cm×1.1 cm,花口,内题"诗经"、"卷六"、"卷七"、"卷八"及叶数;半叶,上栏 20 行,行 26 字不等,下栏 18 行,行 17 字,共 105 叶。

说明　1. 正文刻有句读。

　　　2. 卷七题名上下不分栏,卷八上下分栏。

麦 0826　诗经体注大全卷一至卷二

著者　(清)高朝瓔定　(清)沈世楷编

时代　清

版本　线装　刻本

现状　全

题记　封面墨书题"诗经卷之一"。内封题签题"致和堂/诗经体注图考"。后有牌记 1 幅(半叶),刻"太史高介石先生鉴定/苕溪范紫登原本/诗经体注图考/致和堂梓行"(字为蓝色,上部有一方朱色图记)。卷首题"高朝瓔叙"(拟,见说明 1,2 叶),序后有"康熙辛卯(1711)秋七月既望钱塘学人高朝瓔自叙"。卷分上下两栏,上栏卷端题"诗经体注大全/钱塘高朝瓔介石定/门人沈世楷昆输编 沈存仁子元参/男 景屺子瞻商 景陈子锡校",下栏卷端题"诗经传序"。上栏中题"诗经体注大全/钱塘高朝瓔介石定/门人沈世楷昆输编 沈存仁子元恭/男景屺子瞻商 景陈子锡校",下栏中题"诗经卷之一"。上栏中题"诗经体注大全/钱塘高朝瓔介石定/门人沈世楷昆输编 沈存仁子元恭/男景屺子瞻商 景陈子锡校",下栏中题"诗经卷之二"。

每纸　半叶 25.6 cm×15.8 cm;四周单边,分上下两栏;书眉 1.3 cm,地脚 0.6 cm,版面上栏 12.5 cm×14.5 cm,下栏 11.3 cm×14.5 cm,版心上栏 12.5 cm×1.0 cm;白口,内题"诗经体注图考";下栏 11.3 cm×1.0 cm,花口,上鱼尾,上题"诗经卷一"(1—19 叶)、"诗经卷二"(1—44 叶)及叶数,下题"致"。半叶上栏 20 行,行 26 字;下栏 18 行,行 17 字,大字占双行,共 65 叶。

说明　1. 据上栏卷端题、下栏中题定名。

　　　2. 此本有朱墨句读。

麦 0661　诗经体注大全卷三至卷四

著者　（清）高朝璎定　（清）沈世楷辑

时代　清

版本　线装　刻本

现状　全

题记　卷分上下两栏。上栏卷端题"诗经融注大全体要/钱塘高朝璎介石定 门人沈世楷昆输辑 沈存仁子元恭/男 景屺子瞻商 景陈子锡校"。下栏卷首题"诗经卷之四"。

版式　每纸半叶 26.4 cm×16.8 cm。上栏 20 行，行 26 字；下栏 18 行，行 17 字。大字占两行。四周单乌丝栏，上下两栏；书眉 2.0 cm，地脚 1.4 cm。版面上栏 12.0 cm×14.5 cm，下栏 11.0 cm×14.5 cm。版心上栏 12.0 cm×1.1 cm，花口，题"诗经体注图考"；下栏 11.0 cm×1.1 cm，花口，题"诗经卷三"、"诗经卷四"，下注叶数。共 85 叶。

麦 0777　诗经体注大全合参卷三至卷四（拟，见说明 2）

著者　（清）高朝璎定　（清）沈世楷辑

时代　清

版本　线装　刻本

现状　全

题记　封面题签题"乾元堂/诗经二本季麦书"（笔书）。此卷分上下两栏，上栏卷端题"诗经体注大全合参/钱塘高朝璎介石定 门人沈世楷昆输辑 沈存仁子元参/男 景屺子瞻商　景陈子锡校"；下栏卷端题"诗经卷之三"；中有"诗经卷之四"。封底杂写"谨为/寒衣节谨具冥资一封/山光照故祖母慈君之神 享跪梦 谨为寒"。

版式　每纸半叶 26.0 cm×17.8 cm；四周单边，上下两栏；书眉 1.1 cm，地脚 1.2 cm。版面上栏 12.3 cm×14.2 cm，下栏 11.3 cm×14.2 cm。版心上栏 12.3 cm×0.6 cm，白口，内题"诗经体注"；下栏 11.3 cm×0.6 cm，花口，上题"诗经卷三"、"诗经卷四"，下题叶数。半叶上栏 20 行，行 26 字；下栏 18 行，行 17 字 小字占双行。共 85 叶。

说明　1. 正文刻有句读。

　　　2. 题名据上栏卷端题、下栏中题所定。

麦 0886　诗经体注大全卷三至卷四

著者　（清）高朝璎定　（清）沈世楷辑

时代　清

版本　线装　刻本

现状　全

题记　封面墨书题"诗经卷二"。内封墨书题"诗经卷之壹本/刘建官"。卷分上下两栏,上
栏卷端题"诗经体注大全/钱塘高朝璎介石定/门人沈世楷昆输辑 沈存仁子元恭/
男 景屺子瞻商 景陈子锡校",下栏卷端题"诗经卷之三"。上栏中题"诗经体注大
全/钱塘高朝璎介石定/门人沈世楷昆输编 沈存仁子元恭/男 景屺子瞻商 景陈子
锡校",下栏中题"诗经卷之四"。

每纸　半叶 25.5 cm×16.7 cm;四周单边,分上下两栏;书眉 1.2 cm,地脚 0.9 cm,版面上
栏 12.7 cm×14.3 cm,下栏 10.9 cm×14.3 cm;版心上栏 12.7 cm×1.0 cm,题"诗
经体注";下栏 10.9 cm×1.0 cm,花口,上鱼尾,题"诗经卷三"(1—65 叶)、"诗经卷
四"(1—20 叶)及叶数。半叶上栏 20 行,行 25 字;下栏 18 行,行 17 字。大字占双
行,共 84 叶半。

说明　正文有墨书句读。

麦 0851　诗经卷六至卷八

著者　(宋)朱熹集传　(清)仁记新校

时代　清

版本　线装　刻本

现状　全

题记　封面墨书题"诗经卷肆"(见说明 1),中有杂写"会京堂是命也/开卷有益/刘熙雍
记"。内封墨书题识"仁义五常自成家范 命也"。中题"诗经卷之六　朱熹集传 仁
记新刊/校对无讹","诗经卷之七　朱熹集传","诗经卷之八　朱熹集传"。封底内
封墨书题识"光绪卅一年(1905)四月十七日点 刘熙雍",底封外封杂题"诗经肆/会
京堂是命也"。

版式　每纸半叶 19.8 cm×12.1 cm;四周单边,分上下两栏,上栏音义,下栏正文;书眉
2.8 cm,地脚 1.2 cm;版面上栏 0.8 cm×9.7 cm,下栏 15.3 cm×9.7 cm;版心上栏
0.8 cm×0.8 cm,下栏 15.3 cm×0.8 cm;花口,上鱼尾,上题"大雅文王"等细目,下
题叶数;下栏 18 行,17 字,共 109 叶。

说明　1. 封题卷名与书内卷名不同,当以书内卷名为准。

　　　2. 此卷包括卷六、卷七、卷八。

　　　3. 正文有墨书句读。

麦0895　诗经正文卷一至卷四

著者　不详

时代　清

版式　线装　刻本

现状　残(首尾残,中缺叶)。起"诗经正文卷之一　绥定珠市街世顺堂发兑",止"陟彼景山松柏丸丸是断是迁方斫是虔松桷"。

题记　卷分上下两栏,上栏释音。下栏卷端题"诗经正文卷之一　绥定珠市街世顺堂发兑"。中题"中缺二、三卷"、"诗经正文卷之四"。

版式　每纸半叶 25.1 cm×15.2 cm;四周单边,分上下两栏;书眉 3.1 cm,地脚 1.3 cm;版面上栏 2.3 cm×12.7 cm,下栏 17.5 cm×12.7 cm;版心上栏 2.3 cm×0.8 cm,下栏 17.5 cm×0.8 cm;花口,上鱼尾,上题"诗经正文",中题"卷一"、"卷四";半叶上栏 18 行,行 4 字,下栏 9 行,行 18 字,小字双行。共 71 叶。

说明　1. 此本包括卷一、卷二、卷三、卷四,卷一卷四全,卷二、卷三残。

　　　2. 正文有墨书句读。

麦0044　周易本义卷三至卷四(见说明1)

著者　(南宋)朱熹注

时代　清

版本　线装　刻本

现状　首残尾全。起"所求四震体。而阳性上而不下。又为二三所隔应初之意(恒卦初九)"。

题记　此卷为上下两栏,上栏为释音。中题"周易之三　朱熹本义"、"系辞上传"、"周易卷四　朱熹本义"、"说卦传"。刻题"金陵奎璧齐订本莆阳郑氏校梓"。杂写题识"兴诗性词兴歌赋兴不尽/壶中日月/画山画水画人物画不出/醉里乾坤","半天风雨打不破长江巨浪东至广西至广南至广/遍历皆广……延府观四大名山观水观日/宇宙皆春/一介寒儒穷不尽满腹经纶解三元会之元状/士元连中三元入翰林为十八学士为国为民为天下/布全功……","素结金兰入梦多十年分手/竟如何文章愧我乏经济/兼气有君堪佩歌把酒昔对▢▢▢▢▢"。

版式　每纸半叶 22.8 cm×14.0 cm;四周单乌丝栏,上下两栏;书眉 1.3 cm,地脚 0.7 cm;版面上栏 1.3 cm×2.5 cm(上栏为释音),下栏 19.5 cm×12.5 cm;版心上栏 1.3 cm×0.9 cm,下栏 19.5 cm×0.9 cm;花口,鱼尾上题"周易",鱼尾下题"下经卷

二"、"上传卷三"、"说卦传卷四"及叶数等；半叶 11 行，行约 23 字，共 104 叶半。

说明　1. 书名根据中题及版心题名定。

　　　2. 此本后题"金陵奎璧齐"，见收《中国版刻综录》第 314 页。

　　　3. 封前后各有三叶纸护衬（杂写数十行）。

　　　4. 后有诗三首。

　　　5. 正文刻有句读及批注。

麦 0692　周易本义卷三至卷四

著者　（宋）朱熹注

时代　清

版本　线装　刻本

现状　首残尾全

题记　封面笔书题"周易卷　孙宝珊"，卷分上下两栏，上栏为释音，下栏卷首题"周易卷之
　　　三　朱熹本义（1—30 叶）"。中题"周易卷之四　朱熹本义"（1—9 叶），卷尾题识
　　　"瑞应堂记"，后有护纸一张，杂写题识"黄金白于（玉）若为贵 自有两女也是南（男）
　　　非□人身四季若"，底封杂写题识"凹凸 女 衣 楼"。

每纸　半叶 19.6 cm×12.3 cm；四周单栏；书眉 3.6 cm，地脚 1.0 cm，版面上栏 1.0 cm×
　　　10.8 cm（上栏为释音），下栏 14.4 cm×10.8 cm；版心上栏 1.0 cm×0.8 cm，花口，
　　　下栏 14.4 cm×0.8 cm，花口上鱼尾，鱼尾上题"周易"，鱼尾下一题"上传卷三 1—
　　　30"，一题"说卦传卷四 1—9"。半叶 11 行，行 22 字，共 39 叶。

麦 0641　性理体注补训解

著者　（清）张道升　（清）仇廷桂等辑

时代　清

版本　线装　刻本

现状　首尾残。起"七卷二程"，止"学者工夫 只求一个是 天下之理 不过是"（后残存两叶
　　　书根）。

题记　封面题识"七卷二程/理气 鬼神 性理 圣贤 学篇/唐虞三代 君道 君德 圣学 君臣/
　　　臣道 治道/八卷朱子/理气 鬼神 性理 圣贤 学篇/君道 圣学 臣道 治道/性理卷七
　　　八"。内封题识"连卷长诗连生子连/治家以勤俭为本"。卷分上下两栏，上栏卷端
　　　题"性理体注补训解/后学 钱塘张道升慎高/甬上仇廷桂丹植纂辑/秣陵吕从律栎
　　　亭增订"；下栏卷端题"新刊性理大全卷之七/程明道先生撰/程伊川先生撰"。中题

（上栏）"性理体注补训标题/后学钱塘张道升慎高/甬上仇廷桂丹植纂辑/秣陵吕从律栎亭增订"；中题（下栏）"新刊性理大全卷之八/朱紫阳先生撰"。

版式　每纸半叶 24.5 cm×15.3 cm；四周单边，上下两栏；书眉 1.6 cm，地脚 0.8 cm，版面上栏 11.7 cm×13.6 cm，下栏 10.4 cm×13.6 cm；版心上栏 11.7 cm×0.9 cm，白口，上题"性理体注标题"；版心下栏 10.4 cm×0.9 cm，花口，上鱼尾上题"理气"，上鱼尾下题"卷七"、"卷八"细目、叶数，下题"三多"。半叶上栏 21 行，行 23 字，下栏 9 行，行 16 字。共 25 叶半。

说明　1. 前封为后人所加。

　　　2. 正文刻有句读。

麦 0083　易经体注大全会解卷九（见说明 1）

著者　（清）范翔撰

时代　清

版本　线装　刻本

现状　首尾残。起"生时与喜俱发。故今说云一切忧悬所不能逼□□/作愁。字之误也"，止"人体弟子与师多□□□□□□□轮回迷惑不□堕无间狱"。

版式　每纸半叶 25.3 cm×16.2 cm；上下双栏；书眉 2.3 cm，地脚 2.9 cm，版面 20.2 cm×12.9 cm，版心 20.2 cm×1.1 cm；花口，上鱼尾，下题"会解卷九"及叶数、人名，版心刻题人名如下：吴手江（4 叶），强迷其（5 叶），吴登云、吴登露（6 叶），杨成仓（7 叶），陈世雄（8 叶），赵宅许氏（9 叶），赵虎李氏（12 叶），李万福梁氏（13 叶），常景仁（14 叶），朱光辉（15 叶），朱宅张氏（16 叶），赵科赵氏（17 叶）。半叶 11 行，行约 20 字，共 32 叶。

说明　1. 据版心题名定名。

　　　2. 此书中第 10、11 叶缺，后有 19 叶因近版心，被刀切去一行多字。

　　　3. 文中刻有句读。

麦 0660　易经体注大全合参卷一

著者　（清）李兆贤辑著

时代　清

版本　线装　刻本

现状　全

题记　牌记题"学源堂易经体注"。卷首题"易经体注序（李兆贤序）"，序后题"圭海后学李

兆贤敬书于东野草堂"。卷首题"凡例"(1叶)。卷分上下两栏,下栏卷首题"洛书
(4叶)、"周易本义卦歌"(2叶),上栏卷端题"易经体注大全合参/苕溪范紫登先生
鉴/圭海后学李兆贤德夫辑著 男锵玉飏校正/萧山来木臣先生参",中题"周易"。
下栏卷端题"周易卷之一　朱熹本义",中题"周易上经"。

版式　每纸半叶 25.9 cm×16.7 cm;上下两栏,四周单乌丝栏;书眉 2.3 cm,地脚 1.2 cm,
　　　版面上栏 11.3 cm×14.5 cm,下栏 11.2 cm×14.5 cm。版心上栏 11.3 cm×
　　　1.2 cm,花口,题"易经体注";下栏 11.2 cm×1.2 cm,花口,题"周易"及卷数、叶数。
　　　共 39 叶。

说明　1. 正文刻有句读。
　　　2. 此本与麦 0657、麦 0658、麦 0659 四卷为一函。

麦 0657　易经体注大全合参卷二

著者　(清)李兆贤辑著

时代　清

版本　线装　刻本

现状　全

题记　卷分上下两栏。上栏卷端题"易经体注大全合参/圭海后学李兆贤德夫缉著　男锵
　　　校正",中题"下经";下栏卷端题"周易卷之二　朱熹本义",中题"周易下经"。

版式　每纸半叶 25.9 cm×16.6 cm;上下两栏,四周单乌丝栏;书眉 1.7 cm,地脚 1.0 cm,
　　　版面上栏 11.7 cm×14.5 cm,下栏 11.6 cm×14.5 cm。版心上栏 11.7 cm×
　　　1.9 cm,花口,题"易经体注";下栏 11.6 cm×1.9 cm,花口,题"周易"、卷数及叶数。
　　　共 70 叶。

说明　1. 正文刻有句读。
　　　2. 此本与麦 0658、麦 0659、麦 0660 四卷为一函。

麦 0659　易经体注大全合参卷三

著者　(清)李兆贤辑著

时代　清

版本　线装　刻本

现状　全

题记　卷分上下两栏。上栏卷端题"易经体注大全合参/圭海后学李兆贤德夫辑著 男锵
　　　校正"。中题"系辞上下传",下栏卷端题"周易卷之三　朱熹本义"。中题"系辞上

传"。

版式　每纸半叶 26.0 cm×16.7 cm；上下两栏，四周单栏，乌丝栏；书眉 2.2 cm，地脚 0.9 cm，版面上栏 11.7 cm × 14.5 cm，下栏 11.3 cm × 14.5 cm；版心上栏 11.7 cm×1.5 cm，花口题"易经体注"，下栏 11.3 cm×1.5 cm，花口，题"周易"及卷数、叶数。共 41 叶。

麦 0658　易经体注大全合参卷四（见说明 1）

著者　（清）李兆贤辑著

时代　清

版本　线装　刻本

现状　首残尾全。卷分上下两栏，上栏起"小畜——小人当权畜止众君子系易者多少不平故以亨"，止"上象必正邦而后出征盖寓垂戒之意"。下栏起"小畜亨密云不雨自我西郊"，止"故其象占如此象曰王用出征以正邦也"。

题记　无

版式　每纸半叶 25.9 cm×16.7 cm；上下两栏，四周单乌丝栏；书眉 1.9 cm，地脚 1.1 cm，版面上栏 11.7 cm × 14.5 cm，下栏 11.4 cm × 14.5 cm；版心上栏 11.7 cm× 1.3 cm，花口，题"易经体注"；下栏 11.4 cm×1.3 cm，花口，题 "周易"卷数及叶数。共 44 叶。

说明　1. 由于封面和卷端都没有题名，据版心题定名。

　　　2. 正文刻有句读。

　　　3. 此本与麦 0657、麦 0659、麦 0660 为一函。

麦 0719　注三字经（见说明 1）

著者　不详

时代　清

版本　线装　刻本

现状　残。起"浅而入深不可躐等则易入而我无傫解"，止"正字一已诏见皇妃爱之命坐于妃膝上"。

版式　每纸半叶 23.9 cm×13.3 cm；四周单栏；书眉 4.5 cm，地脚 1.4 cm，版面 17.7 cm× 10.8 cm；版心 17.7 cm×1.1 cm，花口，题"注三字经"；半叶 16 行，行 16 字（以注文计。经文大字每行占注文四行）。共 31 叶半。

说明　本卷首尾残，题名据版心题"注三字经"定。

麦 0770　参订四书附考备旨善本上孟卷一至卷二

著者　（明）邓林著

时代　清

版本　线装　刻本

现状　全

题记　封面墨书题识"上孟讲□"。前封护叶有杂写(1叶)。卷分上下两栏,上栏卷端题"参订四书附考备旨善本/宝安祁文友珊洲 尹源进澜柱先生定"。下栏卷端题"义盛堂参订邓退庵先生家藏遵注四书附考备旨善本 上孟卷之一/粤东明邓林退庵先生著 裔孙 孟麟昭宗 闻学熙载 编次/太史张成遇阿一/洪晨孚古愚 两先生参订/后学杨澜西露补 书林大经堂梓"。下栏中题"义盛堂参订邓退庵先生家藏遵注四书附考备旨善本 上孟卷之二"。

版式　每纸半叶26.0 cm×16.9 cm;四周单边,上下两栏;书眉4.3 cm,地脚1.0 cm;版面上栏5.4 cm×14.3 cm,下栏15.7 cm×14.3 cm。版心上栏5.4 cm×1.0 cm,花口,上题"参订四书附考备旨善本";下栏12.1 cm×1.0 cm,花口,上鱼尾,下题卷数及叶数;半叶上栏25行,行14字,下栏24行,行33字,小字占双行。共73叶。

说明　1. 正文有墨书句读。

　　　2. 麦0770、麦0869、麦0878、麦0879四卷为一函。

麦 0878　参订四书附考备旨善本下孟卷三

著者　（明）邓林著

时代　清

版本　线装　刻本

现状　全

题记　封面"四书"(同行下侧有墨书"十七本",右侧书根处白纸签上有墨书"6号")。护纸两张,上有笔书杂写。卷分上下两栏,上栏卷端题"参订四书附考备旨善本/宝安祁文友珊洲/尹源进澜柱先生增定",下栏卷端题"大经堂参订邓退庵先生家藏遵注四书附考备旨善本上论卷之三/粤东明邓林退庵先生著　裔孙孟麟昭宗　闻学熙载编次/太史张成遇阿一/洪晨孚古愚 两先生参订/后学杨澜西露补"。卷末附纸题识"中华民国二十一年(1932)四(三)月廿七日占如也届进义如也"。卷尾护纸两叶,其中第一叶附纸杂写题识"季翰文魁 魏全叶□/陈宗铭季翰文文/九天/民国式拾年壹月廿七日季吉祥念下孟子卷式",第二叶题识杂写"花制青川三月景/鸟鸣天水万家春",背面有"李白　黄鹤楼闻笛、邵雍 山村咏怀"等约 12 行童蒙杂写。

版式　每纸半叶 26.2 cm×16.9 cm;四周单边,分上下两栏;书眉 3.4 cm,地脚 1.3 cm,版面上栏 5.6 cm×14.5 cm,下栏 16.3 cm×14.5 cm。版心上栏 5.6 cm×0.6 cm,花口,书口题"参订四书附考备旨善本";下栏 16.3 cm×0.6 cm,花口,上鱼尾,鱼尾下刻题"下孟卷三"及叶数。半叶上栏 25 行,行 14 字;下栏 24 行,行 33 字,大字占双行。共 50 叶。

说明　1. 本书有墨笔句读。

　　　2. 麦 0770、麦 0869、麦 0878、麦 0879 四卷为一函。

　　　3. 此本 27 叶上栏处粘贴有中华民国 2 分印花税票,共有 4 枚。

麦 0879　参订四书附考备旨善本下孟卷四

著者　(明)邓林著

时代　清

版本　线装　刻本

现状　全

题记　封题笔书"告子讲书"。卷分上下两栏。上栏卷端题"参订四书附考备旨善本/宝安祁文友珊洲/尹源进澜柱先生增定"。下栏卷端题"艺文堂参订邓退庵先生家藏遵注四书附考备旨善本上论卷之四/粤东明邓林退庵先生著　裔孙孟麟昭宗　闻学熙载编次/太史张成遇阿一/洪晨孚古愚 两先生参订/后学杨澜西露补"。

版式　每纸半叶 26.2 cm×16.9 cm;四周单边,分上下两栏;书眉 4.1 cm,地脚 1.2 cm,版面上栏 5.3 cm×14.6 cm,下栏 15.7 cm×14.6 cm。版心上栏 5.3 cm×0.6 cm,花口,题"参订四书附考备旨善本";下栏 15.7 cm×0.6 cm,花口,上鱼尾,下题"下孟卷之四及叶数"。半叶上栏 25 行,行 14 字;下栏 24 行,行 33 字。大字 1 行,小字双行。共 55 叶。

说明　1. 正文刻有句读。

　　　2. 麦 0770、麦 0869、麦 0878、麦 0879 四卷为一函。

麦 0869　参订四书附考备旨善本上论卷之一至卷二

著者　(明)邓林著

时代　清

版本　线装　刻本

现状　全

题记　封面墨书题"上论讲书"。护纸两张,一题"上论语卷式　季翰文";一题"民国叁拾
　　　　年(1931)"。卷分上下两栏。上栏卷端题"参订四书附考备旨善本/宝安祁文友珊
　　　　洲/尹源进澜柱先生增定"。下栏卷端题"大经堂参订邓退庵先生家藏遵注四书附
　　　　考备旨善本上论卷之一/粤东明邓林退庵先生著　裔孙孟麟昭宗　闻学熙载编次/
　　　　太史张成遇阿一/洪晨孚古愚 两先生参订/后学杨澜西露补　书林大经堂"。下栏
　　　　中题"大经堂参订邓退庵先生家藏遵注四书附考备旨善本上论卷之二"。

版式　每纸半叶 26.4 cm×16.9 cm;四周单边,分上下两栏;书眉 3.2 cm,地脚 1.0 cm,版
　　　　面上栏 5.4 cm×14.3 cm,下栏 16.1 cm×14.3 cm。版心上栏 5.4 cm×0.6 cm,花
　　　　口,题"参订四书附考备旨善本";下栏 16.1 cm×0.6 cm,花口,上鱼尾,下题"上论
　　　　卷一"、"上论卷二"等细目。半叶上栏 25 行,行 14 字;下栏 24 行,行 33 字。大字
　　　　占双行,共 59 叶半。

说明　1. 此书墨笔句读。

　　　　2. 此书有"上论卷一"和"上论卷二"两部分。

　　　　3. 麦 0770、麦 0869、麦 0878、麦 0879 四卷为一函。

麦 0776　重订诗经衍义合参集注卷三至卷五

著者　(清)黄坤五定　(清)江晋云辑

时代　清

版本　线装　刻本

现状　全

题记　封面题"诗经卷三"(墨书)。此卷分上、中、下三栏。上栏卷端题"诗经衍义合参",
　　　　中栏"释音",下栏卷端题"诗经卷之五 朱熹集注"。

版式　半叶 26.0 cm×16.3 cm;四周单栏,上中下三栏;书眉 2.6 cm,地脚 0.9 cm,版面上
　　　　栏 11.5 cm×13.2 cm,中栏 1.8 cm×13.2 cm,下栏 9.5 cm×13.2 cm。版心上栏
　　　　13.2 cm×1.1 cm,花口,上题"诗经衍义合参";中栏 13.2 cm×1.1 cm;下栏
　　　　9.5 cm×1.1 cm,花口,上鱼尾,下题"小雅五卷"及叶数。半叶上栏 24 行,行 25
　　　　字;中栏 26 行,行 4 字;下栏 18 行,行 17 字。小字占双行,共 82 叶。

说明　正文刻有句读。

麦 0880　重订诗经衍义合参集注卷三至卷四(见说明 1)

著者　(清)黄坤五定　(明)江晋云辑

时代　清

版本　线装　刻本

现状　首残尾全

题记　封题"诗经卷式"（墨书）。卷分上、中、下三栏。上栏卷首题"郑一之七"，中栏为注音，下栏卷首题"诗经卷之三　朱熹集注"，下栏尾题"诗经卷终"，上栏中题"重订诗经衍义合参集注/永福 黄坤五先生 手定/金浦江晋云先生辑著/西陵 汪桓殿武/鲁国玺玮生氏全订"。中栏为注音。下栏中题"诗经卷之四"。

版式　每纸半叶 26.0 cm×16.3 cm；四周单边，上中下三栏；书眉 2.2 cm，地脚 0.9 cm。版面上栏 11.6 cm×13.7 cm，中栏 1.7 cm×13.7 cm，下栏 9.5 cm×13.7 cm；版心上栏 11.6 cm×0.9 cm，花口，题"诗经衍义合参"，中栏 1.7 cm×0.9 cm，下栏 9.5 cm×0.9 cm，花口，上鱼尾，下题"国风三卷"、"小雅四卷"及叶数。上栏 24 行，行 26 字；中栏 26 行，行 4 字；下栏 18 行，行 17 字。大字占双行，共 65 叶。

说明　1. 上栏卷端残，根据版心题名定名。

　　　2. 书根残，缺首叶。

　　　3. 正文刻有句读。

麦 0779　重订诗经衍义合参集注卷七至卷八

著者　（清）黄坤五定　（清）江晋云辑

时代　清

版本　线装　刻本

现状　全

题记　封面墨书题"诗经卷四"。此卷分为三栏。上栏卷端题"重订诗经衍义合参集注/永福 黄坤五先生 手定/金浦 江晋云先生 辑著/西陵 汪相殿武/鲁国玺玮生/氏全订"，中栏为"释音"，下栏卷端题"诗经卷之六 朱熹集注/大雅三/说见/小雅"。中题"诗经卷之七　朱熹集注"、"诗经卷之八　朱熹集注"。

版式　每纸半叶 26.1 cm×16.3 cm；四周单边，上中下三栏；书眉 2.7 cm，地脚 0.9 cm。版面上栏 11.5 cm×13.3 cm，中栏 1.2 cm×13.3 cm，下栏 9.5 cm×13.3 cm。版心上栏 11.5 cm×1.1 cm，花口，上题"诗经衍义合参"；中栏 13.0 cm×1.1 cm，花口；下栏 9.5 cm×1.1 cm，花口，上鱼尾，下题"大雅六卷"、"大雅七卷"等不一以及叶数。半叶上栏 24 行，行 26 字；中栏 26 行，行 4 字；下栏 26 行，行 17 字。小字占双行，共 104 叶。

说明　正文刻有句读。

麦 0899　重订诗经衍义合参集注卷一至卷二

著者　(清)黄坤五定　(清)江晋云辑

时代　清

版本　线装　刻本

现状　全

题记　封面墨书题"诗经卷壹"。题签题"苏板"。牌记"道光丙午年(1846)新镌/黄维章江
　　　晋云两先生著/诗经衍义合参大全　天德堂板"。卷首题"劳之辨序题",序后题"康
　　　熙七年(1668)十月上浣檇李年同学弟劳之辨于湖上山房"。后有版画《十五国风地
　　　理之图》。卷分上、中、下三栏。上栏卷首题"诗经衍义类题辨异备览"。中栏"音
　　　义"。下栏卷首题"诗经篇目"。上栏卷首题"诗经衍义集注序"。下栏卷首题"诗经
　　　集纂序",序后有"淳熙四年(1177)丁酉冬十月戊子新安朱熹序"。上栏卷端题"重
　　　订诗经衍义合参集注/永福黄坤五先生 手定/金浦江晋云先生辑著/西陵汪桓殿
　　　武/鲁国玺玮生氏全订","诗经卷之一　朱熹集注"。下栏中题"诗经卷之一终"、
　　　"诗经卷之二　朱熹集注"。

每纸　四周单栏,分上、中、下三栏;书眉 2.5 cm,地脚 0.8 cm;版面上栏 11.5 cm×
　　　13.5 cm,中栏 1.7 cm×13.5 cm,下栏 9.6 cm×13.5 cm。版心上栏 11.5 cm×
　　　1.1 cm,花口,上题"诗经衍义合参";中栏 1.7 cm×1.1 cm(中栏为释音);下栏
　　　9.6 cm×1.1 cm,花口,上鱼尾下题"国风一卷"、"二卷"等细目。半叶上栏 24 行,
　　　行 26 字;中栏 26 行,行 4 字;下栏 18 行,行 17 字,大字占双行,共 76 叶半。

说明　1. 内文有墨色句读。

　　　2. 此书为卷一和卷二两部分。

麦 0828　重订事类赋卷一至卷四(见说明 1)

著者　(宋)吴淑撰注　(明)华麟祥校刊

时代　清

版本　线装　刻本

现状　全

题记　封面题签题"事类赋"(裱纸黄色)。牌记题"道光戊戌年(1838)/重订事类赋 剑光
　　　阁原本/堂板藏"。卷首题"重刻事类赋叙/吴华云著"(1 叶半);"重订事类赋序
　　　题",序后题"绍兴丙寅仲夏廿三日右迪功郎特差监潭州南岳庙边惇德谨序"(1
　　　叶);"重订事类赋目录"(6 叶)。卷端题"重订事类赋卷第一/宋博士渤海吴淑撰

注/明后学无锡华麟祥校刊"。中题"重订事类赋卷第二/宋博士渤海吴淑撰注/明后学无锡华麟祥校刊"、"重订事类赋卷第二终"、"重订事类赋卷第三/宋博士渤海吴淑撰注/明后学无锡华麟祥校刊"、"重订事类赋卷第三"、"重订事类赋卷第四/宋博士渤海吴淑撰注/明后学无锡华麟祥校刊"。尾题"重订事类赋卷第四终"。

版式　每纸半叶 19.6 cm×13.4 cm;四周单栏;书眉 4.7 cm,地脚 1.2 cm,版面 13.8 cm×9.6 cm,版心 13.8 cm×1.0 cm;花口,上鱼尾,鱼尾下题"重订事类赋"、卷数细目及叶数;半叶 18 行,行 21 字,大小字相间,大字占双行,共 61 叶。

说明　1. 据书口版心卷题名。

　　　2. 此函六册:麦 0828、麦 0829、麦 0830、麦 0831、麦 0832、麦 0833;函套为蓝色绢面,题签题"事类赋 六本 广事"。

　　　3. 此册包括卷一、卷二、卷三、卷四。

麦 0830　重订事类赋卷五至卷九(见说明 1)

著者　(宋)吴淑撰注　(明)华麟祥校刊

时代　清

版本　线装　刻本

现状　全

题记　卷端题"重订事类赋卷第五/宋博士渤海吴淑撰著/明后学无锡麟祥校刊"。中题"重订事类赋卷第六/宋博士渤海吴淑撰著/明后学无锡麟祥校刊"、"重订事类赋卷第七/宋博士渤海吴淑撰著/明后学无锡麟祥校刊"、"重订事类赋卷第八/宋博士渤海吴淑撰著/明后学无锡麟祥校刊"、"重订事类赋卷第九/宋博士渤海吴淑撰著/明后学无锡麟祥校刊"。

版式　每纸半叶 19.7 cm×13.2 cm;四周单栏;书眉 4.6 cm,地脚 1.6 cm,版面 13.8 cm×9.6 cm;版心 13.8 cm×1.0 cm,花口,上鱼尾,鱼尾下题"重订事类赋"、卷数细目及叶数;半叶 18 行,行 21 字,大字占双行,共 77 叶半。

说明　1. 据书口版心题定名。

　　　2. 此函六册:麦 0828、麦 0829、麦 0830、麦 0831、麦 0832、0833;函套为蓝色绢面,题签题"事类赋 六本 广事"。

　　　3. 此册包括卷五、卷六、卷七、卷八、卷九。

麦 0831　重订事类赋卷十至卷十二(见说明 1)

著者　(宋)吴淑撰注　(明)华麟祥校刊

时代   清

版本   线装   刻本

现状   全

题记   卷端题"重订事类赋卷第十/宋博士渤海吴淑撰著/明后学无锡麟祥校刊"。中题"重订事类赋卷第十一/宋博士渤海吴淑撰著/明后学无锡麟祥校刊"、"重订事类赋卷第十二/宋博士渤海吴淑撰著/明后学无锡麟祥校刊"。

版式   每纸半叶 19.6 cm×13.1 cm;四周单栏;书眉 4.5 cm,地脚 1.3 cm,版面 13.1 cm×9.4 cm;版心 13.1 cm×0.9 cm,花口,有上鱼尾,鱼尾下题"重订事类赋"、卷数细目及叶数;半叶 18 行,行 21 字,大字占双行,共 52 叶。

说明   1. 据书口版心题定名。

2. 此函六册:麦 0828、麦 0829、麦 0830、麦 0831、麦 0832、麦 0833;函套为蓝色绢面,题签题"事类赋 六本 广事"。

3. 此册包括卷十、卷十一、卷十二。

麦 0801   重订事类赋卷十三至卷十七

著者   (宋)吴淑撰注   (明)华麟祥校刊

时代   清

版本   线装   刻本

现状   全

题记   封题"卷十三之十七"(钢笔书)。卷首题"重订事类赋卷十三/宋博士渤海吴淑撰注/明后学无锡华麟祥校刊"。中题"重订事类赋卷十四/宋博士渤海吴淑撰注/明后学无锡华麟祥校刊"、"重订事类赋卷十五/宋博士渤海吴淑撰注/明后学无锡华麟祥校刊"、"重订事类赋卷十六/宋博士渤海吴淑撰注/明后学无锡华麟祥校刊"、"重订事类赋卷十七宋博士渤海吴淑撰注/明后学无锡华麟祥校刊"。

版式   每纸半叶 19.7 cm×13.1 cm;四周单栏;书眉 4.4 cm,地脚 1.5 cm,版面 13.9 cm×9.7 cm,版心 13.9 cm×1.0 cm;花口,上鱼尾,中题卷数、细目及叶数;半叶 18 行,行 21 字,大字占双行,共 71 叶。

说明   此函有十册,分别为麦 0797、麦 0798、麦 0799、麦 0800、麦 0801、麦 0802、麦 0803、麦 0804、麦 0805、麦 0806。

麦 0832   重订事类赋卷十八至卷二十二

著者   (宋)吴淑撰注   (明)华麟祥校刊

时代　清

版本　线装　刻本

现状　全

题记　卷端题"重订事类赋卷第十八/宋博士渤海吴淑撰著/明后学无锡麟祥校刊"。中题"重订事类赋卷第十九/宋博士渤海吴淑撰著/明后学无锡麟祥校刊"、"重订事类赋卷第二十/宋博士渤海吴淑撰著/明后学无锡麟祥校刊"、"重订事类赋卷第二十一/宋博士渤海吴淑撰著/明后学无锡麟祥校刊"、"重订事类赋卷第二十二/宋博士渤海吴淑撰著/明后学无锡麟祥校刊"。

版式　每纸半叶 19.6 cm×13.1 cm；四周单栏；书眉 5.0 cm，地脚 1.6 cm，版面 13.3 cm×9.5 cm，版心 13.3 cm×10.0 cm；花口，上鱼尾，鱼尾下题"重订广事类赋"、卷数细目及叶数；半叶 18 行，行 21 字，大字占双行，共 61 叶。

说明　1. 据书口版心题定名。

　　　2. 此函六册：麦 0828、麦 0829、麦 0830、麦 0831、麦 0832、麦 0833；函套为蓝色绢面，题签题"事类赋 六本 广事"。

　　　3. 此册包括卷十八、卷十九、卷二十、卷二十一、卷二十二。

麦 0833　重订事类赋卷二十三至卷三十

著者　（宋）吴淑撰注 （明）华麟祥校刊

时代　清

版本　线装　刻本

现状　全

题记　卷端题"重订事类赋卷第二十三/宋博士渤海吴淑撰著/明后学无锡麟祥校刊"。中题"重订事类赋卷第二十四/宋博士渤海吴淑撰著/明后学无锡麟祥校刊"、"重订事类赋卷第二十五/宋博士渤海吴淑撰著/明后学无锡麟祥校刊"、"重订事类赋卷第二十六/宋博士渤海吴淑撰著/明后学无锡麟祥校刊"、"重订事类赋卷第二十七/宋博士渤海吴淑撰著/明后学无锡麟祥校刊"、"重订事类赋卷第二十八/宋博士渤海吴淑撰著/明后学无锡麟祥校刊"、"重订事类赋卷第二十九/宋博士渤海吴淑撰著/明后学无锡麟祥校刊"、"重订事类赋卷第三十/宋博士渤海吴淑撰著/明后学无锡麟祥校刊"。

版式　每纸半叶 19.6 cm×13.1 cm；四周单栏；书眉 4.9 cm，地脚 1.5 cm，版面 9.5 cm×13.4 cm；版心 13.4 cm×1.0 cm，花口，上鱼尾，鱼尾下题"重订事类赋"、卷数细目及叶数；半叶 18 行，行 21 字，大字占双行，共 90 叶半。

说明　1. 据书口版心题定名。

　　　2. 此函六册：麦 0828、麦 0829、麦 0830、麦 0831、麦 0832、麦 0833；函套为蓝色绢
　　　　面,题签题"事类赋 六本 广事"。

　　　3. 此册包括卷二十三、卷二十四、卷二十五、卷二十六、卷二十七、卷二十八、卷二
　　　　十九、卷三十。

麦 0797　重订广事类赋卷一至卷二

著者　（清）华希闵著 （清）邹升恒参 （清）华希闵重订

时代　清

版本　线装　刻本

现状　全

题记　封面题签题"广事类赋卷一至二"(钢笔书)。牌记"道光己亥年(1839)镌/重订广事
　　　类赋/剑光阁原本/致盛唐藏板"。卷首题"重订广事类赋序(篆书)",序后题"乾隆
　　　二十九年(1764)中秋日□□□"(3 叶)。卷首题"重订广事类赋序",序后题"康熙
　　　三十八年(1699)三月望日勾吴华希闵"(1 叶)。卷首题"重订广事类赋目录"(8
　　　叶)。卷端题"重订广事类赋卷第一/锡山华希闵芋园著　同学邹升恒慎斋参/胞弟
　　　希闵薲囿重订"。中题"重订广事类赋卷第二/锡山华希闵芋园著/同学邹升恒慎斋
　　　参/胞弟 希闵薲囿重订"。

版式　每纸半叶 19.7 cm×13.1 cm;四周单栏;书眉 4.6 cm,地脚 1.4 cm,版面 13.9 cm×
　　　9.6 cm,版心 13.9 cm×1.0 cm;花口,上鱼尾。中题卷数、细目及叶数;半叶 18 行,
　　　行 21 字,大字占双行,共 62 叶半。

说明　此函有十册,分别为麦 0797、麦 0798、麦 0799、麦 0800、麦 0801、麦 0802、麦 0803、
　　　麦 0804、麦 0805、麦 0806。

麦 0798　重订广事类赋卷三至卷五

著者　（清）华希闵著 （清）邹升恒参 （清）华希闵重订

时代　清

版本　线装　刻本

现状　全

题记　封题"卷三之五"(钢笔书),卷首题"重订广事类赋卷三/锡山华希闵芋园著/同学邹
　　　升恒慎斋参/胞弟希闵薲囿重订"。中题"重订广事类赋卷四/锡山华希闵芋园著/
　　　同学邹升恒慎斋参/胞弟希闵薲囿重订"、"重订广事类赋卷五/锡山华希闵芋园著/

同学邹升恒慎斋参/胞弟 希闵蕡囿重订"。

版式　每纸半叶 19.7 cm×13.1 cm;四周单栏;书眉 5.0 cm,地脚 1.3 cm,版面 13.4 cm× 9.6 cm;版心 13.4 cm×1.0 cm,花口,上鱼尾。中题卷数、细目及叶数;半叶 18 行, 行 21 字,大字占双行,共 62 叶半。

说明　此函有十册,分别为麦 0797、麦 0798、麦 0799、麦 0800、麦 0801、麦 0802、麦 0803、 麦 0804、麦 0805、麦 0806。

麦 0799　重订广事类赋卷六至卷八

著者　(清)华希闵著　(清)邵之鹭参　(清)华希闵重订

时代　清

版本　线装　刻本

现状　全

题记　封题"卷六之八"(钢笔书)。卷首题"重订广事类赋卷六/锡山华希闵芋园著/同邑 邵之鹭振飞参/胞弟 希闵蕡囿重订"。中题"重订广事类赋卷七/锡山华希闵芋园 著/同邑邵之鹭振飞参/胞弟 希闵蕡囿重订"、"重订广事类赋卷八/锡山华希闵芋 园著/同邑邵之鹭振飞参/胞弟 希闵蕡囿重订"。

版式　每纸半叶 19.7 cm×13.1 cm;四周单栏;书眉 4.7 cm,地脚 1.5 cm,版面 13.5 cm× 9.2 cm,版心 13.5 cm×1.0 cm;花口,上鱼尾。中题卷数、细目及叶数;半叶 18 行, 行 21 字,大字占双行,共 74 叶半。

说明　此函有十册,分别为麦 0797、麦 0798、麦 0799、麦 0800、麦 0801、麦 0802、麦 0803、 麦 0804、麦 0805、麦 0806。

麦 0800　重订广事类赋卷九至卷十二

著者　(清)华希闵著　(清)华希闵重订

时代　清

版本　线装　刻本

现状　全

题记　封题"卷九之十二"(钢笔书)。卷首题"重订广事类赋卷九/锡山华希闵芋园著/胞 弟 希闵蕡囿重订/男 缨飞翮校"。中题"重订广事类赋卷十/锡山华希闵芋园著/胞 弟 希闵蕡囿重订/男 缨飞翮校"、"重订广事类赋卷十一/锡山华希闵芋园著/胞弟 希闵蕡囿重订/男 缨飞翮校"、"重订广事类赋卷十二/锡山华希闵芋园著/胞弟 希 闵蕡囿重订/男 缨飞翮校"。

版式   每纸半叶 19.7 cm×13.1 cm;四周单栏;书眉 4.3 cm,地脚 1.7 cm,版面 13.7 cm×
9.5 cm;版心 13.7 cm×1.0 cm,花口,上鱼尾。中题卷数、细目及叶数;半叶 18 行,
行 21 字,大字占双行,共 81 叶。

说明   此函有十册,分别为麦 0797、麦 0798、麦 0799、麦 0800、麦 0801、麦 0802、麦 0803、
麦 0804、麦 0805、麦 0806。

麦 0829   重订广事类赋卷十三至卷十七(见说明 1)

著者   (清)华希闵著 (清)邹升恒参 (清)华希闳重订

时代   清

版本   线装 刻本

现状   全

题记   卷端题"重订事类赋卷第十三/锡山华希闵芊园著/同学邹升恒慎斋参/胞弟希闳蕡囿
重订"。中题"重订事类赋卷第十四/锡山华希闵芊园著/同学邹升恒慎斋参/胞
弟希闳蕡囿重订"、"重订事类赋卷第十五/锡山华希闵芊园著/同学邹升恒慎斋参/
胞弟希闳蕡囿重订"、"重订事类赋卷第十六/锡山华希闵芊园著/同学邹升恒慎斋
参/胞弟希闳蕡囿重订"、"重订事类赋卷第十七/锡山华希闵芊园著/同学邹升恒慎
斋参/胞弟希闳蕡囿重订"。

版式   每纸半叶 19.7 cm×13.0 cm;四周单栏;书眉 4.7 cm,地脚 1.6 cm,版面 13.6 cm×
9.5 cm;版心 13.6 cm×1.0 cm,花口,上鱼尾,鱼尾下题"重订广事类赋"、卷数细目
及叶数。半叶 18 行,行 21 字,大小字相间,大字占双行,共 100 叶。

说明   1. 据书口版心题定名。
       2. 此函六册:麦 0828、麦 0829、麦 0830、麦 0831、麦 0832、麦 0833;函套为蓝色绢
          面,题签题"事类赋 六本 广事"。
       3. 此册包括卷十三、卷十四、卷十五、卷十六、卷十七。

麦 0802   重订广事类赋卷十八至卷二十一

著者   (清)华希闵著 (清)尤世绅参 (清)华希闳重订

时代   清

版本   线装 刻本

现状   全

题记   封题"卷十八之二十一"(钢笔书)。卷首题"重订广事类赋卷十八/锡山华希闵芊园
著 门尤世绅邦英参 胞弟希闳蕡囿重订"。中题"重订广事类赋卷十九/锡山华希闵

芋园著 门尤世绅邦英参 胞弟希闵蕡囿重订"、"重订广事类赋卷二十/锡山华希闵
芋园著 门尤世绅邦英参 胞弟希闵蕡囿重订"、"重订广事类赋卷二十一/锡山华希
闵芋园著 门尤世绅邦英参 胞弟希闵蕡囿重订"。

版式　每纸半叶 19.7 cm×13.1 cm;四周单栏;书眉 4.7 cm,地脚 1.4 cm,版面 13.8 cm×
　　　9.5 cm;版心 13.7 cm×1.0 cm,花口,上鱼尾。中题卷数、细目及叶数;半叶 18 行,
　　　行 21 字,大字占双行,共 71 叶半。

说明　此函有十册,分别为麦 0797、麦 0798、麦 0799、麦 0800、麦 0801、麦 0802、麦 0803、
　　　麦 0804、麦 0805、麦 0806。

麦 0803　重订广事类赋卷二十二至卷二十六

著者　(清)华希闵著　(清)邹升恒参　(清)华希闵重订

时代　清

版本　线装　刻本

现状　全

题记　封题"卷二二之二六"(钢笔书)。卷首题"重订广事类赋卷二十二/锡山华希闵芋园
　　　著 同学邹升恒慎齐参/胞弟希闵蕡囿重订"。中题"重订广事类赋卷二十三/锡山
　　　华希闵芋园著 同学邹升恒慎齐参/胞弟希闵蕡囿重订"、"重订广事类赋卷二十四/
　　　锡山华希闵芋园著 同学邹升恒慎齐参/胞弟希闵蕡囿重订"、"重订广事类赋卷二
　　　十五/锡山华希闵芋园著 同学邹升恒慎齐参/胞弟希闵蕡囿重订"、"重订广事类赋
　　　卷二十六/锡山华希闵芋园著 同学邹升恒慎齐参/胞弟希闵蕡囿重订"。

版式　每纸半叶 19.7 cm×13.1 cm;四周单栏;书眉 5.0 cm,地脚 1.6 cm,版面 13.1 cm×
　　　1.6 cm,版心 13.1 cm×1.0 cm;花口,上鱼尾,中题卷数、细目及叶数;半叶 18 行,
　　　行 21 字,大字占双行,共 85 叶。

说明　此函有十册,分别为麦 0797、麦 0798、麦 0799、麦 0800、麦 0801、麦 0802、麦 0803、
　　　麦 0804、麦 0805、麦 0806。

麦 0804　重订广事类赋卷二十七至卷三十

著者　(清)华希闵著　(清)华希闵重订

时代　清

版本　线装　刻本

现状　全

题记　封题"卷二七之三十"(钢笔书)。卷首题"重订广事类赋卷二十七/锡山华希闵芋园

著　胞弟希闵蕡囿重订/男缨飞翮校"。中题"重订广事类赋卷二十八/锡山华希闵芋园著　胞弟希闵蕡囿重订/男 缨飞翮校"、"重订广事类赋卷二十九/锡山华希闵芋园著/胞弟希闵蕡囿重订/男 缨飞翮校"、"重订广事类赋卷三十/锡山华希闵芋园著/胞弟希闵蕡囿重订/男缨飞翮校"。

版式　每纸半叶 19.7 cm×13.1 cm;四周单栏;书眉 4.8 cm,地脚 1.2 cm,版面 13.7 cm×9.7 cm,版心 13.7 cm×1.0 cm;花口,上鱼尾,中题卷数、细目及叶数;半叶 18 行,行 21 字,共 81 叶。

说明　此函有十册,分别为麦 0797、麦 0798、麦 0799、麦 0800、麦 0801、麦 0802、麦 0803、麦 0804、麦 0805、麦 0806。

麦 0805　重订广事类赋卷三十一至卷三十五

著者　(清)华希闵著　(清)邹升恒参　(清)华希闵重订

时代　清

版本　线装　刻本

现状　全

题记　封题"卷三一之三五"(钢笔书)。卷首题"重订广事类赋卷三十一/锡山华希闵芋园著 同学邹升恒慎斋参/胞弟希闵蕡囿重订"。中题"重订广事类赋卷三十二/锡山华希闵芋园著 同学邹升恒慎斋参/胞弟希闵蕡囿重订"、"重订广事类赋卷三十三/锡山华希闵芋园著 同学邹升恒慎斋参/胞弟希闵蕡囿重订"、"重订广事类赋卷三十四/锡山华希闵芋园著 同学邹升恒慎斋参/胞弟希闵蕡囿重订"、"重订广事类赋卷三十五/锡山华希闵芋园著 同学邹升恒慎斋参/胞弟希闵蕡囿重订"。

版式　每纸半叶 19.7 cm×13.1 cm;四周单栏;书眉 4.8 cm,地脚 1.2 cm,版面 13.7 cm×9.7 cm,版心 13.7 cm×1.0 cm;花口,上鱼尾,中题卷数、细目及叶数;半叶 18 行,行 21 字,共 69 叶。

说明　此函有十册,分别为麦 0797、麦 0798、麦 0799、麦 0800、麦 0801、麦 0802、麦 0803、麦 0804、麦 0805、麦 0806。

麦 0806　重订广事类赋卷三十六至卷四十

著者　(清)华希闵著　(清)华希闵重订

时代　清

版本　线装　刻本

现状　全

题记 封题"卷三六之四十"（钢笔书）。卷首题"重订广事类赋卷三十六/锡山华希闵芋园著/胞弟希闵赟囿重订/男纮度昭校"。中题"重订广事类赋卷三十七/锡山华希闵芋园著/胞弟希闵赟囿重订/男纮度昭校"、"重订广事类赋卷三十八/锡山华希闵芋园著/胞弟希闵赟囿重订/男纮度昭校"、"重订广事类赋卷四十/锡山华希闵芋园著/胞弟希闵赟囿重订/男 男纮度昭校"。

版式 每纸半叶 19.7 cm×13.1 cm;四周单栏;书眉 5.1 cm,地脚 1.0 cm,版面 13.6 cm×9.6 cm;版心 13.6 cm×1.0 cm,花口,上鱼尾。中题卷数、细目及叶数;半叶 18 行,行 21 字,共 81 叶。

说明 此函有十册,分别为麦 0797、麦 0798、麦 0799、麦 0800、麦 0801、麦 0802、麦 0803、麦 0804、麦 0805、麦 0806。

麦 0781　春秋体注卷之三

著者 （清）范翔订 （清）朱光斗等校

时代 清

版本 线装　刻本

现状 全

题记 此卷分上下两栏。上栏卷端题"春秋体注/苕溪范翔紫登参订　受业朱光斗 归尔瑜/吴有文 蔡鸿达/侄 应兆 汝霖 仝校"。下栏卷端题"春秋体注卷之三/宋文定胡安国传",下栏尾题"春秋体注卷之三终"。

版式 每纸半叶 24.6 cm×15.7 cm;上下两栏;书眉 2.2 cm,地脚 1.2 cm,版面上栏 12.0 cm×13.7 cm,下栏 9.3 cm×13.7 cm。版心上栏 12.0 cm×0.4 cm,花口,上题"春秋体注";下栏 9.3 cm×0.4 cm,花口,下鱼尾,下题卷数及叶数。半叶上栏 22 行,行 7 字,下栏 20 行,行 26 字,大字占双行,共 40 叶。

说明 正文刻有句读。

麦 0882　春秋体注卷之四

著者 （清）范翔参订 （清）朱光斗等校

时代 清

版本 线装　刻本

现状 全

题记 卷分上下两栏。上栏卷首题"春秋体注/苕溪范翔紫登参订 受业朱光斗 归尔瑜/吴有文 蔡鸿达/侄应兆 汝霖全校"。下栏卷首题"春秋体注卷之四/宋文定胡安国传"。

版式　每纸半叶 24.6 cm×15.8 cm;四周单乌丝栏,分上下两栏;书眉 1.9 cm,地脚 1.0 cm,版面上栏 12.1 cm×14.0 cm,下栏 9.6 cm×13.7 cm。版心上栏 12.1 cm×1.1 cm,花口,题"春秋体注";下栏 9.6 cm×1.1 cm,花口,上鱼尾下题 "卷之四昭公元年"等及叶数。半叶上栏 4 行,行 25 字;下栏 18 行,行 16 字,大字 占双行,共 52 叶半。

说明　正文有句读。

麦 0900　春秋精义卷三至卷四

著者　(清)黄淦撰

时代　清

版本　线装　刻本

现状　首全尾残。止"一则不反颜事瞆成其清一则不临难苟免完其节"。

题记　卷端题"春秋精义卷三/武林黄淦纬文氏纂 同学诸子参校"(共 30 叶)。中题"春秋 精义卷四/武林黄淦纬文氏纂 同学诸子参校"(存 36 叶)。

版式　每纸半叶 25.4 cm×15.4 cm;四周单栏;书眉 6.0 cm,地脚 1.8 cm,版面 17.6 cm× 14.0 cm,版心 17.6 cm×1.0 cm;花口,上鱼尾,上书口题"春秋精义",上鱼尾下题 "卷三"、"卷四"及各卷叶数;半叶 11 行,行 20 字,共 66 叶。

麦 0838　春秋左传分类赋卷一

著者　(清)夏大观编撰　(清)夏大鼎笺注　(清)夏邦英校

时代　清

版本　线装　刻本

现状　全

题记　牌记"道光二十六年(1846)重镌/湘潭夏枫江编撰 天德堂梓/增补左传分类对赋句 解"。卷首题"罗登选序",序后题"乙丑夏月衡山罗登撰";"褚廷璋序",序后题"时 乾隆壬辰(1772)九月既望长洲廷璋左弇氏序";"李拔序",序后题"进士出身中宪大 夫前知湖南长衡永岳四郡湖北荆南观察副使犍为李拔拜撰";"邱恩荣序",序后题 "进士出身知衡州府事前吏部文选司副郎年家眷同学弟邱恩荣拜撰";"春秋左传分 类赋目次"(2 叶半)。卷端题"春秋左传分类赋卷之一/湘潭夏大观继临甫编撰/弟 大鼎荆山甫笺注/男邦英苞邦□苹全校阅/衡阳张廷瑞玉林甫订刊"。中题"天象"、 "地利"、"君德"、"君夫人 妾媵附"、"储贰"。

版式　每纸半叶 24.6 cm×15.6 cm;四周单栏;书眉 4.6 cm,地脚 1.5 cm,版面 19.0 cm×
　　　13.0 cm,版心 19.0 cm×1.1 cm;花口,上下大黑口,上下鱼尾,上题"春秋左传",中
　　　题卷数等细目,下题叶数;半叶 16 行,行 20 字,大字占双行,共 37 叶。

说明　1. 此函内有三叶用朱笔句读。
　　　2. 此函八册:麦 0838、麦 0839、麦 0840、麦 0841、麦 0842、麦 0843、麦 0844、
　　　　麦 0845。

麦 0839　春秋左传分类赋卷二至卷三

著者　(清)夏大观编撰　(清)夏大鼎笺注　(清)夏邦英校
时代　清
版本　线装　刻本
现状　全
题记　卷中题"赏赉"、"刑狱"、"讼狱"、"乐筑"、"历政"、"举用"、"官职"。卷首题"春秋左
　　　传分类赋卷之三/湘潭夏大观继临甫编撰/弟大鼎荆山甫笺注/男邦英苞 添苹全校
　　　阅/衡阳张廷瑞玉林甫订刊"。中题"词令言语附"、"田猎"、"祭祀"、"鬼神"、"灾
　　　异"、"□共"、"饥歉"、"命名"、"丧葬"、"攒侈"。

版式　每纸半叶 24.7 cm×15.6 cm;四周单栏;书眉 4.2 cm,地脚 1.6 cm,版面 19.1 cm×
　　　13.2 cm,版心 19.2 cm×1.0 cm;花口,上下大黑口,上下鱼尾,中题"赏赉"、"讼狱"
　　　等细目,下题卷数;半叶 16 行,行 20 字,大字占双行,共 54 叶半。

说明　1. 据卷端题定名。
　　　2. 著者据麦 0838 卷三题名定名。
　　　3. 此册包括卷二、卷三两部分。
　　　4. 此函八册:麦 0838、麦 0839、麦 0840、麦 0841、麦 0842、麦 0843、麦 0844、
　　　　麦 0845。

麦 0842　春秋左传分类赋卷四

著者　(清)夏大观编撰　(清)夏大鼎笺注　(清)夏邦英校
时代　清
版本　线装　刻本
现状　全
题记　中题"珍宝彝器"、"武具"、"土田"、"宫室"、"服饰"、"饮食"、"车"、"舟航"、"畜兽"、
　　　"禽鸟"、"鱼虫"、"草木蔬果"。

版式　每纸半叶 24.9 cm×15.7 cm;四周单栏;书眉 4.6 cm,地脚 1.3 cm,版面 19.0 cm×12.9 cm,版心 19.0 cm×1.0 cm;花口,上下大黑口,上下鱼尾,中题"珍宝彝器"、"武具"、"宫室"等细目,下题叶数;半叶 16 行,行 20 字,大字占双行,共 37 叶。

说明　1. 此册内容为卷四。

　　　2. 据麦 0841 定名。

　　　3. 著者据麦 0838 定名。

　　　4. 此函八册:麦 0838、麦 0839、麦 0840、麦 0841、麦 0842、麦 0843、麦 0844、麦 0845。

麦 0843　春秋左传分类赋卷三至卷四

著者　(清)夏大观编撰　(清)夏大鼎笺注　(清)夏邦英校

时代　清

版本　线装　刻本

现状　全

题记　中题"辞让"、"报施"、"占梦"、"卜筮"、"勇力"、"善射"、"博洽"、"畸人"、"人品"、"春秋左传分类赋卷之四/湘潭夏大观继临甫编撰/弟大鼎荆山甫笺注/男邦英苞邦□苹全校阅/衡阳张廷瑞玉林甫订刊"、"老幼"、"富贵 贫贱附"、"隐语寓言"、"形体"。

版式　每纸半叶 24.9 cm×15.6 cm;四周单栏;书眉 4.7 cm;地脚 1.5 cm;版面 19.0 cm×13.1 cm;版心 19.6 cm×1.0 cm,花口,上下大黑口,上下鱼尾。中题"报施"、"占梦"等细目,下题叶数;半叶 16 行,行 20 字,大字占双行,共 48 叶半。

说明　1. 此册内容为卷三、卷四。

　　　2. 此函八册:麦 0838、麦 0839、麦 0840、麦 0841、麦 0842、麦 0843、麦 0844、麦 0845。

麦 0844　春秋左传分类赋卷一至卷二

著者　(清)夏大观编撰　(清)夏大鼎笺注　(清)夏邦英校

时代　清

版本　线装　刻本

现状　全

题记　中题"婚姻",卷首题"春秋左传分类赋卷之二/湘潭夏大观继临编撰/弟大鼎荆山甫笺注/男邦英苞邦　苹全校阅/衡阳张廷瑞玉林甫订刊"。中题"礼"、"乐"、"会盟宗旨"、"会盟"、"朝聘宴享 与词令参看"、"仪度"、"征伐总旨"、"征伐"、"军政"。

版式　每纸半叶 24.7 cm×15.7 cm;四周单栏;书眉 4.9 cm,地脚 1.1 cm,版面 18.6 cm×
　　　13.0 cm,版心 18.6 cm×1.1 cm;上下鱼尾,上下大黑口,中题"征伐总旨"等细目,
　　　下题叶数;半叶 16 行,行 20 字,大字占双行,共 34 叶半。

说明　1. 此册包括卷一、卷二。
　　　2. 此函八册:麦 0838、麦 0839、麦 0840、麦 0841、麦 0842、麦 0843、麦 0844、
　　　麦 0845。

麦 0845　春秋左传分类赋卷一至卷二(见说明 1)

著者　(清)夏大观编撰　(清)夏大鼎笺注　(清)夏邦英校

时代　清

版本　线装　刻本

现状　全

题记　中题"臣道"、"父子"、"母子"、"兄弟"、"宗族"、"夫妇"、"闺阁"、"朋友"、"姻娅"。

版式　每纸半叶 24.6 cm×15.7 cm;四周单栏;书眉 4.6 cm,地脚 1.1 cm,版面 18.8 cm×
　　　13.0 cm,版心 18.8 cm×1.1 cm;花口,上下大黑口,上下鱼尾,中题"臣道"、"兄弟"
　　　等细目;半叶 16 行,20 字,大字占双行,共 35 叶半。

说明　1. 此册包括卷一、卷二。
　　　2. 此函八册:麦 0838、麦 0839、麦 0840、麦 0841、麦 0842、麦 0843、麦 0844、
　　　麦 0845。

麦 0840　说左约笺卷之一(说明 3)

著者　(清)冯李骅撰　(清)夏大观笺注

时代　清

版本　线装　刻本

现状　全

题记　护纸一叶,当系废纸利用(见说明 1)。牌记"湘潭夏枫江编撰/说左约笺/文发堂藏
　　　板"。卷首题"李拔序",序后题"进士出身中宪大夫前知湖南长衡永岳四郡湖北荆
　　　南观察副使犍为李拔拜撰"。卷端题"说左约笺卷之一/钱塘冯李骅天闲编撰/湘潭
　　　夏大观继临笺注"。中题"春秋列国时事说"、"列国盛衰说"、"鲁十二公说"、"周十
　　　四丑说"。尾题"一卷终"。

版式　每纸半叶 25.0 cm×15.7 cm;四周单栏;书眉 5.0 cm,地脚 1.3 cm,版面 18.7 cm×

13.0 cm,版心 18.7 cm×1.1 cm;花口,下大黑口,上下鱼尾,上题"说左约笺",中题"隐公"、"庄公"等细目,下题叶数;半叶 16 行,行 20 字,大字占双行,共 41 叶。

说明　1. 护纸当系废纸利用,所印文字与正文无涉,文曰:"必代之昌松柏之下其草不殖 注言君弱臣强物不两盛 善恶岂堪并处有类薰莸见夫妇兆见 薰莸之占注　卷四五十五。"

　　　2. 此函八册:麦 0838、麦 0839、麦 0840、麦 0841、麦 0842、麦 0843、麦 0844、麦 0845。

　　　3. 据版心题定名。

麦 0841　说左约笺卷之二(见说明 2)

著者　(清)冯李骅撰　(清)夏大观辑　(清)张培田注释

时代　清

版本　线装　刻本

现状　全

题记　卷端题"说左约笺卷之二/湘潭夏大观继临甫辑/同里婿张培田注释/清泉门人谭玉成定刊"。中题"三家考"、"列国名臣论"。尾题"二卷终"。

版式　每纸半叶 25.0 cm×15.6 cm;四周单栏;书眉 5.1 cm,地脚 1.0 cm,版面 19.2 cm×13.1 cm,版心 19.2 cm×1.0 cm;花口,下大黑口,上下鱼尾,上题"说左约笺",中题"三家说"、"名臣说"等细目;半叶 16 行,行 20 字,大字占双行,共 39 叶半。

说明　1. 此函八册:麦 0838、麦 0839、麦 0840、麦 0841、麦 0842、麦 0843、麦 0844、麦 0845。

　　　2. 据版心题定名。

麦 0003　重订古文释义新编卷三

著者　(清)余诚评注

时代　清

版本　线装　刻本

现状　全

题记　副叶有杂写两行"让利虽让本其争也君子,重义不重财尚德哉敬(□)人"。卷分上下两栏。上栏正文小字起"左氏将备春秋/先采集列国之/史国别为语旋……",止"右千句一笔祜/两人高绝"。下栏卷端题"崇儒堂重订古文释义新编卷三/上元余诚 自明评注　男芝虎庭参阅/金溪周光霁校刊"。后副叶杂写"那个男儿不丈夫 出生无识/独尊五 童言腥臭冲天地 吹/广圣凡别故都";"落下岩头最胜因 虽然损足/不伤身 太平歌曲从君唱 倒/转乾坤大地 学生沐手敬书";"我见时人日夜忙 广营屋宅置田庄 到头一事将不去 独有骷髅葬北邙"("头"字缺失,又见麦0025《石屋禅师语录》)。

版式　每纸半叶 15.9 cm×25.3 cm;四边单栏,上下两栏;书眉 4.2 cm,地脚 1.3 cm,版面 13.4 cm×20.4 cm,版心 13.4 cm×1.2 cm;花口,上鱼尾,内题"古文释义新编",下题卷数、小标题及叶数,小标题从"谋父谏征犬戎 一至六叶"开始至"晋献文子成室 四十六叶"等(见说明2);半叶 20 行,行 27 字,共 50 叶。

说明　1. 正文刻有墨笔句读。

　　　2. 版心小标题题名"谋父谏征犬戎"(1—5 叶),"召公谏鉴谤"(6—7 叶),"襄王不许请隧"(8—9 叶),"仓葛不服晋"(10—11 叶),"单子知陈必亡"(12—16 叶),"敬姜论劳逸"(17—20 叶),"叔向贺韩宣子忧贫"(21—22 叶),"王孙圉论楚宝"(23—24 叶),"越行成于吴"(25—26 叶),"范蠡不许吴成"(27—30 叶),"荀息不食言"(31—32 叶),"宋人及楚人平"(33—34 叶),"虞师晋师灭夏阳"(35—36 叶),"公会齐侯于颊谷"(37 叶),"晋献公杀申生"(38—39 叶),"有子之言似夫子"(40—41 叶),"重耳对秦客"(42 叶),"杜蒉扬觯"(43—44 叶),"不食嗟来"(45 叶),"晋献文子成室"(46 叶)。

麦 0812　御纂性理精义卷一

著者　(清)李光地等纂修

时代　清

版本　线装　刻本

现状　全

题记　牌记题"御纂性理精义/芥子园发兑"。卷首题"御纂性理精义序",序后题"康熙五十年(1711)春二月初一日书"(3 叶)。卷首题"御纂性理精义凡例"(4 叶);"表",后题"康熙五十四年(1715)八月初四日光禄大夫文渊阁大学士兼吏部尚书臣李光地等谨上表"。卷首题"先儒姓氏"(3 叶)、"奉旨开列"(2 叶)、"御纂性理精义目录"(3 叶)。卷端题"御纂性理精义卷一"。尾题"御纂性理精义卷第一终"。

版式　每纸半叶 16.3 cm×11.4 cm;四周单栏;书眉 2.5 cm,地脚 1.1 cm,版面 12.7 cm×9.3 cm,版心 12.7 cm×0.6 cm;花口,上鱼尾,上题"御纂性理精义"。中题"卷一"、"太极图说"、"通书"等细目,下题叶数;半叶 8 行,行 18 字,共 69 叶。

说明　1. 此本内有六叶用朱笔句读。

2. 此函六册：麦 0807、麦 0808、麦 0809、麦 0810、麦 0811、麦 0812。

3. 此册包括卷一。

麦 0811　御纂性理精义卷二至卷三

著者　（清）李光地等纂修

时代　清

版本　线装　刻本

现状　全

题记　卷端题"御纂性理精义卷第二"。中题"御纂性理精义卷第二终"、"御纂性理精义卷第三"。尾题"御纂性理精义卷第三"。

版式　每纸半叶 16.3 cm×11.4 cm；四周单栏，书眉 1.7 cm，地脚 1.4 cm，版面 13.0 cm×9.1 cm，版心 13.0 cm×0.6 cm；花口，上鱼尾，上题"御纂性理精义"，中题"卷二"、"卷三"等分卷题名细目；半叶 8 行，行 21 字，共 61 叶半。

说明　1. 此函六册：麦 0807、麦 0808、麦 0809、麦 0810、麦 0811、麦 0812；函套为蓝色绢面，封面题签题"□□精义 性理"。

2. 正文刻有句读。

3. 此册包括卷二、卷三。

麦 0810　御纂性理精义卷四至卷六

著者　（清）李光地等纂修

时代　清

版本　线装　刻本

现状　全

题记　卷端题"御纂性理精义卷第四"。中题"御纂性理精义卷第四终"、"御纂性理精义卷第五"、"御纂性理精义卷第五终"、"御纂性理精义卷第六"。尾题"御纂性理精义卷第六终"。

版式　每纸半叶 16.3 cm×11.4 cm；四周单栏；书眉 2.1 cm，地脚 1.6 cm，版面 13.0 cm×9.1 cm，版心 13.0 cm×0.6 cm；花口，上鱼尾，上题"御纂性理精义"，中题"卷四"、"卷五"、"卷六"及分卷题名；半叶 8 行，行 21 字，共 65 叶。

说明　1. 此函六册：麦 0807、麦 0808、麦 0809、麦 0810、麦 0811、麦 0812；函套为蓝色绢面，封面题签题"□□精义 性理"。

2. 正文刻有墨笔句读。

3. 此册包括卷四、卷五、卷六。

麦 0809　御纂性理精义卷七至卷八

著者　（清）李光地等纂修

时代　清

版本　线装　刻本

现状　全

题记　卷端题"御纂性理精义卷第七"。中题"御纂性理精义卷第七"、"御纂性理精义卷第八"。

版式　每纸半叶 16.3 cm×11.4 cm;四周单栏;书眉 2.0 cm,地脚 0.8 cm,版面 13.0 cm×9.1 cm,版心 13.0 cm×0.6 cm;花口上鱼尾,上题"御纂性理精义",中题"卷七"、"卷八"等分卷题名细目;半叶 8 行,行 21 字,共 86 叶半。

说明　1. 此函六册,分别为麦 0807、麦 0808、麦 0809、麦 0810、麦 0811、麦 0812;函套为蓝色绢面,封面题签题"□□精义 性理"。

　　　2. 正文刻有墨笔句读。

　　　3. 此册包括卷七、卷八。

麦 0808　御纂性理精义卷九至卷十

著者　（清）李光地等纂修

时代　清

版本　线装　刻本

现状　全

题记　卷端题"御纂性理精义卷第九"。中题"御纂性理精义卷第九终"、"御纂性理精义卷第十"。尾题"御纂性理精义卷第十终"。

版式　每纸半叶 16.3 cm×11.4 cm;四周单栏;书眉 2.3 cm,地脚 1.6 cm,版面 9.1 cm×12.6 cm,版心 12.6 cm×0.6 cm;花口,上鱼尾,上题"御纂性理精义",中题"卷九"、"卷十"等分卷题名;半叶 8 行,行 21 字,小字双行,共 60 叶。

说明　1. 此函六册,分别为麦 0807、麦 0808、麦 0809、麦 0810、麦 0811、麦 0812;函套为蓝色绢面,封面题签题"□□精义 性理"。

　　　2. 正文刻有句读。

　　　3. 此册包括卷九、卷十。

麦 0807   御纂性理精义卷十一至卷十二

著者　（清）李光地等纂修

时代　清

版本　线装　刻本

现状　全

题记　卷端题"御纂性理精义卷第十一"。中题"御纂性理精义卷第十一"、"御纂性理精义卷第十二"。尾题"御纂性理精义卷第十二终"。

版式　每纸半叶 16.3 cm×11.4 cm;四周单栏;书眉 2.3 cm,地脚 1.5 cm,版面 12.7 cm× 9.2 cm,版心 12.7 cm×0.6 cm;花口,鱼尾上题"御纂性理精义",中题"卷十一"、"第十二分卷"题名;半叶 8 行,行 21 字,共 67 叶。

说明　1. 此函六册,分别为麦 0807、麦 0808、麦 0809、麦 0810、麦 0811、麦 0812;函套为蓝色绢面,封面题签题"□□精义 性理"。

　　　2. 此册包括卷十一、卷十二。

　　　3. 正文刻有句读。

麦 0630   新编评注通玄先生张果星宗大全卷八至卷九

著者　（唐）张果撰　（明）陆位校

时代　清

版本　线装　刻本

现状　全

题记　内封有朱文印章 2 方(见说明 1)。卷分上下两栏。上栏评注,下栏卷首题"新编评注通玄先生张果星宗大全卷之八/三辰通载 逸士陆位校",下栏卷中题"新编评注通玄先生张果星宗大全卷之九/洞微百六限说 逸士陆位校"。

版式　每纸半叶 21.2 cm×12.7 cm;四周单栏;书眉 3.7 cm,地脚 1.6 cm;版面上栏 2.2 cm×10.6 cm,下栏 13.7 cm×10.6 cm;版心上栏 2.6 cm×0.6 cm,下栏 13.2 cm×0.6 cm;花口,上题"张果星宗",有上鱼尾,下题"卷之八"、"卷之九"及叶数;半叶 12 行,行 24 字,共 88 叶。

说明　1. 封面外另加封面,上钤印 2 方,方向颠倒,上方印章可识"辅臣氏"三字,另一方未能识读。

　　　2. 本书为上下两栏,上栏为注释,下栏为正文。

麦 0673 新镌历法便览象吉备要通书卷四至卷六

著者 （清）魏鉴著

时代 清

版本 线装 刻本

现状 残

题记 卷分上下两栏。中题"新镌历法总览合节象吉备要通书卷之四"（共 9 叶半）、"新镌历法总览合节象吉备要通书又四卷"（11 叶）、"新镌历法便览象吉备要通书卷之五"（共 16 叶半）、"新镌历法便览象吉备要通书卷之六"。

版式 每纸半叶 24.9 cm×16.0 cm；书眉 3.2 cm，地脚 1.5 cm。版面第 1、2 部分，上栏 4.3 cm×14.2 cm，下栏 15.9 cm×14.2 cm；上栏半叶 19 行，行 8 字，9 叶半；下栏半叶 18 行，行 30 字，共 9 叶半。第 3、4 部分，上栏 10.7 cm×14.2 cm，下栏 10.4 cm×14.2 cm，上栏半叶 19 行，行 16 字，共 5 叶；下栏半叶 19 行，行 16 字，共 5 叶。版心 20.1 cm×0.8 cm，花口上题"象吉备要通书"，上鱼尾，下题"金精卷之四"等。共 43 叶。

全书有几部分内容，各内容的版式不同，兹分录如下：版心上栏 4.3 cm×0.8 cm，白口，上题"象吉备要通书"；下栏 15.9 cm×0.8 cm，花口，上鱼尾下题"金精卷之四"；上栏半叶 19 行，行 8 字，共 9 叶半。下栏半叶 18 行，行 30 字，共 9 叶半。

卷中题 1."增补历法便览象吉备要通书又四卷"。上栏卷题"雷霆正杀/土口病相亲"，下栏卷题"雷霆曜气 谓雷霆太阳 十二星并正煞方例等事/水火为凶恶 火害口 寻常 若然逢有气 蚕熟满相克"。书眉 2.9 cm，地脚 1.4 cm，版面上栏 4.0 cm×14.0 cm，下栏 16.5 cm×14.0 cm；版心上栏 4.0 cm×0.9 cm，白口，内题"增补象吉备要通书"，下栏 16.5 cm×0.9 cm；花口；上鱼尾下题"雷霆又四卷"。上栏半叶 19 行，行 8 字，共 8 叶；下栏半叶 19 行，行 30 字，共 8 叶。

卷中题 2."新镌历法便览象吉备要通书卷之五"。上栏卷题"造命至要诀/宜遵宝而藏之永为/世珍"，下栏卷题"造命须知 谓年月五行造戌富贵格局等事/弃晁福不来岂盛语 哉"。每纸书眉 2.8 cm，地脚 1.1 cm，版面上栏 4.4 cm×14.1 cm，下栏 16.6 cm×14.1 cm。版心上栏 4.4 cm×1.0 cm，白口，内题"象吉备要通书"。下栏 16.6 cm×1.0 cm，花口，上鱼尾下题"造命卷之五"。上栏半叶 19 行，行 8 字，共 16 叶半；下栏半叶 19 行，行 30 字，共 16 叶半。

卷中题 3."翰林集要 谓壬难集者公制化造葬年月命格等事"。上栏卷题"天地同流格/甲午金"，下栏卷题"地支一气格/甲辰火"。书眉 3.4 cm，地脚 1.2 cm，版面上栏 10.2 cm×14.1 cm,下栏 10.3 cm×14.1 cm。版心上栏 5.2 cm×0.9 cm,白口,内题"象吉备要通书";下栏 15.3 cm×0.9 cm,花口,上鱼尾下题"贵格卷之五"。上栏半叶 19 行,行 17 字,共 4 叶半;下栏半叶 19 行,行 17 字,共 4 叶半。

卷中题 4. "新增葬埋年月日时富贵定格以备今用"(共 17 行,半叶)。

卷中题 5. "新镌历法便览象吉备要通书卷之六"。上栏卷题"相课备要歈/明得此篇歈处处/有杨公",下栏卷题"潭阳后学魏鉴明远甫著述/新增造葬验/于山向方隅补时气脉方吉"。书眉 2.7 cm,地脚 1.2 cm,版面上栏 4.5 cm×14.1 cm,下栏 16.5 cm×14.1 cm。版心上栏 4.5 cm×0.9 cm,白口,上题"象吉备要通书";下栏 16.5 cm×0.9 cm,花口,上鱼尾下题"卷之六"。上栏半叶 19 行,行 7 字,共 1 叶半;下栏半叶 19 行,行 30 字,共 1 叶半。

卷中题 6. "经验课式 魏鉴明远氏著"。上栏卷题"天元一炁格/合巳申六合酉丑三合三才合格",中、下栏卷题"天元一炁格/甲申水"。每纸书眉 3.3 cm,地脚 1.3 cm,版面上栏 10.2 cm×14.5 cm,中栏 3.0 cm×14.5 cm,下栏 7.1 cm×14.5 cm。版心上栏 4.9 cm×0.9 cm,白口,上题"象吉备要通书";下栏 15.4 cm×0.9 cm,花口,上鱼尾下题"卷之六"。上栏半叶 19 行,行 16 字,共 5 叶;中栏半叶 19 行,行 3 字,共 5 叶;下栏半叶 19 行,行 13 字,共 5 叶。

麦 0769　新订崇正辟谬通书卷一至卷四

著者　（清）李泰来辑

时代　清

版本　线装　刻本

现状　全

题记　封面题识"卷一"。内封题识"崇正辟谬卷一至四　百忍堂"。牌记题"光绪二年(1876)春镌/汝水李泰来先生辑/崇正辟谬永吉通书大全",下方有"百忍堂记"朱文印章一方。卷首题"序",序后有"时/乾隆辛卯岁(1771)仲秋月吉旦/临川归淳子李泰来侨宜甫题"(4 叶),左侧有墨文、墨底白文印章两方(不能识读)。卷首题"目录"(4 叶)。卷端题"新订崇正辟谬通书卷之一/汝水归淳子李泰来侨宜甫编辑"。中题"卷一终"、"新订崇正辟谬通书卷之二/汝水归淳子李泰来侨宜甫编辑卷二终"、"新订崇正辟谬通书卷之三/汝水归淳子李泰来侨宜甫编辑卷三终"、"新订崇正辟谬通书卷之四/汝水归淳子李泰来侨宜甫编辑"。尾题"四卷终"。底封护叶题识"卷四终共八十八叶"。

版式　每纸半叶 24.3 cm×16.0 cm;四周双栏;书眉 2.9 cm,地脚 1.4 cm,版面 20.2 cm×

13.3 cm；版心 20.2 cm×0.8 cm，花口，上鱼尾，上题"崇正辟谬"，下题卷数及叶数；半叶 11 行，行 22 字，共 89 叶。

说明　共有印章 3 方（未识读）。

麦 0897　新订四书补注备旨（孟子）卷三

著者　（清）邓林著　（清）祁文友重校　（清）杜定基增订

时代　清

版本　线装　刻本

现状　全

题记　封面墨书题"四书补注借旨卷之四"。护纸杂写"入门下马气如红　烟锁诗"等。卷分上中下三栏，上栏注解，中栏章旨，下栏正文。卷端题"新订四书补注备旨下孟卷之三　恒茂堂兑发/粤东邓林退庵先生手著　裔孙煜耀生编次/宝安祁文友珊洲先生重校　江宁后学杜定基起元增订"。尾题"四书补注备旨下孟卷三终"。

每纸　半叶 25.4 cm×16.7 cm；四周单上中下三栏；书眉 1.2 cm，地脚 0.9 cm，版面上栏 2.3 cm×14.3 cm，中栏 5.1 cm×14.3 cm，下栏 16.1 cm×14.3 cm。版心上栏 2.3 cm×0.9 cm，花口题"四书补注备旨"；中栏 5.1 cm×0.9 cm，花口题"四书补注备旨"；下栏 16.1 cm×0.9 cm，花口，上鱼尾，下题"下孟卷三及叶数"。半叶上栏 22 行，行 4 字，中栏 22 行，行 10 字，大字占双行，下栏 22 行，行 32 字，共 65 叶。

麦 0780　新增诗经补注附考备旨卷六至卷八

著者　（清）邹圣脉纂辑

时代　清

版本　线装　刻本

现状　全

题记　此卷分上、中、下三栏。上栏为释音。卷端题"新增诗经补注附考备旨卷之六　文林堂/雾阁邹圣脉梧冈氏纂辑 男廷猷可庭氏篇次　孙景扬克让氏订"。中题"新增诗经补注附考备旨卷之七　文林堂/雾阁邹圣脉梧冈氏纂辑 男廷猷可庭氏篇次　孙景扬克让氏订"、"新增诗经补注附考备旨卷之八　文林堂/雾阁邹圣脉梧冈氏纂辑 男廷猷可庭氏篇次　孙景扬克让氏订"。

版式　每纸半叶 25.2 cm×16.2 cm；四周单上、中、下三栏。书眉 2.7 cm，地脚 1.0 cm，版面上栏 2.1 cm×13.3 cm，中栏 5.5 cm×13.3 cm，下栏 13.8 cm×13.3 cm。版心上栏 2.1 cm×0.8 cm，白口；中栏 5.5 cm×0.8 cm，花口，上题"诗经备旨"，下栏

13.8 cm×0.8 cm,花口,上鱼尾,下题卷数及叶数。半叶上栏 19 行,行 4 字;中栏 22 行,行 10 字;下栏 22 行,行 20 字,大字占双行,共 129 叶。

麦 0771　漱芳轩合纂四书体注(礼记)卷四

著者　（清）范翔参订

时代　清

版本　线装　刻本

现状　全

题记　前封护叶杂写(1 叶,见说明 1)。卷分上下两栏,上栏卷端题"漱芳轩合纂体注/苕溪范 翔紫登参订　受业朱光斗 归尔瑜/吴有文 蔡熙逮/侄 应兆 汝霖 仝校",下栏卷端题"礼记体注卷之四/经解"。底封护叶杂写(1 叶,见说明 1)。

版式　每纸半叶 26.2 cm×16.2 cm;四周单栏,分上下两栏;书眉 2.1 cm,地脚 1.1 cm,版面上栏 10.9 cm×13.9 cm,下栏 12.1 cm×13.9 cm。版心上栏 10.9 cm×1.0 cm,花口,上题"礼记体注";下栏 12.1 cm×1.0 cm,花口,上鱼尾,下题卷数、经解等及叶数。半叶上栏 18 行,行 23 字;下栏 10 行,行 36 字,小字占双行。共 61 叶。

说明　1. 题识分别为刘禹锡《陋室铭》:"山不在高,有仙则名,水不在深,有龙则灵,斯是陋室,惟吾德馨,苔痕上阶绿,草色入帘青,谈笑有鸿儒,往来无白丁,可以调素琴,阅金经。无丝竹之乱耳,无案牍之劳形。南阳诸葛庐,西蜀子云亭,孔子云:何陋之有?"李白诗句《黄鹤楼闻笛》"一为迁客去长沙,西望长安不见家。黄河(鹤)楼中吹玉笛,江城五月落梅花"等。

　　　2. 正文刻有句读。

　　　3. 此卷为《礼记体注》卷四。

麦 0788　漱芳轩合纂四书体注(论语)卷一至卷五

著者　（清）范翔参订

时代　清

版本　线装　刻本

现状　全

题记　此卷分上下两栏。上栏卷首题"两论人物考",下栏卷首题"论语序说";上栏卷端题"漱芳轩合纂四书体注/苕溪范翔紫登参订/受业沈世楣　王秉元　江发/朱光平 吴吉文 闵德章/吴有文　江秀　归尔瑜/徐之阶　蔡鸿逮　慎光祖/侄 应兆　汝霖　汝雯/仝校",下栏卷端题"论语卷之一 朱熹集注";中题"论语卷之二 朱熹集注”、“论语卷之四　朱熹集注”、“论语卷之五　朱熹集注”。

版式　每纸半叶 20.3 cm×12.8 cm；四周单栏，分上下两栏；书眉 4.5 cm，地脚 0.6 cm，版面上栏 9.5 cm×10.1 cm，下栏 5.7 cm×10.1 cm。版心上栏 9.5 cm×1.1 cm，花口，上题“人物备考旁训”、“四书体注旁训”；下栏 5.7 cm×1.1 cm，花口，上鱼尾，鱼尾下题卷数及叶数。半叶上栏 23 行，行 31 字；下栏 18 行，行 17 字　小字占双行，共 89 叶。

说明　此函有六册，分别为麦 0788、麦 0789、麦 0790、麦 0791、麦 0792、麦 0793，有蓝布函套，函套题签题“文盛堂/四书体注旁训”。

麦 0789　漱芳轩合纂四书体注(论语)卷六至卷十

著者　（清）范翔参订

时代　清

版本　线装　刻本

现状　全

题记　此卷分上下两栏。上栏卷端题“漱芳轩合纂四书体注/苕溪范翔紫登参订/受业沈世楣　王秉元　江发/朱光平　吴吉文　闵德章/吴有文　江秀　归尔瑜/徐之阶　蔡阳逵　慎光祖/侄　应兆　汝霖　汝雯/仝校”。下栏卷端题“论语卷之六　朱熹集注”。中题“论语卷之七　朱熹集注”、“论语卷之八　朱熹集注”、“论语卷之九　朱熹集注”、“论语卷之十　朱熹集注”。

版式　每纸半叶 20.3 cm×12.8 cm；四周单栏，分上下两栏；书眉 4.3 cm，地脚 1.0 cm，版面上栏 9.4 cm×10.2 cm，下栏 5.6 cm×10.2 cm。版心上栏 9.4 cm×1.1 cm，花口，上题“四书体注旁训”；下栏 5.7 cm×1.1 cm，花口，上鱼尾，下题卷数及叶数。半叶上栏 23 行，行 31 字；下栏 18 行，行 17 字，小字占双行，共 82 叶。

说明　此函有六册，分别为麦 0788、麦 0789、麦 0790、麦 0791、麦 0792、麦 0793。

麦 0822　漱芳轩合纂四书体注(论语)卷一至卷五

著者　（清）范翔参订

时代　清

版本　线装　刻本

现状　全

题记　封题墨书题“论语上卷”。卷分上下两栏，卷首题上栏“两论人物考”，下栏“论语序说”。上栏卷端题“漱芳轩合纂四书体注　苕溪范翔紫登参订　受业　沈世楷　王

秉元 江发/朱光斗　吴吉文 闵德章/吴有文 江秀 归尔瑜/徐之喈/蔡鸿逵　慎光祖/侄 应兆 汝霖 汝雯 仝校",下栏卷端题"论语卷之一　朱熹集注"。下栏中题"论语卷之二　朱熹集注"、"论语卷之三　朱熹集注"、"论语卷之四　朱熹集注"、"论语卷之五　朱熹集注"。

版式　每纸半叶 26.1 cm×16.1 cm;四周单栏,分上下两栏;书眉 1.7 cm,地脚 0.6 cm,版面上栏 14.4 cm×14.4 cm,下栏 9.7 cm×14.4 cm;版心上栏 14.4 cm×1.3 cm,花口,上题"四书体注",下栏 9.7 cm×1.3 cm,花口,题"论语"等细目;半叶上栏 25 行,行 28 字,下栏 18 行,行 16 字,大字占双行,共 86 叶半。

说明　1. 此卷内有卷一、卷二、卷三、卷四、卷五。

　　　2. 正文有墨笔句读。

麦 0727　漱芳轩合纂四书体注(论语)卷六至卷十(见说明 2)

著者　(清)范翔参订

时代　清

版本　线装　刻本

现状　全

题记　封面题识"论语下卷"。卷分上下两栏,上栏卷端题"漱芳轩合纂四书体注/苕溪范翔紫登参订/受业沈世楣 王秉元 江发 徐之阶 吴吉文 邵上秀/吴有文 归尔瑜 黄继善/江秀 闵德章 慎光祖/侄 应兆 汝霖 男汝雯/仝校"。下栏卷端题"论语卷之六　朱熹集注"、"先进第十一"、"颜渊第十二"。中题"论语卷之七　朱熹集注"、"子路第十三"、"宪问第十四"、"论语卷之八　朱熹集注"、"卫灵公第十五"、"季氏第十六"、"论语卷之九 朱熹集注"、"阳货第十七"、"微子第十八"、"论语卷之十　朱熹集注"、"子张第十九"、"尧曰第二十"。

版式　每纸半叶 26.2 cm×16.2 cm;四周单栏;书眉 1.2 cm,地脚 0.5 cm,版面 24.1 cm×14.5 cm;版心上栏 14.3 cm×1.1 cm;花口,题"四书体注"。下栏 9.8 cm×1.1 cm,花口,题"卷六"等序目,包括"论语先进"(1—10 叶)、"论语颜渊"(10—20 叶)、"论语子路　卷七"(1—9 叶)、"论语宪问 "(9—22 叶)、"论语　卫灵卷八"(1—9 叶)、"论语季氏"(9—15 叶)、 "论语 阳货卷九"(1—9 叶)、"论语微子"(9—14 叶)、"论语子张　卷十"(1—7 叶)、"论语尧曰"(7—9 叶)。半叶上栏 23 行,行 31,大字占 2 行;下栏 18 行,行 17 字,大字占两行,共 80 叶。

说明　1. 正文刻有句读。

　　　2. 据版心题定名。

麦 0790　漱芳轩合纂四书体注(孟子)卷一至卷三

著者　（清）范翔订

时代　清

版本　线装　刻本

现状　全

题记　此卷分上下两栏。上栏卷首题"两论人物考"，下栏卷首题"孟子序说"。上栏卷端题"漱芳轩合纂四书体注/苕溪范 翔紫登恭订/受业沈世楣　王秉元　江发/朱光平　吴吉文　闵德章/吴有文　江秀　归尔瑜/徐之阶　蔡鸿逵　慎光祖/侄 应兆　汝霖　汝雯/仝校"。下栏卷端题"孟子卷之一　朱熹集注"，中题"孟子卷之二 朱熹集注"、"孟子卷之三 朱熹集注"。

版式　每纸半叶 20.4 cm×12.8 cm；四周单栏，分上下两栏；书眉 4.3 cm，地脚 0.9 cm，版面上栏 9.6 cm×10.0 cm，下栏 5.6 cm×10.0 cm；版心上栏 9.6 cm×1.1 cm，花口，上题"四书体注旁训"；下栏 5.6 cm×1.1 cm，花口，上鱼尾，下题卷数及叶数。半叶上栏 23 行，行 31 字；下栏 18 行，行 17 字，小字占双行，共 101 叶。

说明　此函有六册，分别为麦 0788、麦 0789、麦 0790、麦 0791、麦 0792、麦 0793。

麦 0791　漱芳轩合纂四书体注(孟子)卷四至卷五

著者　（清）范翔参订

时代　清

版本　线装　刻本

现状　全

题记　此卷分上下两栏。首封有朱文印记 7 枚："克复堂记"、"张景福记"、"克复堂"、"张景福"、"景福张记"、"过"、"清"。上栏卷端题"漱芳轩合纂四书体注/苕溪范 翔紫登恭订/受业沈世楣　王秉元　江发/朱光平　吴吉文　闵德章/吴有文　江秀　归尔瑜/徐之阶　蔡鸿逵　慎光祖/侄 应兆　汝霖　汝雯/仝校"。下栏卷端题"孟子卷之四"，中有"孟子卷之五"。

版式　每纸半叶 20.3 cm×12.8 cm；四周单栏，分上下两栏；书眉 4.6 cm，地脚 0.7 cm，版面上栏 9.5 cm×10.0 cm，下栏 5.5 cm×10.0 cm。版心上栏 9.5 cm×1.1 cm，花口，上题"四书体注旁训"；下栏 5.5 cm×1.1 cm；花口；上鱼尾，下题卷数及叶数。半叶上栏 23 行，行 31 字；下栏 18 行，行 17 字，小字占双行，共 63 叶。

说明　此函有六册，分别为麦 0788、麦 0789、麦 0790、麦 0791、麦 0792、麦 0793。

麦 0792   漱芳轩合纂四书体注(孟子)卷六至卷七

著者   （清）范翔参订

时代   清

版本   线装   刻本

现状   全

题记   卷分上下两栏。下栏卷端题"孟子卷之六 朱熹集注"，中有"孟子卷之七 朱熹集注"。

版式   每纸半叶 20.3 cm×12.8 cm；四周单栏，分上下两栏；书眉 4.6 cm，地脚 0.8 cm，版面上栏 9.4 cm×10.0 cm，下栏 5.7 cm×10.0 cm。版心上栏 9.4 cm×1.1 cm，花口，上题"四书体注旁训"；下栏 5.7 cm×1.1 cm，花口，上鱼尾，下题卷数及叶数。半叶上栏 23 行，行 31 字；下栏 18 行，行 17 字，小字占双行，共 67 叶。

说明   此函有六册，分别为麦 0788、麦 0789、麦 0790、麦 0791、麦 0792、麦 0793。

麦 0825   漱芳轩合纂四书体注(孟子)卷一至卷三

著者   （清）范翔参订

时代   清

版本   线装   刻本

现状   全

题记   封面题签题"上孟子宝宁堂   四本书 宝宁堂"（手书）。卷分上下两栏，上栏卷端题"漱芳轩合纂四书体注   苕溪范翔紫登参订   受业 王秉元 黄继善 江发/朱光中 吴吉文 归尔瑜/吴有文 蔡鸿逵 邵士秀/徐之阶   江秀 慎光祖/侄 应兆 汝霖 汝雯 仝校"，下栏卷端题"孟子卷之一   朱熹集注"。上栏中题"公孙全旨"，下栏中题"孟子卷之二   朱熹集注"。上栏中题"滕文全旨"，下栏中题"孟卷之三   朱熹集注"。卷尾护纸两叶上有杂写题识"主借约文字人借到名下特钱已串文整言明美月叁行息整后□□"。

版式   每纸半叶 26.6 cm×16.7 cm；四周单栏，分上下两栏；书眉 3.2 cm，地脚 0.8 cm，版面上栏 14.0 cm×14.5 cm，下栏 8.5 cm×14.5 cm；版心上栏 14.0 cm×1.0 cm，白口，内题"四书体注"；下栏 8.5 cm×1.0 cm，花口，上鱼尾，下题"孟子"、"公孙"等细目。半叶上栏 22 行，行 32 字；下栏 18 行，行 17 字。共 96 叶。

说明   有补配。

麦0883　漱芳轩合纂四书体注(孟子)卷四至卷五

著者　(清)范翔参订

时代　清

版本　线装　刻本

现状　全

题记　封面题签题"下孟子"。杂写"永福德号/大清光绪贰拾八年黄道吉立/出入外粮食抵账/季翰文等"(手书　红色裱纸)。卷分上下两栏,上栏卷端题"漱芳轩合纂四书体注/苕溪范翔紫登参订　受业/沈世楣 邵士秀 江发/朱光斗 吴吉文 慎光祖/吴有文 蔡鸿逵 黄继善/徐之阶　江秀 闵德章/侄应兆　汝霖 汝雯 仝校",下栏卷端题"孟子卷之四 朱熹集注",下栏中题"孟子卷之五 朱熹集注"。卷尾附纸内杂写题识"王勃然□乎色曰王勿异也/王问臣 臣不敢 不以正对 王色定 然后请问异姓之乡曰君有□则谏 反复之 而不听则去"。背面有计账文书一通(残)。

版式　每纸半叶 26.7 cm×16.9 cm;上下两栏,四周单乌丝栏;书眉2.8 cm,地脚1.0 cm,版面上栏14.4 cm×14.4 cm,下栏8.6 cm×14.4 cm;版心上栏14.4 cm×1.4 cm,下栏8.6 cm×1.4 cm,花口,上栏题"四书体注"卷五,下栏上鱼尾,内题细目等。上栏23行,行31字;下栏18行,行18字,大字占双行,共62叶。

麦0793　漱芳轩合纂四书体注(大学中庸)

著者　(清)范翔参订

时代　清

版本　线装　刻本

现状　全

题记　题签题"三多堂"。牌记"咸丰辛亥年(1851)新镌/苕溪范紫登参订/铜板四书体注旁训/天德堂珍板"。卷首有"范紫登自序"(拟见说明1),序后有"皇清康熙岁在壬午(1702)小春谷旦苕溪后学范翔紫登氏题于西郊之/漱芳轩"(下方有墨文印两方,不能识读)。卷分为上下两栏,上栏卷首题"大学人物考",下栏卷首题"大学章句序",上栏卷端题"漱芳轩合纂四书体注/岩溪范 翔紫登参订/受业沈世楣　王秉元 江发/朱光平　吴吉文　闵德章/吴有文　江秀　归尔瑜/徐之阶　蔡鸿逵 慎光祖/侄 应兆　汝霖　汝雯/仝校",下栏卷端题"大学 朱熹章句",中有"中庸章句序"。

版式　每纸半叶 20.3 cm×12.7 cm;四周单栏,分上下两栏;书眉4.3 cm,地脚0.8 cm,版面上栏 9.7 cm×10.0 cm,下栏 5.6 cm×10.0 cm。版心上栏 9.7 cm×1.1 cm,花口,上题"四书体注自序　四书体注旁训"下栏 5.6 cm×1.1 cm,花口,上鱼尾,下题"大学"、"中庸"及叶数。半叶上栏 23 行,行 31 字;下栏 18 行,行 17 字,小字占双行,共 50 叶。

说明　1. 序名据序后题"范翔紫登氏题于西郊之/漱芳轩"定名。

　　　2. 此函六册,分别为麦 0788、麦 0789、麦 0790、麦 0791、麦 0792、麦 0793。

　　　3. 此卷有朱色句读。

　　　4. 共有印章 2 方。

麦 0868　漱芳轩合纂四书体注(大学中庸)

著者　(清)范翔参订

时代　清

版本　线装　刻本

现状　全

题记　封题"学庸全册"(手书)

内封题签题"致和堂 重镌四书体注"(下有朱文印一方"致和堂藏书",同行右侧墨书题"有子有孙孙有子/而康而寿寿而康")。牌记"太史仇沧柱先生鉴定/范紫登先生参订/致和堂新镌四书体注"(有朱文印一方)。卷首有"范紫登自序",序后有"时/皇清康熙岁在壬申(1692)小春谷旦苕溪后学范翔紫登氏题于西郊之漱芳轩"(序后有两方墨文印)。卷分上下两栏,上栏卷首题"大学人物考",下栏卷首题"大学章句序"。上栏卷端题"漱芳轩合纂四书体注　苕溪范翔紫登　受业/沈世楣 王秉元 江发/朱光斗 吴吉文 闵德章/吴有文 蔡鸿逵 归尔瑜/黄继善　江秀 慎光祖/佺　应兆　汝霖 汝雯 仝校"。下栏卷端题"大学　大旧音泰/今读如字(双行小字注)朱熹章句"。上栏中题"中庸人物考",下栏中题"中庸章句序"。上栏中题"漱芳轩合纂四书体注　苕溪范翔紫登参订　受业/沈世楣 王秉元 江发/朱光斗 吴吉文 邵士秀/吴有文 黄继善 归尔瑜/蔡鸿逵 江秀 闵德章/佺　应兆　汝霖 汝雯 仝校",下栏中题"中庸　中者不偏不倚无过/不及之名庸平常也(双行小字注)朱熹章句"。

版式　每纸半叶 26.1 cm×16.2 cm;四周单栏,分上下两栏,下乌丝栏;书眉 2.5 cm,地脚 0.6 cm,版面上栏 14.5 cm×14.6 cm,下栏 9.9 cm×14.6 cm。版心上栏 14.5 cm×1.0 cm,花口,题"四书体注";下栏 9.9 cm×1.0 cm,花口,题"大学"、"中庸"、卷数等细目,下题"致"字。上栏 23 行,行 30 字;下栏 18 行,行 17 字。大字占双行,共 54 叶。

说明　此本朱墨笔句读。

麦 0901　漱芳轩合纂春秋体注卷二

著者　（清）范翔参订

时代　清

版本　线装　刻本

现状　全

题记　卷分上下两栏。上栏卷端题"漱芳轩合纂春秋体注/苕溪范翔紫登参订 受业朱光斗 归尔瑜/吴有文 蔡鸿逯/姪应兆 汝霖仝校"。下栏卷端题"春秋体注卷之二/宋文定胡安国传"。底封内杂写"故乡杳无际日暮且孤征/川原迷旧国道路入边城"。

版式　每纸半叶 25.7 cm×16 cm;四周单栏,分上下两栏;书眉 2.1 cm,地脚 1.0 cm,版面上栏 14.2 cm×13.8 cm,下栏 9.9 cm×13.8 cm;版心上栏 14.2 cm×1.0 cm,花口,上题"春秋体注";下栏 9.9 cm×1.0 cm,花口,上鱼尾顶栏,上鱼尾下题"卷之二"等细目叶数及"文盛堂"。半叶上栏 21 行,行 25 字;下栏 18 行,行 16 字。大字占双行,共 51 叶。

说明　下栏有朱笔句读。

麦 0902　漱芳轩合纂礼记体注卷三

著者　（清）范翔参订

时代　清

版本　线装　刻本

现状　全

题记　卷分上下两栏。上栏卷端题"淑芳轩合纂礼记体注/苕溪范翔紫登参订 受业朱光斗 归尔瑜/吴有文 蔡鸿逯/姪应兆 汝霖仝校"。下栏卷端题"礼记体注卷之三"。

版式　每纸半叶 26.2 cm×16.2 cm;四周单栏,分上下两栏;书眉 1.9 cm,地脚 1.0 cm,版面上栏 11.0 cm×14.4 cm,下栏 12.2 cm×14.4 cm。版心上栏 11.0 cm×1.0 cm,花口,书口题"礼记体注";下栏 12.2 cm×1.0 cm,花口,上鱼尾,上鱼尾下题"卷三大传"、"卷三少仪"、"卷三学记"、"卷三乐记"、"卷三祭法"、"卷三祭义"、"卷三祭统"、"文发堂"细目及叶数。半叶上栏 18 行,行 23 字;下栏 10 行,行 19 字。小字双行,共 57 叶。

说明　有补配。

麦0903　漱芳轩合纂礼记体注卷二

著者　（清）范翔参订

时代　清

版本　线装　刻本

现状　全

题记　封题墨书题"礼记卷之贰"。封面中部题"咸丰九年(1859)二月初四典礼记壹本吉大利鸿禧立"，封面右下部题"季万畊念书"。卷分上下两栏，上栏卷端题"淑芳轩合纂礼记体注/苕溪范翔紫登参订　受业朱光斗　归尔瑜/吴有文　蔡鸿逵/姪应兆　汝霖全校"，下栏卷端题"礼记体注卷之二"。

版式　每纸半叶 26.2 cm×16.2 cm；四周单栏，分上下两栏；书眉 1.9 cm，地脚 1.0 cm，版面上栏 11.3 cm×14.4 cm，下栏 12.0 cm×14.4 cm。版心上栏 11.3 cm×1.0 cm，花口，书口题"礼记体注"；下栏 12.0 cm×1.0 cm，花口，上鱼尾下题"卷二文王"、"卷二礼运"、"卷二礼器"、"卷二郊特牲"、"卷二内则"、"卷二玉藻"以及文发堂细目及叶数。半叶上栏 18 行，行 23 字；下栏 10 行，行 19 字。小字双行，共 54 叶。

说明　有补配。

麦0728　增订古文集解卷五至卷六

著者　（清）程润德评注

时代　清

版本　线装　刻本

现状　全

题记　封面题识"古文卷五六"。卷五首题"增订古文集解卷之五/江左程润德念伊甫评注"。中题"上尚德缓刑书　路温舒"、"王命论　班彪"、"汉楚异姓诸侯王表　班固"、"为兄上书　曹大家"、"遗黄琼书　李固"、"报孙会宗书　杨恽"、"前出师表　诸葛亮"、"后出师表 诸葛亮"、"兰亭诗序　王羲之"、"陈情表　李密"、"归去来辞　陶潜"、"五柳先生传　陶潜"、"酒德颂　刘伶"、"谏大宗十思疏　魏徵"、"滕王阁序　王勃"、"与韩荆州书　李白"、"春夜宴桃李园序　李白"、"陋室铭　刘禹锡"、"阿房宫赋　杜牧之"、"为徐敬业讨武曌檄　骆宾王"。卷五末题识"刘伶问到谁家好/李白答曰此处高/酒气冲天乌化凤/糟粕落海鱼成龙"。卷六首题"增订古文集解卷之六/江左程润德念伊甫评注"。中题"原道 韩愈"、"争臣论 韩愈"、"上张仆射书 韩愈"、"送李愿归盘谷序 韩愈"、"送董邵南序 韩愈"、"送温处士赴河阳军

序 韩愈"、"讳辩 韩愈"、"进学解 韩愈"、"祭鳄鱼文 韩愈"、"祭十二郎文 韩愈"、"祭田横墓文 韩愈"、"获麟解 韩愈"、"桐叶封弟辨 柳宗元"、"与韩愈论史官书 柳宗元"、"晋文公问守原议 柳宗元"、"邕州柳中丞作马退山茅亭记 柳宗元"、"小石城山记 柳宗元"。

版式 每纸半叶 22.8 cm×14.4 cm；四周单栏；书眉 2.5 cm，地脚 0.9 cm，版面 19.5 cm×12.8 cm；版心 19.5 cm×1.5 cm，花口，上鱼尾，上题"古文集解"，下题"卷五 尚德缓刑书"（1—3 叶）、"王命论"（4—9 叶）、"异姓诸侯王表"（10—11 叶）、"为兄上书"（12—13 叶）、"遗黄琼书"（14—15 叶）、"报孙会宗书"（16—18 叶）、"前出师表"（19—21 叶）、"后出师表"（22—25 叶）、"兰亭诗序"（26—27 叶）、"陈情表"（28—30 叶）、"归去来辞"（31—33）、"五柳先生传"（34 叶）、"酒德颂"（35 叶）、"谏大宗十思疏"（36—37 叶）、"滕王阁序"（38—43 叶）、"与韩荆州书"（44—46 叶）、"春夜宴桃"（47 叶）、"陋室铭"（48 叶）、"阿房宫赋"（49—51 叶）、"讨武曌檄"（52—54 叶）、"立雪轩"堂号。半叶 9 行，行 22 字，小字双行，共 54 叶。卷六中缝上题"古文集解"，下题"卷六 原道"（1—6 叶）、"争臣论"（7—11 叶）、"上张仆射书"（12—14 叶）、"送李愿归盘谷序"（15—17 叶）、"送董邵南序"（18 叶）、"送温处士赴河阳军序"（19—20 叶）、"讳辩"（21—23 叶）、"进学解"（24—27 叶）、"祭鳄鱼文"（28—30 叶）、"祭十二郎文"（31—35 叶）、"祭田横墓文"（36—37 叶）、"获麟解"（38—39 叶）、"桐叶封弟辨"（40—41 叶）、"与韩愈论史官书"（42—45 叶）、"与韩愈论史官书"（42—45 叶）、"晋文公问守原议"（46—74 叶）、"邕州柳中丞作马退山茅亭记"（48—49 叶）、"小石城山记"（50—51 叶）及"立雪轩"堂号。半叶 9 行，行 22 字，小字双行，共 51 叶。

说明 正文有墨书句读。

麦 0775　增删四书朱子大全精言中庸卷二至卷四

著者 （清）周大璋纂辑　（清）张药斋鉴定

时代 清

版本 线装　刻本

现状 全

题记 卷端题"增删四书朱子大全精言中庸卷之二"。中题"增删四书朱子大全精言中庸卷之三"、"增删四书朱子大全精言中庸卷之四"。封底内有牌记 1 幅。

版式 每纸半叶 24.2 cm×15.4 cm；四周单栏；书眉 3.0 cm，地脚 1.2 cm，版面 20.3 cm×13.1 cm；版心 20.3 cm×1.6 cm，花口，上鱼尾，上题"增删四书精言"，下题"中庸

卷二"、"中庸 卷三"、"中庸 卷四";半叶 18 行,行 22 字,共 169 叶。

麦 0863　鳌头通书大全(见说明 1)

著者　(明)熊宗立撰

时代　不详

版本　线装　刻本

现状　首尾残。起"太岁姓耿名灿 丁卯年 亢金星值年奎宿□局正月心宿值月丑斗申鬼暗金伏断",止"检举刑狱 谓下狱点举罪人等事"。

题记　卷分上下两栏。中题"新补河图洛书合节鳌头通书首卷中"。

版式　每纸半叶 24.9 cm×14.7 cm;四周单栏(1—10 叶),上下两栏(11—69 叶);书眉 3.8 cm,地脚 0.8 cm,版面(1—10 叶)20.4 cm×12.6 cm,(11—69 叶)上栏 5.7 cm×12.6 cm,下栏 16.0 cm×12.6 cm;版心(1—10 叶)20.4 cm×0.9 cm,花口,上鱼尾,上题"鳌头通书大全",上鱼尾,下题"未来历"、卷数及叶数,(11—69 叶)上栏 5.7 cm×0.9 cm,花口,栏内刻题"鳌头通书大全",下栏 16.6 cm×0.9 cm,花口,上鱼尾,下题"卷数"及叶数等;半叶(1—10 叶)14 行,行 29 字;(11—69 叶)上栏 18 行,行 9 字;下栏 6 行,行 21—26 字。共 70 叶。

说明　首尾残,据书口上题名定名。

四、杂 类 文 书

麦 0713　川楚善后筹备事例

著者　（清）户部等纂

时代　清

版本　线装　刻本

现状　全

题记　封面题签题"川楚善后筹备事例"。卷首题"户部等部谨奏"（5 叶），后有落款"嘉庆
三年（1798）五月二十日发报昃奏于本月二十一日奉/朱批依议钦此"。卷端题"川
楚善后筹备事例　条款"（17 叶）。中题"川楚善后筹备事例　满汉在京文职各官"
（21 叶）、"川楚善后筹备事例　满汉在外文职各官"（24 叶）、"川楚善后筹备事例
京外各官专条"（17 叶）、"川楚善后筹备事例　内外武职各官"（10 叶）。

版式　每纸半叶 24.6 cm×16.1 cm；四周双栏；书眉 5.1 cm，地脚 1.2 cm，版面 18.3 cm×
13.2 cm；版心 1.4 cm×18.3 cm，花口，上鱼尾，有叶数；半叶 9 行，行 19 字，共
94 叶。

麦 0057　元亨疗马集（见说明 1）

著者　（明）喻本元、喻本亨著

时代　清

版本　线装　刻本

现状　残。起"皆驽"，止"促耳小则肝小肝小则识人意緊短者良若根漫及阔而长者"。

题记　中题"相马一卷"（据版心题）。中题"相良马宝金篇"、"口齿论"、"师皇五脏论"、"造
父八十一难经"，下中缺（叶数不明）。又中题"起卧图一卷"（据版心题）。

版式　每纸半叶 22.3 cm×13.8 cm，四边单栏，书眉 2.2 cm，地脚 1.1 cm，版面 18.9 cm×
11.9 cm，版心 18.9 cm×0.9 cm；花口，上鱼尾，上题"元亨疗马集"，下题"相马一
卷"、"相良马宅（宝）金经"、"马齿一卷"、"论五脏一卷"、"八十一难经"、"起卧图一
卷"及卷数、叶数；半叶 12 行，行 24 字，共 38 叶。

说明　1. 据版心题名定名。

　　　　2. 纸线装订。

麦 0794　云林别墅绘像妥注第六才子书卷之首至一

著者　（元）王实甫撰　（清）邹圣脉妥注

时代　清

版本　线装　刻本

现状　全

题记　封面题"卷首至一"（墨书）。牌记"咸丰元年（1851）新镌　塑像妥注六才子书 两益堂藏板"。卷首题"题圣叹批第六才子西厢原序"（1 叶），序末有"康熙己酉年（1669）天都汪溥勋广囷氏题于燕台之旅次"。卷首题"云林别墅绘像妥注第六才子书目录/圣叹外书 雾阁邹圣脉梧冈氏妥注"。卷首题"云林别墅绘像妥注第六才子书例言（1 叶半），例言后有"云林别墅主人识"。卷分上下两栏，上栏评论注释，下栏卷端题"云林别墅绘像妥注第六才子书卷之首/圣叹外书 雾阁邹圣脉梧冈氏妥注"。

版式　每纸半叶 18.5 cm×12.6 cm；四周单栏，分上下两栏；书眉 2.6 cm，地脚 1.0 cm，版面上栏 4.1 cm×10.0 cm，下栏 10.5 cm×10.0 cm。版心上栏 4.1 cm×0.7 cm，花口，上题"注释第六才子书"；下栏 10.5 cm×0.7 cm，花口，上鱼尾，下题回目、卷数及叶数。半叶上栏 18 行，行 8 字；下栏 12 行，行 19 字，小字双行，共 87 叶。

说明　1. 此函有三册，分别为麦 0794、麦 0795、麦 0796，有蓝布函套，函套题签题"克复堂/西厢第六才子全部"。

　　　　2. 此本有墨书句读。

　　　　3. 目录后有插画 1 幅。

麦 0795　云林别墅绘像妥注第六才子书卷之二至三

著者　（元）王实甫撰　（清）邹圣脉妥注

时代　清

版本　线装　刻本

现状　全

题记　封面墨书题"卷二至三"。卷分上下两栏，上栏评论注释，下栏卷端题"云林别墅绘像妥注第六才子书卷之二/圣叹外书 雾阁邹圣脉梧冈氏妥注"。中题"云林别墅绘像妥注第六才子书卷之三/圣叹外书 雾阁邹圣脉梧冈氏妥注"。

版式　每纸半叶 18.5 cm×12.6 cm;四周单栏,分上下两栏;书眉 2.6 cm,地脚 1.0 cm,版
　　　面上栏 4.1 cm×10.0 cm,下栏 10.5 cm×10.0 cm。版心上栏 4.1 cm×0.7 cm,花
　　　口,上题"注释第六才子书";下栏 10.5 cm×0.7 cm,花口,上鱼尾,上题回目、卷数
　　　及叶数。半叶上栏 18 行,行 8 字;下栏 12 行,行 19 字。小字双行,共 87 叶。

说明　1. 此函有三册,分别为 麦 0794、麦 0795、麦 0796。

　　　2. 正文刻有墨书句读。

麦 0796　云林别墅绘像妥注第六才子书卷之四至六

著者　(元)王实甫 　(清)邹圣脉妥注

时代　清

版本　线装　刻本

现状　全

题记　封面墨书题"卷四至六"。卷分上下两栏,上栏评论注释,下栏卷端题"云林别墅绘
　　　像妥注第六才子书卷之四/圣叹外书 雾阁邹圣脉梧冈氏妥注"。中题"云林别墅绘
　　　像妥注第六才子书卷之五/圣叹外书 雾阁邹圣脉梧冈氏妥注"、"云林别墅绘像妥
　　　注第六才子书卷之六/圣叹外书 雾阁邹圣脉梧冈氏妥注"。

版式　每纸半叶 18.5 cm×12.6 cm;四周单栏,分上下两栏;书眉 2.6 cm,地脚 1.0 cm,版
　　　面上栏 4.1 cm×10.0 cm,下栏 10.5 cm×10.0 cm;版心上栏 4.1 cm×0.7 cm,花
　　　口,上题"注释第六才子书";下栏 10.5 cm×0.7 cm,花口,上鱼尾,下题回目、卷数
　　　及叶数。半叶上栏 18 行,行 8 字;下栏 12 行,行 19 字,小字双行,共 111 叶。

说明　1. 此函有三册,分别为 麦 0794、麦 0795、麦 0796。

　　　2. 正文刻有朱、墨笔句读。

麦 0230　对联六副

时代　清

现状　尺寸 27.4 cm×15.2 cm,黄棉纸,原文照录如下:

　　　瑞雪生空孝子观景物而生感　银水满壤孤儿念岁寒心伤悲

　　　佛坐中坛如三秋云孤月　神临法会佛普照云攒星

　　　佛门有禁□戒者可以登殿　掌陀感应茹荤者须当回避

　　　灵魂啼听合置　天地合灵出迷冥

　　　远观如来玉塞光　近观法王解脱门

　　　味供先堂三铁棒　思黎影食九同

麦 0837　古文喈凤新编卷一至卷二

著者　（清）汪基钞辑

时代　清

版本　线装　刻本

现状　全

题记　内封面题签题"增订古文喈凤　三多齐梓"(白色签条,蓝色墨印)。牌记题"嘉庆十
　　　五年(1810)重镌/江乘汪敬堂先生钞辑 二编嗣出/古文喈凤新编/(尚有五行朱色
　　　文字,不易识读,不录)大盛堂/梓行"。卷首题"敬堂古文喈凤新编序",序后有"雍
　　　正十有一年(1733)小春之吉内弟濯泉吴镜源顿/首拜撰"(2叶)。卷首题"辑古厄
　　　言/厄言有　是编大指既籍国有情为之 皇甫毕著弁言 所有凡例亦/舅杜氏之于左
　　　邱,散见末简 无事更用赘词故第 约以数则 婺水敬堂学人识时雍正甲寅(1734)二
　　　月"(2叶);"古文喈凤新编目录/江乘汪 基敬堂钞辑/甥吴永构绍堂男鸣铢轼存叙
　　　次/同怀弟 度慕岩参订 侄鸣镗震田 鸣钟鼎宥校字"。卷分上下两栏,上栏注解,下
　　　栏卷端题"古文喈凤新编卷一/江乘汪基敬堂钞辑 受业 鲍钦承俊招/俞宗潮今韩全
　　　校"。中题"孔子家语檀弓　古文喈凤新编卷二/江乘汪基敬堂钞辑 受业 鲍澄秋
　　　潭/江蕙仙全校"、"左氏春秋传上"。

每纸　半叶 22.7 cm×13.9 cm;四周单栏,分上下两栏;书眉 2.3 cm,地脚 0.8 cm,版面上
　　　栏 3.1 cm×13.1 cm,下栏 16.9 cm×13.1 cm;版心上栏 3.1 cm×1.0 cm,花口,上
　　　题"古文喈凤新编";下栏 16.9 cm×1.0 cm,有上鱼尾,下题"卷一、卷二"、叶数及
　　　"大盛堂"。半叶上栏 19 行,行 6 字;下栏 20 行,行 22 字,大字占双行,共 90 叶。

说明　1. 此本版封为蓝朱套色印刷。

　　　2. 此本内有朱墨句读。

　　　3. 麦 0834、麦 0835、麦 0836、麦 0837 为一函,此函为四册,函套为蓝色,函套封面
　　　　 题签题"□古□□□喈凤"。

　　　4. 此册包括卷一、卷二。

麦 0836　古文喈凤新编卷三至卷四

著者　（清）汪基钞辑

时代　清

版本　线装　刻本

题记　卷分上下两栏,上栏注解,下栏卷端题"古文喈凤新编卷三 江乘汪基敬堂钞辑　受

业程兆俊甸民/鲍瀚圣观仝校"。中题"左氏春秋传下"、"公羊春秋传"、"谷梁春秋传"、"古文嗜凤新编卷四 江乘汪基敬堂钞辑 受业 江岐山瑞/鲍让师如仝校"、"国语"、"战国策"、"楚辞"。

版式　每纸半叶 22.9 cm×14.0 cm;四周单栏,分上下两栏,上栏为释音;书眉 2.3 cm,地脚 0.7 cm,版面上栏 3.0 cm×13.2 cm,下栏 16.1 cm×13.2 cm;版心上栏 3.0 cm×1.0 cm,花口,题"古文嗜凤新编";下栏 16.1 cm×1.0 cm,花口,上鱼尾,下题"卷三"、"卷四"、"大盛堂"。半叶上栏 19 行,行 6 字;下栏 20 行,行 22 字,大字占双行,共 110 叶。

说明　1. 参见麦 0837 说明项第 3 条。

　　　2. 此册包括卷三、卷四。

　　　3. 正文刻有句读。

麦 0835　古文嗜凤新编卷五至卷六(见说明 1)

著者　(清)汪基钞辑

时代　清

版本　线装　刻本

现状　全

题记　卷分上下两栏。上栏注解,下栏卷端题"古文嗜凤新编卷五　江乘汪基敬堂钞辑 受业鲍贤书玉标/叔鸿纶凤书 仝校"。中题"史记"、"汉书"、"后汉书"、"古文嗜凤新编卷六　江乘汪基敬堂钞辑　受业程兆杰侣松/金国杰立夫 仝校"、"季汉文"、"六朝文"、"唐文上"。

版式　每纸半叶 22.9 cm×14.0 cm;上下两栏,四周单栏;书眉 2.1 cm,地脚 1.9 cm,版面上栏 3.0 cm×13.2 cm,下栏 17.0 cm×13.2 cm;版心上栏 3.0 cm×1.0 cm,花口题"古文嗜凤新编";下栏 17.0 cm×1.0 cm,花口,上鱼尾,下题"卷五"、"卷六"、"大盛堂"。半叶上栏 19 行,行 6 字;下栏 20 行,行 22 字,大字占双行,共 102 叶。

说明　1. 据版心题定名。

　　　2. 此本有朱墨句读。

　　　3. 参见麦 0837 说明项第 3 条。

　　　4. 此册包括卷五、卷六。

麦 0834　古文嗜凤新编卷七至卷八(见说明 1)

著者　(清)汪基钞辑

时代　清

版本　线装　刻本

现状　全

题记　卷分上下两栏。上栏注解,下栏卷端题"古文皆凤新编卷七/江乘汪 基敬堂钞辑
　　　受业陈熙庶咸/邓嵩高中荞仝校"。中题"唐文下"、"宋文上"、"古文皆凤新编卷八/
　　　江乘汪 基敬堂钞辑　受业侄銈恺函/锡命怀仝校"、"宋文下"、"明文"。

版式　每纸半叶 22.7 cm×13.9 cm;四周单栏,分上下两栏;书眉 2.5 cm,地脚 0.5 cm,版
　　　面上栏 3.1 cm×13.1 cm,下栏 17.0 cm×13.1 cm;版心上栏 3.1 cm×1.0 cm,白
　　　口,栏内刻题"古文皆凤新编";下栏 17.0 cm×1.0 cm,花口,上鱼尾,下题"卷七"、
　　　"卷八"、"大盛堂"。半叶上栏 19 行,行 6 字;下栏 20 行,行 22 字,大字占双行,共
　　　90 叶。

说明　1. 根据版心题定名。

　　　2. 参见麦 0837 说明项第 3 条。

　　　3. 此册包括卷七、卷八。

　　　4. 正文刻有句读。

麦 0847　东华录卷十七至卷二十一

著者　(清)蒋良骐纂修

时代　清

版本　线装　刻本

现状　全

题记　封面墨书题"东华录卷肆"。卷端题"东华录卷十七/湘源蒋良骐千之父"。中题"东
　　　华录卷之十八/湘源蒋良骐千之父"、"东华录卷之十九/湘源蒋良骐千之父"、"东华
　　　录卷之二十/湘源蒋良骐千之父"、"东华录卷之二十一/湘源蒋良骐千之父"。

版式　每纸半叶 18.4 cm×12.3 cm;四周单栏;书眉 4.4 cm,地脚 1.9 cm,版面 11.9 cm×
　　　9.4 cm,版心 11.7 cm×0.9 cm;花口,上鱼尾,鱼尾上题"东华录",鱼尾下题卷数及
　　　叶数;半叶 9 行,行 21 字,共 110 叶。

说明　1. 此本与麦 0848 为一函。

　　　2. 此册含卷十七、卷十八、卷十九、卷二十、卷二十一。

麦 0848　东华录卷二十二至卷二十六(见说明1)

著者　(清)蒋良骐纂修

时代　清

版本　线装　刻本

现状　全

题记　封题"东华录卷伍",同行右侧白色题签题"15 号"(手书)。卷端题"东华录卷之二
　　　十二/湘源蒋良骐千之父"。中题"东华录卷之二十三/湘源蒋良骐千之父"、"东华
　　　录卷之二十四/湘源蒋良骐千之父"、"东华录卷之二十五/湘源蒋良骐千之父"、"东
　　　华录卷之二十六/湘源蒋良骐千之父"。

版式　每纸半叶 18.2 cm×12.2 cm;四周单栏;书眉 5.0 cm,地脚 1.3 cm,版面 12.0 cm×
　　　9.7 cm;版心 12.0 cm×1.0 cm,花口,上鱼尾,上题"东华录",下标卷目、叶数;半叶
　　　9 行,行 21 字,共 108 叶半。

说明　据版心题定名。

麦 0026　杂写一册(拟,见说明)

著者　不详

时代　清

版本　线装　写本

现状　残

题记　封面题"康熙五十年(1711)□子七月十八日上"。内封杂题"春到处处发□芽/夏至
　　　莲池开荷花/君看满朝竹紫贵/进(尽)是当年依福家"。题识"命□□子吐员□□"。

版式　每纸半叶 22.8 cm×13.2 cm;上下无栏,左右单栏;版心花口,题"本吾子"及叶数;
　　　半叶 7 行,行 19 字不等,共 8 叶。

说明　残存题签上有一"杂"字,内容类似随笔杂写,抄录诗偈、佛号等,拟名为"杂写
　　　一册"。

麦 0724　杂写(拟见说明 1)

著者　不详

时代　不详

版本　线装　写本

现状　全

题记　封面题识"佛光普照/诸恶莫作/觉海授持/众善奉行"。

版式　每纸半叶 126 cm×176 cm;无栏;半叶 7 行,行 12 字,共 37 叶。

说明　1. 因为是手写本,所以字迹大小不一,内容不一,拟名杂写。

2. 文中有墨书句读。

麦 0740　杂写

著者　不详

时代　清

版本　线装　写本

现状　全

题记　封面题签题"杂写"。封面内侧题"佛光应世是真/禅日照森罗海/底莲增长如来/三摩地辉润乾/坤九重天",第 15 叶题识"嘉庆柒年(1802)六月初二日数写一本"。

版式　每纸半叶 19.0 cm×17.0 cm;无栏;半叶 6 行,行 14 字,共 20 叶。

麦 0028　光绪五年三月瑞应寺祈雨文书二件

著者　不详

时代　清

版本　线装　写本

现状　残

题记　封面签题"意达莲台"(损毁严重,四字周边刻印有忍冬纹图案)。

版式　每纸半叶 30.7 cm×17.0 cm;无栏;版心白口;共 6 叶。

说明　1. 此本系二件文书装裱而成。

　　　2. 原文照录如下:

　　　第一件:

　　　觉皇鸿宪大法宝坛/启建祭雷保苗祈祥均利道场/益闻嗣胤/医王应处和平致而四民总乐法两洒时/露结凝而五谷咸宁/慈化爰有/南阎浮提/大清国甘直隶秦州瑞应寺俱授/释迦如来遗教弟子临坛奉行法事/大沙门臣僧真参引领东乡新□/头二牌一会善信人等恭惟梵□/佛修醮祭雷保苗祈祥叩安信士/会长王存福 阮选 张满 刘天福 高喜 何启。

　　　第二件:

　　　右暨阖会众姓人等是日焚香上叩/苍穹希垂洞鉴窃念众等生逢盛世命/寄中华常沾/覆载之恩每赖　照监之德蒙/恩有万报答无一今择三月设斋建醮/祈祥之日邀龙岩入定之高僧演/海藏离敫之秘典于内念诵/大乘诸品尊经拜宣/慈悲灵文宝忏陈进清醮一十二分位/至夜设放/焰口广大法食专祈超度合会灵魂/迥脱凡流咸登/净域以斯妙利特告/觉天扇慧风而殄灭 飞蝗布法雨而/滋荣稼穑伏

愿/天帝怀护生之念/伯王与利物之心土地威灵驱尽经年/祸害谷神智剑断除万里邪踪他/时五谷丰登不负/神明胜德臣昌冒干/真空允纳之至谨意以/闻/光绪五年(1879)三月二十二日 宣行

3. 第三叶、第四叶卷末有朱文方印,为同一章。

4. 正文有句读。

麦 0212　光绪三年六月初六日朝阳寺社帖(拟)

著者　不详

时代　清

现状　残

版式　尺寸 19.1 cm×28.2 cm,黄棉棉纸,原文照录:

谨白/朝阳寺全社人等知悉议定初九日/行香祈祷各庄人等俱要/早到如有迟缓不到此定/罚不恕勿谓言之不早也/光绪三年(1877)六月初六日全众公议

麦 0917　红楼复梦卷十一至卷十五

著者　(清)程少海撰

时代　清

版本　线装　刻本

现状　首残尾全。起"家中事务彼此十分亲热又将老尚书在海外所见的风土人情"。

题记　首题"红楼复梦卷十一"(拟,据卷十二卷题,见说明 1。存 12 叶)。中题"红楼复梦卷十二/皮老爷无心获盗 祝公子有意邻船"(共 19 叶)、"红楼复梦卷十三/赠佩盟心绿杨城郭 泪痕留面风雨归"(共 17 叶)、"红楼复梦卷十三终"(刻题在左双栏内右上侧,与正文单栏框有约两行空白)、"红楼复梦卷十四/松节度度平山奖婿 林小姐石匣埋真"(共 18 叶)、"红楼梦复卷十五/俏郎君梦中逢丑妇 相思女纸上遇知音"(共 18 叶)。

版式　每纸半叶 18.6 cm×12.3 cm;上下单栏,左右双栏;书眉 3.1 cm,地脚 1.1 cm,版面 14.4 cm×10.2 cm,版心 14.4 cm×1.1 cm;花口,书口刻题"红楼复梦",上鱼尾下题刻"卷十一"、"卷十二"、"卷十三"、"卷十四"、"卷十五"细目及各回叶数。半叶 9 行,行 22 字,共 84 叶(每一回有独立的叶码)。

说明　1. 首残。起"家中事务彼此十分亲热人将老尚书在海外所见的风土人情",止"来不知找着了巡司没有且看下回分解"。下一回卷题"红楼复梦卷十二/皮老爷无心获盗 祝公子有意邻船",据题。现存第 5 叶始,前缺 4 叶。

2. 此册各卷尾题时有时无,卷十三、卷十四两卷有,其中十三卷题于栏外、十四卷题于栏内,其他三卷无。

3. 此书对"红学"研究颇有价值。

4. 麦 0877、麦 0917、麦 0924、麦 0925、麦 0967 为同一版本。

麦 0877　红楼复梦卷十六至卷二十

著者　(清)陈少海撰

时代　清

版本　线装　刻本

现状　残。起"红楼复梦卷十六/承瑛堂情悲叔侄　瓶花阁兴扫痴婆",止"了几句话见他们站起身来不知何事且听下回分解"。

题记　首题"红楼复梦卷十六/承瑛堂情悲叔侄　瓶花阁兴扫痴婆"(存 16 叶半)。中题"红楼复梦卷十七"、"红楼复梦卷十八"、"红楼复梦卷十九"、"红楼复梦卷二十"。

版式　每纸半叶 18.5 cm×12.3 cm;四周单栏;书眉 2.8 cm,地脚 1.1 cm,版面 14.8 cm×10.3 cm,版心 14.8 cm×1.1 cm;花口,上鱼尾,上题"红楼复梦",中题卷数,下题叶数;半叶 9 行,行 22 字,共 86 叶半。

说明　1. 据版心题定名。

2. 麦 0877、麦 0917、麦 0924、麦 0925、麦 0967 为同一版本。

麦 0925　红楼复梦卷六十六至卷六十九

著者　(清)程少海撰

时代　清

版本　线装　刻本

现状　首尾残。起"请安上饭祝筠一人两边接待幸梅白同郑鞠两亲家还",止"相谢老修叫人去不多会领着得禄进来伺候相公拿着"。

题记　中题"红楼复梦卷六十六"(拟,见说明 1。存 11 叶)、"红楼复梦卷六十七/重甥女托理家务 拜经忏荐慰贞魂"(共 14 叶)、"红楼复梦卷六十八/贾探春祝府总丧事 王熙凤梦里说前因"(共 14 叶)、"红楼复梦卷六十九/吊佳人香茶一盏 托义仆重任千金"。

版式　每纸半叶 18.6 cm×12.3 cm;上下单栏,左右双栏;书眉 2.8 cm,地脚 1.3 cm,版面 14.5 cm×10.2 cm,版心 14.5 cm×1.1 cm;花口,上鱼尾,书口刻题"红楼复梦",上鱼尾下题卷六十六、卷六十七、卷六十八、卷六十九细目及各回叶数;半叶 9 行,行

22字,共66叶。

说明　1. 首残。起"请安上饭祝筠一人两边接待幸梅白同郑鞠两亲家还",止"梦玉道哎哟真个我倒忘了不知梦玉忘了什么且看下回分解"。下一回卷题"红楼复梦卷六十七/重甥女托理家务 拜经忏荐慰贞魂",故据题。从现存第4叶始,前当缺3叶。

　　　2. 麦0877、麦0917、麦0924、麦0925、麦0967为同一版本。

麦0967　红楼复梦卷八十六至卷九十

著者　（清）程少海撰

时代　清

版本　线装　刻本

现状　全

题记　封题有朱文印5方。卷首题"红楼复梦卷八十六/六如阁群芳游异景 幻虚境姐妹悟前生"（17叶）。中题"红楼复梦卷八十七/桂侣佺奋拳打鬼 林之孝大笑归神"（17叶）、"红楼复梦卷八十八/得宝刀情深女道士 登将台兵任美佳人"（16叶）、"红楼复梦卷八十八终"、"红楼复梦卷八十九/勇裙钗力敌三将 美公子文闹双捷"（17叶）、"红楼复梦卷九十/太夫人亲劳将士 小书生喜对梅花"（17叶）。

版式　每纸半叶18.6 cm×12.3 cm;上下单栏,左右双栏;书眉2.7 cm,地脚1.5 cm,版面14.4 cm×10.2 cm,版心14.4 cm×1.0 cm;花口,书口刻题"红楼复梦",上鱼尾下题刻卷八十六、卷八十七、卷八十八、卷八十九、卷九十细目及叶数;半叶9行,行22字,共84叶（每回都有独立的叶码）。

说明　1. 卷八十八尾题题于栏内,其他四卷没有尾题。

　　　2. 麦0877、麦0917、麦0925、麦0924、麦0967为同一版本。

麦0924　红楼复梦卷九十一至卷九十五

著者　（清）程少海撰

时代　清

版本　线装　刻本

现状　首残尾全。起"杀将起来松寿见这姑娘棍法精熟越战越勇心中暗暗",止"赶到一座小亭上不觉昏昏晕了过去不知是谁救甦过来 且看下回分解"。

题记　中题"红楼复梦卷九十一"（拟,见说明1。存18叶）、"红楼复梦卷九十二/独对寒更英雄遇美 同归故里娇女思亲"（共17叶）、"红楼复梦卷九十三/狗军师定谋折将沙塞鸿被擒得夫"(共 19 叶)、"红楼复梦卷九十四/感多情狐仙报德 诛反贼女将成功"(共 30 叶)、"红楼复梦卷九十四终"(刻题在版心边栏右上侧,于正文栏框约有 4 行空白)、"红楼复梦卷九十五/一战成班师奏捷 十万贯旧产还元 "(共 19 叶)。

版式　每纸半叶 18.6 cm×12.3 cm;上下单栏,左右双栏;书眉 2.8 cm,地脚 1.3 cm,版面 14.5 cm×10.6 cm,版心 14.5 cm×1.1 cm;花口,书口刻题"红楼复梦",上鱼尾下题刻卷九十一、卷九十二、卷九十三、卷九十四、卷九十五细目及各回叶数;半叶 9 行,行 22 字,共 97 叶半(每一回有独立的叶码)。

说明　1. 据卷题拟名。

　　　2. 卷九十四有尾题,其他四卷无。

　　　3. 麦 0877、麦 0917、麦 0924、麦 0925、麦 0967 为同一版本。

　　　4. 卷九十五第 13 叶被撕去。

麦 0676　寿世保元卷七至卷八

著者　(明)龚廷贤著

时代　清

版本　线装　刻本

现状　残。起"右合一齐生姜三片枣一枚不拘时服",止"如妊娠□□□□过解而不愈温毒发▭▭▭▭▭"。

版式　每纸半叶 24.6 cm×16.8 cm;四周双栏;书眉 3.3 cm,地脚 1.3 cm,版面 20.1 cm×14.8 cm,版心 20.1 cm×0.8 cm;花口,上题"寿世保元",上鱼尾,内题"庚集七卷";半叶 14 行,行 27 字,共 21 叶。

说明　与麦 0005《寿世保元》同。

麦 0005　寿世保元卷九至卷十(据版心题,见说明 1)

著者　(明)龚廷贤著

时代　清

版本　线装　刻本

现状　首尾残。起"一治杖扑汤火伤损疮毒不问已溃未溃肉虽伤而未坏者用之自愈肉□"(前有数十叶残破书根,多不能识读),止"千古秘妙也"。

版式　每纸半叶 23.2 cm×14.3 cm;上下单栏,书眉 2.4 cm,地脚 0.8 cm,版面 20.1 cm×13.3 cm,版心 20.1 cm×0.9 cm;花口,上鱼尾,上题"寿世保元",鱼尾下题"壬集九卷"、"癸集十卷"、"三槐堂"及卷数、叶数;半叶 14 行,行 29 字不等,共 53 叶。

说明　1. 此卷首尾俱残,现存版心上题"寿世保元",下题"壬集九卷"、"癸集十卷"、"三槐堂"及卷数、叶数。

　　　2.《寿世保元》十卷,明龚廷贤撰,成书于万历四十三年(1615)。

麦 0747　直指玉钥匙门法

著者　(明)释真空集

时代　不详

版本　线装　写本

现状　全

题记　封面内侧题识"指南玉钥"。卷端题"直指玉钥匙门法/京都大慈仁寺清泉真空集"。护纸题识"欲知上瀚初旬是 遗兴本谙暂免推/滋远/吉昌"。

版式　每纸半叶 25.3 cm×15.8 cm;四周单栏;书眉 4.0 cm,地脚 1.2 cm,版面 19.8 cm×13.5 cm,版心 19.8 cm×0.8 cm;花口,题"指南"(1—8 叶)及叶数;半叶 10 行,行 15 字,共 32 叶。

麦 0007　脉书上卷(据封题)

著者　不详

时代　清

版本　线装　写本

现状　全

题记　封题"脉书上卷",卷中题"脉神"、"部位解"、"正脉十六部"、"胃气论"、"脉候十二脏部位"、"十二经气血多少歌"、"十二经歌"、"辨论三十七舌色列右"。尾题"敷氏镜辨舌色卷终"。

版式　每纸半叶 20.5 cm×16.7 cm,上下无栏;版心白口,半叶 12 行,行 25 字,共 36 叶。

说明　1. 正文有句读。

　　　2. 后封内有印章两枚(未能识读)。

麦 0253　药方残片

著者　不详

时代　不详

版本　写本

现状　残

版式   每纸 25.4 cm×11.6 cm,染红棉纸。原文照录"月见书符□□□□□紫胡、升麻、羌活、雄黄、灶心土引"。

麦 0745   法戒录

著者   (清)梦觉子汇辑

时代   清

版本   线装   刻本

现状   残。起"伯叔全孝道 终鲜兄弟报鞠劳中年 娶妻儿又小 谁能替得半分毫",止"亲戚六眷不能靠   千斤担子无人挑"。

题记   中题"陈情表"、"全家福 恭敬叔伯"、"现眼报 恭敬先生"、"老长年 恭敬主人"、"悔后迟 不敬长上"、"法戒录第三册上卷下 梦觉子汇辑"、"和睦乡里"、"无心得地 忍耐和睦"、"化蛇报怨 回心和睦"、"飞龙拔宅 富不和睦"。

版式   每纸半叶 24.4 cm×15.2 cm;四周双栏;书眉 4.0 cm,地脚 1.3 cm,版面 19.0 cm×12.7 cm,版心 19.0 cm×1.0 cm;花口,有上鱼尾,鱼尾上题"法界录",鱼尾下题"陈情表"(109—111 叶)、"全家福"(111—118 叶)、"现眼报"(119—127 叶)、"老长年"(127—134 叶)、"悔后迟"(134—141 叶)、"和睦乡里"(142 叶)、"无心得地"(143—149 叶)、"化蛇报怨"(149—153 叶)、"飞龙拔宅"(153—159 叶)。半叶 8 行,行 22 字,共 51 叶。

说明   正文刻有句读。

麦 0820   注释张太史塾课卷一(见说明 1)

著者   (清)周汝调原编   (清)陈观民注释

时代   清

版本   线装   刻本

现状   全

题记   函套封面题签题"张太史塾课注释 四本"。牌记题"周汝调先生原编/仁和陈观民先生定/张太史塾课/注释   经国堂藏板"。卷首题"序",后题"乾隆壬寅(1782)仲冬月上浣江宁后学/陈风观民氏序"。卷首题"张百川先生塾课序",序后有"乾隆乙酉年(1765)仲冬月上浣桐城后学周芬珮汝和氏题"。中题"单句题论"、"目次"(1叶半)、"目次"(半叶)、"截下题论"、"目次"、"截搭题论"、"目次"、"选句题论"、"目次"、"口气题论"、"目次"、"单字题论"、"目次"、"类叙题论"、"目次"。

版式   每纸半叶 22.0 cm×13.2 cm;四周单栏;书眉 2.0 cm,地脚 1.3 cm,版面 18.8 cm×

10.8 cm,版心 18.8 cm×1.2 cm;花口,上鱼尾,上题"注释张太史塾课",中题卷目等细目下题叶数;半叶 9 行,行 25 字,共 71 叶半。

说明 1. 据版心题名定名。

2. 此函四册:麦 0817、麦 0818、麦 0819、麦 0820。有蓝色布衣函套,函套题签题"张太史塾课注释 四本"。

3. 此册含卷一。

麦 0819　注释张太史塾课卷二(见说明 1)

著者　(清)周汝调原编　(清)陈观民注释

时代　清

版本　线装　刻本

现状　全

版式　每纸半叶 22.1 cm×10.7 cm;四周单栏;书眉 2.0 cm,地脚 1.1 cm,版面 18.8 cm×10.9 cm,版心 18.8 cm×1.2 cm;花口,上鱼尾,上题"注释张太史塾课",中题"二卷"等细目,下题叶数;半叶 9 行,行 25 字,共 76 叶半。

说明 1. 据版心题名定名。

2. 此函四册:麦 0817、麦 0818、麦 0819、麦 0820。

3. 此册包括卷二,有补配。

麦 0818　注释张太史塾课卷三(见说明 1)

著者　(清)周汝调原编　(清)陈观民注释

时代　清

版本　线装　刻本

现状　全

版式　每纸半叶 22.0 cm×13.1 cm;四周单栏;书眉 1.9 cm,地脚 1.1 cm,版面 19.0 cm×10.7 cm,版心 19.0 cm×1.2 cm;花口,上鱼尾,上题"注释张太史塾课",中题"三卷"、"上论"、"大学中庸"等细目,下题叶数;半叶 9 行,行 25 字,共 56 叶半。

说明 1. 据版心题名定名。

2. 此本为配本,内版式不同,字体也略不同。此函四册:麦 0817、麦 0818、麦 0819、麦 0820。

3. 此册含卷三。

4. 正文刻有句读。

麦 0817　注释张太史塾课卷四(见说明 1)

著者　(清)周汝调原编　(清)陈观民注释

时代　清

版本　线装　刻本

现状　全

题记　封面题签题"致和堂　京"并有印一方。

版式　每纸半叶 21.9 cm×13.2 cm;四周单栏;书眉 1.7 cm,地脚 1.2 cm,版面 19.3 cm× 10.6 cm,版心 19.0 cm×1.2 cm;花口,上鱼尾,上题"注释张太史塾课",中题"四卷"等细目,下题叶数;半叶 9 行,行 25 字,共 61 叶。

说明　1. 根据版心定名。

　　　2. 此本为配本,内版式不同,字体也略不同。此函四册:麦 0817、麦 0818、麦 0819、麦 0820。

　　　3. 此册包括卷四。

　　　4. 正文刻有句读。

麦 0256　秦州卖草开票

著者　不详

时代　清

现状　残

版式　每纸半叶 21.5 cm×11.9 cm,半叶 12 行,木刻印刷,模糊,棉纸。录文如下:

秦州卖草开票

票第 千百十号

买草

买秦州草照□□□□□□并援□草票草照待秦州奉文提买草。

买草六十五万二千三百九十二束□州银三千九百三十六两七钱六分七厘二豪除前已买□□十万二千久十二束外仍应买草三十五万束本州照依应行,每束□□□□□□银九厘一毫提照分□题买每粮草分买□□草束分但□□厘□□□□扣□□以□□不治官□□□□余束等为此票给□花品照复开分买草数备交领银见票□□□见银□□交草□□存照外合行路照须交票看计开刘武百户照安喜旺器□□半子在册粮三斗該分买花草叁束贰分半厘□□七斤注领银贰分九厘,见票讲草

说明　为秦州卖草开票跋。此卖草票系印在白麻纸上,系发票性质的票据。在秦州卖草

开票,下有"票第×千×百×十×号"的编号,但此票未填编号,票前部有大段板印文字,较模糊,其意大体可知,乃秦州政府须卖草若干,仍应卖草若干,仍应买草若干,所以印此票据,如有卖草者,政府即将收到草的数目填写本票支出粮食和银子。在此票前部亦有关于草和粮食、银子兑换的若干规定,但由于现存模糊,不得要领。此票有两方面的支出,一方面支出粮食,一方面支出银子,不知是出于卖户自愿还是官方硬性规定,即粮食和银子应按一定的比例支出,不知官方控制哪方面的支出。每束草九厘一毫,但每束草换多少粮食不知,仅知开的粮食和卖草的比例为三斗,三束贰分半厘,所以注领银二分九厘四毫,但此票中有"扣"字,所以回扣的手续费可能是二毫,因此最终领银二分九厘二毫票中有"给该花户"和"花、草"字样,而且这样都论束而不论斤是否政府卖的是花而非草柴或草料?也有可能把草料称花草,把割草户称花户,但前者可能性大,票上用印为满汉两种印,可见是清代遗存。但满汉两种文字分开两印,值得注意。此票上有一名字"刘武百户安喜旺",其中"百户"二字对推断此票的时期或许有价值。此票有补于对清代直隶秦州的研究。

(夏朗云记于 1989 年)

麦 0629　教民歌(据内封题)

著者　不详

时代　清

版本　线装　刻本

现状　全

题记　外封封面贴一纸,上笔书"玉黍金丹住玄关/炼好全在须弥山/养和精气神三宝/德配丹田自然安/主人道词正月廿一日"。内封牌记"光绪甲申(1884)仲春重刊/教民歌/甘肃秦州署藏板"。卷首题"岁辛未余权篆静宁明年/湘阴相国平定"。中题"州正堂谕",全文如下:"嗣后因公巡历乡村,遇有孩童能唱此歌者,给予奖赏","嗣后月课,凡生童有能默写此歌,不错一字者,格外优奖"。中题"教民歌"。

版式　每纸半叶 21.3 cm×13.2 cm;四周双栏;书眉 3.3 cm,地脚 1.4 cm,版面 16.6 cm×10.8 cm,版心 16.6 cm×1.4 cm;花口,内题"教民歌",上下皆有大黑口;半叶 6 行,行 17 字,共 7 叶。

说明　正文刻有句读。

麦 0008　疏帖残片

著者　不详

时代　清

版式　每纸半叶 28.2 cm×13.3 cm,黄棉纸。原文照录如下：

　　　旱魃为虐　如炎如焚/

　　　田苗枯槁　人心不宁/

　　　苦求甘霖　谒庙焚香/

　　　虔心祈祷　各洁其心/

　　　倘有不到　罚不容情/

麦 0377　疏文残片

时代　不详

现状　残,尺寸为 4.8 cm×18.5 cm,存两行文字,录文如下："中何里右一家民现在落驮巷/下河里观音殿小河口居住。"

说明　棉纸。此残片由翟玉兰同志录文。

麦 0012　清光绪年间杂写(拟,见说明 1)

著者　不详

时代　清

版本　线装　写本

现状　全

题记　卷首题"杂写",中有杂文(3 叶)、对联(4 叶)、冥间疏文(6 叶)。题识"大清光绪二十一年(1895)五月七日写全了"。

版式　每纸半叶 20.5 cm×14.1 cm;上下无栏;版心无;半叶 5—6 行不等,行 7—25 字不等,共 12 叶。

说明　1. 卷首有"我能为君辟天地"杂抄,中有"攻其恶"、"由也升堂"杂写及对联抄等,故拟名。

　　　2. 多叶有对联、冥间疏文等。

麦 0723　童子升阶(见说明 1)

著者　(清)徐上评撰

时代　清

版本　线装　刻本

现状　全

题记　封面杂写"童子升阶　光绪伍年(1879)十二月卖文　章州王永苍"。牌记(半叶)
　　　　"同治十年(1871)新刻/进士徐梅江评/童子升阶/同文堂发行"。卷首题"童子升阶
　　　　目次/江宁徐上梅江评撰"。护叶杂写"文章西汉两司马/经济南阳一卧龙/一幅对
　　　　联作县令"。底封杂写"无事无非无　诗书诗礼诗　光绪七年(1881)二月立"。

版式　每纸半叶 20.4 cm×12.3 cm;四周单栏;书眉 2.9 cm,地脚 0.6 cm,版面 16.8 cm×
　　　　10.5 cm,版心 16.8 cm×0.6 cm;花口,题"童子升阶";半叶 8 行,行 24 字,共
　　　　32 叶。

说明　1. 据版心"童子升阶"定名。
　　　　2. 正文有墨书句读。

麦 0067　新刻疗牛马经卷四至卷五(见说明 1)

著者　(明)喻本亨、喻本元著

时代　清

版本　线装　刻本

现状　首残尾全。起"垂缕不牧者肾亏之症也皆因羸骟瘦马过度劳伤空肠误饮浊"。

题记　中题"新刻疗牛马经卷之五/六安喻本元亨著"。尾题"新刻疗牛马经卷之五终　大
　　　　经堂藏板"。

版式　每纸半叶 23.5 cm×15.2 cm;四边单乌丝栏;书眉 4.2 cm,地脚 1.9 cm,版面
　　　　17.4 cm×11.8 cm,版心 17.4 cm×1.0 cm;花口,上鱼尾,上题"牛马经",下题"卷
　　　　四"、"卷五"等卷数及叶数;半叶 11 行,行 25 字,共 59 叶。

说明　1. 据版心题名定名。
　　　　2.《元亨疗牛马集》简称《牛马经》,与麦 0057 为同一种。

麦 0927　新刻绣像疗牛马经卷二至卷三

著者　(明)喻本元、喻本亨著

时代　清

版本　线装　刻本

现状　残(首尾封面存,左上侧残破一角)。

题记　封面杂写,题"吉祥如意"(后人用红纸题)。卷端题"新刻绣像疗牛马经卷之二"(共
　　　　42 叶)、"卷二终"、"新刻绣像疗牛马经卷之三/七十二症病形论歌治法 六安喻本元
　　　　亨著"(共 28 叶)、"新刻牛马经卷之三终"。

版式　每纸半叶 23.6 cm×15.2 cm;四周单栏;书眉 4.1 cm,地脚 1.7 cm,版面 7.8 cm×

13.3 cm,版心 17.8 cm×1.0 cm;花口,上鱼尾,内题"卷二"、"卷三"细目及各卷叶数;半叶 11 行,行 25 字,共 70 叶。

说明　正文中有插图。

麦 0640　新刻幼学须知直解卷下

著者　(清)程登吉著

时代　清

版本　线装　刻本

现状　全

题记　封面题签题"……知下"。卷端题"新刻幼学须知直解卷下/西昌程登吉允升甫著唐良瑜季美甫集注/临川王相晋升甫增订　金陵致和堂书坊梓"。

版式　每纸半叶 20.3 cm×11.6 cm;四周单栏;书眉 2.1 cm,地脚 0.5 cm,版面 17.8 cm×10.9 cm,版心 17.8 cm×1.0 cm;花口,上鱼尾,上题"幼学须知直解",中题卷数、叶数及"致和堂";半叶 10 行,行 25 字(小字双行),共 45 叶。

说明　此本前 10 叶有朱笔句读。

麦 0824　新增幼学故事琼林卷之一(见说明 6)

著者　(明)程登吉撰　(清)谢默林、邹圣脉增补　(清)邹可庭参订

时代　清

版本　线装　刻本

现状　全

题记　封题墨书题"幼学卷壹"。题识"双玉兰堂记"、"季兆南"。卷首有版画 1 幅(半叶,见说明 1)。牌记 1 幅(半叶),内刻题"雾阁邹梧冈氏鉴定/新增绣像幼/学琼林 文林堂藏板"。卷首题"新增幼学琼林故事原序",序后有"光绪癸巳年(1893)季冬月上浣日重刊"。卷首题"寄傲山房塾课新增幼学故事琼林目录/西昌 程允升先生原本　清溪谢默林砚佣氏/雾阁邹圣脉梧冈氏增补 男邹可庭涉园氏全参订"(见说明 2)。卷分上下两栏,上栏卷端题"历代帝王总纪",下栏卷端题"寄傲山房塾课新增幼学故事琼林卷之一/西昌 程允升先生原本　溪谢默林砚佣氏/雾阁邹圣脉梧冈氏增补 男邹可庭涉园氏全参订"。下栏中题"天文"、"地舆"、"岁时"、"朝廷"、"文臣"、"武职"。

版式　每纸半叶 25.7 cm×17.5 cm;四周单栏,分上下两栏;书眉 3.7 cm,地脚 2.3 cm,版面上栏 5.0 cm×14.3 cm,下栏 16.3 cm×14.3 cm;版心上栏 4.0 cm×0.6 cm,花

口,上题"幼学故事"(1—5叶)、"新增故事琼林"(1—30);下栏16.5 cm×0.7 cm,花口,上鱼尾,上题"卷之一 天文"(1—5叶)、"卷之一 地舆"(6—11叶)、"卷之一 岁时"(12—16叶)、"卷之一 朝廷"(17—19叶)、"卷之一 文臣"(19—25叶)、"卷之一 武职"(26—30叶)及叶数,下题"文林堂"(1—2叶)。半叶上栏22行,行7字,大字占双行;下栏20行,行26字,大字占双行,共39叶。

说明　1. 版画上半部分为一人肩挑两桶;下半部分为一前一后两人,后者正往前者肩上加物。

2. 序、目录、首卷共7叶是朱色字、栏。

3. 正文有墨书句读。

4. 麦0823、麦0824、麦0827、麦0782四卷为一函。

5. 正封与外封之间夹一叶墨笔画。

6. 首卷后5叶是故事版画,自盘古氏至元纪世祖,共35位历代帝王像,及文庙孔子四配十二哲。

7. 据卷首题定名。

麦 0827　新增幼学故事琼林卷之二(见说明3)

著者　(清)程登吉撰　(清)谢默林、邹圣脉增补　(清)邹可庭参订

时代　清

版本　线装　刻本

现状　全

题记　卷分上下两栏,上栏卷端题"交接称呼小引",下栏卷端题"寄傲山房塾课新增幼学故事琼林卷之二/西昌程允升先生原本 清溪谢默林砚佣氏/雾阁邹圣脉梧冈氏增补 男邹可庭涉园氏全参订"。下栏中题"祖父子"、"兄弟"、"夫妇"、"叔侄"、"师生"、"朋友宾主"、"婚姻"、"女子"、"外戚"、"老寿幼诞"、"身体"、"衣服"。

版式　每纸半叶25.8 cm×16.4 cm;四周单栏,分上下两栏;书眉3.1 cm,地脚1.5 cm,版面上栏3.9 cm×14.3 cm,下栏16.2 cm×14.4 cm,版心上栏4.0 cm×0.6 cm,花口,上题"新增故事琼林";下栏15.3 cm×0.6 cm,花口,上鱼尾,花口上题"卷之二 祖孙父子"(1—4叶)、"卷之二 兄弟"(5—7叶)、"卷之二 夫妇"(8—10叶)、"卷之二 叔侄"(11—12叶)、"卷之二 师生"(13叶)、"卷之二 朋友宾主"(14—17叶)、"卷之二 婚姻"(18—20叶)、"卷之二 女子"(21—24叶)、"卷之二外戚"(25—26叶)、"卷之二 老寿幼诞"(27—30叶)、"卷之二 身体"(31—38叶)、"卷之二 衣服"(39—42叶),下题"文林堂"(1—4叶)。半叶上栏22行,行7字,大字占双行;下栏20

行,行 26 字,大字占双行。共 42 叶。

说明　1. 麦 0823、麦 0824、麦 0827、0782 四卷为一函。

　　　2. 正文有墨书句读。

　　　3. 据卷首题定名。

麦 0823　新增幼学故事琼林卷之三(见说明 3)

著者　(明)程登吉撰　(清)谢默林、邹圣脉增补　(清)邹可庭参订

时代　清

版本　线装　刻本

现状　全

题记　卷分上下两栏。上栏首题"物类别名"。下栏首题"寄傲山房塾课新增幼学故事琼林卷之三/西昌程允升先生原本　清溪谢默林砚佣氏/雾阁邹圣脉梧冈氏增补 男邹可庭涉园氏全参订"。下栏中题"人事"、"饮食"、"宫室"、"器用"、"珍宝"、"贫富"、"疾病死丧"。

版式　每纸半叶 25.7 cm×17.5 cm;四周单栏,分上下两栏;书眉 3.7 cm,地脚 2.3 cm,版面上栏 5.0 cm×14.3 cm,下栏 16.3 cm×14.3 cm。版心上栏 4.0 cm×0.6 cm,白口,内题"新增故事琼林";下栏 16.5 cm×0.7 cm,花口,上鱼尾,上题"卷之三 人事"(1—14 叶)、"卷之三 饮食"(15—18 叶)、"卷之三 宫室"(19—21 叶)、"卷之三 器用"(22—25 叶)、"卷之三 珍宝"(26—29 叶)、"卷之三 贫富"(30—32 叶)、"卷之三 疾病死丧"(33—38 叶),下题"文林堂"(1—4 叶)。半叶上栏 22 行,行 7 字,大字占双行;下栏 20 行,行 26 字,大字占双行。共 39 叶。

说明　1. 麦 0823、麦 0824、麦 0827,麦 0782 四卷为一函。

　　　2. 正文有墨书句读。

　　　3. 题名据卷一卷首题。

麦 0782　新增幼学故事琼林卷之四(见说明 3)

著者　(明)程登吉撰　(清)谢默林、邹圣脉增补　(清)邹可庭参订

时代　清

版本　线装　刻本

现状　全

题记　卷分上下两栏。卷端题"寄傲山房塾课新增幼学故事琼林卷之四/西昌 程允升先生原本 雾阁邹圣脉梧冈氏增补/清溪默林砚佣氏/男 邹可庭涉园氏全参订"。刻题

"顺庆文林堂发兑"。

版式　每纸半叶 24.9 cm×16.6 cm;上下单栏;书眉 3.7 cm,地脚 1.2 cm,版面上栏 4.2 cm×14.1 cm,下栏 16.2 cm×13.8 cm;版心上栏 4.2 cm×0.8 cm,花口,上题 "新增故事琼林",下栏 16.2 cm×0.8 cm,花口,上鱼尾,下题卷数及叶数。半叶上 栏 22 行,行 7 字;下栏 20 行,行 26 字,大字占双行,共 40 叶。

说明　1. 正文刻有句读。

　　　2. 麦 0824、麦 0827、麦 0823、麦 0782 四卷为一函。

　　　3. 题名据卷首题。

麦 0088　合并旨明九章算法大全

著者　(明)吴敬撰

时代　清

版本　线装　写本

现状　尾残。止"今有竖木不知日影在地长三丈随立二杆长一丈在边日影长一丈"。

题记　卷端题"合并旨明九章算法大全"。

版式　每纸半叶 21.7 cm×20.8 cm;上下单栏(墨线);书眉 2.1 cm,地脚 0.6 cm,版面 19.2 cm×18.7 cm;版心白口;半叶 16 行,行约 27 字,共 26 叶。

分类目录

一、麦积山写本文书目录

编 号	登记号	书 名	类别	现状	时代
麦 0006	13507	弥勒佛解八十一劫法华宝忏卷一至卷二	写本	残	清
麦 0007	13506	脉书上卷	写本	全	清
麦 0008	15052	疏帖残片	写本	全	清
麦 0010	13501	天目中峰和尚广录卷第八	写本	全	清
麦 0012	13503	清光绪年间杂写	写本	全	清
麦 0018	13494	三坛传戒正范卷三	写本	全	清
麦 0023	13524	观自在菩萨怛缚多利随心陀罗尼经	写本	全	清
麦 0025	13479	福源石屋珙禅师语录卷上	写本	全	明
麦 0026	13522	杂写一册	写本	残	清
麦 0027	13521	道场仪文（拟）	写本	残	清
麦 0028	13514	光绪五年三月瑞应寺祈雨文书二件	写本	全	清
麦 0030	13517	禅林宝训	写本	残	清
麦 0031	13516	道场仪文（拟）	写本	残	清
麦 0037	13511	毗尼日用全部	写本	残	清
麦 0041	13101	灶王新经	写本	全	清
麦 0048	13611	禅林方语	写本	全	清
麦 0050	13705	佛说诸品仙经	写本	全	清
麦 0052	13092	禅门小参	写本	全	清
麦 0053	13091	金刚川老颂铁馂鎦经	写本	全	清
麦 0061	13712	念诵仪轨（拟）	写本	残	清
麦 0069	13700	高峰要略全集上	写本	全	清
麦 0070	13717	解般若波罗密多心经此义	写本	全	不详
麦 0071	13716	早功晚课诵	写本	全	清
麦 0072	13715	道场仪文（拟）	写本	稍残	清
麦 0074	13714	广公上人游戏三昧	写本	全	清

编　号	登记号	书　　名	类　别	现　状	时　代
麦 0075	13713	禅林宝训音义下卷	写本	残	清
麦 0076	13720	梁武帝问志公禅师因果文	写本	残	清
麦 0078	13718	三教同识	写本	稍残	清
麦 0081	13098	三千诸佛名经上中下卷	写本	全	清
麦 0084	13088	三坛传戒正范卷一	写本	首残	清
麦 0085	13089	宝藏论并青州问答	写本	全	清
麦 0086	13081	大慧普觉禅师语录颂古	写本	尾残	清
麦 0088	13075	合并旨明九章算法大全	写本	尾残	清
麦 0099	13684	妙法莲华经卷第一	写本	全	明
麦 0117	13696	妙法莲华经卷第五	写本	全	不详
麦 0123	13686	妙法莲华经卷第三	写本	全	不详
麦 0138	13685	妙法莲华经卷第四	写本	全	明
麦 0142	13606	销释金刚科仪卷下	写本	全	明
麦 0143	13478	销释金刚科仪卷上	写本	全	明
麦 0144	13477	观音道场密教卷中	写本	首残	明
麦 0148	13281	妙法莲华经卷第六	写本	全	明
麦 0149	13284	妙法莲华经卷第七	写本	全	明
麦 0155	13659	观音道场密教卷下	写本	全	明
麦 0159	13290	佛说佛名经卷第二	写本	残	明
麦 0161	13953	三坛传戒正范第三	写本	全	不详
麦 0167	13457	佛说阿弥陀经等	写本	尾残	清
麦 0168	13459(1)	道经集抄	写本	残	不详
麦 0169	13459(2)	道经残片	写本	残	不详
麦 0187	13671	大佛顶如来密因修证了义诸菩萨万行首楞严经卷第一	写本	全	明
麦 0188	13672	大佛顶如来密因修证了义诸菩萨万行首楞严经卷第二	写本	全	不详
麦 0212		光绪三年六月初六日朝阳寺社帖(拟)	写本	残	清
麦 0230	15051	对联六副	写本	全	清
麦 0240	13288	现在贤劫千佛名经	写本	全	清
麦 0242	13214	未来星宿劫千佛名经	写本	首残	清

编　号	登记号	书　　　名	类　别	现　状	时　代
麦 0246	13616	妙法莲华经卷第七	写本	全	明
麦 0250	13291	过去庄严劫千佛名经	写本	全	清
麦 0253	15053	药方残片	写本	残	不详
麦 0256	13869	秦州卖草开票	写本	全	清
麦 0267	13984	现在贤劫千佛名经	写本	全	清
麦 0269	13287	过去庄严劫千佛名经	写本	全	清
麦 0280	13404	地藏菩萨本愿经卷上	写本	残	清
麦 0281	13405	地藏菩萨本愿经卷中	写本	全	清
麦 0323	13445	四十八愿	写本	首残	清
麦 0327	13449	佛说佛名经卷第一	写本	残	明
麦 0328	13450	地藏菩萨本愿经卷下	写本	全	清
麦 0342	13357	观音道场仪文卷中	写本	全	明
麦 0348	13402	大佛顶如来密因修证了义诸菩萨万行首楞严经卷第四	写本	全	明
麦 0354	13360	观音道场仪文卷下	写本	残	明
麦 0356	14001	佛说佛名经卷第三	写本	全	明
麦 0357	13013	佛说佛名经卷第四	写本	全	明
麦 0377	15056	疏文残片	写本	残	不详
麦 0378	13375	梁皇忏十卷出入忏文上	写本	残	明
麦 0380	13368	梁皇忏十卷出入忏文下	写本	残	明
麦 0413	13350	大佛顶如来密因修证了义诸菩萨万行首楞严经卷第三	写本	全	明
麦 0414	13190	佛说佛名经卷第一	写本	全	明
麦 0421	13381	大佛顶如来密因修证了义诸菩萨万行首楞严经卷第十	写本	全	明
麦 0422	13380	大佛顶如来密因修证了义诸菩萨万行首楞严经卷第九	写本	全	明
麦 0423	13379	大佛顶如来密因修证了义诸菩萨万行首楞严经卷第八	写本	全	明
麦 0426	13193	佛说佛名经卷第四	写本	全	明
麦 0427	13192	佛说佛名经卷第三	写本	全	明
麦 0428	13191	佛说佛名经卷第二	写本	全	明

(续表)

编 号	登记号	书 名	类别	现 状	时 代
麦 0429	13155	佛说佛名经卷第五	写本	全	明
麦 0430	13156	佛说佛名经卷第六	写本	全	明
麦 0431	13157	佛说佛名经卷第七	写本	全	明
麦 0432	13227	佛说佛名经卷第五	写本	全	明
麦 0433	13228	佛说佛名经卷第六	写本	全	明
麦 0434	13229	佛说佛名经卷第七	写本	全	明
麦 0435	13230	佛说佛名经卷第八	写本	全	明
麦 0436	13158	佛说佛名经卷第八	写本	全	明
麦 0437	13245	佛说佛名经卷第九	写本	全	明
麦 0438	13246	佛说佛名经卷第十	写本	全	明
麦 0439	13247	佛说佛名经卷第十一	写本	全	明
麦 0440	13248	佛说佛名经卷第十二	写本	全	明
麦 0441	13199	佛说佛名经卷第五	写本	全	明
麦 0442	13200	佛说佛名经卷第六	写本	全	明
麦 0443	13201	佛说佛名经卷第七	写本	全	明
麦 0444	13202	佛说佛名经卷第八	写本	全	明
麦 0445	13742	佛说佛名经卷第九	写本	全	明
麦 0446	13743	佛说佛名经卷第十	写本	全	明
麦 0447	13744	佛说佛名经卷第十一	写本	全	明
麦 0448	13745	佛说佛名经卷第十二	写本	全	明
麦 0449	13746	佛说佛名经卷第九	写本	全	明
麦 0450	13747	佛说佛名经卷第十	写本	全	明
麦 0451	13748	佛说佛名经卷第十一	写本	全	明
麦 0452	13749	佛说佛名经卷第十二	写本	全	明
麦 0453	13181	佛说佛名经卷第一	写本	全	明
麦 0454	13182	佛说佛名经卷第二	写本	全	明
麦 0455	13183	佛说佛名经卷第三	写本	全	明
麦 0456	13184	佛说佛名经卷第四	写本	全	明
麦 0458	13360	观音道场仪文卷上	写本	残	明
麦 0484	13658	观音道场密教卷上	写本	全	明

（续表）

编　号	登记号	书　　名	类别	现　状	时　代
麦 0572	13203	大佛顶如来密因修证了义诸菩萨万行首楞严经卷第五	写本	全	明
麦 0573	13210	大佛顶如来密因修证了义诸菩萨万行首楞严经卷第六	写本	全	明
麦 0574	13211	大佛顶如来密因修证了义诸菩萨万行首楞严经卷第七	写本	全	明
麦 0601	13955	佛说混源道德经	写本	残	清
麦 0604	13221	过去庄严劫千佛名经	写本	全	清
麦 0609	12969(1)	妙法莲华经卷第一	写本	全	明
麦 0610	12969(2)	新集孝顺设供拔苦报恩道场密教上	写本	全	明
麦 0611	12970(1)	妙法莲华经卷第二	写本	全	明
麦 0612	12970(2)	新集竖宗立教儒释兼济真俗混融孝顺设供拔苦报恩道场仪文中	写本	全	明
麦 0613	12971(1)	妙法莲华经卷第三	写本	全	明
麦 0614	12971(2)	新集竖宗立教儒释兼济真俗混融孝顺设供拔苦报恩道场提纲赞	写本	全	明
麦 0615	12972(1)	妙法莲华经卷第四	写本	全	明
麦 0616	12972(2)	新集竖宗立教儒释兼济真俗混融孝顺设供拔苦报恩道场仪文下	写本	全	明
麦 0617	12973(1)	妙法莲华经卷第五	写本	全	明
麦 0618	12973(2)	新集竖宗立教儒释兼济真俗混融孝顺设供拔苦报恩道场教诫仪文下	写本	全	明
麦 0619	12974(1)	妙法莲华经卷第六	写本	全	明
麦 0620	12974(2)	新集竖宗立教儒释兼济真俗混融孝顺设供拔苦报恩道场仪文上	写本	全	明
麦 0621	13605(1)	妙法莲华经卷第七	写本	全	明
麦 0622	13605(2)	新集孝顺设供拔苦报恩道场密教中	写本	全	明
麦 0627	13376	七佛慈悲忏法	写本	尾残	清
麦 0656	13600	瑜伽焰口施食全部	写本	全	清
麦 0678	13581	丛林规约（拟）	写本	残	清
麦 0679	13580	禅林宝训音义	写本	尾残	明
麦 0680	13575	诸经题解杂抄（拟）	写本	残	清
麦 0681	13574	法事道场仪规	写本	首残	清

(续表)

编　号	登记号	书　名	类　别	现　状	时　代
麦 0682	13862	现在贤劫千佛名经	写本	全	清
麦 0683	13863	过去庄严劫千佛名经	写本	全	清
麦 0684	13601	未来星宿劫千佛名经卷下	写本	全	清
麦 0685	13866	现在贤劫千佛名经卷中	写本	全	清
麦 0686	13865	过去庄严劫千佛名经卷上	写本	全	清
麦 0687	13867	注释金刚般若波罗蜜经	写本	残	清
麦 0694	13488	菩提心戒忏仪	写本	首残	清
麦 0695	13572	禅林宝训卷下	写本	全	清
麦 0696	13490	佛门杂写一册	写本	全	不详
麦 0700	13565	赞礼观音祈祷文卷	写本	全	清
麦 0701	13870	佛门法科	写本	残	民国
麦 0715	13553	德山大义论示众	写本	全	不详
麦 0717	13555	沙弥律仪要略	写本	全	不详
麦 0718	13556	禅林宝训音义	写本	全	清
麦 0720	15047	僧界结解法第一	写本	全	清
麦 0724	15044	杂写	写本	全	不详
麦 0725	15045	踪眼和尚机锋语录	写本	稍残	清
麦 0740	13546	杂写	写本	全	清
麦 0741	13542	观告法事(观申法事)(拟)	写本	残	清
麦 0742	13550	授大比丘具足戒法	写本	全	清
麦 0743	13549	禅林宝训卷下	写本	全	明
麦 0747	13706	直指玉钥匙门法	写本	全	不详
麦 0755	13552	佛门杂录	写本	残	不详
麦 0855	15037	玉历抄传警世	写本	全	清
麦 0891	15100	左传选卷十二	写本	全	清
麦 0962	13683	妙法莲华经卷第二	写本	全	明
麦 0968	15102	金光明经卷第四	写本	首残	唐

二、麦积山刻本文书目录

编　号	登记号	书　　名	类　别	现　状	时　代
麦 0001	13078	沙弥律仪要略卷第二十一	刻本	全	明
麦 0002	13492	大佛顶如来密因修证了义诸菩萨万行首楞严经卷第九至卷第十	刻本	全	清
麦 0003	13510	重订古文释义新编卷三	刻本	全	清
麦 0004	13509	修礼七佛慈悲忏法	刻本	全	清
麦 0005	13508	寿世保元卷九至卷十	刻本	残	清
麦 0009	13505	玄天上帝劝世文	刻本	全	清
麦 0011	13504	重刊北京五大部直音会韵卷上下	刻本	全	清
麦 0013	13502	诗韵含英	刻本	残	清
麦 0014	13500	书经体注大全合参卷四	刻本	全	清
麦 0015	13496	历代宗派传灯捷录	刻本	全	清
麦 0016	13499	书经体注大全合参卷二	刻本	全	清
麦 0017	13495	梵网经菩萨戒	刻本	全	清
麦 0019	13497	禅林宝训卷上	刻本	全	明
麦 0020	13498	诗经融注大全体要卷六至卷八	刻本	稍残	清
麦 0021	13493	佛说大阿弥陀经	刻本	全	清
麦 0022	13526	毗尼日用仪范	刻本	全	清
麦 0024	13523	金刚经偈录	刻本	残	清
麦 0029	13481	敕建十方卧龙禅寺同戒录	刻本	全	清
麦 0032	13485	大佛顶如来密因修证了义诸菩萨万行首楞严经卷第五至卷第六	刻本	全	明
麦 0033	13518	禅林宝训卷上下	刻本	稍残	清
麦 0034	13484	大佛顶如来密因修证了义诸菩萨万行首楞严经卷第三至卷第四	刻本	全	明
麦 0035	13483	大佛顶如来密因修证了义诸菩萨万行首楞严经卷第一至卷第二	刻本	全	明

(续表)

编　号	登记号	书　　名	类　别	现　状	时　代
麦 0036	13482	弘戒法仪下	刻本	全	清
麦 0038	14015	大佛顶如来密因修证了义诸菩萨万行首楞严经合论卷第六至卷七	刻本	尾残	明
麦 0039	13530	妙法莲华经卷第二	刻本	全	清
麦 0040	13531	妙法莲华经卷第一	刻本	全	清
麦 0042	13707	梵网经菩萨戒	刻本	全	清
麦 0043	13103	太上感应篇	刻本	全	清
麦 0044	13106	周易本义卷三至卷四	刻本	首残	清
麦 0045	13104	悟性穷源	刻本	全	不详
麦 0046	13532	妙法莲华经卷第五	刻本	全	清
麦 0047	13099	四书翼注论文中庸卷上下	刻本	稍残	清
麦 0049	13945	青峰大云登禅师语录	刻本	全	清
麦 0051	13094	妙法莲华经卷第三至卷四	刻本	全	清
麦 0054	13093	高王观音经	刻本	残片	清
麦 0055	13533	妙法莲华经卷第三	刻本	全	清
麦 0056	13708	梵网经菩萨戒	刻本	全	清
麦 0057	13528	元亨疗马集	刻本	残	清
麦 0058	14019	禅林宝训合注卷第一至卷第二	刻本	全	明
麦 0059	14017	沙弥律仪要略卷第二十一	刻本	全	清
麦 0060	13076	四分戒本	刻本	全	清
麦 0062	13710	准提净业卷一至卷二	刻本	尾残	明
麦 0063	13077	天目晦石禅师临济四宾主辨卷一至卷四	刻本	全	清
麦 0064	13207	妙法莲华经卷第五	刻本	全	明
麦 0065	13703	目连正教血盆经(拟)	刻本	残	清
麦 0066	13702	佛说阿弥陀经	刻本	残	明
麦 0067	13699	新刻疗牛马经卷四至卷五	刻本	首残	清
麦 0068	13701	大佛顶如来密因修证了义诸菩萨万行首楞严经卷第六至卷第十	刻本	稍残	明
麦 0073	13711	教乘法数卷第三	刻本	全	清
麦 0077	13709	宗门玄鉴图	刻本	稍残	清

（续表）

编　号	登记号	书　名	类　别	现　状	时　代
麦0079	13090	大乘妙法莲华经要解科文第一卷	刻本	全	明
麦0080	13720	梵网经菩萨戒	刻本	稍残	清
麦0082	13080	梵网经菩萨戒	刻本	全	清
麦0083	13087	易经体注大全会解卷九	刻本	首尾稍	清
麦0087	13079	千佛寺和尚为柏林监院溥霖大师承嗣	刻本	全	清
麦0089	13650	大般涅槃经卷第三十四	刻本	全	明
麦0090	13651	大般涅槃经卷第三十二	刻本	全	明
麦0091	13534	妙法莲华经卷第四	刻本	全	清
麦0092	13652	大般涅槃经卷第三十一	刻本	全	明
麦0093	13648	妙法莲华经卷第六	刻本	全	明
麦0094	13649	妙法莲华经卷第七	刻本	全	明
麦0095	13122	妙法莲华经卷第二	刻本	全	明
麦0096	13618	妙法莲华经卷第六	刻本	全	明
麦0097	13752	妙法莲华经卷第五	刻本	全	明
麦0098	13208	妙法莲华经卷第六	刻本	全	明
麦0100	13204	妙法莲华经卷第七	刻本	全	明
麦0101	13205	妙法莲华经卷第二	刻本	全	明
麦0102	13238	妙法莲华经卷第五	刻本	全	明
麦0103	13292	妙法莲华经卷第一	刻本	全	明
麦0104	13301	妙法莲华经卷第三	刻本	全	明
麦0105	13293	妙法莲华经卷第三	刻本	全	明
麦0106	13235	妙法莲华经卷第一	刻本	全	明
麦0107	13282	妙法莲华经卷第六	刻本	全	明
麦0108	13996	金光明最胜王经卷第九	刻本	首残	明
麦0109	13985	大方广佛华严经卷第十二	刻本	全	明
麦0110	13988	大方广佛华严经卷第十三	刻本	全	明
麦0111	13125	慈悲道场忏法卷第三	刻本	全	明
麦0112	12959	慈悲道场忏法卷第三	刻本	全	明
麦0113	14019	佛母大孔雀明王经卷下	刻本	稍残	明
麦0114	14020	妙法莲华经卷第四	刻本	全	不详

编　号	登记号	书　　名	类　别	现　状	时　代
麦 0115	13284	妙法莲华经卷第六	刻本	首稍残	不详
麦 0116	13286	妙法莲华经卷第一	刻本	全	不详
麦 0118	13285	妙法莲华经卷第二	刻本	全	不详
麦 0119	13694	妙法莲华经卷第六	刻本	全	不详
麦 0120	13695	妙法莲华经卷第五	刻本	全	不详
麦 0121	13685	妙法莲华经卷第四	刻本	残	明
麦 0122	13693	妙法莲华经卷第七	刻本	全	不详
麦 0124	13134	慈悲道场忏法卷第九	刻本	尾残	明
麦 0125	13133	慈悲道场忏法卷第八	刻本	尾残	明
麦 0126	13125	慈悲道场忏法卷第三	刻本	全	明
麦 0127	13150	大方广佛华严经卷第五十一	刻本	全	明
麦 0128	12979	大般涅槃经卷第三	刻本	稍残	明
麦 0129	12978	大般涅槃经卷第四	刻本	尾残	明
麦 0130	13148	大方便佛报恩经卷第四	刻本	全	明
麦 0131	13294	大般涅槃经卷第五	刻本	首尾残	明
麦 0132	14010	慈道场忏法卷第一	刻本	全	明
麦 0133	13988	大方广佛华严经卷第十三	刻本	稍残	明
麦 0134	13145	大方广佛华严经卷第四十七	刻本	极残	明
麦 0135	13480	大方广佛华严经卷第五十五	刻本	首尾残	明
麦 0136	13800	大方广佛华严经卷第二十一	刻本	全	明
麦 0137	13971	大方广佛华严经卷第四十七	刻本	首尾残	明
麦 0138	13685	妙法莲华经卷第四	刻本	全	明
麦 0139	13654	妙法莲华经卷第一	刻本	尾残	明
麦 0140	13615	大佛顶如来密因修证了义诸菩萨万行首楞严经卷第三	刻本	尾残	明
麦 0141	13767	大佛顶如来密因修证了义诸菩萨万行首楞严经卷第九	刻本	尾残	明
麦 0145	13476	大般涅槃经后分卷下	刻本	残	明
麦 0146	13259	妙法莲华经卷第七	刻本	全	明
麦 0147	13260	妙法莲华经卷第四	刻本	全	明
麦 0150	13217	佛母大孔雀明王经卷上	刻本	尾残	明

（续表）

编 号	登记号	书 名	类别	现 状	时 代
麦 0151	13236	妙法莲华经卷第二	刻本	全	明
麦 0152	13254	慈悲道场忏法卷第六	刻本	全	元
麦 0153	13962	慈悲道场忏法卷第三	刻本	尾残	明
麦 0154	13660	慈悲道场忏法卷第九	刻本	全	明
麦 0156	13123	慈悲道场忏法卷第十	刻本	全	明
麦 0157	13357	大方广佛华严经卷第六十	刻本	全	明
麦 0158	13654	妙法莲华经卷第一	刻本	全	明
麦 0160	14021	妙法莲华经卷第三	刻本	全	不详
麦 0162	13653	高王观音经	刻本	首残	清
麦 0163	13719	心经等	刻本	残	清
麦 0164	13453	复庵和尚华严经纶贯	刻本	稍残	清
麦 0165	13454	金光明最胜王经卷第十	刻本	全	明
麦 0166	13455	广弘明集卷第一	刻本	全	明
麦 0170	13460	大般涅槃经第十二	刻本	残	明
麦 0171	13462	金光明最胜王经卷第一	刻本	全	明
麦 0172	13463	金光明最胜王经卷第二	刻本	全	明
麦 0173	13464	金光明最胜王经卷第三	刻本	全	明
麦 0174	13465	金光明最胜王经卷第四	刻本	全	明
麦 0175	13466	金光明最胜王经卷第五	刻本	全	明
麦 0176	13467	金光明最胜王经卷第六	刻本	全	明
麦 0177	13468	金光明最胜王经卷第七	刻本	全	明
麦 0178	13469	金光明最胜王经卷第八	刻本	全	明
麦 0179	13470	金光明最胜王经卷第九	刻本	全	明
麦 0180	13471	金光明最胜王经卷第十	刻本	全	明
麦 0181	13472	大方广佛华严经卷第三十二	刻本	全	明
麦 0182	13473	妙法莲华经卷第四	刻本	尾残	不详
麦 0183	13474	地藏菩萨本愿经卷下	刻本	尾残	清
麦 0184	13475	金刚经	刻本	残	清
麦 0185	13121	三昧水忏法卷下	刻本	全	明
麦 0186	13136	大佛顶如来密因修证了义诸菩萨万行首楞严经卷第二	刻本	首尾残	明

（续表）

编 号	登记号	书 名	类 别	现 状	时 代
麦 0189	13673	妙法莲华经卷第一	刻本	全	不详
麦 0190	13279	大般涅槃经卷第六	刻本	首尾残	明
麦 0191	13622	妙法莲华经卷第四	刻本	首残	不详
麦 0192	13278	大般涅槃经卷第一	刻本	首尾残	明
麦 0193	13668	慈悲道场忏法卷第七	刻本	全	明
麦 0194	13667	慈悲道场忏法卷第五	刻本	全	明
麦 0195	13662	慈悲道场忏法卷第六	刻本	全	明
麦 0196	13625	慈悲道场忏法卷第五	刻本	全	明
麦 0197	13624	慈悲道场忏法卷第四	刻本	全	明
麦 0198	13965	大方广佛华严经卷第二十四	刻本	全	明
麦 0199	13958	大般涅槃经卷第十	刻本	全	明
麦 0200	13957	大方广佛华严经卷第十二	刻本	全	明
麦 0201	13959	慈悲道场忏法卷第二	刻本	全	明
麦 0202	13677	慈悲道场忏法卷第九	刻本	全	明
麦 0203	13676	慈悲道场忏法卷第八	刻本	全	明
麦 0204	13675	慈悲道场忏法卷第二	刻本	全	明
麦 0205	13670	佛母大孔雀明王经卷上	刻本	首残	明
麦 0206	13669	佛母大孔雀明王经卷中	刻本	全	明
麦 0207	12958	慈悲道场忏法卷第二	刻本	全	明
麦 0208	12957	慈悲道场忏法卷第一	刻本	全	明
麦 0209	12962	慈悲道场忏法卷第六	刻本	全	明
麦 0210	12963	慈悲道场忏法卷第三	刻本	全	明
麦 0211	12964	慈悲道场忏法卷第四	刻本	全	明
麦 0213	12960	慈悲道场忏法卷第四	刻本	全	明
麦 0214	12961	慈悲道场忏法卷第五	刻本	全	明
麦 0215	13637	大方广佛华严经卷第二十七	刻本	全	明
麦 0216	13636	大方广佛华严经卷第二十五	刻本	全	明
麦 0217	13233	大方广佛华严经卷第六十	刻本	残	明
麦 0218	13237	妙法莲华经卷第四	刻本	全	明
麦 0219	13289	大方广佛华严经卷第五十三	刻本	残	明
麦 0220	13234	大方广佛华严经卷第五十九	刻本	全	明

（续表）

编　号	登记号	书　　名	类　别	现　状	时　代
麦 0221	13218	广弘明集卷第四	刻本	全	明
麦 0222	13149	大方便佛报恩经卷第五	刻本	全	明
麦 0223	13294	大般涅槃经卷第三十三	刻本	全	明
麦 0224	13632	慈悲道场忏法卷第一	刻本	尾残	明
麦 0225	13621	妙法莲华经卷第六	刻本	首残	不详
麦 0226	13133	慈悲道场忏法卷第八	刻本	全	元
麦 0227	13131	慈悲道场忏法卷第五	刻本	全	明
麦 0228	13132	慈悲道场忏法卷第六	刻本	全	明
麦 0229	13130	慈悲道场忏法卷第六	刻本	全	明
麦 0231	13129	慈悲道场忏法卷第四	刻本	全	明
麦 0232	12966	慈悲道场忏法卷第六	刻本	全	明
麦 0233	12967	慈悲道场忏法卷第七	刻本	全	明
麦 0234	13146	大方便佛报恩经卷第三	刻本	全	明
麦 0235	12962	慈悲道场忏法卷第十	刻本	全	明
麦 0236	12963	慈悲道场忏法卷第七	刻本	全	明
麦 0237	12965	慈悲道场忏法卷第九	刻本	全	明
麦 0238	12964	慈悲道场忏法卷第八	刻本	全	明
麦 0239	13993	金光明最胜王经卷第六	刻本	全	明
麦 0241	13697	慈悲道场忏法卷第四	刻本	尾稍残	元
麦 0243	13213	未来星宿劫千佛名经	刻本	全	清
麦 0244	13219	广弘明集卷第二	刻本	全	明
麦 0245	13768	大般涅槃经卷第三十八	刻本	全	明
麦 0247	13147	大方便佛报恩经卷第一	刻本	全	明
麦 0248	13215	佛母大孔雀明王经卷上	刻本	全	明
麦 0249	13277	大般涅槃经后分卷上	刻本	全	明
麦 0251	14008	大方广佛华严经卷第二十二	刻本	全	明
麦 0252	13989	慈悲道场忏法卷第五	刻本	全	明
麦 0254	13125	慈悲道场忏法卷第三	刻本	全	明
麦 0255	13124	慈悲道场忏法卷第四	刻本	全	明
麦 0257	13119	大方广佛华严经卷第七十六	刻本	全	明
麦 0258	13132	慈悲道场忏法卷第二	刻本	全	明

编　号	登记号	书　　名	类　别	现　状	时　代
麦 0259	12966	慈悲道场忏法卷第十	刻本	全	明
麦 0260	13627	慈悲道场忏法卷第七	刻本	全	明
麦 0261	13990	慈悲道场忏法卷第二	刻本	全	明
麦 0262	13999	慈悲道场忏法卷第六	刻本	全	明
麦 0263	14002	慈悲道场忏法卷第四	刻本	全	明
麦 0264	14004	慈悲道场忏法卷第十	刻本	全	明
麦 0265	14003	慈悲道场忏法卷第一	刻本	全	明
麦 0266	13997	妙法莲华经卷第四	刻本	首尾残	不详
麦 0268	13164	慈悲道场忏法卷第八	刻本	全	明
麦 0270	13626	慈悲道场忏法卷第六	刻本	全	明
麦 0271	13629	慈悲道场忏法卷第三	刻本	全	明
麦 0272	13633	慈悲道场忏法卷第七	刻本	全	明
麦 0273	13633	慈悲道场忏法卷第七	刻本	全	明
麦 0274	13165	慈悲道场忏法卷第四	刻本	全	明
麦 0275	14011	慈悲道场忏法卷第八	刻本	全	明
麦 0276	13951	沙弥律仪要略	刻本	全	清
麦 0277	13135	慈悲道场忏法卷第七	刻本	全	明
麦 0278	13134	慈悲道场忏法卷第九	刻本	全	元
麦 0279	13120	妙法莲华经卷第三	刻本	全	不详
麦 0282	13406	禅门佛事要略	刻本	全	清
麦 0283	13413	金光明最胜王经卷第一	刻本	全	明
麦 0284	13414	金光明最胜王经卷第二	刻本	全	明
麦 0285	13415	金光明最胜王经卷第三	刻本	全	明
麦 0286	13416	金光明最胜王经卷第四	刻本	全	明
麦 0287	13417	金光明最胜王经卷第五	刻本	全	明
麦 0288	13418	金光明最胜王经卷第六	刻本	全	明
麦 0289	13419	金光明最胜王经卷第七	刻本	全	明
麦 0290	13420	金光明最胜王经卷第八	刻本	全	明
麦 0291	13421	金光明最胜王经卷第九	刻本	全	明
麦 0292	13422	金光明最胜王经卷第十	刻本	全	明
麦 0293	13751	妙法莲华经卷第六	刻本	全	不详

（续表）

编　号	登记号	书　　　名	类别	现状	时代
麦0294	13412	大般涅槃经卷第八	刻本	全	明
麦0295	13411	大般涅槃经卷第三十八	刻本	全	明
麦0296	13410	大般涅槃经卷第四十	刻本	全	明
麦0297	13409	妙法莲华经卷第三	刻本	全	不详
麦0298	13408	大方便佛报恩经卷第六	刻本	全	明
麦0299	13423	慈悲道场忏法卷第十	刻本	全	明
麦0300	13442	广弘明集卷第十一	刻本	全	不详
麦0301	13441	慈悲道场忏法卷第六	刻本	全	明
麦0302	13440	大般涅槃经卷第三十五	刻本	全	明
麦0303	13439	大般涅槃经卷第三十六	刻本	全	明
麦0304	13438	大般涅槃经卷第九	刻本	全	明
麦0305	13437	广弘明集卷第三	刻本	全	明
麦0306	13436	弘明集卷第十四	刻本	全	明
麦0307	13435	广弘明集卷第十三	刻本	首缺	明
麦0308	13434	弘明集卷第十二	刻本	全	明
麦0309	13433	大方广佛华严经卷第五十	刻本	全	明
麦0310	13432	广弘明集卷第六	刻本	全	明
麦0311	13431	大方广佛华严经卷第六十五	刻本	稍残	明
麦0312	13430	大方便佛报恩经卷第七	刻本	全	明
麦0313	13429	大方便佛报恩经卷第二	刻本	全	明
麦0314	13428	金光明最胜王经卷第八	刻本	全	明
麦0315	13427	慈悲道场忏法卷第五	刻本	全	元
麦0316	13458	元始天尊说真武修行苦行宝卷下	刻本	残	清
麦0317	13426	元始天尊说真武修行苦行宝卷下	刻本	残	清
麦0318	13425	慈悲道场忏法卷第四	刻本	尾残	明
麦0319	13425	地藏菩萨本愿经卷中	刻本	首残	清
麦0320	13424	地藏菩萨本愿经卷上	刻本	尾残	清
麦0321	13443	妙法莲华经卷第四	刻本	残	不详
麦0322	13444	大方广佛华严经卷第五十二	刻本	全	明
麦0324	13446	禅林宝训音义	刻本	全	明
麦0325	13447	大般涅槃经卷第七	刻本	首尾残	明

（续表）

编　号	登记号	书　　名	类　别	现　状	时　代
麦0326	13448	销释地藏科仪全部	刻本	全	明
麦0329	13151	大方广佛华严经卷第五十二	刻本	全	明
麦0330	13452	大般涅槃经卷第二	刻本	残	明
麦0331	13389	大方广佛华严经卷第十一	刻本	全	明
麦0332	13388	慈悲道场忏法卷第五	刻本	全	明
麦0333	13387	慈悲道场忏法卷第一	刻本	全	明
麦0334	13386	妙法莲华经卷第七	刻本	首残	明
麦0335	13385	慈悲道场忏法卷第一	刻本	全	元
麦0336	13384	慈悲道场忏法卷第三	刻本	全	明
麦0337	13383	慈悲道场忏法卷第十	刻本	首残	元
麦0338	13382	大方广佛华严经卷第十八	刻本	全	明
麦0339	13361	大方广佛华严经卷第十九	刻本	全	明
麦0340	13359	慈悲道场忏法卷第七	刻本	首残	元
麦0341	13358	大方广佛华严经卷第五十九	刻本	全	明
麦0343	13356	大方广佛华严经卷第六十三	刻本	全	明
麦0344	13355	妙法莲华经卷第三	刻本	全	明
麦0345	13354	妙法莲华经卷第四	刻本	全	不详
麦0346	13353	妙法莲华经卷第一	刻本	全	明
麦0347	13352	妙法莲华经卷第六	刻本	全	明
麦0349	13403	妙法莲华经卷第三	刻本	全	不详
麦0350	13362	大方广佛华严经卷第十八	刻本	全	明
麦0351	13362	大方广佛华严经卷第十九	刻本	全	明
麦0352	13363	大方广佛华严经卷第二十	刻本	全	明
麦0353	13401	大乘本生心地观经卷第二	刻本	全	明
麦0355	13390	妙法莲华经卷第四	刻本	全	不详
麦0358	13639	大方广佛华严经卷第二十三	刻本	全	明
麦0359	13295	大方广佛华严经卷第六十四	刻本	全	明
麦0360	13608	大方广佛华严经卷第二十八	刻本	全	明
麦0361	13980	大方广佛华严经卷第三十	刻本	全	明
麦0362	13973	大方广佛华严经卷第四十九	刻本	全	明
麦0363	13974	大方广佛华严经卷第五十	刻本	全	明

（续表）

编　号	登记号	书　　名	类别	现状	时代
麦 0364	13399	妙法莲华经卷第二	刻本	全	明
麦 0365	13979	大方广佛华严经卷第二十九	刻本	全	明
麦 0366	13170	大方广佛华严经卷第五十八	刻本	全	明
麦 0367	13398	妙法莲华经卷第五	刻本	全	明
麦 0368	13169	大方广佛华严经卷第五十七	刻本	全	明
麦 0369	13168	大方广佛华严经卷第五十六	刻本	全	明
麦 0370	13397	妙法莲华经卷第一	刻本	全	明
麦 0371	13167	大方广佛华严经卷第二十六	刻本	全	明
麦 0372	13396	大般涅槃经卷第三十九	刻本	首残	明
麦 0373	13166	大方广佛华严经卷第二十五	刻本	全	明
麦 0374	13970	大方广佛华严经卷第四十六	刻本	全	明
麦 0375	13971	大方广佛华严经卷第四十七	刻本	全	明
麦 0376	13972	大方广佛华严经卷第四十八	刻本	全	明
麦 0379	13373	妙法莲华经卷第五	刻本	首尾残	不详
麦 0381	13374	妙法莲华经卷第四	刻本	首尾残	不详
麦 0382	13372	妙法莲华经卷第二	刻本	首尾残	不详
麦 0383	13371	妙法莲华经卷第二	刻本	全	不详
麦 0384	13370	妙法莲华经卷第三	刻本	全	不详
麦 0385	13369	金刚经	刻本	尾残	不详
麦 0386	13367	大佛顶如来密因修证了义诸菩萨万行首楞严经卷第六	刻本	全	明
麦 0387	13366	大佛顶如来密因修证了义诸菩萨万行首楞严经卷第一	刻本	全	明
麦 0388	13365	大佛顶如来密因修证了义诸菩萨万行首楞严经卷第二	刻本	尾残	明
麦 0389	13992	大方广佛华严经卷第三十七	刻本	全	明
麦 0390	13991	大方广佛华严经卷第三十六	刻本	全	明
麦 0391	13987	大方广佛华严经卷第三十五	刻本	全	明
麦 0392	13986	大方广佛华严经卷第三十四	刻本	全	明
麦 0393	13983	大方广佛华严经卷第三十三	刻本	全	明
麦 0394	13982	大方广佛华严经卷第三十二	刻本	全	明

编　号	登记号	书　　名	类　别	现　状	时　代
麦 0395	13395	妙法莲华经卷第三	刻本	全	不详
麦 0396	13394	大方广佛华严经卷第五十四	刻本	全	明
麦 0397	13393	大方广佛华严经卷第四十九	刻本	全	明
麦 0398	13392	大方广佛华严经卷第四十八	刻本	全	明
麦 0399	13391	大方广佛华严经卷第四十六	刻本	全	明
麦 0400	13265	大方广佛华严经卷第十七	刻本	全	明
麦 0401	13264	大方广佛华严经卷第十六	刻本	全	明
麦 0402	13263	大方广佛华严经卷第十五	刻本	全	明
麦 0403	13262	大方广佛华严经卷第十四	刻本	全	明
麦 0404	12965	大乘本生地观经卷第三	刻本	全	明
麦 0405	13151	大方广佛华严经卷第五十二	刻本	残	明
麦 0406	13152	大方广佛华严经卷第五十三	刻本	全	明
麦 0407	13153	大方广佛华严经卷第五十四	刻本	全	明
麦 0408	13607	大方广佛华严经卷第二十九	刻本	全	明
麦 0409	13231	大方广佛华严经卷第六十二	刻本	全	明
麦 0410	13981	大方广佛华严经卷第三十一	刻本	全	明
麦 0411	13978	大方广佛华严经卷第二十八	刻本	全	明
麦 0412	13351	慈悲道场忏法卷第七	刻本	全	明
麦 0415	13349	大方广佛华严经卷第四十四	刻本	全	明
麦 0416	13348	大方广佛华严经卷第六十五	刻本	全	明
麦 0417	13347	大方广佛华严经卷第七十六	刻本	全	明
麦 0418	13346	大方广佛华严经卷第八十一	刻本	全	明
麦 0419	13345	大方广佛华严经卷第四十三	刻本	首稍残	明
麦 0420	13344	大方广佛华严经卷第三	刻本	全	明
麦 0424	13378	大佛顶如来密因修证了义诸菩萨万行首楞严经卷第四	刻本	首残	明
麦 0425	13377	大佛顶如来密因修证了义诸菩萨万行首楞严经卷第五	刻本	全	明
麦 0457	13343	大方广佛华严经卷第二	刻本	全	明
麦 0459	13342	大方广佛华严经卷第五	刻本	全	明
麦 0460	12987	大乘本生地观经卷第五	刻本	全	明

（续表）

编　号	登记号	书　　名	类别	现状	时代
麦 0461	12986	大乘本生心地观经卷第四	刻本	全	明
麦 0462	12985	慈悲道场忏法卷第五	刻本	全	明
麦 0463	12984	大乘本生心地观经卷第一	刻本	全	明
麦 0464	12978	大般涅槃经卷第四十	刻本	全	明
麦 0465	12979	大般涅槃经卷第三十九	刻本	全	明
麦 0466	13276	大方广佛华严经卷第一	刻本	全	明
麦 0467	13000	大般涅槃经卷第二十	刻本	全	明
麦 0468	12999	大般涅槃经卷第十九	刻本	全	明
麦 0469	12998	大般涅槃经卷第十八	刻本	全	明
麦 0470	12997	大般涅槃经卷第十七	刻本	全	明
麦 0471	12996	大般涅槃经卷第十六	刻本	全	明
麦 0472	13789	大方广佛华严经卷第七十六	刻本	全	明
麦 0473	13790	大方广佛华严经卷第七十七	刻本	全	明
麦 0474	12977	大般涅槃经后分卷上	刻本	全	不详
麦 0475	13791	大方广佛华严经卷第七十八	刻本	全	明
麦 0476	13792	大方广佛华严经卷第七十九	刻本	全	明
麦 0477	13793	大方广佛华严经卷第八十	刻本	全	明
麦 0478	13794	大方广佛华严经卷第八十一	刻本	全	明
麦 0479	13795	大方广佛华严经卷第三十一	刻本	全	明
麦 0480	13796	大方广佛华严经卷第三十二	刻本	全	明
麦 0481	13797	大方广佛华严经卷第三十三	刻本	全	明
麦 0482	13798	大方广佛华严经卷第三十四	刻本	全	明
麦 0483	13799	大方广佛华严经卷第三十五	刻本	全	明
麦 0485	13800	大方广佛华严经卷第二十一	刻本	全	明
麦 0486	13801	大方广佛华严经卷第二十二	刻本	全	明
麦 0487	14005	大方广佛华严经卷第二十三	刻本	全	明
麦 0488	14006	大方广佛华严经卷第二十四	刻本	全	明
麦 0489	14007	大方广佛华严经卷第二十五	刻本	全	明
麦 0490	13222	大方广佛华严经卷第四十六	刻本	全	明
麦 0491	13223	大方广佛华严经卷第四十七	刻本	全	明

编　号	登记号	书　　名	类　别	现　状	时　代
麦 0492	13224	大方广佛华严经卷第四十八	刻本	全	明
麦 0493	13225	大方广佛华严经卷第四十九	刻本	全	明
麦 0494	13226	大方广佛华严经卷第五十	刻本	全	明
麦 0495	12992	大方广佛华严经卷第十二	刻本	全	明
麦 0496	13194	大方广佛华严经卷第六十	刻本	全	明
麦 0497	13195	大方广佛华严经卷第五十九	刻本	全	明
麦 0498	13196	大方广佛华严经卷第五十八	刻本	全	明
麦 0499	13197	大方广佛华严经卷第五十七	刻本	全	明
麦 0500	13198	大方广佛华严经卷第五十六	刻本	全	明
麦 0501	13784	大方广佛华严经卷第六	刻本	全	明
麦 0502	13785	大方广佛华严经卷第七	刻本	全	明
麦 0503	13786	大方广佛华严经卷第八	刻本	全	明
麦 0504	13787	大方广佛华严经卷第九	刻本	全	明
麦 0505	13789	大方广佛华严经卷第十	刻本	全	明
麦 0506	13176	大方广佛华严经卷第五十一	刻本	全	明
麦 0507	13177	大方广佛华严经卷第五十二	刻本	全	明
麦 0508	13178	大方广佛华严经卷第五十三	刻本	全	明
麦 0509	13179	大方广佛华严经卷第五十四	刻本	全	明
麦 0510	13180	大方广佛华严经卷第五十五	刻本	全	明
麦 0511	13159	大方广佛华严经卷第七十一	刻本	全	明
麦 0512	13160	大方广佛华严经卷第七十二	刻本	全	明
麦 0513	13161	大方广佛华严经卷第七十三	刻本	全	明
麦 0514	13162	大方广佛华严经卷第七十四	刻本	全	明
麦 0515	13163	大方广佛华严经卷第七十五	刻本	全	明
麦 0516	13171	大方广佛华严经卷第四十一	刻本	全	明
麦 0517	13172	大方广佛华严经卷第四十二	刻本	全	明
麦 0518	13173	大方广佛华严经卷第四十三	刻本	全	明
麦 0519	13174	大方广佛华严经卷第四十四	刻本	全	明
麦 0520	13175	大方广佛华严经卷第四十五	刻本	全	明
麦 0521	12983	大方广佛华严经卷第二十一	刻本	全	明

编　号	登记号	书　　名	类　别	现　状	时　代
麦 0522	12982	大方广佛华严经卷第二十二	刻本	全	明
麦 0523	12981	大方广佛华严经卷第二十三	刻本	全	明
麦 0524	12980	大方广佛华严经卷第二十四	刻本	全	明
麦 0525	13779	大方广佛华严经卷第二十六	刻本	全	明
麦 0526	13780	大方广佛华严经卷第二十七	刻本	全	明
麦 0527	13781	大方广佛华严经卷第二十八	刻本	全	明
麦 0528	13782	大方广佛华严经卷第二十九	刻本	全	明
麦 0529	13783	大方广佛华严经卷第三十	刻本	全	明
麦 0530	13185	大方广佛华严经卷第六十六	刻本	全	明
麦 0531	13186	大方广佛华严经卷第六十七	刻本	全	明
麦 0532	13187	大方广佛华严经卷第六十八	刻本	全	明
麦 0533	13188	大方广佛华严经卷第六十九	刻本	全	明
麦 0534	13189	大方广佛华严经卷第七十	刻本	全	明
麦 0535	13119	慈悲道场忏法卷第一	刻本	全	明
麦 0536	12993	大方广佛华严经卷第十三	刻本	全	明
麦 0537	12994	大方广佛华严经卷第十四	刻本	全	明
麦 0538	12995	大方广佛华严经卷第十五	刻本	全	明
麦 0539	14000	大方广佛华严经卷第四	刻本	全	明
麦 0540	13256	大方广佛华严经卷第二十	刻本	全	明
麦 0541	13966	大方广佛华严经卷第九	刻本	全	明
麦 0542	13967	大方广佛华严经卷第三十九	刻本	全	明
麦 0543	13968	大方广佛华严经卷第四十四	刻本	全	明
麦 0544	13969	大方广佛华严经卷第四十五	刻本	全	明
麦 0545	13964	大方广佛华严经卷第四十二	刻本	全	明
麦 0546	13956	妙法莲华经卷第七	刻本	全	明
麦 0547	13960	大方广佛华严经卷第十五	刻本	全	明
麦 0548	13977	大方广佛华严经卷第二十七	刻本	全	明
麦 0549	13976	大方广佛华严经卷第七	刻本	全	明
麦 0550	13655	大方广佛华严经卷第三十三	刻本	全	明
麦 0551	13682	大方广佛华严经卷第五十八	刻本	全	明

(续表)

编　号	登记号	书　　名	类　别	现　状	时　代
麦 0552	13365	华严经道场起止大略	刻本	全	不详
麦 0553	13680	大方广佛华严经卷第四十	刻本	全	明
麦 0554	13679	大方广佛华严经卷第五十六	刻本	全	明
麦 0555	13280	大般涅槃经卷第十三	刻本	全	不详
麦 0556	13678	大方广佛华严经卷第五十五	刻本	尾残	明
麦 0557	13994	慈悲道场忏法卷第八	刻本	尾残	明
麦 0558	13220	广弘明集卷第五	刻本	全	明
麦 0559	13698	慈悲道场忏法卷第九	刻本	全	明
麦 0560	13975	大方广佛华严经卷第六	刻本	全	明
麦 0561	13121	大方广佛华严经卷第七十八	刻本	全	明
麦 0562	13142	大方广佛华严经卷第七十九	刻本	全	明
麦 0563	13143	大方广佛华严经卷第八十一	刻本	全	明
麦 0564	13120	大方广佛华严经卷第七十七	刻本	全	明
麦 0565	12991	大方广佛华严经卷第十一	刻本	全	明
麦 0566	12990	大乘本生心地观经卷第八	刻本	全	明
麦 0567	12989	大乘本生心地观经卷第七	刻本	全	明
麦 0568	12988	大乘本生心地观经卷第六	刻本	全	明
麦 0569	13656	大方广佛华严经卷第四十七	刻本	全	明
麦 0570	13145	大方广佛华严经卷第七十五	刻本	首残	明
麦 0571	13144	大方广佛华严经卷第八十一	刻本	全	明
麦 0575	13963	慈悲道场忏法卷第二	刻本	全	元
麦 0576	13136	大佛顶如来密因修证了义诸菩萨万行首楞严经卷第四	刻本	尾残	明
麦 0577	14014	大方广佛华严经卷第十一	刻本	全	明
麦 0578	13232	大方广佛华严经卷第六十一	刻本	全	明
麦 0579	13961	大方广佛华严经卷第十六	刻本	全	明
麦 0580	13750	大方广佛华严经卷第三十八	刻本	全	明
麦 0581	14009	大方广佛华严经卷第四十	刻本	全	明
麦 0582	13641	大方广佛华严经卷第四十一	刻本	全	明
麦 0583	13131	大方广佛华严经卷第三十一	刻本	全	明

（续表）

编　号	登记号	书　　　名	类　别	现　状	时　代
麦 0584	13645	大方广佛华严经卷第三十六	刻本	全	明
麦 0585	13241	大方广佛华严经卷第三十八	刻本	全	明
麦 0586	13647	大方广佛华严经卷第三十四	刻本	全	明
麦 0587	13646	大方广佛华严经卷第三十五	刻本	全	明
麦 0588	13644	大方广佛华严经卷第三十七	刻本	全	明
麦 0589	13642	大方广佛华严经卷第三十九	刻本	全	明
麦 0590	13150	大方广佛华严经卷第五十一	刻本	全	明
麦 0591	13239	大方广佛华严经卷第三十六	刻本	全	明
麦 0592	13240	大方广佛华严经卷第三十七	刻本	全	明
麦 0593	13241	大方广佛华严经卷第三十八	刻本	全	明
麦 0594	13242	大方广佛华严经卷第三十九	刻本	全	明
麦 0595	13244	大方广佛华严经卷第四十	刻本	全	明
麦 0596	13687	大方广佛华严经卷第六十一	刻本	全	明
麦 0597	13688	大方广佛华严经卷第六十二	刻本	全	明
麦 0598	13689	大方广佛华严经卷第六十三	刻本	全	明
麦 0599	13690	大方广佛华严经卷第六十四	刻本	全	明
麦 0600	13691	大方广佛华严经卷第六十五	刻本	全	明
麦 0602	13692	慈悲道场忏法卷第一	刻本	全	元
麦 0603	13963	悲道场慈忏法卷第三	刻本	首残	元
麦 0605	13630	慈悲道场忏法卷第二	刻本	全	明
麦 0606	13212	佛母大孔雀明王经卷中	刻本	全	明
麦 0607	13209	妙法莲华经卷第六	刻本	全	不详
麦 0608	13216	佛母大孔雀明王经卷下	刻本	全	明
麦 0623	13868	大佛顶如来密因修证了义诸菩萨万行首楞严经卷第三	刻本	全	明
麦 0624	13491	书经体注大全合参卷一	刻本	全	清
麦 0625	13998	慈悲道场忏法卷第八	刻本	全	明
麦 0626	12968	悲道场慈忏法卷第九	刻本	全	明
麦 0628	15050	大方广佛华严经卷第二十六	刻本	全	明
麦 0629	13892	教民歌	刻本	全	清

(续表)

编　号	登记号	书　　名	类　别	现　状	时　代
麦 0630	13890	新编评注通玄先生张果星宗大全卷八至卷九	刻本	全	不详
麦 0631	13891	太上感应篇	刻本	全	清
麦 0632	13886	玉历钞传警世	刻本	残	清
麦 0633	13887	召福集	刻本	全	清
麦 0634	13888	太上感应篇	刻本	全	清
麦 0635	13893	阴骘文图说	刻本	全	清
麦 0636	13885	金刚般若波罗蜜经	刻本	全	不详
麦 0637	13899	地藏菩萨本愿经卷中	刻本	全	明
麦 0638	13898	地藏菩萨本愿经卷上	刻本	尾残	明
麦 0639	13896	慈悲三昧水忏法卷中	刻本	尾残	明
麦 0640	13028	新刻幼学须知直解卷下	刻本	全	清
麦 0641	13031	性理体注补训解	刻本	残	清
麦 0642	13206	妙法莲华经卷第七	刻本	全	明
麦 0643	13548	地藏菩萨本愿经卷下	刻本	首残	清
麦 0644	13547	妙法莲华经卷第二	刻本	全	明
麦 0645	13138	大方广佛华严经卷第七十六	刻本	全	明
麦 0646	13137	大方广佛华严经卷第七十五	刻本	全	明
麦 0647	13545	慈悲道场忏法卷第三	刻本	全	明
麦 0648	13543	金光明最胜王经卷第七	刻本	残	明
麦 0649	13619	妙法莲华经卷第五	刻本	全	明
麦 0650	13544	妙法莲华经卷第五	刻本	尾残	明
麦 0651	13620	妙法莲华经卷第七	刻本	全	明
麦 0653	13901	字汇(午集)	刻本	首残	清
麦 0655	13900	诸经日诵	刻本	残	清
麦 0657	13599	易经体注大全合参卷二	刻本	全	清
麦 0658	13598	易经体注大全合参卷四	刻本	首残	清
麦 0659	13597	易经体注大全合参卷三	刻本	全	清
麦 0660	13596	易经体注大全合参卷一	刻本	全	清
麦 0661	13595	诗经体注大全卷三至卷四	刻本	全	清
麦 0662	13594	太上感应篇	刻本	全	清

（续表）

编　号	登记号	书　名	类别	现状	时　代
麦 0663	13593	召福集	刻本	全	清
麦 0664	13592	教乘法数卷第六至卷第八	刻本	首残	清
麦 0665	13591	太上感应篇	刻本	残	清
麦 0666	13590	重刻敬信录	刻本	全	清
麦 0667	13589	佛说四分戒本	刻本	首残	清
麦 0668	13588	佛说四分戒本	刻本	全	清
麦 0669	13587	悟真篇	刻本	首残	清
麦 0670	13586	教乘法数卷第四至卷第五	刻本	全	清
麦 0671	13585	牧云和尚宗本投机颂	刻本	全	清
麦 0672	13584	三坛传戒正范卷第四	刻本	全	清
麦 0673	13108	新镌历法便览象吉备要通书卷四至卷六	刻本	稍残	清
麦 0674	13583	释氏要览全部	刻本	全	清
麦 0675	13952	沙弥律仪要略	刻本	首残	清
麦 0676	13582	寿世保元卷七至卷八	刻本	残	清
麦 0677	13946	弘戒法仪上	刻本	首残	清
麦 0688	13557	重镌玉历钞传因果实录合编	刻本	全	清
麦 0689	13573	大乘起信论 大乘法界无差别论	刻本	全	清
麦 0690	13569	弘戒法仪下	刻本	全	清
麦 0691	13568	弘戒法仪上	刻本	全	清
麦 0692	13566	周易本义卷三至卷四	刻本	全	清
麦 0693	15016	礼记体注大全合参卷四	刻本	全	不详
麦 0697	13571	蜀叟大师语录	刻本	残	清
麦 0698	13570	□□□十书	刻本	尾残	明
麦 0699	13567	教乘法数卷第九至卷第十	刻本	全	清
麦 0702	13562	高王观音经	刻本	全	清
麦 0703	13561	西方咏和	刻本	全	清
麦 0704	13559	楞伽阿跋多罗宝经卷第一至卷第二	刻本	全	清
麦 0705	13558	敕赐宝华山护国慧居寺同戒录	刻本	全	清
麦 0706	13096	六祖大师法宝坛经	刻本	稍残	不详
麦 0707	13097	书经体注大全合参	刻本	全	清

(续表)

编　号	登记号	书　　名	类　别	现　状	时　代
麦 0708	13107	四书朱子异同条辨大学	刻本	残	清
麦 0709	13095	三坛圆满天仙大戒略说	刻本	稍残	不详
麦 0710	13943	高王观音经	刻本	全	清
麦 0711	13942	得定超运禅师语录	刻本	稍残	清
麦 0712	13944	经史正音切韵指南门法	刻本	全	明
麦 0713	13949	川楚善后筹备事例	刻本	全	清
麦 0714	15012	重刻阴阳界善恶果报例案	刻本	残	清
麦 0716	13554	玉历钞传警世	刻本	首残	清
麦 0719	15046	注三字经	刻本	残	清
麦 0721	15017	玉历钞传警世	刻本	稍残	清
麦 0722	15048	高王观音经	刻本	全	清
麦 0723		童子升阶	刻本	全	清
麦 0726	13721	大佛顶如来密因修证了义诸菩萨万行首楞严经卷第一至卷第五	刻本	全	明
麦 0727	12688	漱芳轩合纂四书体注(论语)卷六至卷十	刻本	全	清
麦 0728	12880	增订古文集解卷五至卷六	刻本	全	不详
麦 0729	13612	禅宗决疑集	刻本	全	明
麦 0730	13602	教乘法数卷第十一至卷第十二	刻本	尾残	清
麦 0731	13603	梵网经菩萨戒	刻本	全	清
麦 0732	13604	敕建十方卧龙禅寺同戒录	刻本	稍残	清
麦 0733	13763	禅林宝训合注卷第三至卷第四	刻本	全	清
麦 0734	13762	禅林宝训合注卷第三至卷第四	刻本	全	清
麦 0735	13773	梵网经菩萨戒	刻本	全	清
麦 0736	13774	弘戒法仪上	刻本	全	明
麦 0737	13775	弘戒法仪下	刻本	全	不详
麦 0738	13776	四分戒本　梵网经菩萨戒	刻本	全	清
麦 0739	13541	大乘金刚经论	刻本	首尾残	不详
麦 0744	15063	纲鉴易知录卷五六至卷五七	刻本	全	清
麦 0745	13535	法戒录	刻本	残	清
麦 0746	13704	玄天上帝垂训文　玄天上帝金科玉律	刻本	全	清

（续表）

编　号	登记号	书　名	类　别	现　状	时　代
麦 0748	13609	教乘法数卷第一至卷第三	刻本	首残	清
麦 0749	13954	禅林宝训合注卷第一至卷第二	刻本	全	清
麦 0750	13950	毗尼日用切要	刻本	全	清
麦 0751	13766	大乘妙法莲华经要解科文	刻本	残	清
麦 0752	13765	妙法莲华经要解卷第六	刻本	全	清
麦 0753	13764	妙法莲华经要解卷第四	刻本	全	清
麦 0754	15049	通玄青州二百问	刻本	残	不详
麦 0756	13875	慈悲三昧水忏起缘	刻本	稍残	明
麦 0757	13874	慈悲三昧水忏法卷下	刻本	稍残	明
麦 0758	13879	教乘法数卷第四至卷第五	刻本	首尾残	清
麦 0759	13881	字汇	刻本	首尾残	清
麦 0760	13877	高峰语录佛事要略全集上	刻本	全	清
麦 0761	13876	高峰语录佛事要略全集下	刻本	尾残	清
麦 0762	13872	修真指南歌	刻本	全	清
麦 0763	13880	观音菩萨劝男妇修身词	刻本	全	清
麦 0764	13883	修真指南歌	刻本	全	清
麦 0765	13882	新刻阴阳护救三教千镇厌法经一卷	刻本	稍残	清
麦 0766	13873	修真指南歌	刻本	全	清
麦 0767	13871	玉皇上帝洪慈救劫宝经	刻本	全	清
麦 0768		纲鉴易知录卷五八至卷五九	刻本	全	清
麦 0769	12696	订新崇正辟谬通书卷一至卷四	刻本	全	清
麦 0770	14211	参订四书附考备旨善本上孟卷一至卷二	刻本	全	清
麦 0771	14210	漱芳轩合纂四书体注（礼记）卷四	刻本	全	清
麦 0772	14209	礼记体注大全合参卷三	刻本	全	清
麦 0773	14208	礼记体注大全合参卷二	刻本	全	清
麦 0774	14207	四书人物类典串珠卷第八至卷第十八	刻本	全	清
麦 0775	14206	增删四书朱子大全精言中庸卷二至卷四	刻本	全	清
麦 0776	12697	重订诗经衍义合参集注卷三至卷五	刻本	全	清
麦 0777	12698	诗经体注大全合参卷三至卷四	刻本	全	清
麦 0778	12699	论语集注大全卷六	刻本	首残	不详

编　号	登记号	书　　名	类　别	现　状	时　代
麦 0779	12700	重订诗经衍义合参集注卷七至卷八	刻本	全	清
麦 0780	12701	新增诗经补注附考备旨卷六至卷八	刻本	全	清
麦 0781	12702	春秋体注卷之三	刻本	全	清
麦 0782	12687	新增幼学故事琼林卷四	刻本	全	清
麦 0783	14241	四书翼注论文大学卷	刻本	全	清
麦 0784	14242	四书翼注论文上论卷一至卷五	刻本	全	清
麦 0785	14243	四书翼注论文上论卷六至卷十	刻本	全	清
麦 0786	14244	四书翼注论文下论卷一至卷四	刻本	全	清
麦 0787	14245	四书翼注论文下论卷五至卷十	刻本	全	清
麦 0788	14246	漱芳轩合纂四书体注(论语)卷一至卷五	刻本	全	清
麦 0789	14247	漱芳轩合纂四书体注(论语)卷六至卷十	刻本	全	清
麦 0790	14248	漱芳轩合纂四书体注(孟子)卷一至卷三	刻本	全	清
麦 0791	14249	漱芳轩合纂四书体注(孟子)卷四至卷五	刻本	全	清
麦 0792	14250	漱芳轩合纂四书体注(孟子)卷六至卷七	刻本	全	清
麦 0793	14251	漱芳轩合纂四书体注(大学中庸)	刻本	全	清
麦 0794	14252	云林别墅绘像妥注第六才子书卷首至卷一	刻本	全	清
麦 0795	14253	云林别墅绘像妥注第六才子书卷二至卷三	刻本	全	清
麦 0796	14254	云林别墅绘像妥注第六才子书卷四至卷六	刻本	全	清
麦 0797	14227	重订广事类赋卷一至卷二	刻本	全	清
麦 0798	14228	重订广事类赋卷三至卷五	刻本	全	清
麦 0799	14229	重订广事类赋卷六至卷八	刻本	全	清
麦 0800	14230	重订广事类赋卷九至卷十二	刻本	全	清
麦 0801	14231	重订广事类赋卷十三至卷十七	刻本	全	清
麦 0802	14232	重订广事类赋卷十八至卷二十一	刻本	全	清
麦 0803	14233	重订广事类赋卷二十二至卷二十六	刻本	全	清
麦 0804	14234	重订广事类赋卷二十七至卷三十	刻本	全	清
麦 0805	14235	重订广事类赋卷三十一至卷三十五	刻本	全	清
麦 0806	14236	重订广事类赋卷三十六至卷四十	刻本	全	清
麦 0807	14218	御纂性理精义卷十一至卷十二	刻本	全	清
麦 0808	14217	御纂性理精义卷九至卷十	刻本	全	清

（续表）

编　号	登记号	书　　　名	类　别	现　状	时　代
麦 0809	14216	御纂性理精义卷七至卷八	刻本	全	清
麦 0810	14215	御纂性理精义卷四至卷六	刻本	全	清
麦 0811	14214	御纂性理精义卷二至卷三	刻本	全	清
麦 0812	14213	御纂性理精义卷一	刻本	全	清
麦 0813	14222	四书典腋卷十四至卷十八	刻本	全	清
麦 0814	14221	四书典腋卷十一至卷十三	刻本	全	清
麦 0815	14220	四书典腋卷八至卷十二	刻本	全	清
麦 0816	14219	四书典腋卷一至卷七	刻本	全	清
麦 0817	14226	注释张太史塾课卷四	刻本	全	清
麦 0818	14225	注释张太史塾课卷三	刻本	全	清
麦 0819	14224	注释张太史塾课卷二	刻本	全	清
麦 0820	14223	注释张太史塾课卷一	刻本	全	清
麦 0821	12689	四书体注孟子卷六	刻本	全	清
麦 0822	12690	漱芳轩合纂四书体注论语卷一至卷五	刻本	全	清
麦 0823	12691	新增幼学故事琼林卷三	刻本	全	清
麦 0824	12692	新增幼学故事琼林卷一	刻本	全	清
麦 0825	12693	漱芳轩合纂四书体注孟子卷一至卷三	刻本	全	清
麦 0826	12695	诗经体注大全卷一至卷二	刻本	全	清
麦 0827	12686	新增幼学故事琼林卷二	刻本	全	清
麦 0828	12945	重订事类赋卷一至卷四	刻本	全	清
麦 0829	12946	重订事类赋卷十三至卷十七	刻本	全	清
麦 0830	12947	重订事类赋卷五至卷九	刻本	全	清
麦 0831	12948	重订事类赋卷十至卷十二	刻本	全	清
麦 0832	12949	重订事类赋卷十八至卷二十二	刻本	全	清
麦 0833	12950	重订事类赋卷二十三至卷三十	刻本	全	清
麦 0834	14240	古文喈凤新编卷七至卷八	刻本	全	清
麦 0835	14239	古文喈凤新编卷五至卷六	刻本	全	清
麦 0836	14238	古文喈凤新编卷三至卷四	刻本	全	清
麦 0837	14237	古文喈凤新编卷一至卷二	刻本	全	清
麦 0838	14255	春秋左传分类赋卷一	刻本	全	清

（续表）

编　号	登记号	书　名	类别	现　状	时　代
麦 0839	14256	春秋左传分类赋卷二至卷三	刻本	全	清
麦 0840	14257	说左约笺卷之一	刻本	全	清
麦 0841	14258	说左约笺卷之二	刻本	全	清
麦 0842	14259	春秋左传分类赋卷四	刻本	全	清
麦 0843	14260	春秋左传分类赋卷三至卷四	刻本	全	清
麦 0844	14261	春秋左传分类赋卷一至卷二	刻本	全	清
麦 0845	14262	春秋左传分类赋卷一至卷二	刻本	全	清
麦 0846	13041	观音梦授经注解	刻本	全	清
麦 0847	13044	东华录卷十七至卷二十一	刻本	全	清
麦 0848	13045	东华录卷二十二至卷二十六	刻本	全	清
麦 0849	15031	玉历钞传警世	刻本	全	清
麦 0850	15032	状元书经	刻本	全	清
麦 0851	15033	诗经卷六至卷八	刻本	全	清
麦 0852	15034	四书释义孟子卷六至卷七	刻本	全	清
麦 0853	15042	四书人物类典串珠卷十九至卷二十七	刻本	全	清
麦 0854	15043	玉皇心印妙经批注	刻本	全	清
麦 0856	15039	太微仙君功过格	刻本	稍残	清
麦 0857	15040	玉皇经注解	刻本	全	清
麦 0858	15036	召福集	刻本	残	清
麦 0859	15041	三圣心经	刻本	全	清
麦 0860	15035	纲鉴易知录卷八八至卷八九	刻本	全	清
麦 0861	15036	纲鉴易知录卷八六至卷八七	刻本	全	清
麦 0862	15004	纲鉴易知录卷六七至卷六八	刻本	残	清
麦 0863	13032	鳌头通书大全	刻本	全	不详
麦 0864	13034	大学章句大全	刻本	全	清
麦 0865	13035	四书朱子异同条辨中庸卷一	刻本	尾残	清
麦 0866	13036	论语集注大全卷七	刻本	首残	清
麦 0867	13037	学源堂合纂四书体注（大学中庸）	刻本	全	清
麦 0868	13038	漱芳轩合纂四书体注（大学中庸）	刻本	全	清
麦 0869	13026	参订四书附考备旨善本上论卷一至卷二	刻本	全	清

（续表）

编　号	登记号	书　　名	类　别	现　状	时　代
麦 0870	13025	论语集注大全卷八至卷九	刻本	稍残	不详
麦 0871	13024	文选卷一至卷四	刻本	稍残	不详
麦 0872	12680	四书翼注论文上孟卷一	刻本	全	不详
麦 0873	12680	四书翼注论文下孟卷三至卷四	刻本	全	不详
麦 0874	15015	阐道规箴	刻本	全	清
麦 0875	15014	灶王感应篇	刻本	全	清
麦 0876	13021	四书翼注论文下孟卷一至卷二	刻本	全	清
麦 0877	13074	红楼复梦卷十六至卷二十	刻本	稍残	清
麦 0878	12680	参订四书附考备旨善本下孟卷三	刻本	全	清
麦 0879	12681	参订四书附考备旨善本下孟卷四	刻本	全	清
麦 0880	12682	重订诗经衍义合参集注卷三至卷四	刻本	全	清
麦 0881	12683	四书实解旁训孟子下卷四至卷六	刻本	全	清
麦 0882	12684	春秋体注卷之四	刻本	全	清
麦 0883	12685	漱芳轩合纂四书体注孟子卷四至卷五	刻本	全	清
麦 0884	15013	高王观音经	刻本	全	清
麦 0885	15018	书经体注卷五至卷六	刻本	全	清
麦 0886	15019	诗经体注大全卷三至卷四	刻本	全	清
麦 0887	15011	神训必读	刻本	全	清
麦 0888	15020	破迷宗旨	刻本	全	清
麦 0889	15030	文昌帝君书钞上下集	刻本	全	清
麦 0890	15102	金刚般若波罗密经	刻本	全	清
麦 0891	15100	左传选卷十二	刻本	残	清
麦 0892	15099	纲鉴易知录卷六二至卷六三	刻本	全	清
麦 0893	15057	太上老君说常清静经	刻本	全	清
麦 0894	15061	经史辨体经部周易上	刻本	全	清
麦 0895	15062	诗经正文卷一至卷四	刻本	全	清
麦 0896	15060	纲鉴易知录卷五三至卷五五	刻本	首残	清
麦 0897	15059	新订四书补注备旨（孟子）卷三	刻本	全	清
麦 0898	15058	高王观音经	刻本	全	清
麦 0899	15012	重订诗经衍义合参集注卷一至卷二	刻本	全	清

（续表）

编　号	登记号	书　名	类　别	现　状	时　代
麦 0900	15023	春秋精义卷三至卷四	刻本	尾残	不明
麦 0901	15024	漱芳轩合纂春秋体注卷二	刻本	全	清
麦 0902	15006	漱芳轩合纂礼记体注卷三	刻本	全	清
麦 0903	15007	漱芳轩合纂礼记体注卷二	刻本	全	清
麦 0904	15026	书经卷三至卷四	刻本	全	清
麦 0905	15008	纲鉴易知录卷七七至卷七八	刻本	残	清
麦 0906	15005	纲鉴易知录卷六四至卷六五	刻本	全	清
麦 0907	15003	纲鉴易知录卷八二至卷八三	刻本	全	清
麦 0908	15025	纲鉴易知录卷七三至卷七四	刻本	全	清
麦 0909	15021	纲鉴易知录卷六九至卷七十	刻本	全	清
麦 0910	15002	纲鉴易知录卷七五至卷七六	刻本	全	清
麦 0911	15001	纲鉴易知录卷六十至卷六一	刻本	全	清
麦 0912	15028	纲鉴易知录卷七九至卷八一	刻本	全	清
麦 0913	15029	纲鉴易知录卷七一至卷七二	刻本	全	清
麦 0914	15000	纲鉴易知录卷八四至卷八五	刻本	全	清
麦 0915	15022	高王观音经	刻本	全	清
麦 0916	15027	集善堂省身鉴	刻本	全	清
麦 0917	13060	红楼复梦卷十一至卷十五	刻本	全	清
麦 0918	13059	破迷宗旨	刻本	全	清
麦 0919	13058	毗尼日用切要	刻本	全	清
麦 0920	13055	太上感应篇	刻本	全	清
麦 0921	13054	三圣救劫宝训	刻本	尾残	清
麦 0922	13053	四书贯解旁训孟子卷一至卷三	刻本	全	清
麦 0923	15010	玉历钞传警世	刻本	全	清
麦 0924	13048	红楼复梦卷九十一至卷九十五	刻本	稍残	清
麦 0925	13049	红楼复梦卷六十六至卷六十九	刻本	残	清
麦 0926	15009	三圣感应经	刻本	残	清
麦 0927	13068	新刻绣像疗牛马经卷二至卷三	刻本	残	不详
麦 0963	13654	妙法莲华经卷第一	刻本	首残	明
麦 0964	13681	大方广佛华严经卷第五十七	刻本	全	明

（续表）

编　号	登记号	书　　名	类　别	现　状	时　代
麦 0965	15101	妙法莲华经卷第五至卷第七	刻本	全	清
麦 0966	14010	慈悲道场忏法卷第一	刻本	首残	明
麦 0967	13050	红楼复梦卷八十六至卷九十	刻本	全	清

三、麦积山佛教美术画目录

编　号	登记号	书　　名	类　别	现　状	时　代
麦 0928	15087	阿弥陀佛像	水陆圣牌像	全	清
麦 0929	15088	阿难与帝释像	水陆圣牌像	全	清
麦 0930	15089	普贤菩萨像	水陆圣牌像	全	清
麦 0931	15086	释迦牟尼佛像	水陆圣牌像	全	清
麦 0932	15085	观音菩萨像	水陆圣牌像	全	清
麦 0933	15084	密迹金刚像	水陆圣牌像	全	清
麦 0934	15083	秽迹金刚像	水陆圣牌像	全	清
麦 0935	15082	文殊菩萨像	水陆圣牌像	全	清
麦 0936	15093	帝释天供养天像	水陆圣牌像	全	清
麦 0937	15081	迦叶梵王像	水陆圣牌像	全	清
麦 0938	15080	护法像	水陆圣牌像	全	清
麦 0939	15079	地藏菩萨像	水陆圣牌像	全	清
麦 0940	15078	地藏菩萨像	水陆圣牌像	全	清
麦 0941	15066	释迦牟尼佛像	水陆圣牌像	全	清
麦 0942	15077	地藏菩萨像	水陆圣牌像	全	清
麦 0943	15069	普贤菩萨像	水陆圣牌像	全	清
麦 0944	15064	卢舍那佛像	水陆圣牌像	全	清
麦 0945	15065	文殊菩萨像	水陆圣牌像	全	清
麦 0946	15076	水月观音像	水陆圣牌像	全	清
麦 0947	15068	韦陀像	水陆圣牌像	全	清
麦 0948	15067	护法像	水陆圣牌像	全	清
麦 0949	15095	文臣神像圣牌	水陆圣牌	全	清
麦 0950	15075	毗卢遮那佛像	水陆圣牌像	全	清
麦 0951	15074	地藏菩萨像	水陆圣牌像	全	清

（续表）

编 号	登记号	书 名	类 别	现 状	时 代
麦 0952	15096	帝释天后及供养天像	水陆圣牌像	全	清
麦 0953	15073	白衣观音像	水陆圣牌像	全	清
麦 0954	15070	药师佛像	水陆圣牌像	全	清
麦 0955	15072	韦陀像	水陆圣牌像	全	清
麦 0956	15098	文臣武将像	水陆圣牌像	全	清
麦 0957	15071	文殊菩萨像	水陆圣牌像	全	清
麦 0958	15090	普贤菩萨像	水陆圣牌像	全	清
麦 0959	15097	十王像之右五王	水陆圣牌像	全	清
麦 0960	15091	释迦牟尼佛像	水陆圣牌像	全	清
麦 0961	15094	十王像之左五王	水陆圣牌像	全	清

索 引

一、书 名 索 引

凡例

一、本索引按简化字首字笔画数和起笔笔形一丨丿、一顺序排列。

二、本索引包括《麦积山文书总目》中麦 0001—麦 0968 的题名书名。

三、索引页码对应括注编号所在页码。

笔画检字表

二画

十 七

三画

三 大 千 川 广

四画

天 元 韦 云 太 历 水 六 文 心 书

五画

玉 未 古 左 东 卢 目 四 白 丛 玄 礼 弘 召 对

六画

地 过 西 光 早 华 合　杂 字 论 阴 观 红

七画

寿 护 佛 状 灶 沙 阿 妙

八画

青 现 直 易 牧 金 念 周 法 注 性 学 宝 宗 诗 弥 迦 参 经

九画

春 药 毗 重 复 修 脉 帝 神

十画

秦 破 高 准 悟 诸 通

十一画

授 教 菩 梵 救 秽 得 阐 清 梁 密

十二画

销 集 御 释 童 普 道 禅 疏

十三画

瑜 楞 蜀 解 新 慈 福

十四画

僧 漱

十五画

增 踪 德

十六画

赞

十八画

鳌

八画

(青)

二、地 名 索 引

凡例

一、本索引按简化字首字笔画数和起笔笔形一丨丿、一顺序排列。

二、本索引编制的地名包括写本、刻本中写刻人所标注的地名,后来所加题跋中涉及的地名,原本内容中书、题、序、记中涉及的较为重要的地名。

三、寺、观、庵、堂等亦作地名处理。

四、本索引编制内容范围为麦0001—麦0968。

五、索引页码对应括注编号所在页码。

笔画检字表

三、人名索引

凡例

一、本索引按简化字首字笔画数和起笔笔形一丨丿丶一顺序排列。

二、本索引编制内容范围为麦0001—麦0968。

三、本索引所录人名，仅录题记项，包括叙题、刻题、题识、版心题等所见人名，书名、著者项的人名不录。

四、每个人名录一次，其中涉及女性，如XX氏随夫出。

五、郡望、官职等一律不录，仅录人名。

六、儒家学说四书五经中出现的著者，题记项中的人名均不录。

七、索引页码对应括注编号所在页码。

笔画检字表

一画

一

二画

丁卜了

三画

于士大万上广门子马

四画

王天元韦支尤车巨牛毛壬仁化介月凤文方心尹孔邓双

五画

玉未正艾古本可左石龙东卢业归叶申电田史冉丘付白令印乐尔冯玄宁永司尼弘边

六画

耒刑寺吉巩权百达成毕师尘光曲同吕朱竹伍仲任伦自行会庄庆刘齐闫关江忏兴祁许设阮孙阳如观牟约纪

七画

寿进远志严芦苏杜李杨来连坚肖吴园钊利佞邱何佛彻余希邸龟邹吝辛汪沙

汶沈宭宋君灵张际陆陈妙邵纳

八画

玮武青规拙苗苟范林欧贤尚国昌明易忠鸣岩罗知季径舍金受周庞净郑单法河注性学宝宗定空实祈建录屈承孟姓绍经

九画

赵郝荆荣胡南柯相柏柳点星幽香段顺修促信皇侯俞施姜洪洗济恒觉宫祖退叚胥姚贺骆

十画

泰秦袁耿聂恭莫真桓贾夏原顿逍党晓恩峰圆钱铁倪徒徐凌高郭脊唐竜浦消海悟宽宾宰朗诸祥陶通能

十一画

理珝教黄萧梅棁曹盛雯堂常晦崔矫敏得麻章旋清鸿渊深梁惟寂隆续

十二画

琼超彭葛董蒋落韩朝惠紫辉鼎遇景喻黑锁锐智程等傅焦舒释鲁然善普道湛

温 裕 谢 强 缘
十三画
瑞 蒲 雷 照 路 锡 腾 鲍 解 廓 廉 满 骞 寘 窦 福
殿
十四画
静 蔡 蔺 槟 裴 雒 演 谭 谯 翟
十五画
慧 聪 横 樊 醋 黎 德 颜 潭 潘

十六画
燕 薛 樵 融 穆 儒
十七画
璩 戴 魏
二十三画
麟
三十画
爨

一画

（一）

二画

（丁）

（卜）

（了）

三画

（于）

（士）

（大）

（万）

附　录

一、麦积山纪年文书年表

序号	公元纪年	题　记	书　名	编　号
宋				
1	1157	绍兴二十七年(1157)八月二十五日(据题记)白釉青瓷碗一只	金光明经卷第四	麦0968
2	1177	淳熙四年(1177)丁酉冬十月戊子新安朱熹序	重订诗经衍义合参集注卷一至卷二	麦0899
元				
1	1337	至元二年(1337)岁在丙子良月关中刘鉴士明自序	经史正音切韵指南门法	麦0712
2	1338	元(至元四年,1338)	慈悲道场忏法卷第八	麦0125
3	1338	元(至元四年,1338)	慈悲道场忏法卷第六	麦0152
4	1338	元(至元四年,1338)	慈悲道场忏法卷第八	麦0226
5	1338	元(至元四年,1338)	慈悲道场忏法卷第四	麦0241
6	1338	元(至元四年,1338)	慈悲道场忏法卷第九	麦0278
7	1338	元(至元四年,1338)	慈悲道场忏法卷第五	麦0315
8	1338	后至元四年(1338)岁在戊寅如来圣制杭城释智松、柏庭序并有智松、柏庭谨序	慈悲道场忏法卷第一	麦0335
9	1338	元(至元四年,1338)	慈悲道场忏法卷第十	麦0337
10	1338	元(至元四年,1338)	慈悲道场忏法卷第七	麦0340
11	1338	元(至元四年,1338)	慈悲道场忏法卷第二	麦0575
12	1338	元(至元四年,1338)	慈悲道场忏法卷第一	麦0602
13	1338	后至元四年(1338)岁在戊寅如来圣制杭城释智松、柏庭序并有智松、柏庭谨序	慈悲道场忏法卷第一	麦0602
14	1338	元(至元四年,1338)	慈悲道场忏法卷第三	麦0603

(续表)

序号	公元纪年	题　记	书　名	编　号
明				
1	1384	洪武十七年(1384)二月十六日僧录司左讲/经臣如玘于/武英殿钦奉/圣旨……经者遵依钦此")	妙法莲华经卷第一	麦 0139
2	1371	洪武四年(1371)九月十日阿育山崇裕	禅宗决疑集	麦 0729
3	1418	御制大方广佛华严经序/永乐十六年(1418)六月初四日	大方广佛华严经卷第一	麦 0466
4	1419	永乐十七年(1419)十二月十三日奉佛弟子/福贤发心书写镂梓谨施	大方广佛华严经卷第十二	麦 0109
5	1419	永乐十七年(1419)十二月十三日奉佛弟子/福贤发心书写镂梓谨施	大方广佛华严经卷第十三	麦 0110
6	1419	永乐十七年(1419)十二月十三日奉佛弟子/福贤发心书写镂梓谨施	大方广佛华严经卷第五十一	麦 0127
7	1419	永乐十七年(1419)十二月十三日	大方广佛华严经卷第五十一	麦 0127
8	1419	永乐十七年(1419)十二月十三日	大方广佛华严经卷第二十一	麦 0136
9	1419	永乐十七年(1419)十二月十三日奉佛弟子/福贤发心书写镂梓谨施	大方广佛华严经卷第四十七	麦 0137
10	1419	永乐十七年(1419)十二月十三日奉佛弟子/福贤发心书写镂梓谨施	大方广佛华严经卷第六十	麦 0157
11	1419	永乐十七年(1419)十二月十三日奉佛弟子/福贤发心书写镂梓谨施	大方广佛华严经卷第三十二	麦 0181
12	1419	永乐十七年(1419)十二月十三日奉佛弟子/福贤发心书写镂梓谨施	大方广佛华严经卷第二十四	麦 0198
13	1419	永乐十七年(1419)十二月十三日奉佛弟子/福贤发心书写镂梓谨施	大方广佛华严经卷第十二	麦 0200
14	1419	永乐十七年(1419)十二月十三日奉佛弟子/福贤发心书写镂梓谨施	大方广佛华严经卷第二十七	麦 0215
15	1419	永乐十七年(1419)十二月十三日奉佛弟子/福贤发心书写镂梓谨施	大方广佛华严经卷第二十五	麦 0216
16	1419	永乐十七年(1419)十二月十三日奉佛弟子/福贤发心书写镂梓谨施	大方广佛华严经卷第六十	麦 0217
17	1419	永乐十七年(1419)十二月十三日奉佛弟子/福贤发心书写镂梓谨施	大方广佛华严经卷第五十三	麦 0219

序号	公元纪年	题　记	书　名	编　号
18	1419	永乐十七年(1419)十二月十二日奉佛弟子/福贤发心书写锓梓谨施	大方广佛华严经卷第五十九	麦0220
19	1419	永乐十七年(1419)十二月十三日	大方便佛报恩经卷第一	麦0247
20	1419	永乐十七年(1419)十二月十三日奉佛弟子/福贤发心书写锓梓谨施	大方广佛华严经卷第七十六	麦0257
21	1419	永乐十七年(1419)十二月十三日奉佛弟子/福贤发心书写锓梓谨施	大方广佛华严经卷第五十	麦0309
22	1419	永乐十七年(1419)十二月十三日奉佛弟子/福贤发心书写锓梓谨施	大方广佛华严经卷第六十五	麦0311
23	1419	永乐十七年(1419)十二月十三日奉佛弟子/福贤发心书写锓梓谨施	大方广佛华严经卷第五十二	麦0322
24	1419	永乐十七年(1419)十二月十三日奉佛弟子/福贤发心书写锓梓谨施	大方广佛华严经卷第五十二	麦0329
25	1419	永乐十七年(1419)十二月十三日	大方广佛华严经卷第十一	麦0331
26	1419	永乐十七年(1419)十二月十三日奉佛弟子/福贤发心书写锓梓谨施	大方广佛华严经卷第十八	麦0338
27	1419	永乐十七年(1419)十二月十三日奉佛弟子/福贤发心书写锓梓谨施	大方广佛华严经卷第十九	麦0339
28	1419	永乐十七年(1419)十二月十三日奉佛弟子/福贤发心书写锓梓谨施	大方广佛华严经卷第五十九	麦0341
29	1419	永乐十七年(1419)十二月十三日奉佛弟子/福贤发心书写锓梓谨施	大方广佛华严经卷第六十三	麦0343
30	1419	永乐十七年(1419)十二月十三日奉佛弟子/福贤发心书写锓梓谨施	大方广佛华严经卷第十九	麦0351
31	1419	永乐十七年(1419)十二月十三日奉佛弟子/福贤发心书写锓梓谨施	大方广佛华严经卷第二十三	麦0358
32	1419	永乐十七年(1419)十二月十三日奉佛弟子/福贤发心书写锓梓谨施	大方广佛华严经卷第六十四	麦0359
33	1419	永乐十七年(1419)十二月十三日奉佛弟子/福贤发心书写锓梓谨施	大方广佛华严经卷第二十八	麦0360
34	1419	永乐十七年(1419)十二月十三日奉佛弟子/福贤发心书写锓梓谨施	大方广佛华严经卷第三十	麦0361
35	1419	永乐十七年(1419)十二月十三日奉佛弟子/福贤发心书写锓梓谨施	大方广佛华严经卷第四十九	麦0362

序号	公元纪年	题　记	书　　名	编　号
36	1419	永乐十七年(1419)十二月十三日奉佛弟子/福贤发心书写锓梓谨施	大方广佛华严经卷第五十	麦 0363
37	1419	永乐十七年(1419)十二月十三日奉佛弟子/福贤发心书写锓梓谨施	大方广佛华严经卷第二十九	麦 0365
38	1419	永乐十七年(1419)十二月十三日奉佛弟子/福贤发心书写锓梓谨施	大方广佛华严经卷第五十八	麦 0366
39	1419	永乐十七年(1419)十二月十三日奉佛弟子/福贤发心书写锓梓谨施	大方广佛华严经卷第五十七	麦 0368
40	1419	永乐十七年(1419)十二月十三日奉佛弟子/福贤发心书写锓梓谨施	大方广佛华严经卷第五十六	麦 0369
41	1419	永乐十七年(1419)十二月十三日奉佛弟子/福贤发心书写锓梓谨施	大方广佛华严经卷第二十六	麦 0371
42	1419	永乐十七年(1419)十二月十三日奉佛弟子/福贤发心书写锓梓谨施	大方广佛华严经卷第二十五	麦 0373
43	1419	永乐十七年(1419)十二月十三日奉佛弟子/福贤发心书写锓梓谨施	大方广佛华严经卷第四十六	麦 0374
44	1419	永乐十七年(1419)十二月十三日奉佛弟子/福贤发心书写锓梓谨施	大方广佛华严经卷第四十七	麦 0375
45	1419	永乐十七年(1419)十二月十三日奉佛弟子/福贤发心书写锓梓谨	大方广佛华严经卷第四十八	麦 0376
46	1419	永乐十七年(1419)十二月十三日奉佛弟子/福贤发心书写锓梓谨施	大方广佛华严经卷第三十七	麦 0389
47	1419	永乐十七年(1419)十二月十三日奉佛弟子/福贤发心书写锓梓谨施	大方广佛华严经卷第三十六	麦 0390
48	1419	永乐十七年(1419)十二月十三日奉佛弟子/福贤发心书写锓梓谨施	大方广佛华严经卷第三十五	麦 0391
49	1419	永乐十七年(1419)十二月十三日奉佛弟子/福贤发心书写锓梓谨施	大方广佛华严经卷第三十四	麦 0392
50	1419	永乐十七年(1419)十二月十三日奉佛弟子/福贤发心书写锓梓谨施	大方广佛华严经卷第三十三	麦 0393
51	1419	永乐十七年(1419)十二月十三日奉佛弟子/福贤发心书写锓梓谨施	大方广佛华严经卷第三十二	麦 0394
52	—1419	永乐十七年(1419)十二月十三日奉佛弟子/福贤发心书写锓梓谨施	大方广佛华严经卷第五十四	麦 0396

（续表）

序号	公元纪年	题　记	书　名	编　号
53	1419	永乐十七年(1419)十二月十三日奉佛弟子/福贤发心书写锓梓谨施	大方广佛华严经卷第四十九	麦 0397
54	1419	永乐十七年(1419)十二月十三日奉佛弟子/福贤发心书写锓梓谨	大方广佛华严经卷第四十八	麦 0398
55	1419	永乐十七年(1419)十二月十三日	大方广佛华严经卷第四十六	麦 0399
56	1419	永乐十七年(1419)十二月十三日奉佛弟子/福贤发心书写锓梓谨施	大方广佛华严经卷第四十六	麦 0399
57	1419	永乐十七年(1419)十二月十三日奉佛弟子/福贤发心书写锓梓谨施	大方广佛华严经卷第十七	麦 0400
58	1419	永乐十七年(1419)十二月十三日奉佛弟子/福贤发心书写锓梓谨施	大方广佛华严经卷第十六	麦 0401
59	1419	永乐十七年(1419)十二月十三日奉佛弟子/福贤发心书写锓梓谨施	大方广佛华严经卷第十五	麦 0402
60	1419	永乐十七年(1419)十二月十三日奉佛弟子/福贤发心书写锓梓谨施	大方广佛华严经卷第十四	麦 0403
61	1419	永乐十七□□□□□□□□□［年(1419)十二月十三日奉佛弟子]/福□□□□□□□□（贤发心书写锓梓谨施）	大方广佛华严经卷第五十二	麦 04 麦 05
62	1419	永乐十七年(1419)十二月十三日奉佛弟子/福贤发心书写锓梓谨施	大方广佛华严经卷第五十三	麦 0406
63	1419	永乐十七年(1419)十二月十三日奉佛弟子/福贤发心书写锓梓谨施	大方广佛华严经卷第五十四	麦 0407
64	1419	永乐十七年(1419)十二月十三日奉佛弟子/福贤发心书写锓梓谨施	大方广佛华严经卷第二十九	麦 0408
65	1419	永乐十七年(1419)十二月十三日奉佛弟子/福贤发心书写锓梓谨施	大方广佛华严经卷第六十二	麦 0409
66	1419	永乐十七年(1419)十二月十三日奉佛弟子/福贤发心书写锓梓谨施	大方广佛华严经卷第三十一	麦 0410
67	1419	永乐十七年(1419)十二月十三日奉佛弟子/福贤发心书写锓梓谨施	大方广佛华严经卷第二十八	麦 0411
68	1419	永乐十七年(1419)十二月十三日奉佛弟子/福贤发心书写锓梓谨施	大方广佛华严经卷第四十四	麦 0415
69	1419	永乐十七年(1419)十二月十三日奉佛弟子/福贤发心书写锓梓谨施	大方广佛华严经卷第六十五	麦 0416

(续表)

序号	公元纪年	题　记	书　名	编　号
70	1419	永乐十七年(1419)十二月十三日	大方广佛华严经卷第七十六	麦 0417
71	1419	永乐十七年(1419)十二月十三日奉佛弟子/福贤发心书写锓梓谨施	大方广佛华严经卷第七十六	麦 0417
72	1419	永乐十七年(1419)十二月十三日奉佛弟子/福贤发心书写锓梓谨施	大方广佛华严经卷第四十三	麦 0419
73	1419	永乐十七年(1419)十二月十三日奉佛弟子/福贤发心书写锓梓谨施	大方广佛华严经卷第三	麦 0420
74	1419	永乐十七年(1419)十二月十三日奉佛弟子/福贤发心书写锓梓谨施	大方广佛华严经卷第二	麦 0457
75	1419	永乐十七年(1419)十二月十三日奉佛弟子/福贤发心书写锓梓谨施	大方广佛华严经卷第五	麦 0459
76	1419	永乐十七年(1419)十二月十三日奉佛弟子/福贤发心书写锓梓谨施	大方广佛华严经卷第一	麦 0466
77	1419	永乐十七年(1419)十二月十三日奉佛弟子/福贤发心书写锓梓谨施	大方广佛华严经卷第七十六	麦 0472
78	1419	永乐十七年(1419)十二月十三日奉佛弟子/福贤发心书写锓梓谨施	大方广佛华严经卷第七十七	麦 0473
79	1419	永乐十七年(1419)十二月十三日奉佛弟子/福贤发心书写锓梓谨施	大方广佛华严经卷第七十八	麦 0475
80	1419	永乐十七年(1419)十二月十三日奉佛弟子/福贤发心书写锓梓谨施	大方广佛华严经卷第三十一	麦 0479
81	1419	永乐十七年(1419)十二月十三日奉佛弟子/福贤发心书写锓梓谨施	大方广佛华严经卷第三十二	麦 0480
82	1419	永乐十七年(1419)十二月十三日奉佛弟子/福贤发心书写锓梓谨施	大方广佛华严经卷第三十四	麦 0482
83	1419	永乐十七年(1419)十二月十三日奉佛弟子/福贤发心书写锓梓谨施	大方广佛华严经卷第二十一	麦 0485
84	1419	永乐十七年(1419)十二月十三日奉佛弟子/福贤发心书写锓梓谨施	大方广佛华严经卷第二十三	麦 0487
85	1419	永乐十七年(1419)十二月十三日奉佛弟子/福贤发心书写锓梓谨施	大方广佛华严经卷第二十四	麦 0488
86	1419	永乐十七年(1419)十二月十三日奉佛弟子/福贤发心书写锓梓谨施	大方广佛华严经卷第二十五	麦 0489
87	1419	永乐十七年(1419)十二月十三日奉佛弟子/福贤发心书写锓梓谨施	大方广佛华严经卷第四十六	麦 0490

（续表）

序号	公元纪年	题　记	书　名	编　号
88	1419	永乐十七年(1419)十二月十三日奉佛弟子/福贤发心书写锓梓谨施	大方广佛华严经卷第四十七	麦 0491
89	1419	永乐十七年(1419)十二月十三日奉佛弟子/福贤发心书写锓梓谨施	大方广佛华严经卷第四十九	麦 0493
90	1419	永乐十七年(1419)十二月十三日奉佛弟子/福贤发心书写锓梓谨施	大方广佛华严经卷第十二	麦 0495
91	1419	永乐十七年(1419)十二月十三日奉佛弟子/福贤发心书写锓梓谨施	大方广佛华严经卷第六十	麦 0496
92	1419	永乐十七年(1419)十二月十三日奉佛弟子/福贤发心书写锓梓谨施	大方广佛华严经卷第五十九	麦 0497
93	1419	永乐十七年(1419)十二月十三日奉佛弟子/福贤发心书写锓梓谨施	大方广佛华严经卷第五十八	麦 0498
94	1419	永乐十七年(1419)十二月十三日奉佛弟子/福贤发心书写锓梓谨施	大方广佛华严经卷第五十七	麦 0499
95	1419	永乐十七年(1419)十二月十三日奉佛弟子/福贤发心书写锓梓谨施	大方广佛华严经卷第五十六	麦 0500
96	1419	永乐十七年(1419)十二月十三日奉佛弟子/福贤发心书写锓梓谨施	大方广佛华严经卷第七	麦 0502
97	1419	永乐十七年(1419)十二月十三日奉佛弟子/福贤发心书写锓梓谨施	大方广佛华严经卷第八	麦 0503
98	1419	永乐十七年(1419)十二月十三日奉佛弟子/福贤发心书写锓梓谨施	大方广佛华严经卷第九	麦 0504
99	1419	永乐十七年(1419)十二月十三日奉佛弟子/福贤发心书写锓梓谨施	大方广佛华严经卷第五十一	麦 0506
100	1419	永乐十七年(1419)十二月十三日奉佛弟子/福贤发心书写锓梓谨施	大方广佛华严经卷第五十二	麦 0507
101	1419	永乐十七年(1419)十二月十三日奉佛弟子/福贤发心书写锓梓谨施	大方广佛华严经卷第七十一	麦 0511
102	1419	永乐十七年(1419)十二月十三日奉佛弟子/福贤发心书写锓梓谨施	大方广佛华严经卷第七十二	麦 0512
103	1419	永乐十七年(1419)十二月十三日奉佛弟子/福贤发心书写锓梓谨施	大方广佛华严经卷第七十三	麦 0513
104	1419	永乐十七年(1419)十二月十三日奉佛弟子/福贤发心书写锓梓谨施	大方广佛华严经卷第七十四	麦 0514

(续表)

序号	公元纪年	题　记	书　名	编　号
105	1419	永乐十七年(1419)十二月十三日奉佛弟子/福贤发心书写锓梓谨施	大方广佛华严经卷第四十一	麦 0516
106	1419	永乐十七年(1419)十二月十三日奉佛弟子/福贤发心书写锓梓谨施	大方广佛华严经卷第四十五	麦 0520
107	1419	永乐十七年(1419)十二月十三日奉佛弟子/福贤发心书写锓梓谨施	大方广佛华严经卷第二十一	麦 0521
108	1419	永乐十七年(1419)十二月十三日奉佛弟子/福贤发心书写锓梓谨施	大方广佛华严经卷第二十二	麦 0522
109	1419	永乐十七年(1419)十二月十三日奉佛弟子/福贤发心书写锓梓谨施	大方广佛华严经卷第二十三	麦 0523
110	1419	永乐十七年(1419)十二月十三日奉佛弟子/福贤发心书写锓梓谨施	大方广佛华严经卷第二十四	麦 0524
111	1419	永乐十七年(1419)十二月十三日奉佛弟子/福贤发心书写锓梓谨施	大方广佛华严经卷第二十六	麦 0525
112	1419	永乐十七年(1419)十二月十三日奉佛弟子/福贤发心书写锓梓谨施	大方广佛华严经卷第二十七	麦 0526
113	1419	永乐十七年(1419)十二月十三日奉佛弟子/福贤发心书写锓梓谨施	大方广佛华严经卷第二十八	麦 0527
114	1419	永乐十七年(1419)十二月十三日奉佛弟子/福贤发心书写锓梓谨施	大方广佛华严经卷第二十九	麦 0528
115	1419	永乐十七年(1419)十二月十三日奉佛弟子/福贤发心书写锓梓谨施	大方广佛华严经卷第三十	麦 0529
116	1419	永乐十七年(1419)十二月十三日奉佛弟子/福贤发心书写锓梓谨施	大方广佛华严经卷第六十六	麦 0530
117	1419	永乐十七年(1419)十二月十三日奉佛弟子/福贤发心书写锓梓谨施	大方广佛华严经卷第六十七	麦 0531
118	1419	永乐十七年(1419)十二月十三日奉佛弟子/福贤发心书写锓梓谨施	大方广佛华严经卷第六十八	麦 0532
119	1419	永乐十七年(1419)十二月十三日奉佛弟子/福贤发心书写锓梓谨施	大方广佛华严经卷第七十	麦 0534
120	1419	永乐十七年(1419)十二月十三日奉佛弟子/福贤发心书写锓梓谨施	大方广佛华严经卷第十四	麦 0537
121	1419	永乐十七年(1419)十二月十三日奉佛弟子/福贤发心书写锓梓谨施	大方广佛华严经卷第二十	麦 0540

（续表）

序号	公元纪年	题　记	书　名	编　号
122	1419	永乐十七年(1419)十二月十三日奉佛弟子/福贤发心书写镂梓谨施	大方广佛华严经卷第九	麦 0541
123	1419	永乐十七年(1419)十二月十三日奉佛弟子/福贤发心书写镂梓谨施	大方广佛华严经卷第三十九	麦 0542
124	1419	永乐十七年(1419)十二月十三日奉佛弟子/福贤发心书写镂梓谨施	大方广佛华严经卷第四十五	麦 0544
125	1419	永乐十七年(1419)十二月十三日奉佛弟子/福贤发心书写镂梓谨施	大方广佛华严经卷第四十二	麦 0545
126	1419	永乐十七年(1419)十二月十三日奉佛弟子/福贤发心书写镂梓谨施	大方广佛华严经卷第十五	麦 0547
127	1419	永乐十七年(1419)十二月十三日奉佛弟子/福贤发心书写镂梓谨施	大方广佛华严经卷第二十七	麦 0548
128	1419	永乐十七年(1419)十二月十三日奉佛弟子/福贤发心书写镂梓谨施	大方广佛华严经卷第七	麦 0549
129	1419	永乐十七年(1419)十二月十三日奉佛弟子/福贤发心书写镂梓谨施	大方广佛华严经卷第三十三	麦 0550
130	1419	永乐十七年(1419)十二月十三日奉佛弟子/福贤发心书写镂梓谨施	大方广佛华严经卷第五十八	麦 0551
131	1419	永乐十七年(1419)十二月十三日奉佛弟子/福贤发心书写镂梓谨施	大方广佛华严经卷第四十	麦 0553
132	1419	永乐十七年(1419)十二月十三日奉佛弟子/福贤发心书写镂梓谨施	大方广佛华严经卷第五十六	麦 0554
133	1419	永乐十七年(1419)十二月十三日	大方广佛华严经卷第六	麦 0560
134	1419	永乐十七年(1419)十二月十三日奉佛弟子/福贤发心书写镂梓谨施	大方广佛华严经卷第六	麦 0560
135	1419	永乐十七年(1419)十二月十三日奉佛弟子/福贤发心书写镂梓谨施	大方广佛华严经卷第七十八	麦 0561
136	1419	永乐十七年(1419)十二月十三日奉佛弟子/福贤发心书写镂梓谨施	大方广佛华严经卷第七十九	麦 0562
137	1419	永乐十七年(1419)十二月十三日奉佛弟子/福贤发心书写镂梓谨施	大方广佛华严经卷第八十一	麦 0563
138	1419	永乐十七年(1419)十二月十三日奉佛弟子/福贤发心书写镂梓谨施	大方广佛华严经卷第七十七	麦 0564
139	1419	永乐十七年(1419)十二月十三日奉佛弟子/福贤发心书写镂梓谨施	大方广佛华严经卷第四十七	麦 0569

(续表)

序号	公元纪年	题　记	书　名	编　号
140	1419	永乐十七年(1419)十二月十三日	大方广佛华严经卷第八十一	麦0571
141	1419	永乐十七年十二月十三日奉佛弟子/福贤发心书写镂梓谨施	大佛顶如来密因修证了义诸菩萨万行首楞严经卷第五	麦0572
142	1419	永乐十七年(1419)十二月十三日奉佛弟子/福贤发心书写镂梓谨施	大方广佛华严经卷第十一	麦0577
143	1419	永乐十七年(1419)十二月十三日	大方广佛华严经卷第六十一	麦0578
144	1419	永乐十七年(1419)十二月十三日奉佛弟子/福贤发心书写镂梓谨施	大方广佛华严经卷第六十一	麦0578
145	1419	永乐十七年(1419)十二月十三日奉佛弟子/福贤发心书写镂梓谨施	大方广佛华严经卷第三十八	麦0580
146	1419	永乐十七年(1419)十二月十三日奉佛弟子/福贤发心书写镂梓谨施	大方广佛华严经卷第四十	麦0581
147	1419	永乐十七年(1419)十二月十三日	大方广佛华严经卷第三十一	麦0583
148	1419	永乐十七年(1419)十二月十三日奉佛弟子/福贤发心书写镂梓谨施	大方广佛华严经卷第三十一	麦0583
149	1419	永乐十七年(1419)十二月十三日	大方广佛华严经卷第三十六	麦0584
150	1419	永乐十七年(1419)十二月十三日奉佛弟子/福贤发心书写镂梓谨施	大方广佛华严经卷第三十六	麦0584
151	1419	永乐十七年(1419)十二月十三日奉佛弟子/福贤发心书写镂梓谨施	大方广佛华严经卷第三十八	麦0585
152	1419	永乐十七年(1419)十二月十三日奉佛弟子/福贤发心书写镂梓谨施	大方广佛华严经卷第三十四	麦0586
153	1419	永乐十七年(1419)十二月十三日奉佛弟子/福贤发心书写镂梓谨施	大方广佛华严经卷第三十五	麦0587
154	1419	永乐十七年(1419)十二月十三日奉佛弟子/福贤发心书写镂梓谨施	大方广佛华严经卷第三十七	麦0588
155	1419	永乐十七年(1419)十二月十三日奉佛弟子/福贤发心书写镂梓谨施	大方广佛华严经卷第三十九	麦0589
156	1419	永乐十七年(1419)十二月十三日奉佛弟子/福贤发心书写镂梓谨施	大方广佛华严经卷第五十一	麦0590
157	1419	永乐十七年(1419)十二月十三日奉佛弟子/福贤发心书写镂梓谨施	大方广佛华严经卷第三十六	麦0591
158	1419	永乐十七年(1419)十二月十三日奉佛弟子/福贤发心书写镂梓谨施	大方广佛华严经卷第三十八	麦0593

（续表）

序号	公元纪年	题　记	书　名	编　号
159	1419	永乐十七年(1419)十二月十三日奉佛弟子/福贤发心书写锓梓谨施	大方广佛华严经卷第三十九	麦 0594
160	1419	永乐十七年(1419)十二月十三日奉佛弟子/福贤发心书写锓梓谨施	大方广佛华严经卷第四十	麦 0595
161	1419	永乐十七年(1419)十二月十三日奉佛弟子/福贤发心书写锓梓谨施	大方广佛华严经卷第六十一	麦 0596
162	1419	永乐十七年(1419)十二月十三日奉佛弟子/福贤发心书写锓梓谨施	大方广佛华严经卷第六十二	麦 0597
163	1419	永乐十七年(1419)十二月十三日奉佛弟子/福贤发心书写锓梓谨施	大方广佛华严经卷第六十三	麦 0598
164	1419	永乐十七年(1419)十二月十三日奉佛弟子/福贤发心书写锓梓谨施	大方广佛华严经卷第六十四	麦 0599
165	1419	永乐十七年(1419)十二月十三日奉佛弟子/福贤发心书写锓梓谨施	大方广佛华严经卷第六十五	麦 0600
166	1419	永乐十七年(1419)十二月十三日	大方广佛华严经卷第二十六	麦 0628
167	1419	永乐十七年(1419)十二月十三日奉佛弟子/福贤发心书写锓梓谨施	大方广佛华严经卷第二十六	麦 0628
168	1419	永乐十七年(1419)十二月十三日奉佛弟子/福贤发心书写锓梓谨施	大方广佛华严经卷第七十五	麦 0646
169	1419	永乐十七年(1419)十二月十三日奉佛弟子/福贤发心书写锓梓谨施	大方广佛华严经卷第五十七	麦 0964
170	1427	宣德三年(1427)领众重刊	过去庄严劫千佛名经卷上	麦 0686
171	1428	宣德三年(1428)四月初十日施,版画边栏右上刻题"金光经相一"	金光明最胜王经卷第一	麦 0283
172	1431	大明宣德岁次辛亥(1431)中秋吉日行在僧录司大善世会稽沙门圆静	大方广佛华严经卷第八十一	麦 0418
173	1431	宣德六年(1431)岁在辛亥秋九月九日	教乘法数卷第一至卷第三	麦 0748
174	1431	宣德辛亥(1431)二月九日/寓庆寿寺松阴序(半叶)	教乘法数卷第一至卷第三	麦 0748
175	1443	大明正统八年(1443)岁次癸亥秋八月上瀚金台永	禅林宝训卷下	麦 0743
176	1443	大明正统八年(1443)岁次癸亥秋八月上瀚金台永宁住山吴/与沙门 大海 序/	禅林宝训卷下	麦 0695

序号	公元纪年	题　记	书　名	编　号
177	1445	大明正统十年(1445)乙丑季夏后学敏金录科	大乘妙法莲华经要解科文第一卷	麦 0079
178	1464	天顺八年(1464)岁在甲申春正月上元日/南京僧录司右觉义兼/敕赐弘觉承恩两寺住持宽 太盧 序	销释地藏科仪全部	麦 0326
179	1464	销释地藏科仪后/天顺八年(1464)龙集甲申月建丙寅哉生/明西域师子比丘书	销释地藏科仪全部	麦 0326
180	1469	成化五年(1469) 月 日意/马鞍山重刊京都党家印行	禅宗决疑集	麦 0729
181	1478	成化十四年(1478)四月八日书写	大乘妙法莲华经卷第七	麦 0621
182	1481	成化十七年(1481) 月日印(笔书)	金光明最胜王经卷第一	麦 0171
183	1481	成化十七年(1481) 月 日印(笔书)	金光明最胜王经卷第二	麦 0172
184	1481	成化十七年(1481) 月 日印(笔书)	金光明最胜王经卷第三	麦 0173
185	1481	成化十七年(1481) 月 日印(笔书)	金光明最胜王经卷第四	麦 0174
186	1481	成化十七年(1481) 月 日印(笔书)	金光明最胜王经卷第五	麦 0175
187	1481	成化十七年(1481) 月 日印(笔书)	金光明最胜王经卷第六	麦 0176
188	1481	成化十七年(1481) 月 日印(笔书)	金光明最胜王经卷第七	麦 0177
189	1481	成化十七年(1481) 月 日印(笔书)	金光明最胜王经卷第八	麦 0178
190	1481	成化十七年(1481) 月 日印(笔书)	金光明最胜王经卷第九	麦 0179
191	1481	成化十七年(1481) 月 日印(笔书)	金光明最胜王经卷第十	麦 0180
192	1484	成化二十年(1484) 觉海授持	禅林宝训合注卷第一至卷第二	麦 0058
弘治四年193四年	1491	弘治四年(1491)伏羌县儒学廪膳生员谢子宁	新集孝顺设供拔苦报恩道场密教上	麦 0610
194	1491	弘治四年(1491)伏羌县儒学廪膳生员谢子宁述	新集竖宗立教儒释兼济真俗混融孝顺设供拔苦报恩道场仪文卷中	麦 0612

（续表）

序号	公元纪年	题　记	书　名	编　号
195	1491	弘治四年(1491)伏羌县儒学廪膳生员谢子/宁述	新集竖宗立教儒释兼济真俗混融孝顺设供拔苦报恩道场提纲赞	麦0614
196	1491	弘治四年(1491)伏羌县儒学廪膳生员谢子宁述	新集竖宗立教儒释兼济真俗混融孝顺设供拔苦报恩道场仪文卷下	麦0616
197	1491	弘治四年(1491)伏羌县儒学廪膳生员谢子宁述	新集竖宗立教儒释兼济真俗混融孝顺设供拔苦报恩道场教诫仪文	麦0618
198	1491	弘治四年(1491)伏羌县儒学廪膳生员谢子宁述	新集竖宗立教儒释兼济真俗混融孝顺设供拔苦报恩道场仪文卷上	麦0620
199	1491	弘治四年(1491)伏羌县儒学廪膳生员谢/子宁述	新集孝顺设供拔苦报恩道场密教卷中下	麦0622
200	1492	明宏(弘)治五年(1492)三月吉旦少保大学士邱□仲深氏琼山甫敬述	文昌帝君书钞上下集	麦0889
201	1492	明宏(弘)治五年(1492)三月内翰林侍读学士王鏊敬	文昌帝君书钞上下集	麦0889
202	1504	弘治十七年(1504)七月 日造	妙法莲华经卷第七	麦0094
203	1505	弘治十八年(1505)四月	妙法莲华经卷第七	麦0334
204	1507	正德二年(1507)八月中元日刊毕西蜀云水僧圆聪	妙法莲华经卷第七	麦0334
205	1512	正德七年(1512)七月 日经流净明寺启	销释地藏科仪全部	麦0326
206	1524	嘉靖三年(1524)四月初八日刊行陈爵刊拜	大方广佛华严经卷第十六	麦0579
207	1538	嘉靖十七年(1538)十月一日 释子道显 徒德广 德严等造	大方广佛华严经卷第十二	麦0200
208	1538	嘉靖十七年(1538) 月 日释子道显重刊	大方广佛华严经卷第九	麦0541
209	1540	嘉靖十九年(1540)七月初七日道显重刊 匠人苏玄	大方广佛华严经卷第五十一	麦0127
210	1540	嘉靖十九年(1540)九月一日同众发心助刊经一卷 吉祥如意 匠人苏玄	大方广佛华严经卷第四十六	麦0399
211	1540	嘉靖十九年(1540)四月二十九日发心 释子道显等重刊	大方广佛华严经卷第三十八	麦0585
212	1540	嘉靖十九年(1540)四月吉旦重刊	大方广佛华严经卷第三十五	麦0587
213	1541	嘉靖二十年(1541)四月 吉日 比丘道头重刊	大方广佛华严经卷第五十六	麦0554

序号	公元纪年	题　记	书　名	编　号
214	1544	时嘉靖二十三年(1544)七月二十(裱在封底上)	大方广佛华严经卷第五十二	麦 0322
215	1545	嘉靖二十年(1545)四月 吉日比丘道头重刊	大方广佛华严经卷第三十三	麦 0550
216	1545	嘉靖二十四年(1545)正月内请经释子用福　奉/佛舍财信士毛得食李泊家眷等专保二六时中 吉祥如意	大方广佛华严经卷第十六	麦 0579
217	1546	嘉靖二十五年(1546)夏季吉日造刊一卷	大方广佛华严经卷第五十七	麦 0964
218	1548	嘉靖二十七年(1548)十一月　吉旦重刊	大方广佛华严经卷第三十一	麦 0583
219	1552	嘉靖三十一年(1552)九月重刊行	大方广佛华严经卷第二十二	麦 0251
220	1552	嘉靖三十一年(1552)八月内 秦州汉四里人氏	大方广佛华严经卷第十六	麦 0579
221	1552	嘉靖三十一年(1552)岁次壬子夏仲月 吉日施	佛母大孔雀明王经卷下	麦 0608
222	1553	嘉靖三十二年(1553)秋仲月下旬吉日刊造	大方广佛华严经卷第二十一	麦 0136
223	1555	嘉靖三十四年(1555)三月初一日起造系/秦府家佛堂铁李沟净土蘸奉/佛第子云 通甫/通闻 徒明头发心重刊	大方广佛华严经卷第七十五	麦 0570
224	1555	嘉靖三十四年(1555)三月吉日奉/佛弟子通甫 了云 通文 徒明显发心重刊	大方广佛华严经卷第四十一	麦 0582
225	1556	嘉靖三十五年(1556)七月　日/徐尚义王氏	妙法莲华经卷第七	麦 0642
226	1558	大明嘉靖三十七年(1558)十月初日工毕	妙法莲华经卷第七	麦 0651
227	1564	时嘉靖岁次甲子(1564)菊月上瀚吉日工完、刊匠、雷邦宁、余朝江	慈悲道场忏法卷第十	麦 0156
228	1564	时嘉靖岁次甲子(1564)菊月上瀚吉日工完、刊匠、雷邦宁、余朝江	慈悲道场忏法卷第十	麦 0235
229	1564	时嘉靖岁次甲子(1564)菊月上瀚吉日工完、刊匠、雷邦宁、余朝江	慈悲道场忏法卷第十	麦 0259

（续表）

序号	公元纪年	题　记	书　名	编　号
230	1564	时嘉靖岁次甲子(1564)菊月上瀚吉日工完、刊匠、雷邦宁、余朝江	慈悲道场忏法卷第十	麦0264
231	1564	时嘉靖岁次甲子(1564)菊月上瀚吉日工完、刊匠、雷邦宁、余朝江	慈悲道场忏法卷第十	麦0299
232	1564	大明嘉靖岁次甲子(1564)孟秋孟秋金墼衍法寺后裹/怡庵本赞捐赀重刊/瀛海若愚明贤校录	经史正音切韵指南门法	麦0712
233	1565	嘉靖肆十五年(1565)徽州中川里小寺下靖林寺/应经鲁人明现	大方广佛华严经卷第十六	麦0579
234	1567	皇明隆庆元年(1567)仲春月吉日初起	金光明最胜王经卷第九	麦0108
235	1567	皇明隆庆元年(1567)仲春月吉日发心释子通文起造	金光明最胜王经卷第十	麦0165
236	1567	皇明隆庆(1567)元年仲春月吉日初起/发心释子通文/舍财信士功德主刘世友室人刘氏 苗氏 吕氏重刊	金光明最胜王经卷第八	麦0314
237	1567	皇明隆庆元年(1567)仲春月吉日初起/发心释子通文/舍财信士功德主刘世友室人刘氏　苗氏　吕氏重刊	金光明最胜王经卷第七	麦0648
238	1568	隆庆二年(1568)腊月八日 弟子了玄刊 德一书	大乘妙法莲华经要解科文第一卷	麦0079
239	1568	皇明隆庆二年(1568)十二月佛成道日沙门了玄 重刊	禅林宝训卷下	麦0743
240	1571	隆庆五年(1571)六月吉日造行。二六时中吉祥如意	慈悲道场忏法卷第五	麦0214
241	1571	隆庆五年(1571)六月吉造、张世爵刘氏	慈悲道场忏法卷第一	麦0224
242	1571	隆庆五年(1571)六月吉造、张世爵刘氏	慈悲道场忏法卷第一	麦0265
243	1571	隆庆五年(1571)六月 吉日造行 二六时中吉祥如意	慈悲道场忏法卷第五	麦0252
244	1572	隆庆六年(1572)岁次壬申十二月佛成道日吉旦重刊/铁笔匠苏孟宜	三昧水忏法卷下	麦0185
245	1572	隆庆六年(1572)林钟月簨生日侍	大佛顶如来密因修证了义诸菩萨万行首楞严经卷第十	麦0421

序号	公元纪年	题　记	书　名	编　号
246	1573	万历元年(1573)造	妙法莲华经卷第一	麦 0346
247	1574	皇明万历二年(1574)岁次甲戌春孟文月修书 释子宰国乡/韩项罗氏褚氏 男韩登云薛氏	观音道场密教卷下	麦 0155
248	1574	万历二年(1574)五月初句书经释子国乡拙妙/真宰号/颁造青峰寺施行口	观音道场密教卷上	麦 0484
249	1577	万历/丁丑(1577)登进士	太上感应篇	麦 0043
250	1581	大明万历九年(1581)六月吉日造纪一□	大方广佛华严经卷第六十二	麦 0409
251	1582	万历十年(1582)六月吉日造这/增孙悟怀、悟性、悟心、悟忠	大般涅槃经后分卷下	麦 0145
152	1585	万历十三年(1585)仲秋吉日 保佑一家眷等 吉祥如意	大方广佛华严经卷第二十二	麦 0251
153	1585	万历十三年(1585)仲秋吉日 永保吉祥如意者	大方广佛华严经卷第二十八	麦 0360
254	1587	万历十五年(1587)孤洗月造记	慈悲道场忏法卷第十	麦 0235
255	1587	万历十五年(1587)六月吉旦印造	慈悲道场忏法卷第十	麦 0259
256	1587	万历拾五年(1587)六月孟春吉旦印造。	慈悲道场忏法卷第十	麦 0299
257	1591	万历十九年(1591)八月望日弟子章藻谨书	大乘本生心地观经卷第三	麦 0404
258	1593	大明万历癸巳(二十一年,1593)巳孟春吉日	大方广佛华严经卷第四十四	麦 0543
259	1596	万历丙申岁(二十四年,1596)佛日比丘真寂续完五卷/沙门戒津熏沐续书/吴郡颍川陈祖劝刻	大乘本生心地观经卷第八	麦 0566
260	1597	万历丁酉(1597)秋八月吉日顺阳仚陀寺发僧	□□□十书	麦 0698
261	1602	万历三十年(1602)正月初一日造信士陈尚得张氏	妙法莲华经卷第七	麦 0546
262	1614	万历四十二年(1614)十月十五日教施造经僧麦积惠灵	妙法莲华经卷第七	麦 0100
263	1620	大明万历四十八年(1620)贰月二十二日吉时完结一卷终	妙法莲华经卷第四	麦 0138

(续表)

序号	公元纪年	题　记	书　名	编　号
264	1623	天启癸亥(三年,1623)中元之吉	准提净业卷一至卷二	麦0062
265	1623	天启癸丑(袁按:天启年内无"癸丑",只有"癸亥",1623)二月初一日请经僧佛号一师	金光明最胜王经卷第一	麦0283
266	1623	天启癸亥(1623)孟冬朔旦三峰/菩萨戒弟子法藏书于北/禅寺禁蛙堂中(下有印文三方)	弘戒法仪上	麦0691
267	1623	天启癸亥(1623)孟冬朔旦三峰菩萨戒弟子	弘戒法仪上	麦0736
268	1624	天启四年(1624)仲冬重刻　姑苏季蘭庭印行	大乘起信论 大乘法界无差别论	麦0689
269	1625	天启五年(1625)正月十三日请	妙法莲华经卷第七	麦0149
270	1625	天启五年(1625)五月二十五日起造	妙法莲华经卷第七	麦0642
271	1627	皇明天启柒年(1627)岁次丁卯阳日朔日吉旦(此为抄籙原版刻记)	注释金刚般若波罗蜜经	麦0687
崇祯272	1629	崇祯二年(1629)四月初八麦积晚衲本诏/置造来明收置	慈悲道场忏法卷第九	麦0124
273	1629	崇祯二年(1629)四月初八麦积后学晚衲本韶置造 徒来明收记	慈悲道场忏法卷第三	麦0126
274	1629	崇祯二年(1629)四月初八日麦积晚衲本韶置/造,徒来明收	慈悲道场忏法卷第五	麦0214
275	1630	崇祯二年(1629)四月初八日麦积山瑞应禅寺晚衲本韶置造/徒来明收	慈悲道场忏法卷第六	麦0301
276	1630	崇祯三年(1630)四月初八日麦积晚衲本韶置造,徒来明收记	慈悲道场忏法卷第四	麦0231
277	1630	崇祯三年(1630)四月初八日麦积山后学晚衲本韶置造/徒来明收	慈悲道场忏法卷第七	麦0272
278	1630	崇祯三年(1630)十月表忏圆满以毕祈保僧俗吉祥如意	妙法莲华经卷第七	麦0642
279	1635	崇祯乙亥(1635)仲春三日 梁溪比丘大建识	禅林宝训音义	麦0324
280	1635	崇祯乙亥(1635)孟春上元日大建书于云楼之净	禅林宝训音义	麦0324
281	1635	时崇祯乙亥(1635)仲春三日梁溪比丘大建识	禅林宝训音义	麦0679

(续表)

序号	公元纪年	题　记	书　名	编　号
282	1635	崇祯乙亥(1635)仲春三日 梁溪比丘大建识	禅林宝训音义	麦 0718
283	1636	崇祯丙子(九年,1636)季春吉旦	准提净业卷一至卷二	麦 0062
284	1640	崇祯十三年(1640)	禅宗决疑集	麦 0729
清				
1	1645	顺治二年(1645)七月十五日造	禅宗决疑集	麦 0729
2	1649	顺治巳(己)丑年(1649)除夕前三日武林慧云禅寺住持释行盛撰	禅林宝训合注卷第一至卷第二	麦 0058
3	1649	顺治己丑年(1649)除夕前三日武林慧云禅寺住持释行	禅林宝训合注卷第一至卷第二	麦 0749
4	1650	庚寅(1650)夏日武林净慧居士张文嘉仲嘉甫述	禅林宝训合注卷第一至卷第二	麦 0749
5	1653	顺治癸巳(1653)八月初一日经流法徒祖哲 孙甚常	金光明最胜王经卷第十	麦 0292
6	1654	顺治甲午(1654)岁六月　吉旦谨识	妙法莲华经卷第三至卷第四	麦 0051
7	1656	顺治十三年(1656)岁次戊戌三月初九日孝感县林嗣麒书记(六十七叶)	玉历钞传警世	麦 0632
8	1657	顺治丁酉(十四年,1657)孟夏识	大佛顶如来密因修证了义诸菩萨万行首楞严经卷第九至卷第十	麦 0002
9	1657	顺治丁酉(1657)孟夏月/弟子石岩妙慧题 (后有两方墨色阳文印两方不能识读)	西方永和	麦 0703
10	1658	顺治戊戌(1658)岁孟夏谷旦 金陵李兰庭重刊行	弘戒法仪下	麦 0036
11	1658	顺治戊戌(1658)岁孟夏谷旦 金陵李兰庭重刊行	弘戒法仪下	麦 0690
12	1658	顺治十五年(1658)□□□戌春仲朔四日书写	踪眼和尚机锋语录	麦 0725
13	1661	顺治辛丑年(1661)岁阳月望日后学希真子拜撰	悟性穷源	麦 0045
14	1663	康熙二年(1663)	梵网经菩萨戒	麦 0042
15	1663	康熙二年(1663)蜀慈比丘明远知事比丘融心万秦南金	梵网经菩萨戒	麦 0735
16	1663	康熙二年(1663)蜀慈比丘明远知事比丘融心万秦南金	四分戒本 梵网经菩萨戒	麦 0738

(续表)

序号	公元纪年	题 记	书 名	编 号
17	1665	康熙肆年(1665)孟夏月 吉旦/蜀渝几水破衲道人与一子薰沐拜撰	太上感应篇	麦 0665
18	1665	康熙乙巳年(1665)寓秦南金龙山直指堂印行	梵网经菩萨戒	麦 0731
19	1666	康熙伍年(1666)贰月初一/日 李文沐手谨书	妙法莲华经卷第七	麦 0246
20	1668	康熙七年(1668)岁在戊申吉日刊板晋/崆峒山真乘寺	地藏菩萨本愿经卷下	麦 0643
21	1668	康熙七年(1668)十月上浣檇李年同学第劳之辨于湖上山房"	重订诗经衍义合参集注卷一至卷二	麦 0899
22	1669	大清康熙八年(1669)岁次己酉阳月吉日天竺智月学誊/抄	禅林宝训卷下	麦 0695
23	1669	康熙己酉年(1669)天都汪溥勋广困氏题于燕台之旅次	云林别墅绘像妥注第六才子书卷首至卷一	麦 0794
24	1670	康熙九年(1670)七月日吉旦	妙法莲华经卷第五至七	麦 0965
25	1673	康熙癸丑(1673)季夏朔有三日钱塘翁介眉谨识	太上感应	麦 0662
26	1673	康熙十二年(1673)孟春寅岐山县青峰高店镇十方高院	禅林宝训合注卷第三至四	麦 0733
27	1673	康熙十二年(1673)孟春寅岐山县青峰高店镇十方高院	禅林宝训合注卷第三至四	麦 0734
28	1679	(康)熙十八年(1679)夏月阮口日	悟性穷源	麦 0045
29	1679	康熙十有七年(1679)八月望前三日徐与乔书（下有有墨色印两方）	经史辩体	麦 0894
30	1682	康熙二十一年(1682)四月三十日	大方广佛华严经卷第八十一	麦 0478
31	1685	康熙廿年(1681)阳月望兰陵	字汇	麦 0759
32	1682	后学李祯壬午(1682)正月二十一日谨序	四书朱子异同条辨大学	麦 0708
33	1682	康熙壬午年(1682)春王月望日都梁后学李沛霖序	四书朱子异同条辨大学	麦 0708
34	1683	康熙二十二年(1683)肆月 廿四日奉行	元始天尊说真武修行苦行宝卷下	麦 0316
35	1690	大清康熙二十九年(1690)补修五大部直音龙渠寺随宜谨	重刊北京五大部直音会韵卷上下	麦 0011

序号	公元纪年	题　记	书　名	编　号
36	1692	皇清康熙岁在壬申(1692)小春谷旦苕溪后学范翔紫登氏题于西郊之漱芳轩	淑芳轩合纂四书体注(大学中庸)	麦0868
37	1693	康熙三十二年(1693)六月吉日誊经弟子生员周隆盛(第36叶)	注释金刚般若波罗蜜经	麦0687
38	1694	康熙甲戌(1694)孟春之吉	宗门玄鉴图	麦0077
39	1699	康熙三十八年(1699)三月望日勾吴华希闳(1叶)	重订广事类赋卷一至卷二	麦0797
40	1702	皇清康熙岁在壬午(1702)小春谷旦苕溪后学范翔紫登氏题预西郊之/漱芳轩	淑芳轩合纂四书体注(大学中庸)	麦0793
41	1703	康熙癸未(1703)季夏月吉旦/弟子沙弥自绪书	现在贤劫千佛名经	麦0240
42	1705	大清国……(乙)酉(1705)子庚甲相/六月初一日吉时生	妙法莲华经卷第一	麦0040
43	1705	康熙四十有四年(1705)岁在乙酉春二月/经筵讲官礼部尚书加三/级吉水李振裕撰	四书朱子异同条辨大学	麦0708
44	1705	名唤己(乙)酉子庚甲相/六月初一日吉时生	妙法莲华经卷第一	麦0 麦04 麦0
45	1706	大清康熙四十五年(1706)六月 初一日关寺誊写沙弥/普澄/普润	地藏菩萨本愿经卷下	麦0328
46	1711	康熙五十年(1711)上子七月十八日上	杂写一册	麦0026
47	1711	康熙五十年(1711)春二月初一日书(3叶)	御纂性理精义卷第一	麦0812
48	1711	康熙辛卯(1711)秋七月既望钱塘学人高朝璎自叙	诗经体注大全卷一至卷二	麦0826
49	1713	康熙五十二年(1713)抄录	禅林宝训音义	麦0718
50	1714	康熙甲午(五十三年1714)中秋前三日	天目晦石禅师临济四宾主辨卷一至卷四	麦0063
51	1715	康熙五十四年(1715)八月初四日光禄大夫文渊阁大学士兼吏部书臣李光地等谨上表	御纂性理精义卷第一	麦0812
52	1722	康熙陆拾壹年(1722)春期	敕赐宝华山护国慧居寺同戒录	麦0705

（续表）

序号	公元纪年	题　记	书　名	编　号
53	1722	康熙壬寅(1722)佛成道日敬录/先老人题词于千华律社	敕赐宝华山护国慧居寺同戒录	麦0705
54	1725	雍正三年(1725)春月吉日	金刚川老颂铁鋄馠	麦0053
55	1725	雍正三年(1725)岁次乙巳姑洗月天水季学慧然圆记	教乘法数卷第四至卷第五	麦0670
56	1725	雍正三年(1725)岁次乙巳姑洗天水季学慧然圆记	教乘法数卷三	麦0073
57	1725	雍正三年(1725)岁次乙巳姑洗天水季学慧然圆记	教乘法数卷第六至卷第八	麦0664
58	1725	雍正三年(1725)岁次乙巳姑洗天水季学慧然圆记	教乘法数卷第四至卷第五	麦0670
59	1725	雍正三年(1725)岁次乙巳姑洗天水季学慧然圆记	教乘法数卷第九至卷第十	麦0699
60	1725	雍正乙巳(1725)春日　钟山钱希祥再文氏书	书经体注大全合参卷一	麦0624
61	1725	雍正乙巳(1725)春日　钟山钱希祥再文氏书	书经体注大全合参	麦0707
62	1726	雍正四年(1726)七月十五日　弟子广博虔书	三千诸佛名经上中下卷	麦0081
63	1728	雍正六年(1728)柒月吉日抄写比丘性体敬书	佛说诸品仙经	麦0050
64	1729	雍正柒年(1729)梅月夏日谷旦	青峰大云登禅师语录	麦0049
65	1729	雍正七年(1729)　月　日　刊板于　本山	青峰大云登禅师语录	麦0049
66	1730	雍正八年(1730)八月吉日抄写性体敬书	佛说诸品仙经	麦0050
67	1733	雍正十有一年(1733)小春吉日内弟濯泉吴镜源顿/首拜	古文啮凤新编卷一至卷二	麦0837
68	1734	雍正十二年(1734)五月初九日抄写比丘性体叩	佛说诸品仙经	麦0050
69	1734	雍正十二年(1734)六月望旦麦积山住持释子际博虔书	未来星宿劫千佛名经	麦0242
70	1734	雍正甲寅(1734)二月(2叶)	古文啮凤新编卷一至卷二	麦0837

(续表)

序号	公元纪年	题　记	书　　名	编　号
71	1734	雍正十二年岁次甲寅(1734)清和之吉/闽中黄正元泰一氏敬识	集善堂省身鉴	麦0916
乾隆72	1740	乾隆五年(1740)由西安雁塔移锡住此	释迦牟尼佛像	麦0960
73	1741	乾隆六年(1741)发愿文	妙法莲华经卷第二	麦0039
74	1741	乾隆六年(1741)正月十五日祈保	妙法莲华经卷第一	麦0040
75	1741	乾隆六年(1741)正月十五日祈保	妙法莲华经卷第一	麦0040
76	1744	乾隆九年(1744)六月内释子际博沐手虔书	现在贤劫千佛名经	麦0682
77	1744	乾隆九年(1744)六月中释子际博沐手虔书	现在贤劫千佛名经	麦0683
78	1744	乾隆九年(1744)六月内释子际博沐手虔书	现在贤劫千佛名经	麦0682
79	1744	乾隆九年(1744)六月内释子际博沐手虔书	过去庄严劫千佛名经	麦0683
80	1748	乾隆十三季戊辰(1748)季冬润/州刘弘绪敬撰(后有印章两方,见说明1)	集善堂省身鉴	麦0916
81	1750	乾隆庚午(1750)佛诞日芝城洛云居士沐手拜序	得定超运禅师语录	麦0711
82	1764	乾隆二十九年(1764)中秋日□□□(3叶)	重订广事类赋卷一至卷二	麦0797
83	1765	乾隆乙酉年(1765)仲冬月上浣桐城后学周芬佩汝和氏题	注释张太史塾课卷一	麦0820
84	1768	乾隆三十三年(1768)二月初二大兴朱珪敬识	文昌帝君书钞上下集	麦0889
85	1771	乾隆辛卯岁(1771)仲秋月吉旦	新订崇正辟谬通卷书一至卷四	麦0769
86	1772	时乾隆壬辰(1772)九月既望长洲廷璋左羲氏序	春秋左传分类赋卷一	麦0838
87	1772	大清乾隆三十七年(1772)梅月望日	玉皇心印妙经批注	麦0854
88	1773	乾隆三十八年(1773)(朱印)十月初一(朱色)日	普贤菩萨像	麦0930
89	1773	乾隆三十八年(1773)(朱印)十月壹(朱色)日	释迦牟尼佛像	麦0931

（续表）

序号	公元纪年	题　记	书　名	编　号
90	1773	乾隆三十八年(1773)十月一日。最下一行,可见"佛、时"字。	地藏菩萨像	麦 0939
91	1773	乾隆三十八年(1773)(朱印)十月壹(朱色)日	韦陀像	麦 0955
92	1776	乾隆四十一年(1776)岁在丙申仲冬朔旦同馆后学铅/山蒋士铨顿首拜撰	四书翼注论文大学卷	麦 0783
93	1777	乾隆四十一年(1776)四月廿六日宣行	迦叶尊者梵王	麦 0937
94	1779	皇清乾隆四十四年(1779)八月望八日成造/唯愿/佛日增辉法论常转二六声中时刻如意	妙法莲华经卷第一	麦 0158
95	1779	乾隆四十四年(1779)五月上瀚之吉	释迦牟尼佛像	麦 0960
96	1780	乾隆四十五年(1780)十月初一日请书人印安玄封济性记	禅林宝训合注卷第一至卷第二	麦 0749
97	1782	乾隆壬寅(1782)仲冬月上浣江宁后学/陈风观民氏序	注释张太史塾课卷一	麦 0820
98	1786	乾隆五十一年(1786)正月吉日请弘戒法仪上下二本/弟子理澄受持	弘戒法仪下	麦 0690
99	1788	乾隆五十三年(1788)岁次戊申四月朔日/古虞曹梦赍志	四书翼注论文大学卷	麦 0783
100	1791	乾隆五十六年(1791)十一月十七日/麦积山瑞应寺释子达焕 顶礼读诵此经一遍	大方广佛华严经卷第八十	麦 0477
101	1794	乾隆甲寅(1794)清和月钱江后学明山氏李宗敏参订附记	玉历钞传警世	麦 0716
102	1794	乾隆五十九年(1794)岁次甲寅端月之朔钱后学朱庸谨志	玉历钞传警世	麦 0716
103	1798	嘉庆戊午(三年,1798)重镌	太上感应篇	麦 0043
104	1798	嘉庆戊午(1798)重镌/太上感应篇/街亭温怀/亲敬刊	太上感应篇	麦 0631
105	1798	嘉庆戊午(1798)重镌　太上(感)应篇	太上感应篇	麦 0634
106	1798	嘉庆三年(1798)五月二十日发报吴奏于本月二十一日奉/朱批依议钦此	川楚善后筹备事例	麦 0713

序号	公元纪年	题　记	书　名	编　号
107	1802	嘉庆柒年(1802)六月初二日数写一本	杂写	麦0740
108	1803	嘉庆癸亥年(1803)重镌/文昌书钞/畚经堂藏板	文昌帝君书钞上下集	麦0889
109	1809	嘉庆己巳(1809)一阳月初三日成刻	玉历钞传警世	麦0716
110	1810	嘉庆十五年(1810)岁坎庚年嘉平月谷旦天罗天仙纯阳子注跋	玉历钞传警世	麦0716
111	1810	嘉庆十五年(1810)重镌/江乘汪敬堂先生钞辑	古文啮凤新编卷一至卷二	麦0837
112	1815	大清嘉庆贰十年(1815)抄录	道场仪文(拟)	麦0027
113	1815	嘉庆二十年(1815)十月初一日宛平崔梦麟敬记	玉历钞传警世	麦0716
114	1817	嘉庆二十二年(1817)秋七月三十日	玉历钞传警世	麦0721
115	1818	大清嘉庆式拾三年(1818)四月廿三日立	大乘起信论 大乘法界无差别论	麦0689
116	1981	大清嘉庆式拾三年(1818)	大乘起信论 大乘法界无差别论	麦0689
117	1818	嘉庆二十三年(1818)秋七月三十日	玉历钞传警世	麦0721
118	1821	大清道光元年(1821)正月初十日念完一至二月十三日完 觉海	妙法莲华经卷第七	麦0334
119	1821	道光元年辛巳(1821)桂月日江南寓居苏州畚润堂弟子葛雨田谨志	玉历钞传警世	麦0716
120	1822	道光壬午年(1822)镌/四书典腋/京都琉璃厂梓行	四书典腋卷一至卷七	麦0816
121	1824	道光四年(1824)七月朔日麦积方丈达焕请弘戒一部上下二本	弘戒法仪下	麦0690
122	1824	道光肆年(1824)小阳月儒童老人谨识	破迷宗旨	麦0888
123	1824	道光肆年(1824)小阳月儒童老人谨识	破迷宗旨	麦0918
124	1826	大清道光六年(1826)岁次丙戌蒲月之既望西林居士 叙于九华山普岩寺中	阐道规箴	麦0874
125	1827	道光七年(1827)丁亥之桂月/玉历钞传警世/板藏甘泉寺之耕心堂有/情愿印送者或刊或请板/印施不拘	玉历钞传警世	麦0849

（续表）

序号	公元纪年	题　记	书　名	编　号
126	1827	道光七年(1827)岁在丁亥秋八月上浣谷旦/	玉历钞传警世	麦 0849
127	1827	道光七季丁亥(1827)之桂月/玉历钞传警世/板藏甘泉寺之耕心堂有/情愿印送者或刷或请板/印施不拘/秦州张氏重刊	玉历钞传警世	麦 0923
128	1827	道光七年(1827)岁在丁亥秋八月上浣谷旦	玉历钞传警世	麦 0923
129	1828	道光戊子(1828)孟春/重刻敬信录/板存闌省城隍庙耕余堂/愿印者每部工价一百八十文	重刻敬信录	麦 0666
130	1829	道光九年(1829)岁次己丑三月　会稽鲁廷栋敬积	玉历钞传警世	麦 0716
131	1830	道光十年(1830)月吉日成/玉历钞傅警世/板藏甘泉寺之耕心堂有情愿/印送者或刷或请板印施不拘	玉历抄传警世	麦 0855
132	1830	□光十年(1830)五月初七日	禅林宝训音义	麦 0324
133	1831	道光辛卯岁(1831)春二月天水倪映衡敬志(第 51 叶)	召福集	麦 0633
134	1831	道光辛卯岁(1831)春二月天水倪映衡敬志/秦州方麇生尹东郊刷送	召福集	麦 0633
135	1835	道光乙未(1835)秋九月朔日甘肃秦州举人倪映衡谨志(1 叶)	召福集	麦 0633
136	1835	道光乙未(1835)秋八月甘肃秦州举人倪映衡谨志	召福集	麦 0633
137	1835	道光乙未(1835)冬月　门怀珍录写校鐫/李蔚春、倪文焕/捐赀剞劂(第 41 业)	召福集	麦 0633
138	1835	道光乙未(1835)冬月　门怀珍录写校鐫/李蔚春、倪文焕/捐赀剞劂(第 41 业)	召福集	麦 0633
139	1835	道光乙未(1835)秋九月朔日甘肃秦州举人倪映衡谨志(1 叶)	召福集	麦 0633
140	1835	道光乙未(1835)秋九月朔日甘肃秦州举人倪映衡谨志	召福集	麦 0858

序号	公元纪年	题 记	书 名	编 号
141	1835	道光十五年(1835)正月上元日 泾上胡世经熏沐敬跋	玉历钞传警世	麦 0716
142	1837	道光十七年(1837)三月秦州会福寺海超同徒湛如刊板	佛说大阿弥陀经	麦 0021
143	1838	道光戊戌年(1838)重订广事类赋	重订事类赋卷第一至四	麦 0828
144	1838	道光戊戌年(1838)仲冬日舟溪拙叟精道予谨书	重镌玉历钞传因果实录合编	麦 0688
145	1839	道光己亥年(1839)镌/重订广事类赋/剑光阁原本/致盛唐藏板	重订广事类赋卷一至卷二	麦 0797
146	1841	大清道光二十一年(1841)岁次/干阳子序	悟真篇	麦 0669
147	1842	道光壬寅年(1842)五月吉日,燕北常龄沐手敬书	玉历钞传警世	麦 0716
148	1843	道光二十三年(1843)秋七月咸阳马家寨弟子吴可柱敬印四十部	玉历钞传警世	麦 0721
149	1843	道光癸卯(1843)科果中三十名举人	高王观音经	麦 0722
150	1843	道光癸卯(1843)科果中三十名举人	高王观音经	麦 0915
151	1846	道光二十六年(1846)丙午夏四月吉日寺癸麓阳居士跋	玉历钞传警世	麦 0716
152	1846	道光二十六年(1846)重镌/湘潭夏枫江编撰 天德堂梓/增补左传分类对赋句解	春秋左传分类赋卷一	麦 0838
153	1846	道光丙午年(1846)新镌	重订诗经衍义合参集注卷一至卷二	麦 0899
154	1847	道光丁未年(1847)新镌/苕溪范紫登先生鉴定/书经体注图/考大全崇顺堂梓行	书经体注大全合参卷一	麦 0624
155	1847	道光丁未年(1847)新镌/苕溪范紫登先生鉴定/书经体注图考大全 崇顺堂梓行	书经体注大全合参	麦 0707
156	1851	咸丰元年(1851)七月八日准提拜跋	玉皇上帝洪慈救劫宝经	麦 0767
157	1851	咸丰元年(1851)七月望前五日玉清内相臣吕嵒谨跋	玉皇上帝洪慈救劫宝经	麦 0767

序号	公元纪年	题　记	书　名	编　号
158	1851	此经系江南宁国府宁国县咸丰元年(1851)孚佑帝君命门下弟子辈虔诚斋戒一月经忏七书夜	玉皇上帝洪慈救劫宝经	麦 0767
159	1851	咸丰辛亥年(1851)新镌/苕溪范紫登参订	淑芳轩合纂四书体注(大学中庸)	麦 0793
160	1851	咸丰元年(1851)新镌　绣像妥注六才子书 两益堂藏板	云林别墅绘像妥注第六才子书卷首至卷一	麦 0794
161	1853	咸丰癸丑(1853)仲夏月上邦弟子姚用中敬刊	高王观音经	麦 0722
162	1853	咸丰癸丑(1853)仲夏月上邦弟子姚用中敬刊/弟子马海龙敬送	高王观音经	麦 0898
163	1853	咸丰癸丑(1853)仲夏月上邦弟子姚用中敬刊/乐善/君子发心印送者自备墨纸板不取资	高王观音经	麦 0915
164	1854	咸丰甲寅岁(四年,1854)镌	玄天上帝劝世文	麦 0009
165	1854	咸丰甲寅年(1854)重镌	重镌玉历钞传因果实录合编	麦 0688
166	1854	咸丰四年(1854)甲寅夏五月吉日	玉历钞传警世	麦 0716
167	1854	咸丰岁次甲寅(1854)秋九月吉日弟子王重英谨志	玉历钞传警世	麦 0716
168	1854	咸丰岁次甲寅(1854)孟秋吉日街泉弟子王重英谨述	高王观音经	麦 0722
169	1854	咸丰甲寅岁(1854)镌 善信君子愿印送者板存本镇	玄天上帝垂训文　玄天上帝金科玉律	麦 0746
170	1855	咸丰乙卯(1855)秋春王重英送二白部	玉历钞传警世	麦 0716
171	1855	咸丰五年(1855)乙卯春三月吉日	玉历钞传警世	麦 0716
172	1855	咸丰五年(1855)十一月十五日降鸾于歙各洗心居	玉皇上帝洪慈救劫宝经	麦 0767
173	1855	咸丰乙卯年(1855)长至日天台尊者臣道济谨识于歙之各洗心居	玉皇上帝洪慈救劫宝经	麦 0767
174	1856	咸丰六年(1856)丙辰夏六月吉日	玉历钞传警世	麦 0716
175	1858	咸丰八年(1858)九月下旬三日紫府真君天医明王臣吴猛谨识	玉皇上帝洪慈救劫宝经	麦 0767

序号	公元纪年	题　记	书　名	编　号
176	1857	咸丰丁巳年(1857)重刻/三圣救劫宝训/板存留坝厅连云寺印/者自备纸墨不取分文	三圣救劫宝训	麦0921
177	1857	咸丰七年(1857)十月吉日草门东吉室谨志/汉中文明堂杨刻(2叶)	三圣救劫宝训	麦0921
178	1858	咸丰岁次戊午(1858)夏四月吉日秦安莲花镇郭士林为堂如修身疮疾起愿刷印一百部	玉历钞传警世	麦0716
179	1858	咸丰八年(1858)三月廿四日生员陈鼎谨志	玉历钞传警世	麦0716
180	1858	咸丰八年(1858)岁次戊午春三月吉日秦安生员陈鼎	玉历钞传警世	麦0716
181	1858	咸丰八年(1858)九月癸巳日子刻降笔	玉皇上帝洪慈救劫宝经	麦0767
182	1857	咸丰七年岁次丁巳(1857)秋八月吉日	玉历钞传警世	麦0716
183	1858	咸丰八年(1858)十一月上浣醇修子稽首谨识	玉皇上帝洪慈救劫宝经	麦0767
184	1859	咸丰九年(1859)二月初四典礼记壹本吉大利鸿禧立	淑芳轩合纂礼记体注卷二	麦0903
185	1860	咸丰十年(1860)又三月二十七日吉	高王观音经	麦0162
186	1862	同治元年(1862)夏五月吉旦时刊	高王观音经	麦0054
187	1862	同治元年(1862)夏五月吉旦刊恭敬神堂	高王观音经	麦0702
188	1862	同治元年(1862)夏六月明阳子题并书	高王观音经	麦0702
189	1862	同治元年(1862)夏六月明阳子题并书	高王观音经	麦0054
190	1864	同治三年(1864)麦积山	书经体注大全合参卷二	麦0016
191	1864	大清同治三年(1864)/三阳开泰	书经体注大全合参卷二	麦0016
192	1867	同治六年(1867)仲秋月风邑/复敬刊存版	悟性穷源	麦0045
193	1867	同治六年(1867)九月吉日印刷/山西太平县	玉历钞传警世	麦0716

（续表）

序号	公元纪年	题　记	书　名	编　号
194	1868	同治七年(1868)新正月吉日山西绛州弟子王建三敬送	玉历钞传警世	麦 0716
195	1870	同治九年(1870)　吉日/高高高玄玄玄万犬千石佛佑莲	召福集	麦 0663
196	1870	时庚午六月(1870)即朔/文昌帝左卿前玉阙工部尚书臣策浩顿首拜	玉皇上帝洪慈救劫宝经	麦 0767
197	1870	同治九年(1870)六月谷旦济心贻香社 守心体仁社谨识	玉皇上帝洪慈救劫宝经	麦 0767
198	1871	同治十年(1871)新刻/进士徐梅江评	童子升阶	麦 0723
199	1871	同治十年(1871)刊刻功竣即印二千本本于院试时散送善士文人	太微仙君功过格	麦 0856
200	1876	光绪二年(1876)春镌/汝水李奉来先生辑/崇正辟谬永吉通书大全	新订崇正辟谬通书卷一至卷四	麦 0769
201	1877	光绪三年(1877)	早功晚课诵	麦 0071
202	1877	光绪三年(1877)六月初六日全众公议	光绪三年六月初六日朝阳社帖(拟)	麦 0212
203	1877	大清光绪三年(1877)冬月望八日敬立板	三圣心经	麦 0859
204	1878	光绪四年(1878)冬十一月十五日西关氏妇吴骆 吴吴氏仝子松龄/为夫疾病缠绵诚心许愿敬送	玉历钞传警世	麦 0716
205	1878	光绪四年(1878)二月吉日/陕西韩城生员张起鹏印送壹百部	玉历钞传警世	麦 0716
206	1879	光绪五年(1879)三月二十二日宣行	光绪五年三月瑞应寺祈雨文书二件	麦 0028
207	1879	大清光绪五年(1879)岁次己卯佛诞日/东遐龄头陀谨识	敕建十方卧龙寺禅寺同戒录	麦 0029
208	1879	光绪五年(1879)岁次己卯冬结制日谷旦	梵网经菩萨戒	麦 0017
209	1879	光绪五年(1879)岁次己卯冬结制日谷旦	梵网经菩萨戒	麦 0082
210	1879	光绪五年(1879)冬期	敕建十方卧龙寺禅寺同戒录	麦 0029
211	1879	光绪五年(1879)次己卯冬结制日谷旦	沙弥律仪要略	麦 0276

(续表)

序号	公元纪年	题　记	书　名	编　号
212	1879	光绪五年(1879)正月初九日囗囗	书经体注大全合参卷一	麦 0624
213	1879	光绪五年(1879)岁次己卯冬结制日	佛说四分戒本	麦 0667
214	1879	光绪五年(1879)岁次己卯冬结制日谷旦	沙弥律仪要略	麦 0675
215	1879	光绪伍年(1879)十二月卖文　章州王永苍	童子升阶	麦 0723
216	1879	大清光绪五年(1879)岁次己卯佛诞日	敕建卧龙禅寺同戒录	麦 0732
217	1879	大清光绪五年(1879)岁次己卯孟春/本山东头陀书于/卧龙丈室/板存西京十方卧龙禅林	毗尼日用切要	麦 0750
218	1879	光绪五年(1879)岁次巳卯冬结制日谷旦	毗尼日用切要	麦 0750
219	1880	光绪六年(1880)六月吉日谢志德谨志刷刊印送中题	玉历钞传警世	麦 0716
220	1880	光绪庚辰年(1880)镌/灶王感应篇	灶王感应篇	麦 0875
221	1881	光绪七年(1881)二月立	童子升阶	麦 0723
222	1881	光绪岁次辛巳(1881)仲秋武威举人徐志薰沐敬撰序于施教亭(2叶)	三圣感应经	麦 0926
223	1884	光绪甲申(1884)仲春重刊/教民歌/甘肃秦州署藏板	教民歌	麦 0629
224	1889	光绪十五年(1889)己丑秦州同仁局敬刊	高王观音经	麦 0884
225	1892	光绪十八年 (1892)(手书)	学源堂合纂四书体注(大学中庸)	麦 0867
226	1893	光绪癸巳年(1893)季冬月上浣日重刊	新增幼学故事琼林卷一	麦 0824
227	1894	大清光绪二十年(1894)岁次甲午季夏月朔二日/静邑监生柳耀祖敬刊印送	重刻阴阳界善恶果报例案	麦 0714
228	1895	大清光绪二十一年(1895)五月七日写全了	清光绪年间杂写	麦 0012
229	1895	光绪乙未(1895)夏王求宝子敬叙	太上感应篇	麦 0920
230	1898	光绪戊戌(1898)夏秦/州同仁局刊送	太上感应篇	麦 0920

(续表)

序号	公元纪年	题 记	书 名	编 号
231	1900	庚子年(1900)四月中	天目中峰和尚广录卷第八	麦0010
232	1902	大清光绪二十八年(1902)黄道吉日	淑芳轩合纂四书体注孟子卷之四至五	麦0883
233	1903	光绪癸卯(1903)桂月重刊/观音梦授经批注/有印送者自辨纸墨/不取板赀致和堂藏	观音梦授经注解	麦0846
234	1905	光绪三十一年(1905)仲春月重镌/玉皇上帝洪慈救劫宝经	玉皇上帝洪慈救劫宝经	麦0767
235	1905	光绪乙巳(1905)孟夏朔五日/瑶池统辖禄善司臣贞固久谨跋于堂西之绩善堂	玉皇上帝洪慈救劫宝经	麦0767
236	1905	光绪三十一年(1905)岁次乙巳七月二十一日臣华陀降跋	玉皇上帝洪慈救劫宝经	麦0767
237	1905	光绪三一年(1905)四月十七日点	诗经卷之六至八	麦0851
238	1905	光绪乙巳年(1905)秦州蒲氏敬刊送(见说明2)	金刚般若波罗密经	麦0890
239	1910	宣统庚戌(1910)岁重刊/玉皇心印妙经批注/板存三阳川致和堂愿印/送者不取板资	玉皇心印妙经批注	麦0854
240	1910	大清宣统庚戌(1910)岁重刊/清静经图注/板存三阳川致和堂	太上老君说常清静经	麦0893
民国时期及中华人民共和国成立后				
1	1917	民国六年(1917)版存清水县东门外白沙镇志减堂	悟性穷源	麦0045
2	1925	民国十四年(1925)九月初 申/疏有朱色阳文印一方(不能识读)	佛门法科	麦0701
3	1931	民国式拾年(1931)壹月十七日季吉祥念下孟子卷式	参订四书附考备旨善本下孟卷三	麦0878
4		中华民国二十一年(1932)四(三)月廿七日占如也届进义如也	参订四书附考备旨善本下孟卷三	麦0878
5	1941	民国贰叁年(1941)叁月贰拾申疏叩	禅林方语	麦0048
6	1941	(石印本 1941 年)关于"瑞应寺一章"	释迦牟尼佛像	麦0960
7		大清国甘肃省直隶秦州东乡中社朝阳寺住持僧人聪印	法事道场仪规	麦0681

序号	公元纪年	题　记	书　名	编　号
8	1955	赠麦积山书藏/一九五五年元月十七日/冯国瑞识	妙法莲华经卷第一	麦 0106
9	1955	一九五五、一、十七/国瑞记于兰州（冯国瑞印一方）	大佛顶如来密因修证了义诸菩萨万行首楞严经卷第十	麦 0421
10		此件文书在 1983 年 6 月出土于麦积山东岩大佛头像右颊破损内	金光明经卷第四	麦 0968
11		1989 年目录草稿有说明	大乘起信论 大乘法界无差别论	麦 0689

二、麦积山藏书流水号与麦积山文书编号对照表

麦字号	登记号	书　名	时代	版　本	备　注
麦 0001	13078	沙弥律仪要略卷第二十一	明	线装刻本	
麦 0002	13492	大佛顶如来密因修证了义诸菩萨万行首楞严经卷第九至卷第十	清	线装刻本	
麦 0003	13510	重订古文释义新编卷三	清	线装刻本	
麦 0004	13509	修礼七佛慈悲忏法	清	线装刻本	
麦 0005	13508	寿世保元卷九至卷十	清	线装刻本	
麦 0006	13507	弥勒佛解八十一劫法华宝忏卷一至卷二	清	线装写本	
麦 0007	13506	脉书上卷	清	线装写本	
麦 0008	15052	疏帖残片	清	线装写本	
麦 0009	13505	玄天上帝劝世文	清	线装刻本	
麦 0010	13501	天目中峰和尚广录卷第八	清	线装写本	
麦 0011	13504	重刊北京五大部直音会韵卷上下	清	线装刻本	
麦 0012	13503	清光绪年间杂写	清	线装写本	
麦 0013	13502	诗韵含英	清	线装刻本	
麦 0014	13500	书经体注大全合参卷四	清	线装刻本	
麦 0015	13496	历代宗派传灯捷录	清	线装刻本	
麦 0016	13499	书经体注大全合参卷二	清	线装刻本	与麦 0624（一）、麦 0707（一）、麦 0016（二）、麦 0014（四）、麦 0885（五、六）为一套。
麦 0017	13495	梵网经菩萨戒	清	线装刻本	
麦 0018	13494	三坛传戒正范卷三	清	线装写本	
麦 0019	13497	禅林宝训卷上	明	线装刻本	

(续表)

麦字号	登记号	书　　名	时代	版　本	备　　注
麦 0020	13498	诗经融注大全体要卷六至卷八	清	线装刻本	
麦 0021	13493	佛说大阿弥陀经	清	线装刻本	
麦 0022	13526	毗尼日用仪范	清	线装刻本	
麦 0023	13524	观自在菩萨恒缚多利随心陀罗尼经	清	线装写本	
麦 0024	13523	金刚经偈录	清	线装刻本	
麦 0025	13479	福源石屋珙禅师语录卷上	明	线装写本	
麦 0026	13522	杂写一册	清	线装写本	
麦 0027	13521	道场仪文(拟)	清	线装刻本	
麦 0028	13514	光绪五年三月瑞应寺祈雨文书二件	清	线装写本	
麦 0029	13481	敕建十方卧龙禅寺同戒录	清	线装刻本	
麦 0030	13517	禅林宝训	清	线装写本	
麦 0031	13516	道场仪文(拟)	清	线装写本	
麦 0032	13485	大佛顶如来密因修证了义诸菩萨万行首楞严经卷第五至卷第六	明	线装刻本	与麦 0032/登 13519 账本号重复。麦 0035、麦 0034、麦 0032 为同卷
麦 0033	13518	禅林宝训卷上下	清	线装刻本	
麦 0034	13484	大佛顶如来密因修证了义诸菩萨万行首楞严经卷第三至卷第四	明	线装刻本	
麦 0035	13483	大佛顶如来密因修证了义诸菩萨万行首楞严经卷第一至卷第二	明	线装刻本	
麦 0036	13482	弘戒法仪下	清	线装刻本	
麦 0037	13511	毗尼日用全部	清	线装刻本	
麦 0038	14015	大佛顶如来密因修证了义诸菩萨万行首楞严经合论卷第六至卷第七	明	线装刻本	
麦 0039	13530	妙法莲华经卷第二	清	经折装刻本	
麦 0040	13531	妙法莲华经卷第一	清	经折装刻本	
麦 0041	13101	灶王新经	清	线装写本	
麦 0042	13707	梵网经菩萨戒	清	线装刻本	

(续表)

麦字号	登记号	书　　名	时代	版　　本	备　　注
麦 0043	13103	太上感应篇	清	线装刻本	
麦 0044	13106	周易本义卷三至卷四	清	线装刻本	
麦 0045	13104	悟性穷源		线装刻本	年代不详
麦 0046	13532	妙法莲华经卷第五	清	经折装刻本	
麦 0047	13099	四书翼注论文中庸卷上下	清	线装刻本	
麦 0048	13611	禅林方语	清	线装写本	
麦 0049	13945	青峰大云登禅师语录	清	线装刻本	
麦 0050	13705	佛说诸品仙经	清	经折装写本	
麦 0051	13094	妙法莲华经卷第三至卷第四	清	线装刻本	
麦 0052	13092	禅门小参	清	线装写本	
麦 0053	13091	金刚川老颂铁馂餡经	清	线装写本	
麦 0054	13093	高王观音经	清	线装刻本	
麦 0055	13533	妙法莲华经卷第三	清	经折装刻本	
麦 0056	13708	梵网经菩萨戒	清	线装刻本	
麦 0057	13528	元享疗马集	清	线装刻本	
麦 0058	14019	禅林宝训合注卷第一至卷第二	清	线装刻本	与麦 0113 登字号重复
麦 0059	14017	沙弥律仪要略卷第二十一	清	线装刻本	
麦 0060	13076	四分戒本	清	线装刻本	
麦 0061	13712	念诵仪轨（拟）	清	线装写本	
麦 0062	13710	准提净业卷一至卷二	明	线装刻本	
麦 0063	13077	天目晦石禅师临济四宾主辨卷一至卷四	清	线装刻本	
麦 0064	13207	妙法莲华经卷第五	明	经折装刻本	麦 0101、麦 0105、麦 0106、麦 0218、麦 0064、麦 0098、麦 0624 七卷为一套
麦 0065	13703	目连正教血盆经（拟）	清	经折装刻本	
麦 0066	13702	佛说阿弥陀经	明	经折装刻本	
麦 0067	13699	新刻疗牛马经卷四至卷五	清	线装刻本	
麦 0068	13701	大佛顶如来密因修证了义诸菩萨万行首楞严经卷第六至卷第十	明	线装刻本	

(续表)

麦字号	登记号	书　名	时代	版　本	备　注
麦 0069	13700	高峰要略全集上	清	线装写本	
麦 0070	13717	解般若波罗密多心经此义	清	线装写本	
麦 0071	13716	早功晚课诵	清	线装写本	
麦 0072	13715	道场仪文(拟)	清	线装写本	
麦 0073	13711	教乘法数卷第三	清	线装刻本	
麦 0074	13714	广公上人游戏三昧	清	线装写本	
麦 0075	13713	禅林宝训音义下卷	清	线装写本	
麦 0076	13720	梁武帝问志公禅师因果文	清	线装写本	与麦 0080 登字号重复
麦 0077	13709	宗门玄鉴图	清	线装刻本	
麦 0078	13718	三教同识	清	线装写本	
麦 0079	13090	大乘妙法莲华经要解科文第一卷	明	线装刻本	
麦 0080	13720	梵网经菩萨戒	清	线装刻本	与麦 0076 登字号重复
麦 0081	13098	三千诸佛名经上中下卷	清	线装写本	
麦 0082	13080	梵网经菩萨戒	清	线装刻本	
麦 0083	13087	易经体注大全会解卷九	清	线装刻本	
麦 0084	13088	三坛传戒正范卷一	清	线装写本	
麦 0085	13089	宝藏论并青州问答	清	线装写本	
麦 0086	13081	大慧普觉禅师语录颂古	清	线装写本	
麦 0087	13079	千佛寺和尚为柏林监院溥霖大师承嗣	清	线装刻本	
麦 0088	13075	合并旨明九章算法大全	清	线装写本	
麦 0089	13650	大般涅槃经卷第三十四	明	经折装刻本	
麦 0090	13651	大般涅槃经卷第三十二	明	经折装刻本	
麦 0091	13534	妙法莲华经卷第四	清	经折装刻本	
麦 0092	13652	大般涅槃经卷第三十一	明	经折装刻本	
麦 0093	13648	妙法莲华经卷第六	明	经折装刻本	
麦 0094	13649	妙法莲华经卷第七	明	经折装刻本	
麦 0095	13122	妙法莲华经卷第二	明	经折装刻本	
麦 0096	13618	妙法莲华经卷第六	明	经折装刻本	

（续表）

麦字号	登记号	书　　名	时代	版　本	备　注
麦0097	13752	妙法莲华经卷第五	明	经折装刻本	
麦0098	13208	妙法莲华经卷第六	明	经折装刻本	麦0101、麦0105、麦0106、麦0218、麦0064、麦0098、麦0624七卷为一套
麦0099	13684	妙法莲华经卷第一	明	经折装写本	
麦0100	13204	妙法莲华经卷第七	明	经折装刻本	
麦0101	13205	妙法莲华经卷第二	明	经折装刻本	麦0101、麦0105、麦0106、麦0218、麦0064、麦0098、麦0624七卷为一套
麦0102	13238	妙法莲华经卷第五	明	经折装刻本	
麦0103	13292	妙法莲华经卷第一	明	经折装刻本	
麦0104	13301	妙法莲华经卷第三	明	经折装刻本	
麦0105	13293	妙法莲华经卷第三	明	经折装刻本	麦0101、麦0105、麦0106、麦0218、麦0064、麦0098、麦0624七卷为一套
麦0106	13235	妙法莲华经卷第一	明	经折装刻本	麦0101、麦0105、麦0106、麦0218、麦0064、麦0098、麦0624七卷为一套
麦0107	13282	妙法莲华经卷第六	明	经折装刻本	
麦0108	13996	金光明最胜王经卷第九	明	经折装刻本	
麦0109	13985	大方广佛华严经卷第十二	明	经折装刻本	
麦0110	13988	大方广佛华严经卷第十三	明	经折装刻本	与麦0133登号重复
麦0111	13125	慈悲道场忏法卷第三	明	经折装刻本	与麦0126、麦0254登号重复
麦0112	12959	慈悲道场忏法卷第三	明	经折装刻本	
麦0113	14019	佛母大孔雀明王经卷下	明	经折装刻本	与麦0058登号重复
麦0114	14020	妙法莲华经卷第四		经折装刻本	年代不明
麦0115	13284	妙法莲华经卷第六		经折装刻本	年代不明，与麦0149登号重复

(续表)

麦字号	登记号	书　名	时代	版　本	备　注
麦 0116	13286	妙法莲华经卷第一		经折装刻本	年代不详
麦 0117	13696	妙法莲华经卷第五		经折装写本	年代不详
麦 0118	13285	妙法莲华经卷第二		经折装刻本	年代不详
麦 0119	13694	妙法莲华经卷第六		经折装刻本	年代不详
麦 0120	13695	妙法莲华经卷第五		经折装刻本	年代不详
麦 0121	13685	妙法莲华经卷第四	明	经折装刻本	与麦 0138 登号重复
麦 0122	13693	妙法莲华经卷第七		经折装刻本	年代不详
麦 0123	13686	妙法莲华经卷第三		经折装写本	年代不详
麦 0124	13134	慈悲道场忏法卷第九	明	经折装刻本	麦 0278 登号重复,与麦 0274、0273、0156、0124、0254、0966、0259、0263、0264、0299 为一套
麦 0125	13133	慈悲道场忏法卷第八	元	经折装刻本	与麦 0226 登号重复
麦 0126	13125	慈悲道场忏法卷第三	明	经折装刻本	与麦 0111、麦 0254 登号重复
麦 0127	13150	大方广佛华严经卷第五十一	明	经折装刻本	与麦 0590 登号重复
麦 0128	12979	大般涅槃经卷第三	明	经折装刻本	与麦 0465 登号重复
麦 0129	12978	大般涅槃经卷第四	明	经折装刻本	与麦 0464 登号重复
麦 0130	13148	大方便佛报恩经卷第四	明	经折装刻本	
麦 0131	13294	大般涅槃经卷第五	明	经折装刻本	与麦 0223 登号重复
麦 0132	14010	慈道场忏法卷第一	明	经折装刻本	与麦 0966 登号重复
麦 0133	13988	大方广佛华严经卷第十三	明	经折装刻本	与麦 0110 登号重复
麦 0134	13145	大方广佛华严经卷第四十七	明	经折装刻本	与麦 0570 登号重复
麦 0135	13480	大方广佛华严经卷第五十五	明	经折装刻本	
麦 0136	13800	大方广佛华严经卷第二十一	明	经折装刻本	与麦 0485 登号重复
麦 0137	13971	大方广佛华严经卷第四十七	明	经折装刻本	与麦 0375 登号重复
麦 0138	13685	妙法莲华经卷第四	明	经折装写本	与麦 0121 登号重复
麦 0139	13654	妙法莲华经卷第一	明	经折装刻本	与麦 0158、麦 0963 登号重复
麦 0140	13615	大佛顶如来密因修证了义诸菩萨万行首楞严经卷第三	明	经折装刻本	

（续表）

麦字号	登记号	书名	时代	版本	备注
麦0141	13767	大佛顶如来密因修证了义诸菩萨万行首楞严经卷第九	明	经折装刻本	
麦0142	13606	销释金刚科仪卷下	明	经折装写本	
麦0143	13478	销释金刚科仪卷上	明	经折装写本	
麦0144	13477	观音道场密教卷中	明	经折装写本	
麦0145	13476	大般涅槃经后分卷下	明	经折装刻本	
麦0146	13259	妙法莲华经卷第七	明	经折装刻本	
麦0147	13260	妙法莲华经卷第四		经折装刻本	年代不详
麦0148	13281	妙法莲华经卷第六		经折装写本	年代不详
麦0149	13284	妙法莲华经卷第七		经折装写本	年代不详，与麦0115登号重复
麦0150	13217	佛母大孔雀明王经卷上	明	经折装刻本	
麦0151	13236	妙法莲华经卷第二	明	经折装刻本	
麦0152	13254	慈悲道场忏法卷第六	元	经折装刻本	
麦0153	13962	慈悲道场忏法卷第三	明	经折装刻本	与麦0602登号重复
麦0154	13660	慈悲道场忏法卷第九	明	经折装刻本	
麦0155	13659	观音道场密教卷下	明	经折装写本	
麦0156	13123	慈悲道场忏法卷第十	明	经折装刻本	与麦0156/13658观音道场密教卷上，麦字号重复
麦0156	13658	观音道场密教卷上			与麦0484登号重复，与麦0274、麦0273、麦0156、麦0124、麦0254、麦0966、麦0259、麦0263、麦0264、麦0299为一套
麦0157	13357	大方广佛华严经卷第六十	明	经折装刻本	与麦0342登号重复
麦0158	13654	妙法莲华经卷第一	明	经折装刻本	与麦0139、麦0963登号重复
麦0159	13290	佛说佛名经卷第二	明	经折装写本	
麦0160	14021	妙法莲华经卷第三		经折装刻本	年代不详
麦0161	13953	三坛传戒正范第三		经折装写本	年代不详

(续表)

麦字号	登记号	书　名	时代	版　本	备　注
麦 0162	13653	高王观音经	清	蝴蝶装刻本	
麦 0163	13719	心经等	清	经折装刻本	
麦 0164	13453	复庵和尚华严经纶贯	清	经折装刻本	
麦 0165	13454	金光明最胜王经卷第十	明	经折装刻本	
麦 0166	13455	广弘明集卷第一	明	经折装刻本	
麦 0167	13457	佛说阿弥陀经等	清	经折装写本	
麦 0168	13459	道经集抄	清	经折装写本	与麦 0169 登号重复
麦 0169	13459	道经残片	清	经折装刻本	与麦 0168 登号重复
麦 0170	13460	大般涅槃经卷第十二	明	经折装刻本	
麦 0171	13462	金光明最胜王经卷第一	明	经折装刻本	
麦 0172	13463	金光明最胜王经卷第二	明	经折装刻本	
麦 0173	13464	金光明最胜王经卷第三	明	经折装刻本	
麦 0174	13465	金光明最胜王经卷第四	明	经折装刻本	
麦 0175	13466	金光明最胜王经卷第五	明	经折装刻本	
麦 0176	13467	金光明最胜王经卷第六	明	经折装刻本	
麦 0177	13468	金光明最胜王经卷第七	明	经折装刻本	
麦 0178	13469	金光明最胜王经卷第八	明	经折装刻本	
麦 0179	13470	金光明最胜王经卷第九	明	经折装刻本	
麦 0180	13471	金光明最胜王经卷第十	明	经折装刻本	
麦 0181	13472	大方广佛华严经卷第三十二	明	经折装刻本	
麦 0182	13473	妙法莲华经卷第四		经折装刻本	年代不详
麦 0183	13474	地藏菩萨本愿经卷下	清	经折装刻本	
麦 0184	13475	金刚经	清	经折装刻本	
麦 0185	13121	三昧水忏法卷下	明	经折装刻本	与麦 0561 登号重复
麦 0186	13126	大佛顶如来密因修证了义诸菩萨万行首楞严经卷第二	清	经折装刻本	
麦 0187	13671	大佛顶如来密因修证了义诸菩萨万行首楞严经卷第一	明	经折装写本	
麦 0188	13672	大佛顶如来密因修证了义诸菩萨万行首楞严经卷第二	明	经折装写本	

（续表）

麦字号	登记号	书　　名	时代	版　本	备　注
麦 0189	13673	妙法莲华经卷第一		经折装刻本	年代不详
麦 0190	13279	大般涅槃经卷第六	明	经折装刻本	
麦 0191	13622	妙法莲华经卷第四		经折装刻本	年代不详
麦 0192	13278	大般涅槃经卷第一	明	经折装刻本	
麦 0193	13668	慈悲道场忏法卷第七	明	经折装刻本	
麦 0194	13667	慈悲道场忏法卷第五	明	经折装刻本	
麦 0195	13662	慈悲道场忏法卷第六	明	经折装刻本	
麦 0196	13625	慈悲道场忏法卷第五	明	经折装刻本	
麦 0197	13624	慈悲道场忏法卷第四	明	经折装刻本	
麦 0198	13965	大方广佛华严经卷第二十四	明	经折装刻本	
麦 0199	13958	大般涅槃经卷第十	明	经折装刻本	
麦 0200	13957	大方广佛华严经卷第十二	明	经折装刻本	
麦 0201	13959	慈悲道场忏法卷第二	明	经折装刻本	
麦 0202	13677	慈悲道场忏法卷第九	明	经折装刻本	
麦 0203	13676	慈悲道场忏法卷第八	明	经折装刻本	
麦 0204	13675	慈悲道场忏法卷第二	明	经折装刻本	
麦 0205	13670	佛母大孔雀明王经卷上	明	经折装刻本	
麦 0206	13669	佛母大孔雀明王经卷中	明	经折装刻本	
麦 0207	12958	慈悲道场忏法卷第二	明	经折装刻本	
麦 0208	12957	慈悲道场忏法卷第一	明	经折装刻本	
麦 0209	12962	慈悲道场忏法卷第六	明	经折装刻本	与麦 0235 登号重复
麦 0210	12963	慈悲道场忏法卷第三	明	经折装刻本	与麦 0236 登号重复
麦 0211	12964	慈悲道场忏法卷第四	明	经折装刻本	与麦 0238 登号重复
麦 0212		光绪三年六月初六日朝阳社帖（拟）	清		底本无登字号
麦 0213	12960	慈悲道场忏法卷第四	明	经折装刻本	
麦 0214	12961	慈悲道场忏法卷第五	明	经折装刻本	
麦 0215	13637	大方广佛华严经卷第二十七	明	经折装刻本	
麦 0216	13636	大方广佛华严经卷第二十五	明	经折装刻本	

（续表）

麦字号	登记号	书　名	时代	版　本	备　注
麦 0217	13233	大方广佛华严经卷第六十	明	经折装刻本	
麦 0218	13237	妙法莲华经卷第四	明	经折装刻本	麦 0101、麦 0105、麦 0106、麦 0218、麦 0064、麦 0098、麦 0624 七卷为一套
麦 0219	13289	大方广佛华严经卷第五十三	明	经折装刻本	
麦 0220	13234	大方广佛华严经卷第五十九	明	经折装刻本	
麦 0221	13218	广弘明集卷第四	明	经折装刻本	
麦 0222	13149	大方便佛报恩经卷第五	明	经折装刻本	
麦 0223	13294	大般涅槃经卷第三十三	明	经折装刻本	与麦 0131 登号重复
麦 0224	13632	慈悲道场忏法卷第一	明	经折装刻本	
麦 0225	13621	妙法莲华经卷第六		经折装刻本	年代不明
麦 0226	13133	慈悲道场忏法卷第八	元	经折装刻本	与麦 0125 登号重复
麦 0227	13131	慈悲道场忏法卷第五	明	经折装刻本	与麦 0583 登号重复
麦 0228	13132	慈悲道场忏法卷第六	明	经折装刻本	与麦 0258 登号重复
麦 0229	13130	慈悲道场忏法卷第六	明	经折装刻本	
麦 0230	15051	对联六副	清		与麦 0230/13146 大方便佛报恩经卷第三,麦字号重复
麦 0230	13146	大方便佛报恩经卷第三			与麦 0234 登号重复
麦 0231	13129	慈悲道场忏法卷第四	明	经折装刻本	
麦 0232	12966	慈悲道场忏法卷第六	明	经折装刻本	与麦 0259 登号重复
麦 0233	12967	慈悲道场忏法卷第七	明	经折装刻本	
麦 0234	13146	大方便佛报恩经卷第三	明	经折装刻本	
麦 0235	12962	慈悲道场忏法卷第十	明	经折装刻本	与麦 0209 登号重复
麦 0236	12963	慈悲道场忏法卷第七	明	经折装刻本	与麦 0210 登号重复
麦 0237	12965	慈悲道场忏法卷第九	明	经折装刻本	与麦 0404 登号重复 与麦 0253 登号重复
麦 0238	12964	慈悲道场忏法卷第八	明	经折装刻本	与麦 0211 登号重复
麦 0239	13993	金光明最胜王经卷第六	明	经折装刻本	

(续表)

麦字号	登记号	书　　名	时代	版　本	备　注
麦 0240	13288	现在贤劫千佛名经	清	经折装写本	
麦 0241	13697	慈悲道场忏法卷第四	元	经折装刻本	
麦 0242	13214	未来星宿劫千佛名经	清	经折装写本	
麦 0243	13213	未来星宿劫千佛名经	清	经折装刻本	
麦 0244	13219	广弘明集卷第二	明	经折装刻本	
麦 0245	13768	大般涅槃经卷第三十八	明	经折装刻本	
麦 0246	13616	妙法莲华经卷第七	明	经折装写本	
麦 0247	13147	大方便佛报恩经卷第一	明	经折装刻本	
麦 0248	13215	佛母大孔雀明王经卷上	明	经折装刻本	
麦 0249	13277	大般涅槃经后分卷上	明	经折装刻本	
麦 0250	13291	过去庄严劫千佛名经	清	经折装写本	
麦 0251	14008	大方广佛华严经卷第二十二	明	经折装刻本	
麦 0252	13989	慈悲道场忏法卷第五	明	经折装刻本	
麦 0253	15053	药方残片		写本	年代不详 与麦 0253/12965 麦字号重复
麦 0253	12965	慈悲道场忏法卷第九			与麦 0237 登号重复 与麦 0404 登号重复
麦 0254	13125	慈悲道场忏法卷第三	明	经折装刻本	与麦 0111、麦 0126 登号重复，与麦 0274、麦 0273、麦 0156、麦 0124、麦 0254、麦 0966、麦 0259、麦 0263、麦 0264、麦 0299 为一套
麦 0255	13124	慈悲道场忏法卷第四	明	经折装刻本	
麦 0256	13869	秦州卖草开票	清		
麦 0257	13119	大方广佛华严经卷第七十六	明	经折装刻本	与麦 0535 登号重复 与麦 0257/13119 慈悲道场忏法卷第一，麦字号、登字号重复

(续表)

麦字号	登记号	书　名	时代	版　本	备　注
麦 0258	13132	慈悲道场忏法卷第二	明	经折装刻本	与麦 0228 登号重复
麦 0259	12966	慈悲道场忏法卷第十	明	经折装刻本	与麦 0232 登号重复 与麦 0274、麦 0273、麦 0156、麦 0124、麦 0254、麦 0966、麦 0259、麦 0263、麦 0264、麦 0299 为一套
麦 0260	13627	慈悲道场忏法卷第七	明	经折装刻本	
麦 0261	13990	慈悲道场忏法卷第二	明	经折装刻本	
麦 0262	13999	慈悲道场忏法卷第六	明	经折装刻本	
麦 0263	14002	慈悲道场忏法卷第四	明	经折装刻本	与麦 0274、麦 0273、麦 0156、麦 0124、麦 0254、麦 0966、麦 0259、麦 0263、麦 0264、麦 0299 为一套
麦 0264	14004	慈悲道场忏法卷第十	明	经折装刻本	与麦 0274、麦 0273、麦 0156、麦 0124、麦 0254、麦 0966、麦 0259、麦 0263、麦 0264、麦 0299 为一套
麦 0265	14003	慈悲道场忏法卷第一	明	经折装刻本	
麦 0266	13997	妙法莲华经卷第四		经折装刻本	年代不详
麦 0267	13984	现在贤劫千佛名经	清	经折装写本	
麦 0268	13164	慈悲道场忏法卷第八	明	经折装刻本	
麦 0269	13287	过去庄严劫千佛名经	清	经折装写本	
麦 0270	13626	慈悲道场忏法卷第六	明	经折装刻本	
麦 0271	13629	慈悲道场忏法卷第三	明	经折装刻本	
麦 0272	13633	慈悲道场忏法卷第七	明	经折装刻本	麦 0272 与麦 0273 登字号重复
麦 0273	13633	慈悲道场忏法卷第七	明	经折装刻本	麦 0273 与麦 0272 登字号重复,与麦 0274、麦 0273、麦 0156、麦 0124、麦 0254、麦 0966、麦 0259、麦 0263、麦 0264、麦 0299 为一套

（续表）

麦字号	登记号	书　名	时代	版　本	备　注
麦 0274	13165	慈悲道场忏法卷第四	明	经折装刻本	与麦 0274、麦 0273、麦 0156、麦 0124、麦 0254、麦 0966、麦 0259、麦 0263、麦 0264、麦 0299 为一套
麦 0275	13628	慈悲道场忏法卷第八	明	经折装刻本	
麦 0276	13951	沙弥律仪要略	清	线装刻本	
麦 0277	13135	慈悲道场忏法卷第七	明	经折装刻本	
麦 0278	13134	慈悲道场忏法卷第九	元	经折装刻本	与麦 0124 登号重复
麦 0279	13120	妙法莲华经卷第三		经折装刻本	年代不详，与麦 0564 登号重复
麦 0280	13404	地藏菩萨本愿经卷上	清	线装写本	
麦 0281	13405	地藏菩萨本愿经卷中	清	线装写本	
麦 0282	13406	禅门佛事要略	清	线装刻本	
麦 0283	13413	金光明最胜王经卷第一	明	经折装刻本	
麦 0284	13414	金光明最胜王经卷第二	明	经折装刻本	
麦 0285	13415	金光明最胜王经卷第三	明	经折装刻本	
麦 0286	13416	金光明最胜王经卷第四	明	经折装刻本	
麦 0287	13417	金光明最胜王经卷第五	明	经折装刻本	
麦 0288	13418	金光明最胜王经卷第六	明	经折装刻本	
麦 0289	13419	金光明最胜王经卷第七	明	经折装刻本	
麦 0290	13420	金光明最胜王经卷第八	明	经折装刻本	
麦 0291	13421	金光明最胜王经卷第九	明	经折装刻本	
麦 0292	13422	金光明最胜王经卷第十	明	经折装刻本	
麦 0293	13751	妙法莲华经卷第六		经折装刻本	年代不详
麦 0294	13412	大般涅槃经卷第八	明	经折装刻本	
麦 0295	13411	大般涅槃经卷第三十八	明	经折装刻本	
麦 0296	13410	大般涅槃经卷第四十	明	经折装刻本	
麦 0297	13409	妙法莲华经卷第三		经折装刻本	年代不详
麦 0298	13408	大方便佛报恩经卷第六	明	经折装刻本	

(续表)

麦字号	登记号	书　　名	时代	版　本	备　　注
麦 0299	13423	慈悲道场忏法卷第十	明	经折装刻本	与麦 0274、麦 0273、麦 0156、麦 0124、麦 0254、麦 0966、麦 0259、麦 0263、麦 0264、麦 0299 为一套
麦 0300	13442	广弘明集卷第十一		经折装刻本	年代不详
麦 0301	13441	慈悲道场忏法卷第六	明	经折装刻本	
麦 0302	13440	大般涅槃经卷第三十五	明	经折装刻本	
麦 0303	13439	大般涅槃经卷第三十六	明	经折装刻本	
麦 0304	13438	大般涅槃经卷第九	明	经折装刻本	
麦 0305	13437	广弘明集卷第三	明	经折装刻本	
麦 0306	13436	弘明集卷第十四	明	经折装刻本	
麦 0307	13435	广弘明集卷第十三	明	经折装刻本	
麦 0308	13434	弘明集卷第十二	明	经折装刻本	
麦 0309	13433	大方广佛华严经卷第五十	明	经折装刻本	
麦 0310	13432	广弘明集卷第六	明	经折装刻本	
麦 0311	13431	大方广佛华严经卷第六十五	明	经折装刻本	
麦 0312	13430	大方便佛报恩经卷第七	明	经折装刻本	
麦 0313	13429	大方便佛报恩经卷第二	明	经折装刻本	
麦 0314	13428	金光明最胜王经卷第八	明	经折装刻本	
麦 0315	13427	慈悲道场忏法卷第五	元	经折装刻本	与麦 0602、麦 0575、麦 0603、麦 0241、麦 0315、麦 0152、麦 0340、麦 0226、麦 0278、麦 0337 为同一套
麦 0316	13458	元始天尊说真武修行苦行宝卷下		经折装刻本	年代不详
麦 0317	13426	元始天尊说真武修行苦行宝卷下		经折装刻本	年代不详
麦 0318	13425	慈悲道场忏法卷第四	明	经折装刻本	与麦 0139 登记号重复
麦 0319	13425	地藏菩萨本愿经卷中	清	经折装刻本	与麦 0138 登记号重复
麦 0320	13424	地藏菩萨本愿经卷上	清	经折装刻本	
麦 0321	13443	妙法莲华经卷第四		经折装刻本	年代不详

（续表）

麦字号	登记号	书　名	时代	版　本	备　注
麦 0322	13444	大方广佛华严经卷第五十二	明	经折装刻本	
麦 0323	13445	四十八愿	清	线装写本	
麦 0324	13446	禅林宝训音义	明	线装刻本	
麦 0325	13447	大般涅槃经卷第七	明	经折装刻本	
麦 0326	13448	销释地藏科仪全部	明	经折装刻本	
麦 0327	13449	佛说佛名经卷第一	明	经折装写本	
麦 0328	13450	地藏菩萨本愿经卷下	清	线装写本	
麦 0329	13151	大方广佛华严经卷第五十二	明	经折装刻本	与麦 0405 登字号重复
麦 0330	13452	大般涅槃经卷第二	明	经折装刻本	
麦 0331	13389	大方广佛华严经卷第十一	明	经折装刻本	
麦 0332	13388	慈悲道场忏法卷第五	明	经折装刻本	
麦 0333	13387	慈悲道场忏法卷第一	明	经折装刻本	
麦 0334	13386	妙法莲华经卷第七	明	经折装刻本	
麦 0335	13385	慈悲道场忏法卷第一	元	经折装刻本	
麦 0336	13384	慈悲道场忏法卷第三	明	经折装刻本	
麦 0337	13383	慈悲道场忏法卷第十	元	经折装刻本	
麦 0338	13382	大方广佛华严经卷第十八	明	经折装刻本	
麦 0339	13361	大方广佛华严经卷第十九	明	经折装刻本	
麦 0340	13359	慈悲道场忏法卷第七	元	经折装刻本	
麦 0341	13358	大方广佛华严经卷第五十九	明	经折装写本	
麦 0342	13357	观音道场仪文卷中	明	经折装写本	与麦 0157 登字号重复
麦 0343	13356	大方广佛华严经卷第六十三	明	经折装刻本	
麦 0344	13355	妙法莲华经卷第三	明	经折装刻本	
麦 0345	13354	妙法莲华经卷第四		经折装刻本	年代不详
麦 0346	13353	妙法莲华经卷第一	明	经折装刻本	
麦 0347	13352	妙法莲华经卷第六	明	经折装刻本	
麦 0348	13402	大佛顶如来密因修证了义诸菩萨万行首楞严经卷第四	明	经折装写本	
麦 0349	13403	妙法莲华经卷第三		经折装刻本	年代不详

麦字号	登记号	书　名	时代	版　本	备　注
麦 0350	13362	大方广佛华严经卷第十八	明	经折装刻本	与麦 0351 登号重复
麦 0351	13362	大方广佛华严经卷第十九	明	经折装刻本	与麦 0350 登号重复
麦 0352	13363	大方广佛华严经卷第二十	明	经折装刻本	
麦 0353	13401	大乘本生心地观经卷第二	明	经折装刻本	
麦 0354	13360	观音道场仪文卷下	明	经折装写本	与麦 0458 登号重复
麦 0355	13390	妙法莲华经卷第四	明	经折装刻本	
麦 0356	14001	佛说佛名经卷第三	明	经折装写本	
麦 0357	13013	佛说佛名经卷第四	明	经折装写本	
麦 0358	13639	大方广佛华严经卷第二十三	明	经折装刻本	
麦 0359	13295	大方广佛华严经卷第六十四	明	经折装刻本	
麦 0360	13608	大方广佛华严经卷第二十八	明	经折装刻本	
麦 0361	13980	大方广佛华严经卷第三十	明	经折装刻本	
麦 0362	13973	大方广佛华严经卷第四十九	明	经折装刻本	
麦 0363	13974	大方广佛华严经卷第五十	明	经折装刻本	
麦 0364	13399	妙法莲华经卷第二	明	经折装刻本	
麦 0365	13979	大方广佛华严经卷第二十九	明	经折装刻本	
麦 0366	13170	大方广佛华严经卷第五十八	明	经折装刻本	
麦 0367	13398	妙法莲华经卷第五	明	经折装刻本	
麦 0368	13169	大方广佛华严经卷第五十七	明	经折装刻本	
麦 0369	13168	大方广佛华严经卷第五十六	明	经折装刻本	
麦 0370	13397	妙法莲华经卷第一	明	经折装刻本	
麦 0371	13167	大方广佛华严经卷第二十六	明	经折装刻本	
麦 0372	13396	大般涅槃经卷第三十九	明	经折装刻本	
麦 0373	13166	大方广佛华严经卷第二十五	明	经折装刻本	
麦 0374	13970	大方广佛华严经卷第四十六	明	经折装刻本	
麦 0375	13971	大方广佛华严经卷第四十七	明	经折装刻本	与麦 0137 登号重复
麦 0376	13972	大方广佛华严经卷第四十八	明	经折装刻本	
麦 0377	15056	疏文残片	明	经折装刻本	与麦 0377/13376 麦字号重复

（续表）

麦字号	登记号	书　　名	时代	版　本	备　　注
麦 0377	13376	七佛慈悲忏法	明	经折装刻本	与麦 0377/15056 麦号重复，与麦 0627/13376 登号重复
麦 0378	13375	梁皇忏十卷出入忏文上	明	经折装写本	
麦 0379	13373	妙法莲华经卷第五	明	经折装刻本	年代不详
麦 0380	13368	梁皇忏十卷出入忏文下	明	经折装写本	
麦 0381	13374	妙法莲华经卷第四		经折装刻本	年代不详
麦 0382	13372	妙法莲华经卷第二		经折装刻本	年代不详
麦 0383	13371	妙法莲华经卷第二		经折装刻本	年代不详
麦 0384	13370	妙法莲华经卷第三		经折装刻本	年代不详
麦 0385	13369	金刚经		经折装刻本	
麦 0386	13367	大佛顶如来密因修证了义诸菩萨万行首楞严经卷第六	明	经折装刻本	
麦 0387	13366	大佛顶如来密因修证了义诸菩萨万行首楞严经卷第一	明	经折装刻本	
麦 0388	13365	大佛顶如来密因修证了义诸菩萨万行首楞严经卷第二	明	经折装刻本	与麦 0552 登号重复
麦 0389	13992	大方广佛华严经卷第三十七	明	经折装刻本	
麦 0390	13991	大方广佛华严经卷第三十六	明	经折装刻本	
麦 0391	13987	大方广佛华严经卷第三十五	明	经折装刻本	
麦 0392	13986	大方广佛华严经卷第三十四	明	经折装刻本	
麦 0393	13983	大方广佛华严经卷第三十三	明	经折装刻本	
麦 0394	13982	大方广佛华严经卷第三十二	明	经折装刻本	
麦 0395	13395	妙法莲华经卷第三		经折装刻本	年代不详
麦 0396	13394	大方广佛华严经卷第五十四	明	经折装刻本	
麦 0397	13393	大方广佛华严经卷第四十九	明	经折装刻本	
麦 0398	13392	大方广佛华严经卷第四十八	明	经折装刻本	
麦 0399	13391	大方广佛华严经卷第四十六	明	经折装刻本	
麦 0400	13265	大方广佛华严经卷第十七	明	经折装刻本	
麦 0401	13264	大方广佛华严经卷第十六	明	经折装刻本	

(续表)

麦字号	登记号	书　名	时代	版　本	备　注
麦 0402	13263	大方广佛华严经卷第十五	明	经折装刻本	
麦 0403	13262	大方广佛华严经卷第十四	明	经折装刻本	
麦 0404	12965	大乘本生心地观经卷第三	明	经折装刻本	与麦 0253 登号重复 与麦 0237 登号重复
麦 0405	13151	大方广佛华严经卷第五十二	明	经折装刻本	与麦 0329 登字号重复
麦 0406	13152	大方广佛华严经卷第五十三	明	经折装刻本	
麦 0407	13153	大方广佛华严经卷第五十四	明	经折装刻本	
麦 0408	13607	大方广佛华严经卷第二十九	明	经折装刻本	
麦 0409	13231	大方广佛华严经卷第六十二	明	经折装刻本	
麦 0410	13981	大方广佛华严经卷第三十一	明	经折装刻本	
麦 0411	13978	大方广佛华严经卷第二十八	明	经折装刻本	
麦 0412	13351	慈悲道场忏法卷第七	明	经折装刻本	
麦 0413	13350	大佛顶如来密因修证了义诸菩萨万行首楞严经卷第三	明	经折装写本	
麦 0414	13190	佛说佛名经卷第一	明	经折装写本	
麦 0415	13349	大方广佛华严经卷第四十四	明	经折装刻本	
麦 0416	13348	大方广佛华严经卷第六十五	明	经折装刻本	
麦 0417	13347	大方广佛华严经卷第七十六	明	经折装刻本	
麦 0418	13346	大方广佛华严经卷第八十一	明	经折装刻本	
麦 0419	13345	大方广佛华严经卷第四十三	明	经折装刻本	
麦 0420	13344	大方广佛华严经卷第三	明	经折装刻本	
麦 0421	13381	大佛顶如来密因修证了义诸菩萨万行首楞严经卷第十	明	经折装写本	
麦 0422	13380	大佛顶如来密因修证了义诸菩萨万行首楞严经卷第九	明	经折装写本	
麦 0423	13379	大佛顶如来密因修证了义诸菩萨万行首楞严经卷第八	明	经折装写本	
麦 0424	13378	大佛顶如来密因修证了义诸菩萨万行首楞严经卷第四	明	经折装刻本	
麦 0425	13377	大佛顶如来密因修证了义诸菩萨万行首楞严经卷第五	明	经折装刻本	

（续表）

麦字号	登记号	书　　名	时代	版　本	备　注
麦 0426	13193	佛说佛名经卷第四	明	经折装写本	麦 0426、麦 0427、麦 0428、麦 0414 为一函 4 卷
麦 0427	13192	佛说佛名经卷第三	明	经折装写本	
麦 0428	13191	佛说佛名经卷第二	明	经折装写本	
麦 0429	13155	佛说佛名经卷第五	明	经折装写本	麦 0429、0430、0431、0436 为一函 4 卷
麦 0430	13156	佛说佛名经卷第六	明	经折装写本	
麦 0431	13157	佛说佛名经卷第七	明	经折装写本	
麦 0432	13227	佛说佛名经卷第五	明	经折装写本	麦 0432、麦 0433、麦 0434、麦 0435 为一函 4 卷
麦 0433	13228	佛说佛名经卷第六	明	经折装写本	
麦 0434	13229	佛说佛名经卷第七	明	经折装写本	
麦 0435	13230	佛说佛名经卷第八	明	经折装写本	
麦 0436	13158	佛说佛名经卷第八	明	经折装写本	
麦 0437	13245	佛说佛名经卷第九	明	经折装写本	
麦 0438	13246	佛说佛名经卷第十	明	经折装写本	
麦 0439	13247	佛说佛名经卷第十一	明	经折装写本	
麦 0440	13248	佛说佛名经卷第十二	明	经折装写本	
麦 0441	13199	佛说佛名经卷第五	明	经折装写本	
麦 0442	13200	佛说佛名经卷第六	明	经折装写本	
麦 0443	13201	佛说佛名经卷第七	明	经折装写本	
麦 0444	13202	佛说佛名经卷第八	明	经折装写本	
麦 0445	13742	佛说佛名经卷第九	明	经折装写本	麦 0445、麦 0446、麦 0447、麦 0448 为一函 4 卷
麦 0446	13743	佛说佛名经卷第十	明	经折装写本	
麦 0447	13744	佛说佛名经卷第十一	明	经折装写本	
麦 0448	13745	佛说佛名经卷第十二	明	经折装写本	
麦 0449	13746	佛说佛名经卷第九	明	经折装写本	麦 0449、麦 0450、麦 0451、0452 为一函 4 卷
麦 0450	13747	佛说佛名经卷第十	明	经折装写本	

(续表)

麦字号	登记号	书　名	时代	版　本	备　注
麦 0451	13748	佛说佛名经卷第十一	明	经折装写本	
麦 0452	13749	佛说佛名经卷第十二	明	经折装写本	
麦 0453	13181	佛说佛名经卷第一	明	经折装写本	麦 0453、麦 0454、麦 0455、麦 0456 为一函 4 卷
麦 0454	13182	佛说佛名经卷第二	明	经折装写本	
麦 0455	13183	佛说佛名经卷第三	明	经折装写本	
麦 0456	13184	佛说佛名经卷第四	明	经折装写本	
麦 0457	13343	大方广佛华严经卷第二	明	经折装刻本	
麦 0458	13360	观音道场仪文卷上	明	经折装写本	与麦 0354 登号重复
麦 0459	13342	大方广佛华严经卷第五	明	经折装刻本	
麦 0460	12987	大乘本生心地观经卷第五	明	经折装刻本	
麦 0461	12986	大乘本生心地观经卷第四	明	经折装刻本	
麦 0462	12985	大乘本生心地观经卷第三	明	经折装刻本	与麦 0462 慈悲道场忏法卷第五麦字号重复
麦 0462	12985	慈悲道场忏法卷第五	明	经折装刻本	
麦 0463	12984	大乘本生心地观经卷第一	明	经折装刻本	
麦 0464	12978	大般涅槃经卷第四十	明	经折装刻本	与麦 0129 登号重复
麦 0465	12979	大般涅槃经卷第三十九	明	经折装刻本	与麦 0128 登号重复
麦 0466	13276	大方广佛华严经卷第一	明	经折装刻本	
麦 0467	13000	大般涅槃经卷第二十	明	经折装刻本	
麦 0468	12999	大般涅槃经卷第十九	明	经折装刻本	
麦 0469	12998	大般涅槃经卷第十八	明	经折装刻本	
麦 0470	12997	大般涅槃经卷第十七	明	经折装刻本	
麦 0471	12996	大般涅槃经卷第十六	明	经折装刻本	
麦 0472	13789	大方广佛华严经卷第七十六	明	经折装刻本	与麦 0505 登号重复
麦 0473	13790	大方广佛华严经卷第七十七	明	经折装刻本	
麦 0474	12977	大般涅槃经后分卷上			年代不详
麦 0475	13791	大方广佛华严经卷第七十八	明	经折装刻本	
麦 0476	13792	大方广佛华严经卷第七十九	明	经折装刻本	

（续表）

麦字号	登记号	书　名	时代	版　本	备　注
麦0477	13793	大方广佛华严经卷第八十	明	经折装刻本	
麦0478	13794	大方广佛华严经卷第八十一	明	经折装刻本	与麦0472、麦0473、麦0475、麦0476、麦0477、麦0478为一函
麦0479	13795	大方广佛华严经卷第三十一	明	经折装刻本	与麦0479、0480、0481、0482、0483位同一函
麦0480	13796	大方广佛华严经卷第三十二	明	经折装刻本	
麦0481	13797	大方广佛华严经卷第三十三	明	经折装刻本	
麦0482	13798	大方广佛华严经卷第三十四	明	经折装刻本	
麦0483	13799	大方广佛华严经卷第三十五	明	经折装刻本	
麦0484	13658	观音道场密教卷上	明	经折装刻本	与麦0156登号重复
麦0485	13800	大方广佛华严经卷第二十一	明	经折装刻本	与麦0136登号重复 与麦0485、麦0486、麦0487、麦0488、麦0489位同一函
麦0486	13801	大方广佛华严经卷第二十二	明	经折装刻本	
麦0487	14005	大方广佛华严经卷第二十三	明	经折装刻本	
麦0488	14006	大方广佛华严经卷第二十四	明	经折装刻本	
麦0489	14007	大方广佛华严经卷第二十五	明	经折装刻本	
麦0490	13222	大方广佛华严经卷第四十六	明	经折装刻本	与麦0490、0491、0492、0493、0494位同一函
麦0491	13223	大方广佛华严经卷第四十七	明	经折装刻本	
麦0492	13224	大方广佛华严经卷第四十八	明	经折装刻本	
麦0493	13225	大方广佛华严经卷第四十九	明	经折装刻本	
麦0494	13226	大方广佛华严经卷第五十	明	经折装刻本	
麦0495	12992	大方广佛华严经卷第十二	明	经折装刻本	与麦0565、麦0495、麦0536、麦0537、麦0538为同一函
麦0496	13194	大方广佛华严经卷第六十	明	经折装刻本	与麦0496、麦0497、麦0498、麦0499、麦0500为同一函
麦0497	13195	大方广佛华严经卷第五十九	明	经折装刻本	

麦字号	登记号	书　　名	时代	版　本	备　注
麦 0498	13196	大方广佛华严经卷第五十八	明	经折装刻本	
麦 0499	13197	大方广佛华严经卷第五十七	明	经折装刻本	
麦 0500	13198	大方广佛华严经卷第五十六	明	经折装刻本	
麦 0501	13784	大方广佛华严经卷第六			与麦 0501、麦 0502、麦 0503、麦 0504、麦 0505 为同一函
麦 0502	13785	大方广佛华严经卷第七	明	经折装刻本	
麦 0503	13786	大方广佛华严经卷第八	明	经折装刻本	
麦 0504	13787	大方广佛华严经卷第九	明	经折装刻本	
麦 0505	13789	大方广佛华严经卷第十	明	经折装刻本	与麦 0472 登号重复
麦 0506	13176	大方广佛华严经卷第五十一	明	经折装刻本	
麦 0507	13177	大方广佛华严经卷第五十二	明	经折装刻本	
麦 0508	13178	大方广佛华严经卷第五十三	明	经折装刻本	
麦 0509	13179	大方广佛华严经卷第五十四	明	经折装刻本	
麦 0510	13180	大方广佛华严经卷第五十五	明	经折装刻本	
麦 0511	13159	大方广佛华严经卷第七十一	明	经折装刻本	
麦 0512	13160	大方广佛华严经卷第七十二	明	经折装刻本	
麦 0513	13161	大方广佛华严经卷第七十三	明	经折装刻本	
麦 0514	13162	大方广佛华严经卷第七十四	明	经折装刻本	
麦 0515	13163	大方广佛华严经卷第七十五	明	经折装刻本	
麦 0516	13171	大方广佛华严经卷第四十一	明	经折装刻本	
麦 0517	13172	大方广佛华严经卷第四十二	明	经折装刻本	
麦 0518	13173	大方广佛华严经卷第四十三	明	经折装刻本	
麦 0519	13174	大方广佛华严经卷第四十四	明	经折装刻本	
麦 0520	13175	大方广佛华严经卷第四十五	明	经折装刻本	
麦 0521	12983	大方广佛华严经卷第二十一	明	经折装刻本	
麦 0522	12982	大方广佛华严经卷第二十二	明	经折装刻本	
麦 0523	12981	大方广佛华严经卷第二十三	明	经折装刻本	
麦 0524	12980	大方广佛华严经卷第二十四	明	经折装刻本	

（续表）

麦字号	登记号	书　　名	时代	版　本	备　注
麦 0525	13779	大方广佛华严经卷第二十六	明	经折装刻本	
麦 0526	13780	大方广佛华严经卷第二十七	明	经折装刻本	
麦 0527	13781	大方广佛华严经卷第二十八	明	经折装刻本	
麦 0528	13782	大方广佛华严经卷第二十九	明	经折装刻本	
麦 0529	13783	大方广佛华严经卷第三十	明	经折装刻本	
麦 0530	13185	大方广佛华严经卷第六十六	明	经折装刻本	
麦 0531	13186	大方广佛华严经卷第六十七	明	经折装刻本	
麦 0532	13187	大方广佛华严经卷第六十八	明	经折装刻本	
麦 0533	13188	大方广佛华严经卷第六十九	明	经折装刻本	
麦 0534	13189	大方广佛华严经卷第七十	明	经折装刻本	
麦 0535	13119	慈悲道场忏法卷第一	明	经折装刻本	与麦 0257 登号重复
麦 0536	12993	大方广佛华严经卷第十三	明	经折装刻本	
麦 0537	12994	大方广佛华严经卷第十四	明	经折装刻本	
麦 0538	12995	大方广佛华严经卷第十五	明	经折装刻本	
麦 0539	14000	大方广佛华严经卷第四	明	经折装刻本	
麦 0540	13256	大方广佛华严经卷第二十	明	经折装刻本	
麦 0541	13966	大方广佛华严经卷第九	明	经折装刻本	
麦 0542	13967	大方广佛华严经卷第三十九	明	经折装刻本	
麦 0543	13968	大方广佛华严经卷第四十四	明	经折装刻本	
麦 0544	13969	大方广佛华严经卷第四十五	明	经折装刻本	
麦 0545	13964	大方广佛华严经卷第四十二	明	经折装刻本	
麦 0546	13956	妙法莲华经卷第七	明	经折装刻本	
麦 0547	13960	大方广佛华严经卷第十五	明	经折装刻本	
麦 0548	13977	大方广佛华严经卷第二十七	明	经折装刻本	
麦 0549	13976	大方广佛华严经卷第七	明	经折装刻本	
麦 0550	13655	大方广佛华严经卷第三十三	明	经折装刻本	
麦 0551	13682	大方广佛华严经卷第五十八	明	经折装刻本	
麦 0552	13365	华严经道场起止大略		经折装刻本	年代不明,与麦 0388 登号重复

麦字号	登记号	书　名	时代	版　本	备　注
麦 0553	13680	大方广佛华严经卷第四十	明	经折装刻本	
麦 0554	13679	大方广佛华严经卷第五十六	明	经折装刻本	
麦 0555	13280	大般涅槃经卷第十三	明	经折装刻本	
麦 0556	13678	大方广佛华严经卷第五十五	明	经折装刻本	
麦 0557	13994	慈悲道场忏法卷第八	明	经折装刻本	
麦 0558	13220	广弘明集卷第五	明	经折装刻本	
麦 0559	13698	慈悲道场忏法卷第九	明	经折装刻本	
麦 0560	13975	大方广佛华严经卷第六	明	经折装刻本	
麦 0561	13121	大方广佛华严经卷第七十八	明	经折装刻本	与麦 0185 登号重复
麦 0562	13142	大方广佛华严经卷第七十九	明	经折装刻本	
麦 0563	13143	大方广佛华严经卷第八十一	明	经折装刻本	
麦 0564	13120	大方广佛华严经卷第七十七	明	经折装刻本	与麦 0279 登号重复
麦 0565	12991	大方广佛华严经卷第十一	明	经折装刻本	
麦 0566	12990	大乘本生心地观经卷第八	明	经折装刻本	
麦 0567	12989	大乘本生心地观经卷第七	明	经折装刻本	
麦 0568	12988	大乘本生心地观经卷第六	明	经折装刻本	
麦 0569	13656	大方广佛华严经卷第四十七	明	经折装刻本	
麦 0570	13145	大方广佛华严经卷第七十五	明	经折装刻本	与麦 0134 登号重复
麦 0571	13144	大方广佛华严经卷第八十一	明	经折装刻本	
麦 0572	13203	大佛顶如来密因修证了义诸菩萨万行首楞严经卷第五	明	经折装写本	
麦 0573	13210	大佛顶如来密因修证了义诸菩萨万行首楞严经卷第六	明	经折装写本	
麦 0574	13211	大佛顶如来密因修证了义诸菩萨万行首楞严经卷第七	明	经折装写本	
麦 0575	13963	慈悲道场忏法卷第二	元	经折装刻本	与麦 0603 登号重复
麦 0576	13136	大佛顶如来密因修证了义诸菩萨万行首楞严经卷第四	明	经折装刻本	
麦 0577	14014	大方广佛华严经卷第十一	明	经折装刻本	
麦 0578	13232	大方广佛华严经卷第六十一	明	经折装刻本	

（续表）

麦字号	登记号	书　　名	时代	版　本	备　　注
麦 0579	13961	大方广佛华严经卷第十六	明	经折装刻本	
麦 0580	13750	大方广佛华严经卷第三十八	明	经折装刻本	
麦 0581	14009	大方广佛华严经卷第四十	明	经折装刻本	
麦 0582	13641	大方广佛华严经卷第四十一	明	经折装刻本	
麦 0583	13131	大方广佛华严经卷第三十一	明	经折装刻本	与麦 0227 登号重复
麦 0584	13645	大方广佛华严经卷第三十六	明	经折装刻本	
麦 0585	13241	大方广佛华严经卷第三十八	明	经折装刻本	与麦 0593 登号重复
麦 0586	13647	大方广佛华严经卷第三十四	明	经折装刻本	
麦 0587	13646	大方广佛华严经卷第三十五	明	经折装刻本	
麦 0588	13644	大方广佛华严经卷第三十七	明	经折装刻本	
麦 0589	13642	大方广佛华严经卷第三十九	明	经折装刻本	
麦 0590	13150	大方广佛华严经卷第五十一	明	经折装刻本	麦 0127 登号重复
麦 0591	13239	大方广佛华严经卷第三十六	明	经折装刻本	
麦 0592	13240	大方广佛华严经卷第三十七	明	经折装刻本	
麦 0593	13241	大方广佛华严经卷第三十八	明	经折装刻本	与麦 0585 登号重复
麦 0594	13242	大方广佛华严经卷第三十九	明	经折装刻本	
麦 0595	13244	大方广佛华严经卷第四十	明	经折装刻本	
麦 0596	13687	大方广佛华严经卷第六十一	明	经折装刻本	
麦 0597	13688	大方广佛华严经卷第六十二	明	经折装刻本	
麦 0598	13689	大方广佛华严经卷第六十三	明	经折装刻本	
麦 0599	13690	大方广佛华严经卷第六十四	明	经折装刻本	
麦 0600	13691	大方广佛华严经卷第六十五	明	经折装刻本	
麦 0601	13955	佛说混源道德经	清	经折装写本	
麦 0602	13962	慈悲道场忏法卷第一	元	经折装刻本	与麦 0153 登号重复
麦 0603	13963	慈悲道场忏法卷第三	元	经折装刻本	与麦 0575 登号重复
麦 0604	13221	过去庄严劫千佛名经	清	经折装写本	
麦 0605	13630	慈悲道场忏法卷第二	明	经折装刻本	
麦 0606	13212	佛母大孔雀明王经卷中	明	经折装刻本	

麦字号	登记号	书　名	时代	版　本	备　注
麦 0607	13209	妙法莲华经卷第六		经折装刻本	年代不明
麦 0608	13216	佛母大孔雀明王经卷下	明	经折装刻本	
麦 0609	12969(1)	妙法莲华经卷第一	明	经折装写本	(血书)(1) 正面
麦 0610	12969(2)	新集孝顺设供拔苦报恩道场密教上	明	经折装写本	(2) 反面
麦 0611	12970(1)	妙法莲华经卷第二	明	经折装写本	(血书(1) 正面
麦 0612	12970(2)	新集竖宗立教儒释兼济真俗混融孝顺设供拔苦报恩道场仪文中	明	经折装写本	(2) 反面
麦 0613	12971(1)	妙法莲华经卷第三	明	经折装写本	(血书(1) 正面
麦 0614	12971(2)	新集竖宗立教儒释兼济真俗混融孝顺设供拔苦报恩道场提纲赞	明	经折装写本	(2) 反面
麦 0615	12972(1)	妙法莲华经卷第四	明	经折装写本	(血书(1) 正面
麦 0616	12972(2)	新集竖宗立教儒释兼济真俗混融孝顺设供拔苦报恩道场仪文下	明	经折装写本	(2) 反面
麦 0617	12973(1)	妙法莲华经卷第五	明	经折装写本	(血书(1) 正面
麦 0618	12973(2)	新集竖宗立教儒释兼济真俗混融孝顺设供拔苦报恩道场教诫仪文下	明	经折装写本	(2) 反面
麦 0619	12974(1)	妙法莲华经卷第六	明	经折装写本	(1) 正面
麦 0620	12974(2)	新集竖宗立教儒释兼济真俗混融孝顺设供拔苦报恩道场仪文上	明	经折装写本	(2) 反面
麦 0621	13605(1)	妙法莲华经卷第七	明	经折装写本	(1) 正面
麦 0622	13605(2)	新集孝顺设供拔苦报恩道场密教中	明	经折装写本	(2) 反面
麦 0623	13868	大佛顶如来密因修证了义诸菩萨万行首楞严经卷第三	明	经折装刻本	
麦 0624	13491	书经体注大全合参卷一	清	线装刻本	
麦 0625	13998	慈悲道场忏法卷第八	明	经折装刻本	
麦 0626	12968	慈悲道场慈忏法卷第九	明	经折装刻本	
麦 0627	13376	七佛慈悲忏法	明	经折装刻本	与麦 0377 登号重复
麦 0628	15050	大方广佛华严经卷第二十六	明	经折装刻本	
麦 0629	13892	教民歌	清	线装刻本	

（续表）

麦字号	登记号	书　　名	时代	版　本	备　注
麦 0630	13890	新编评注通玄先生张果星宗大全卷八至卷九		线装刻本	年代不详
麦 0631	13891	太上感应篇	清	线装刻本	
麦 0632	13886	玉历钞传警世	清	线装刻本	
麦 0633	13887	召福集	清	线装刻本	
麦 0634	13888	太上感应篇	清	线装刻本	
麦 0635	13893	阴骘文图说	清	线装刻本	
麦 0636	13885	金刚般若波罗蜜经		经折装刻本	年代不详
麦 0637	13899	地藏菩萨本愿经卷中	明	经折装刻本	
麦 0638	13898	地藏菩萨本愿经卷上	明	经折装刻本	
麦 0639	13896	慈悲三昧水忏法卷中	明	经折装刻本	
麦 0640	13028	新刻幼学须知直解卷下	清	线装刻本	
麦 0641	13031	性理体注补训解	清	线装刻本	
麦 0642	13206	妙法莲华经卷第七	明	经折装刻本	
麦 0643	13548	地藏菩萨本愿经卷下	明	经折装刻本	
麦 0644	13547	妙法莲华经卷第二	明	经折装刻本	
麦 0645	13138	大方广佛华严经卷第七十六	明	经折装刻本	
麦 0646	13137	大方广佛华严经卷第七十五	明	经折装刻本	，
麦 0647	13545	慈悲道场忏法卷第三	明	经折装刻本	
麦 0648	13543	金光明最胜王经卷第七	明	经折装刻本	
麦 0649	13619	妙法莲华经卷第五	明	经折装刻本	
麦 0650	13544	妙法莲华经卷第五	明	经折装刻本	
麦 0651	13620	妙法莲华经卷第七	明	经折装刻本	
麦 0652	13486	法忏缘起	清	线装写本	
麦 0653	13901	字汇(午集)	清	线装刻本	
麦 0654	13894	地藏菩萨本愿经卷中	清	线装写本	
麦 0655	13900	诸经日诵	清	线装刻本	
麦 0656	13600	瑜伽焰口施食全部	清	线装写本	
麦 0657	13599	易经体注大全合参卷二	清	线装刻本	

(续表)

麦字号	登记号	书　名	时代	版　本	备　注
麦 0658	13598	易经体注大全合参卷四	清	线装刻本	
麦 0659	13597	易经体注大全合参卷三	清	线装刻本	
麦 0660	13596	易经体注大全合参卷一	清	线装刻本	
麦 0661	13595	诗经体注大全卷三至卷四	清	线装刻本	
麦 0662	13594	太上感应篇	清	线装刻本	
麦 0663	13593	召福集	清	线装刻本	
麦 0664	13592	教乘法数卷第六至卷第八	清	线装刻本	
麦 0665	13591	太上感应篇	清	线装刻本	
麦 0666	13590	重刻敬信录	清	线装刻本	
麦 0667	13589	佛说四分戒本	清	线装刻本	
麦 0668	13588	佛说四分戒本	清	线装刻本	
麦 0669	13587	悟真篇	清	线装刻本	
麦 0670	13586	教乘法数卷第四至卷第五	清	线装刻本	
麦 0671	13585	牧云和尚宗本投机颂	清	线装刻本	
麦 0672	13584	三坛传戒正范卷第四	清	线装刻本	
麦 0673	13108	新镌历法便览象吉备要通书卷四至卷六	清	线装刻本	
麦 0674	13583	释氏要览全部	清	线装刻本	
麦 0675	13952	沙弥律仪要略	清	线装刻本	
麦 0676	13582	寿世保元卷七至卷八	清	线装刻本	
麦 0677	13946	弘戒法仪上	清	线装刻本	
麦 0678	13581	丛林规约(拟)	清	线装写本	
麦 0679	13580	禅林宝训音义	明	线装写本	
麦 0680	13575	诸经题解杂抄(拟)	清	线装写本	
麦 0681	13574	法事道场仪规	清	线装写本	
麦 0682	13862	现在贤劫千佛名经	清	包背装写本	
麦 0683	13863	过去庄严劫千佛名经	清	线装写本	
麦 0684	13601	未来星宿劫千佛名经卷下	清	线装写本	
麦 0685	13866	现在贤劫千佛名经卷中	清	线装写本	

(续表)

麦字号	登记号	书　名	时代	版　本	备　注
麦 0686	13865	过去庄严劫千佛名经卷上	清	线装写本	
麦 0687	13867	注释金刚般若波罗蜜经	清	线装写本	
麦 0688	13557	重镌玉历钞传因果实录合编	清	线装刻本	
麦 0689	13573	大乘起信论 大乘法界无差别论	清	线装刻本	
麦 0690	13569	弘戒法仪下	清	线装刻本	
麦 0691	13568	弘戒法仪上	清	线装刻本	
麦 0692	13566	周易本义卷三至卷四	清	线装刻本	
麦 0693	15016	礼记体注大全合卷四	清	线装刻本	
麦 0694	13488	菩提心戒忏仪	清	线装写本	
麦 0695	13572	禅林宝训卷下	清	线装写本	
麦 0696	13490	佛门杂写一册	清	线装写本	
麦 0697	13571	蜀叟大师语录	清	线装刻本	
麦 0698	13570	□□□十书	明	线装刻本	
麦 0699	13567	教乘法数卷第九至卷第十	清	线装刻本	
麦 0700	13565	赞礼观音祈祷文卷	清	线装写本	
麦 0701	13870	佛门法科	民国	线装写本	
麦 0702	13562	高王观音经	清	线装刻本	
麦 0703	13561	西方咏和	清	线装刻本	
麦 0704	13559	楞伽阿跋多罗宝经卷第一至卷第二	清	线装刻本	
麦 0705	13558	敕赐宝华山护国慧居寺同戒录	清	线装刻本	
麦 0706	13096	六祖大师法宝坛经		线装刻本	年代不详
麦 0707	13097	书经体注大全合参	清	线装刻本	
麦 0708	13107	四书朱子异同条辨大学	清	线装刻本	
麦 0709	13095	三坛圆满天仙大戒略说		线装刻本	年代不详
麦 0710	13943	高王观音经	清	线装刻本	
麦 0711	13942	得定超运禅师语录	清	线装刻本	
麦 0712	13944	经史正音切韵指南门法	明	线装刻本	
麦 0713	13949	川楚善后筹备事例	清	线装刻本	

(续表)

麦字号	登记号	书　名	时代	版　本	备　注
麦 0714	15012	重刻阴阳界善恶果报例案	清	线装写本	与麦 0899 登号重复
麦 0715	13553	德山大义论示众		线装写本	年代不详
麦 0716	13554	玉历钞传警世	清	线装刻本	
麦 0717	13555	沙弥律仪要略		线装写本	年代不详
麦 0718	13556	禅林宝训音义	清	线装写本	
麦 0719	15046	注三字经	清	线装刻本	
麦 0720	15047	僧界结解法第一	清	线装写本	
麦 0721	15017	玉历钞传警世	清	线装刻本	
麦 0722	15048	高王观音经	清	线装刻本	
麦 0723		童子升阶	清	线装刻本	底本无登字号
麦 0724	15044	杂写		线装写本	年代不详
麦 0725	15045	踪眼和尚机锋语录	清	线装写本	
麦 0726	13721	大佛顶如来密因修证了义诸菩萨万行首楞严经卷第一至卷第五	明	线装刻本	
麦 0727	12688	淑芳轩合纂四书体注(论语)卷六至卷十	清	线装刻本	
麦 0728	12880	增订古文集解卷五至六		线装刻本	年代不详
麦 0729	13612	禅宗决疑集	明	线装刻本	
麦 0730	13602	教乘法数卷第十一至十二	清	线装刻本	
麦 0731	13603	梵网经菩萨戒	清	线装刻本	
麦 0732	13604	敕建十方卧龙禅寺同戒录	清	线装刻本	
麦 0733	13763	禅林宝训合注卷第三至四	清	线装刻本	
麦 0734	13762	禅林宝训合注卷第三至四	清	线装刻本	
麦 0735	13773	梵网经菩萨戒	清	线装刻本	
麦 0736	13774	弘戒法仪上	明	线装刻本	
麦 0737	13775	弘戒法仪下	明	线装刻本	
麦 0738	13776	四分戒本　梵网经菩萨戒	清	线装写本	
麦 0739	13541	大乘金刚经论		线装刻本	年代不详
麦 0740	13546	杂写	清	线装写本	

（续表）

麦字号	登记号	书　　名	时代	版　本	备　注
麦 0741	13542	观告法事（观申法事）（拟）	清	线装写本	
麦 0742	13550	授大比丘具足戒法	清	线装写本	
麦 0743	13549	禅林宝训卷下	明	线装写本	
麦 0744	15063	纲鉴易知录卷五六至卷五七	清	线装刻本	
麦 0745	13535	法戒录		线装刻本	年代不详
麦 0746	13704	玄天上帝垂训文 玄天上帝金科玉律	清	线装刻本	
麦 0747	13706	直指玉钥匙门法	清	线装写本	
麦 0748	13609	教乘法数卷第一至卷第三	清	线装刻本	
麦 0749	13954	禅林宝训合注卷第一至卷第二	清	线装刻本	
麦 0750	13950	毗尼日用切要	清	线装刻本	
麦 0751	13766	大乘妙法莲华经要解科文	清	线装刻本	
麦 0752	13765	大乘妙法莲华经要解卷第六	清	线装刻本	
麦 0753	13764	大乘妙法莲华经要解卷第四	清	线装刻本	
麦 0754	15049	通玄青州二百问		线装刻本	年代不详
麦 0755	13552	佛门杂录	明	线装刻本	
麦 0756	13875	慈悲三昧水忏起缘	明	线装刻本	
麦 0757	13874	慈悲三昧水忏法卷下	明	线装刻本	
麦 0758	13879	教乘法数卷第四至卷第五	清	线装刻本	
麦 0759	13881	字汇	清	线装刻本	
麦 0760	13877	高峰语录佛事要略全集上	清	线装刻本	
麦 0761	13876	高峰语录佛事要略全集下	清	线装刻本	
麦 0762	13872	修真指南歌	清	线装刻本	
麦 0763	13880	观音菩萨劝男妇修身词	清	线装刻本	
麦 0764	13883	修真指南歌	清	线装刻本	
麦 0765	13882	新刻阴阳护救三教千镇厌法经一卷	清	线装刻本	
麦 0766	13873	修真指南歌	清	线装刻本	
麦 0767	13871	玉皇上帝洪慈救劫宝经	清	线装刻本	

(续表)

麦字号	登记号	书　名	时代	版　本	备　注
麦 0768		纲鉴易知录卷五八至卷五九	清	线装刻本	底本无登字号
麦 0769	12696	新订崇正辟谬通书卷一至卷四	清	线装刻本	
麦 0770	14211	参订四书附考备旨善本上孟卷一至卷二	清	线装刻本	
麦 0771	14210	淑芳轩合纂四书体注(礼记)卷四	清	线装刻本	
麦 0772	14209	礼记体注大全合参卷三	清	线装刻本	
麦 0773	14208	礼记体注大全合参卷二	清	线装刻本	
麦 0774	14207	四书人物类典串珠卷第八至卷第十八	清	线装刻本	
麦 0775	14206	增删四书朱子大全精言中庸卷二至卷四	清	线装刻本	
麦 0776	12697	重订诗经衍义合参集注卷三至卷五	清	线装刻本	
麦 0777	12698	诗经体注大全合参卷三至卷四	清	线装刻本	
麦 0778	12699	论语集注大全卷六		线装刻本	年代不详 麦 0778、麦 0866、麦 0870 为一套
麦 0779	12700	重订诗经衍义合参集注卷七至卷八	清	线装刻本	
麦 0780	12701	新增诗经补注附考备旨卷六至卷八	清	线装刻本	
麦 0781	12702	春秋体注卷三	清	线装刻本	
麦 0782	12687	新增幼学故事琼林卷四	清	线装刻本	麦 0824、麦 0823、麦 0782 为一套
麦 0783	14241	四书翼注论文大学卷	清	线装刻本	麦 0783、麦 0784、麦 0785、麦 0786、麦 0787 为一套
麦 0784	14242	四书翼注论文上论卷一至卷五	清	线装刻本	
麦 0785	14243	四书翼注论文上论卷六至卷十	清	线装刻本	
麦 0786	14244	四书翼注论文下论卷一至卷四	清	线装刻本	
麦 0787	14245	四书翼注论文下论卷五至卷十	清	线装刻本	
麦 0788	14246	淑芳轩合纂四书体注(论语)卷一至卷五	清	线装刻本	麦 0788、0789、0790、0791、0792、0793 为一套

(续表)

麦字号	登记号	书 名	时代	版 本	备 注
麦 0789	14247	淑芳轩合纂四书体注(论语)卷六至卷十	清	线装刻本	
麦 0790	14248	淑芳轩合纂四书体注(孟子)卷一至卷三	清	线装刻本	
麦 0791	14249	淑芳轩合纂四书体注(孟子)卷四至卷五	清	线装刻本	
麦 0792	14250	淑芳轩合纂四书体注(孟子)卷六至卷七	清	线装刻本	
麦 0793	14251	淑芳轩合纂四书体注(大学中庸)	清	线装刻本	
麦 0794	14252	云林别墅绘像妥注第六才子书卷首至卷一	清	线装刻本	麦 0794、麦 0795、麦 0796 为同一函
麦 0795	14253	云林别墅绘像妥注第六才子书卷二至卷三	清	线装刻本	
麦 0796	14254	云林别墅绘像妥注第六才子书卷四至卷六	清	线装刻本	
麦 0797	14227	重订广事类赋卷一至卷二	清	线装刻本	麦 0797、麦 0798、麦 0799、麦 0800、麦 0801、麦 0801、麦 0802、麦 0803、麦 0804、麦 0805、麦 0806 为一函 10 本
麦 0798	14228	重订广事类赋卷三至卷五	清	线装刻本	
麦 0799	14229	重订广事类赋卷六至卷八	清	线装刻本	
麦 0800	14230	重订广事类赋卷九至卷十二	清	线装刻本	
麦 0801	14231	重订广事类赋卷十三至卷十七	清	线装刻本	
麦 0802	14232	重订广事类赋卷十八至卷二十一	清	线装刻本	
麦 0803	14233	重订广事类赋卷二十二至卷二十六	清	线装刻本	
麦 0804	14234	重订广事类赋卷二十七至卷三十	清	线装刻本	
麦 0805	14235	重订广事类赋卷三十一至卷三十五	清	线装刻本	
麦 0806	14236	重订广事类赋卷三十六至卷四十	清	线装刻本	
麦 0807	14218	御纂性理精义卷十一至卷十二	清	线装刻本	麦 0807、麦 0808、麦 0809、麦 0810、麦 0811、麦 0812 同函 6 册

(续表)

麦字号	登记号	书　　名	时代	版　本	备　注
麦 0808	14217	御纂性理精义卷九至卷十	清	线装刻本	
麦 0809	14216	御纂性理精义卷七至卷八	清	线装刻本	
麦 0810	14215	御纂性理精义卷四至卷六	清	线装刻本	
麦 0811	14214	御纂性理精义卷二至卷三	清	线装刻本	
麦 0812	14213	御纂性理精义卷一	清	线装刻本	
麦 0813	14222	四书典腋卷十四至卷十八	清	线装刻本	麦 0813、0814、0815、0816 同函 4 册
麦 0814	14221	四书典腋卷十一至卷十三	清	线装刻本	
麦 0815	14220	四书典腋卷八至卷十二	清	线装刻本	
麦 0816	14219	四书典腋卷一至卷七	清	线装刻本	
麦 0817	14226	注释张太史塾课卷四	清	线装刻本	麦 0817、麦 0818、麦 0819、麦 0820 同函 4 册
麦 0818	14225	注释张太史塾课卷三	清	线装刻本	
麦 0819	14224	注释张太史塾课卷二	清	线装刻本	
麦 0820	14223	注释张太史塾课卷一	清	线装刻本	
麦 0821	12689	四书体注孟子卷六	清	线装刻本	
麦 0822	12690	淑芳轩合纂四书体注(论语)卷一至卷五	清	线装刻本	
麦 0823	12691	新增幼学故事琼林卷三	清	线装刻本	与麦 0823、麦 0824、麦 0827、麦 0782 为一套
麦 0824	12692	新增幼学故事琼林卷一	清	线装刻本	
麦 0825	12693	淑芳轩合纂四书体注(孟子)卷一至卷三	清	线装刻本	
麦 0826	12695	诗经体注大全卷一至卷二	清	线装刻本	
麦 0827	12686	新增幼学故事琼林卷二	清	线装刻本	
麦 0828	12945	重订事类赋卷一至卷四	清	线装刻本	麦 0828、麦 0829、麦 0830、麦 0831、麦 0832、麦 0833 同函 6 册
麦 0829	12946	重订事类赋卷十三至卷十七	清	线装刻本	
麦 0830	12947	重订事类赋卷五至卷九	清	线装刻本	
麦 0831	12948	重订事类赋卷十至卷十二	清	线装刻本	

（续表）

麦字号	登记号	书　名	时代	版　本	备　注
麦 0832	12949	重订事类赋卷十八至卷二十二	清	线装刻本	
麦 0833	12950	重订事类赋卷二十三至卷三十	清	线装刻本	
麦 0834	14240	古文喈凤新编卷七至卷八	清	线装刻本	麦 0834、麦 0835、0836、麦 0837 同函 4 册
麦 0835	14239	古文喈凤新编卷五至卷六	清	线装刻本	
麦 0836	14238	古文喈凤新编卷三至卷四	清	线装刻本	
麦 0837	14237	古文喈凤新编卷一至卷二	清	线装刻本	
麦 0838	14255	春秋左传分类赋卷一	清	线装刻本	麦 0838、麦 0839、麦 0840、麦 0841、麦 0842、麦 0843、麦 0844、麦 0845 同函 8 册
麦 0839	14256	左传分类赋卷二至卷三	清	线装刻本	
麦 0840	14257	说左约笺卷一	清	线装刻本	
麦 0841	14258	说左约笺卷二	清	线装刻本	
麦 0842	14259	春秋左传分类赋卷四	清	线装刻本	
麦 0843	14260	春秋左传分类赋卷三至卷四	清	线装刻本	
麦 0844	14261	春秋左传分类赋卷一至卷二	清	线装刻本	
麦 0845	14262	春秋左传分类赋卷一至卷二	清	线装刻本	
麦 0846	13041	观音梦授经注解	清	线装刻本	
麦 0847	13044	东华录卷十七至卷二十一	清	线装刻本	麦 0847、麦 0848 同套
麦 0848	13045	东华录卷二十二至卷二十六	清	线装刻本	
麦 0849	15031	玉历钞传警世	清	线装刻本	
麦 0850	15032	状元书经	清	线装刻本	
麦 0851	15033	诗经卷六至卷八	清	线装刻本	
麦 0852	15034	四书释义孟子卷六至卷七	清	线装刻本	
麦 0853	15042	四书人物类典串珠卷十九至卷二十七	清	线装刻本	
麦 0854	15043	玉皇心印妙经批注	清	线装刻本	
麦 0855	15037	玉历钞传警世	清	线装写本	
麦 0856	15039	太微仙君功过格	清	线装刻本	

(续表)

麦字号	登记号	书　名	时代	版　本	备　注
麦 0857	15040	玉皇经注解	清	线装刻本	
麦 0858	15036	召福集	清	线装刻本	与麦 0861 登号重复
麦 0859	15041	三圣心经	清	线装刻本	
麦 0860	15035	纲鉴易知录卷八八至卷八九	清	线装刻本	
麦 0861	15036	纲鉴易知录卷八六至卷八七	清	线装刻本	与麦 0858 登号重复
麦 0862	15004	纲鉴易知录卷六七至卷六八	清	线装刻本	
麦 0863	13032	鳌头通书大全	清	线装刻本	
麦 0864	13034	大学章句大全	清	线装刻本	
麦 0865	13035	四书朱子异同条辨中庸卷一	清	线装刻本	
麦 0866	13036	论语集注大全卷七	清	线装刻本	
麦 0867	13037	学源堂合纂四书体注(大学中庸)	清	线装刻本	
麦 0868	13038	淑芳轩合纂四书体注(大学中庸)	清	线装刻本	
麦 0869	13026	参订四书附考备旨善本上论卷一至卷二	清	线装刻本	麦 0770、麦 0869、麦 0878、麦 0879 为一套
麦 0870	12966	论语集注大全卷八至卷九		线装刻本	年代不详
麦 0871	13024	文选卷一至卷四		线装刻本	年代不详
麦 0872	12680	四书翼注论文上孟卷一		线装刻本	年代不详 与麦 0873、麦 0878 登字号重复
麦 0873	12680	四书翼注论文下孟卷三至卷四		线装刻本	年代不详 与麦 0872、麦 0878 登字号重复
麦 0874	15015	阐道规箴	清	线装刻本	
麦 0875	15014	灶王感应篇	清	线装刻本	
麦 0876	13021	四书翼注论文下孟卷一至卷二		线装刻本	年代不详
麦 0877	13074	红楼复梦卷十六至卷二十	清	线装刻本	
麦 0878	12680	参订四书附考备旨善本下孟卷三	清	线装刻本	与麦 0872、麦 0873 登字号重复
麦 0879	12681	参订四书附考备旨善本下孟卷四	清	线装刻本	
麦 0880	12682	重订诗经衍义合参集注卷三至卷四	清	线装刻本	

（续表）

麦字号	登记号	书　名	时代	版　本	备　注
麦 0881	12683	四书实解旁训孟子下卷四至卷六	清	线装刻本	
麦 0882	12684	春秋体注卷之四	清	线装刻本	
麦 0883	12685	淑芳轩合纂四书体注(孟子)卷四至卷五	清	线装刻本	
麦 0884	15013	高王观音经	清	线装刻本	
麦 0885	15018	书经体注卷五至卷六	清	线装刻本	
麦 0886	15019	诗经体注大全卷三至卷四	清	线装刻本	
麦 0887	15011	神训必读	清	线装刻本	
麦 0888	15020	破迷宗旨	清	线装刻本	
麦 0889	15030	文昌帝君书钞上下集	清	线装刻本	
麦 0890	15102	金刚般若波罗密经	清	线装刻本	与麦 0968 登号重复
麦 0891	15100	左传选卷十二	清	线装写本	
麦 0892	15099	纲鉴易知录卷六二至卷六三	清	线装刻本	
麦 0893	15057	太上老君说常清静经	清	线装刻本	
麦 0894	15061	经史辨体经部周易上	清	线装刻本	
麦 0895	15062	诗经正文卷一至卷四	清	线装刻本	
麦 0896	15060	纲鉴易知录卷五三至卷五五	清	线装刻本	
麦 0897	15059	新订四书补注备旨下孟卷三	清	线装刻本	
麦 0898	15058	高王观音经	清	线装刻本	
麦 0899	15012	重订诗经衍义合参集注卷一至卷二	清	线装刻本	与麦 0714 登号重复
麦 0900	15023	春秋精义卷三至四	清	线装刻本	
麦 0901	15024	淑芳轩合纂春秋体注卷二	清	线装刻本	
麦 0902	15006	淑芳轩合纂礼记体注卷三	清	线装刻本	
麦 0903	15007	淑芳轩合纂礼记体注卷二	清	线装刻本	
麦 0904	15026	书经卷三至卷四	清	线装刻本	
麦 0905	15008	纲鉴易知录卷七七至卷七八	清	线装刻本	
麦 0906	15005	纲鉴易知录卷六四至卷六五	清	线装刻本	
麦 0907	15003	纲鉴易知录卷八二至卷八三	清	线装刻本	
麦 0908	15025	纲鉴易知录卷七三至卷七四	清	线装刻本	

麦字号	登记号	书　　名	时代	版　本	备　注
麦 0909	15021	纲鉴易知录卷六九至卷七十	清	线装刻本	
麦 0910	15002	纲鉴易知录卷七五至卷七六	清	线装刻本	
麦 0911	15001	纲鉴易知录卷六十至卷六一	清	线装刻本	
麦 0912	15028	纲鉴易知录卷七九至卷八一	清	线装刻本	
麦 0913	15029	纲鉴易知录卷七一至卷七二	清	线装刻本	
麦 0914	15000	纲鉴易知录卷八四至卷八五	清	线装刻本	
麦 0915	15022	高王观音经	清	线装刻本	
麦 0916	15027	集善堂省身鉴	清	线装刻本	
麦 0917	13060	红楼复梦卷十一至卷十五	清	线装刻本	
麦 0918	13059	破迷宗旨	清	线装刻本	
麦 0919	13058	毗尼日用切要	清	线装刻本	
麦 0920	13055	太上感应篇	清	线装刻本	
麦 0921	13054	三圣救劫宝训	清	线装刻本	
麦 0922	13053	四书贯解旁训孟子卷一至卷三	清	线装刻本	
麦 0923	15010	玉历钞传警世	清	线装刻本	
麦 0924	13048	红楼复梦卷九十一至卷九十五	清	线装刻本	
麦 0925	13049	红楼复梦卷六十六至卷六十九	清	线装刻本	
麦 0926	15009	三圣感应经	清	线装刻本	
麦 0927	13068	新刻绣像疗牛马经卷二至卷三	清	线装刻本	
麦 0928	15087	阿弥陀佛像	清	纸质裱褙手绘	
麦 0929	15088	阿难与帝释像	清	纸质裱褙手绘	
麦 0930	15089	普贤菩萨像	清	纸质裱褙手绘	
麦 0931	15086	释迦牟尼佛像	清	纸质裱褙手绘	
麦 0932	15085	观音菩萨像	清	纸质裱褙手绘	
麦 0933	15084	密迹金刚像	清	纸质裱褙手绘	
麦 0934	15083	秽迹金刚像	清	纸质裱褙手绘	
麦 0935	15082	文殊菩萨像	清	纸质裱褙手绘	
麦 0936	15093	帝释天及供养天像	清	纸质裱褙手绘	
麦 0937	15081	迦叶梵王像	清	纸质裱褙手绘	

（续表）

麦字号	登记号	书　名	时代	版　本	备　注
麦 0938	15080	护法像	清	纸质裱褙手绘	
麦 0939	15079	地藏菩萨像	清	纸质裱褙手绘	
麦 0940	15078	地藏菩萨像	清	纸质裱褙手绘	
麦 0941	15066	释迦牟尼佛像	清	纸质裱褙手绘	
麦 0942	15077	地藏菩萨像	清	纸质裱褙手绘	
麦 0943	15069	普贤菩萨像	清	纸质裱褙手绘	
麦 0944	15064	卢舍那佛像	清	纸质裱褙手绘	
麦 0945	15065	文殊菩萨像	清	纸质裱褙手绘	
麦 0946	15076	水月观音像	清	纸质裱褙手绘	
麦 0947	15068	韦陀像	清	纸质裱褙手绘	
麦 0948	15067	护法像	清	纸质裱褙手绘	
麦 0949	15095	文臣、神像圣牌	清	纸质裱褙手绘	
麦 0950	15075	毗卢遮那佛像	清	纸质裱褙手绘	
麦 0951	15074	地藏菩萨像	清	纸质裱褙手绘	
麦 0952	15096	帝释天后及供养天像	清	纸质裱褙手绘	
麦 0953	15073	白衣观音像	清	纸质裱褙手绘	
麦 0954	15070	药师佛像	清	纸质裱褙手绘	
麦 0955	15072	韦陀像	清	纸质裱褙手绘	
麦 0956	15098	文臣武将像	清	纸质裱褙手绘	
麦 0957	15071	文殊菩萨像	清	纸质裱褙手绘	
麦 0958	15090	普贤菩萨像	清	纸质裱褙手绘	
麦 0959	15097	十王像之右五王	清	纸质裱褙手绘	
麦 0960	15091	释迦牟尼佛像	清	纸质裱褙手绘	
麦 0961	15094	十王像之左五王	清	纸质裱褙手绘	
麦 0962	13683	妙法莲华经卷第二	明	经折装刻本	
麦 0963	13654	妙法莲华经卷第一	明	经折装刻本	与麦 0139、麦 158 登号重复
麦 0964	13681	大方广佛华严经卷第五十七	明	经折装刻本	
麦 0965	15101	妙法莲华经卷第五至七	清	线装刻本	

(续表)

麦字号	登记号	书　　名	时代	版　本	备　注
麦 0966	14010	慈悲道场忏法卷第一	明	经折装刻本	与麦 0274、麦 0273、麦 0156、麦 0124、麦 0254、麦 0966、麦 0259、麦 0263、麦 0264、麦 0299 为一套
麦 0967	13050	红楼复梦卷八十六至卷九十	清	线装刻本	
麦 0968	15102	金光明经卷第四	唐	卷轴装写本	与麦 0890 登号重复

编 后 记

麦积山文书,是指现麦积山石窟艺术研究所信息资料室保存,由原麦积山文物保管所(麦积山艺术研究所前身)于 1955 年(另一说是 1962 年)从瑞应寺寺僧处接收所得的文书,数量近两千件(包括残片)。因潮湿、虫蛀、鼠害等原因,这批文书部分已发霉、腐烂、破损,一直被存放在资料室书库。天气晴朗的时候,我们只做了一些简单的抢救性工作,如通风、晾晒、基础性整理等。因这些文书与麦积山有着千丝万缕的联系,学界习称之为"麦积山文书"。敦煌因藏经洞文书的发现而举世闻名,麦积山瑞应寺历代僧众所遗留的文书,与敦煌遗书、大理凤仪北汤天保存经卷一样都属于重要古代文献遗存,亦价值非凡。

1988 年,敦煌研究院遗书研究所的袁德领老师来麦积山考察,见到麦积山文书,表示愿意和我们一道做整理编纂工作。为此,1989 年夏,应时任麦积山石窟艺术研究所资料室主任蒋毅明先生邀请,袁德领老师来到麦积山,指导并协助我们做了文书的初步整理、编目工作。当时参加文书整理的有李晓红、翟玉兰、项一峰、刘莉、何洪岩、官秀芳、夏朗云、漆姝静(以参加先后为序)。经过三个多月的紧张工作,初步整理出麦积山文书目录。目录著录了每件文书的编号、定名、装帧、类别、现状、题记(首题、尾题、刻题)、笔书、每纸版式规格(边栏、半叶、书眉、地脚、版面、版心、叶数)、说明等子项内容。当时我们的整理工作,将这批文书编到了麦 1600 号(不包括残片),其多为唐至明清的刻本和写本,也有少量的民国版本,以明代刻本最多。这批文书基本上都是善本,其中不乏孤本、珍本,也有部分《大藏经》以外的佛教典籍。文书内容主要以佛经、论疏为主,也有一部分道书、经、史、子、集和杂类文书(社会文书、医药、占卜、音乐、教育、美术作品等)。20 世纪 90 年代初,所里计划出版《麦积山文书·索引》一书,初步完成文书目录、地名索引、人名索引以及文书年表的整理。由于各种原因,本书的出版工作延宕至今。倏忽三十年间,仅有十余篇相关论文发表,麦积山文书并未引起方家同好的重视和关注。

时光荏苒,进入了新时代,所里办公的软件、硬件设施大为改观,一批年轻的大学生逐步加入资料室各项工作中来。由于申报世界遗产,麦积山文书在麦积区博物馆存放了 5 年,直到 2018 年 3 月,这批文书才被搬回麦积山石窟研究基地的特藏室保存。资料室董广强主任决定再次启动文书的编撰工作,计划出版《麦积山文书总目·索引》。出版工作的第一步,就是将 30 年前整理完成的纸质文书目录由纸质文本转换成电子文本,这项工作由董广强、李晓红、漆荟、刘静、孙苑、小刘静(接待室)完成,先后录入了20余万字。其次,成立文书编辑小组,由李晓红负责,翟玉兰、漆荟、刘静、王蕾、邵春花、朱晶组成编辑组,我们一起制定新凡例,按凡例完成文书目录的补充和校对工作。所里再次邀请敦煌研究院考古所的袁德领先生作为顾问,最后与我们共同完成《麦积山文书总目·索引》一书。此次出版《麦积山文书总目·索引》第一卷,系统整理了麦0001—麦0986文书,其余部分待整理后将另期出版。

新制定的凡例较之30年前更加细化和全面,也为我们的编辑工作增加了难度。袁德领老师多次为我们细心讲解,又精益求精进行了数次更改,指导大家编目时严格按照凡例进行编目,手把手指导年轻人正确地录入及纠误改错。李天铭所长为这项工作的开展给予了大力支持,在人员不足的情况下,积极调配数字中心和社会教育部三位年轻人加入编辑组。经过大家不懈努力,共同完成了《麦积山文书总目·索引》第一卷的编辑。呈现在读者们面前的《麦积山文书总目·索引》第一卷,更全面地反映了麦积山文书的基本状况和信息。

麦积山作为石窟与文书并存的单位,其收藏的存世文书的价值与数量,在省内仅次于敦煌莫高窟。此次收录的近千号文书(麦0001—麦0968)更是这批文书中的精品。从麦积山文管所变更为麦积山石窟艺术研究所期间,资料室从接收、保管到编目、整理等方面逐步对这批文书进行了初步研究工作,并取得了一些成果。随着国家"一带一路"构想的深入开展,《麦积山文书总目·索引》的完善、出版,将为中古史研究、佛教史研究等诸多领域提供新的第一手史料,麦积山文书研究也将开拓新的局面,我们热切期待,麦积山文书走向世界,对学术研究发挥更大作用。

我们两位主编在编辑此书的过程中,将陆续退休,但是我们秉承敦煌研究院樊锦诗院长"一生择一事,一事终一生"的精神,用热爱和坚持完成此书的编撰工作。最后,感谢敦煌研究院中国敦煌石窟保护研究基金会资助出版基金,感谢所有参与编辑出版工作的同事和领导,感谢董广强主任和白秀玲主任的关心、沟通和付出。限于本人学识,难免有错误与欠妥之处,恳请诸位方家批评指正。

李晓红

2020年03月16日

图书在版编目(CIP)数据

麦积山文书总目：索引. 第一卷 / 敦煌研究院，麦
积山石窟艺术研究所编；李晓红，白秀玲，翟玉兰主编
. —上海：上海古籍出版社，2023.8
ISBN 978-7-5732-0327-4

Ⅰ.①麦… Ⅱ.①敦… ②麦… ③李… ④白… ⑤翟
… Ⅲ.①麦积山石窟-古书契-目录 Ⅳ.①K877.01

中国版本图书馆 CIP 数据核字(2022)第 111534 号

国家古籍整理出版专项经费资助项目

麦积山文书总目·索引(第一卷)
敦煌研究院　麦积山石窟艺术研究所　编
袁德领　顾问
李晓红　白秀玲　翟玉兰　主编
上海古籍出版社出版发行
(上海市闵行区号景路 159 弄 1-5 号 A 座 5F　邮政编码 201101)
(1) 网址：www.guji.com.cn
(2) E-mail：guji1@guji.com.cn
(3) 易文网网址：www.ewen.co
上海天地海设计印刷有限公司印刷
开本 787×1092　1/16　印张 47.25　插页 23　字数 920,000
2023 年 8 月第 1 版　2023 年 8 月第 1 次印刷
ISBN 978-7-5732-0327-4
K·3186　定价：248.00 元
如有质量问题,请与承印公司联系